MEMOIRES DU MONDE

Volume 4

Les religions en marche

(500-1000)

par Erik Gunnes

Préface : S.A.R. le prince Henri de France, comte de Clermont
Postface : Jean-Claude Cheynet, Directeur de Recherche au CNRS, Professeur à Paris IV - Sorbonne

Traduction du norvégien
par Eric Eydoux

Rédaction :
Øivind Blom
Bjarte Kaldhol
Aud Røssum

Légendes :
Gil Dahlström

Conception graphique :
Finn Nyebølle

Mémoires du Monde

Published in agreement with C.H. Aschehough & Co. (W. Nygaard), Oslo, Norway,
Bra Böcker, Höganäs, Sweden and Norden Publishing
House Ltd., St. Gallen, Switzerland.
Photocomposition : SCCM, France 1995
Impression et reliure : Brepols, Belgique 1995
ISBN 2-910648-07-9

9	Commerce mondial et choc des cultures 1500-1750	13	Les deux conflits mondiaux 1914-1945
10	D'une révolution à l'autre 1750-1815	14	Trois mondes en guerre froide 1945-1965
11	La puissance de l'Europe 1815-1870	15	Vers un avenir meilleur ? 1965-1985
12	L'Occident conquiert le monde 1870-1914	16	Une planète bouleversée 1985-1996

Préface : 500 – 1000

Les vagues nombreuses et successives de nomades venus d'Asie centrale ont eu raison de l'unité du grand Empire romain. D'abord scindé en deux ce qui en subsiste finit par se replier frileusement sur Constantinople et Héraclius Ier, dernier empereur romain, prendra le titre d'empereur de Byzance.

Durant ces temps troublés naissait à la Mecque en 570 Muhamad, plus communément appelé Mahomet. Les grands prophètes du « Livre », Abraham, Moïse ou Elie sont issus de ce désert qui décante la pensée et rapproche l'âme de Dieu, Dieu unique. Mahomet, également, est trempé par ce feu de l'Esprit, le poussant à prêcher la nécessité d'un renouveau. Il dérange, il doit fuir vers Médine en 622. Dans le désert, il médite et entreprend d'écrire le Coran qui ne sera terminé qu'en 935 par ses disciples...

Ainsi débute, tel un conte des Mille et Une Nuits, la formidable épopée de l'Islam unifié et conquérant du Monde... Le monde de Mahomet est né en 622, c'est l'Hégire. Huit ans plus tard, le prophète, à la tête de ses escadrons, livre bataille à Badr, la Mecque et la « Kaaba » deviennent alors l'assise de cette nouvelle religion monothéiste. Mahomet meurt en 632 ayant rassemblé la plupart des tribus arabes, du golfe d'Akaba au détroit d'Ormuz.

Surpopulation, pâturages saturés en ces oasis, besoin de conquêtes, les Arabes du désert trouvent alors leur ciment dans la Charia, la nouvelle loi de l'Islam qui s'adresse à eux, dans leur langue. L'Islam — c'est écrit — est une religion universelle qui s'adresse à tous, tous doivent y adhérer soit par la force, soit par choix. De ce fait la guerre offensive est légitime pour tout musulman. D'ailleurs les légistes islamistes ont partagé le monde en deux. D'un côté les pays d'Islam, Dar al Islam, de l'autre les pays de guerre, Dar al Harb, appelés également Dar al Kufr, pays de mécréance. Un jour ou l'autre ces derniers passeront sous domination musulmane.

Puisque « Dieu le veut », la grande chevauchée de l'Islam commencera par la conquête du Croissant fertile, Syrie, Mésopotamie et Irak. Les premiers califes Omeyyades installent leur puissance à Damas. Leurs armées subjuguent une partie de la Perse, l'Arménie et tout le nord de l'Afrique, avec l'aide des Berbères, du Caire à Tanger. Cet exploit s'est accompli en moins de dix ans. Que de chemin parcouru, que de biens acquis, tels les chantiers navals d'Alexandrie que Byzance n'a pas su conserver et qui vont permettre aux Arabes de devenir la première puissance navale de la Méditerranée.

Bloqués au nord par le royaume Wisigoth de Tolède et le royaume franc, en Asie Mineure par l'Empire byzantin et les derniers Perses Sassinides, une flotte devient nécessaire pour franchir les détroits. Ainsi Tarik débarque en 711 sur ce rocher que l'on appellera Djebel Tarik, la montagne de Tarik ou Gibraltar. Il lui suffit d'une année pour conquérir presque toute la péninsule Ibérique. Ses armées remontent vers Barcelone, menacent Toulouse. En 715 des troupes sont débarquées à Narbonne, avec les escadrons arabo-berbères qui campent près de Toulouse. Elles font leur jonction à Poitiers où les attendent Charles Martel et l'armée des Francs. 732 sera le premier coup d'arrêt à l'expansion de l'Islam en Europe.

Entre-temps les armées omeyyades s'emparent de toute l'Asie Mineure. En 711, le fleuve Indus est atteint et la mythique Samarcande tombe aux mains de l'Islam, tandis que Constantinople résiste encore et demeurera chrétienne... Alors les armées repartent et se dirigent vers Boukara et le lac Baïkal. La rencontre, l'affrontement entre l'Occident et l'Orient, entre la Chine des Tang et l'Islam a lieu à Talas, Asie centrale, en 751.

Certes l'Islam vient de gagner contre la Chine, mais à compter de cette date l'Islam ne sera plus sur une trajectoire d'expansion. Il est vrai que des bouleversements viennent d'avoir lieu en son sein. Les califes Omeyyades, d'origine Arabe, « hommes du glaive », vont laisser place aux éléments non arabes issus des professions libérales et marchandes, les « hommes de la loi ». Ainsi apparaît la dynastie abbasside qui règnera à Bagdad.

Le califat abbaside va entreprendre de réouvrir les routes du commerce international. Deux découvertes technologiques vont donner un essor important à la culture et aux échanges : la fabrication du papier mise au point par la Chine, gagne le monde musulman et atteint l'université de Grenade vers l'an 900. Le monde Arabe détient désormais le secret d'un des supports fondamentaux de la culture. Puis, toujours dans cet axe visionnaire, les Arabes adoptent le système numéral indien et le propagent dans le bassin méditerranéen. S'y ajoutent la musique, la poésie, l'algèbre et tous ces apports que les Arabes nous ont légués. La liste est longue et les traces subsistent encore de nos jours dans la beauté des palais de Grenade ou de Cordoue, dans la munificence des jardins irrigués.

Mais déjà des fissures apparaissent dans l'unité arabe, 300 ans après la mort de Mahomet l'Islam s'entre-déchire. Des royaumes indépendants s'édifient sur la périphérie du califat abbasside d'Haroum Al Rachid, Idrissides au Maroc, Almohades et Abencerrages en Espagne, royaume du Sind sur l'Indus. L'empire de l'Islam éclate et ce jusque dans « l'interprétation » de la Vérité, sunnite et chiite divisent le monde arabe...

Le christianisme profite bien entendu de ces faiblesses pour regagner un terrain qu'il avait progressivement perdu... Souvenons-nous ! l'empereur Constantin avait promulgué l'édit de Milan en 313 autorisant le christianisme sur tout le territoire de l'empire. L'expansion de cette religion s'était faite grâce à l'organisation de grands patriarcats autour de Constantinople, devenue capitale d'empire plus important que Rome. Expansion due également au dynamisme de grandes figures irlandaises, saint Patrick ou saint Colomban qui n'hésitèrent pas à fonder des abbayes jusque dans le royaume franc.

Mais le fait marquant qui redonne un essor au christianisme est le couronnement de Charlemagne par le pape à Rome en l'an 800. Acte politique s'il en fut, afin de redonner à l'évêque de Rome une puissance territoriale que les Lombards lui avaient confisquée et une puissance spirituelle que Byzance lui contestait depuis toujours. Se heurtant au sud au califat des Omeyyades en Espagne, et dans les Balkans à l'Empire byzantin, Charles le Grand et ses légions vont aller convertir les Saxons par des méthodes où le glaive remplace parfois avantageusement et surtout plus rapidement le goupillon...

Cette poussée du christianisme vers le nord, nous pouvons la constater également dans les axes de pénétration de Byzance vers les Balkans mais surtout dans les plaines d'Ukraine. Kiev est atteint vers l'an 988 et saint Vladimir fonde le premier royaume de Russie dénommé Sainte Russie.

A la veille de l'an 1000 pourtant, comparé au dynamisme de la civilisation islamique, l'Europe paraît en retard. La société y est encore rudimentaire. Ainsi à titre d'exemple la grande capitale de Charlemagne, Aix-la-Chapelle est cinq fois plus petite que Cordoue et cette même métropole Omeyyade est le dixième en volume de la capitale Bagdad... Pourtant, en Europe, les monarchies féodales tentent d'unifier les peuples et l'Eglise divisée par le mirage d'un pouvoir politique essaye de faire pencher la balance vers celui qui la protègera le mieux. Chaque religion, chaque église ou chapelle a, à un moment ou un autre, justifié la guerre, la sacralisant si besoin est, pour « la plus grande gloire de Dieu » et pour mieux asseoir son propre pouvoir.

Souhaitons que dans notre temps si troublé cette pratique à courte vue autant que « détestable » ne puisse se poursuivre !... Et que notre planète terre connaisse enfin l'harmonie et le respect entre les peuples.

Henri Prince de France Comte de Clermont

Henri
Prince de France
Comte de Clermont

Table des matières

Le prophète et sa guerre

Le califat Abbasside

Bilad Al-Islam

De l'Hindou Kouch à l'Indonésie

La restauration de l'empire du Milieu

La route de l'Ouest

Poètes, moines et mandarins

L'empire au temps des dissensions et du changement

L'aube du Japon

Charlemagne

Vers la société féodale

Byzance — une grande puissance malgré tout

L'Europe prend forme

Les religions en marche

« Les religions en marche », tel est l'intitulé de ce volume. Pour autant, les religions en question n'en constituent pas la matière principale. Mais tout enfant se doit d'avoir un nom et, pour la période qui court de 500 à 1000, l'Orient et l'Occident ont ceci de commun que leur évolution politique et culturelle subit l'influence décisive des grandes religions universelles.

A n'en pas douter, c'est l'islam qui fut la plus « marchante » d'entre elles. Portée par une classe arabe qui imposa sa loi, cette religion donna le jour à un empire mondial et marqua d'une empreinte durable un territoire qui s'étendait de l'Indus à l'océan Atlantique. Par la suite, cette continuité culturelle se transforma en puissant marché commun économique puis joua sans doute aussi un rôle de creuset, de vaste marché commun de civilisations qu'enrichirent de nombreux peuples et où fut tout particulièrement préservé l'héritage de l'Antiquité. La civilisation musulmane devint le grand médiateur entre l'est et l'ouest.

En Extrême-Orient, le bouddhisme se trouva tout à la fois en position de vainqueur et de vaincu. Chassé de son pays d'origine, il s'imposa dans de nouveaux territoires qui s'étendaient de l'Asie du sud-est au Japon et contribua à les former politiquement, de même qu'il contribua à former la civilisation chinoise qui entrait dans une période de mutation. Des siècles durant, les « Barbares » avaient dominé la Chine, jusqu'au moment où la dynastie des Tang (env. 600 à 900) entreprit de construire un Etat d'une organisation et d'une bureaucratie sans précédents en même temps qu'elle se dotait d'une capitale qui, avec plus d'un million d'habitants, fut alors la plus grande ville du monde. La porcelaine, le papier, les soieries et une poésie raffinée, tels sont, par ailleurs, quelques-uns des autres mots-clef qui évoquent le haut niveau de culture atteint par cette grande puissance orientale.

En Occident, le christianisme fut un des ingrédients majeurs de la synthèse culturelle qui — lentement des siècles durant — sc constitua sur les ruines de l'empire Romain.

Cependant, parler des « ruines de l'empire Romain » n'apparaît pas entièrement justifié, car c'est seulement aux yeux des Occidentaux que l'empire Romain s'effondra. C'est à l'est que se situait son centre de gravité économique, et il devait encore subsister un millénaire durant. A l'ouest, les conquêtes des Germains entraînèrent la formation de nouveaux Etats. Le centre de gravité politique se déplaça vers le nord, vers le noyau territorial des Francs, le triangle Seine-Rhin-mer du Nord. C'est là que naquit l'empire de Charlemagne, c'est là que se situa le berceau de l'Europe. La civilisation occidentale ne brillait encore ni par sa richesse ni par son étendue. Mais travail manuel et travail intellectuel s'y combinaient heureusement. Des innovations techniques, en apparence très modestes, jetèrent les bases d'une expansion économique et d'un nouvel ordre social, la féodalité.

Le creuset

Théodose Ier (mort en 395) fut le dernier empereur à régner sur l'ensemble de l'empire Romain ; ce fut également lui qui proclama le christianisme religion officielle. L'empire se transformait ; tant les structures sociales que les mentalités étaient en pleine mutation. Sur cette plaque d'argent, on voit l'empereur flanqué de ses deux fils Arcadius et Honorius.

A l'automne 406, la frontière rhénane de l'empire Romain était quasiment ouverte. Venant des Balkans, une armée wisigothique commandée par Alaric avait pénétré en Italie, et, pour les repousser, on avait fait marcher vers le sud la garnison du Rhin. L'hiver était glacial. A Noël, le Rhin gela, et les tribus germaniques massées sur la rive est purent franchir le fleuve en masse. Elles déferlèrent sur la Gaule et, au bout de quelques années, purent également forcer les Pyrénées puis s'établir en Espagne. Dès lors, rien ne put empêcher les Barbares de se rendre maîtres des provinces occidentales de l'empire Romain. Avant la fin du siècle, l'empire d'Occident s'était définitivement dissous en plusieurs royaumes dominés par les Germains. En Occident jamais l'unité romaine ne fut rétablie.

En Occident, cette succession d'événements a été baptisée « la chute de l'empire romain ». Et, depuis, les historiens, suivis par toute la bonne société, ont discuté des siècles durant de cette chute et de ses causes possibles.

De nos jours, on n'est plus aussi sûr que la question se pose en ces termes. Ainsi s'attache-t-on d'abord à souligner que la perspective adoptée est trop restreinte, qu'elle est l'œuvre de cerveaux occidentaux. Car, à y regarder de plus près, l'empire Romain n'a nullement disparu, il a même vécu 1000 ans de plus en conservant le centre qui était le sien, tout au moins depuis le milieu du IVe siècle, c'est-à-dire à Constantinople. En deuxième lieu, on est en droit de se demander s'il est vraiment justifié de parler de « chute d'une civilisation » pour désigner ce qui s'est passé en Occident. D'aucuns préféreront parler de transformation, de métamorphose. Les Germains ne détruirent pas la civilisation occidentale. Ils reprirent d'importantes composantes institutionnelles du Bas-Empire et s'y adaptèrent ; ils utilisèrent aussi d'autres éléments mais en ne retenant que ce qui était susceptible de leur convenir.

L'empire en crise. Le dirigisme d'état

La paix et le relatif bien-être qui régnèrent dans l'empire Romain durant les deux premiers siècles de la période impériale dissimulaient en fait de puissants antagonismes. Et, au troisième siècle, se produisit une crise. Sur les rai-

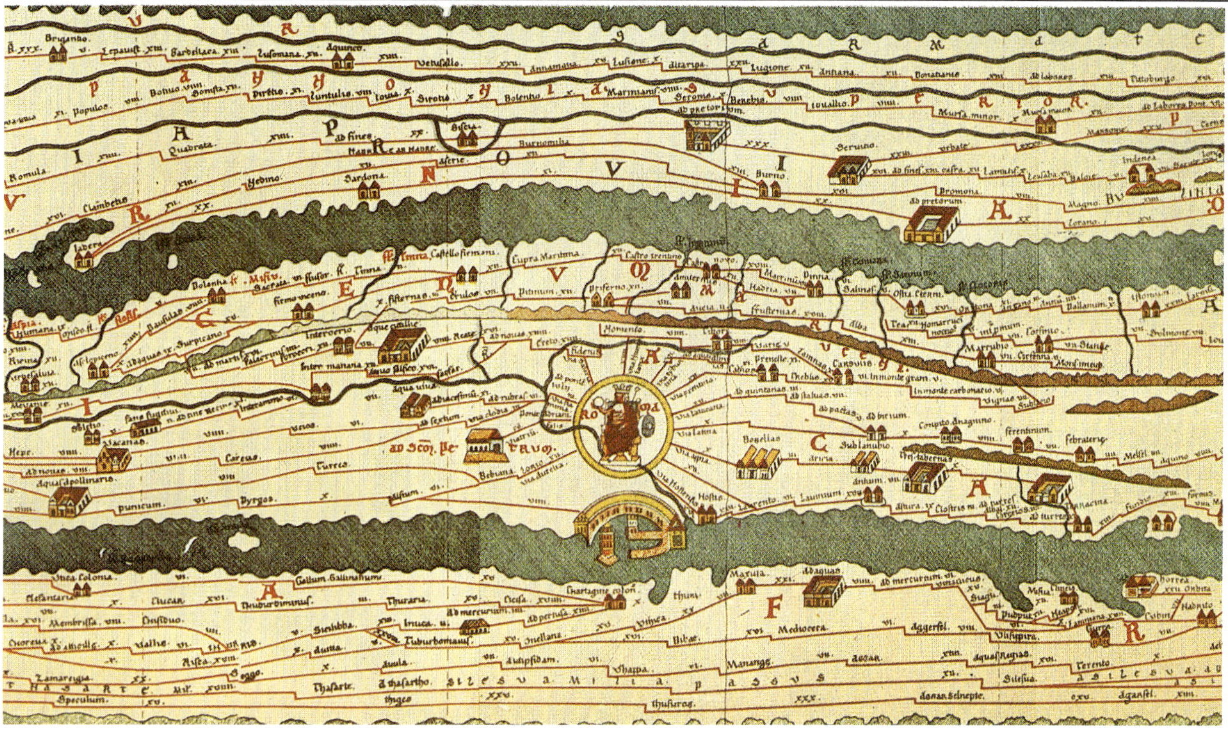

Durant l'antiquité tardive, on considérait que Rome était le centre du monde. Le choc n'en fut que plus grand lorsqu'on apprit qu'en 410 l'impossible s'était produit : La ville avait été prise et pillée. Datant du treizième siècle, cette copie d'une carte romaine illustre cette position et montre bien que « tous les chemins mènent à Rome ».

sons de cette crise, les opinions divergent. Reste cependant une donnée fondamentale : les armes romaines avaient assuré à Rome et aux provinces occidentales une situation dominante qui ne correspondait nullement aux réalités économiques. C'est sur une politique d'expansion que s'était fondée la prospérité de l'Empire. Mais, à partir de Tibère, les frontières cessèrent pratiquement de bouger. Les extensions qui se produisirent ensuite furent d'importance limitée. Et, dès lors, il semble bien que les bases économiques qui assuraient le niveau de vie de l'Empire aient commencé à se restreindre. Ce fut surtout sensible à l'ouest ; à l'est, les richesses étaient plus importantes et moins inégalement réparties. De surcroît, l'ouest était le plus vulnérable. Et, avec les ressources limitées qui existaient, la défense devenait impossible pour peu que l'ennemi connût peu ou prou la tactique et l'organisation romaines. Assez tôt la surveillance des frontières s'était relâchée. L'armée ne se composait plus de légions en marche mais de soldats pacifiquement installés qui étaient souvent d'origine germanique. De plus, spécialement en Gaule, nombreux étaient les Germains qui avaient reçu l'autorisation de s'installer en terre romaine, là où la main-d'œuvre faisait défaut. Une partie d'entre eux étaient les restes de ces hordes dévastatrices qui, au IIIe siècle, avaient envahi la Gaule et l'Italie.

Les troubles généralisés qui se produisirent au IIIe siècle entraînèrent des affrontements entre les généraux que tentait la dignité impériale. C'est seulement à la fin du siècle, après cinquante chaotiques années de guerre civile et d'invasion que l'empereur Dioclétien réussit à rétablir la situation et pacifier l'Empire.

Les causes sous-jacentes de ces troubles n'avaient cependant pas disparu : insuffisance de la production, dépréciation de la monnaie, baisse des rentrées fiscales et impécuniosité de l'Etat. Dioclétien et ses successeurs, principalement Constantin, mirent en œuvre une série de mesures drastiques. Les autorités impériales s'efforcèrent d'assurer une sévère régulation de l'ensemble de la société à commencer par une réglementation des prix. Entraînant une pénurie de marchandises l'initiative se révéla cependant malheureuse. D'autres, en revanche, eurent plus de succès. Ainsi, lorsqu'on créa des ateliers d'Etat pour pourvoir aux besoins de l'armée. De même, ce fut surtout pour satisfaire aux besoins de l'armée que l'on obligea plusieurs corporations à s'organiser, principalement dans le secteur des transports et de l'approvisionnement. De plus, pour empêcher le dépérissement de ces organisations, on obligea les fils à exercer le même métier

Durant l'antiquité tardive, l'évolution de la société aggrava les oppositions de classe. Alors que les conditions de vie des populations urbaines empiraient, les grands propriétaires terriens réussirent à maintenir et renforcer leur position. On voit ici une villa de sénateur en Afrique du Nord (mosaïque de la région de Carthage).

Au quatrième siècle, Trèves n'était pas seulement capitale provinciale, elle était aussi résidence impériale. Pour autant, elle n'échappa pas à la destruction lorsqu'au Ve siècle elle fut prise par les tribus germaniques. La Porta Nigra était une des portes de la ville. Elle demeure le symbole monumental de la puissance romaine à l'Ouest du Rhin.

que leur père. Les impôts représentaient déjà une lourde charge que les collecteurs, aussi corrompus que dépourvus de scrupules, étaient loin d'alléger. S'y ajoutèrent alors des prestations en nature et en services. Et ce furent les responsables des cités que l'on rendit collectivement responsables du recouvrement des impôts, une charge qui devint elle aussi héréditaire. Seuls les sénateurs (en pratique, les grands propriétaires fonciers) pouvaient échapper à l'imposition, soit en bravant ouvertement les autorités, soit en s'en faisant légalement dispenser. Mais la pression fiscale qui pesait sur les classes inférieures n'en était naturellement que plus forte. Dans l'Empire les grands domaines fonciers n'étaient pas quelque chose de nouveau. Mais la crise du IIIe siècle eut entre autres effets d'entraîner une nouvelle concentration de la terre. En même temps, les propriétaires terriens réussirent à se rendre de plus en plus indépendants des autorités administratives locales. L'exemption d'impôts qu'ils obtinrent bénéficia aussi à leurs gens, ce dont ils surent tirer profit lorsque s'imposa progressivement une mutation du mode d'exploitation domaniale, les esclaves étant remplacés par des fermiers à qui l'on confiait l'exploitation de parcelles. Les gens cherchaient à travailler dans les domaines pour y trouver une protection. Les autorités entérinèrent cette évolution en imposant le domicile forcé aux fermiers.

« Le temps de l'épée, le temps du loup qui précède la destruction du monde », peut-on lire dans le poème de l'Edda intitulé Voluspa. Sans doute ces mots traduisent-ils bien le climat que faisaient régner les invasions germaniques dans l'empire Romain. Néanmoins, cette épée d'apparat du VIe siècle témoigne de tout autres dispositions chez les envahisseurs. Elle atteste de la tradition artistique spécifique qui faisait alors son apparition chez les Germains. Il s'agit plus précisément d'un exemple du style I qui annonce déjà le « style animalier ». Trouvée à Snartemo, dans le département de Vest-Agder (Norvège), cette épée est sans doute un exemple d'artisanat nordique.

Une société en déséquilibre

La partie occidentale de l'Empire était économiquement bien moins développée que la partie orientale, laquelle englobait l'ancien Levant, où se trouvaient les riches terres agricoles d'Egypte, et constituait par ailleurs un des marchés commerciaux les plus importants du globe avec des villes en rapide expansion comme Alexandrie, Antioche et

Constantinople. A l'ouest, hormis Rome, les villes n'étaient ni très peuplées ni très importantes, et les ravages exercés par les barbares au IIIe siècle tendaient à accélérer l'exode des populations vers les agglomérations rurales. Il en résulta une accentuation du déséquilibre que seule compensait encore la domination de Rome sur l'ensemble. Cette évolution entraîna à l'ouest une stricte division de la société en deux classes ; cependant que les bourgeois et les paysans étaient totalement ruinés, le capital était concentré entre les mains de la noblesse sénatoriale et de gros propriétaires fonciers nouvellement enrichis. Et cette nouvelle noblesse sur laquelle s'appuyait l'Etat, le pouvoir impérial ne réussit pas à lui imposer son autorité.

Dans l'ancienne société urbaine dont l'empire Romain était issu, l'homme libre était un concitoyen, ce qui était également le cas dans les anciennes cités grecques. Pendant l'antiquité tardive, il fut définitivement réduit au rang de sujet. L'Etat ne cessa de lui imposer de nouvelles obligations et de lui retirer des droits. Quelques rares grands avaient encore une conscience sociale, mais la plupart n'avait plus aucun sentiment de solidarité avec le gouvernement de l'Empire et se désintéressait totalement du sort de l'Etat. Ainsi s'explique qu'ils n'aient généralement pas pris la moindre initiative pour s'opposer aux incursions des Barbares.

Le premier Germain qui accéda au sommet de la hiérarchie romaine fut le général vandale Stilicon. Théodose Ier lui donna sa nièce en mariage et en fit le tuteur de ses fils. Il lutta brillamment contre les Wisigoths mais n'en fut pas moins soupçonné de trahison et exécuté (408). Entre les anciens dirigeants et les nouvelles populations le rapprochement mit très longtemps à se faire (ivoire contemporain).

Des populations en fuite

Dans la géographie politique de l'Antiquité, les migrations massives n'avaient rien de nouveau ni d'exceptionnel. Elles pouvaient avoir différentes causes : des changements de climat, une croissance démographique ou la pression exercée par d'autres peuples plus puissants. Des siècles durant, les Germains avaient vécu aux frontières de l'empire Romain et avaient été attirés par ses richesses. De temps à autre, parfois avec succès, ils avaient tenté des incursions. Cependant, c'est d'abord à l'extérieur, en Asie, qu'il faut chercher l'origine des grandes invasions de la fin du IVe siècle.

L'établissement de Germains en terre romaine n'était donc pas un phénomène entièrement nouveau. Les tribus d'Europe centrale étaient sans cesse en mouvement, nécessitant une permanente surveillance des frontières. Cependant, nombre de familles germaniques reçurent l'autorisation de s'établir en Gaule et, en certaines occasions, les Romains donnèrent des terres à des tribus entières qui reçurent le titre d'« alliés » (fœderati) et eurent l'obligation de servir militairement. La règle était que l'Etat cède à ses « hôtes » une partie des terres qui lui appartenaient dans le district (voir volume 3, p. 219).

Le même principe fut appliqué lorsqu'en 375 les tribus des Alains et des Goths du nord de la mer Caspienne et de la mer Noire se mirent à fuir vers l'ouest sous la pression de Huns. Pressés à leur tour, les Wisigoths du Nord du Danube franchirent le fleuve et furent installés dans les Balkans où ils ne tardèrent cependant pas à entrer en conflit avec leurs hôtes. Après plusieurs réconciliations et ruptures qui se prolongèrent une vingtaine d'années, la masse principale s'ébranla sous la conduite d'Alaric et marcha sur l'Italie où elle ne rencontra qu'une faible résistance et put piller Rome en 410. Les Wisigoths ne furent pas en mesure de tirer profit de leurs conquêtes. Le successeur d'Alaric entraîna ensuite son peuple vers la Gaule méridionale où ils obtinrent le statut d'alliés.

Cependant, en 406, d'autres tribus avaient franchi le Rhin. C'était le cas des Vandales originaires des régions de la Baltique mais ayant ensuite changé plusieurs fois de région, des Suèves qui avaient quitté leur territoire de Moravie, et des Alains, une population iranienne qui avait fui la mer Caspienne. Commettant dévastations et pillages, ils déferlèrent sur la Gaule puis franchirent les Pyrénées quelques années plus tard. Ayant conclu un accord avec l'empereur Honorius, chacune des tribus s'installa ensuite dans une partie de l'Espagne : les Vandales au sud (où ils ont laissé leur nom à la Région : Andalousie), les Suèves au nord-ouest, les Alains au sud-ouest.

A partir de ce moment, nous trouvons les Wisigoths solidement établis dans le sud de la France. Il y eut un intermède pendant lequel on les envoya de l'autre côté des Pyrénées pour combattre les tribus nouvellement installées, mais leur réussite fut telle qu'on les rappela. Peu à peu, ils étendirent leur domination en Gaule jusqu'à la Loire puis, au cours du Ve siècle, poursuivirent leur expansion vers le sud et prirent le pouvoir en Espagne.

Cette dernière opération fut d'autant plus aisée que les Vandales avaient abandonné les lieux. En 429, Geiserik, l'ambitieux prince des Vandales avait constitué une flotte et mis le cap sur l'Afrique du Nord. Les Vandales, qui devaient représenter une population de 80 000 âmes, ne

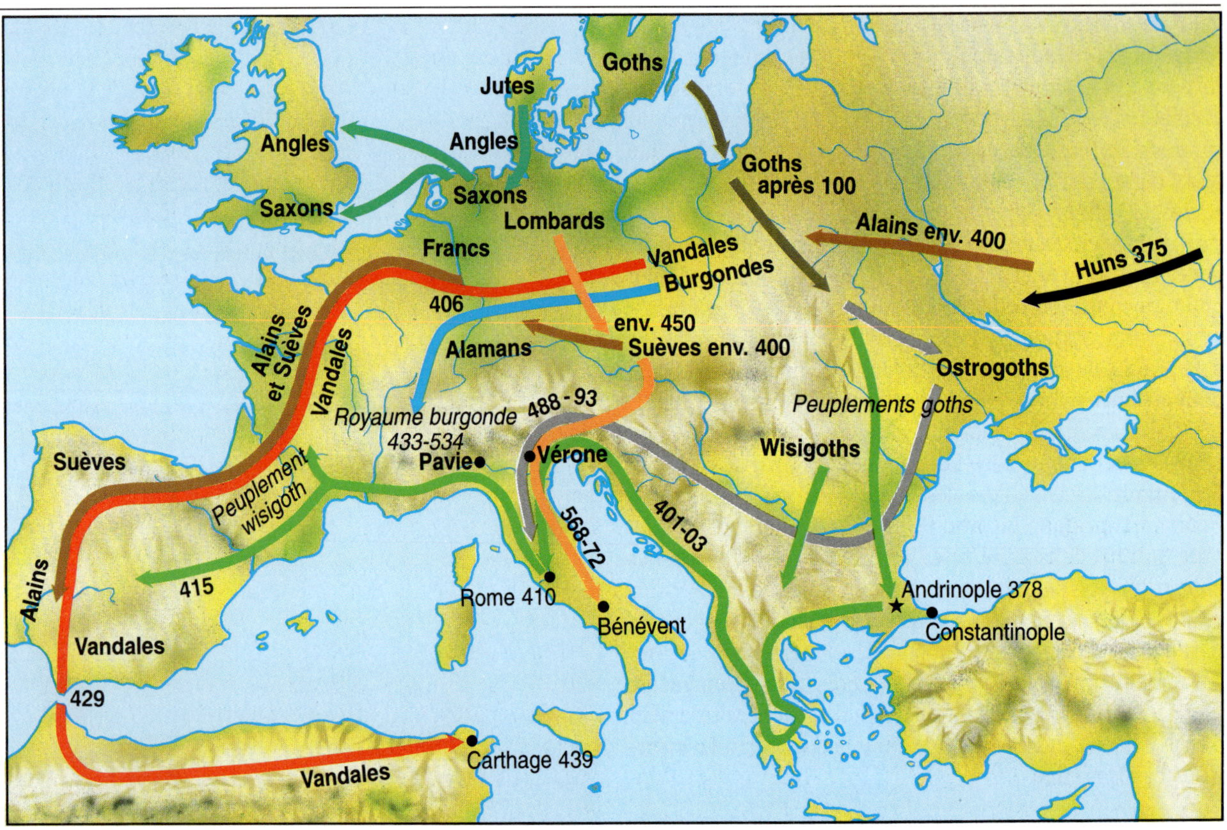

Les grandes invasions en Europe d'environ 400 à 600 (seuls les principaux itinéraires sont dessinés).

mirent que quelques années à occuper l'essentiel de la fertile bande côtière de l'Afrique du Nord. La capitale de la province, Carthage, tomba en 439, et un royaume vandale d'Afrique indépendant vit alors le jour. En Gaule du Nord, d'autres populations germaniques, les Alamans et les Burgondes, avaient franchi les frontières au moment où les Huns, maintenant établis en Europe, se soumettaient plusieurs peuples germaniques. Conduits par Attila, le « fléau de Dieu » (mort en 453), ils répandirent la terreur en Europe quelques décennies durant et augmentèrent le chaos général, mais sans pour autant laisser d'empreinte durable. Le souvenir le plus marquant reste cette grande bataille où ils aidèrent les Romains à battre les Burgondes. Ce qui restait de la population burgonde put s'établir en Savoie.

La situation en 476

A ce dépeçage de leur territoire, les empereurs romains d'Occident assistèrent en spectateurs passifs. Certes, de temps à autre, les empereurs purent compter sur d'excellents généraux. Mais les périodes de troubles favorisent les réglements de comptes : ceux-ci durent tôt ou tard payer leurs succès de leur vie, brisés par des collègues envieux et des intrigues de cour. A présent, c'était l'imprenable Ravenne, au bord de la mer Adriatique que les empereurs avaient choisi pour résidence. Mais au cours des dernières décennies qui précédèrent l'effondrement définitif, les territoires extérieurs à l'Italie où, s'exerçait leur souveraineté s'étaient réduits comme une peau de chagrin.

En Afrique s'étaient établis les Vandales. En Gaule du Sud, étaient installés les Wisigoths qui étaient également en passe de se fixer en Espagne à côté des Suèves. En 407, toutes les troupes ordinaires avaient évacué la Bretagne (l'actuelle Grande-Bretagne) pour arrêter l'invasion en Gaule, et, pendant tout le siècle, des tribus germaniques traversèrent la mer du Nord pour s'établir dans le pays. Quant au territoire délimité par la Seine et la Loire, il restait contrôlé par un fonctionnaire romain, Syagrius. Mais, au nord, menaçaient d'autres barbares appelés les Francs.

Pour sa part, l'empire Romain d'Orient fut moins durement frappé. Chaque fois que menaçaient des troupes d'invasion, l'empereur de Constantinople réussissait à les détourner vers l'ouest : d'abord les Wisigoths, puis les Huns et enfin les Ostrogoths que, dans les années 460, on installa comme alliés dans les Balkans. Toutefois, ceux-ci s'avèrent bientôt encombrants et, en 488, l'empereur parvint à se débarrasser de cette nouvelle plaie en l'expédiant vers l'ouest : conduits par Théodoric, les Ostrogoths marchèrent sur l'Italie. Il y avait alors douze ans qu'il n'y avait plus d'empereur à Ravenne. Depuis 476, l'Italie était elle aussi entre les mains d'un roi barbare, et le temps de l'Empire romain d'occident était révolu.

Les nouveaux maîtres

Vers 500 commencèrent à se dessiner les contours des nations d'Europe occidentale, même si les Wisigoths durent bientôt abandonner les territoires situés au nord des Pyrénées et se replier de l'Espagne, cependant que les Francs se répandaient sur toute la Gaule et qu'au cours du VIe siècle, les Lombards prenaient la place des Ostrogoths en Italie. Dans tous les cas, il s'agissait de peuplades germaniques qui devaient trouver un mode de cohabitation avec la civilisation romaine. Elles étaient confrontées à un nouvel ordre social, une administration structurée, une culture littéraire, de nouvelles formes de croyance. Mais ces peuplades, d'où venaient-elles et qu'apportaient-elles ?

Elles venaient de régions très différentes, du Rhin à la mer Noire. Sans être nomades, elles étaient très mobiles et n'hésitaient pas à plier bagage dès lors qu'elles savaient trouver ailleurs de meilleures terres ou que des voisins plus puissants les menaçaient. Souvent, les peuplades n'étaient que des alliances assez lâches entre unités de petites dimensions. Ce mot « peuplade » ne désigne donc pas un ensemble fixe et univoque ; des peuplades dont nous perdons la trace peuvent se retrouver sous un autre nom alliés à d'autres unités. Et plusieurs des peuplades mentionnées lors des grandes invasions, tels les Francs et les Alamans, sont les produits de telles fusions.

Les peuplades que nous rencontrons au moment où elles entrent dans « l'histoire » ont chacune leur passé et leur préhistoire propres, et toutes n'ont pas atteint le même degré de civilisation. Quoi qu'il en soit, c'est vraisemblablement l'élevage qui constituait la principale ressource, et le bétail appartenait en propre à chacun. Cependant, les contacts séculaires que de nombreuses tribus avaient entretenus avec Rome avaient très certainement entraîné une différenciation économique importante. Il existait un important commerce transfrontalier qui devait profiter avant tout à la classe supérieure germanique. Accumulant les richesses, celle-ci n'en devenait que plus belliqueuse, ce qui accroissait le pouvoir de la classe dirigeante.

La société germanique

L'organisation de la société germanique se fondait d'abord sur les liens du sang. La famille et le clan occupaient une position centrale, le père de famille exerçant une pleine et entière autorité sur les gens de la maison. Quant aux décisions qui touchaient des groupes plus importants, voire la peuplade toute entière, elles se prenaient lors d'une assemblée à laquelle participaient tous les hommes aptes à parter les armes. Mais, en pratique, c'était sans doute un conseil restreint qui prenait les décisions. Quant au roi, les peuplades germaniques n'en eurent sans doute pas tout le temps, mais il y a lieu de penser que la fonction exista dans la plupart des cas.

Pourtant, bien qu'il exerçât un rôle d'intermédiaire entre les dieux et les hommes, présidât aux sacrifices qui devaient entraîner une année favorable, le roi n'avait pas nécessairement beaucoup de pouvoirs. Généralement choisi dans une lignée royale censée être d'origine divine, il pouvait cependant recevoir des pouvoirs spéciaux en période de guerre, à moins que l'on ne choisît spécialement un chef, un « dux » pour la durée des hostilités.

Mais les grands qui disposaient des ressources nécessaires pouvaient également faire la guerre pour leur propre compte. Ils pouvaient se constituer une troupe de jeunes gens qu'appâtaient les prises de guerre. Peu à peu, revêtant un caractère permanent, ces troupes donnèrent aux grands un pouvoir accru. Les guerriers qui en faisaient partie se sentaient plus liés à leur chef qu'a leur propre clan, et ils ne tardèrent pas à représenter un constant facteur de désordre. Certes, s'en prenant à des peuplades voisines ils pouvaient attirer richesses et considération sur une partie de la leur, mais, parfois, ils constituaient aussi une menace intérieure.

Il apparaît donc que, dans plusieurs domaines de première importance, les Germains étaient radicalement étrangers à la civilisation urbaine des Romains ainsi qu'à son système administratif tentaculaire et compliqué.

Pour sa part, le Germain ignore aussi bien l'appareil administratif impersonnel que les fonctionnaires publics. C'est son attachement aux personnes qui détermine sa place dans la société. Le lien du sang est fondamental

Les Germains ont-ils cherché leur inspiration artistique chez les populations iraniennes des steppes (Scythes, Sarmates) ? La question est très controversée. D'une part, on sait que certains Sarmates prirent la route de l'ouest ; d'autre part, il n'est pas exclu que les Goths établis au nord de la mer Noire aient subi leur influence. Ce collier d'or sarmate de style animalier où sont sertis des turquoises, des coraux et des morceaux de verre (Ier siècle après J.-C.) montre les ressemblances entre leur art et celui que créeront ensuite les Germains. Pour d'autres spécialistes, cependant, c'est dans la technique décorative développée dans les marches de l'empire romain qu'il faut chercher les origines de l'art germanique.

Quantité de verreries romaines ont été retrouvées dans les tombes germaniques.

mais, de plus en plus importante est l'allégeance à un maître. Le Germain a un horizon politique limité mais, d'un autre côté, il est très mobile, le territoire de la peuplade n'excède guère quelques dizaines de kilomètres carrés mais ses membres sont toujours prêts à gagner de nouveaux pâturages, même très éloignés.

Et l'empire Romain avait assurément un fort pouvoir d'attraction. Des siècles durant, des milliers de Germains avaient élu domicile à l'intérieur des frontières de l'Empire. Et, de plus en plus, c'étaient à des troupes germaniques que l'on confiait la garde des frontières. Souvent, leurs chefs n'avaient pas de plus grande ambition que d'entrer au service des Romains, lesquels avaient tout lieu d'en être satisfaits. A partir du ve siècle, les Germains furent de plus en plus nombreux à occuper les postes supérieurs de commandement, et les derniers empereurs romains d'Occident ne furent le plus souvent que des marionnettes entre les mains des généraux germaniques. Certes, les réactions que les Barbares provoquaient chez les Romains pouvaient inspirer des sentiments antiromains aux « hôtes » germaniques. Mais, dans l'ensemble, les peuplades germaniques elles-mêmes souhaitaient trouver une solution pacifique. Si elles entendaient prendre le pouvoir, elles ne désiraient nullement régner sur un désert.

Romains et Barbares

Pour autant, l'Empire ne fut pas épargné dans ses réalisations matérielles. Des œuvres d'art furent anéanties, des installations techniques rasées et les techniques elles-mêmes oubliées. Des bibliothèques furent brûlées et des palais transformés en carrières. Dans l'ensemble, la partie orientale du bassin méditerranéen échappa aux destructions, mais la Grèce fut sévèrement touchée, et, dans les territoires danubiens, diverses invasions mirent pratiquement un terme à toute vie urbaine. En Occident, ce fut l'Italie qui fut le plus longtemps épargnée, de même que les cités de la Gaule méridionale (qui avec l'Italie était la partie la plus romanisée). En revanche, dans la Gaule du Nord, les destructions furent très importantes.

Pourtant, les nouveaux dirigeants étaient loin d'être uniquement des barbares. Au fil du temps, beaucoup de ces peuplades avaient été au contact de diverses civilisations. Ainsi, directement ou indirectement, plusieurs d'entre elles avaient-elles été influencées par les civilisations iraniennes qui s'étaient épanouies de l'autre côté de la mer Noire et même par des peuplades venues de régions orientales encore plus lointaines ; de surcroît, elles avaient noué d'étroits liens avec la civilisation romaine, spécialement celle de l'Orient qui était de loin le plus riche. Et, durant leurs pérégrinations, elles avaient appris des techniques artisanales raffinées, telles l'orfévrerie, le damasquinage ou le travail du cuir. De même, les Germains nourrissaient-ils le plus grand respect pour l'organisation romaine, et l'on est frappé de constater à quel point ils s'attachaient à adopter leur système.

C'étaient avant tout des terres cultivables que voulaient les Germains, et dans la plupart des cas, ils acceptaient des systèmes de transferts qui s'opéraient dans des conditions à peu près régulières. Seuls les Vandales confisquèrent toutes les terres en asservissant la population romaine. Et, bien sûr, sans doute arriva-t-il aussi dans d'autres territoires que les Germains s'emparent par la force de ce qu'ils convoitaient. Mais, par la suite, nous constatons que les Germains se firent intégrer dans le système militaire romain. Et ils adoptèrent la nouvelle religion romaine, le christianisme, même si ce fut le plus souvent dans sa version aryenne (voir encadré).

Certains chercheurs sont enclins à croire que, fatigués de subir le joug de la classe supérieure romaine, les populations les accueillirent généralement à bras ouverts. En effet, dans leur majorité, celles-ci n'étaient pas romaines, et le latin était loin d'être parlé par tout le monde. Nous savons qu'en plusieurs endroits il y eut des révoltes paysannes et, s'appuyant sur ce qu'écrivait le prêtre Salvien d'aucuns pensent que la population paysanne considérait avant tout ces envahisseurs comme des libérateurs. Sans doute est-ce une interprétation trop optimiste. Pourtant, si l'on considère généralement les révoltés ou Bagaudes comme une minorité peu représentative, il demeure des éléments de l'ancienne civilisation locale purent réapparaître et se substituer à l'administration romaine défaillante ce qui, dans une certaine mesure, permet de parler de « rebarbarisation ».

S'agissant de la classe supérieure romaine, celle qui

Les Barbares. Une morale supérieure

Pour Salvien, un prêtre chrétien vivant à Marseille au milieu du Ve siècle, la chute — qu'il prévoyait proche — de l'empire Romain d'Occident était un châtiment de Dieu. Les Germains avaient toutes les qualifications morales nécessaires pour exercer le pouvoir :

« Les pauvres se font piller, les veuves se lamentent, les orphelins sont foulés aux pieds. Les choses vont si loin qu'un grand nombre de gens — y compris des personnes bien nées et de grand savoir — cherchent maintenant refuge chez l'ennemi. Afin de ne pas se faire broyer par les persécutions des autorités, ils se rendent chez les Barbares pour y trouver l'humanité romaine parce qu'ils ne peuvent pas supporter l'inhumanité barbare que leur réservent maintenant les Romains. Ils sont différents des peuples chez qui ils vont ; ils n'ont pas leurs mœurs, ils ne parlent pas leur langue, et ils n'exhalent pas non plus, si j'ose le dire, la répugnante puanteur qui émane des corps et vêtements des barbares ; et pourtant, ils préfèrent se soumettre à cette différence de mœurs et coutumes plutôt que de souffrir toutes sortes d'injustices et de cruautés sous les Romains. Ainsi donc, ils émigrent chez les Goths, les Bagaudes ou les autres barbares qui présentement jouent partout les maîtres, et aucun ne regrette d'avoir choisi l'exil. Car ils trouvent préférable de vivre en hommes libres sous une apparence d'esclavage que d'être esclaves sous une apparence de liberté. »

(Salvien : « Du gouvernement de Dieu »)

Miniature représentant une famille romaine de la classe supérieure. On a souvent voulu y voir l'impératrice Galla Placidia (morte en 450) et ses deux enfants. (C'est plus tard, à l'époque lombarde, que le médaillon a été incrusté dans une croix sertie de pierres précieuses).

Un barbare prisonnier des Romains. Relief de pierre de l'époque gallo-romaine (Carpentras).

avait tout à perdre, sans doute les « Barbares » lui inspirèrent-ils une réaction générale de rejet. Mais, même en son sein, il y avait des hommes clairvoyants. Ainsi, avant l'année 400, le rhéteur Thémistius écrivait-il : « Pour le moment, les blessures que nous ont infligées les Goths sont encore ouvertes mais, bientôt, nous considérerons ceux-ci comme des commensaux et camarades de guerre qui accéderont aux fonctions officielles. »

Cette prévision s'est-elle avérée exacte ? Pour l'essentiel, certainement. Mais ressurgit alors un vieux débat qui ne sera sans doute jamais clos : l'époque des grandes invasions marqua-t-elle une rupture décisive avec le passé ou faut-il au contraire penser que les nouvelles sociétés germaniques se fondaient sur la civilisation romaine, ses institutions et valeurs, et qu'en dernier ressort ce furent les vainqueurs qui furent les vaincus ? De fait, les états germaniques se formèrent selon des modalités si différentes qu'au stade où nous en sommes, il paraît prématuré d'aborder cette question très complexe. Et ce d'autant plus qu'il convient maintenant de présenter un troisième facteur qui contribua à façonner le modèle social : le christianisme. Pour ce qui est de la nouvelle société proprement dite, nous l'aborderons dans le chapitre suivant.

Les Germains et le christianisme

Reconnu officiellement au VIe siècle, sans doute le christianisme vit-il alors son prestige s'accroître auprès des populations germaniques. Les premiers à s'initier à cette religion furent les Wisigoths qui la découvrirent dans sa version arienne au moment même où cette doctrine était le plus solidement implantée. C'est dans les années 340 que le prête arien Wulfila, qui était moitié byzantin moitié wisigoth, vint prêcher parmi ses coreligionnaires captifs, chez les Wisigoths fixés au nord de la frontière du Danube. Au cours de la période qu'il y passa, il traduisit la Bible en gotique et fit apparemment de nombreux adeptes qui prirent sans doute le relais car, lorsque, dans les années 380, ils s'installèrent en terre romaine, au sud du Danube, ils étaient prêts à adopter le christianisme, toujours dans sa version arienne.

Selon toute vraisemblance, ce furent également eux qui firent ensuite connaître le christianisme arien à leurs cousins Ostrogoths puis, quelques décennies plus tard, aux autres populations qui franchirent en masse les frontières du Rhin au moment où les Wisigoths s'établissaient en Provence et Espagne. Il s'agit, entre autres, des Vandales, des Suèves et des Burgondes. Au total, si les Germains devinrent ariens, c'est peut-être plus le fruit du hasard qu'un refus conscient de la forme du christianisme adoptée par la population romaine. Néanmoins, lorsqu'ils furent installés sur le territoire romain, l'arianisme fut un des facteurs qui leur permit de conserver leur spécificité : les évêques ariens entretenaient des liens étroits avec le roi, et le service religieux se faisait non pas en latin mais en langue populaire. A tous égards, l'église arienne se distinguait donc nettement de la romaine.

Le terreau d'une nouvelle religion

La vie intellectuelle de l'Antiquité tardive a ses zélateurs. Demeure cependant l'impression qu'elle était depuis longtemps sur la défensive au moment où le système politique s'effondra en Occident. Tant sur le plan formel que dans le choix des sujets, la littérature était liée au passé. Les sciences ne progressaient pas, et rares étaient ceux qui s'y intéressaient. Seuls l'architecture et les Beaux-Arts — à l'issue d'un temps mort au cours duquel il n'y eut plus de construction publique — trouvèrent de nouvelles formes d'expression, essentiellement liées aux besoins engendrés par le christianisme. De son côté, la philosophie avait également donné l'impression de stagner depuis les débuts de la période impériale — comme si, par le biais des écoles philosophiques hellénistiques de l'époque préchrétienne, le monde classique avait épuisé toutes ses possibilités

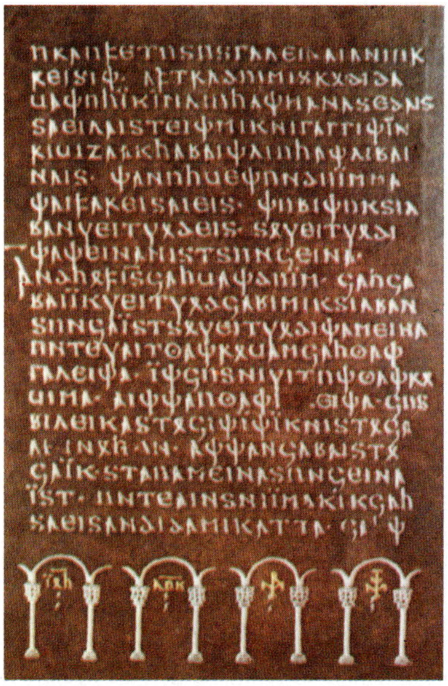

Le codex Argenteus — « le livre d'argent » — contenait originellement les quatre évangiles en langue gotique dans une traduction de Wulfila. Il est écrit sur un parchemin pourpré avec une encre d'or et d'argent et était peut-être destiné à Théodoric le Grand. Ce livre constitue notre plus importante source de connaissance de la langue gotique. L'ouvrage est conservé à Uppsala.

d'explication. Lorsqu'ensuite le christianisme s'imposa, ce fut longtemps la théologie qui mobilisa toutes les forces intellectuelles disponibles.

Ce que cherchait la philosophie, c'était une explication du monde fondée de la raison humaine ; or, de plus en plus, ce type d'explication paraissait insatisfaisant. Une philosophie d'inspiration religieuse, le néo-platonisme vit le jour au IIIe siècle, et l'on est fondé à y voir une expression de l'inquiétude religieuse quasi obsessionnelle qui caractérise toute l'Antiquité tardive. Ce fut une époque où l'on croyait aux forces surnaturelles et tout le monde était d'accord pour souligner l'importance d'un tel contact. A ces puissances, on devait témoigner déférence, respect et dévouement. Et celles-ci vous jugeaient sur des critères moraux. C'était d'elles que dépendait votre bonheur temporel et parfois aussi éternel.

C'est sur ce terreau métaphysique que prospéra le christianisme. Voyons maintenant ce qu'il avait à proposer.

L'extension du christianisme vers 600. Seuls quelques centres — les plus importants ou spécialement connus — sont indiqués ici.

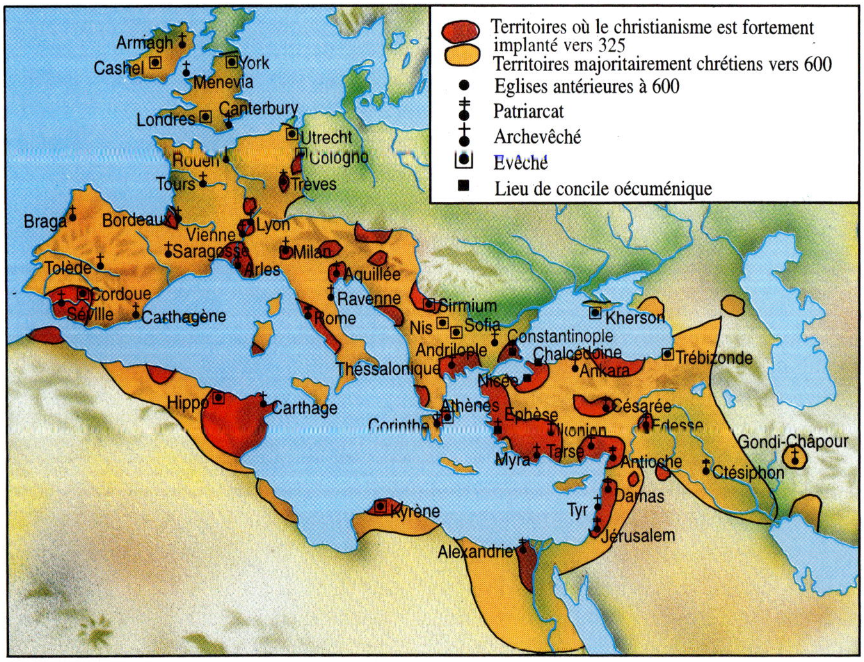

Une religion du salut...

L'époque impériale vit prospérer une nouvelle forme de religion, les religions à mystères. Elles étaient fondées sur les anciens rites de la fécondité auxquels elles donnaient un contenu nouveau. Ces rites étaient liés à des mythes qui reflétaient des phénomènes centraux de la nature — la naissance et la mort, la croissance et la maturation — et visaient originellement à assurer une prospérité temporelle. Les mystères, eux n'offraient pas essentiellement le bonheur temporel mais l'assurance d'une existence dans l'au-delà : la béatitude, le salut qui devait permettre d'échapper à la mort et aux démons.

Le christianisme avait bon nombre de points communs avec les religions à mystères. Il voyait le monde dans une perspective identique et, tout comme elles, connaissait les rites — les sacrements — où, de manière mystérieuse, l'on participait à la mort et la résurrection de la divinité. Néanmoins, il existait aussi d'importantes différences. Le « mythe » du christianisme affirmait être la réalité au sens littéral du terme ; le salut qu'il annonçait était lié à un personnage historique, Jésus de Nazareth, à sa mort et sa résurrection. Le mythe était exposé dans un texte d'une puissante autorité, la Bible, où était expliquée toute l'évolution du monde. Le mythe avait donc un fondement rationnel. De surcroit, le christianisme offrait à l'existence un cadre global qui pouvait s'appliquer à tous les groupes de la société. Il offrait un rituel poétique et riche de sens, un service divin qui parlait à tout le monde. Et puis surtout : on trouvait dans l'Eglise tout à la fois une communauté spirituelle et une organisation efficace qui avait des ramifications dans toutes les parties du royaume.

... qui devint religion de l'Empire

Sous Constantin le Grand, cette religion, jusqu'alors persécutée, eut la faveur de l'Empereur et ne tarda pas à devenir la religion officielle de l'Empire. A l'époque de Constantin, les chrétiens représentaient une petite minorité : en Occident, au maximum cinq pour cent de la population ; en Orient, sensiblement plus. Dès lors, il y eut des ralliements en masse. En l'espace de deux ou trois siècles, l'Eglise connut dans tous les domaines une formidable expansion. Dans la plupart des circonstances importantes de la vie, l'Eglise devint un partenaire social obligé. On édifia quantité de nouveaux édifices cultuels. Les dons affluèrent. Evêques et églises furent dotés de nouveaux droits et privilèges.

Cependant, l'Eglise se trouvait confrontée à d'importants problèmes de doctrine. Dès l'époque des premiers chrétiens, elle n'avait cessé de lutter pour clarifier son message face à des groupes dissidents que l'on qualifiait de sectes et d'hérétiques. Portant sur la question fondamentale de savoir quelle était la nature de Jésus par rapport à Dieu le créateur, le débat interne culmina dramatiquement — alors que la paix religieuse était devenue un fait — lorsque le prêtre Arius se mit à nier radicalement le caractère divin de Jésus. Le débat fut long et d'une extrême violence, d'autant que, deux générations durant, les empereurs soutinrent les tenants de l'arianisme. Ce point n'était cependant pas le seul qui nécessitât des clarifications. La théologie connut un âge d'or. Ainsi, c'est au cours des quatrième et cinquième siècles que les lignes directrices de la doctrine chrétienne et des pratiques sacramentelles furent définitivement fixées et, vers 400, apparut, dotée de ses principales caractéristiques, cette entité traditionnellement connue sous le nom d'« Eglise catholique » (grec latinisé : catholicus, universel).

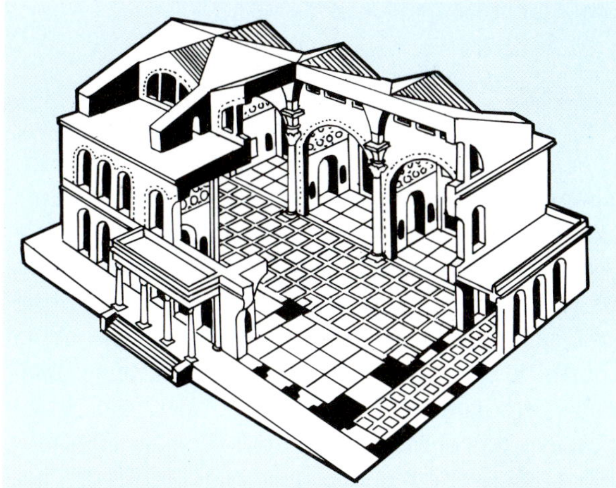

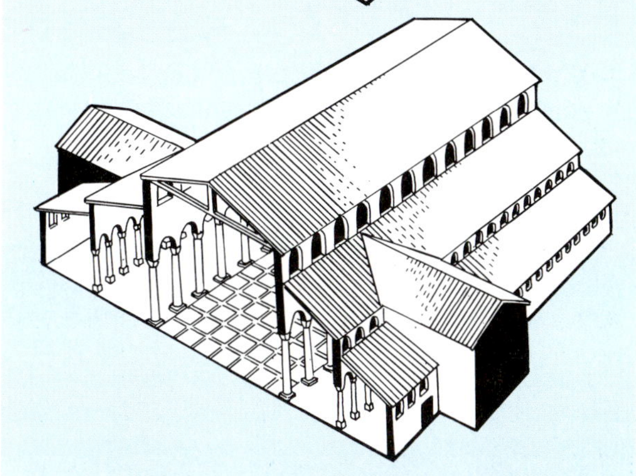

Un des traits les plus caractéristiques du paysage urbain gréco-romain était la basilique, qui était une grande halle destinée à abriter plusieurs activités. Utilisée comme marché couvert, elle pouvait aussi abriter les assemblées ou servir de salle du trône. Les caractéristiques habituelles du bâtiment sont une cour quadrangulaire à portiques qui précède l'entrée, un vestibule à arcades et une extrémité demi-circulaire (abside) où étaient logés le siège du juge ou le trône. Lorsque régna la paix religieuse, les chrétiens adoptèrent cette forme de bâtiment. C'est Constantin qui édifia les premières basiliques chrétiennes. En haut : vue de la basilique de Maxence sur le forum de Rome (environ 310). En bas : une forme de basilique que l'on adopta habituellement dans la construction des églises.

Intérieur d'une des basiliques antiques les plus belles et les mieux conservées : Sainte-Sabine sur l'Aventin (Ve siècle).

Pax Christiania — Pax Romana

Pour l'évêque Eusèbe de Césarée, le théologien de la cour de Constantin, Constantin avait fait éclore quelque chose qui était en germe depuis que l'Eglise chrétienne était née au moment même où l'Empire avait vu le jour :

Un (seul) Dieu fut annoncé à l'ensemble de l'humanité. Et, en même temps, apparut et prospéra une puissance et autorité universelles : l'empire Romain. Dès lors se dissipa la longue et implacable haine qui opposait les gens. Et, en même temps que l'on répandait dans l'ensemble de l'humanité la connaissance d'un seul Dieu et d'une seule religion, il arriva que toute la puissance de l'empire Romain se concentra entre les mains d'un seul souverain, faisant régner une paix profonde sur le monde tout entier. Ainsi Dieu veilla-t-il à ce que deux germes de bénédiction, l'empire Romain et la religion chrétienne, éclosent en même temps pour le plus grand profit de l'humanité.

Voyant dans l'empereur le reflet de Dieu, Eusèbe croyait que la politique de Constantin créerait une nouvelle civilisation où le christianisme donnerait un nouveau visage à l'empire Romain.

L'art chrétien primitif adopta le langage formel de l'Antiquité. Parfois, il lui arriva aussi d'en reprendre les motifs : le berger à l'agneau était un sujet de prédilection qui constituait une illustration directe du « bon pasteur de l'Évangile ».

Saint Augustin : la plus ancienne représentation connue (Fresque du Latran, VIe siècle)

Il convient de s'arrêter un instant sur les auteurs de ces écrits doctrinaux. Evêques pour la plupart, ils n'ont jamais fréquenté une école de théologie. Et s'ils se posent souvent en grands défenseurs de l'orthodoxie, ils sont aussi en contact permanent avec leur troupeau et s'attachent à approfondir les exigences et promesses de l'Ecriture, son interprétation du passé et de l'avenir. Les plus éminents d'entre eux reçurent plus tard le titre honorifique de « docteur de l'église ». Ils furent les philosophes de l'Antiquité tardive, les fruits les plus originaux de sa culture, des administrateurs qui étaient aussi des penseurs féconds.

Saint Augustin

Originaire d'Afrique du Nord et évêque d'Hippone, Saint Augustin, en latin (Aurélius *Augustinus* (354-430), fut le plus grand théologien occidental de l'Antiquité. A beaucoup d'égards, sa production, aussi complexe que remarquablement écrite, fut d'une importance décisive pour la théologie et la philosophie de l'Occident. Entre autres, tant la scolastique du haut Moyen Age que les penseurs de la Réforme, ont une dette à son endroit (la prédestination, le problème du pêché et la grâce). Lorsqu'inconcevablement, Rome fut prise par les Wisigoths en 410, beaucoup se demandèrent s'il fallait y voir une vengeance des anciens dieux. Saint Augustin avait une réponse. Il considérait la nature humaine avec pessimisme mais avait confiance en la providence divine. Dans sa grande œuvre La cité de Dieu, il se livre à une virulente critique du monde romain, spécialement l'impérialisme romain. En toute hypothèse, la société temporelle Civitas terrena est condamnée à périr. Mais, derrière celle-ci, invisible à l'œil, il y a une autre société en train de prendre forme, c'est *lacivitas Dei*, la cité de Dieu, qui apparaîtra à la fin des temps. Saint Augustin ne jette pas la pierre à la société temporelle, il reconnait que, de par sa puissance, elle peut faire régner un certain ordre. Mais seule la civitas Dei peut faire naître la vraie paix qu'aucun royaume de ce monde n'est en mesure d'offrir.

La conception du monde. La morale

Mais que représentait le christianisme pour les sociétés qui se formèrent peu à peu sur les ruines de l'empire Romain ? La réponse ne saurait être simple.

Vis-à-vis du monde qui les entourait, les chrétiens avaient une attitude ambivalente. Ils affirmaient que la création était bonne. Né à l'initiative du Tout-Puissant, le monde n'était pas, comme l'enseignaient les gnostiques et les manichéens, l'œuvre de quelque mauvais « démiurge ». Fondamentaux étaient pour eux le respect qu'inspirait l'œuvre du créateur et, avant tout, l'amour de l'homme créé à l'image de Dieu. Mais, dans le même temps, la doctrine chrétienne prônait que « ce monde se trouve dans le mal », qu'il est comme ensorcelé par le péché des anges et des hommes et que la destination dernière de l'homme est celle qui l'attend au-delà de la tombe. C'est là que conduisent les traces du Christ, en suivant la voie de la souffrance et du renoncement, voire du martyre.

Cependant, le renoncement apparaissait sous un jour positif car on le reliait au commandement d'amour : « Aime ton prochain ». Et les effets s'en firent sentir dans la société. L'Eglise bénéficia d'un afflux de dons destinés à soutenir son action en faveur des veuves et des orphelins, des vieillards, des malades, des pauvres ainsi que du rachat des prisonniers de guerre. Suscitant par ailleurs des dévouements individuels, ces œuvres jouèrent leur rôle. Pour autant, l'Eglise ne visait nullement à provoquer un bouleversement de la société.

L'ambivalence de cette conception du monde apparaît aussi dans la morale individuelle. Chez l'homme, les forces du chaos sont puissantes, et elles se manifestent tout spécialement dans le domaine sexuel. Ainsi s'explique que, malgré la place centrale qui lui est dévolue dans la bonne œuvre créatrice de Dieu, la vie sexuelle apparaisse sous un jour essentiellement négatif. Et, comme dans la plupart des civilisations développées (et patriarcales), c'est une fois encore la femme qui incarne la séduction du mal, qui devient la Tentation personnifiée.

Les exigences morales étaient sévères, et les croyants étaient soumis à la discipline de l'Eglise. Les manquements graves étaient sanctionnés par l'exclusion, c'est-à-dire l'excommunication. Et, s'il était possible d'être absous puis réintégré dans la communauté, la procédure était très longue et ne pouvait avoir lieu qu'une fois. De ce fait, nombreux furent les candidats au baptême — les catéchumènes — qui hésitèrent à se faire baptiser avant de se retrouver sur leur lit de mort. En tout cas, la vague de conversions qui se produisit à partir du quatrième siècle abaissa sensiblement ce niveau et n'eut pas d'effet bénéfique sur la société. Le chaos que provoquèrent les grandes invasions ne créa pas non plus un terrain très favorable. Ainsi en dépit des interdictions proclamées par l'Eglise, les lois continuèrent d'autoriser le divorce et le remariage à des conditions relativement libérales. Force est donc d'en déduire que les législateurs se sentirent pris dans les contraintes d'une pratique tenace.

Le désert et la société

A l'opposé, il existait des gens prêts à tout sacrifier à la religion. Une pratique de l'ascèse qui supposait notamment le célibat se répandit au troisième siècle parmi les chrétiens, mais c'est seulement vers 300, avec Saint Antoine le Grand (251-356) et ses disciples du désert grec, qu'apparut une forme d'existence qui marqua une rupture totale avec la société. Bientôt les ermites se comptèrent par milliers ; ils se multiplièrent dans tout l'Orient en l'espace de quelques décennies. Peut-être ce mouvement traduit-il le besoin de mieux se préparer au jugement dernier et de protester contre le rapprochement qui se produit entre l'Eglise et l'Etat au quatrième siècle.

Le mouvement se traduisit d'abord par une quête de solitude qui devait permettre une meilleure approche de Dieu. Pour sa part, saint Antoine eut la vocation en lisant les paroles de l'Evangile : « Vends tout ce que tu possèdes... et suis moi ». Mais les premiers ermites ne tardèrent pas à avoir des disciples, et certains préférèrent bientôt se regrouper en « collectifs », donnant ainsi naissance aux premières communautés conventuelles. De là, s'amorça un mouvement de retour vers la société. Les moines (du grec monakhos : ermites) purent mieux se rendre compte de ce qu'était l'amour du prochain. Dans les règles conventuelles qui furent alors rédigées la dimension sociale apparait clairement. C'est le cas chez Basile le Grand, évêque de Césarée (voir vol. 3, p. 255) et également dans la règle que saint Augustin édicta pour ses communautés d'Afrique du Nord vers 400.

Le motif central du christianisme, la victoire du Christ sur la mort est le thème sculpté sur ce sarcophage du début de la période chrétienne (environ 350). On voit ici comment des motifs classiques ont été utilisés au service de la nouvelle religion. Les soldats romains que l'on peut voir sous le monogramme du Christ ont la même attitude que les barbares vaincus tels qu'ils sont traditionnellement représentés sur les reliefs impériaux. Et c'est une couronne de lauriers que l'on pose sur la tête du Christ.

Le Christ trônant est le motif habituellement adopté pour décorer l'abside des basiliques. Ici, la scène est plus dramatique : le Seigneur descend pour juger, et les princes des apôtres, Pierre et Paul, conduisent les élus vers l'avant (Eglise Saint Côme et Saint Damien).

Les nouvelles sociétés

En 1688, le professeur allemand Christophe Keller publia la deuxième partie d'un manuel d'histoire qui avait pour titre « Historia medii aevi » — Histoire du Moyen Age. Ce volume succèdait à un premier intitulé « Historia antiqua », « L'Antiquité », et fut suivi d'un troisième consacré aux siècles les plus récents — « Historia nova ». C'est ainsi que l'on inventa le « Moyen Age ». Mais cette invention était depuis longtemps dans l'air et s'explique en fait par le désir des humanistes de la Renaissance de se rattacher directement à la civilisation de l'Antiquité en rejetant le millénaire intermédiaire considéré comme un regrettable faux pas dans l'évolution de la civilisation européenne. Cette tripartition de l'histoire fut entérinée par les hommes des lumières et se généralisa ensuite.

Lorsqu'ils proclamaient un nouveau roi, les Germains le hissaient sur un pavois. Cette coutume fut ensuite adoptée par les empereurs romains. Dans ce manuscrit du XIe siècle, c'est le prototype du souverain juste, David, le roi biblique, que l'on proclame et couronne.

Mais quand le « Moyen Age » commença-t-il ? Y a-t-il dans l'évolution politique et économique, dans l'évolution même de la civilisation une rupture suffisamment nette pour que l'on puisse affirmer : ici se termine l'Antiquité, ici commence le « Moyen Age » ? Et une telle rupture s'est-elle véritablement produite ?

Parti à la conquête de l'Italie, Théodoric, le roi des Ostrogoths, se retrouva au cours d'un hiver critique enfermé avec tout son peuple dans la petite ville italienne de Pavie. D'évidence, leur nombre n'était pas tel que celle-ci ne pût tous les contenir. Par ailleurs, lorsqu'en 429 les Vandales franchirent le détroit de Gibraltar, ils devaient être quelque 80 000 au total. Ce furent donc des peuplades de quelques dizaines de milliers de personnes qui renversèrent l'édifice social romain. Et, dans cet océan que constituait la population romaine, elles ne représentaient guère que des îlots.

Ces peuplades germaniques qui s'établirent ainsi loin de leurs sœurs du nord souhaitaient subsister à l'état d'îlots, car elles entendaient survivre comme nation et continuer de former une classe supérieure distincte. Elles se fixèrent relativement près les unes des autres et peuplèrent chacu-

Le palais de Théodoric tel que le représente une mosaïque de son église St Apollinaire-le-Neuf à Ravenne.

ne un territoire assez restreint. De plus, elles conservèrent leur système juridique et finirent par adopter une forme de christianisme — l'arianisme — que rejetait le reste de l'empire Romain. A la longue, cette situation n'aurait cependant pu durer, et si les invasions avaient cessé avec cette première vague — où l'on trouve les Goths, les Vandales, les Burgondes et les Suèves — la nouvelle classe dominante aurait sans doute fini par s'intégrer dans la société romaine sans laisser beaucoup de traces. C'est l'héritage romain qui aurait imprimé sa marque.

Mais, à la fin du Ve siècle, se produisit une nouvelle vague d'invasions dont les racines plongeaient bien plus profondément dans le monde germanique et qui, restant en contact avec celui-ci, ne cessa d'en recevoir des apports pendant une longue période. Il s'agit de peuples comme les Francs, leurs voisins les Alamans et, partiellement aussi, les Lombards qui ne pénétrèrent en Italie qu'en 568. Le rôle central fut cependant joué par les Francs. Et jamais ceux-ci ne jugèrent nécessaires de prendre des mesures spéciales pour protéger leur spécificité. Bien au contraire, en adoptant la religion catholique romaine, ils jetèrent les bases d'une pleine intégration des deux groupes de population. Et l'Etat qui se forma à cette époque fut d'une importance décisive pour l'avenir de l'Europe. Car s'opéra alors une synthèse — assez primitive il est vrai — entre l'héritage romain et les traditions germaniques. Et c'est seulement à ce moment-là, disons vers 600, que commencèrent à apparaître les traces d'une rupture avec l'ancien système, c'est à ce moment-là seulement que nous discernons une société qui, à beaucoup d'égards, porte la marque du « Moyen Age ». C'est sur cette société que nous mettrons l'accent dans les pages qui suivent ; mais, liminairement, il convient de dire quelques mots sur les états goths de la Méditerranée.

Les Ostrogoths en Italie

Comment avait évolué la situation depuis la cruciale année 476 ? La domination germanique en Méditerranée occidentale était bien établie. Les Vandales s'étaient emparés de la riche Afrique du Nord, et, grâce à leur flotte qui entretenait l'insécurité, avaient interrompu les relations commerciales entre l'est et l'ouest. Ensuite, ils prirent pied en Sicile d'où ils menacèrent le continent italien, empêchant ainsi Rome de recevoir des approvisionnements de ses traditionnels greniers à blé. Tout aussi frappante fut l'expansion des Wisigoths. Au début du Ve siècle, les Goths s'étaient satisfaits de pouvoir se fixer en Gaule méridionale. Mais sous le règne de l'entreprenant roi Euric (466-484) se produisit une rupture quasi totale avec l'Empereur. Euric conquit tout le sud de la Gaule jusqu'à la Loire, en même temps que ses généraux s'emparaient de la plus grande partie de l'Espagne, repoussant les Suèves au nord-ouest. De plus, à partir des années 490, les Wisigoths reçurent le soutien d'un peuple frère qui conquit l'Italie.

Dans les années 480, après un périple de cent ans, les Ostrogoths s'étaient établis en terre romaine, dans la

Quand commença le Moyen Age

Il y a maintenant deux cents ans que l'on s'interroge sur le moment où il convient de faire commencer le Moyen Age. Au XVIIIe siècle, les hommes des Lumières étaient généralement d'accord pour penser que la « chute de l'Empire romain » était due à une catastrophe ou une série de catastrophes. Et la seule question vraiment pertinente était de savoir à quelle année il fallait faire remonter cette catastrophe : 324 (Constantin officialise le christianisme) ? 395 (l'empire est divisé à la mort de Théodose) ? ou 476 (le dernier empereur romain d'Occident est détrôné) ? La théorie de la catastrophe a toujours des adeptes mais, depuis un siècle, l'antiquité tardive apparaît de plus en plus comme une époque spécifique et on incline à poser le problème de manière plus nuancée. Pour les spécialistes de l'art, l'antiquité tardive est en tout cas une période qui commence vers 300 pour se prolonger pendant une grande partie du VIe siècle. Et les historiens y voient aussi une période où une forme de civilisation se substitue lentement à une autre. Pourtant, si l'on veut absolument une année de référence, 476 semble convenir. Elle marque essentiellement la prise du pouvoir politique par les Germains durant la dernière moitié du Ve siècle.

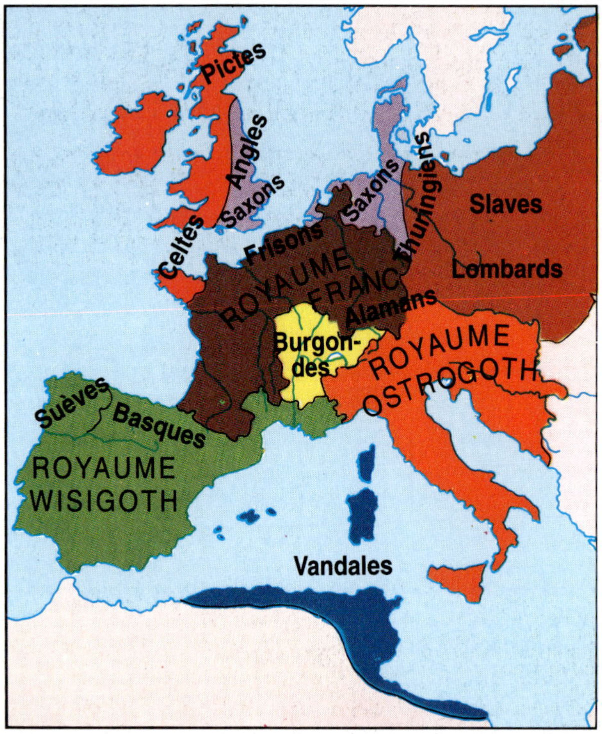

L'Europe de l'Ouest en 526 (à la mort de Théodoric)

A Ravenne, on peut encore voir le mausolée de Théodoric qui fut érigé juste après sa mort en 526

Moesia inférieure (à peu près l'actuelle Bulgarie). Mais, comme ils n'arrivaient pas à trouver là de quoi vivre, ils marchèrent sur l'Italie sous la conduite de leur roi Théodoric qui avait obtenu l'accord de l'empereur. Théodoric avait reçu une éducation romaine et avait été élevé aux plus hautes fonctions, et c'était officiellement pour assurer l'autorité de l'Empereur en Italie, qu'il conduisit son peuple à travers les Balkans à l'automne 488. En Italie, en effet, le général germanique Odoacre avait en 476 destitué l'empereur résident d'Occident. Formellement, il se posait lui aussi en représentant du pouvoir impérial, et il avait institutionalisé son autorité en s'appuyant sur la noblesse sénatoriale. A l'issue de quatre années de combat, ce fut Théodoric qui l'emporta.

L'un des fonctionnaires de confiance de Théodoric fut le sénateur romain Boèce que, le soupçonnant de trahison au profit de Byzance, le roi fit exécuter à la fin de sa vie. Dans un petit écrit qu'il rédigea en prison, « De la consolation philosophique », Boèce décrivit le cheminement qui conduit l'homme vers la vérité spirituelle. Pour le Moyen Age, cet écrit fut une des clefs de la tradition platonicienne et devint immensément populaire. Comme on peut le voir dans ce manuscrit du xe siècle, la philosophie, « philosophia », apparaît sous forme d'une femme dont l'auteur écoute les enseignements.

Théodoric (roi d'Italie de 493 à 526) était un politicien et un soldat hors pair qui joua bientôt les premiers rôles en Méditerranée occidentale. Vis-à-vis de l'empereur, il accepta d'être considéré comme sujet romain. Mais, pour les Goths, il était leur roi. Et cette dualité avait d'importantes implications. Théodoric n'envisageait pas de fonder un nouvel « Etat » mais d'offrir à son peuple de bonnes conditions d'existence. Ni les Goths ni les Romains n'étaient disposés à fusionner, et Théodoric s'y conforma en établissant une stricte séparation entre les deux populations. Dans certains domaines, les Goths obtinrent une situation privilégiée ; ils étaient seuls à pouvoir servir dans l'armée et à porter les armes. De plus, il leur était donné de vivre selon leurs propres lois. Entre Goths et Romains, les mariages furent interdits. Par surcroît, il existait un clivage religieux : les Goths étaient ariens, sans doute depuis la génération précédente lorsque, se trouvant au nord du Danube, ils avaient subi l'influence des Wisigoths. Cependant, Théodoric s'attacha à rester en bons termes avec ses sujets romains et ne chercha pas à brimer les catholiques.

Didrik de Berne

Les Goths n'avaient pas de formation livresque. Mais Théodoric lui-même avait vécu de nombreuses années dans un environnement romain et nourrissait le plus grand respect pour la civilisation romaine. Bien qu'étant lui-même analphabète, il comprenait la nécessité de l'écriture aussi bien pour la création littéraire que pour les besoins de l'administration. Aussi ne ménagea-t-il aucun effort pour s'assurer le concours de l'aristocratie romaine. Certes, le sénat était en passe de devenir un simple conseil de la ville de Rome. Mais ces quelques centaines de familles possédaient la plus grande partie de la terre italienne. Et c'est très symptomatiquement à une commission romaine que fut confiée le soin de procéder à la répartition de la terre. L'essentiel des terres que reçurent les Goths se trouvaient au nord du Pô ; c'est là que Théodoric désirait concentrer son peuple, spécialement pour satisfaire à des impératifs de défense.

La puissance de Théodoric ne tarda pas à revêtir un caractère légendaire. Des récits lui prêtèrent des dimensions surnaturelles, et c'est lui, en particulier, qui servit de modèle au héros de la saga norroise « Didrik de Berne ». « Berne », c'est Vérone, le quartier général de Théodoric. Etablissant une couronne de glacis de l'autre côté des Alpes, il enleva la Provence aux Burgondes, affirma son autorité dans les pays alpins (Rhétie, Norique) ainsi que la Dalmatie et réussit à tenir la ligne du Danube dans la plaine de Hongrie (Pannonie). Cependant, il sut modérer ses envies de conquête et s'attacha à mettre en place un système propre à préserver les équilibres. A cette fin, il mit en œuvre une politique européenne de mariages qui devait permettre d'assurer la paix. Et il prêcha lui même d'exemple en épousant la sœur de Clovis, le roi des Francs, puis en devenant beau-père et grand-père dans la dynastie des Wisigoths. Ce faisant, il s'efforça également de limiter la toute-puissance de Clovis et apporta son appui à ses frères de l'ouest lorsque ce dernier leur prit le sud de la Gaule en 507.

Il semble qu'au cours des dernières années de sa vie, Théodoric ait quelque peu perdu le sens des réalités. Durant la plus grande partie de son règne, son pouvoir avait été formellement reconnu par Byzance. Mais, la politique byzantine ayant changé d'orientation, il en vint à craindre que ses sujets romains ne le trahissent au profit de l'empereur catholique de Constantinople, et il fit procéder à des arrestations ainsi que des exécutions arbitraires de personnalités romaines. Ceux qui lui succédèrent ne surent pas poursuivre cette politique d'équilibre dans laquelle il était passé maître, et peu d'années s'écoulèrent avant que ne commence à se réaliser ce que Théodoric avait redouté : l'actif et ambitieux empereur Justinien entreprit de rétablir l'Empire dans sa grandeur originelle. En 536, il envoya une armée vers l'Italie. Pour le pouvoir des Ostrogoths, ce fut le commencement de la fin.

Le royaume des Wisigoths

Théodoric n'avait pas été le seul à pratiquer une politique de ségrégation. Tant les Wisigoths en Espagne que les Vandales en Afrique procédèrent à une même bipartition de la société. Ces derniers formèrent une classe d'oppresseurs que Justinien n'eut aucun mal à éliminer lorsqu'il mit en œuvre sa politique de conquête. En revanche, les Wisigoths réussirent à opérer leur conversion.

Fille et héritière de Théodoric, Amalasante ne parvint pas à préserver l'héritage de son père. Dans cette royauté guerrière, elle avait besoin de pouvoir s'appuyer sur un mari. Mais elle fit un choix malheureux et provoqua tout à la fois sa perte et celle du royaume (relief en ivoire).

Au cours du ve siècle, les Wisigoths s'implantèrent en Gaule méridionale en même temps qu'ils renforcèrent leur domination sur l'Espagne. Et tout laissait à croire que le reste de la Gaule allait à son tour tomber entre leurs mains. Mais, lorsqu'ils voulurent poursuivre leur avancée

Les Vandales

Commandés par Geiséric (428-477), les Vandales débarquèrent en Afrique en 429 puis se dirigèrent vers l'est. En 442, l'empereur dut entériner la fondation d'un état vandale dans la partie la plus riche de la région côtière, l'actuelle Tunisie. De là, Geiseric conquit les îles de la Méditerranée occidentale, les Baléares, la Sicile, la Sardaigne et la Corse, puis il pilla Rome en 455. Il paraît cependant douteux que, comme on a pu l'affirmer, les Vandales aient voulu étendre leur domination à la mer. Leurs ressources étaient en effet trop limitée. De plus, ils n'arrivèrent pas non plus à fonder de véritable Etat en Afrique. Ils s'établirent comme propriétaires terriens autour de Carthage, la capitale, et opprimèrent systématiquement la population romaine catholique. Ils ne parvinrent cependant pas à soumettre les habitants de l'intérieur. En 534, ils furent battu par les troupes de Justinien, et le royaume disparut sans guère laisser de traces.

Les Vandales s'établirent en Afrique du Nord où ils constituèrent une classe dominante. On voit ici un grand propriétaire vandale qui sort de sa villa à cheval (Mosaïque de Carthage, vers 500).

au nord de la Loire, ils trouvèrent plus fort qu'eux en la personne d'un chef exceptionnel, Clovis, le roi des Francs qui les chassa presqu'entièrement de la Gaule (507) où ils ne conservèrent plus que la Septimanie, c'est-à-dire la bande côtière languedocienne dont la capitale était Narbonne. Et sans doute l'affaire eût-elle encore plus mal tourné sans l'appui de Théodoric.

C'est dans le centre du pays (l'ancienne Castille) que se concentra principalement l'établissement des Wisigoths en Espagne, les centres étant Ségovie, Valladolid, Burgos et Tolède qui accéda plus tard au rang de capitale. Les Wisigoths devaient alors représenter quelque 70 000 personnes. Ce noyau wisigothique de confession arienne ne constituait cependant qu'une petite minorité par rapport à la population latinisée et catholique. Et les Goths étaient menacés de plusieurs côtés : Les Francs avaient des visées sur la Septimanie. Dans le nord-ouest de la péninsule Ibérique, les Suèves (qui s'étaient convertis au catholicisme) manifestaient des tendances séditieuses et menaçaient de faire cause commune avec les Francs, cependant que, renonçant à la culture latine, les peuples des montagnes du nord — « les Basques » — affirmaient leur indépendance. Au sud, enfin, nourrissant le dessein de reconstituer l'Empire, Justinien fit débarquer des troupes byzantines qui conquirent les régions côtières, là où, d'ailleurs, la culture latine était le plus solidement implantée.

Justinien jugeait qu'à tous égards le royaume des Wisigoths reposait sur des bases fragiles. Une noblesse indocile tuait les rois les uns après les autres, et la religion arienne des conquérants ne faisait aucun adepte parmi la population romaine. Tout comme Théodoric, les Wisigoths avaient introduit une stricte ségrégation entre populations conquérantes et asservies. Mais le sourd mécontentement qui régnait dans la population romaine entraîna le pouvoir royal à infléchir une politique qui, à la longue, se révélait intenable. Et, finalement, le roi Léovigild (568-586) réussit à la fois à soumettre les Suèves, à tenir les Byzantins en échec, à briser l'opposition nobiliaire et à mener une politique de réconciliation intérieure en levant l'interdiction qui frappait les mariages mixtes. Peu après, son fils, Reccared Ier, paracheva son œuvre en annonçant sa conversion au catholicisme ; laquelle entraîna progressivement celle de son peuple.

Dernier roi des vandales, Gelimer fut battu par les Byzantins en 534. On l'exhiba dans le cortège triomphal qui parcourut les rues de Constantinople ; il passa cependant le reste de sa vie comme propriétaire terrien en Asie mineure.

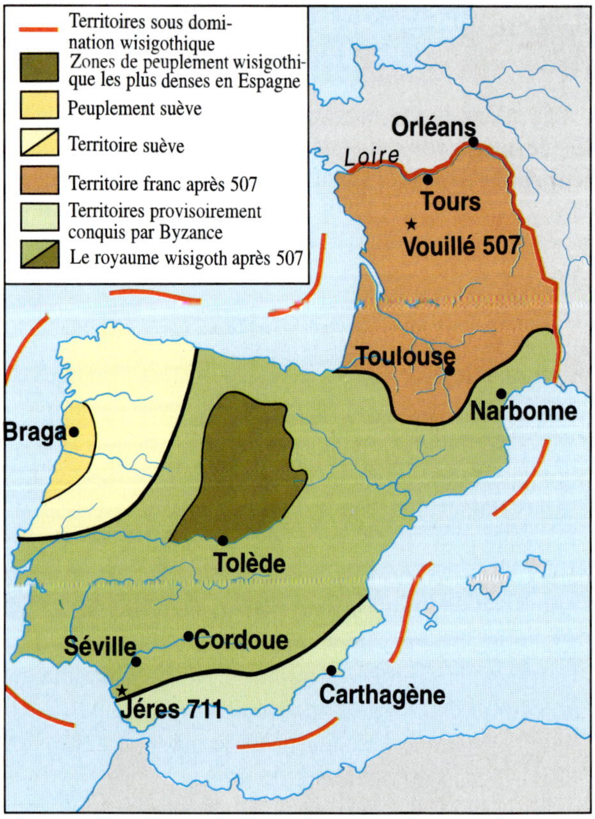

Le royaume des Wisigoths. Ses limites se déplacèrent vers le sud : les Wisigoths se fixèrent d'abord dans le sud de la France puis conquirent l'Espagne, mais perdirent ensuite ces mêmes territoires français (507). En revanche, ils réussirent à incorporer à leur royaume le territoire occupé par les Suèves. Pendant une certaine période (de 552 à 621), les Byzantins occupèrent une partie plus ou moins importante de la côte sud de l'Espagne.

Le royaume de Tolède

Apparut alors un Etat qui s'inscrivait clairement dans la tradition romaine tardive, et les impulsions nouvelles qu'il reçut des territoires byzantins ne firent que renforcer cette tendance. Le système administratif n'avait pas fondamentalement changé depuis l'antiquité tardive, et, alors même qu'il était en conflit avec Byzance, le pouvoir royal s'en était inspiré pour bien montrer qu'il était l'égal de son adversaire. Des témoignages que nous ont laissés l'architecture et l'art se dégage la même impression : le traditionnel mobilier funéraire d'inspiration germano-sarmate disparaît.

Enfin, en 654, les derniers vestiges de la bipartition furent supprimés, lorsqu'on décida que tout le monde serait soumis à la même loi. Le Liber Indiciorum était fortement influencé par le droit romain. Bien plus que dans les autres royaumes issus des grandes invasions, le pouvoir royal fut appelé à jouer un rôle de législateur et de responsable du bien public (res publica).

Un des traits distinctifs les plus marquants de cette royauté est l'étroite alliance qui s'établit entre le pouvoir royal et l'Eglise. S'étant converti, Reccared reçut l'appui des évêques catholiques et put disposer des ressources de l'Eglise. Dès lors, les évêques exercèrent d'importantes responsabilités au sein de l'Etat en même temps qu'ils s'attachèrent à souligner la nature religieuse du pouvoir royal. Les synodes auxquels assistaient également les principaux dignitaires laïques se mirent à fonctionner comme des assemblées du royaume.

Pourtant, entre les deux populations, la fusion ne put se faire totalement, ce qui conduisit le royaume à sa perte. Si l'Eglise appuyait le pouvoir central, la noblesse n'était nullement prête à le faire. Une part importante du pouvoir économique était entre les mains des grands propriétaires fonciers d'origine gothique qui continuaient d'exiger la reconnaissance de leurs privilèges et faisaient appel à leurs troupes pour y parvenir. Ce faisant, ils signèrent l'arrêt de mort du royaume. Car, alors même que les querelles entre nobles battaient leur plein, les Berbères d'Afrique du Nord étaient gagnés à l'Islam. Et lorsque les hommes du prophète traversèrent le détroit de Gibraltar en 711, la route de Tolède était ouverte.

Saint Isidore de Séville

L'homme qui, plus que tout autre, sut donner forme à l'idéologie wisigothique est Isidore de Séville (mort en 636). Romain de formation, il n'en était pas moins fier de sa nationalité wisigothique et envisageait avec confiance l'avenir du royaume franc ; il n'avait que dédain pour l'Antiquité et tout ce qui se disait sur la Rome éternelle. Il est surtout connu pour son œuvre encyclopédique qui allait servir d'ouvrage de référence durant tout le Moyen Age. Intitulé Etymologiae, l'œuvre comprend vingt livres où Isidore de Séville a rassemblé toutes les connaissances de son temps. On y trouve exposés les sept « artes liberales », la médecine, la chronologie, Dieu et l'Eglise, la nature des animaux et des hommes, la géographie et la géologie, l'agriculture et la gestion des domaines, la guerre et le service de guerre, les constructions des maisons et l'art ménager ainsi que diverses autres choses. On y trouve, aussi les explications de toute une série de mots, ce qui justifie le titre donné à l'ouvrage. Ces écrits d'Isidore et d'autres aussi se répandirent rapidement dans tout l'Occident où, plusieurs siècles durant, ils constituèrent un des fondements des différentes formes d'études.

Les Wisigoths élaborèrent une conception du pouvoir royal et un cérémonial qui, à beaucoup d'égards, servirent de norme durant tout le Moyen Age. Cette couronne d'or qui a appartenu au roi Reccesvinth (649-672) est sertie de perles et de saphirs, une forme d'ornementation très courante que connaissent aussi les Sarmates, les voisins des Goths dans les steppes. Les lettres qui sont accrochées à la couronne forment les mots RECCESVINTHUS REX OFFERET.

L'alliance des braves

En Gaule, le royaume des Francs s'engagea sur une voie tout à fait différente de celle qu'avaient suivie les royaumes germaniques de Méditerranée. Le rôle prépondérant que ce peuple joua en Europe au cours des siècles suivants peut succinctement s'expliquer comme suit :

1) A la différence des royaumes Goths, les Francs gardèrent le contact avec le monde germanique tout en sachant s'ouvrir au monde méditerranéen et à la civilisation romaine. Jamais ils n'éprouvèrent le besoin de mettre en œuvre des mesures ségrégatives. Leur base germanique dans le nord était suffisante pour leur assurer une position

L'aigle est un des motifs favoris de l'art germanique primitif (qui l'a sans doute emprunté aux Romains). Ces magnifiques exemplaires wisigothiques sont sertis de verre, d'opales, de grenats et de quartz.

Dans l'Europe du VIIe siècle, les casques de ce genre étaient réservés aux chefs de guerre. Ainsi la tombe royale de Sutton Hoo en recèle-t-elle un identique (voir p. 46). Celui-ci a été retrouvé à Valsgärde, en Suède (Uppland) et se distingue par une partie inférieure formée de cotte de maille.

Avec différents autres objets, ce casque a suivi dans la tombe un prince mérovingien de six ans. La tombe se trouvait sous l'actuelle cathédrale de Cologne.

de peuple dominant et, point essentiel, la forme de christianisme qu'ils avaient adoptée les mettaient de plain-pied avec la population gallo-romaine.

2) De par sa situation géopolitique, le pays devint bien plus qu'auparavant un trait d'union entre le sud et le nord, et son économie sut en tirer profit.

Dans la Germanie du sud-ouest, plusieurs petites peuplades avaient fusionné pour former cette fédération des Francs, les « braves ». Ceux-ci n'avaient pas participé à l'invasion de 406, mais bon nombre d'entre eux se trouvaient déjà en terre gauloise, soit que, formant des unités propres, ils aient pris du service dans l'armée, soit que, s'étant installés dans des régions vierges, ils aient mis des terres en exploitation. Mais c'est seulement après l'invasion des Huns en 451, lorsqu'on eut définitivement renoncé à défendre la frontière de l'Empire que, conduits par des roitelets, ils se mirent à occuper successivement toute une série de territoires situés dans ce qui est actuellement la Belgique et le nord de la France.

Pourtant, il existait alors d'autres peuplades ou fédérations de peuplades qui paraissaient mieux en mesure de soumettre la Gaule. Ainsi en était-il des Wisigoths qui occupaient la riche région du sud et des Alamans qui, venant de Souabe et de Suisse, sur la rive gauche du Rhin, s'étaient établis en Alsace et dans les territoires voisins, entrant d'ailleurs en conflit avec le royaume burgonde plus au sud (région du Jura et la vallée de la Saône/Rhône). Ces Alamans, également une fédération de peuplades, constituaient à cette époque une puissante entité politique. Si pourtant ce furent les Francs qui s'imposèrent c'est en grande partie grâce à cet homme exceptionnel que fut Clovis. Aussi brutal et fourbe que beaucoup d'autres mais, par ailleurs, très rusé et d'une exceptionnelle énergie, il avait en outre un remarquable sens politique qui en faisait un digne adversaire de Théodoric.

Succédant à son père Childéric, lui-même fils de Mérovée (le premier représentant de la dynastie), Clovis devint roi des Francs à Tournai (vers 481). Malgré son jeune âge, il réussit rapidement à éliminer les autres princes et rassembler l'ensemble des Francs sous son autorité. Et il vainquit Syagrius, le dernier gouverneur romain du nord de la Seine qui, dans les faits, avait pris la tête d'un état indépendant. Dès 492, Clovis jouissait d'une telle réputation que Théodoric jugea opportun d'épouser sa sœur. Quelques années plus tard, en 496, il infligea une telle défaite aux Alamans que ceux-ci devinrent sujets francs. Désormais, toute la Gaule du Nord était sienne.

A cette époque, Clovis était encore païen. Toutes les peuplades germaniques fixées en terre romaine étaient christianisées mais ariennes. Clovis hésita à se faire baptiser ; cette religion étrangère ne lui inspirait pas une entière confiance. Cependant, son épouse Clotilde était catholique, et il en allait de même de la population gauloise. Cette dernière considération fut déterminante. Baptisé par l'évêque saint Rémi (498 ou 499 ?), il fut vénéré par son peuple qui le considéra comme un nouveau Constantin et put ainsi entreprendre sa dernière grande expédition militaire dans les meilleures conditions. Ayant reçu le concours des Burgondes, il franchit la Loire puis, en une seule campagne, anéantit l'armée des Wisigoths et tua leur roi Alaric II (en 507 à Vouillé), conquit leur capitale, mit la main sur le trésor royal de Toulouse puis chassa ses adversaires de l'autre côté des Pyrénées. Hormis la Bretagne, la Provence et la région languedocienne (la Septimanie) que purent conserver les Wisigoths, Clovis dominait toute la Gaule lorsqu'il mourut en 511. Il n'avait pas encore cinquante ans.

Le royaume franc

L'unité du royaume fut cependant impossible à préserver. Selon la tradition germanique le pouvoir royal ne se distinguait pas d'un héritage ordinaire. Les territoires conquis furent dont répartis entre les quatre fils du roi, et les siècles qui suivirent virent se répéter à l'infini des partages qui suscitèrent d'incessants conflits entre les différentes parties de royaume. Plus sanglante que toute autre, l'histoire des Mérovingiens abonde en cruautés et trahisons. Pourtant, on s'efforça dès le début de maintenir une certaine unité. Tous les rois avaient leur capitale dans la partie septentrionale du pays (Paris, Soissons, Orléans, Reims), et les différentes cours restaient en contact. De surcroît, les fils de Clovis réussirent dans une certaine mesure à poursuivre ensemble la politique d'expansion de leur père. En 534, les rois francs soumirent définitivement la Bourgogne qui s'assurèrent la domination de la Thuringe et d'une autre région d'Alémanie à l'est du Rhin. De surcroît, ayant conquis la Provence, les Francs eurent accès à la Méditerranée. Pourtant, cet ensemble ne put se maintenir très longtemps. A la suite de guerres intestines, les territoires les plus périphériques recouvrèrent leur liberté. Ses trois frères étant morts, Clotaire Ier resta seul roi quelques années avant de mourir (561). Mais le demi-siècle qui suivit (561-613) fut une sanglante période de guerres fraticides. Certes, les deux principaux adversaires furent assassinés relativement tôt mais, se vouant une haine implacable, leurs épouses, les reines Frédégonde et Brunehaud, poursuivirent le combat au nom de leurs fils et petits-fils. C'est au cours de cette période que se cristallisèrent deux régions principales : une, appelée Austrasie, avait son centre de gravité au nord-est (sa capitale était Metz), l'autre, la Neustrie, comprenait les terres fertiles de la région parisienne et leurs prolongements au nord-ouest. Au sud, la Burgondie et l'Aquitaine apparaissaient surtout comme des annexes des deux grandes

Habit masculin en usage dans le royaume franc des Mérovingiens : une tunique décorée de motifs géométriques qui est resserrée à la taille et descend jusqu'aux genoux. L'homme porte des cheveux mi-longs bien peignés (statuette en or trouvée près du Mans)

L'expansion des Francs (environ 400 à 560)

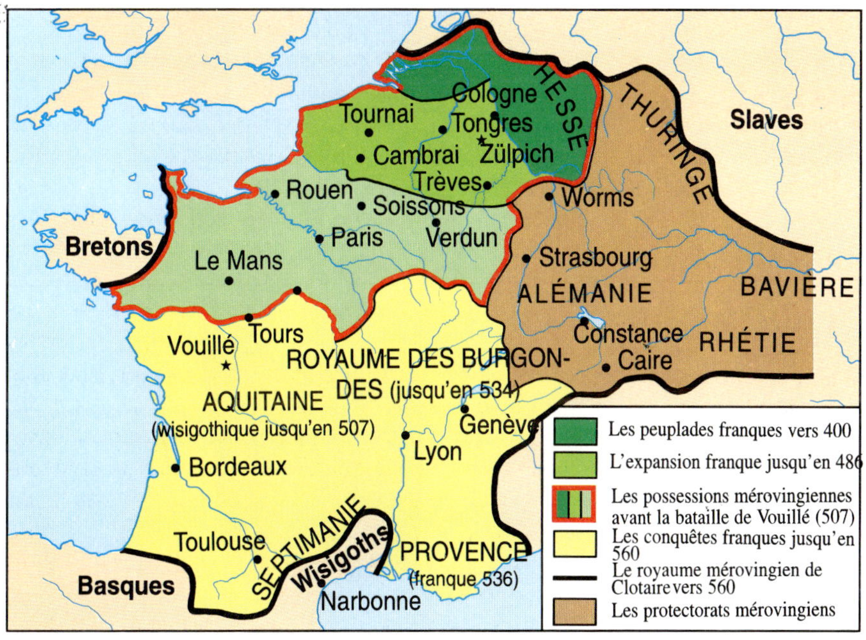

régions du Nord. Le conflit qui opposait les deux reines se termina lorsque Brunehaut fut trahie par les grands d'Austrasie qui se rallièrent au roi de Neustrie, Clotaire II (613).

Dans cette tombe de la basilique de Saint-Denis subsistaient suffisamment d'éléments pour que l'on puisse tenter une reconstitution. Une bague gravée indique que la femme était la reine Arnegonde, sans doute l'épouse de Clotaire Ier (mort en 561). La défunte reposait sur une étoffe rouge. Elle était vêtue d'une longue tunique de soie violette et d'une robe de soie aux manches brodées d'or. Aux pieds, elle portait des bas de laine et des chaussures de cuir.

Les maires du palais prennent le pouvoir

Dès lors, le royaume était une nouvelle fois entre les mains d'une seule personne. Mais le pouvoir royal dut payer le prix fort. Au cours des cinquantes années qui s'étaient écoulées, les grands s'étaient rendus de plus en plus indépendants des divers rois et prétendants à la couronne, et c'était l'administrateur du domaine royal, le maire du palais (major domus) qui représentait l'autorité dans chacune des grandes régions. Lors d'un synode réuni à Paris en 614 pour rétablir un ordre de droit dans l'ensemble du royaume, Clotaire dut consentir à ce que chacune des parties du royaume eût son propre maire du palais. En même temps, accédant au désir de l'Eglise de bénéficier d'une large autonomie, le roi dut lui promettre d'accroître ses compétences en matière judiciaire et de lui laisser librement choisir ses évêques. Cependant, une autre disposition était plus importante encore : le roi s'engageait à choisir ses fonctionnaires locaux, les comes parmi les propriétaires fonciers du district. Ainsi le roi voyait-il lui échapper un des principaux instruments du pouvoir.

Sous le fils de Clotaire, Dagobert (629-639), le royaume franc retrouva à l'extérieur une partie de son prestige. Mais ce ne fut qu'un feu de paille. Suivirent de nouveaux partages dont les grands profitèrent, cependant que les maires du palais se partageaient ce qui subsistait du pouvoir central. Durant deux ou trois générations, c'est incontestablement la Neustrie qui fut la région dominante mais, grâce à son développement économique, l'Austrasie joua un rôle d'une importance croissante. Finalement, ayant donné une puissante assise à son pouvoir, le maire du palais d'Austrasie, Pépin de Herstal, put écraser l'armée de Neustrie à la bataille de Tertry (687). De nouveau, le royaume était unifié sous un seul roi et, plus important encore, sous un seul maire de palais. Les rois mérovingiens étaient depuis longtemps réduits à l'état de « rois fainéants ». C'était le major domus et les grands d'Austrasie qui exerçaient la réalité du pouvoir.

Le substrat économique

On constate ainsi qu'à la différence des Etats germaniques de la Méditerranée, l'Etat franc réussit à survivre, et c'est surtout lui qui retiendra maintenant notre attention. De toutes les provinces de l'Empire romain d'Occident, il avait les meilleurs atouts pour prospérer. A la charnière du nord et du sud, il fut à la base de la synthèse européenne. Et il convient d'en présenter le substrat économique, ce qui est loin d'être aisé. Certes, nous connaissons bon nombre de faits mais pas suffisamment pour tracer les grandes lignes sans risque d'erreurs.

Un fait est cependant certain — même si les chiffres ne peuvent être que très approximatifs — c'est que dans l'Empire romain et en Europe, d'une manière générale, la population décrût pendant plusieurs centaines d'années. Au VIe siècle, le Bassin méditerranéen subit de nouvelles invasions ; les Byzantins et les Lombards ravagèrent l'Italie, les Slaves déferlèrent sur les Balkans et la Grèce.

Une villa de province romaine au IVe siècle (Mungersdorf près de Cologne). Le bâtiment principal donne sur un jardin ; à gauche, on peut voir une grange, à droite, des ateliers, une étable et une écurie. Derrière se trouvent les habitations des domestiques et plusieurs communs. Le mur enserre un terrain d'environ 40 ares. Pour l'essentiel, le domaine vivait sans doute en autarcie.

Quelques années plus tard, l'Afrique du Nord et l'Espagne furent submergées par les Arabes. De plus, dans les années 540, l'Europe fut pour la première fois — à notre connaissance — ravagée par la peste. L'épidémie frappa l'Italie et l'Espagne ainsi qu'une grande partie de la Gaule. On ignore si elle atteignit aussi les côtes de la mer du Nord et des régions plus septentrionales. Quoi qu'il en soit, à étudier le cas de la Norvège du Nord-Ouest au VIe siècle, il apparaît précisément que la population diminua fortement. Comme nous l'avons dit précédemment, il semble que la population de l'Empire romain ait atteint son maximum vers 200. On a pu estimer (voir encadré) que, de 200 à 600, la population de l'actuel territoire de la France était descendue de 6,5 à 4,5 millions d'habitants. Et Georges Duby semble avancer des chiffres encore plus bas en faisant état d'une densité de 5,5 habitants au km^2 ce qui, pour le même territoire, ne devrait pas donner plus de trois millions d'habitants. C'est après 600 que la population recommença à s'accroître, mais plus lentement. La productivité étant basse, la main-d'œuvre faisait sans doute défaut et la sous-alimentation était chronique. Dans le sillage des mauvaises récoltes prospéraient la famine et les maladies. Cependant, au VIIe siècle, on entreprit de défricher de nouvelles terres et les surfaces agricoles s'accrûrent.

L'exode urbain

Dès le IIIe siècle s'était amorcé un mouvement d'exode urbain. S'efforçant de plus en plus de vivre en autarcie, les grands avaient commencé à s'établir dans leurs domaines. Et, avec les invasions du Ve siècle, la tendance ne fit que se renforcer. Pour leur part, les Germains se méfiaient des modes de vie urbains. En vérité, les villes étaient les dépositaires de la civilisation romaine et l'on peut s'interroger sur le sort que les Barbares leur réservèrent. Les laissèrent-ils dépérir en se contentant de vivre d'agriculture et d'élevage ? Edith Ennen a posé la question ainsi : « Pour savoir s'il existe une continuité (entre l'Antiquité et le Moyen Age) il faut avant tout se demander dans quelle mesure le mode de vie urbain subsistait. »

Les villes de l'empire Romain d'Occident étaient vulnérables, spécialement au nord des Alpes. Durant l'Antiquité, les villes d'Europe de l'Ouest n'étaient guère productrices ; elles étaient d'abord consommatrices. La ville de l'Antiquité — urbs — était le centre d'une grande unité administrative, le civitas : la ville et son arrière-pays formaient un ensemble organique, et c'étaient les grands propriétaires terriens des environs qui formaient le noyau de la bourgeoisie. Les villes jouissaient d'une certaine autonomie, et c'étaient les propriétaires terriens, rarement les commerçants, qui siégeaient dans le conseil de la ville.

Que devint cette vie urbaine à l'époque des grandes invasions ? Nous avons déjà dit que le noyau de la bourgeoisie était parti, ceux qui le pouvaient se retirant dans leur domaine. Quant aux autres, ils étaient guettés par la ruine. On a pu affirmer que la vie urbaine romaine au nord des Alpes n'avait constitué qu'une parenthèse et que le Moyen Age dut pratiquement repartir à zéro.

Sans doute ces propos ne sont-ils pas fondés. Cependant, l'activité économique variait quelque peu selon les régions du royaume. S'agissant de la vie urbaine, on peut ainsi distinguer entre trois zones.

Entre la Seine et le Rhin

Dans la majeure partie du Bassin méditérranéen, les villes continuaient d'avoir une importante activité, encore que

La population de l'Empire romain et de l'Europe avant et après les grandes invasions

	Année 200	Année 400	Année 600
Balkans et Grèce	5 millions	4 millions	3 millions
Italie	7 millions	5 millions	3,5 millions
Péninsule Ibérique	5,5 millions	5 millions	4 millions
France	6,5 millions	5 millions	4,5 millions
Autres territoires romains	3 millions	2 millions	
Reste de l'Europe	9 millions	10 millions	11 millions
Total pour l'Europe	36 millions	31 millions	26 millions
dont empire Romain	27 millions		
Territoires romains d'Asie et d'Afrique	18,5 millions		
Empire romain (total)	45,5 millions		

Il s'agit de chiffres approximatifs empruntés à Mc Evedy et Jones. Certains chiffres ont été un peu simplifiés. Il est évident que, se rapportant à une époque qui ne nous a pas légué la moindre statistique, des estimations de ce genre laissent une large place à l'erreur. Elles n'en ont pas moins l'avantage de nous donner des ordres de grandeur.

la Grèce eût été durement frappée par les invasions. Au total, c'est l'Italie qui résista le mieux. De même en alla-t-il du sud de la Gaule et partiellement aussi du sud de l'Espagne. Mais, au nord, dans les marches de l'Empire, les territoires du Danube et des Balkans, les destructions avaient été telles que la vie urbaine disparut presque totalement. A l'ouest, enfin, nous trouvons ce que l'on pourrait appeler une zone intermédiaire où la vie urbaine ne subsista qu'au prix d'une lutte de tous les instants ; il s'agit du territoire compris entre la Seine et le Rhin. Fondées sur l'étude conjointe des matériaux archéologiques et des sources écrites, les études menées ces dernières années ont révélé une certaine continuité entre la vie urbaine romaine et celle du Moyen Age. Cette remarque vaut essentiellement pour les territoires du Nord-Est compris entre la Meuse, la Moselle et le Rhin.

Cependant, il apparaît tout aussi certain que les villes romaines qui survécurent changèrent de caractère. Les habitants restés sur place se retranchèrent derrière des murailles qui n'enserraient qu'une fraction du territoire qu'occupait la ville à l'époque des empereurs modèles. La ville avait perdu son autonomie, elle était désormais sous la tutelle d'un fonctionnaire nommé par le pouvoir central. Néanmoins, c'est très souvent à une autre institution, l'évêché, que les villes durent d'échapper à la destruction, car le siège administratif de l'évêque sut faire front. D'autres institutions religieuses pouvaient d'ailleurs jouer un rôle identique. Ainsi la vie urbaine se maintient-elle également en Gaule. Mais, avant d'analyser le rôle du commerce et de l'artisanat dans le royaume des Mérovingiens, il convient de décrire l'activité économique de base : les différentes formes de production agricoles.

Contrastant avec la villa romaine, le village des Barbares présente une alternance de petites maisons simples et de maisons longues. Essai de reconstitution sur la base d'un habitat rhénan du VIe siècle.

Propriétaires terriens, esclaves et tenanciers

Dans le royaume franc, c'est la terre qui, représentant un intérêt commun, allait permettre l'union des classes supérieures romaine et germanique. Même si, au nord, de vastes territoires avaient été ravagés par la guerre, la classe sénatoriale romaine conservait la majorité de ses biens situés ailleurs. Malgré tout, seule une partie devait en être cédée aux nouveaux arrivants. Les rois mérovingiens prenaient volontiers ceux-ci à leur service sans soulever d'objection de la part des Gallo-Romains. Très tôt s'engagea une collaboration qui entraîna des mariages puis une entière fusion des deux couches dirigeantes.

Lorsqu'on évoque l'économie mérovingienne, on met traditionnellement l'accent sur la villa, c'est-à-dire le grand domaine qui vivait en autarcie. Les anciens domaines romains — les latifundia — étaient basés sur l'esclavage, les travaux pénibles étant exécutés par des cohortes d'esclaves placés sous sévère et constante surveillance. Mais, durant l'Antiquité tardive, à l'époque des grandes invasions, on assiste à deux phénomènes. En premier lieu, les esclaves voient leur situation s'améliorer, ils devinrent casati, « la maison ». En d'autres termes, on leur donna un lopin de terre dotée d'une maison et, partant, la possibilité de mener une vie de famille normale. Ensuite, plutôt que de recourir à des esclaves pour exploiter leurs terres, les grands propriétaires préfèrèrent de plus en plus louer celle-ci contre une part de la récolte. Cependant, la condition de ces tenanciers s'aggrava ; avec le concours de l'Etat, les tenanciers libres furent astreints au domicile forcé, un mouvement qui s'inscrivait d'ailleurs dans un processus plus vaste. Alors qu'au début de l'Empire les classes sociales étaient assez différenciées, leur nombre se restreignit de plus en plus jusqu'à ce qu'en pratique on ne compte finalement plus que des « maîtres » d'un côté et des « subordonnés » de l'autre. Les grands domaines prirent de l'extension : pour éviter de succomber sous le poids des impôts et parfois aussi sous la menace directe, les petits paysans cédèrent leurs terres aux grands propriétaires. En contrepartie, on leur en laissa l'exploitation en y ajoutant parfois un lot supplémentaire ; de surcroît, leurs maîtres veillèrent à ce qu'ils ne fussent pas accablés d'impôts. Enfin, dans la période de troubles qui suivit, intervint un élément nouveau : s'ils se plaçaient sous la protection de leur maître, les paysans étaient dispensés de porter les armes. Pour eux, c'était cependant synonyme de dépendance accrue. Cette évolution frappa les paysans germaniques aussi bien que les Romains.

Les Bagaudes — un mouvement de libération ?

Mais pourquoi fut-on amené à transformer les esclaves en tenanciers ? On a souvent affirmé que les propriétaires terriens avaient fini par se rendre compte qu'en améliorant leur condition ils obtiendraient un meilleur profit ; et il était plus difficile qu'avant de se procurer des esclaves. Mais d'aucuns optent une tout autre thèse. A partir du IIIe siècle, les troubles sociaux qui agitaient l'empire Romain furent bien plus graves et plus lourds de conséquences qu'on ne l'avait généralement supposé. L'appareil étatique était tellement affaibli que s'il ne bénéficiait pas d'un minimum de sécurité, l'esclave pouvait prendre la clef des champs — après avoir parfois tranché la gorge de son maître — sans avoir à craindre d'être rattrapé par les autorités. C'est d'ailleurs pour empêcher la main-d'œuvre de déserter les grands domaines que l'on imposa le domicile forcé dans les années 330.

Cependant, les preuves qui pourraient attester d'une resistance aussi massive sont assez ténues. Dès lors, il ne paraît pas exclu que la motivation économique se soit doublée d'une raison idéologique. Avec la philosophie stoïcienne d'abord, le christianisme ensuite, l'idée d'une humanité indifférenciée où chaque individu avait une valeur propre ne pouvait manquer d'imprimer sa marque. Et nous savons qu'au quatrième siècle, l'on procéda à de nombreux affranchissements d'esclaves.

En outre, à l'époque mérovingienne, existait encore une importante couche de paysans libres qui habitaient dans des villages (vicus), et eux-mêmes avaient souvent des esclaves sans qu'il soit cependant possible de préciser combien ceux-ci étaient par rapport aux paysans indépendants. Les révoltes des Bagaudes ont-elles contribué à accroître le nombre de ces derniers ? Quoi qu'il en soit, il est clair que ce n'est pas partout que les paysans furent contraints de s'insérer dans les grands domaines.

Au demeurant, la villa était loin de toujours constituer une unité isolée, et un village pouvait très bien être partagé entre plusieurs propriétaires. De surcroît, les grands propriétaires jugeaient souhaitables d'avoir des domaines répartis dans l'ensemble du pays. Ainsi pouvaient-ils diversifier leurs sources d'approvisionnement et être mieux en mesure de vivre en autarcie. Un grand propriétaire de la région parisienne qui produisait des céréales pouvait posséder en Provence une villa qui lui fournissait de l'huile d'olive, une deuxième qui lui procurait son vin, une troisième qui lui donnait son sel. A celles-ci pouvaient s'en ajouter une autre en Flandre d'où il tirait sa laine et son fromage. Il lui restait des excédents qu'il pouvait soit donner ou vendre.

Mais dès lors se pose une autre question. Quel rôle jouait donc le commerce en cette période maigre ?

« La thèse de Pirenne » — Première partie

C'est pendant l'entre-deux-guerres que l'historien belge Henri Pirenne exposa sa célèbre « thèse » sur l'évolution économico-culturelle au début du Moyen Age. Contrairement aux idées couramment admises, il faisait valoir que l'unité économique du monde européen n'avait pas disparu avec les grandes invasions et qu'elle s'était maintenue tout au long du VIe siècle, voire postérieurement. S'inscrivant en faux contre les opinions traditionnelles, il refusait de peindre la France des Mérovingiens sous les couleurs les plus sombres et affirmait qu'en fait ce royaume était le continuateur direct de l'ancien Empire Romain. C'était seulement l'expansion arabe au VIIe siècle qui avait coupé les liens avec l'Orient, isolant alors le royaume franc qui, de plus en plus, n'avait pratiquement plus vécu que de la production agricole locale.

Si la thèse de Pirenne a été globalement réfutée, elle n'en contient pas moins de fructueux développements. Ainsi Pirenne a-t-il raison d'affirmer que, même s'il avait diminué, le commerce entre les parties orientale et occidentale du Bassin méditerranéen s'était poursuivi, tout au moins jusqu'à la fin du VIe siècle. Reste cependant à voir quelle ampleur il revêtait. Certains pensent qu'après les invasions germaniques ce commerce se limita à l'importation de produits de luxe (épices, ivoire, objets en or et argent), dont les Germains étaient tout aussi friands que les Romains. On sait cependant que l'on importait aussi des produits de consommation courante, de l'huile d'olive (pour la nourriture et l'éclairage), du papyrus, du natron (pour l'industrie du verre de la vallée du Rhin). Par ailleurs, on exportait des esclaves. Mais il semble bien que le commerce ait surtout été entre les mains de commerçants levantins établis dans les villes du sud de la France (dans les sources, on les appelle souvent les « Syriens »), et l'économie franque ne devait guère en profiter.

Un exemple des produits de luxe importés de Byzance : une pièce de soie utilisée comme vêtement mortuaire par un saint, saint Germain l'Auxerrois, évêque d'Auxerre. La fabrication est byzantine, mais les aigles utilisés comme motifs sont d'origine perse. L'industrie byzantine de la soie n'en était encore qu'à ses débuts.

Le commerce intérieur

En revanche, peut-être faut-il attacher au commerce intérieur plus d'importance qu'on ne le fait d'habitude en

Les Mérovingiens n'ont guère frappé de pièces d'or, mais le petit-fils de Clovis, Theudebert (533-548), avait des pouvoirs très étendus, ce qu'il souligna en faisant émettre cette imitation d'un solidus byzantin.

présentant la société mérovingienne comme un conglomérat de domaines isolés vivant chacun en autarcie. Certes, l'échange de marchandises pouvait se faire de deux manières et l'une d'elle, sans doute très répandue, revêtait la forme de dons, éventuellement de troc. S'agissant du commerce régulier, son existence est attestée par de nombreux témoignages, mais nous n'avons aucun moyen d'en mesurer l'ampleur. Il est cependant certain que les villes abritaient aussi des commerçants qui assuraient l'importation des produits de première necessité. Et, de toute évidence, se déroulait à l'échelle du pays un commerce non négligeable de produits régionaux comme le vin, le sel, l'huile, le poisson, les vêtements, les fourrures et, très vraisemblablement aussi, les armes. Ainsi des producteurs de marbre pyrénéens et des fournisseurs de sculptures aquitains envoyaient-ils leurs produits jusque dans la région parisienne.

Par ailleurs, il y avait encore des artisans, parfois locaux comme les cordonniers ou des potiers, mais aussi des orfèvres et autres spécialistes qui pouvaient venir de très

La chanson des Nibelungen

Des bouleversements comme ceux qu'entraînèrent les grandes invasions étaient propres à nourrir les imaginations. Des siècles durant, les héros de cette époque furent source d'inspiration littéraire. La toile de fond des poèmes de l'Edda et de la Saga des Völsungar est les combats qui se déroulèrent sur le Rhin au Ve siècle. Et c'est le même matériau qu'utilise la chanson allemande des Nibelungen dont de nouveaux rejetons apparaissent encore au XIIIe siècle. Cependant, le mythe s'imposa aux dépens de l'histoire. Au centre de ces poèmes, il y a la figure de Siegfried ou Sigurd Fåvnesbane, le tueur de dragons que l'on ne peut identifier à un personnage historique précis. En revanche, on reconnaît beaucoup d'autres personnages, tels les rois de Burgondes, et sans doute les Nibelungen étaient-ils une lignée royale burgonde. La chanson d'Atle traite d'Attila qui anéantit le royaume burgonde en 437 et prit pour femme la fille du roi. Dans les poèmes, on l'appelle Kriemhild ou Gudrun, et elle tue Atle lors de leur nuit de noces. La chanson de Sigurd a joui d'une immense popularité et a également laissé de nombreuses traces dans les arts plastiques.

La légende de Sigurd, le tueur de dragon, pouvait également servir les desseins de l'Eglise. Des scènes du récit légendaire furent sculptées sur des portails d'églises. Les deux représentées ici (Sigurd et le forgeron Regin et Sigurd tue le dragon) proviennent de Hylestad dans le Setesdal (Norvège) et ne sont guère antérieurs à 1200.

loin. Les parures retrouvées dans la tombe du roi Childéric (Tournai, 481), celles de tombes princières de Rhénanie ainsi que celles d'Apahida, en Hongrie, semblent provenir du même atelier. Peut-être s'agissait-il d'orfèvres ambulants des bords de la mer Noire ou d'un atelier établi sur l'itinéraire du Danube.

Il existe un indice révélateur de la diminution du commerce international : vers la fin du VIe siècle, alors que les guerres fraticides faisaient rage, le pouvoir royal cessa de battre monnaie. L'initiative en fut désormais laissée aux autorités locales. A l'époque, c'était encore la pièce d'or romaine, le triens, qui sortait des ateliers monétaires. Au demeurant, les historiens n'accordent pas forcément une grande importance économique à cette prérogative : pour le roi, la frappe de pièces d'or était avant tout une question de prestige. Vers le milieu du VIIe siècle on commença à émettre de la monnaie sur une base plus réaliste ; c'est en effet à cette époque qu'en France comme en Angleterre, l'on se mit à battre des pièces en argent.

L'invasion de la Bretagne (la Grande-Bretagne actuelle) par les Angles et les Saxons avait réduit au minimum le commerce avec la Gaule. Mais, dans la deuxième moitié du VIe siècle, celui-ci se redressa pour ensuite culminer au siècle suivant. Il y avait des contacts commerciaux entre les côtes atlantiques espagnole et française (le centre en était à Bordeaux) ainsi qu'entre ces territoires et l'Irlande/Angleterre. Mais, encore plus importante était peut-être l'évolution qui se produisit alors en Gaule du Nord-Est. Verdun se révéla assez tôt un important nœud de communications où aboutissait la route sud (la voie fluviale Saône/Rhône vers Marseille) et d'où partait la route de l'est et du nord-ouest. Les régions Meuse/Rhin devinrent un centre important de fabrication de céramique, en même temps que se poursuivait la production de verre qui existait depuis l'époque romaine. De surcroît, au VIIe siècle, on entreprit aussi de fabriquer des épées longues en recourant à de nouvelles techniques.

Au VIIe siècle, les Frisons reprirent une grande partie du commerce de la mer du Nord. Les échanges avec la Méditerranée cédèrent au profit des contacts avec l'Angleterre (en cours de christianisation), et l'axe principal se déplaça vers la Meuse inférieure et la côte. De nouveaux centres apparurent alors : Domburg, sur l'île de Walcheren, Quentovic, près de Boulogne, et Dorestad (Duurstede sur le cours inférieur du Rhin).

La « germanisation » de l'administration

Pourtant, ce que nous savons des voies commerciales nous renseigne peut-être moins sur l'importance du commerce pour l'économie franque que sur les possibilités d'échanges culturels. La France mérovingienne était et demeurait principalement un pays agricole, une réalité sur laquelle nous aurons l'occasion de revenir. Quoi qu'il en soit, ce furent d'autres facteurs que ceux de l'économie commerciale qui déterminèrent le destin politique du royaume. Et il convient maintenant de nous arrêter un peu sur les structures de la société franque.

En 1653, on fit une trouvaille sensationnelle à Tournai : la tombe du roi franc Childéric, le père de Clovis (mort en 481). Elle recélait une magnifique épée et un grand nombre de bijoux, fibules, monnaies etc... Malheureusement, la plus grande partie du trésor fut volée en 1831. Néanmoins, il existe des dessins de tous les objets de valeur et un moulage de la chevalière du roi grâce à laquelle il fut possible d'identifier la tombe. Elle porte l'inscription CHILDERICI REGIS.

L'ordre social était fondé sur la royauté. Et les fils de Clovis héritèrent de la très forte position que leur père s'était assuré. Dans la royauté franque du VIe siècle se retrouvent non seulement la puissance du roi militaire germanique — à qui ses hommes devaient fidélité et obéissance absolues — mais aussi une partie du pouvoir impérial absolu de l'antiquité tardive. Et, comme tant d'autres familles royales germaniques, les rois mérovingiens s'entourèrent d'un faste destiné à les sacraliser. Outre leur armée, les rois fondaient leur pouvoir sur les énormes domaines issus des conquêtes. Et ceux-ci leur fournissaient la plus grande partie de leurs revenus que complétaient des amendes, divers droits de douanes et d'autres taxes. En revanche, faute de cadastres utilisables, jamais les Mérovingiens ne réussirent à faire rentrer l'impôt foncier.

Et, s'il en était ainsi, c'est que, dans la plus pure tradition germanique, l'administration centrale était réduite au minimum. Dans la chancellerie travaillait un quarteron de scribes. Sinon, l'administration centrale se confondait avec les fonctionnaires de la cour. Parmi eux, il y avait le sénéchal (originellement l'aîné des serviteurs), le maire du palais et le connétable, responsable des chevaux du roi, avec les maréchaux (originellement : les surveillants de chevaux) sous ses ordres. Si le maire du palais en vint peu à peu à occuper une place dominante, c'est parce qu'il était chargé de la gestion des biens royaux. Quant au connétable, il devint le chef de l'armée.

L'administration locale fut elle aussi fortement simplifiée. Le gouverneur local de l'antiquité tardive, comes, devint un homme du roi franc qui était tout à la fois responsable de l'administration civile et militaire, des questions financières et de la juridiction (son titre fut transformé plus tard en celui de comte). Dans l'ensemble, on conserva l'ancienne division romaine en civitates (les villes et leur arrière-pays) en nommant un comes par civitas (dans les régions dépourvues de villes,

Les potiers et souffleurs de terre francs maintinrent la tradition artisanale romaine. En témoignent par exemple ces verreries et céramiques des VIe et VIIe siècles.

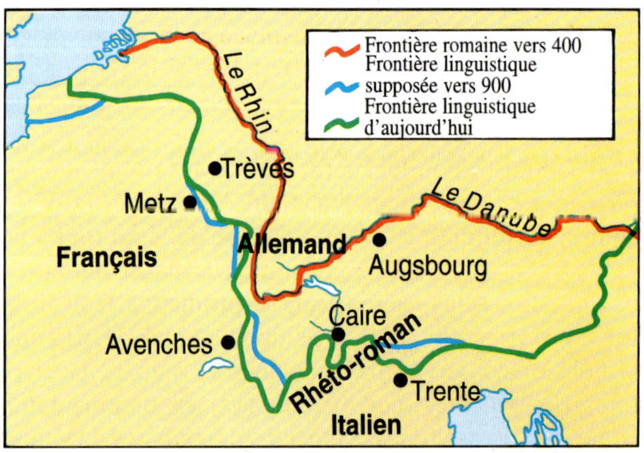

A la suite des invasions, la frontière linguistique entre le latin et les langues romanes, d'une part, les parlers germaniques, d'autre part, se déplaça sensiblement vers l'intérieur du territoire romain. Après Charlemagne, elle ne devait bouger qu'assez peu.

on parle de pagus). Les procès étaient portés devant les assemblées où le comes jugeait avec des « hommes bons ». A l'origine, le comes pouvait être quelqu'un de basse extraction qui tirait ses revenus des biens de la couronne et d'une partie des amendes. Homme du roi, il dépendait de celui-ci. Mais en 614 — on l'a vu — les propriétaires locaux imposèrent que les comes fussent désormais choisis parmi eux.

Dans le royaume franc aussi les différentes nationalités devaient être jugées selon leur propre droit : aux Francs était applicable la loi salique (un droit germanique codifié par Clovis), aux Burgondes leur propre droit, aux Gallo-Romains, une version du droit romain sanctionnée par les Wisigoths.

D'après la loi germanique, il revenait aux parties impliquées de régler elles-mêmes leurs différends, soit en prenant elles-mêmes les armes, soit en payant des amendes (Wergeld) dont le montant est longuement détaillé dans les lois selon la nature du préjudice. Le procès romain qui faisait appel aux témoins fut en grande partie remplacé par le système germanique où l'on pouvait se disculper en recourant à ce qu'on appelait des « cojurants ». Dans les affaires graves, on pouvait faire intervenir les jugements de Dieu ou ordalies, tels l'épreuve du feu ou le duel judiciaire.

Dans l'antiquité tardive, les liens familiaux s'étaient quelque peu relâchés, et la germanisation entraîna une renaissance de la famille et du clan. Le père de famille était responsable de toute sa maison ; les femmes et les mineurs étaient sous sa protection et sa tutelle. En cas de différends, on sollicitait l'aide de son clan et, entre chacun d'eux, les querelles étaient fréquentes. Les biens étaient considérés comme des biens claniques, et non comme une propriété individuelle.

La nouvelle aristocratie

La société franque était une société extrêmement hiérarchisée. Entre autres, l'importance des gens était marquée par le montant de la somme qu'ils (ou leurs descendants) étaient en droit de réclamer s'ils avaient été offensés, blessés, ou tués. On vit apparaître une nouvelle aristocratie fondée sur la position qu'occupait chacun par rapport au roi. La vieille noblesse sénatoriale subsista mais perdit ses privilèges particuliers.

Les fonctionnaires du roi, les membres de sa garde et d'autres qu'il décidait de prendre sous sa protection avaient droit à un triple wergeld. Cette nouvelle aristocratie de fonctionnaires n'était pas fermée aux membres de l'ancienne noblesse sénatoriale. La noblesse devint ainsi une classe importante et très ouverte où le roi pouvait faire entrer qui bon lui semblait. Ce fut une aristocratie aussi dépourvue de traditions que de prétentions intellectuelles. C'est la chasse qui occupait le plus clair de leur temps, à moins que ses membres ne fussent en train de guerroyer ou de vider quelque querelle. A leur tour, les rejetons des sénateurs quittèrent leurs domaines pour aller vivre à la cour du roi. L'ancienne et pacifique aristocratie foncière commença à se muer en classe nobiliaire plus indisciplinée et vindicative.

Dans le même temps, les Mérovingiens virent leur pouvoir diminuer. Une royauté guerrière de ce type était irrémédiablement condamnée à l'expansion, et seules de nouvelles conquêtes, de nouvelles prises de guerre lui permettaient de fonctionner. Au VIIe siècle, les guerres de conquête avaient pris fin. Le roi récompensait ses gens en leur cédant des domaines ; mais, ce faisant, il diminuait l'assise sur laquelle reposait son propre pouvoir et, lorsque les domaines commencèrent à faire défaut, il fallut qu'il consente à ses gens des privilèges financiers. Il pouvait ainsi les dispenser de droits de douane ou leur accorder l'« immunité ». Seulement, dès lors que celle-ci lui avait été accordée, il était interdit au représentant du roi de percevoir des impôts sur la propriété de l'intéressé, d'exiger l'hospitalité, de rendre la justice et de percevoir des amendes.

Désormais, c'était le bénéficiaire de l'immunité qui en touchait les revenus ou les partageait avec le roi. Ce furent surtout aux institutions religieuses que l'on accorda ces privilèges, mais les seigneurs laïcs furent de plus en plus nombreux à en profiter.

Dans le même temps, les grands renforcèrent leur pouvoir sur ceux qui dépendaient d'eux. A l'instar des hommes du roi qui bénéficiaient de sa protection spéciale et n'étaient passibles que de son tribunal, d'autres personnes recherchèrent la protection des puissants. Tant les aristocrates que les petites gens confièrent leur sort à plus puissant qu'eux, assurés de recevoir nourriture et protection. Ce faisant, ils étaient soustraits à l'autorité de fonctionnaires officiels. Ainsi, quantité de biens de la couronne, de taxes, d'amendes revinrent-ils aux grands propriétaires. Et le plus puissant d'entre eux fut Pépin de Herstal, le vainqueur de Tertry, le maître incontesté du royaume franc à partir de 687.

Dans l'art germanique primitif, les représentations humaines sont rares. L'une des seules que l'on connaisse est ce cavalier représenté sur une pierre commémorative érigée en l'honneur d'un guerrier à la fin de l'époque mérovingienne (Hornhausen en Allemagne).

La christianisation de l'Occident

La société mérovingienne était beaucoup moins complexe que la société romaine. Le pouvoir y était plus étroitement lié à la propriété foncière, et, à l'administration centralisée, se substitua de plus en plus un système qui, du haut en bas de la hiérarchie, reposait sur un lien de dépendance personnel. Au demeurant, cette évolution n'était pas d'origine purement germanique. Elle se dessinait déjà à différents stades de l'antiquité tardive.

Ainsi en alla-t-il également dans le domaine culturel. Régnant sur des sociétés moins raffinées, les rois barbares n'eurent que très partiellement recours à la culture antique. Cependant, une des institutions de l'Antiquité survécut, et ce fut surtout par son canal que se transmit le patrimoine intellectuel de cette période. Il s'agit de l'Eglise qui, œuvrant avec souplesse, sut jouer un rôle de conciliateur entre les mondes germanique et romain.

La culture de l'antiquité tardive était avant tout littéraire. Assez tôt, la civilisation gréco-romaine cessa de s'intéresser aux sciences et à la technique. Rome semble alors vouloir se replier sur elle-même derrière des frontières hermétiquement closes : la créativité scientifique fait presque totalement défaut, et la vie pratique ne témoigne d'aucune volonté d'innover. En était-on venu à croire que seuls la violence, le pillage et l'esclavage permettaient d'obtenir ce dont on avait besoin ? En tout cas, l'historien Jacques Le Goff a pu remarquer que les Romains ne se distinguaient que dans les disciplines conservatrices, comme la guerre, le droit, l'architecture.

Pourtant, même si elles n'étaient pas le fait de tous, la lecture et l'écriture étaient très largement répandues dans l'Empire romain. Dans les villes, et même de nombreux villages, il existait des maîtres d'école qui, contre une modeste rétribution, dispensaient les connaissances de base. Ensuite, il était possible de poursuivre ses études à plusieurs niveaux, mais la discipline principale restait la littérature classique, et donc aussi l'ancienne mythologie. Cette formation devait avant tout permettre de s'exprimer correctement, d'acquérir l'art de la rhétorique. Cependant, les études visant d'abord à former des fonctionnaires, le droit occupait également une place fondamentale.

Lorsque le christianisme eut assis son pouvoir, il lui fallut se prononcer sur l'héritage littéraire. Et nombreuses furent alors les réactions de rejet. Que pouvait-il donc y avoir de commun entre Jérusalem et Athènes ? L'héritage littéraire était tellement imprégné de représentations non chrétiennes qu'il paraissait naturel de tout condamner en bloc. Même un auteur éclairé comme saint Jérôme, ce père de l'Eglise, à qui l'on doit la traduction de la Bible en latin, se sentait déchiré entre « le Christ et Cicéron ». Pourtant, l'Eglise adopta finalement la solution de recourir aux ouvrages païens en les utilisant comme outils de prédication. Ainsi arrivait-on à justifier l'étude de la littérature et de la philosophie classiques. Et pourtant, celle-ci entra dans une période de dépérissement dont il faut avant tout chercher la cause dans les bouleversements socio-politiques qui se produisirent alors.

Nouvelle orientation — sous le signe de l'Eglise

Déjà, les premières générations qui firent des études après la chute de l'Empire romain d'Occident ne se virent plus proposer qu'un nombre de matières restreint. Le grec disparut, suivi de la philosophie (pour autant qu'on ne l'ait pas ravalée au rang d'astrologie) puis de presque toutes les sciences exactes. Cessant de se faire comprendre du commun des gens, la littérature devint maniérée et « savante ». Pour ce qui était du droit romain, on continua de l'étudier dans les territoires les plus romanisés, c'est-à-dire avant tout en Italie, et quelques sciences ayant une utilité pratique comme l'arpentage, l'architecture ou la médecine survécurent. Dans la vie courante, l'usage de l'écriture se maintient, et l'enseignement public

Cette « carte du monde » du XIIIe siècle est vraisemblablement fondée sur l'œuvre encyclopédique d'Isidore de Séville. Elle donne une représentation très schématique du monde connu que l'on s'imagine entouré de l'océan du monde, Okeanos. On y a fait figurer les îles de la Méditerranée et de l'océan Atlantique. A l'est (tout en haut), nous trouvons le paradis (Adam et Eve y sont représentés). A droite, se trouve l'Asie ; à peu près au milieu : Rome et, en bas à gauche : l'Europe. Une étroite bande de terre située à l'extrême droite figure les « antipodes », ce qui laisse à penser que l'on pressentait l'existence d'êtres humains de l'autre côté de la planète.

subsista encore pendant un certain temps, mais il eut de moins en moins d'importance et, en l'espace d'un siècle, de 535 à 650, il se réduisit pratiquement à rien. Il n'y avait pas d'étudiants intéressés, et le besoin ne s'en faisait pas sentir comme par le passé. Après Théodoric, les principaux princes barbares et leurs sujets rejetèrent les études livresques. C'était une activité décadente dont un guerrier n'avait que faire. Or c'était précisément les activités guerrières qui cristallisaient les aspirations. Théodoric lui-même — nous l'avons vu — désirait que les siens reçoivent une éducation militaire, nationale et arienne. Quant à la classe supérieure romaine, au fur et à mesure que, perdant le contact avec la civilisation urbaine, elle se fixait dans ses domaines et se mettait au service des rois barbares, elle suivit le même chemin. Désormais, il n'y avait plus personne pour s'intéresser à la littérature ou à la pensée antique. Et ce fut aux gens d'Eglise de prendre le relais.

Pour sa part, en effet, l'Eglise avait toujours besoin de connaissances livresques et, lorsque les écoles publiques disparurent, elle entreprit, à partir du VIe siècle, de faire fonctionner les siennes. Pourtant, la littérature ancienne n'y tenait plus qu'une place assez limitée. Car, en l'espace d'un ou deux siècles, l'Eglise avait créé ses propres traditions. C'était avant tout les classiques chrétiens que l'on

Tous les Mérovingiens ne furent pas mêlés à de sanglants conflits. Répudiée, la femme de Clotaire Ier, Radegonde, choisit les ordres et fonda à Poitiers le monastère de Sainte-Croix. On voit ici son pupitre, sans doute un don venu d'Orient et peut-être envoyé par l'empereur qui, en 569, fit venir au monastère un morceau de la vraie croix. Tant ce dernier que le pupitre s'y trouvent encore.

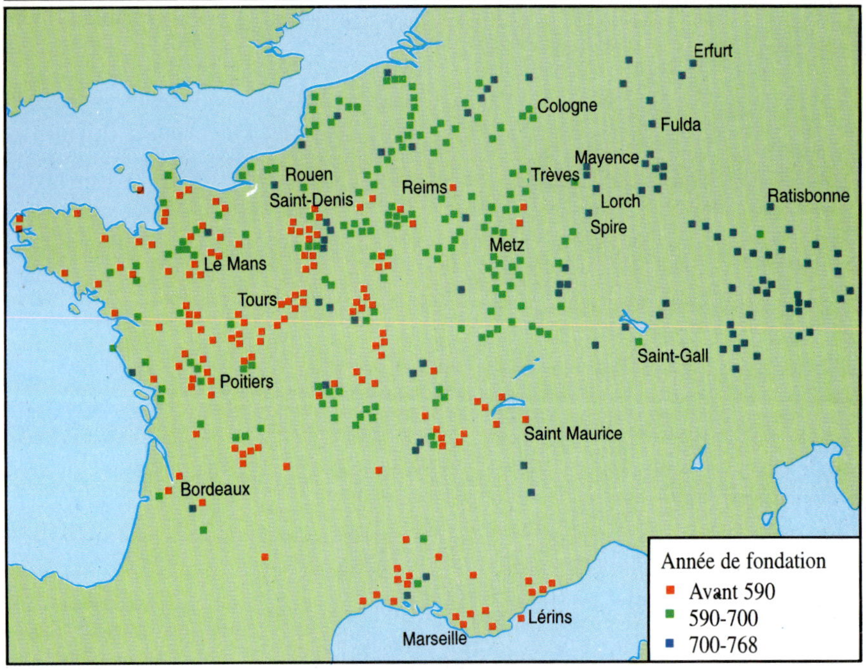

Le développement du monachisme en Europe de l'Ouest : en l'espace de deux ou trois cents ans ce sont quelque 500 monastères qui furent fondés dans le royaume franc.

étudiait dans les écoles de clercs. Certes, les sept « artes liberales » trivium et quadrivium (voir volume 3, p. 238) constituaient toujours la base des études, mais c'était maintenant l'Ecriture sainte qui était la discipline fondamentale.

La percée du christianisme

La christianisation de l'Occident romain fut relativement rapide. Ce phénomène s'explique-t-il par le pouvoir de persuasion qu'irradiait la nouvelle religion ou par le prestige dont elle était entourée ? Pour certains, la conversion répondait à une aspiration profonde. Mais, pour la majorité des gens, c'était la communauté dont ils étaient membres qui façonnait leur existence ou leurs sentiments, et la voie qu'ils suivaient était celle que d'autres avaient tracée pour eux. Or, pour qui voulait aller de l'avant, mieux valait alors se faire baptiser. Pourtant, la nouvelle religion fut sans doute jugée plus crédible et plus facilement assimilable que d'autres. L'ordre qu'avait donné l'empereur était naturellement d'une grande importance, mais même un ordre de l'empereur n'eût pas suffi à imposer le maintien de l'ancienne religion. En revanche, moins d'un siècle devait suffire pour que le christianisme fût accepté comme religion officielle de l'Empire. Certes, dans les campagnes, il mit plus de temps à s'imposer définitivement. Et sans doute n'est-ce pas uniquement parce que le message y arriva plus tardivement. Peut-être est-ce aussi que le christianisme n'avait pas d'alternative immédiate aux rites qui devaient leur assurer une année faste.

Au début du Moyen Âge, le pape Grégoire le Grand est une des figures de proue de la chrétienté (voir encadrés p. 49 et 66). On le voit ici représenté sur la page de titre d'un manuscrit anglais du XIe siècle qui contient ses populaires « dialogues ». Dans ce dialogue, on remarque l'attitude humble de Pierre, son partenaire (en bas à droite)

Les autorités chrétiennes mirent beaucoup de temps à s'intéresser aux populations qui vivaient derrière les frontières de l'Empire romain. La christianisation des païens de l'intérieur les accaparaient suffisamment. Néanmoins, il semble bien aussi que beaucoup de dignitaires n'aient pas jugé les « Barbares » vraiment dignes de participer aux mystères de la foi, le christianisme devant être et rester le privilège de la civilisation romaine. Aussi est-on frappé de constater que ce furent les Barbares eux-mêmes qui adoptèrent la religion chrétienne ; aucune pression extérieure ne fut exercée sur les Goths, les Vandales ou, plus tard, les Lombards pour qu'ils adoptent la nouvelle religion. Peut-être avaient-ils le sentiment qu'appelés à vivre en terre romaine, dans un autre milieu, il leur fallait aussi changer de religion ? Pourtant, en se ralliant tous à l'arianisme, ils formulaient implicitement une réserve : ils optaient pour une forme de christianisme moins contraignante. Par ailleurs, ce fut une conversion collective : comme le bien de la société exige que l'on soit en bons termes avec les puissants, l'unité religieuse apparaît comme une nécessité, et l'on suit la voie que tracent le roi et les grands. Au demeurant, l'histoire des missions présente un trait constant : les missionnaires dépendaient du bon vouloir des rois et seigneurs, et il n'était pas possible de prêcher dans un pays sans avoir obtenu le consentement du roi. Mais dès lors que le roi s'était converti, il ne fallait pas longtemps avant que le peuple suive.

Evêque et missionnaire

Néanmoins, s'agissant de la christianisation des campagnes, ce furent avant tout les évêques qui jouèrent les premiers rôles. Ayant d'abord une fonction de prédicateur, nombre d'entre eux effectuèrent un travail considérable au service de la mission, et certains ont laissé des sermons et manuels qui permettent de suivre leur action. Mais, à l'époque des grandes invasions, quantité d'autres tâches supplémentaires leur incombèrent. En effet, il n'était pas rare que l'évêque fut la seule autorité à être restée sur place. Chaque civitas avait son évêque, et si de nombreuses villes survécurent c'est parce que l'évêché y était installé. Ainsi pouvait-il être amené à négocier avec les Barbares ou organiser la défense voire à assurer l'approvisionnement de la ville, parfois même en mettant les domaines de l'Eglise à contribution. Dans d'autres cas, il pouvait se poser en protecteur et porte-parole de petites gens. Ainsi, même dans les questions temporelles, l'évêque pouvait-il naturellement représenter le pouvoir, et il n'en tirait que plus d'autorité dans l'exercice de ses fonctions religieuses.

Aux yeux des païens, les actes de charité des chrétiens, leur volonté de s'occuper des pauvres et des malades, leur désir de racheter les prisonniers ne passaient pas non plus inaperçus. Pourtant, il fallait aussi que la prédication puisse s'accompagner de démonstrations de force. Au cours de cette période, les conversions forcées furent rares, mais il arriva plusieurs fois que des missionnaires détruisent des idoles et des temples pour prouver l'impuissance des dieux. Enfin, l'on commença à invoquer la puissance miraculeuse des saints.

Les dieux païens sont des démons

« Alors le diable ou ses serviteurs, les démons, commencèrent à apparaître aux hommes sous différentes formes pour essayer de leur faire apporter des offrandes sur les montagnes ou dans des bosquets ombreux et de se faire honorer comme des dieux. Ils s'attribuèrent les noms de méchants hommes... Ainsi, l'un d'eux dit qu'il était Jupiter, lequel était un sorcier qui se livrait à la fois à la fornication et à l'inceste ; il avait pris pour femme sa sœur Junon, et il dépravа ensuite ses filles Minerve et Vénus. Un autre démon s'appelait Mars, et il était un fauteur de troubles. Un autre encore choisit de s'appeler Mercure, et c'est à lui que l'on doit l'invention de tout ce qui est vol et tromperie ; il est considéré comme le dieu du profit, et les hommes avides amoncellent des tas de pierre aux croisements des chemins en y ajoutant une offrande... Et il y a beaucoup d'autres démons qui règnent dans la mer, les rivières, les sources et les bois, et les gens qui ne connaissent pas Dieu les vénèrent : ils invoquent Neptune dans l'océan ou les Lamies dans les rivières, les nymphes dans les sources, les Dianes dans les forêts, tous de mauvais esprits qui trompent et tourmentent les hommes ignorants qui ne connaissent pas le signe de la croix.

Brûler des bougies près des pierres, des arbres, des sources et au carrefour de trois chemins, qu'est-ce faire d'autre que d'honorer le diable ? Pratiquer la voyance, recourir aux augures et célébrer les jours des idoles, qu'est-ce faire d'autre ? Célébrer le jour de Vulcain et, le premier jour de chaque mois, suspendre des branches de laurier, verser du vin sur une bûche de l'âtre, mettre du pain dans une source, qu'est-ce faire d'autre que de vénérer le diable ? Lorsque les tisseuses font appel à Minerve, lorsqu'elles veillent à célébrer leur mariage le jour de Vénus (vendredi) et lorsque les gens interrogent les présages avant de partir en voyage, que font-ils d'autre ? Et murmurer des formules magiques au-dessus d'herbes et invoquer le nom des démons à des fins d'incantation, qu'est-ce faire d'autre ? »

(Evêque Martin de Braga, vers 574)

Le temps des miracles

Aux environs de 500, le magnifique service religieux des Romains — la messe — avait trouvé sa forme propre. Empreint de beauté et de solennité, il délivrait le mystère chrétien d'une manière qui, pour peu qu'ils comprissent le latin, était accessible à la plupart des gens. Mais progressivement, la religion chrétienne s'était épanouie dans une floraison de cérémonies et, pour ces populations majoritairement converties en masse, la limite entre ces cérémonies et les rites magiques était sans doute dangereusement floue. Pour s'en convaincre, il suffit de s'intéresser à la place que tinrent les martyrs. D'emblée, l'Eglise leur voua un culte et s'attacha à préserver leurs dépouilles. Une fois les persécutions terminées, il n'y eut plus de nouveaux

En Occident, la religion à laquelle était confrontée le christianisme n'était pas représentée par une Eglise organisée ou une croyance clairement formulée. Elle présentait de nombreuses variantes locales d'un culte divin principalement voué à la fécondité et la prospérité. Ce dieu phallique a été trouvé dans un marécage du Jutland. Il date de la première moitié du premier millénaire de notre ère.

Il arrivait fréquemment que, non sans succès, les missionnaires essaient de prouver l'impuissance des dieux païens en abattant un de leurs arbres sacrés. A propos de saint Martin (moine puis évêque de Tours vers 400), on raconte que des païens voulurent un jour abattre un arbre sur lui. Mais, ayant fait un signe de croix, saint Martin le fit tomber dans l'autre sens, juste à côté des paysans qui sentirent le danger tout proche et ne manquèrent naturellement pas de se convertir (détail d'un chapiteau de l'église de Vézelay).

Le reliquaire destiné à abriter les restes de saint Columba de Iona (Ecosse, vers 700). Le reliquaire est en bois et les ferrures en bronze. Les détails sont d'inspiration northumbrienne.

martyrs, et les anciens n'en furent que plus vénérés. Mais, peu à peu, on jugea que d'autres saints hommes et saintes femmes méritaient également d'être vénérés. Et partout se répandirent les récits des miracles qu'avaient accomplies les saintes dépouilles. Les populations de l'antiquité tardive paraissent avoir eu une particulière propension à voir l'intervention de forces surnaturelles dans les petits et grands événements de la vie. Bien entendu, cette mentalité était également celle des chrétiens. On attribua aux reliques des saints toute une série de miracles, et on a bien souvent du mal à distinguer entre la magie païenne et la foi chrétienne qui prêtait à Dieu le pouvoir de faire des miracles.

Lorsque les missionnaires détruisaient des temples et des idoles, ils ne faisaient qu'appliquer la politique officielle de l'Empire romain. Mais, peu à peu, les saints s'installèrent dans les anciens lieux sacrés et reprirent les fonctions des dieux et génies. Les pèlerinages se poursuivirent, les miracles continuèrent de se produire là où ils s'étaient toujours produits mais, désormais, on invoqua le nom du saint chrétien ami de Dieu. Et un périple effectué dans un champ pour gagner les faveurs des dieux de la fertilité se transforma en procession chrétienne destinée à attirer la bénédiction divine. Ainsi la société paysanne retrouvat-elle ses rites dans une version christianisée.

Le siège épiscopal et la paroisse

Plus l'Eglise accroissait son audience, plus il devenait nécessaire de renforcer son organisation. A l'époque romaine, chaque civitas avait été dotée d'un évêque ;

Gourde en céramique pour voyageur, vraisemblablement un pèlerin. Le motif représente un saint (saint Ménas). La gourde s'inspire d'un travail beaucoup plus raffiné d'origine orientale.

De temps à autre, les évêques d'une grande région se réunissaient pour un synode ou concile. Ces assemblées pouvaient traiter de questions importantes et décider de nouvelles orientations. Ce furent surtout les conciles espagnols présidés par les rois wisigoths qui servirent ensuite de normes. Ici : le premier concile de Tolède (en 400) d'après un manuscrit du Xe siècle.

celui-ci s'était entouré d'un clergé qui résidait au siège épiscopal et devait remplir son office dans l'ensemble du district. Mais cette solution finit par ne plus répondre aux besoins ; si l'on voulait que les gens reçoivent la bonne parole et les sacrements, il fallait que l'Eglise soit présente parmi eux. Ainsi fut-on amené à créer des paroisses. Dans les districts, on construisit quantité d'églises qui eurent leurs propres prêtres et clercs. Dans le même temps, les grands propriétaires entreprirent de construire des églises sur leurs domaines et se firent reconnaître le droit d'engager eux-mêmes des prêtres.

Les évêchés avaient été richement pourvus en domaines par le roi. Mais les nouvelles paroisses avaient également besoin de revenus et, vers 600, l'Eglise de Gaule commença à réclamer l'instauration de la dîme à l'exemple de l'Ancien Testament. Par ailleurs, les églises devinrent des lieux de rassemblement non plus seulement pour les vivants mais aussi pour les morts : les gens cherchèrent à se faire enterrer dans l'église ou, tout au moins, aussi près que possible du bâtiment. On abandonna les anciens cimetières ménagés en plein champ en même temps que tomba en désuétude l'habitude de mettre des dons dans les tombes.

A l'origine, l'évêque était choisi par les prêtres et le

peuple. Par ailleurs, pendant un certain temps encore, les évêques de la province continuèrent à se réunir en synodes (conciles provinciaux) où ils décidaient des affaires intérieures de l'Eglise ; souvent, les synodes débouchaient sur une série de résolutions destinées à améliorer la discipline du clergé et la morale du peuple. De telles résolutions pouvaient avoir force de loi dès lors qu'elles étaient ratifiées par le roi. Néanmoins, à partir de la deuxième moitié du VIe siècle, il devint évident que les évêques étaient d'une compétence moindre et qu'il y avait parmi eux une proportion croissante de Germains. Pour comprendre cette évolution, il faut se rappeler que les évêques comptaient désormais parmi les plus importants fonctionnaires de l'Empire et que, dans chaque civitas, leur pouvoir faisait pendant à celui du comes. Durant les combats qu'ils menaient pour assurer leur pouvoir, les rois se laissaient naturellement entraîner à confisquer les emplois à leur

profit. Et les postes étaient ensuite donnés — ou, plus souvent encore, vendus ! — à de fidèles serviteurs du roi dont l'on ne s'inquiétait pas de savoir s'ils avaient les aptitudes nécessaires pour occuper leurs fonctions. A partir de 614, les prélats s'efforcèrent eux aussi d'obtenir de nouveaux droits dans les domaines judiciaires et fiscaux mais l'aura spirituelle des évêques diminua fortement. La discipline se relâcha, et le travail d'évangélisation aurait cessé s'il n'y avait eu d'autres forces vives pour prendre la relève.

Saint Benoît et saint Colomban

L'élan qui entraîna le développement de la vie érémitique puis des communautés monastiques fut commun à tout l'Occident. Et, même durant cette période troublée que fut le Ve siècle, la vie conventuelle ne s'interrompit pas. Cependant, il fallut attendre la stabilisation de la Gaule sous Clovis, la christianisation de l'Irlande et la conversion de l'Espagne pour que les monastères commencent à occuper une place centrale dans la société.

Homme et Femme il les créa

Au fur et à mesure que les rois mérovingiens disposèrent des emplois d'évêque pour servir leurs propres desseins, la qualité de leurs titulaires baissa. C'est ce qu'atteste ce récit du synode de Macon (585) que nous a laissé Grégoire de Tours, évêque de Tours, dans son Histoire des Francs. C'est cet épisode qui a ensuite été si souvent utilisé pour affirmer qu'au concile de Nicée (!) on avait révoqué en doute l'existence d'une âme chez la femme :

« A ce concile s'avança un évêque qui affirma que la dénomination homo ne pouvait s'appliquer à la femme. Mais il admit ce que dirent les autres évêques et n'insista pas. Car le saint livre de l'Ancien Testament rapporte qu'à l'origine, lorsque dieu créa l'homme, "il les créa homme et femme et les appela Adam" (c'est-à-dire, l'être terrestre) et, après, il appela la femme Eve mais, la dénomination homo, il l'appliqua aux deux. De la même manière, on appelle Notre Seigneur Jésus Kristus Filius Hominis — le fils de l'homme — bien qu'il soit fils de la Vierge, c'est-à-dire d'une femme. Ils étayèrent leur argumentation de beaucoup d'autres références, et il ne dit plus rien. »

Dans le royaume franc, on construisit quelque 500 monastères jusqu'en l'an 700. Et tant le pouvoir royal que les grands propriétaires y participèrent pour une large part ; malgré une vie peu édifiante, les rois mérovingiens témoignaient le plus grand respect à tout ce qui était du domaine religieux.

C'est à un groupe de moines irlandais conduits par Colomban (voir p. 49) qu'il allait revenir de donner à ce mouvement de nouvelles et puissantes impulsions. Dans les années 590, ils fondèrent un monastère à Luxeuil, et les dispositions ascétiques que manifestèrent ces Irlandais firent une grande impression sur la noblesse franque. Les monastères de l'ordre de Colomban — il y en eut une centaine en tout — accordaient une grande importance à la

Il est caractéristique de cette époque que la première présentation écrite de saint Benoît, le « père » du monachisme occidental, figure dans un recueil de récits consacrés aux miracles (Les dialogues de Grégoire le Grand). Sur cette fresque du Xe siècle (St Crisogone de Rome), on voit saint Benoît qui guérit un lépreux.

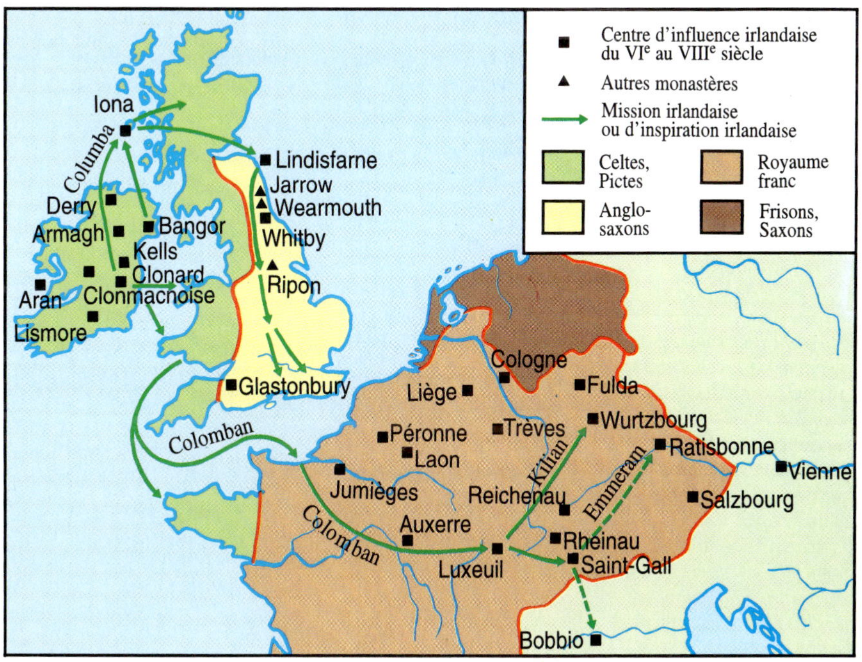

Les missions irlandaises (voir commentaire page suivante).

C'est sur le mont Cassin que Benoît de Nursie élut définitivement domicile. C'est là qu'il fonda (vers 525) l'ordre qui allait devenir le foyer d'un des plus puissants mouvements d'Occident. Presque totalement détruit en 1944, le monastère fut reconstruit après la guerre.

prédication et aux activités pastorales. La Gaule septentrionale et spécialement sa partie nord-est, l'Austrasie, avait le plus grand besoin d'être rechristianisée après les invasions, et ce fut précisément cette mission que les monastères assurèrent au cours du VIIe siècle. Ils se virent attribuer de vastes territoires vierges et entreprirent de défricher la terre. De pair avec le progrès économique qui se manifestait dans le nord, c'est une nouvelle structure religieuse de base qui vit ainsi le jour.

Cependant, le monachisme irlandais avait ses faiblesses. L'individu s'y voyait accorder une grande place, mais la communauté monastique n'était pas suffisamment soudée autour des prosaïques besognes de la vie quotidienne. Un abbé devait, en revanche, exceller dans cette tâche. Il s'agit de Benoît de Nursie (environ 490 — environ 550), le fondateur du monastère du mont Cassin en Italie. S'appuyant sur des précédents, la règle qu'il édicta n'est guère originale dans ses détails mais elle témoigne d'une unité de pensée et d'un esprit qui allaient devenir la norme de tout le monachisme occidental.

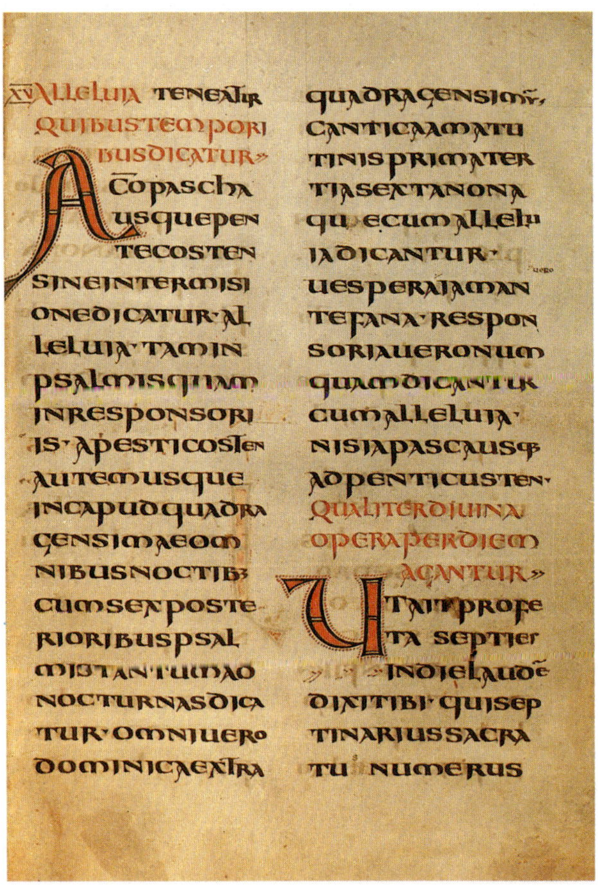
XV ALLELUIA TENEATUR
QUIBUS TEMPORI
BUS DICATUR
A SCO PASCHA
USQUE PEN
TECOSTEN
SINE INTERMISSI
ONE DICATUR AL
LELUIA TAM IN
PSALMIS QUAM
IN RESPONSORI
IS A PENTECOSTEN
AUTEM USQUE
IN CAPUD QUADRA
GENSIMAE OM
NIBUS NOCTIBUS
CUM SEX POSTE
RIORIBUS PSAL
MIS TANTUM AD
NOCTURNAS DICA
TUR OMNI UERO
DOMINICA EXTRA
QUADRAGENSIMAM
CANTICA MATU
TINIS PRIMA TER
TIA SEXTA NONA
QUE CUM ALLELU
IA DICANTUR
UESPERA IAM AN
TEFANA RESPON
SORIA UERO NUM
QUAM DICANTUR
CUM ALLELUIA
NISI A PASCA USQUE
AD PENTICUSTEN
QUALITER DIUINA
OPERA PER DIEM
AGANTUR
UT AIT PROPHE
TA SEPTIES
IN DIE LAUDE
DIXI TIBI QUI SEP
TINARIUS SACRA
TU NUMERUS

La règle de saint Benoît fut adoptée assez tôt chez les Anglo-Saxons. Et le manuscrit le plus ancien que nous connaissions est ce magnifique exemplaire écrit en Angleterre vers 700-750.

Commentaire de la carte de la page précédente. A partir de la fin du VIe siècle, les moines irlandais jouèrent pendant plusieurs générations un rôle important sur le continent. Les plus connus des missionnaires irlandais sont Columba qui fonda le monastère de Iona en 563 puis Colomban qui fonda Luxeuil et, plus tard, Bobbio, en Italie du Nord. Parmi les plus connus de ses successeurs, il faut mentionner l'Irlandais Kilian et le Franc Emmeram.

La règle de saint Benoît

Dans sa règle, Benoît brosse le tableau, devenu classique, d'une communauté tournée vers Dieu dont les membres vivent dans un mutuel amour. L'emploi du temps est soumis à un rythme fixe, la prière, le travail et le repos occupant chacun le tiers du jour et de la nuit. Le travail comprend un peu de lecture mais est avant tout manuel. Les moines ne sont cependant pas assujettis aux rudes travaux des champs sauf lorsqu'il n'y a personne d'autre pour les faire. En la circonstance, il ne s'agit pas de rechercher à tout prix l'ascèse car ils doivent être nourris à peu près comme les gens simples et avoir leur content de sommeil. Quant à l'abbé, il doit diriger son monastère d'une main ferme mais sans se conduire en dictateur. Le droit et la justice doivent régner. Benoît apparaît comme le digne dépositaire de l'héritage romain : il voudrait une société marquée par la mesure et la modération, l'ordre et l'harmonie ; mais, pour y parvenir, il prône des vertus plus spécifiquement chrétiennes, l'humilité, le respect mutuel et l'amour. La règle était assez souple pour pouvoir s'adapter à d'autres conditions de vie que celles qui prévalaient dans l'Italie centrale de Benoît. Le monastère dont ce dernier brosse le tableau est un petit monde à part qui se suffit à lui-même. Benoît vivait sous Théodoric, le roi des Ostrogoths et, à beaucoup d'égards, il apparaît lui aussi comme une figure de transition entre l'Antiquité et le Moyen Âge. Son monastère n'est pas fondamentalement différent de la villa, le domaine de l'Antiquité tardive et du haut Moyen Âge.

Or les monastères du VIIe siècle se transformèrent précisément en domaines de ce genre. Rassemblant à l'origine des groupes d'ascètes d'une ou deux douzaines de personnes, les monastères évoluèrent progressivement jusqu'à devenir de vastes ensembles, parfois de véritables sociétés de type urbain ou, tout au moins, des centres situés au sein d'un village et comportant une école et un lieu de réunion. L'église conventuelle était pourvue de belles et parfois fastueuses décorations, ses reliques attiraient des pèlerins venus de partout. Cessant d'être un phénomène périphérique, la vie conventuelle s'inséra désormais au centre de la vie sociale. Et les moines étaient peu à peu en passe de devenir des lettrés. Les bénédictins étaient des gens du commun, mais les monastères n'en étaient pas moins les institutions les plus plus riches et les plus stables de l'époque, et il était normal que les activités artistiques et littéraires y fussent de plus en plus concentrées.

Et, alors que Colomban et ses disciples perdaient toute influence, Benoît devint la nouvelle source d'inspiration. A cet égard, il convient de s'arrêter au rôle décisif que joua une nouvelle vague de moines missionnaires venus de Bretagne et qui, cette fois, étaient des Anglo-Saxons.

On ne sait pas grand chose sur les monastères de cette période. Mais le monastère de Saint-Gall a conservé un plan qui remonte sans doute au IXe siècle, peut-être même à une période antérieure, et qui doit plus ou moins correspondre à la réalité. L'église est une grande basilique. Autour du cloître sont regroupés le réfectoire, le dortoir et le magasin à provisions. Plus loin à droite se trouve la cuisine avec la brasserie, la boulangerie, etc. Tandis qu'au premier plan se dressent les bâtiments d'exploitation de la ferme (reconstitution).

La Bretagne au Ve siècle

C'est la Bretagne (l'actuelle Grande-Bretagne), poste le plus avancé de l'Empire romain au nord, qui fut aussi la première à être définitivement perdue. Les Romains étaient parvenus à coloniser un territoire qui recouvrait sensiblement l'Angleterre actuelle. Les peuplades celtes qui y vivaient passèrent sous l'administration romaine. Le pays pouvait fournir d'importantes matières premières comme le plomb ou l'étain, et un certain essor économique se produisit alors : une armée y stationnait pour protéger le territoire, et les garnisons constituaient en même temps un marché pour les produits de fabrication locale. Peu à peu, les garnisons devinrent des centres commerciaux, donnant progressivement le jour à des villes où l'on s'exprimait en latin. Et si l'on continua de parler celte dans les campagnes, il y eut toute une classe supérieure qui se romanisa. De nombreuses villas construites à proximité des villes nous renseignent sur leur mode de vie.

La Bretagne romaine était menacée de plusieurs côtés. Au nord, vivaient un peuple qui s'appelait les Pictes — « les peints » — et, à l'ouest, les Irlandais celtes. Les uns et les autres manifestaient des dispositions agressives. Par surcroît, habitant de l'autre côté de la mer, les Germains lançaient parfois des coups de mains.

Dans l'ensemble, l'armée réussit à contenir les attaques, mais la situation s'aggrava en 407, après que les Germains eurent franchi en force la frontière du Rhin. L'armée de Bretagne s'embarqua pour la Gaule afin de les arrêter mais ne revint jamais. Dès lors, les Bretons furent obligés de prendre en main leur propre défense.

Le Ve siècle est la période la plus sombre de l'histoire de la Bretagne. Les sources ont beau être parcimonieuses et

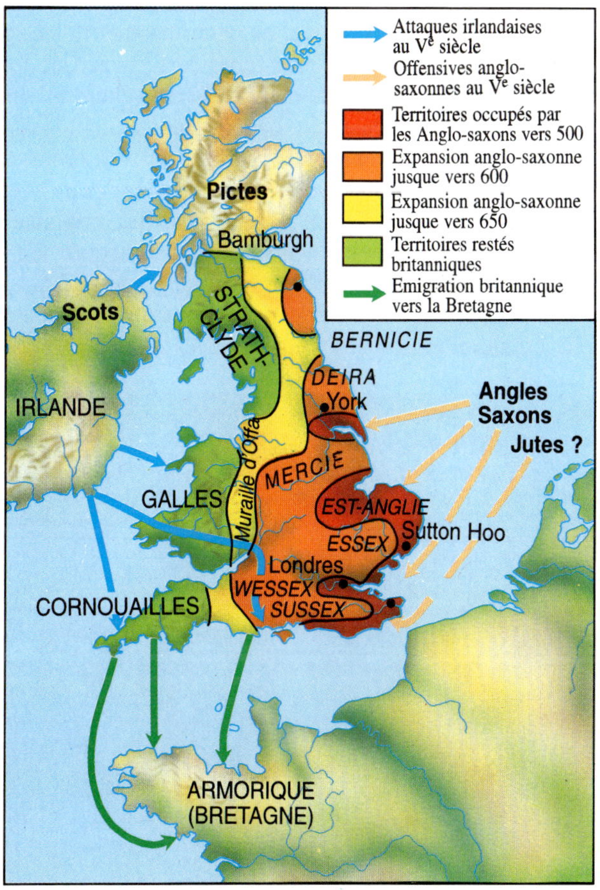

Les invasions en Angleterre : Cependant que les Celtes d'Irlande ravageaient la côte occidentale, les Angles, les Saxons et sans doute aussi les Jutes arrivèrent de l'est pour conquérir le pays.

Dès le IVe siècle, les Britanniques durent faire face aux dangers venus du continent. Pour se protéger des flottes d'invasion, les Romains érigèrent alors au sud et sud-est, le long de « la côte saxonne », une série de fortifications dont subsistent encore des ruines. Partant de Brancaster dans le Norfolk, elles couraient jusqu'à Douvres, Pevensey et Porchester sur la côte méridionale (copie d'un dessin du Ve siècle exécuté à la fin du Moyen Âge).

En 1939, on trouva à Sutton Hoo, sur la côte du Suffolk, un navire funéraire où avait vraisemblablement été inhumé un roi d'Est-Anglie. Le mobilier funéraire était intact et contenait, entre autres, une bourse dont les pièces d'or permirent de procéder à une datation assez précise. La bourse avait un couvercle en ivoire pourvu d'ornements en or et émail (émail cloisonné). Les motifs sont une combinaison de silhouettes animales et de formes géométriques.

Sur le continent, c'est au VIe siècle que le style germanique animalier trouva sa forme propre, et les objets découverts à Sutton Hoo comptent parmi les meilleurs exemples de ce que l'on appelle le style II illustré de manière très caractéristique par le couvercle de bourse représenté ci-dessous et les entrelacs de la broche ci-contre.

confuses, on sait qu'il se produisit alors une désagrégation politique et économique ; le commerce périclita, les garnisons n'étant plus là pour consommer et garantir la paix, c'est tout un processus d'intégration qui cessa.

Dans le domaine politique, on peut imaginer qu'entre la population celte et la classe supérieure romanisée les oppositions s'accentuèrent, mais c'est une question sur laquelle on est mal renseigné. Les Romains avaient fondé leur administration sur une division du pays en civitates qui correspondaient souvent au territoire d'une peuplade. Mais il semble qu'il se soit alors trouvé des « hommes forts » pour s'ériger en seigneurs locaux et essayer de faire passer les régions voisines sous leur domination. Ainsi apparaissent toute une série de principautés indigènes plus ou moins en conflit les unes avec les autres.

Les Saxons ; le peuplement germanique

Désormais, c'était un pays plus ou moins privé de protection qui s'offrait à l'ennemi, et tant les Pictes que les Irlandais en profitèrent. Les Bretons n'avaient plus l'habitude de faire la guerre, et pour combattre les Barbares, on fit venir des Germains à titre de fœderati. Dès le début du Ve siècle, ceux-ci se manifestèrent près de York et Lincoln, en Est-Anglie et dans le Kent. Et, à la fin des années 420, un petit contingent commandé par Hengest débarqua dans le pays. Mais, bientôt, celui-ci reçut des renforts, et la révolte éclata. En l'espace de quelques années, les nouveaux-venus s'étaient si solidement implantés dans le pays que, même si les Bretons réussirent finalement à les arrêter dans leur élan, ils ne purent les rejeter à la mer. Apparemment, les Bretons avaient alors réussi à se rassembler sous des chefs compétents qui continuaient de porter des noms romains, Ambrosius, Artorius. Ce dernier, qui entra dans la légende sous le nom d'« Arthur », réussit un temps à contenir l'avancée et, au début du VIe siècle, à établir à l'ouest un royaume relativement stable. A la longue, pourtant, les oppositions entre Bretons s'exacerbèrent, et les Germains, qui ne cessaient de recevoir des renforts, finirent par passer à l'offensive. Les territoires bretons furent réduits à l'état d'enclaves isolées qui subsistèrent dans les montagnes.

Que devinrent les populations bretonnes au moment

de l'avancée des Germains ? Ce qui est clair, c'est que l'immigration fut massive. Et s'il resta des Celtes sur place, sans doute vécurent-ils sous le joug. La langue anglaise n'a gardé pratiquement aucune trace des parlers bretons. Comme les Germains ne leur trouvaient pas d'utilité, les villes ne durent guère subsister. Mais même l'habitat rural changea de forme, les Celtes vivant principalement d'élevage, cependant que les Germains s'intéressaient avant tout à l'agriculture.

Les Germains qui débarquèrent en Bretagne appartenaient à plusieurs peuplades qui s'installèrent le long de trois axes principaux : Les Saxons suivirent la vallée de la Tamise et les Angles le cours des rivières qui coulent plus au nord. Enfin, on relève dans le Kent la présence d'un troisième groupe de population que l'on a cru pouvoir identifier comme étant les « Jutes » mais où se manifeste également une puissante influence franque. Sur l'origine de ces populations on ne sait pas grand-chose si ce n'est que toutes étaient des Germains de la mer du Nord. Leurs attaques ne répondaient pas à un plan d'ensemble, c'étaient des alliances de familles et de groupes de peuplades qui jetaient chacune leur dévolu sur un pays et n'unissaient que très occasionnellement leurs forces. Ces différents groupes étaient commandés par des chefs, et il est certain que leur installation n'entraîna aucun changement dans ce domaine. Seule une infime minorité de paysans anglo-saxons libres ne dépendait pas d'un seigneur.

Lorsque les conditions naturelles s'y prêtaient, des territoires plus vastes placés sous l'autorité d'un « roi » se dessinèrent peu à peu, séparés de leurs voisins par des terrains marécageux ou boisés. A partir du VIIe siècle, on distingue ainsi sept petits royaumes : le Kent, les royaumes des Saxons de l'ouest, de l'est et du sud, soit le Wessex, l'Essex et le Sussex ; enfin, l'Est-Anglie des Angles (Norfolk et Suffolk), le Mercie (correspondant aux actuelles Midlands) et les deux royaumes septentrionaux de Deira et Bernicie qui, au cours du VIIe siècle, fusionnèrent pour former la Northumbrie.

Le christianisme breton

C'est également avant la chute de l'empire Romain que le christianisme arriva en Bretagne. L'existence d'un culte et d'une organisation chrétiens est attestée dès le IIIe siècle, et il est clair que, vers 400, la nouvelle religion avait gagné toutes les parties de la province. Il est difficile de dire dans quelle mesure les populations celtes rurales étaient imprégnées de christianisme au moment où la province fut abandonnée à elle-même. En tout cas, pendant les luttes qui les opposèrent aux Germains, les Britanniques se considéraient de toute évidence comme chrétiens. Il semble que l'Eglise ait mis une organisation en place tout le long de la côte ouest. De là, le christianisme atteignit aussi l'Irlande.

Les Irlandais — nous l'avons vu — étaient des voisins agressifs. Et les Britanniques durent finalement combattre sur deux fronts, contre les Anglo-saxons à l'est et contre les Irlandais à l'ouest. Les Irlandais se fixèrent au pays de Galles d'où ils ne purent être chassés qu'à grand peine. Ils s'établirent aussi en territoire picte, dans l'actuelle Ecosse à laquelle ils donnèrent au demeurant son nom, les Romains appelant les Irlandais Scoti. C'est au cours d'une expédition dirigée contre la côte occidentale britannique, au nord du pays de Galles, qu'ils capturèrent un jeune garçon britannique qui allait bouleverser l'avenir de l'Irlande. Il s'appelait Patricius. On le connaît depuis sous le nom de *Padraigk* ou *Patrick*.

Changement de valeurs en Irlande

Les Celtes qui se trouvaient sur l'île la plus occidentale,

Sur le territoire germanique, on trouve en plusieurs endroits des vestiges d'un type de hutte primitive élevée au-dessus d'une excavation rectangulaire de quelque 3 m sur 4 et pouvant avoir jusqu'à un mètre de profondeur. Il est cependant possible que le toit de tourbe ait reposé sur une construction basse de poteaux et n'ait pas touché le sol. C'est cette dernière hypothèse qu'illustre la reconstitution ci-dessus (visible à West Stow dans le Suffolk où l'on a également essayé de reconstituer l'autre version).

Mosaïque d'une villa romaine du Dorset où figure la plus ancienne représentation connue du Christ en Bretagne romaine (IVe siècle). Les lettres grecques Khi Ro (XP) désignent le Christ, cependant que les deux grenades placées de chaque côté de la tête symbolisent la vie éternelle.

l'Irlande, n'avaient pas subi l'invasion romaine. Et s'ils n'avaient pas réussi à faire leur unité politique, ils n'en avaient pas moins étonnamment conscience d'appartenir à une même culture nationale. Légistes et poètes géraient un riche héritage historique, et les uns comme les autres occupaient dans la société un rang identique à celui des nobles. Ainsi s'explique qu'avant de pouvoir exercer leur activité, ils devaient aller dans des écoles spéciales. En qualité de « personnes de l'esprit » (aes dana), ils bénéficiaient, avec les artisans d'art, d'une protection spéciale qui, en dépit des conflits et des guerres, leurs permettaient

Pour les moines irlandais, la mer fut ce qu'avait été le désert pour les ermites syriens et égyptiens. Emergeant au sud-ouest de la côte irlandaise, l'îlot rocheux de Skellig Michael accueillit en son temps une poignée d'ermites. On peut encore y voir des vestiges de leurs oratoires et de leurs cellules.

de circuler librement. Le système remontait aux anciens prêtres celtes, les druides.

Mais, si organisée et respectée qu'ait apparemment été la religion des Celtes, elle ne tarda pas à céder devant le christianisme. La christianisation de l'Irlande reste spécialement liée au nom de ce Patrick capturé en Angleterre par des Irlandais. Conduit en Irlande comme esclave, il y passa six années à garder des moutons pour ses nouveaux maîtres avant de réussir à s'enfuir. Une fois revenu chez lui, il fut cependant assailli de visions et de rêves où on l'adjurait d'aller prêcher le christianisme. Il alla alors étudier sur le continent, puis revint en Irlande.

On a pu établir que le christianisme était déjà connu en Irlande avant l'époque de Patrick. Pourtant, c'est bien à ce dernier que revient principalement l'honneur d'avoir converti l'Irlande. Les Irlandais se montrèrent étonnamment réceptifs à son message, et tout laisse à penser qu'il suffit d'une génération pour mener à bien le travail de mission. C'était au cours du Vᵉ siècle, sans qu'on puisse avancer de dates plus précises. Néanmoins, la tradition a retenu que Patrick séjourna en Irlande de 432 à 463, ce qui est peut-être exact.

Au cours de la génération suivante, le monachisme gagna la mer d'Irlande. Cette région semble avoir alors été au contact direct de l'Orient, mais sans doute reçut-elle aussi des impulsions de différents ordres comme ceux de Provence (Lérins). En effet, là aussi on avait adopté la rigoureuse ascèse d'origine orientale qui avait attiré les Celtes. Au VIᵉ siècle, toute une série de grands centres monastiques furent fondés en Irlande aussi bien pour des hommes que pour des femmes, le pendant féminin de Patrick dans le folklore irlandais étant l'abbesse Brigida. Et ces monastères furent à l'origine d'une organisation spécifique de l'Eglise. L'Irlande n'avait pas de villes, ce qui explique que les sièges épiscopaux aient été organisés comme les grands domaines. On y trouvait une église, une maison pour les clercs, une cuisine, le tout étant entouré d'une levée de terre. Et ainsi en alla-t-il également des monastères. L'ensemble était dirigé par un abbé. Peu à peu, les sièges épiscopaux se firent plus ou moins absorber par les monastères, jusqu'à ce que l'évêque finît par devenir un fonctionnaire subordonné à l'abbé et perdît toute fonction administrative propre.

Monastère irlandais primitif. Ce dessin reproduit une reconstruction due à Liam de Paor.

Lettrés et missionnaires

Dans une phase initiale, les Irlandais envoyèrent leurs étudiants en Bretagne mais, bientôt, les Anglo-Saxons ayant écrasé la Bretagne romaine, le courant s'inversa. Des étudiants britanniques affluèrent par centaines en Irlande. Les Irlandais ne perdirent jamais leur goût de l'érudition. Le christianisme et le monachisme leur firent découvrir l'héritage latin et grec, et ils surent l'assimiler, mais sans pour autant négliger leur propre patrimoine. De plus, ils se mirent à écrire en irlandais. Jusqu'alors, c'était oralement qu'ils avaient perpétué leurs traditions.

Un des autres traits marquants du monachisme irlandais est son caractère rigoureusement ascétique. Dans une certaine mesure, on peut comparer les prouesses ascétiques des moines irlandais à celles des yogis hindous. Fortement marqués par l'idéal érémitique, ils entreprirent de longs voyages afin de trouver le désert parfait. En l'espace de deux siècles, ils atteignirent de lointains rivages : les Shetland, les Féroé et l'Islande où, au moment de la colonisation, les vikings découvrirent leurs traces. Mais c'est dans la direction opposée que le mouvement fut le plus important : des moines irlandais traversèrent la mer d'Irlande pour fonder chez les Britanniques des monas-

*Mus par leur besoin de solitude, les moines irlandais parcoururent des distances considérables. C'est ainsi qu'affrontant la mer sur leurs bateaux de cuir, ils atteignirent les îles Féroé et l'Islande. Arrivèrent-ils aussi en Amérique ? Une vieille légende qui nous raconte le merveilleux voyage du moine Brendan (qui vivait au VI*e *siècle) pourrait le laisser croire. Et c'est pour montrer que l'hypothèse était tout à fait plausible qu'en 1976/77 quelques risque-tout décidèrent de gagner l'Islande et Terre-Neuve sur une fidèle copie des vieux bateaux de cuir. Le capitaine s'appelait Tim Severin, et le bateau avait naturellement été baptisé St Brendan.*

tères qui allaient devenir des centres importants. Les ermites se transformèrent en missionnaires. En 563, le moine Columba, de sang royal, se fixa avec quelques compagnons sur l'île d'Iona au large de la côté écossaise. De là, il partit chez les Pictes pour prêcher la bonne parole. Ses successeurs gagnèrent des contrées encore plus lointaines. Nous avons déjà évoqué Colomban. C'est lui qui fonda Luxeuil en Gaule, puis, sur la fin de sa vie, Bobbio, qui fut un des foyers de la culture chrétienne dans l'Italie des Lombards. Nous avons vu combien cette impulsion irlandaise avait contribué à réveiller l'Eglise franque. Cependant, les monastères irlandais recelaient des tendances individualistes qui rendaient les communautés vulnérables. D'autres formes de vie monacale se révélèrent mieux adaptées, et l'on perd peu à peu la trace des communautés de Columban.

« Non des Angles mais des anges »

L'époque où Colomban se manifesta dans le royaume des Francs est aussi celle où se produisit un événement qui allait créer une situation entièrement nouvelle sur les îles britanniques. En 596, l'évêque de la lointaine Rome, le pape Grégoire Ier, prit une initiative jusqu'alors inédite en envoyant une délégation de moines effectuer une mission auprès du roi Ethelbert de Kent.

Nous ignorons ce qui poussa le pape à prendre cette décision (si l'on fait abstraction du récit selon lequel, voyant un groupe d'esclaves aux cheveux blonds dont on lui dit qu'ils étaient des Angles, le pape aurait promis d'en faire des « anges » : Non Angli, sed angeli !). Mais sans doute savait-on à Rome que l'épouse du roi était la princesse Bertha qui n'avait accepté ce mariage qu'à la condition de pouvoir pratiquer librement sa religion. Par ailleurs, on ne devait pas ignorer qu'en Bretagne la situation s'était suffisamment stabilisée pour permettre l'envoi de missions. De surcroît, le roi Ethelbert étant un homme puissant qui, à cette époque, était reconnu comme une sorte d'autorité supérieure par l'ensemble des Angles et des Saxons. Les missionnaires étaient des moines du

La méthode missionnaire du pape Grégoire

« S'agissant des Angles, j'ai décidé qu'il ne faudrait en aucun cas détruire leurs temples mais anéantir les idoles qui se trouvent à l'intérieur ; après quoi il (l'évêque Augustin de Canterbury) devra asperger les temples avec de l'eau bénite, y placer des reliques et dresser des autels... Il sera plus facile pour les gens d'extirper les erreurs de leur cœur lorsqu'ils verront que les sanctuaires ne sont pas détruits et qu'ils pourront s'y rendre comme avant et y reconnaître et honorer le vrai Dieu. Et, parce qu'ils ont pour habitude d'abattre du bétail qu'ils offrent aux démons, il faudra leur accorder certaines fêtes solennelles en contrepartie. Par exemple, les jours de mariage ou les jours de fêtes des saints martyrs dont les reliques sont placées dans les temples, tu les laisseras construire des cabanes de branchages provenant des arbres qui entourent le temple, maintenant devenu une église, et tu les laisseras célébrer cette journée comme un jour de fête religieuse. Tu ne les laisseras pas sacrifier des animaux aux démons. En revanche, ils pourront abattre des animaux et les manger eux-mêmes pour célébrer Dieu. »

(Instruction de Grégoire Ier à la mission d'Angleterre)

Cette broche d'argent du VIIIe siècle récemment baptisée Tara, d'après le nom du château royal, est un des plus beaux spécimens de l'art irlandais de cette époque. Révélant une influence germanique, elle porte aussi la marque des anciennes traditions artisanales celtiques.

propre monastère de Grégoire à Rome ; leur chef s'appelait Augustin.

La mission effectuée chez les Anglo-Saxons se passa étonnamment bien. Dans le Kent, si nombreux furent les convertis que le roi lui-même put se faire baptiser sans avoir à craindre le mécontentement de son peuple. Après quoi, il alla jusqu'à user de son influence pour convaincre quelques rois voisins.

Certes, il y eut une certaine réaction après la mort d'Ethelbert mais elle fut assez brève, et le Kent fut définitivement gagné au christianisme avant l'année 620. Là-dessus, la nouvelle religion fit un pas de géant en direction du nord : En effet, quelques années plus tard, le roi Edwin de Northumbrie, qui avait épousé la fille d'Ethelbert,

Les motifs de la conversion

Lorsque le roi Edwin conféra avec ses hommes les plus éminents pour connaître leur avis sur la nouvelle religion qui leur était proposée, le grand prêtre Coifi répondit :

« Pour ma part, je dirai sans détours que la religion que nous avons suivie jusqu'ici me paraît impuissante et peu profitable. Aucun de tes hommes n'a vénéré les dieux avec plus de zèle que moi... S'ils avaient eu quelque pouvoir, ils m'auraient mieux aidé ! »

Un autre des hommes les plus éminents du roi déclara partager le point de vue de Coifi. Puis il ajouta :

« Seigneur roi, c'est ainsi que je vois la vie de l'homme aujourd'hui sur cette terre au regard du temps dont nous ne savons rien : te voilà assis avec ta garde et tes grands. Au milieu de la halle brûle le feu de l'âtre et, à l'intérieur, il fait chaud partout, cependant que la tempête hivernale de neige et de pluie fait rage dehors. Et voilà qu'un moineau traverse la halle à tire d'aile. Il entre par une porte et en sort par l'autre. Aussi longtemps qu'il est à l'intérieur, ni la tempête ni le froid de l'hiver ne peuvent l'atteindre mais, après un moment de tranquillité, il a disparu à nouveau, rentré dans la tempête d'où il est sorti. Et ainsi en va-t-il de la vie humaine. Elle ne dure qu'un instant ; de ce qui suit et de ce qui précède nous ne savons rien. Si cette nouvelle doctrine doit nous donner un savoir plus sûr, nous devons l'accepter. »

(Bède : « Histoire de l'Eglise des Angles » II.13.)

convoqua une assemblée de ses seigneurs et mit le christianisme à l'ordre du jour. Le climat était favorable à la nouvelle religion. Le plus éminent des prêtres païens déclara lui-même que l'ancienne religion ne lui avait été d'aucune utilité, et c'est lui qui, le premier, alla mettre le feu à son sanctuaire. C'est ainsi que la Northumbrie passa au christianisme. Quelques années plus tard, le moine Aidan fut sollicité de quitter son monastère d'Iona pour aller enseigner la nouvelle religion en Northumbrie. Aidan fonda un monastère à Lindisfarne, sur la côte de la mer du Nord. Ce fut de là qu'il partit pour effectuer ses nombreuses expéditions missionnaires.

Répondant à l'appel d'Iona, ce furent désormais des Irlandais qui effectuèrent une grande partie du travail de mission. Et Aidan de Lindisfarne était un représentant typique de la meilleure tradition celtique ; il marqua d'une empreinte durable les campagnes de Northumbrie. Mais, au bout d'un certain temps, les traditions romaine et celte se heurtèrent, le désaccord portant sur la fixation des célébrations pascales. Pour les gens de cette époque, qui pensaient en symboles, l'affaire était importante en soi mais, derrière ce conflit, se dissimulaient deux conceptions opposées de l'existence. C'est la tradition romaine qui finit par l'emporter, et de nombreux Irlandais cessèrent d'œuvrer dans la mission d'Angleterre.

Nouvelle organisation — Nouveau savoir

Vers 670, tous les rois des petits royaumes anglo-saxons étaient devenus chrétiens en même temps que le pays avait atteint un équilibre politique. Trois royaumes occupaient à présent une position dominante : la Mercie, la Northumbrie ainsi que le Wessex qui ne cessait de grignoter les territoires des Britanniques de l'Ouest. De plus, devenue un facteur politique d'importance, l'Eglise était désormais pleinement institutionnalisée. Elle avait ses circonscriptions, les évêchés et paroisses, et formait désormais une province ecclésiastique, l'archevêché de Canterbury ; c'était là, dans le « château de Kenter », qu'Augustin avait fondé le premier évêché du pays. L'archevêché était la seule organisation commune à tous les habitants des petits royaumes, et cette institution contribua à leur donner conscience d'appartenir à une communauté nationale plus vaste. L'archevêque à qui l'on doit ce travail d'organisation était un levantin du nom de Théodore de Tarse (Saint Théodore de Canterbury), mort en 690, un homme qui fit également œuvre de législateur et de lettré.

Par le biais du christianisme, les Anglo-Saxons nouèrent des contacts plus étroits tant avec l'Irlande qu'avec le continent. Des hommes d'Eglise et de nombreux pèlerins prirent le chemin de l'Italie en passant par la Gaule. Les Anglo-Saxons vouaient au pape de Rome une vénération sans équivalent ailleurs, et plusieurs rois anglo-saxons abdiquèrent pour vivre leurs dernières années à l'ombre de Saint-Pierre. Mais les impulsions culturelles de la Méditerranée orientale et d'Espagne se faisaient également sentir. Les nombreux monastères qui, grâce à la générosité des rois et seigneurs, s'élevèrent un peu partout dans le pays devinrent des foyers d'études livresques. Les missionnaires apportèrent avec eux l'univers du livre et trouvèrent apparemment un terrain favorable chez les Anglo-Saxons qui surent également tirer le meilleur profit des exemples d'artisanat d'art qu'ils découvrirent à cette occasion.

La tradition de Northumbrie — Bède

Sans doute le moment est-il venu d'évoquer ce fascinant personnage qu'est Benoît Biscop. Appartenant à l'aristocratie, il passa sa jeunesse dans la garde du roi puis devint moine et se voua dès lors au monde des livres. C'est ainsi qu'il effectua six voyages en Italie pour se procurer des livres et d'autres objets précieux à l'intention de ses abbayes de Wearmouth et Jarrow. L'un de ses jeunes disciples de Jarrow, Bède (673-735), devint la plume la plus féconde d'Angleterre. Comme Isidore de Séville, il s'attacha, en veillant à se faire comprendre, à transmettre l'héritage classique. A l'aune de son temps, c'est une véritable œuvre encyclopédique qu'il rédigea. Ses travaux sur la chronologie firent autorité pendant une grande partie du Moyen Âge, et il écrivit des exégèses bibliques et des sermons qui furent lus pendant cinq cents ans. Enfin et surtout, nous lui devons une chronique digne de foi et étonnamment vivante des cent à cent cinquante années qui le précédèrent, c'est-à-dire sur la christianisation de l'Angleterre.

Les clercs utilisèrent eux aussi des motifs germaniques. Dans les magnifiques évangiles qu'ornèrent des artistes irlandais et northumbriens, nous trouvons à la fois le style animalier et les entrelacs. Cet évangéliaire a été exécuté vers 700 dans le monastère de Lindisfarne.

Les autres royaumes ont également engendré d'éminents personnages et d'importants écrits. Mais sans doute le milieu des abbayes de Northumbrie, où nous trouvons, entre autres, la savante abbesse Hilda et d'autres religieuses de marque, mérite-t-il une attention toute particulière. Cependant, le centre de l'érudition se trouvait principalement dans l'école cathédrale d'York. Et ce fut le responsable de cette école, Alcuin, que l'on appela plus tard en France pour devenir « ministre de l'éducation » de Charlemagne. C'est grâce à lui que fut préservée la tradition de Northumbrie.

Construction d'église — Voyages culturels

Lorsque Benoît Biscop construisit l'abbaye de Wearmouth (675), il fit venir de Gaule : *« des maçons qui pourraient lui construire une église en pierre dans le style romain qu'il aimait... Alors que le travail approchait de sa fin, il manda en Gaule des verriers, des artisans qu'à l'époque on ne connaissait pas en Bretagne, afin de faire des fenêtres pour l'église. Ils vinrent et, non seulement ils firent le travail que Benoît désirait, mais enseignèrent aux Angles ce métier qui permettait également de fabriquer des lampes pour l'église et les cloîtres... »*

D'un nouveau voyage à Rome, Benoît rapporta *« d'innombrables livres de toutes sortes... une grande quantité de reliques des apôtres et martyrs du Christ... et des représentations des saints pour décorer l'église qu'il avait construite... des représentations des Evangiles pour décorer le mur sud et des représentations des visions de l'Apocalypse de saint Jean pour décorer le mur nord, de telle sorte que, de quelque côté qu'ils se tournassent, ceux qui entraient pouvaient voir le Christ et ses saints, même s'ils n'étaient pas lettrés... »*

(Bède : Biographie de Benoît Biscop)

Alors que même les halles des rois anglo-saxons étaient de simples maisons de bois, il arrivait aux moines de construire en pierre. On voit ici la reconstitution d'une partie de l'abbaye de Jarrow (environ 680).

La page de titre de cette bible manuscrite northumbrienne, dite Codex Amiatinus, est d'inspiration italienne. Le lettré représenté ici — le prêtre Esra — a sans doute pour modèle le fonctionnaire romain Cassiodore qui, au VIe siècle, s'efforça de fonder un monastère essentiellement voué aux études livresques. Sa grande bible figurait parmi les ouvrages que Benoît Biscop apporta en Northumbrie. Le Codex Amiatinus a été fait à Jarrow à l'époque de Bède vers 700.

L'Eglise, un important partenaire

Malgré les efforts d'un Aidan, d'un Bède et de leurs semblables, ce fut un christianisme assez éloigné de ses sources qu'assimila la majorité de la population d'Europe occidentale.

Les croix de ce type sont caractéristiques du paysage irlandais et anglo-saxon au début de l'ère chrétienne. Mais très peu d'entre elles ont des inscriptions comme celle qui figure sur cette croix de Ruthwell dans le Dumfriesshire : elle reproduit des vers d'un poème anglo-saxon, « le rêve de la croix », où des motifs du mythe de Balder sont mélangés à l'histoire de la Passion du Christ. Une autre croix célèbre, la croix de Gosforth, représente de même plusieurs scènes de la mythologie païenne.

En Occident, le latin jouissait d'un prestige tel que jamais la messe ne fut traduite dans les langues populaires (pourtant au VIIIe siècle, la population romane de Gaule ne comprenait plus cette langue, et les prêtres avaient reçu l'ordre de faire leur sermon en langue populaire). Autrement dit, on perdit le contact avec l'Ecriture sainte. En guise de substitut, il resta les pèlerinages, les fêtes des saints et le culte des reliques.

A la même époque, on vit l'image du Christ se modifier. Au cours de l'antiquité tardive, le Christ perdit une grande partie de son aspect humain pour devenir un juge siègeant sur son trône et, pour les Germains, un souverain céleste qui conduisait une légion d'anges, voire un roi guerrier qui marchait à la tête de ses troupes.

En Occident, les royautés germaniques étaient des constructions fragiles. On serait tenté de les comparer aux halles royales en bois que les rois anglo-saxons se faisaient construire, alors même que l'Eglise s'efforçait systématiquement de construire en pierre. Cette image devrait permettre de saisir combien l'Eglise était mieux à même de s'organiser.

Nous ignorons ce que les royautés issues des grandes invasions seraient devenues sans l'Eglise. En tout cas, il apparaît d'évidence que, dans l'institutionnalisation du pouvoir royal, l'Eglise fut un partenaire précieux, voire indispensable. Non seulement elle fournit au roi une base idéologique puissante, mais elle lui procura l'aide et le soutien d'hommes de plume qui étaient les dépositaires des expériences de l'Antiquité et avaient des compétences administratives. En contrepartie, l'Eglise bénéficia de l'appui du pouvoir royal.

Dès l'époque de Constantin, non seulement l'Eglise avait bénéficié de privilèges fiscaux et judiciaires, mais elle s'était vue aussi reconnaître une influence sur la législation. Cette influence pouvait se manifester dans une certaine codification de la morale sexuelle, dans l'interdiction de la magie ou le souci de protéger les membres les plus démunis de la société.

Par ailleurs, les ecclésiastiques s'impliquèrent dans l'affranchissement des esclaves, les prêtres eurent accès aux prisons. Puis il y eut l'interdiction de faire des sacrifices dans les temples, suivie de la destruction des temples eux-mêmes. C'est ainsi que l'on s'engagea sur la voie d'une « société chrétienne ».

Bénéficiant ainsi d'un traitement de faveur, comment l'Eglise fut-elle amenée à réagir ?

Faisant preuve d'optimisme, certains estiment que l'empire de Constantin annonce la victoire du royaume de Dieu sur terre. En revanche, d'autres, représentés par saint Augustin, sont plus sceptiques : l'Etat, irrémédiablement marqué par ses origines, traduit une volonté de puissance. Cependant, comme il ne saurait y avoir d'alternative sur cette terre, il convient de s'en accommoder en christianisant les institutions autant que faire se peut. Dans l'un et l'autre camp, l'unanimité se fait cependant pour penser que le premier devoir de l'Empereur est de protéger l'Eglise et le christianisme.

Le roi — oint par le Seigneur

Pour un roi guerrier germanique, sa fonction n'impliquait traditionnellement ni obligations ni responsabilités administratives.

En revanche, il se considérait comme un personnage sacré qui devait jouer un rôle d'intermédiaire entre les hommes et les puissances supérieures. Et ce que les rois commencèrent par apprendre sur les tâches qui leur incombaient se confondit d'abord avec ce que l'Eglise enseignait sur l'obligation de protéger ceux qui avaient besoin de protection, c'est-à-dire, en premier lieu, l'Eglise et le christianisme. « Le roi juste » (Rex instus), tel était l'idéal que leur proposait l'Eglise.

Cet idéal était l'héritage de l'Antiquité et de l'Ecriture. L'Ancien Testament parle d'Israël, un « peuple de Dieu » dirigé par l'élu de Dieu, le roi qui a été oint.

La consécration que recevait ainsi le roi le hissait pratiquement au rang de « Christ » terrestre (Christus Domini=l'oint du Seigneur) et le confortait dans son droit et son devoir d'œuvrer comme chef de l'Eglise, de nommer des évêques, de convoquer et présider des synodes.

Le rôle dévolu au roi au sein de l'Eglise variait selon les pays. C'est dans le royaume des Wisigoths que le roi reçut pour la première fois l'onction selon le modèle de l'Ancien Testament, et c'est là aussi qu'entre le pouvoir royal et l'Eglise se nouèrent d'indissolubles liens. Dans le royaume franc, les deux pouvoirs fonctionnèrent de manière séparée.

Mais l'Eglise n'en fut pas moins soumise au roi. Et là aussi se produisit une évolution qui devait déboucher sur le nouveau imperium christianum de Charlemagne, son « Empire chrétien ». Pour le Haut Moyen Âge, c'est, sous la surveillance et avec l'active participation du roi, la tentative la plus poussée qui ait été faite pour christianiser la société elle-même.

Datant d'environ 800, le livre de Kells a peut-être été fabriqué à Iona, soit juste avant que les Vikings ne mettent le monastère à sac. Les moines d'Iona allèrent s'installer à Kells en Irlande. La riche ornementation présente des traits à la fois irlandais et northumbriens mais, dans ce livre, on remarque aussi l'influence de la « renaissance carolingienne » en royaume franc, particulièrement dans la représentation des personnages. L'illustration représente l'arrestation de Jésus.

La légende et la littérature ont fait du général breton Artorius (Arthur) une sorte de roi idéal imprégné de religion dont les hommes étaient les célèbres « chevaliers de la table ronde ». Sur ce manuscrit français du XIVe siècle, c'est le plus noble d'entre eux, sire Gauvain, que l'on montre ici à l'assemblée.

Le roi Arthur

De même que Sigurd le tueur de dragons et les Nibelungen, Artorius, un petit seigneur breton, fut un héros de légende tout au long du Moyen Âge. Artorius remporta une importante victoire sur les Saxons (vers 500) et réussit à les contenir pendant un certain temps. Artorius — ou Arthur comme on l'appelle dans la tradition — était peut-être de Cornouailles. En tout cas, son souvenir resta vivant au pays de Galles et, peu à peu, il s'inséra dans l'univers des mythes celtes. On rapportait qu'il n'était pas mort et qu'un jour il reviendrait tout remettre en bon ordre. C'est par la Bretagne que le récit de ses exploits arriva en France. Au XIIe siècle, il était décrit comme le roi idéal qui aurait une cour féodale et une suite appelée « les chevaliers de la table ronde ». Il devint un personnage central de la littérature. Le roi Arthur apparaît aussi bien dans des poèmes d'amour que dans des récits à caractère religieux (la légende du Saint-Graal).

L'Empire romain

Alors que les Barbares reprenaient et se partageaient peu à peu l'Empire romain d'Occident, l'Empire romain d'Orient, dirigé de Constantinople, continuait d'exister mais commençait à présenter une physionomie propre. Entre les traditions grecques et orientales s'opérait en effet une fusion qui allait engendrer ce que l'on a appelé la civilisation byzantine, d'après l'ancien nom de Constantinople Byzantion (Byzance). Pourtant, pendant un certain temps encore, l'empire conserva un vernis romain, le latin demeurant la langue de l'administration et les dirigeants de Constantinople continuant de se considérer comme « romains ». Au demeurant, tout laissait à penser que cet empire amputé pourrait continuer de jouer son rôle de grande puissance. Non seulement les provinces orientales étaient plus densément peuplées qu'en Occident, mais elles avaient aussi des réserves naturelles plus importantes, une plus grande capacité de production et sans doute aussi plus de capital disponible. D'ailleurs, on constate qu'au IVe siècle l'économie orientale donne des signes d'embellie, l'artisanat et le commerce retrouvant leur niveau d'activité d'avant la crise.

La prospérité et la stabilité de l'empire d'Orient étaient largement imputables à l'existence d'une classe de paysans libres. En Orient avait subsisté une importante couche de petits et moyens paysans qui n'étaient pas tombés dans la dépendance des propriétaires fonciers. De ce fait, ces derniers jouèrent un rôle politique moindre : les hautes fonctions n'étaient pas, comme en Occident, réservées à la haute noblesse, et l'administration centrale en conservait le contrôle. La noblesse ne réussit pas non plus à obtenir des privilèges fiscaux aussi étendus qu'en Occident. De ce fait, le gouvernement put à la fois se procurer des revenus sans avoir à pressurer les producteurs et recruter des soldats sans être obligé de ponctionner la main-d'œuvre disponible. Economiquement, l'empire d'Orient était donc assez puissant pour entretenir une bureaucratie efficace et disposer d'une armée bien équipée.

Cependant, nombreux étaient les dangers qui menaçaient l'empire. A l'est, il y avait la Perse, l'ennemi héréditaire et, au nord du Danube, de nouvelles peuplades s'étaient mises en mouvement. A l'intérieur de l'empire, l'équilibre social demeurait fragile. Enfin, on y trouvait une multitude de nations qui avaient cultivé leurs particularités durant des millénaires. Nous avons évoqué plus haut la fusion des traditions grecques et orientales. Pourtant, jamais la synthèse ne fut totale, les oppositions nationales étaient trop fortes. Et celles-ci allaient se cristalliser autour d'un débat religieux permanent qui allait revêtir un caractère particulièrement dramatique et se révéler lourd de conséquences.

Le débat religieux

Posant le problème de la nature divine de Jésus, c'est le débat christologique qui, en Orient, devait faire fermenter les esprits, laïcs aussi bien que religieux. Certes, condamnant l'arianisme, les deux grands conciles de Nicée et Constantinople (325 et 381) avaient permis de clarifier les choses : c'est là que fut formulé le credo « Vrai Dieu, vrai homme », un paradoxe dont l'Occident pragmatique était prêt à s'accommoder. Mais, d'une plus grande curiosité intellectuelle, l'Orient refusa d'en rester là. Plongeant leurs racines dans un lointain passé, deux tendances antagonistes se cristallisèrent autour d'une interprétation maximale et d'une interprétation minimale de la divinité de Jésus. Le problème n'était pas purement abstrait. La réponse conditionnait toute l'interprétation du rôle de Jésus dans l'histoire de la Rédemption et, partant, l'engagement personnel de chacun. En pratique, cependant, chaque individu ne choisissait pas « librement » entre ces interprétations. La question était du ressort des groupes auxquels chacun appartenait, et les choix dépendaient des tendances idéologiques régionales auxquelles s'ajoutaient divers facteurs sociaux et politiques.

La discussion qui opposait les théologiens prit un tour particulièrement grave lorsque le théologien Nestorius devint patriarche de Constantinople (428) et voulut imposer une conception qui faisait prévaloir l'aspect humain de Jésus. Nestorius était un pur produit des milieux intellectuels d'Antioche, la capitale syrienne. Et sa définition pouvait laisser croire qu'il tentait de rationaliser le mystère de l'incarnation pour minimiser le caractère divin de Jésus. Beaucoup crurent alors voir se profiler le spectre d'Arius, et les protestations se multiplièrent. D'abord formulées par Cyrille, patriarche d'Alexandrie, elles ne tardèrent pas à être reprises par de larges couches de la population qui avaient le sentiment que Nestorius s'employait à dévaloriser la Rédemption. De surcroît, pendant les décennies qui s'étaient écoulées depuis le dernier credo, les gens s'étaient imprégnés de l'idée que la mère de Jésus devait être considérée comme theotokos, mère de Dieu. Nestorius, lui, voulait supprimer ce titre et proposait à la place Khristotokos (mère du Christ).

Le premier effet de cette réaction fut d'entraîner la chute de Nestorius ; en 431, le concile d'Ephèse condamna sa doctrine et proclama que Marie avait droit au titre de theotokos. Mais, dans l'ivresse de la victoire, les porte-parole du patriarcat d'Alexandrie allèrent beaucoup plus loin, affirmant que l'Incarnation fondait les deux natures du Christ en une seule : la nature divine. Ainsi naquit la doctrine de la nature unique du Christ, le monophysisme. C'était cependant le genre d'affirmation que ni Rome ni Constantinople ne pouvaient admettre. Un nouveau concile qui se tint en 451 à Chalcédoine limita le dogme du Christ dans les deux sens, condamnant aussi bien les « déviationnistes de gauche » (les Nestoriens) que les « déviationnistes de droite » (les auteurs des formulations extrêmes d'Alexandrie). A Alexandrie, ce choix suscita des réactions d'une extrême violence mais ne rallia pas pour autant les suffrages des Nestoriens.

L'Hippodrome

Officiellement, les habitants de Byzance n'avaient aucune possibilité de faire de la politique. Mais, lorsque le mécontentement populaire se faisait sentir, les courses hippiques organisées sur l'hippodrome jouaient le rôle de soupapes de sûreté. La population de la ville était divisée en deux camps ou « partisans de club », les Bleus et les Verts, qui se faisaient concurrence sur l'hippodrome (voir vol. 3, p. 192) et présentaient d'ailleurs des différences sociales marquées. Les Bleus appartenaient plutôt à la classe supérieure conservatrice et orthodoxe, tandis que les Verts représentaient la petite bourgeoisie et penchaient plutôt pour le monophysisme. Entre les deux groupes éclataient souvent des bagarres. Mais, les jours où l'empereur présidait les jeux, il leur arrivait très souvent d'unir leurs efforts pour lui faire savoir ce qu'ils pensaient. Justinien en fit l'amère expérience en janvier 532, lorsque les effets conjugués d'un tremblement de terre, de la sécheresse et de la corruption des fonctionnaires amenèrent les deux parties à organiser en commun un mouvement de protestation qui faillit lui faire perdre son trône. L'empereur fut forcé de s'enfuir de l'hippodrome, Constantinople fut incendié et le palais assiégé par une foule furieuse. Seule une initiative hardie inspirée par l'impératrice permit à Justinien d'en réchapper, mais ce fut au prix d'un massacre perpétré sur l'hippodrome qui coûta la vie à 30 000 personnes. Ce fut la grande révolte de Nika qui doit son nom au cri de ralliement des séditieux : « Nika ! » (« Victoire ! »).

L'empereur préside une course hippique à l'hippodrome. Relief de la colonne de Théodose à Constantinople. Tout en bas on peut voir des spectateurs et des danseuses.

Du schisme culturel au schisme politique

La théologie nestorienne ne puisait pas seulement aux sources de la philosophie grecque. Sans doute avait-elle également été marquée par les courants intellectuels du monde judéo-babylonien. En tout cas, les communautés chrétiennes de la Syrie orientale se montrèrent les plus réceptives à la théologie nestorienne. Persécutée par le pouvoir impérial, cette Eglise ne tarda pas à s'établir dans l'Empire perse. Là aussi, elle fut d'abord en butte à des persécutions mais, bénéficiant ensuite de tolérances, elle créa une florissante école de théologie à Nisibis. Les chrétiens nestoriens orientaux introduisirent le Christianisme jusqu'aux fins fonds de l'Asie.

Dans la forte position qu'occupait le monophysisme à Alexandrie, il faut assurément faire la part des traditions

Une fois Marie élevée au rang de « Theotokos » par le concile d'Ephèse en 431, le célèbre motif de « la vierge à l'enfant » inaugura dans l'art chrétien une carrière qui allait s'annoncer triomphale. Les Coptes (les Égyptiens) avaient été parmi les plus ardents zélateurs de cette reconnaissance, et l'on peut voir ici ce motif dans une version copte ancienne (tapisserie du VIe siècle).

Les Nestoriens

Il y avait des chrétiens nestoriens à la fois en Syrie orientale et en Perse, de l'autre côté de la frontière. Le pouvoir impérial multipliant les brimades, nombreux furent ceux qui allèrent s'installer en Perse. Là, le roi eut vis-à-vis d'eux une attitude ambiguë et changeante : étant ennemi de l'empereur, il leur souhaita la bienvenue et les autorisa à ouvrir une école à Nisibis mais, étant par ailleurs le représentant de la religion nationale, le mazdéisme, il s'employa aussi à les persécuter. Néanmoins, de l'école de Nisibis et de plusieurs monastères partirent de nombreuses missions qui gagnèrent l'Inde méridionale ou Ceylan par bateau, et l'intérieur de l'Asie par caravane. Parlant les langues locales, ils établirent facilement des contacts, ouvrirent des écoles ou des hôpitaux et christianisèrent des peuplades turques et mongoles. En Asie, on a retrouvé les traces de tout un réseau d'évêchés nestoriens. Il semble que seuls les bouleversements qui se produisirent au XIIe siècle aient pu venir à bout de l'Eglise nestorienne. C'est dès 635 qu'ils avaient atteint la Chine. (Itinéraire, voir p. 179.)

L'Egypte avait ses propres traditions qui se manifestaient aussi bien dans l'expression du sentiment national que dans le domaine artistique. La représentation de Marie évoquée précédemment porte l'empreinte de ces traditions, elles-mêmes influencées par celles du monde gréco-latin. Sur le portrait de cet évêque égyptien peint sur bois, la couleur locale s'affirme encore plus nettement (vers 600).

régionales. Non seulement la théologie alexandrine n'utilisait pas les mêmes méthodes que les intellectuels d'Antioche, mais la conception de la divinité de Jésus plongeait sans doute ses racines dans la royauté divine de l'ancienne Egypte. Ce qui est sûr, en tout cas, c'est que les Egyptiens ne tardèrent pas à adopter l'interprétation monophysite. Et, aussitôt que les résultats du concile de Chalcédoine furent connus, l'orage éclata. La garnison impériale de la ville fut massacrée et, avec elle, un patriarche « orthodoxe » nouvellement nommé. Après quoi le peuple porta son choix sur un nouveau patriarche qui devint le vrai chef de la province, le gouvernement de l'empereur étant alors plus ou moins écarté.

Traditionnellement, le patriarche d'Alexandrie avait une situation exceptionnellement forte dans sa province ecclésiastique. Sur son clergé, il avait beaucoup plus de pouvoir que ses collègues d'Antioche et de Constantinople. Il devint alors l'homme fort, voire le vrai maître de l'Egypte. Et le pays fit schisme dans les domaines religieux, politique et culturel. Des particularismes religieux qui plongeaient leurs racines dans la religion de l'ancienne Egypte se renforcèrent, la langue copte fut réhabilitée aux dépens du grec, une religion nationale fit son apparition. Puis vint le moment où, à leur tour, la Palestine, la Syrie occidentale et l'Arménie adoptèrent dans une large mesure le point de vue monophysite. Ces Eglises populaires favorisèrent la culture nationale et s'en imprégnèrent par réaction contre l'héllenisme et le christianisme dont se réclamait le gouvernement central.

Dès lors, l'empereur se trouva confronté à un problème de politique intérieure d'une extrême gravité. Dans un premier temps, il recourut à la force, mais les persécutions ne firent que conforter les tendances séparatistes. Dès lors, on présenta en 482 une formule christologique susceptible de rallier les suffrages des uns et des autres (l'Henotikon de l'empereur Zénon). Elle fit au contraire l'unanimité contre elle. Anastase Ier essaya alors de faire prévaloir la solution monophysite, mais la colère de ses sujets grecs, d'Asie mineure et des Balkans se manifesta avec une telle violence qu'il y eut plusieurs tentatives d'insurrection ; de plus, cette solution avait l'inconvénient d'entraîner un schisme avec l'Eglise d'Occident et le pape de Rome.

Lorsqu'Anastase mourut en 518, l'affaire n'avait toujours pas été réglée. Et autant dire tout de suite qu'elle ne devait jamais l'être. Différents problèmes sociaux et politiques avaient encore aggravé la querelle. Mais surtout, celle-ci se nourrissait des profonds antagonismes qui existaient entre les mentalités grecque et orientale. Pendant un certain temps ces derniers s'étaient atténués, mais tant le débat religieux que l'évolution politique les avaient fait réapparaître. Comme nous l'avons dit, ce nœud gordien ne fut jamais dénoué. En revanche, la conquête de ces provinces par l'islam allait les trancher.

Rénovatio imperii — le rêve de l'empire restauré

Une figure domine spécialement la Byzance du VIe siècle, c'est celle de Justinien, le fils de paysan des Balkans que l'on fit venir à la cour et éleva à la pourpre impériale.

Cependant que l'empereur Constantin vient apporter sa nouvelle capitale à Jésus et Marie, Justinien leur présente son œuvre : Sainte-Sophie (mosaïque de l'Eglise, environ 900).

Comme il avait à la fois un dessein politique, un pouvoir dictatorial et une exceptionnelle capacité de travail, ses initiatives furent lourdes de conséquences pour l'ensemble du bassin méditerranéen, même si les résultats furent loin de toujours correspondre à ce qu'il avait escompté.

Le rêve politique de Justinien (il fut empereur de 527 à 565) ne visait rien moins qu'à restaurer l'empire Romain dans son intégralité. En effet, ni à l'est ni à l'ouest, la notion d'empirc n'ćtait mortc. A l'est, elle permettait de maintenir la cohésion de cet empire d'Orient si hérérogène et, à l'ouest, une fois terminées les invasions germaniques du ve siècle et la paix revenue, elle était à nouveau d'actualité. Les princes germaniques eux-mêmes l'admettaient implicitement en s'attribuant des titres romains : Théodoric était Patricius, tandis que Clovis reçut le titre de consul. Et, en la circonstance, il ne s'agissait pas d'une simple fiction mais d'une reconnaissance de la légitimité du pouvoir impérial. Quant aux nouveaux royaumes germaniques de la Méditerranée occidentale, il n'y avait pas de raison particulière de les considérer comme invincibles. De toute façon, le conflit était inévitable, d'autant plus que Justinien entendait libérer les catholiques d'Occident de la tutelle arienne. L'empire devait également se bâtir sur l'unité de la foi.

Ce dernier point était l'autre élément central de la vision justinienne. Certes, les persécutions physiques de païens et hérétiques demeuraient encore tout à fait exceptionnelles (hormis les manichéens), mais Justinien s'attacha à brimer tous ceux qui ne voulaient pas se soumettre à la doctrine officielle. Les païens qui s'obstinaient à ne pas vouloir adopter la foi reconnue perdirent leurs droits civiques, le droit d'occuper un emploi public, d'ester en justice ou de rédiger un testament. Les derniers temples païens furent transformés en églises, l'Académie d'Athènes fut désaffectée. Ainsi procéda-t-il également contre les monophysites et autres dissidents. Et, pour ce qui est de sa propre Eglise, il s'y comporta en seigneur absolu. Ayant lui-même une formation de théologien, il n'eut aucun scrupule à décider personnellement de questions relatives au dogme et au rituel. Bien entendu, c'est lui-même qui nomma les titulaires des évêchés. S'il est quelqu'un qui illustre bien la notion de « Césaropapisme », c'est assurément lui.

L'Empire romain d'Orient sous Justinien (527-565).

Cette tête en marbre représente vraisemblablement l'impératrice Théodora.

Théodora

C'est grâce à la protection qu'il accordait aux Bleus que Justinien, alors bureaucrate effacé, rencontra sa femme, la future impératrice Théodora. Depuis sa plus tendre enfance, sa famille avait vécu sous la protection des Bleus. C'était des gens du cirque, et Théodora dut commencer de bonne heure à gagner sa vie comme danseuse ou autrement, au gré des occasions qui se présentaient. D'une beauté éblouissante et exceptionnellement douée, elle réussit à s'introduire dans la haute société. Pour l'épouser, Justinien dut contrevenir à toutes les règles de l'étiquette. Il n'eut guère à le regretter. Aussi intelligente que déterminée, elle lui fut d'une aide constante. Pendant la révolte de Nika, alors que Justinien était déjà prêt à fuir la ville et renoncer au trône, Théodora lui dit que c'était le pourpre (le vêtement impérial) qu'elle préférait comme vêtement mortuaire. L'empereur comprit l'allusion et osa lancer la sortie qui permit de briser l'insurrection.

Conquêtes et défense

A priori, la guerre de conquêtes qu'envisageait Justinien n'avait rien d'impossible. Pour les chrétiens romains d'Occident, l'empereur représentait le pouvoir légitime et leur propre foi catholique. Aussi, paraissait-il normal de pouvoir compter sur leur aide. Par ailleurs, les royaumes germaniques ne présentant pas de front uni, sans doute serait-il possible de les anéantir l'un après l'autre.

Au début, les choses se déroulèrent comme prévu. En 533, Bélisaire, premier général de l'empire, débarqua en Afrique, et, menant une véritable guerre éclair (534), vainquit les Vandales dont le royaume tomba comme un fruit mûr. L'année suivante, ce devait être le tour de l'Italie. Mais le régime Goth était beaucoup plus coriace. Il fallut vingt et même trente ans pour venir à bout de la dernière poche de résistance. La population civile endura d'énormes souffrances, d'autant qu'au même moment la peste ravagea le pays (543). En définitive, c'est sur un monceau de ruines matérielles et spirituelles que Byzance assit sa domination. En Espagne aussi le succès fut des plus partiels : dans le sud-est du pays, les Byzantins occupèrent une bande côtière qui, pendant un temps, fut à la fois une tête de pont commerciale et une base qui leur permit de contrôler la Méditerranée occidentale. Mais là s'arrêta la reconquête byzantine de l'Occident qui n'eut d'ailleurs pas de caractère durable. Bientôt, les problèmes s'accumulèrent au seuil même de l'empire.

Pour les Byzantins, les Perses représentaient une menace constante. Le poste frontière de Qasr ibn Warda se trouve dans de désert syrien au nord-est de Hama. Ces bâtiments, qui sont le château et l'église, ont été construits par Justinien dans le style de la capitale.

A l'est, l'Empire romain avait un ennemi héréditaire qui était l'Empire perse. Certes, pour se protéger sur ses arrières pendant qu'il faisait campagne à l'ouest, Justinien avait noué des contacts avec des princes inféodés et des Etats tampons, mettant en place tout un réseau d'alliances stipendiées ou faisant peser des menaces militaires. Pourtant, il ne put empêcher le roi des Perses de passer à l'attaque au moment même où ses propres troupes livraient en Italie ses combats les plus acharnés. Antioche, la capitale de la Syrie fut anéantie. Pour obtenir la paix, Justinien dut accepter le paiement d'un lourd tribut annuel.

Une autre région s'était embrasée, c'étaient les Balkans. En principe, les Byzantins essayaient de tenir la ligne du Danube. Mais les incessants mouvements de leurs voisins du nord leur rendaient la tâche difficile. A plusieurs reprises, les Germains et les Huns, puis les Slaves et les Bulgares franchirent les frontières et, poussant jusqu'à la Grèce, ravagèrent le royaume. Tout au long du VIe siècle, un nombre croissant de Slaves venus par petits groupes s'installèrent sur le territoire byzantin. Bien que Justinien fût lui-même originaire des Balkans (il était né à Tauresium, près de l'actuelle Skopje), c'est l'ouest qui retenait son attention, ce qui ne devait pas manquer d'avoir de funestes conséquences.

La restauration intérieure

La restauration de l'Empire à l'intérieur de ses anciennes frontières était une des pierres angulaires de la politique de Justinien. Mais il eut aussi la volonté de développer les ressources intérieures des territoires déjà placés sous sa souveraineté. A l'époque de Justinien, la production de soie byzantine connut un essor sans précédent. En matière de commerce international, l'empire occupait une position clef, et le solidus byzantin était un moyen de paiement qui avait cours jusqu'en Extrême-Orient. De plus, on mit en œuvre un important programme de constructions d'ouvrages défensifs et d'églises dont le joyau est Sainte-Sophie de Constantinople, un pur chef-d'œuvre. La société byzantine s'était dotée d'une brillante façade, elle avait une classe supérieure numériquement importante et cultivée où l'on trouvait des nobles, des fonctionnaires, de grands commerçants et des banquiers. Mais, pour les petites gens, la vie était beaucoup moins facile.

L'imperium christianum que Justinien désirait créer se devait d'être une société de droit. « Donner à chacun son droit » (cuique suum), tel était le premier devoir de celui qui était investi de l'autorité divine. De surcroît, l'empereur ne pouvait mieux asseoir son autorité qu'en codifiant harmonieusement l'existence de son peuple. Et la seule réforme que Justinien réussit véritablement fut une révision de la législation. Le corpus juris que rédigèrent ses collaborateurs resta en vigueur pendant des siècles. Cependant, bien que l'empereur, à la fois législateur et juge, occupât le centre du dispositif, jamais Justinien ne parvint à mettre en place une administration vraiment adéquate. L'appareil administratif était pesant, et la corruption fleurissait. De plus, la politique expansionniste de Justinien coûtait des sommes astronomiques, ce qui ne manquait pas d'alourdir le poids des impôts et de rendre plus impitoyables encore les méthodes des collecteurs. Le commerce en pâtit fortement, la misère et la ruine menacèrent les petits paysans. L'empereur entendait limiter le pouvoir des grands propriétaires, combattre leur frénésie d'enrichissement et leur volonté de faire passer les petits paysans sous leur coupe. Pourtant, c'était très exactement le résultat auquel conduisait sa politique fiscale.

Entre deux feux

Le dessein politique de Justinien était de restaurer une construction qui avait existé. Mais la vision qui l'animait était celle d'un passé idéalisé à partir duquel il ne réussit pas à créer un projet d'avenir, d'où son échec. Son empire n'était qu'un colosse aux pieds d'argile, et cette réalité

Après la révolte de Nika, une grande partie du centre de Constantinople n'était plus que ruines. Entre autres tâches, il fallut reconstruire Sainte-Sophie, l'église de la sainte sagesse. Mais Justinien ne voulut pas se contenter de refaire une basilique à l'ancienne. S'adjoignant le concours d'habiles techniciens, il créa une forme d'église entièrement nouvelle, une église ronde de dimensions gigantesques où le jeu des mosaïques et le traitement de l'espace donnaient aux visiteurs le sentiment de se trouver dans un au-delà. Les quatre minarets que l'on voit sur la photo furent érigés par les Turcs qui transformèrent l'église en mosquée et chaulèrent les murs pour dissimuler les diverses scènes qui les décoraient.

Corpus juris

Aussitôt monté sur le trône, Justinien entreprit de remettre de l'ordre dans la législation. Les Romains étaient de remarquables juristes, mais les lois qui, depuis la République, s'étaient accumulées au fil des siècles, constituaient un impénétrable maquis. Et c'était le cas aussi bien pour les édits impériaux que pour la jurisprudence. Il arrivait ainsi que des textes fussent en totale contradiction avec d'autres. Cent ans auparavant, Théodose II avait déjà publié un recueil de textes, mais Justinien visait un tout autre but : il voulait une législation révisée et modernisée qui pût servir dans toutes les parties du royaume et garantir les droits de chacun. Il fallut cinq ans pour mener ce travail à bien. L'ensemble du recueil appelé ensuite *Corpus juris* se composait de trois parties : le code lui-même (*Codex*), un recueil systématique de jurisprudence, des condensés (*Digesta*) ainsi qu'un résumé destiné aux étudiants, *Institutiones*. Plusieurs siècles plus tard, l'œuvre trouva des zélateurs en Occident (à partir du XIIe siècle). Sans doute l'appui qu'y trouva la royauté pour affermir son pouvoir face à la noblesse et à l'Eglise n'y fut-il pas étranger : la législation justinienne affirmait que, faisant la loi, le souverain en était aussi la seule source.

Subissant l'hégémonie des Vandales au Vᵉ siècle, la Méditerranée occidentale repassa ensuite sous la domination de la flotte byzantine. Mais il fallut encore attendre quelques années avant que celle-ci ne s'assure du contrôle de Classis, le port de Ravenne. Représentant le port, cette mosaïque se trouve dans la basilique St Apollinaire-le-Neuf qui fut construite (519) par Théodoric.

apparut pleinement sous ses successeurs. Pour Byzance, le siècle suivant fut catastrophique. La conquête de l'Occident n'était plus guère à l'ordre du jour. Toutes les énergies étaient mobilisées pour sauver ce qui pouvait encore l'être à l'est.

Après avoir vaincu les Perses, Héraclius alla triomphalement rapporter « la vraie croix » à Jérusalem où les Perses s'en étaient emparé peu de temps auparavant. A l'époque des croisades, ce haut fait donna naissance à une légende populaire, et l'Eglise le commémora ensuite chaque année (« Messe automnale de la croix », le 14 septembre). Illustration d'un devant d'autel de l'église de Nedstryn dans la région norvégienne de Sogn et Fjordane.

Le problème des Balkans qu'avait voulu ignorer Justinien se posa d'emblée à ses successeurs. Comme jadis les Huns, qui avaient chassé les Germains vers l'ouest, un nouveau peuple de cavaliers surgit des steppes de Sibérie. Les Avares, à l'instar des Huns, s'installèrent en force dans les plaines hongroises et, à partir de là, étendirent leur domination aux territoires balkano-danubiens puis chassèrent les peuplades slaves vers l'ouest et le sud. Les Slaves, suivis des Bulgares, autre peuplade de l'est, déferlèrent alors sur les Balkans et la Grèce qu'ils entreprirent de coloniser avant même le début du VIIᵉ siècle.

Provoquées par les campagnes des Balkans et l'absence de toute solde, des émeutes éclatèrent alors dans l'armée. En même temps, le conflit qui opposait le régime aux monophysites s'aggrava, provoquant une situation proche de la guerre civile. A quoi s'ajouta la menace d'une invasion perse. Ce fut dans cette situation qu'après avoir renversé un despote fou, l'empereur Héraclius Iᵉʳ monta sur le trône. Et les trente ans de son règne (610-641) comptèrent parmi les plus dramatiques qu'eût jamais connus Byzance. Ce fut une longue succession de défaites et de triomphes bientôt suivis de nouvelles défaites.

Héraclius se trouva confronté d'emblée à d'énormes difficultés : l'indiscipline régnait dans l'armée, l'opposition intérieure relevait la tête et les caisses de l'Etat étaient vides. Les Perses s'étaient mis en marche, et les Avares attaquaient par le nord. En 619, l'empire paraissait au bord de l'effondrement : La Syrie, avec Antioche et Jérusalem, était déjà tombée aux mains de Khosrô II, le roi des Sassanides qui, la même année, allait conquérir l'Egypte. Une armée perse avait atteint le Bosphore et menaçait Constantinople. Néanmoins, c'est à ce moment crucial que les énergies se galvanisèrent. Témoignant d'une témérité remarquable, Héraclius passa à la contre-attaque au cours des années qui suivirent puis, surprenant Khosrô là où celui-ci l'attendait le moins, finit par le vaincre à Ninive en 627. Khosrô subit une défaite telle qu'il fut torturé à mort par ses propres soldats. Quant aux Avares, ils furent eux aussi écrasés et se retirèrent vers le nord, tandis que les Bulgares s'alliaient provisoirement à Byzance et que le calme revenait à la frontière nord.

Ce fut cependant un triomphe sans lendemain. Tandis que les deux grandes puissances pansaient leurs plaies, Mahomet se rendait maître de l'Arabie. Provoquant une surprise totale, les Bédouins musulmans surgirent du désert et soumirent tout à la fois l'empire des Perses et les provinces byzantines de l'est. Alors apparurent les tristes effets du long conflit qui avait opposé les monophysites à l'empire : à la tutelle grecque, la Syrie et l'Egypte préférèrent celle des Arabes. Mais le pire était qu'à l'ennemi héréditaire perse désormais éliminé s'était substitué un adversaire plus formidable encore : le califat. Non seulement celui-ci menaçait la frontière de l'est, mais il ne tarda pas à enserrer Byzance de toutes parts.

Les Byzantins deviennent une nation

Ainsi pris entre deux feux — les populations balkaniques d'un côté, les Musulmans de l'autre — l'état byzantin dut

Précédant une procession de saints, les trois rois mages en habits perses apportent des dons à Marie et l'Enfant-Jésus. Mosaïque de la basilique Saint-Appolinaire-le-Neuf de Ravenne exécutée après la reconquête. Un des exemples les plus anciens du style « byzantin ».

s'adapter. Après ces événements, un des atouts de l'empire était d'avoir une ligne de front plus réduite à défendre et de former un Etat plus homogène. De plus, d'importantes réformes administratives surtout destinées à renforcer la défense furent alors mises en œuvre.

Lorsque, trois cents ans auparavant, Dioclétien avait réformé l'administration, il avait procédé à une stricte séparation des administrations civile et militaire. Cette fois, on fit l'inverse. C'est le thème, une unité militaire correspondant à peu près à une division, qui constitua la base de la nouvelle organisation. Et l'on fusionna plusieurs des anciennes provinces pour former ces nouvelles circonscriptions militaro-administratives qui furent placées sous le commandement suprême d'un général (le stratège), cependant que la fonction de consul disparaissait totalement.

Dans le même temps, on donna à l'armée une base plus solide. Aux mercenaires des différents thèmes, on attribua des lopins de terre qu'ils exploitèrent en paysans libres. L'armée était ainsi assurée de ne pas avoir de problèmes de recrutement, et les soldes ne grevaient pas excessivement le budget de l'Etat. Le nombre des paysans libres s'accrût en même temps qu'apparaissait une nouvelle couche de solides contribuables.

S'ajoutant à la création de thèmes, ce système des soldats-paysans donna à la société un caractère militaire marqué. Néanmoins, entourée d'ennemis comme elle l'était, celle-ci ne pouvait que tirer bénéfice de la simplification et de l'efficacité nouvelle que lui donnait la réforme. De plus, une loi agraire (Nomos georgikos, vers 700) en renforça encore les dispositions : elle visait à protéger les paysans contre les grands propriétaires, soulignant qu'ils n'étaient astreints ni à la corvée ni au domicile forcé.

Au VIIe siècle, l'Empire romain d'Orient était menacé de tous côtés. Après avoir subi de lourdes pertes, les Byzantins finirent cependant par resserrer les rangs et créèrent un état national militarisé de langue grecque qui parvint à défendre les nouvelles frontières.

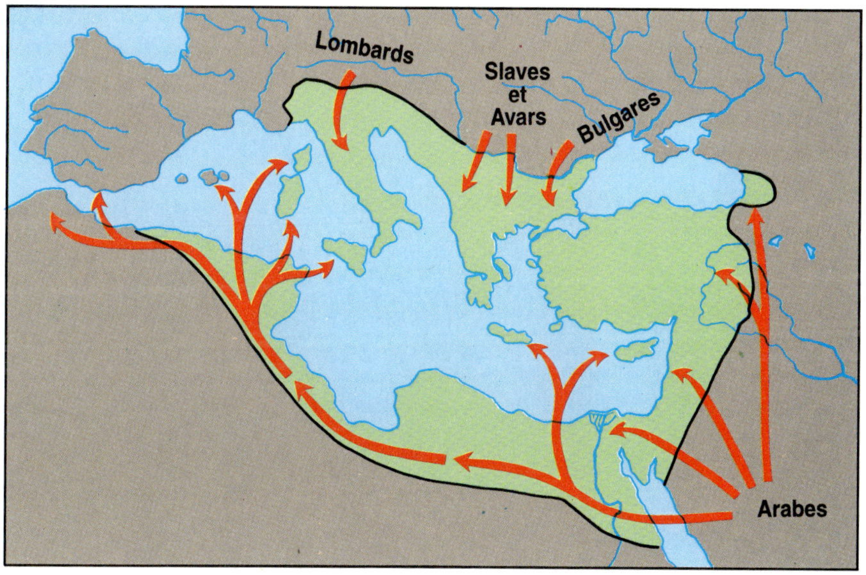

De plan octogonal, l'église St Vital de Ravenne peut-être considérée comme une étude préparatoire de Sainte-Sophie (plus tard elle devait aussi inspirer la basilique de Charlemagne à Aix-la-Chapelle). Commencée à l'époque où les Ostrogoths occupaient la ville, elle ne fut pas consacrée avant que l'empereur s'en fut à nouveau rendu maître et l'ait alors décorée de mosaïques représentant Justinien et Théodora. On voit ici Théodora et les dames de sa cour.

Au VIIe siècle, les empereurs procédèrent à d'importants transferts de populations. Les guerres ayant en effet entraîné un fort dépeuplement, l'on installa de très nombreux Slaves à la fois en Grèce et en Asie Mineure. En Grèce, sans doute finit-il par y avoir autant d'habitants d'origine slave que de Grecs de souche. Cependant l'hellénisation des immigrants fut relativement rapide.

Avec la perte de la Syrie et de l'Egypte, les problèmes dogmatiques occupèrent beaucoup moins le devant de la scène. Certes, Héraclius et ses successeurs s'efforcèrent encore une fois de trouver une voie moyenne entre les monophysites et les orthodoxes (le monothélisme) ; cependant, comme le résultat le plus patent fut d'indisposer Rome, on finit par y renoncer. Réuni en 681, le concile de Constantinople reconnut le primat de Rome et condamna le monothélisme.

Cette toute nouvelle unité religieuse explique pour beaucoup la consolidation de la société qui se produisit au VIIe siècle, consolidation qui se traduisit aussi par une renaissance du sentiment national. L'empire était devenu principalement grec. Les colons slaves furent rapidement assimilés et les classes dominantes devinrent exclusivement grecques. Ainsi, lors des derniers combats acharnés que l'empire livra aux Perses, le patriarche Serge lança-t-il des appels enflammés aux habitants de Constantinople pour qu'ils combattent au nom de la foi et il se chargea d'organiser la défense. Par ailleurs, c'est au moment où Héraclius rapporta la « vraie croix » à Jérusalem que culmina le triomphe impérial. Au cours des siècles suivants, c'est cette administration ainsi militarisée et cette idéologie où se fondaient la foi orthodoxe et la conscience nationale qui allaient devenir les fondements de la résistance à l'islam.

Le successeur de saint Pierre

Si l'Empire romain continua d'exister à l'est, il s'effondra à l'ouest où plusieurs princes germaniques se partagèrent

Illustrant l'épisode biblique de Joseph et de la femme de Putiphar, cette scène nous renseigne sur l'habillement byzantin à l'époque où fut composé le manuscrit, soit le début du VIe siècle. Le pourpre qui colore le parchemin est la couleur impériale.

le pouvoir. Cela étant, on est fondé à dire que l'institution qui reprit le plus directement l'héritage de l'empereur d'Occident fut la papauté de Rome.

Le rôle central joué par l'évêque de Rome dans l'histoire de l'Europe nous amène à examiner de plus près le développement du « pouvoir papal ». Plusieurs raisons peuvent être invoquées : le prestige considérable dont jouissait la capitale de l'empire ne pouvait que se refléter dans la position de l'évêque, lequel était amené à jouer le rôle de patriarche de l'Occident. Et, dans cet Occident, aucune ville ne pouvait rivaliser avec Rome. Ainsi la pratique religieuse romaine s'imposa-t-elle dans les provinces où elle devint la norme. Par ailleurs, la tradition affirmait (sans doute à bon droit) que les apôtres Pierre et Paul avaient tous deux été martyrisés dans la ville impériale, et que saint Pierre avait été le premier évêque de la ville. Le pape ne manqua pas de se référer à sa position de successeur de « prince des apôtres ». Puis, au IVe siècle, il alla plus loin en revendiquant hautement sa position de primat. Plusieurs facteurs jouèrent alors : pendant le schisme arien, il était apparu que les synodes ne faisaient qu'accroître les incertitudes doctrinales. Par ailleurs, la religion privilégiée de l'empire, le christianisme, avait besoin d'une organisation solide. Or, de plus en plus, l'empereur renonçait à résider à Rome. Constantin fonda une nouvelle capitale à l'est et lorsque, par la suite, les empereurs se rendirent en Italie, ils jugèrent préférable de choisir Milan puis Ravenne comme ville de résidence. Dès lors, l'évêque de Rome — qui avait le titre de pape — se substitua à l'empereur comme premier personnage de l'ancienne capitale de l'empire.

Ainsi donc, à partir de la deuxième moitié du IVe siècle, le primat romain fut clairement affirmé. Il y avait plusieurs manières de l'interpréter, soit que l'on y vît une prérogative purement honorifique, soit qu'elle impliquât aussi le droit de gérer la vraie doctrine et d'être une juridiction, l'instance d'appel suprême de l'Eglise. Cette conception large du primat fut admise assez tôt en Occident mais rencontra un écho moindre parmi les théologiens d'Orient rompus aux débats. Néanmoins, au Ve siècle, cette théorie était bien connue de ceux-ci dans toutes ses implications.

Les rapports avec Constantinople

En 451, au concile de Chalchédoine, Rome ne s'était pas contentée d'approuver la définition christologique, elle en avait été un des plus ardents zélateurs. C'est au pape Léon Ier lui-même que l'on doit la synthèse qui allait rester à jamais : « Le Christ — deux natures, la divine et l'humaine, mais indissolublement liées en une seule personne ». Par la suite, le pape devait donner à cette décision un caractère irrévocable, et c'est en spectateur qu'au cours des 200 années suivantes il assista aux querelles doctrinales qui agitèrent l'Orient. Un nom fut opposé aussi bien à toute nouvelle formulation du dogme qu'à la volonté de l'empereur d'en imposer une. Nous avons vu que ce dernier jugeait vital de pouvoir résoudre la question monophysite. Et il lui arriva souvent de penser qu'une solution était en vue. Mais, dans presque tous les cas, cette résolution s'accompagnait de concessions que, soutenus par le pape, les orthodoxes jugeaient impossible d'accepter. Frictions, ruptures et brutalités physiques se multiplièrent. Pour sa part, le pape justifiait son attitude en se retranchant derrière une formule du pape Gélase Ier (496) devenue classique. L'évêque et le roi sont les deux puissances de la société : « Mais c'est au pouvoir spirituel qu'incombe la plus grande responsabilité puisque, le jour du jugement dernier, c'est lui qui devra rendre des comptes, y compris sur ce que les rois auront fait. »

Une fois l'Italie tombée aux mains de Justinien, Constantinople put exercer un certain contrôle sur la papauté, même si la conquête lombarde laissa au pape une certaine marge de manœuvre. Certains papes furent destitués par l'empereur et, en 655, Martin Ier fut même condamné à mort avant d'être finalement exilé. Mais lorsqu'en 692, l'empereur voulut faire arrêter le pape, il se heurta à un obstacle inattendu. Les émissaires impériaux furent pris à partie par une foule déchaînée et durent implorer la protection papale, leur chef finissant par se réfugier sous le lit du souverain pontife. En vérité, cet épisode traduisait le changement bien réel qui s'était produit dans les rapports de force. Et, ce changement, on ne peut l'expliquer qu'en évoquant l'histoire de toute la péninsule Italienne durant cette période.

Au cours de l'Antiquité tardive, le pouvoir impérial et l'Eglise recoururent de plus en plus à de nouveaux procédés artistiques. A l'art hellénistique plein de vie et de naturel se substitua un art très stylisé qui, utilisant des matériaux coûteux (et de couleurs éclatantes) voulait donner l'impression de quelque chose de sublime, voire de transcendant. Ce style spécialement illustré par les bâtiments bien conservés de Ravenne postérieurs à 500 allait avoir une grande influence sur l'art des icônes byzantines. On voit ici l'empereur Justinien, reconnaissable à son auréole, qui, suivi de ses dignitaires, avance vers l'autel pour déposer une offrande (église St-Vital).

L'Italie

Lorsqu'en 554, Justinien édicta une loi qui jetait les bases d'une nouvelle administration de la péninsule, c'était un pays totalement ruiné qu'il essayait d'organiser. Le nouveau système ne pouvait fonctionner qu'avec des hommes et de l'argent. Or ceux-ci faisaient défaut. Les Byzantins avaient tellement pressuré le pays que la population déjà appauvrie n'avait plus aucune réserve. Et les effets conjugués des massacres, de la peste et de la famine firent dis-

L'invasion lombarde en Italie (à partir de 568).

paraître des millions de personnes. D'ailleurs, le tribut payé par les sénateurs et l'aristocratie locale (curiales) fut spécialement lourd. Or le nouveau système souhaitait laisser les autorités locales continuer d'exercer le pouvoir selon l'ancienne coutume romaine. Il n'y avait cependant plus de curiales pour jouer ce rôle et, parmi les rares sénateurs encore en vie, la plupart avaient pris la route de l'Est, du moins ceux qui avaient encore de la fortune, car les autres avaient été réduits à la mendicité.

Cependant, d'autres tragédies étaient en préparation. Se heurtant constamment à ses nouveaux voisins, une population germanique établie de l'autre côté des Alpes décida de gagner l'Italie. Il s'agissait des Lombards.

Le mythe veut que les Lombards aient été d'origine nordique. Ce qui est sûr, c'est que, vers 100 après J.-C., on les signale dans les régions du cours inférieur de l'Elbe et que, de là, parallèlement à d'autres populations nordiques (les Rugiens et les Hérules), ils prirent la route du Sud puis, en plusieurs étapes, gagnèrent la Pannonie (la Hongrie) où ils surent faire leur profit de la route commerciale qui reliait la Baltique à Aquilée (sur le golfe Adriatique). Peu après, ils adoptèrent le christianisme dans la version arienne.

C'est de 552 que date leur premier séjour en Italie, lorsqu'ils répondirent à l'appel d'un général de Justinien qui entamait la dernière phase de la guerre contre les Goths. Sans doute conservèrent-ils un bon souvenir de ce pays. En tout cas lorsque, quelques années plus tard, les Avares déferlèrent sur les plaines d'Europe centrale, les Lombards trouvèrent tout naturel de franchir à nouveau les Alpes. Au printemps 568, ils forcèrent les ouvrages défensifs byzantins de Frioul puis s'emparèrent d'Aquilée, une ville commercialement et administrativement centrale ; l'année suivante, ils s'emparèrent de presque toute la plaine du Pô puis, au cours des années 570, étendirent leur domination à la plus grande partie de l'Italie centrale. Malgré quelques succès, les armées impériales ne purent empêcher les Lombards de poursuivre leur politique de conquête pendant presque un demi-siècle. Toutefois, l'empereur conserva Ravenne, sa ville de résidence qui était quasiment imprenable et, en plus de Rome, un corridor qui reliait les deux villes et coupait ainsi la péninsule en deux. Au sud du corridor se trouvaient les deux duchés lombards de Spolète et Bénévent qui, n'étant rattachés au royaume que par des liens assez lâches, furent presque tout le temps autonomes. Quant aux territoires les plus méridionaux de la péninsule, ils étaient aux mains des Byzantins, de même que la Sicile qui était le grenier à blé de Rome.

C'est sous le roi Agilulf (590-616) que le royaume lombard prit forme. Cette plaque (en cuivre doré) provient du casque de ce roi. C'est un bon spécimen d'artisanat barbare inspiré de modèles romains (déesses de la victoire ailées)

Le royaume Lombard

Jalonnée de dévastations et de pillages, la conquête lombarde fut une période de chaos et de destructions. C'est seulement vers 600 que commença à prendre forme un pouvoir royal soucieux de réorganiser la société (Agilulf). Mais allait-il s'inspirer des institutions romaines ou des coutumes germaniques ?

Il est clair que, dans plusieurs domaines, la société lombarde était très marquée par le droit germanique. Ainsi le roi Liutprand estimait-il encore en 731 ne pouvoir totalement abolir le duel qui, présenté comme une forme de « jugement de dieu », permettait de régler les différends judiciaires. Certes, pouvait-on lire dans le décret, le roi savait que beaucoup avaient injustement perdu leur cause de cette manière, « mais, comme c'est une coutume du peuple lombard, nous ne pouvons l'interdire ».

Et de même, fondé sur le clan et la famille, c'est tout le système germanique de protection des individus qui subsista. Bien que le roi se fût efforcé d'en limiter le champ, la vengeance classique était considérée comme tout à fait normale, et l'on pouvait se laver d'une accusation en recourant à des cojurants. De plus, les hommes en état de porter les armes exerçaient sur leur foyer une pleine et entière autorité qui leur permettait de recourir à différentes sanctions dont la mort. Et la situation juridique de la femme était précaire ; ainsi une femme ne pouvait-elle hériter qu'en l'absence d'héritier mâle.

On peut supposer que, durant la phase de conquête, tous les Lombards libres se virent attribuer un lopin de terre ; mais, même parmi les conquérants, il y avait des esclaves ainsi que bon nombre de gens qui, étant sous la protection et la tutelle d'un autre homme, jouissaient seulement d'une semi-liberté. Et, comme les Lombards ne devaient guère être plus de 200 000, on est en droit de penser que, de son côté, la population romaine conserva une bonne partie de la terre. Chez les Lombards, c'étaient les paysans propriétaires et les grands qui formaient le noyau de l'armée, et il paraît vraisemblable qu'à l'instar de l'aristocratie gallo-romaine, les propriétaires fonciers romains se soient laissé militariser. Auquel cas ils se fondirent dans la société lombarde, mais non sans la modifier de l'intérieur. Par exemple, ce furent sans doute eux qui introduisirent dans le droit lombard les dispositions du droit romain relatives à la propriété de biens immobiliers. Par ailleurs, le latin ne tarda pas à s'imposer aux dépens de la langue lombarde, ce qui tend également à montrer que les deux groupes fusionnèrent rapidement.

En Italie, pourtant, la vie urbaine subsista, les grands propriétaires lombards eux-mêmes jugeant souhaitable de devenir citadins. Bien que, dans les villes, le commerce et la productivité eussent sans doute atteint leur niveau le plus bas, la civilisation urbaine conserva son statut. Par la suite, l'Etat lombard se dota d'une véritable capitale, Pavie, où l'administration royale installa son siège. Par comparaison avec ce qui avait précédemment existé, l'administration était très simplifiée. Cependant, bien que la couronne ne fût pas héréditaire et que coups d'Etat et révoltes eussent entraîné de fréquents changements de souverains, le roi était loin d'être dénué de pouvoirs. Dans le droit fil de la tradition romaine, les rois se posèrent de plus en plus en gérants de l'intérêt général et de l'ordre public. De plus, au VIIe siècle, on opta pour une réorientation religieuse : la tradition arienne fut abandonnée, et les Lombards se rallièrent au catholicisme pratiqué par le reste de la population. L'Eglise fut réorganisée, et l'on arriva à trouver un terrain d'entente avec la papauté et même avec Byzance.

Dans la résistance qu'il opposa aux grandioses projets du roi Agilulf, le pape avait un allié dans le camp de l'ennemi en la personne de son épouse, la reine Theodelinda, qui était d'origine bavaroise. Parmi les cadeaux qu'il lui adressa figure peut-être cette couverture de livre.

Cavalier lombard (bronze doré du début du VIIe siècle).

Dans cette rue, Clivus Scauri (la pente de Scaurus), qui se trouve juste en face des palais impériaux du Palatin, semble encore subsister quelque chose de la Rome impériale. Le sous-sol de l'église Saint-Jean-et-Saint-Paul, que l'on voit à droite, recèle une maison bien conservé du IIIe siècle qui, dès cette époque, accueillait peut-être des assemblées de chrétiens. A gauche, une belle demeure patricienne qui fut la maison d'enfance de Grégoire Ier.

Le serviteur des serviteurs de Dieu

Un des plus éminents représentants de la papauté durant le premier millénaire fut saint Grégoire Ier, dit Grégoire le Grand (pape de 590 à 604). Il laissa une œuvre considérable et exerça après sa mort une influence énorme. Appartenant lui-même à la noblesse sénatoriale, il dirigea un temps l'administration de Rome ; plus tard, il aménagea un monastère dans sa propre demeure (St André). Devenu pape ou « serviteur des serviteurs de Dieu », comme il aimait lui-même à le dire, il eut l'intime conviction que les bouleversements de son époque annonçaient le jugement dernier et déploya une intense activité. C'est principalement à lui que revient le mérite d'avoir fait bénéficier les pauvres des ressources de la papauté. Il ne ménagea aucun effort pour faire la paix avec les Lombards, rappela les rois francs à leurs devoirs et envoya les moines de Saint-André faire œuvre de mission en Angleterre. Pourtant, c'est surtout son œuvre théologique et pastorale qui lui valut sa réputation. « Le plus grand de tous les arts, est l'art de guider les âmes », a-t-il lui-même affirmé, et le Moyen Âge plaça son manuel pastoral « Regula pastoralis » sur le même plan que la règle de saint Benoît. Dans le domaine théologique, il joua un rôle de diffuseur comparable à celui d'Isidore de Séville : il résuma en les simplifiant les pensées des premiers pères de l'Eglise, et ses recueils de sermons devinrent des lectures de base (souvent traduits dans les langues populaires). Relatant dans ses « Dialogues » une série de miracles, il fut de ceux qui contribuèrent à asseoir la doctrine du purgatoire et défendirent les messes des morts. Le deuxième livre de ses dialogues est la plus ancienne biographie de saint Benoît.

Cette église située près de Clivus Scauri s'appelle maintenant Saint Grégoire le Grand. Construite par Grégoire Ier au moment où il transforma son héritage paternel en monastère, elle fut d'abord consacrée à Saint-André. C'est de ce monastère Saint-André que Grégoire envoya ses premiers missionnaires en Bretagne

Le nouveau maître de Rome

Pourtant, durant une longue période, c'est la papauté qui allait non seulement incarner l'orthodoxie catholique mais aussi la romanité — romanitas. Le pape reconnaissait l'empereur et le considérait comme le juste souverain. Pourtant, entre ces deux autorités, les affrontements étaient fréquents. Et, même lorsqu'il n'y avait pas de pomme de discorde, le pape ne pouvait compter que sur lui-même lorsqu'apparaissaient de nouveaux problèmes ou de nouveaux dangers. Certes, à Ravenne, l'empereur avait bien un gouverneur (un exarque) qui exerçait l'autorité civile et militaire en Italie, et l'exarque avait lui-même son représentant à Rome. En pratique, pourtant, c'était le pape qui exerçait l'autorité publique à Rome et dans les environs. Jamais l'exarque ne disposait des moyens nécessaires pour se faire respecter, et le pape était constamment obligé de lui apporter son concours. Au cours des siècles précédents, tant les empereurs que les grands avaient fait don à la papauté d'immenses domaines majoritairement regroupés en Italie du Sud et en Sicile, le grenier à blé de Rome. Ainsi le pape pouvait-il faire régulièrement distribuer du blé à la population de Rome et aux réfugiés qui n'arrêtaient pas d'affluer d'autres régions. De plus, en maintes circonstances, il fut aussi obligé de rétribuer l'armée. Pour ce qui était de la ville elle-même, elle avait subi d'irréparables dommages pendant la guerre des Goths : les aqueducs étaient détruits, l'égoût hors d'usage, les remparts et les digues de protection élevées le long du Tibre en ruines. La ville était devenue insalubre. Et, pour remédier à cette situation, c'est encore une fois le pape qui s'efforça de trouver de nouvelles ressources.

Ainsi la papauté apparût-elle de plus en plus comme une autorité publique autonome appelée a exercer des responsabilités aussi bien temporelles que spirituelles. L'administration de la papauté eut de plus en plus des allures de gouvernement. Aux sénateurs se substituèrent les prêtres des principales églises de la ville, lesquelles étaient au nombre de 28 au VIIe siècle. Après 600, le sénat romain jadis si puissant avait complètement disparu, mais les principaux prêtres reprirent pour leur propre compte l'ancien privilège du Sénat qui était de porter des bas blancs et des chaussures plates de couleur noire. L'on ne pouvait plus clairement affirmer que c'était désormais le clergé qui constituait le noyau de Rome.

La papauté était donc de plus en plus consciente de gérer l'héritage romain. En principe, c'était au nom du pouvoir impérial de Constantinople. Pourtant, il devenait de plus en plus manifeste que Rome constituait un centre de décisions autonome. A cet égard, l'armée jouait un rôle important : dans une mesure croissante, le recrutement des troupes impériales se faisait sur une base locale (alors qu'auparavant les hommes venaient d'Orient). Et, aux yeux de cette armée italianisée, le pape fit de plus en plus figure de chef, d'autant qu'en chaque circonstance c'était lui qui trouvait les ressources nécessaires à la défense. Les papes cédèrent aux officiers des domaines papaux, jetant ainsi les bases d'une nouvelle aristocratie toute dévouée au pape. Lorsqu'à l'occasion d'un nouveau conflit entre le Saint Siège et l'empereur on essaya d'arrêter le pape Serge Ier, ce ne fut pas seulement la population furieuse mais aussi l'armée qui s'y opposa par la force.

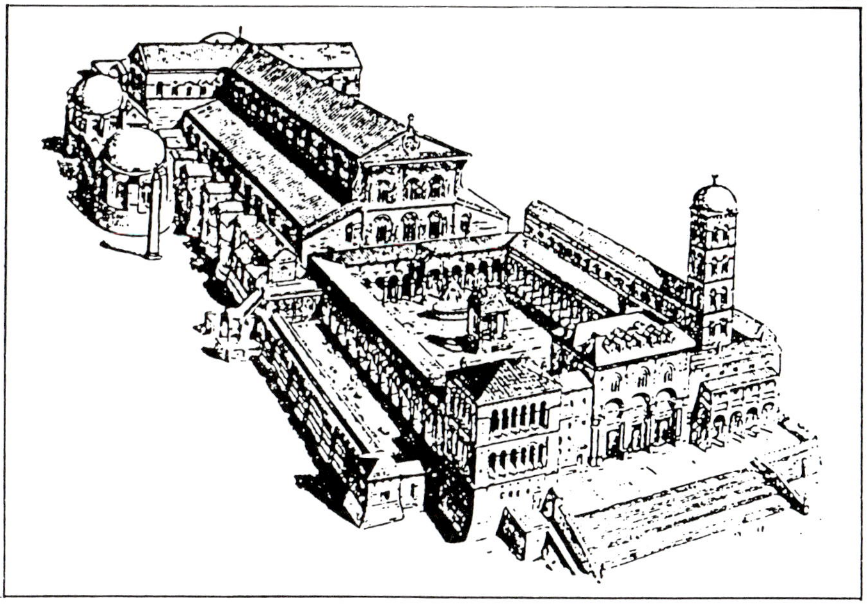

L'empereur Constantin fit construire une basilique sur la colline du Vatican, à l'emplacement présumé de la tombe de saint Pierre. Par ses dimensions, elle était comparable à l'église du Latran. Un transept qui marque l'emplacement de la sépulture a été inséré entre la nef et l'abside.

A partir des années 720, les papes furent contraints de manœuvrer entre ces deux puissances jusqu'au moment où ils décidèrent de miser sur les Francs qui seuls paraissaient en mesure de les sauver des Lombards de plus en plus puissants. Ainsi les maîtres de l'Empire franc se virent-ils offrir un champ d'action entièrement nouveau. Mais, avant d'étudier cette évolution, il convient de présenter un troisième héritier de l'empire, l'islam.

Vers de nouvelles constellations

D'une manière générale, il semble qu'à la fin du VIIe siècle, le climat spirituel tende à se modifier. La pression exercée par les Lombards s'est relâchée. Devenus catholiques, ils semblent se satisfaire à peu près de leurs frontières territoriales. Dans les provinces, l'administration civile et religieuse est normalement assurée. De surcroît, la peste qui avait régulièrement sévi depuis les années 540 semble en nette régression. A la fin du VIIe siècle et pendant une bonne partie du VIIIe siècle, les papes eurent une intense activité de bâtisseur. A cette époque se succédèrent à la tête de la papauté plusieurs papes d'origine grecque et syrienne qui étaient sensiblement plus lettrés que ce n'était généralement le cas en Occident. Sans doute est-ce eux qui, s'inspirant de la cour impériale, introduisirent dans la liturgie romaine un cérémonial byzantin destiné à souligner le rôle du pape devenu le pendant spirituel de la majesté temporelle. Au demeurant, une visite officielle que le pape effectua à Constantinople en 711 consacra l'entente qui régnait entre les deux puissances. Sans doute est-ce d'ailleurs la papauté qui en tira le plus grand profit.

Cependant, de nouveaux dangers apparaissaient à l'horizon. En 717 monta sur le trône un nouvel empereur qui défendait des idées radicales à propos du pouvoir temporel et dans le domaine théologique ; une fois de plus, l'empire Byzantin allait sombrer dans un conflit dogmatique qui engageait l'ensemble du peuple. Par ailleurs, en Italie, si l'Etat lombard était devenu plus civilisé, il avait aussi gagné en organisation et efficacité. En d'autres termes, il y avait de plus en plus de risques qu'il cherche de nouveau à s'emparer de toute la péninsule Italienne.

La forme que finit par adopter le culte chrétien en Occident se reflète dans l'aménagement de ce chœur du VIe siècle qui subsiste encore dans certaines églises romaines (Sainte-Sabine, voir p. 19). Cette photo montre l'intérieur de l'église Saint-Clément. A l'intérieur de l'abside, on distingue le siège de l'évêque (cathedra) et, devant celui-ci, l'autel recouvert par un baldaquin porté par des colonnes (ciborium). Au premier plan, délimité par des murs bas, on voit l'endroit où se tenaient les choristes (schola cantorum). Des deux côtés, se dressent des pupitres respectivement destinés à la lecture de l'épître et de l'Evangile.

Le prophète et sa guerre

Mahomet, le prophète d'Arabie, mourut à Médine en 632 après avoir rallié autour de lui et de sa doctrine la plus grande partie de la péninsule. Ses successeurs poursuivirent son agressive politique au-delà des frontières et remportèrent des succès que personne n'aurait jamais osé imaginer. En une décennie, ils soumirent d'importantes parties de l'Empire byzantin — la Syrie et l'Egypte — et conquirent presque entièrement l'Empire perse. Moins de cent ans plus tard, ils avaient fondé un empire qui s'étendait des Pyrénées au Pamir.

C'est un « être lumineux » qui apporta sa première révélation à Mahomet et lui ordonna d'aller prêcher. On le présenta plus tard comme étant l'archange Gabriel que l'on voit ici appeler à la conversion ou au jugement. (Manuscrit perse.)

Certes, au cours des millénaires précédents, il était souvent arrivé que des tribus venues du désert envahissent les royaumes du Croissant fertile. Et, parfois même, elles avaient réussi à s'établir et créer de petits Etats. Mais, ensuite, elles avaient été immanquablement assimilées par la civilisation locale, dominées et asservies par les grands royaumes environnants. Cette fois, cependant, l'affaire prit une tournure différente. Même s'ils furent à leur tour assimilés dans beaucoup de domaines, les Arabes n'en marquèrent pas moins cette région d'une empreinte durable et profonde car, à la base de la civilisation nouvelle qui vit alors le jour, il y eut leur langue et leur idéologie. Cette fois en effet, les tribus conquérantes arrivaient avec une doctrine et une croyance propres à emporter l'adhésion des populations. Et le créateur en était Mahomet. Ainsi, c'est grâce à la doctrine de Mahomet que l'Arabie fit son entrée sur la scène internationale.

L'appel de Mahomet

« Prêche au nom de ton Seigneur qui créa ! qui créa l'Homme d'une adhérence. Prêche ! ton Seigneur étant le Très Généreux qui enseigna par le Calame et enseigna à l'Homme ce qu'il ignorait. »

(Le Coran 96, 1-5)
traduction de Régis Blachère

L'Arabie

Il y a deux mille ans, l'Arabie était sans doute une contrée plus fertile que de nos jours. Mais les ressources n'en étaient pas moins très dépendantes des variations climatiques. Et les tribus confrontées à un excédent de population ou victimes de la faim n'hésitaient pas à gagner les régions civilisées du nord pour s'emparer de ce qui leur manquait ou tout simplement émigrer. Certes, cet énorme territoire que nous appelons l'Arabie ne se compose pas uniquement d'étendues désertiques. Trois ou quatre zones géographiques se distinguent du reste. Il s'agit tout d'abord de la côte est où, le long du golfe Persique, vit une population dont la principale ressource est la pêche et où, tout à l'est, s'étend l'Oman, un pays aux vallées abondamment arrosées où poussent dattiers et arbres fruitiers. La partie la plus méridionale, l'Hadramaout et surtout le Yémen, constituent la région la plus fertile. La mousson y provoque une pluie abondante et c'est grâce à des produits précieux comme les épices et l'encens, qu'un Etat prospère put voir le jour au cours du millénaire qui précéda notre ère. A l'ouest, la région littorale du Hedjaz, où naissent les premières hauteurs, est jalonnée d'oasis fertiles. Enfin, redouté pour ses étendues désertiques, l'intérieur du pays n'est pas non plus d'une aridité absolue. On y trouve aussi des oasis et des pâturages, et les nomades pourvoient à leur subsistance en passant la saison d'hiver dans les zones d'herbage puis en séjournant dans les oasis pendant la saison sèche. Et les nomades virent leur rayon d'action s'accroître sensiblement dès lors qu'au deuxième millénaire avant J.-C., ils surent domestiquer le *chameau*. Ce dernier peut, en effet, parcourir cent kilomètres par jour et passer trois semaines sans rien boire.

Dès avant l'apparition de l'Empire Romain, l'exportation des richesses de l'Arabie méridionale favorisa la création d'importants Etats dans le Sud. Pour les lointaines contrées du nord et de l'ouest, ces royaumes se présentaient sous un jour féerique qui allait engendrer le mythe de l'Arabie heureuse, *Arabia Felix*. Pour leur part, les grandes puissances n'essayèrent pas d'assujettir la péninsule, mais ne s'en efforcèrent pas moins de s'assurer le contrôle de points stratégiques et le concours d'alliés sûrs. Au nord, la conquête de la Syrie par les Romains entraîna à la limite du désert l'établissement de petits royaumes alliés, le royaume des Nabatéens dont la capitale était Pétra auquel se substitua plus tard le royaume chrétien

Dans les paysages arides d'Arabie, nul moyen de transport n'égale le chameau.

L'Arabie à l'époque de Mahomet.

Venant du sud-ouest, la mousson d'été a permis à l'agriculture de prospérer sur la côte orientale d'Arabie. (Photo prise à Oman.)

des Ghassanides. A la limite de la zone désertique orientale, les Perses avaient un Etat allié du même type, les Lakhmides. Et ces petits Etats tiraient eux aussi profit des routes commerciales qui arrivaient de l'est.

Il semble qu'avec l'affaiblissement de la grande puissance de l'Ouest, les caravanes aient été amenées à jouer un rôle croissant. Il devenait plus risqué de naviguer en mer Rouge que d'emprunter la voie terrestre, même s'il fallait toujours veiller à protéger les caravanes contre les attaques des nomades. Sur la route caravanière qui reliait le Yémen à la Syrie, la Mecque était spécialement bien placée, et les habitants de la cité exercèrent un contrôle accrû sur ce commerce transitaire.

Les nomades et la Mecque

Les nomades étaient dirigés par des chefs qui portaient le titre de *Cheikh*. Appartenant à une famille dirigeante, le cheikh n'avait, grosso modo, qu'un rôle de juge arbitral. Si son honneur était en jeu, le clan ou la tribu devaient eux-mêmes le défendre. Par goût du sport ou appât du gain, les tribus s'attaquaient fréquemment, mais sans généralement faire couler le sang. Et si elles ne formèrent jamais d'Etat, elles n'en réussirent pas moins à conserver entre elles une manière d'équilibre. La société était patriarcale, et les femmes devaient obéissance, même si elles jouissaient d'une relative liberté. Lorsque se produisaient des affrontements guerriers, il arrivait souvent que, soit en vers, soit en prose, celles-ci aillent exciter les hommes sur le champ de bataille. L'hospitalité était l'un des premiers préceptes de la morale du désert, et la religion prônait le culte des divinités de la nature.

A la Mecque, la tribu des Quraychites s'était assurée une position dominante. Si la population de la cité avait depuis longtemps cessé d'être nomade, elle n'en continuait pas moins de partager l'ensemble des valeurs propres aux nomades. Les clans étaient encore suffisamment soudés de l'intérieur pour que la solidarité n'apparaisse pas comme un vain mot. Entre les divers clans les rivalités n'étaient naturellement pas absentes. Et, à l'intérieur de ces mêmes clans se dessinait une évolution comparable au fur et à mesure que le commerce marquait la ville de son empreinte. Une clientèle bigarrée d'esclaves, affranchis et artisans arrivés d'ailleurs vint s'adjoindre aux différents clans. Dès lors, on peut imaginer que l'apparition d'une économie fondée sur l'argent était alors — vers la fin du VIe siècle — en train de corrompre l'ancien système et l'ancienne morale, les commerçants nouvellement enrichis n'ayant que faire de l'ancienne solidarité cla-

Aux gens de la Mecque

« Celle qui fracasse !
Qu'est-ce que Celle qui fracasse ?
Qu'est-ce qui te fera connaître ce qu'est Celle qui fracasse ?
[C'est] la journée où les Hommes seront comme papillons dispersés,
[où] les monts seront comme flocons de laine cardée.
[Alors], celui dont lourdes seront les œuvres connaîtra une vie agréable,
[tandis que] celui dont légères seront les œuvres s'acheminera vers un abîme.
Qu'est-ce qui te fera connaître ce qu'est cet abîme ?
C'est un feu ardent !
La rivalité vous distrait
jusqu'à ce que vous visitiez les nécropoles.
Eh bien non ! bientôt vous saurez !
Encore une fois, non ! bientôt vous saurez !
Non ! que ne savez-vous de science certaine !
Vous verrez la Fournaise !
Encore une fois, certes, vous la verrez avec l'œil de la certitude !
Encore une fois, certes, vous serez interrogés sur votre félicité [terrestre]. »

(Le Coran 101-102) traduction de Régis Blachère

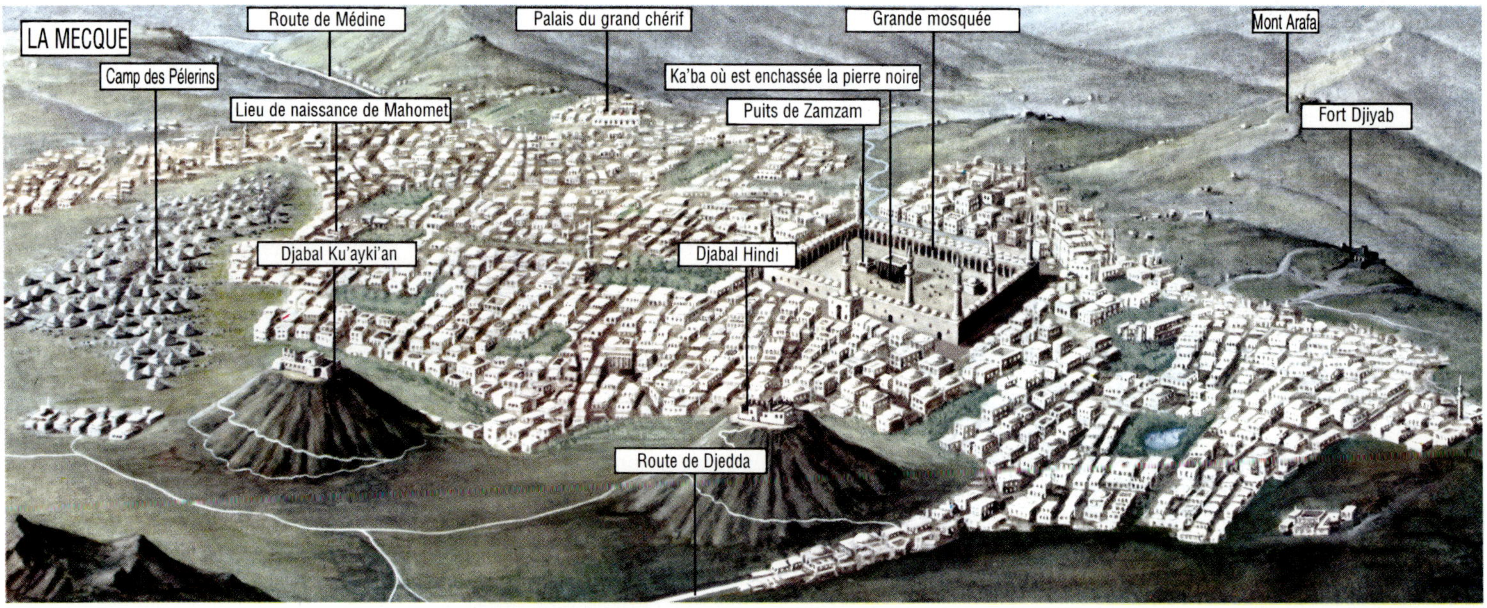

Située dans une vallée torride, la Mecque est aussi un important nœud de communications : des routes la relient à Médine, Mina, Djedda et le Yémen. La Ka'ba, l'antique sanctuaire des habitants de la Mecque, est entourée d'une grande mosquée. Dans le puits de Zamzam jaillit une source d'eau miraculeuse. A droite, « La montagne de la grâce », Arafa.

nique. Et si l'on retient cette hypothèse, on peut légitimement penser que l'époque ressentait le besoin d'avoir une idéologie nouvelle.

Et à la Mecque comme partout ailleurs en Arabie, les gens s'ouvraient alors à de nouvelles religions. Le judaïsme et le christianisme étaient connus depuis des siècles. D'importants groupes de population avaient adhéré au judaïsme et, spécialement dans le Nord, vivaient de très nombreux chrétiens. Au Yémen, la dynastie royale se réclama pendant un temps du judaïsme. Mais le souverain d'Ethiopie, le *négus* d'Aksoum qui était chrétien (et allié de Byzance), envahit le pays en arguant que des juifs y avaient massacré des chrétiens. Ce fut alors une dynastie chrétienne qui régna sur le pays, jusqu'à ce qu'un demi-siècle plus tard, les Perses installent un satrape à la tête de la région. Sans doute de nombreux Arabes récusaient-ils ces religions étrangères tout en étant attirés par une forme de monothéisme.

Selon la légende, c'est dès sa naissance que Mahomet parut appelé à avoir une destinée exceptionnelle, et c'est pour cette raison que l'on présenta le nouveau-né devant les édiles de la Mecque (miniature tardive).

Mahomet

Tel était donc le climat qui régnait dans l'ensemble du monde arabe. Et, au cours des voyages qu'il effectua dans le Nord et le Sud, un modeste commerçant de la Mecque eut lui aussi l'occasion de s'en imprégner. Son nom était Mahomet ibn Abd-Allah et, quoique d'un clan peu considéré, il appartenait à la bourgeoisie commerçante de la Mecque. Devenu assez tôt orphelin, il entra au service d'une riche veuve, Khadîja qui, le trouvant habile et digne de confiance, l'épousa. De caractère renfermé et méditatif, il manifesta un intérêt très vif pour les questions religieuses. N'ayant plus de soucis financiers, il consacra une part croissante de son temps à la prière et la méditation, allant chercher un isolement propice dans des cavernes situées à l'extérieur de la ville. Et c'est là qu'il eut la révélation : il se sentit appelé à aller prêcher, à se faire le porte-parole de Dieu. Le premier message qu'il reçut était des plus brefs, et Mahomet ne se confia d'abord qu'à son épouse. Mais les révélations se répétèrent ensuite, Mahomet entrant parfois en transes avant d'entendre la parole de Dieu. Enfin, au bout de quelques années, il se sentit poussé à apparaître en public.

C'est vers 610, alors qu'il avait une quarantaine d'années, que Mahomet commença sa prédication qui touchait tout à la fois les domaines religieux et politique. En premier lieu, il affirmait qu'il n'existait qu'un seul dieu, créateur de toutes choses, et que, partant, il fallait rejeter les dieux vénérés à la Mecque. Or la Mecque était précisément un lieu de pèlerinage florissant, et le marché dont la ville tirait sa prospérité n'aurait jamais vu le jour sans la présence de la Ka'ba, la pierre sainte ; le pèlerinage attirait des gens de l'Arabie tout entière et était source d'importants revenus. Mais, dans sa prédication, Mahomet n'avait rien de bon à dire sur les riches. De plus, dans le droit fil des idées juives et chrétiennes, il annonçait un jugement dernier dont il faisait de saisissantes descriptions. Enfin — dans cette société typiquement tribale ! — il condamnait les ancêtres qui avaient honoré les idoles.

Indifférence, scepticisme et railleries accueillirent d'abord la prédication de Mahomet. Puis vint la colère que provoquaient le dénigrement des ancêtres et le danger corrélatif de voir la Mecque perdre son caractère sacré. Chez les tribus, Mahomet fut en butte à une hostilité croissante. Certes, il réussit à gagner à sa cause une poignée de

On réquisitionna des artisans de Syrie et d'Egypte pour construire la magnifique mosquée de Médine qui s'élève au-dessus de la maison de Mahomet et de la première mosquée de l'islam qui fut aussi celle du prohète (707-709). C'est d'ailleurs là que Mahomet est enterré.

Après être arrivés à la Mecque, les pèlerins ont de nombreuses obligations. La plus importante de toutes est « le grand pèlerinage » qu'ils doivent effectuer à la montagne de la grâce dans la plaine d'Arafa. C'est là que Mahomet fit son prêche d'adieu aux croyants. Et, selon la légende, c'est également là qu'Adam et Eve se rencontrèrent après avoir été chassés du paradis

partisans, mais ceux-ci n'étaient guère nombreux, et ils finirent par se sentir menacés dans leur existence même.

C'est d'un côté inattendu qu'il allait trouver de l'aide. Dans l'oasis de Yathrib, plus au nord, vivaient cinq tribus qui formaient une collectivité (que l'on appela ensuite Médine, la ville). Trois étaient juives. Les deux autres avaient quelque peine à vivre pacifiquement. Entre ces dernières et les partisans de Mahomet fut alors conclu un pacte où celui-ci se vit reconnaître non seulement un rôle de chef mais aussi de guide religieux. En 622, ce groupe d'environ 75 personnes alla s'installer à Médine. C'est cet événement décisif dit *hégire* (émigration) qui marque le début de la chronologie musulmane.

Mahomet à Médine

Dans le message qu'il leur avait adressé, Mahomet avait implicitement demandé aux gens de la Mecque de le reconnaître comme chef. N'était-il pas le porte-parole de Dieu ? En arrivant à Médine, il adopta une attitude identique, et c'est sciemment que les deux tribus païennes reconnurent son autorité, encore que tous ses membres ne fussent pas entièrement acquis à la nouvelle doctrine. Quant à ses partisans de la Mecque, les dernières années d'épreuves en avaient fait un groupe soudé, dévoué corps et âme à Mahomet. A Médine, l'accord se fit pour regrouper l'ensemble des tribus et les émigrants de la Mecque en une seule communauté où les uns et les autres continueraient cependant de former des groupes distincts.

Médine n'avait pas grand-chose de commun avec nos villes modernes. C'était plutôt un conglomérat de champs et de constructions. Yathrib était une fertile oasis où la plupart des gens vivaient d'agriculture ; les tribus et les clans avaient chacun leur territoire sur lequel étaient disséminés leurs domaines et bâtiments. Arrivant dans la cité, ceux qui venaient de la Mecque étaient assurés d'y bénéficier d'une protection et même d'y recevoir une certaine aide matérielle. Cependant, il fallait bien trouver un moyen de subsistance, ce qui n'était pas tâche aisée. Et, comme ils ne connaissaient rien à l'agriculture, ils étaient obligés de se rabattre sur des activités subalternes et peu rémunératrices. Nombreux furent alors ceux qui connurent la faim, y compris Mahomet et son épouse.

Un solution consistait à aller dépouiller des frères plus fortunés, spécialement ceux avec qui l'on était en conflit. Peu de temps avant de quitter la Mecque, Mahomet avait eu la première de ses révélations qui l'autorisaient à verser le sang. Les ennemis de Dieu étaient ses ennemis, et l'idée de piller une des grandes caravanes des Quraychites s'imposa d'elle-même. Ce faisant, Mahomet et ses partisans s'engageaient sur la voie qui, en quelques années, allait leur permettre de dominer toute l'Arabie. Car ce qui ne devait être qu'un simple raid de pillage se transforma en conflit armé avec la Mecque. Dans le même temps, Mahomet s'employa spécialement à gagner la faveur des bédouins. Suscitant la stupéfaction, sa première victoire mit son nom sur toutes les lèvres. De plus, doté d'une forte personnalité, le prophète se montra maître dans l'art de palabrer avec les cheikhs ou leurs représentants. Peu à peu, il se constitua tout un réseau d'alliés qui lui permirent d'accroître sensiblement son potentiel militaire. De surcroît, il n'hésita pas à faire assassiner ceux de ses adversaires qui le gênaient particulièrement, entre autres, plusieurs poètes satiriques qui l'avaient pris pour cible. Mahomet était entouré d'un groupe de jeunes gens dévoués corps et âme qui étaient prêts à exécuter n'importe quelle mission. Dans le même temps, Mahomet élimina ses adversaires de Médine. Tout en accueillant en nombre croissant les membres des tribus païennes il obligea deux des tribus juives à émigrer et confisqua au profit des musulmans tout ce que celles-ci ne purent emporter. Dans la troisième et dernière tribu tous les hommes furent massacrés, les femmes et les enfants vendus comme esclaves.

Pèlerin et vainqueur

A la fin, Mahomet eut une position si forte qu'il réussit également à mater les gens de la Mecque. Parmi ceux-ci, de plus en plus nombreux étaient ceux qui souhaitaient se rallier à Mahomet et, lorsque le prophète décida que l'on pourrait continuer de vénérer la pierre sainte de la Ka'ba, la résistance psychologique s'en trouva brisée. En 630, les habitants de la Mecque se soumirent à plus fort qu'eux. Ils laissèrent Mahomet briser les idoles et se rallièrent à sa doctrine. Seuls quelques irréductibles furent tués. Dès lors, des dirigeants Quraychites donnèrent le ton à la cour du prophète. A la même époque, Mahomet déclara que les tribus qui n'avaient pas encore renié leurs idoles avaient quatre mois pour le faire et que, passé ce délai, elles seraient châtiées par les hordes du prophète.

L'année suivante est connue comme « l'année des députations », car c'est celle où des délégations arrivèrent de régions proches ou lointaines, dont le Yémen et l'Hadramaout que Mahomet avait jusqu'alors négligées. Poussées par leur conviction nouvelle ou cédant à des considérations tactiques, elles signèrent la paix et conclurent une alliance avec le prophète d'Allah. Ce genre d'alliance n'était pas pour gêner les tribus qui ne se trouvaient que rarement dans l'obligation de leur donner suite. Mais, lorsqu'en 632 Mahomet fit le grand pèlerinage de la Mecque, son œuvre était bien en train de s'accomplir. Il effectua alors tous les actes rituels prescrits depuis des temps immémoriaux. A ce moment, pratiquement toute l'Arabie s'était ralliée à son nom. Ayant achevé son œuvre, Mahomet pouvait désormais chercher le repos de la mort qui survint ce même été, en juin 632. Il avait alors plus de soixante ans.

Les piliers de l'islam

Mais quel héritage Mahomet laissait-il ? Le prophète avait organisé une communauté soudée autour d'une doctrine dont le fondement exclusif était les révélations qu'il avait reçues de Dieu puis rassemblées dans le Coran. A la Mecque, la prédication de Mahomet se présentait le plus souvent sous forme d'assertions peu nuancées qui, dispensant menaces et promesses, avaient parfois une grande force poétique. Tel n'est pas en revanche le cas des propos que l'on peut dater de l'époque de Médine. Cette fois, il s'agit souvent de longs passages didactiques qui s'attachent, soit à présenter des textes de lois, soit à raconter « l'histoire sainte ». Mahomet ne cesse d'évoquer l'Ancien Testament et lui-même se sentait comme un Noé, ou un Moïse. De plus, il puise dans les sources chrétiennes légendaires. Mais c'était avant tout chez les juifs que Mahomet voulait faire des adeptes : le combat qu'il menait contre les idoles devait également être leur combat, et sans doute voyait-il dans sa prédication une variante arabe de la révélation juive. Etant bien forcé de constater que les juifs le considéraient comme un faux prophète, il fut progressivement amené à changer d'optique. Néanmoins, il conserva plusieurs prescriptions rituelles juives, et toute la structure de la croyance et de la pratique islamique reste proche de celle des juifs.

A ses adeptes, Mahomet proposait un système de croyance très simple. Le fidèle doit être animé d'une foi aveugle et être entièrement soumis au Dieu unique qui s'est révélé au prophète et rétribue chacun en fonction de ses actes, l'envoyant selon le cas au ciel ou en enfer. L'accent était mis tout spécialement sur la providence divine. En fait, Dieu décidait de tout et un fort courant se dessina pour affirmer que tout était prédéterminé. La *morale* imposée aux croyants n'avait pas le caractère paradoxal de la morale chrétienne tournée vers le ciel, elle était extrêmement prosaïque et raisonnable. Il n'était nullement interdit d'aspirer aux biens de ce monde et de répondre au mal par le mal. Il fallait cependant faire preuve de mesure : œil pour œil et dent pour dent, certes, mais pas plus. Pour être considéré comme musulman (croyant), il suffisait de croire en un Dieu unique et de reconnaître en Mahomet son prophète. Un bon musulman était également tenu de faire quotidiennement ses prières rituelles, de jeûner pendant le mois du ramadan et de payer à la communauté une contribution destinée aux pauvres. A l'instar des juifs, Mahomet interdit la viande de porc et ajouta l'alcool au nombre des choses interdites.

A beaucoup d'égards Mahomet apparaît comme un

Les cinq piliers de l'islam

L'essence de l'Islam est exprimée en cinq points que l'on appelle souvent les « Cinq piliers de l'Islam ». Ce sont :

1. *La profession de foi* : « Il n'y a de dieu qu'Allah et Mahomet est son prophète ». Quiconque l'affirme peut être appelé musulman.
2. *La prière*. En plus de la prière privée, il est prescrit de faire, cinq fois par jour et le visage tourné vers la Mecque, une prière rituelle sur des textes du Coran. Tous les vendredis, une prière commune a lieu à la mosquée.
3. *Le pèlerinage* à la Mecque (hajj) que chacun doit accomplir au moins une fois dans sa vie. Les femmes peuvent aussi l'effectuer si elles y ont été autorisées par leur mari et se font accompagner.
4. *Le jeûne* qui doit être respecté du lever au coucher du soleil pendant le mois du ramadam.
5. *Le zakât* : paiement de « la contribution rituelle » qui est une dîme ou aumône destinée à la communauté et spécialement aux nécessiteux.

La prière rituelle est l'un des cinq piliers de l'islam.

puritain, hormis pour la morale sexuelle où force est bien de dire qu'il était d'un extrême libéralisme.

Mahomet : l'homme et l'œuvre

Mahomet était assurément très préoccupé par les questions religieuses auxquelles il apportait une réponse. Sur le cheminement suivi pour arriver à cette réponse, l'observateur non musulman est naturellement enclin à penser que les couches profondes de sa conscience retravaillaient les problèmes et suscitaient leurs propres réponses présentées comme autant de « révélations ». A cet égard, il suffit de considérer la manière dont Mahomet utilise les matériaux religieux judéo-chrétiens qu'il a pris de-ci de-là. Du reste, les contemporains de Mahomet n'étaient pas sans éprouver un certain scepticisme devant ces révélations qui coïncidaient si parfaitement avec les propres désirs du prophète. L'impression prédomine d'ailleurs qu'avec le temps celui-ci était de plus en plus « maître » de ses révélations et que, dans une certaine mesure, il était lui-même amené à les orienter.

Le message de Mahomet tirait sa force de sa simplicité. Il était immédiatement compréhensible et ne formulait pas d'exigences excessives. Les révélations de Mahomet, son univers intellectuel ne se mouvaient qu'exceptionnellement dans les hautes sphères. En revanche, il savait parler une langue directe aux Arabes de son temps et leur donner une idée — relativement peu compliquée — autour de laquelle ils pouvaient se rassembler. Manifestement, la personne de Mahomet inspirait confiance. De surcroît, c'était un négociateur de talent. Enfin, militairement, c'était un tacticien redoutable et, politiquement, un stratège hors pair.

Tous ceux qui se rallièrent à Mahomet n'étaient pas forcément mus par les mobiles les plus nobles. Comme à l'époque des conversions chrétiennes en Occident, les motifs s'entremêlaient. Ce qui est vrai, c'est que les esprits étaient préparés à entendre annoncer l'existence de ce Dieu unique créateur de toute chose dont Mahomet se posait en représentant en même temps qu'il abattait les idoles dont il avait démontré l'impuissance. Dans les faits, Mahomet savait que son message était efficace. On ne demandait qu'à le croire lorsqu'il promettait le bonheur — éminemment terrestre — du paradis à ceux qui tombaient en combattant pour l'islam.

La bonté pieuse

« La bonté pieuse (birr) ne consiste point à tourner votre face du côté de l'Orient et de l'Occident, mais l'homme bon est celui qui croit en Allah et au Dernier Jour, aux Anges, à l'Ecriture et aux Prophètes, qui donne du bien — quelqu'amour qu'il en ait —, aux Proches, aux Orphelins, aux Pauvres, au Voyageur (sic), aux Mendiants et pour l'affranchissement des Esclaves, qui accomplit la Prière et donne l'Aumône (zakât).

Et ceux qui remplissent leur engagement quand ils ont contracté un engagement, les Constants dans l'adversité, dans le malheur et au moment du danger, ceux-là sont ceux qui ont la foi et ceux-là sont les pieux. »

(Le Coran 2, 172)
traduction de Régis Blachère

L'expansion de l'islam — une grande invasion ?

L'on ne sait pas si Mahomet envisageait véritablement de propager son message en dehors de l'Arabie. Mais celui-ci avait une portée universelle, et il semblait tout à fait logique de vouloir le faire connaître ailleurs. Pourtant, seules des circonstances tout à fait particulières lui permirent de connaître une si rapide diffusion. Et ce fut, de même, une conjoncture tout à fait particulière qui permit à l'islam de se constituer hors d'Arabie une base territoriale aussi vaste que durable.

A la lumière de ce que nous avons vu dans les autres chapitres sur les grandes invasions en Occident, il convient naturellement de se demander si l'expansion arabe ne doit pas, elle aussi, être considérée comme une invasion de ce genre. Déjà, à plusieurs reprises, des tribus venues de l'intérieur de l'Arabie avaient envahi le Croissant fertile (l'arc formé par la Palestine, la Syrie et l'Irak), sans doute en quête de nouvelles ressources.

Nous aurons l'occasion d'étudier plus avant (p. 159) le mécanisme que l'on voit ici fonctionner. Ce que l'on peut déjà dire, c'est que chez les Quraychites de la Mecque s'était produite une évolution comparable à celle que l'on observe chez les nomades de l'intérieur de l'Asie : en l'espace de deux cents ans, les Bédouins qu'ils étaient s'étaient transformés en commerçants solidement implantés dans une société urbaine différenciée où les anciennes vertus du désert étaient en passe de sombrer dans l'oubli. Mais de nouveaux groupes de nomades vinrent les menacer : à l'époque de Mahomet il y eut précisément une période de sécheresse qui favorisa les humeurs agressives des Bédouins. Pour autant, l'expansion de l'islam ne saurait se réduire à un simple déferlement de nomades sur le Croissant fertile. L'organisation politico-religieuse de l'islam dépassait de beaucoup ce que les seuls Bédouins étaient en mesure de faire. Les idéaux de l'islam portaient l'empreinte de la ville, et son efficacité s'explique par une alliance originale entre citadins et nomades.

En effet, la nouvelle religion réalisa le tour de force de réconcilier la morale de la vieille société clanique, fondée sur des notions comme la bravoure et l'honneur, avec le

Le Coran nous dit que Mahomet fut conduit de nuit de Médine à Jérusalem, à quoi la légende ajoute que, de là, il effectua un voyage jusqu'au ciel. Cette miniature turque montre l'arrivée de Mahomet au paradis.

Rapides et frugaux, les chameaux permirent aux Bédouins d'être d'extraordinaires guerriers. Et lorsqu'en plus ces derniers étaient soudés par une croyance et une volonté communes ils devenaient invincibles partout où pouvaient les conduire leurs animaux.

sens de la responsabilité individuelle propre à la mentalité citadine (X. de Planhol). Ainsi réussit-on à créer une plate-forme commune aux citadins et aux Bédouins, une idéologie nationale qui, vis-à-vis de l'extérieur, allait présenter un front uni. Néanmoins, dans cette alliance, c'est aux gens des villes qu'allait revenir la supériorité. Bien que les Bédouins fussent sans doute plus nombreux, plus mobiles et militairement supérieurs, ils étaient dépendants de structures politiques que seuls les gens des villes étaient en mesure de créer. De surcroît, ils étaient fractionnés en innombrables petits groupes. Et lorsqu'éclata le conflit ce furent les Bédouins qui eurent le dessus.

La succession : la guerre sainte

La capitale des Sassanides, Ctésiphon, se trouvait juste au sud-est de l'actuelle Bagdad. Là se dressent encore les ruines du palais de Khosrô, Tâq-i-Kisrâ dont la splendeur et les exceptionnelles dimensions revêtirent pendant des siècles un caractère légendaire.

Mais, dans l'immédiat, nous en sommes toujours au stade de l'alliance, et il nous faut revenir à la situation telle qu'elle se présentait concrètement. Nous avons vu que l'islam avait soudé, d'une part, les tribus entre elles, d'autre part, les tribus et les populations urbaines. Ce faisant, il avait donné aux unes comme aux autres une force qu'elles n'auraient sinon jamais eues. Mais il n'eût été possible de lancer une guerre offensive si, après la mort de Mahomet, la conjoncture ne s'y était spécialement prêtée.

A peine Mahomet avait-il disparu qu'une grande partie des tribus qui ne s'étaient ralliées à lui et n'avaient adopté l'islam que du bout des lèvres déclarèrent qu'elles n'étaient plus engagées par leur parole : leur serment de fidélité était purement personnel. Après la mort de Mahomet, les chefs musulmans avaient choisi son beau-père Abou Bakr comme calife ou « vicaire du Prophète », et l'attitude de ces tribus menaçait leurs prérogatives.

Mais Abou Bakr se montra à la hauteur de la situation. Il sut tout à la fois empêcher la défection de nombreux alliés et préserver l'unité de la communauté. Quant aux tribus révoltées, il suffit d'une campagne de quelques mois pour les ramener à la raison et leur faire de nouveau reconnaître l'autorité islamique.

Dès lors Abou Bakr se retrouva à la tête d'importantes forces armées qu'il ne pouvait cependant démobiliser sans risque de devoir faire face à une nouvelle insurrection. Alors pourquoi ne pas profiter à la fois de l'armée et des redoutables Bédouins pour lancer une campagne contre l'ennemi commun ? Les chefs de l'islam étaient maintenant des soldats aguerris, prêts à aller de l'avant. Le *djihad* était un devoir sacré (voir encadré). Et de grandes richesses les attendaient à leur porte. La voie était toute tracée.

Abou Bakr n'assista qu'à une toute petite partie de la triomphale avancée qui s'ensuivit. La campagne commença au printemps 634, et le calife mourut quelques mois plus tard. Celui qui lui succéda, Omar, avait également été un proche du prophète. Quant à la campagne, elle eut tout d'une promenade militaire. Après que les Byzantins eurent été battus à l'ouest de Jérusalem en août 634, la terre de Palestine était pratiquement livrée aux envahisseurs, et Damas tomba en septembre 635. C'est à ce moment seulement que l'empereur Héraclius comprit la gravité de l'affaire, mais il était déjà trop tard. Disposant de troupes récalcitrantes, il perdit une nouvelle bataille décisive et dut renoncer définitivement à la Syrie. Jérusalem se rendit à Omar en 637 ou 638. Tant la Palestine que la Syrie étaient perdues à jamais.

Vers la Perse et l'Egypte

En 634, c'étaient donc la Syrie et la Palestine qui étaient principalement visées. Certes, une colonne avait été dirigée contre l'Irak mais, n'ayant pas reçu de renforts, elle avait été battue. Cependant, une fois acquise la victoire en Syrie, on reprit contre l'Irak une offensive qui fut cette fois couronnée de succès. La capitale des Perses Ctésiphon tomba dès 637. Dans l'immédiat, l'avance s'arrêta là, l'armée prenant ses quartiers à Bassora et à Koufa. Le schah alla alors se réfugier dans le Nord et appela à une résistance nationale mais perdit une dernière grande bataille en essayant d'arrêter les attaquants à l'entrée de la haute plaine iranienne (Nehavend, 642). Dès lors, le destin du royaume sassanide était scellé. Quelques années encore, le roi Jazdegird essaya de résister dans le Nord-Est, mais il fut assassiné en 651, et le calife n'eut plus qu'a prendre possession de l'Empire perse.

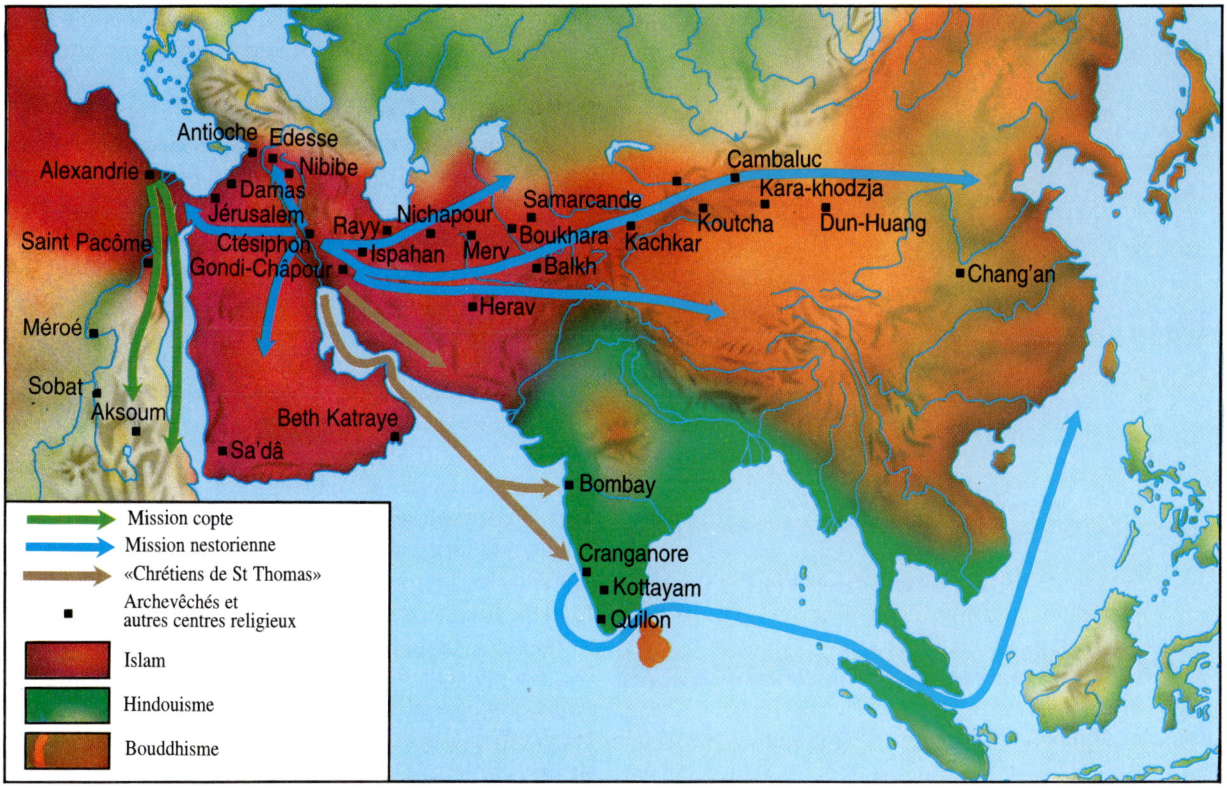

L'extension des grandes religions en Orient. Les couleurs ne font qu'indiquer les sphères d'influence de ces religions sans pour autant exclure la présence d'autres religions dans le même territoire. La carte n'indique qu'une petite partie des centres nestoriens d'Asie centrale. Du patriarche copte (égyptien) dépendait aussi l'Eglise éthiopienne qui, comme l'Eglise copte, était monophysite.

Plusieurs facteurs expliquent la rapidité et l'ampleur de ce succès. En premier lieu, il y a lieu de souligner que, pendant une génération entière, Byzantins et Perses s'étaient affrontés dans une lutte sans merci qui les avaient épuisés. Et aucune de ces deux puissances n'avait perçu à temps la mortelle menace que faisaient planer sur eux les gens du désert. De surcroît, les deux camps venaient de se brouiller avec leurs alliés dans les marches du désert, d'une part, les Ghassanides, d'autre part, les Lakhmides. A quoi s'ajoutaient les problèmes intérieurs, qui étaient d'une particulière accuité chez les Byzantins : à l'interprétation « orthodoxe » officielle de la divinité de

On trouve une illustration de l'art populaire syrien dans l'évangéliaire dit de Rabbula qui provient de l'est de la Syrie (Zagba en Mésopotamie du Nord, 586). Le style oriental que nous trouvons ici (couleurs intenses, attitudes et gestes stylisés) fut une des sources d'inspiration de l'art byzantin. L'illustration montre l'Ascension. Au centre, au premier plan, on voit la Vierge Marie.

La pénétration du christianisme à l'est

Le christianisme ne se répandit pas seulement vers l'ouest et le nord comme pourraient souvent le laisser croire les récits traditionnels. De bonne heure, il filtra à travers les frontières orientales de l'Empire romain. Plusieurs Etats tampon furent très tôt christianisés. Le premier pays qui reconnut officiellement le christianisme fut l'Osroène dont la capitale était Edesse, actuellement en Turquie, et où régnait alors le roi Abgar IX (vers 200). De là, il gagna l'Adiabène en Mésopotamie puis franchit les frontières de l'Empire perse. Mais là, il se heurta à la résistance de la nouvelle maison royale (les Sassanides) qui s'appuyait sur une renaissance de la religion nationale. Au nord, l'Arménie devint chrétienne vers 300 et de même en alla-t-il de la Géorgie. De la Mésopotamie, le christianisme gagna l'Inde puis l'Asie centrale (voir itinéraire p. 179). Et presque partout on observe un processus identique : le roi et la cour acceptent de se convertir, parfois grâce au pouvoir de persuasion d'un unique missionnaire (en Géorgie la prisonnière Nino), et sont ensuite imités par le peuple. C'est la traduction de la Bible et la liturgie qui, constituant le point de départ d'une littérature nationale, permettent au peuple de se familiariser avec la nouvelle religion, et l'existence d'une autorité religieuse nationale contribue à renforcer l'idée que l'Eglise est le centre de l'unité nationale.

Au sud, le christianisme s'imposa parmi les tribus du désert syrien et tout le long de la côte jusqu'au Yémen. Un marin naufragé convertit le roi d'Ethiopie vers 350 (voir aussi itinéraire p. 109). Mais l'expansion chrétienne à l'est fut brutalement stoppée par un concurrent victorieux : l'islam.

Elle aussi christianisée de bonne heure, l'Arménie créa un art national d'une grande richesse, entre autres, ce livre de l'Evangile d'Etchmiadzin, un ivoire du VIe siècle (comparez le motif central avec la Madonne copte p. 56).

Jésus, les populations syrienne et égyptienne opposaient une résistance obstinée. Pour leur part, les Syriens étaient divisés entre monophysites et nestoriens, mais rejetaient unanimement la doctrine byzantine. Ainsi s'explique que la population syrienne n'ait pas manifesté le moindre enthousiasme pour défendre l'empereur qu'attaquaient les peuples frères du désert. En Égypte, ce fut plus évident encore. Les Grecs suscitaient une réaction de rejet du fait qu'il existait une couche de gros propriétaires grecs qui étaient haïs. Les monophysites étaient persécutés par le pouvoir grec. Et, ayant exercé le pouvoir pendant huit ans, les Perses avaient réduit à néant une grande partie du prestige et de l'efficacité de l'ancienne administration. Après la conquête de la Syrie, le général Amr fut autorisé par Omar à marcher sur l'Égypte (639) où une présence militaire de quelques années suffit à provoquer le départ des troupes impériales. Avec elles un grand nombre de Grecs quittèrent Alexandrie (642). Amr rétablit le patriarche monophysite dans ses fonctions, et lorsque, trois ans plus tard, les Byzantins tentèrent une nouvelle conquête, ils furent combattus par les chrétiens égyptiens.

L'expansion de l'islam jusqu'en 750.

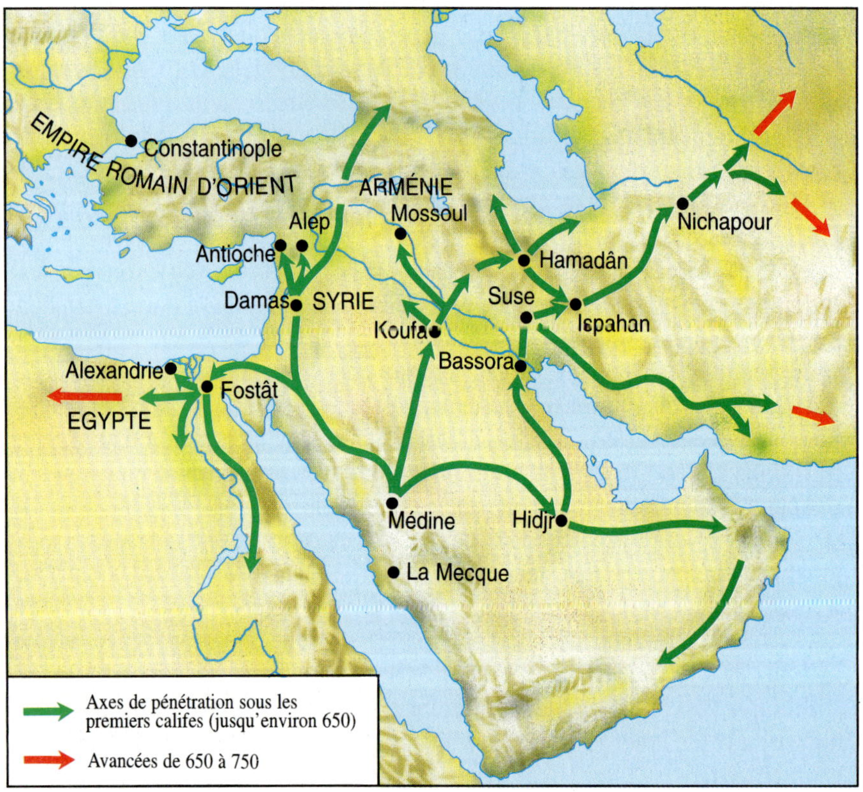

Omar organise

Marquant l'apothéose d'Omar, ces grandes conquêtes engagèrent aussi sa responsabilité. Pendant ses dix ans de califat, il fallut qu'il jette les bases d'une organisation susceptible d'assurer la position de l'islam dans les territoires conquis. Il sut se montrer à la hauteur de cette tâche.

Depuis l'époque de Mahomet, la pratique voulait que tous les ennemis du prophète vaincus par les armes fussent dépouillés de leurs biens fonciers. Un cinquième de ceux-ci allait à la communauté musulmane cependant que les guerriers se partageaient le reste. Omar jugea toutefois préférable de donner aux soldats un salaire fixe. Les Arabes ne devraient pas posséder de biens fonciers en dehors d'Arabie, et on les cantonna dans des camps nouvellement créés ou des villes de garnison comme Kofa ou Fostât en Egypte où ils n'avaient que peu de contacts avec les populations locales. Le gouvernement prit directement en charge l'administration de toutes les terres qui avaient appartenu à la Couronne ou avaient été laissées à l'abandon par des ennemis morts ou réfugiés ailleurs.

Les non musulmans purent conserver leur terre mais furent astreints à payer à titre de tribut (*jizya*) un important impôt de capitation. En contrepartie, les non musulmans des territoires conquis furent dispensés de service militaire, et à tous ceux qui se réclamaient des trois grandes religions (le judaïsme, le christianisme et, en Iran, le zarathoustrisme) l'Etat garantit sa protection (*dhimma*) et la liberté religieuse. Le plus souvent, ils conservèrent aussi leur place dans la société. Le pouvoir musulman se contenta dans un premier temps de nommer des gouverneurs arabes (des émirs) ainsi qu'un nombre très restreint de fonctionnaires, en particulier des juges arbitraux et des connaisseurs du Coran pour prêcher la parole de Dieu.

Les conquêtes des Omeyyades

Mais les conquêtes ne s'arrêtèrent pas là, même si le monde musulman subit une perte considérable lorsqu'en 644 le sage Omar fut assassiné par un esclave perse chrétien. A Omar succéda Uthmân et, avec lui, l'aristocratie commerçante de la Mecque accéda au pouvoir. Uthmân n'était pas un grand dirigeant mais, à l'extérieur, il y avait toujours d'excellents chefs. Uthmân nomma gouverneur de Syrie un des membres les plus en vue de son clan, les Omeyyades, et ce fut ce gouverneur, Mu'âwiyya, qui après un sanglant intermède prit la tête du califat ; sa famille allait y rester pendant presque cent ans (jusqu'en 750), le siège du pouvoir étant désormais fixé à Damas.

Les conquêtes se poursuivirent aussi bien sous le règne d'Uthmân que pendant toute la durée du califat omeyyade, mais à un rythme moindre ; les bases étaient de plus en plus éloignées, l'enthousiasme de la première génération s'était atténué, et les campagnes atteignaient à tous égards des coûts exorbitants. Pourtant, le succès fut d'abord au rendez-vous. En même temps que l'Iran se soumettait définitivement, Mu'âwiyya, encore gouverneur de Syrie, construisait une flotte et, ayant recruté des équipages chrétiens syriens et égyptiens, réussit à s'emparer de Chypre en 649. Enfin, après la célèbre « bataille du mât » qu'il remporte en 655 au large des côtes d'Asie Mineure, c'est la Méditerranée entière qui s'ouvrit à l'islam.

Sur le front iranien, les Arabes atteignirent l'Oxus (l'Amou-Daria) au cours des années qui suivirent la mort du roi Jazdegird (651/53) et, lorsque Mu'âwiyya eut durablement assis sa position, il décida de poursuivre la campagne en Asie centrale, le long de la route de la soie, en direction des prospères cités qu'étaient Boukhara et

Cette drachme d'argent à l'effigie de Jazdegird III fut émise peu de temps après la mort du roi (651). Pour lui permettre d'avoir cours sous le nouveau régime, on y a cependant frappé un mot supplémentaire en arabe.

Samarcande. Plus au sud, des troupes atteignirent l'Indus (Multân fut conquise en 713). Enfin, vainquant les Chinois à la bataille du Talas, aux fins fonds du territoire turc, les musulmans assurèrent définitivement la domination musulmane en Transoxiane (751).

A l'ouest, c'est l'empire byzantin lui-même qui fut plusieurs fois menacé dans son existence. Mais les Arabes échouèrent toujours. Attaquant avant tout par la mer, ils mirent à maintes reprises le siège devant Constantinople. Cependant, malgré la longueur et la dureté des épreuves, les Byzantins résistèrent chaque fois victorieusement et finirent par anéantir presque toute la flotte du calife, grâce en partie à une arme nouvelle, le feu grégeois.

En revanche, les Byzantins ne parvinrent pas à conserver leurs possessions d'Afrique du Nord. Okba, le général du calife, envahit la région et fonda en 670 la ville retranchée de Kairouan en Tunisie, puis gagna la côte atlantique. Au cours des années qui suivirent, les Arabes obtinrent le concours des nomades berbères puis, en l'espace d'une génération, soumirent l'ensemble de l'Afrique du Nord. Tombée en 698, Carthage, la principale base byzantine fut une nouvelle fois détruite et à jamais rayée de la carte. Avec la conquête de l'Espagne, les Musulmans allaient arriver au bout de leur possibilité. A ce moment, les derniers califes des Omeyyades régnaient sur un empire qui s'étendait des montagnes du nord de l'Espagne aux postes frontières de la Chine.

La nouvelle société

A l'origine Mu'âwiyya était gouverneur de Syrie, et ce furent des troupes syriennes qui, dans son combat contre Alî, lui assurèrent le Califat. Principale ville du pays, Damas était par ailleurs située au centre de l'empire qui s'était formé, et Mu'âwiyya ne jugea pas utile de transférer sa résidence en Arabie. C'est Damas qui resta la capitale aussi longtemps que sa lignée occupa le trône du califat.

Ce fut aussi à Mu'âwiyya et ses successeurs qu'échut la tâche de bâtir un Etat à partir des pays conquis, d'établir un ordre social qui s'accordât avec la nouvelle religion

Comme les juifs et les chrétiens, Mahomet prêtait à Jérusalem un caractère sacré. Construit en 690-92 par le calife Abd-al-Malik, ce bâtiment qui s'élève à l'emplacement du premier temple juif et est appelé Coupole du rocher est un des plus anciens exemples d'architecture islamique. Sa structure n'a rien de spécialement arabe mais prolonge des traditions créées dans l'Empire roman d'Orient (voir illustration p. 91). Amr, le conquérant de l'Egypte, fait jeter les incroyants à la mer (manuscrit perse du XVe siècle).

Dans les postes frontières spécialement exposés, les hommes vivaient fréquemment en communautés mi-religieuses mi-guerrières. Ces « forts conventuels » sont appelés des ribats. On voit ici la partie la plus ancienne du ribat de Monastir, une fortification côtière tunisienne édifiée en 796

représentée par les Arabes. Certes, les Omeyyades ne se faisaient guère d'illusions sur la possibilité de créer un Etat musulman. Ce qui leur importait avant tout, c'était de faire fonctionner les rouages. Les chrétiens, les juifs ainsi que les tenants perses du mazdéisme continuèrent à exercer leurs fonctions. Et l'on se garda bien d'encourager des conversions qui ne pouvaient manquer de poser des problèmes fiscaux. Dans les pays conquis, les Musulmans prenaient possession des terres dépourvues de propriétaires. Ils payaient alors un impôt relativement modeste qui était une partie de la dîme à laquelle ils étaient astreints comme membre de la communauté musulmane (*omma*). En revanche, les propriétaires terriens non musulmans durent payer un impôt foncier sensiblement plus élevé (*kharâj*) qui s'ajoutait à l'impôt de capitation (*jizya*). Ainsi, celui qui se convertissait à l'islam pouvait-il bénéficier d'un nouveau statut fiscal et, par là-même, y trouver son intérêt. Cependant, si cette différence de statut avait entraîné des conversions en masse, ç'eût été aux dépens des finances de l'Etat. Le problème et les solutions qui furent apportées sont fort compliqués. Précisons néanmoins que l'une de ces solutions fut d'exiger un impôt foncier sur toutes les terres qu'avaient possédées les non musulmans et en ne tenant pas compte de leurs éventuels changements de statut religieux. En revanche, on finit par dispenser les convertis de l'impôt de capitation.

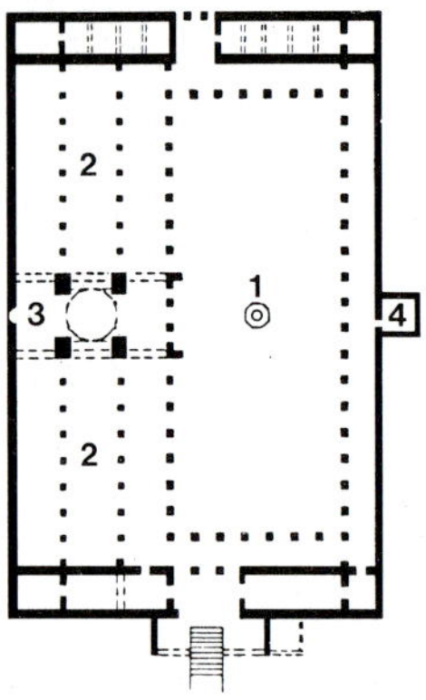

La grande mosquée de Damas est encore très simple de conception mais a toutes les caractéristiques obligées de la mosquée : elle a une grande cour intérieure (1) entourée d'un portique et où se dresse une fontaine. Au-dessus de la salle de prières elle-même (2), se dresse une coupole centrale et, dans le fond, est ménagé un mihrab (3) qui indique la direction de la Mecque. C'est du minaret (4) que l'on appelle à la prière.

L'arabisation

Bien entendu, un certain nombre de conversions répondaient à des motifs religieux. Dans les premiers temps, avant que les juristes ne s'affrontent sur des problèmes d'interprétation et que les sectes ne s'entredéchirent, l'islam faisait très certainement figure de doctrine simple et limpide dont les exigences n'avaient rien d'inhumain et qui, de plus, présentait l'avantage d'éliminer les traditionnels paradoxes théologiques des chrétiens. Certes, en se convertissant à l'islam on rompait avec son milieu mais, d'un autre côté, une des conséquences de la conquête était précisément de modifier ce milieu : ceux qui donnaient désormais le ton, ceux qui comptaient, la classe dominante se réclamaient d'autres conceptions que celles qui avaient eu traditionnellement cours jusqu'alors. Au demeurant, la société urbaine du Moyen-Orient n'était pas particulièrement traditionaliste. Il y avait longtemps que s'y confrontaient et s'y affrontaient les conceptions les plus diverses.

Pour ce qui était des chrétiens, ils avaient toujours la ressource d'aller se réfugier en territoire byzantin. Et c'est ce que firent bon nombre de ceux qui parlaient grec, surtout ceux qui résidaient en Egypte et en Afrique du Nord. En revanche, les Perses, qui se réclamaient du mazdéisme, n'avaient pas d'endroit où se réfugier, aucun autre pays n'honorant leur religion. C'est pour cette raison que l'islamisation fut plus rapide chez eux, et, ce d'autant plus que le culte officiel de Mazda ne jouissait pas d'une égale faveur dans toutes les couches de la population.

Sans doute le besoin de s'identifier aux nouveaux dirigeants se fit-il sentir plus fortement. Toujours est-il que le calife Abd-al-Malik, un Omeyyade qui avait passé la plus grande partie de sa vie en milieu exclusivement arabe (dans le Hedjaz) décida, dans les années 690, d'arabiser l'administration. Pour exercer un contrôle efficace, il fallait remplacer les langues indigènes par l'arabe. De surcroît, Abd-al-Malik jugea le moment venu de doter le nouvel Etat d'un système monétaire propre. Jusqu'alors, la pièce d'or byzantine avait joui d'un tel prestige que le califat avait lui aussi émis des pièces de monnaie à l'effigie de l'empereur. Sous Abd-al-Malik, cette monnaie fut remplacée par le *dinar* (du latin denarius) où ne figuraient pas des personnages mais des caractères arabes, cependant que la drachme grecque donnait son nom à une monnaie d'argent, le dirham. Mais Abd-al-Malik trouva aussi une autre manière de défier les Byzantins : ceux-ci recouraient depuis toujours au papyrus d'Egypte qui portait une marque particulière. Or Abd-al-Malik ordonna que tous les papyrus, y compris ceux qui étaient destinés à l'administration impériale fussent pourvus d'une inscription religieuse arabe. L'empereur protesta mais sans grand résultat. Certes, l'usage du parchemin se répandit de plus en plus en Europe, mais il s'écoula encore un certain temps avant que l'on puisse totalement se passer de papyrus.

Les convertis : les Mawâlî

Les mesures prises par Abd-al-Malik s'accompagnèrent d'une nouvelle vague de conquêtes. Et, plus le temps passa, plus il devint évident que les Arabes et, avec eux l'islam, étaient venus pour rester. Dans ces conditions, il n'est pas étonnant que les populations des territoires conquis aient jugé souhaitable de s'adapter à leurs nouveaux maîtres et de lier leur destin au leur.

Les premiers à se convertir en nombre furent les prisonniers de guerre qui, sinon, seraient devenus esclaves. En se convertissant à l'islam, ils obtenaient leur liberté et devenaient les clients de leurs maîtres. Pendant l'Antiquité, les plus démunis étaient souvent amenés à se placer sous l'autorité d'un patron. Dans l'Empire perse existait la même institution. Les clients (en arabe au pluriel : les *mawâlî*) étaient tenus de rendre différents services à leur patron et de faire partie de sa suite. Toutes les personnes de rang s'entouraient ainsi d'une telle clientèle. Dans le monde arabe, on se liait plus à un clan qu'à une seule personne et, pour ceux qui se convertissaient à l'islam, il devint tout à fait normal de s'insérer dans ce système. Outre les prisonniers de guerre, d'autres personnes jugeaient en effet avantageux d'avoir ce statut de client, en particulier des gens des couches supérieures qui savaient que la conversion à l'islam était un passage obligé.

Connaissant bien le milieu local, les mawâlî aidaient les nouveaux venus à trouver leurs repères et à asseoir leur influence. C'est dans les villes que se trouvaient la plupart d'entre eux, en particulier les nouvelles villes de garnison qui devinrent également des centres administratifs ; la plupart des fonctionnaires étaient des *mawâlî*. Peu à peu, ils formèrent une classe spéciale qui, imbue d'elle-même, supporta de plus en plus mal d'être traitée en citoyen de deuxième catégorie. La plupart d'entre eux étaient iraniens, et lorsque les textes parlent des *mawâli*, c'est souvent pour les désigner.

Les problèmes du calife Uthmân

Mais revenons maintenant à l'époque du calife Uthmân. Pour l'islam, le plus grand mérite de ce dernier devait être de faire établir un recueil définitif des révélations de Mahomet, le Coran (*Qorân* : « récitation »). Ce recueil était un travail solide qui fut reconnu quasiment partout, même s'il suscita les méfiances de certains milieux. Mais cette méfiance ne fut qu'une parmi d'autres des nombreuses raisons qui provoquèrent la désagrégation de l'unité musulmane. Les guerres lointaines devenaient coûteuses et le gouvernement central ne disposait pas de réserves. Faute de critères adéquats, la répartition du butin de guerre posait problème. De surcroît, les grandes quantités de métal précieux qui avaient été conquises et mises en circulation créaient une demande impossible à

Le calife Abd-al-Malik fut le premier à frapper des pièces d'or qui fassent concurrence au solidus byzantin. Sur une des premières séries (693) on a fait figurer le calife qui tient son épée dégainée (une réplique à usage de propagande à la pièce byzantine) mais, à partir de 696, les effigies disparurent des pièces musulmanes pour être remplacées par des paroles du Coran.

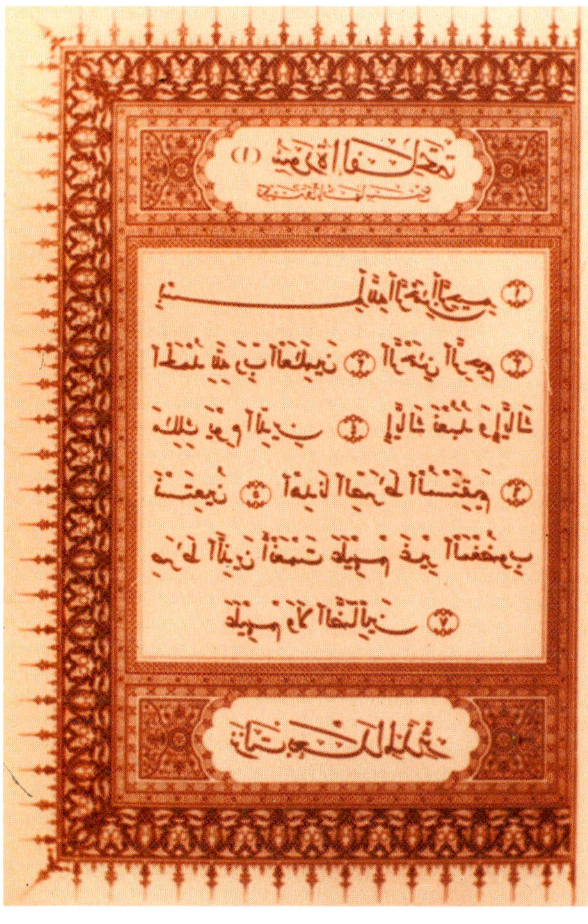

Vers 650, les révélations de Mahomet furent rassemblées dans un livre intitulé le Coran. L'on peut voir ici, dans une édition égyptienne moderne, le premier chapitre qui est aussi le plus court.

satisfaire et provoquaient une augmentation des prix. Enfin, les vieux antagonismes se manifestaient à nouveau. Les gens de Médine étaient mécontents de l'influence qu'exerçait désormais la bourgeoisie de la Mecque, Uthmân lui-même se voyant reprocher de favoriser cette aristocratie et spécialement son clan. Les Bédouins supportaient très mal les contrôles de plus en plus tatillons auxquels ils étaient soumis, et la vie peu édifiante que menaient souvent les détenteurs des grandes richesses suscitait des réactions religieuses. De plus, Uthmân avait des problèmes avec les gouverneurs de province. Des révoltes éclatèrent ainsi en plusieurs endroits, en Egypte, à Koufa. Même Médine ne fut pas épargnée puisqu'y éclata une insurrection fomentée par deux anciens compagnons de lutte du prophète, Talha et Zubayr. Uthmân fut tué (656). Il n'y eut pas d'événement plus funeste dans l'histoire de l'islam. La dignité du calife avait soudainement perdu son caractère sacré, elle était devenue un objet de convoitise qui suscitait des affrontements ouverts.

La guerre civile

Après l'assassinat d'Uthmân à Médine, personne n'était prêt à assumer la dignité de calife. Son parent Mu'âwiyya, gouverneur de Damas était déjà parti en renfort mais il arriva trop tard. A Médine, on procédait déjà au choix d'un successeur. L'élu fut Alî, un cousin de Mahomet qui avait épousé sa fille Fâtima et avait été un de ses premiers partisans ; trois fois déjà sa candidature avait été rejetée : on n'avait manifestement pas confiance dans ses qualités de chef. Et lorsqu'enfin le choix se porta sur lui, ce fut dans des conditions douteuses. S'il n'était pas complice du meurtre d'Uthmân, il n'avait rien fait non plus pour punir les meurtriers. Ainsi, dès le début, il se retrouva entouré d'ennemis. Ayant le devoir de venger son parent, Mu'âwiyya refuse de reconnaitre Alî comme calife, cependant qu'un autre parti levait l'étendard de la révolte.

La récompense du paradis

(Dans les jardins du paradis aux branches ombreuses)
« [Les Élus jouiront de ces biens], accoudés sur des tapis dont l'envers sera de brocart, et les fruits des jardins seront à [leur] portée.
Dans ces jardins seront des [vierges] aux regards modestes que ni Homme, ni Démon n'aura touchées, avant eux,
et [ces femmes] seront [belles] comme le rubis et le corail...
Sur des lits tressés [ils reposent]
s'accoudant et se faisant vis-à-vis.
Parmi eux circuleront des éphèbes immortels
avec des cratères, des aiguières et des coupes d'un limpide breuvage
dont ils ne seront ni entêtés, ni enivrés,
avec des fruits qu'ils choisiront,
avec de la chair d'oiseaux qu'ils convoiteront.
[Là seront] des Houris aux grands yeux,
semblables à la perle cachée,
en récompense de ce qu'ils faisaient [sur la terre]. »

(Le Coran 55, 54-58 ; 56, 12-23)
traduction de Régis Blachère

Dans une phase initiale, Alî vainquit les insurgés mais, ayant engagé la bataille contre Mu'âwiyya il fut contraint d'accepter un arbitrage. Les arbitres se contentèrent de constater qu'Uthmân avait été un calife juste et évitèrent peut-être de se prononcer sur la légitimité d'Alî. En tout cas une nouvelle élection semble alors avoir été envisagée. Alî refusa le jugement, ce qui affaiblit encore plus sa position. Son propre parti se divisa. Des piétistes conservateurs soutinrent que Dieu était seul habilité à se prononcer et que son choix ne se manifesterait que si l'ensemble de la communauté s'exprimait. D'autres condamnèrent l'ensemble du califat et préconisèrent une direction républicaine sans souverain temporel : les Bédouins ne se sentaient guère attirés par le pouvoir monarchique. Les plus extrémistes abandonnèrent Alî et s'établirent séparément à Nahrawan (sur le Tigre) où ils tyrannisèrent les populations de la contrée. On les appela les kharijites (« ceux qui s'en vont »). Alî les vainquit lors d'une bataille sanglante, mais sans les briser définitivement.

Entre-temps Mu'âwiyya avait réussi à renforcer sa position en Syrie et Egypte. En 660, il se fit proclamer calife de Jérusalem. Peu après, Alî fut assassiné par un kharijite à Koufa (661). Dès lors Mu'âwiyya ne rencontra plus aucune résistance, et tous le reconnurent comme calife.

Hasan et Hosaïn — La Chi'a

La paix ne dura qu'aussi longtemps que vécut Mu'âwiyya. Elle fut rompue dès que ses fils lui succédèrent. Les partisans d'Alî avaient mis leur espoir dans ses deux fils puisqu'ils étaient les petits-fils du prophète. Hasan, dont on avait acheté la neutralité, mourut avant Mu'âwiyya. Mais Husayn vivait à la mecque, et ses partisans l'obligèrent à faire valoir ses droits à la couronne. Accompagné d'une escorte légère, il se rendit à Koufa qui avait été le point d'appui de son père. Mais Koufa était tenue par un général omeyyade qui écrasa facilement la petite troupe et fit jeter la tête de Husayn aux pieds du gouverneur. A ce que l'on nous dit, de nombreux témoins furent alors frappés par l'épouvante et le chagrin, et l'un d'eux s'écria : « Prudence, j'ai vu le messager de Dieu presser ses lèvres contre ce visage ! » Le gouvernement de Damas refusa d'endosser la responsabilité de ce meurtre. Mais en vain. Le parti d'Alî avait désormais son martyr.

Dans l'immédiat, il n'avait cependant pas de chef. Et ce fut un autre prétendant au trône, un certain Abd-Allah, représentant de l'aristocratie de la Mecque et petit-fils d'Abou Bakr, qui, pendant une décennie, allait poser le plus de problèmes aux successeurs de Mu'âwiyya, lesquels avaient toujours des difficultés avec les kharijites. Finalement, le calife Abd-al-Malik réussit à s'imposer, et Abd-Allah fut tué (692). Mais, auparavant, s'était déroulé un intermède lourd de conséquences.

Alî étant le plus proche parent du prophète, ses partisans invoquaient le principe de légitimité pour justifier son accession au califat. Et c'est en vertu du même principe qu'ils voulaient voir ses fils hériter de cette dignité. Mais lorsqu'on commença à parler du « parti » — Chi'a — d'autres éléments religieux vinrent peu à peu s'y mêler. En

Irak, d'aucuns pensaient que Dieu se manifesterait un jour sous forme humaine, et peut-être certains éléments de la croyance judéo-chrétienne relative au fils de l'homme viennent-ils de là. Quoi qu'il en soit, le martyr d'Husayn conférait déjà à celui-ci un caractère divin. Tant lui-même que sa famille étaient considérés comme les messagers de Dieu, les vrais imams (chefs), les seuls descendants légitimes du prophète. Il semble que ce soit surtout chez les *mawâli*, essentiellement d'origine perse, que cette doctrine ait eu cours. Puis, un jour, apparut un nouveau prophète et organisateur, Mokhtar de Ta'if, qui voulut imposer un nouvel imam en la personne d'un fils qu'Alî avait eu avec une femme de la tribu des Hanifa et qui s'appelait Mohammad ben al-Hanafiya. Ce prétendant n'était donc pas un descendant de Mahomet. Pourtant, Mokhtar réussit à susciter des ralliements autour de sa doctrine, laquelle affirmait qu'un messie — un *mahdî* — (littéralement « le bien guidé », c'est-à-dire « celui à qui Dieu montre la voie ») allait venir. Il allait rétablir des conditions de vie harmonieuses, supprimer toutes les différences de classes et de races, rassembler tous les croyants dans une société où régnerait l'égalité.

C'est à Koufa que Mokhtar s'était installé en force. C'est là qu'il fut assiégé et là aussi qu'il tomba au cours d'une sortie. Après quoi, les assiégeants s'emparèrent de la ville et se livrèrent à un massacre (687) qui ne fit cependant que renforcer la position de la doctrine. Pour sa part, Mohammad, le prétendant au califat, n'avait pas bougé de sa demeure d'Arabie, et il vécut paisiblement jusqu'à la fin de ses jours. Mais la doctrine défendue par Mokhtar ne mourut pas. Presqu'entièrement politique à l'origine, la chi'a s'était maintenant enrichie d'un contenu théologique. De plus, il existait une classe sociale, en partie une nation, qui était prête à promouvoir cette cause. Les Mawâlîs d'origines irakienne et perse avaient désormais un outil qui leur permettait de s'affirmer face aux conquérants arabes et syriens.

La révolution

La révolution qui allait faire tomber les Omeyyades se déroula dans un empire déjà vieux de cent ans où les antagonismes sociaux, nationaux et religieux avaient eu toute latitude de s'exacerber. Chez le peuple dominant, les Arabes, on était divisé sur la manière de répartir les revenus de l'Etat. Les Arabes d'Arabie jouaient à présent un rôle plus effacé, cependant qu'entre Arabes d'Irak et de Syrie ressurgissaient les anciens antagonismes et que les tribus arabes continuaient de cultiver leurs dissensions. En Iran et Irak, les Mawâli supportaient de plus en plus mal leur statut et exigeaient de se voir reconnaître les mêmes droits que les Arabes. Quant aux paysans des contrées occupées, ils n'avaient pas tardé à se sentir tout aussi opprimés que par le passé. Une nouvelle aristocratie avait remplacé l'ancienne mais, pour les petites gens, le résultat était exactement le même.

Par surcroît, la problématique religieuse avait, elle-aussi, d'importantes implications politiques. A qui revenait-il de diriger la communauté musulmane et comment fallait-il désigner son chef ? Les kharijites pronaient l'égalité et ne voulaient se soumettre qu'à un imam entièrement guidé par Dieu. De plus, ils étaient souvent d'humeur belliqueuse. Et, parmi les Bédouins, qui supportaient mal le califat et avaient des traditions anarchistes, nombreux furent ceux qui se rallièrent à la secte, suivis par des nomades berbères d'Afrique du Nord. Des siècles durant, ces populations allaient constituer des éléments de trouble.

Mais nombreux étaient également ceux pour qui la désignation d'un chef devait procéder d'un signe particulier d'Allah. Sur la nature de ce signe, les avis divergeaient mais, comme le temps passait et que les Omeyyades étaient installés au pouvoir, il n'y avait plus qu'une alternative possible, y compris pour l'opposition : un système héréditaire. C'est dans la famille du prophète que devait se faire le choix, outre qu'Alî demandait toujours à être vengé. Mais la famille du prophète était en fait une notion très large. Il y avait des descendants d'Hasan et d'Husayn, de Ja'far, le frère d'Alî et aussi de l'oncle de Mahomet, Abbas. Par ailleurs, l'idée d'un mahdî était toujours vivante et, suivant le contenu qu'on lui donnait, on pouvait la rattacher à des représentants de chacune de ces branches.

Des événements qui se passèrent alors, nous sommes loin d'avoir une connaissance détaillée. Nous savons qu'en 740 il y eut des insurrections à Koufa, en faveur d'un parent de Husayn et, en 746-50, d'un descendant de Ja'far. Et il y eut des dissensions dans les rangs mêmes des Omeyyades. Le dernier, Marwan II, essaya d'asseoir son pouvoir sur une nouvelle base, et il transféra sa capitale de Damas à Harran en haute Mésopotamie, ce qui montre le rôle croissant que jouait l'Irak dans l'empire. Cependant, il dut à la fois lutter contre les Rharijites et les siens tout en faisant face à l'insurrection de Koufa. Néanmoins, c'est à partir de l'ancien territoire perse que fut organisée la chute définitive des Omeyyades. Un organisateur de génie, l'affranchi perse Abou-Moslim rassembla une armée dans le Khorassan (Iran du Nord) autour d'Abbas, un parent de l'oncle de Mahomet, et le proclama calife. Marwan II tomba l'année suivante et la dynastie *abbaside* devint une réalité (751).

Jamais les partisans d'Alî ne purent pardonner aux Abbasides cette action qu'ils considéraient comme une trahison. Les Alides les considérèrent comme des usurpateurs, et, au cours des siècles suivants, différentes formulations de la Chi'a allaient continuer de menacer l'unité de l'islam.

Les Chiites célèbrent l'anniversaire de la mort de leur martyr Husayn par une fête funèbre qui a lieu le 10 moharram (1er mois de l'année musulman). Au cours de la célébration se déroulent des jeux de la passion et des processions où coule le sang des flagellants. Sur la photo du bas, on peut voir le cheval blanc et le cercueil de Husayn.

Le califat abbasside

Au centre du pays d'Islam (Bilad al-Islam) s'étend la fertile région arrosée par l'Euphrate et le Tigre. Et c'est en basse Mésopotamie, dans la région où se rejoignent les deux fleuves, que les anciens israélites plaçaient le jardin d'Eden ou « le Paradis ».

La chute des Omeyyades n'entraîna pas seulement un changement de dynastie. Elle inaugura aussi un véritable changement de système. L'arrivée des Abbassides au pouvoir marqua tout d'abord un changement d'orientation géographique : l'Iran retrouva le rôle central qui revenait naturellement à ce pays au sein du système politique et économique du Proche-Orient. L'administration centrale du califat se développa et devint une bureaucratie toute puissante, cependant que les califes, exerçant un pouvoir despotique, se posaient en successeurs du grand roi. Mais, en même temps, apparaissaient dans l'énorme empire les premiers signes de dislocation : l'histoire des Abbassides est aussi celle d'une impitoyable désagrégation des pouvoirs du calife. Pour leur part, les Abbassides proclamaient que leur régime inaugurait une ère nouvelle : Le temps des Omeyyades impies était révolu. Maintenant allait commencer l'époque du vrai pouvoir islamique. Et, de fait, durant le califat des Abbassides, les territoires conquis allaient être soumis à une islamisation d'envergure.

Ce n'était pas la nation arabe mais la religion, l'islam, qui allait constituer le fondement du pouvoir abbasside. On ne saurait s'en étonner. Les Abbassides représentaient une population qui ne supportait plus d'être traitée en citoyens de seconde zone. Déjà, l'évolution économique était en train de marginaliser la Mecque et Médine. La suppression des frontières qui séparaient la Syrie byzantine de l'Irak sassanide avait rendu possible l'existence d'un gigantesque marché commun au Proche-Orient qui ne

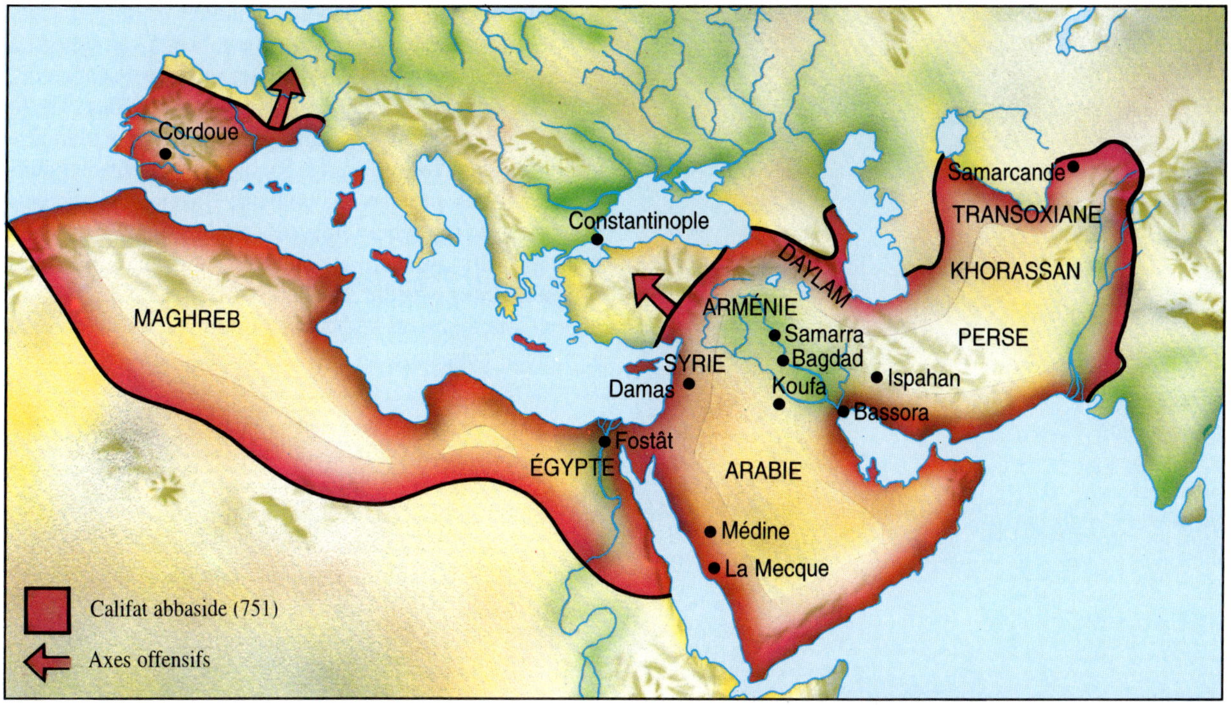

Le califat en 751, au maximum de son extension territoriale. La même année, les Abbassides prirent le pouvoir, et l'unité islamique commença à se désagréger.

profitait pas seulement aux Syriens mais également aux habitants des provinces orientales. Dans ces régions, les Arabes ne représentaient qu'une partie très minime de la population ; on les trouvait essentiellement dans les villes de garnison mais les indigènes étaient très largement majoritaires. Déjà, sous les derniers Omeyyades, on avait mis en œuvre une « persianisation » de la chancellerie, et le calife Marwan II avait transféré la capitale de Damas à Harran dans le haut Irak pour mieux pouvoir dominer les deux « cornes » du Croissant fertile. Al-Mansour, celui que l'on considère comme le fondateur de la nouvelle dynastie, paracheva la transformation en fondant sur le Tigre une ville entièrement nouvelle appelée Bagdad (=le don de Dieu ?), située non loin de l'ancienne capitale sassanide Ctésiphon. La nouvelle dynastie venait de Koufa et avait remporté la victoire avec l'aide de troupes venues de la haute plaine iranienne, du Khorassan. Le contact avec l'Iran restait nécessaire. L'armée, jusqu'alors, dominée par des tribus arabes, s'était largement persianisée, cependant que les Bédouins se retiraient de plus en plus d'un système qui ne servait plus leurs intérêts et regagnaient le désert. Après la fondation de Bagdad, les villes de garnison de Koufa et Bassora perdirent de leur importance. En quelques décennies, la nouvelle capitale devint un cité de plusieurs centaines de milliers, voire d'un million d'habitants. Bientôt, le terme mawâlî disparut du langage : les Perses, égaux en droit, participaient désormais à toutes les fonctions de la société.

Pourtant, certaines tensions subsistaient. Les Arabes pouvaient toujours se targuer d'être le peuple du prophète. Mais ce qui paraissait surtout important, c'est que la langue arabe était aussi celle du Coran, et qu'elle était indispensable en matière religieuse. De surcroît, l'arabe continuait d'être la langue de l'administration, outre qu'elle allait longtemps encore être considérée en Perse comme la seule langue littéraire acceptable.

Par ailleurs, il y avait des tensions politiques. Depuis

Plusieurs forteresses omeyyades se dressent encore à la limite des déserts syrien et jordanien. Ici : Qasr al-Kharana en Jordanie.

Les Omeyyades reçurent l'empreinte des nations sur lesquelles ils exercèrent leur domination. Cette tête de style hellénistique se trouve dans le château d'Al Mafiar (Jordanie) qui fut construit sous les derniers califes omeyyades.

Dans le chateau d'Al Mafiar avaient été aménagés de vastes thermes. L'installation comprenait également une salle d'audience où se trouvait cette mosaïque de pavement qui remonte à l'antiquité tardive.

cent ans déjà, le califat était miné par les rivalités, et il n'y avait aucune raison pour que la victoire des Abbassides mette subitement un terme aux conflits.

Tout d'abord, il y avait ceux qui voulaient venger la chute des Omeyyades. Les nouveaux dirigeants étaient parvenus à supprimer la famille des Omeyyades, massacrée à Damas à l'occasion d'un « banquet de la réconciliation ». Cependant, l'un de ses membres avait réussi à échapper à l'assassinat. Il alla se réfugier en Espagne où, sans jamais se soumettre à l'autorité des Abassides, il se fit reconnaître comme souverain légitime. Ce fut la première atteinte au pouvoir du calife. S'y ajoutèrent ensuite, dans des lieux plus proches du pouvoir, divers soulèvements organisés en faveur des Omeyyades. Car nombreux étaient ceux qui refusaient de condamner l'ancien régime. Ces soulèvements ne furent pas d'une extrême gravité. Mais ils étaient loin d'être les seules réactions de rejet que suscitait le pouvoir abbasside.

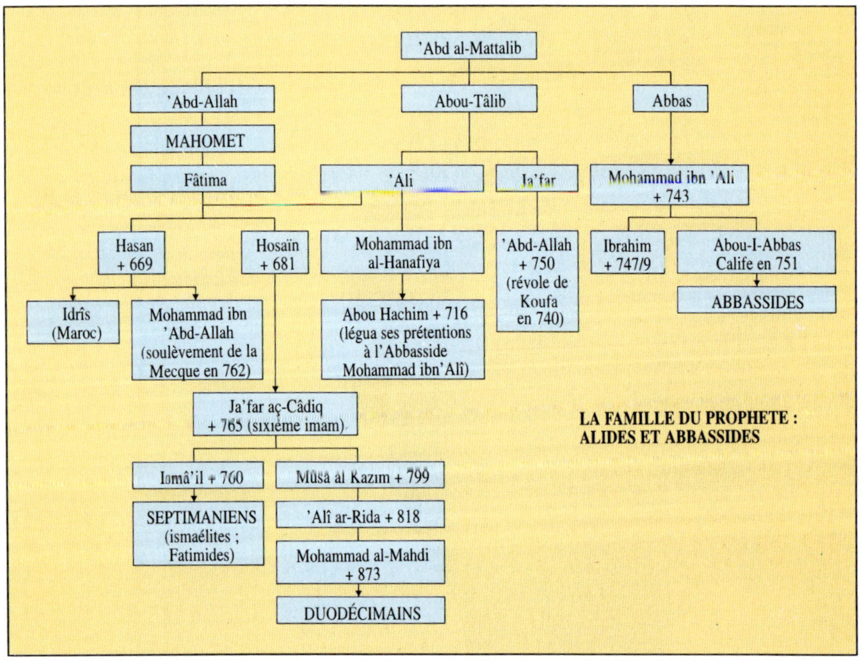

La résistance intérieure

Les mouvements d'opposition n'avaient pas tardé à se multiplier. Ils se nourrissaient non seulement des antagonismes qui divisaient toujours les Arabes mais aussi du climat mental propre à l'Irak et à l'Iran. Ces territoires généraient une multitude de courants religieux qui, tantôt se heurtaient violemment, tantôt s'entremêlaient et entraient en symbiose, engendrant une pléthore de mouvements politico-religieux souvent de caractère messianique. Le parti des Abbassides n'était que l'un d'entre eux et il était constamment obligé de combattre les autres.

Les irréductibles kharijites — les puritains de cette époque — se manifestaient encore. Durant une bonne centaine d'années, ils allaient constituer un élément de trouble dans la société islamique. Et c'est surtout en Afrique du nord qu'ils jouèrent un rôle important. En effet, les Berbères avaient été largement gagnés à leur cause, ce qui finit par porter un coup fatal à la domination abbasside en Afrique. En 777, le perse Ibn Rustam se déclara imam et fonda à l'intérieur du Maghreb un royaume berbéro-kharijite dont la capitale était Tahert (actuellement Tiaret en Algérie). Plusieurs autres petits royaumes kharijites furent fondés dans les mêmes régions, jusqu'à finalement dominer tout le Maghreb limitrophe du Sahara. C'était une région qui jouait un rôle important en matière commerciale et constituait un territoire clé pour la poursuite de l'expansion islamique vers le sud. Le califat reconnut le royaume d'Ibn Rustam en 787.

Pourtant, ceux qui menaçaient le plus directement le califat étaient les Alides, des Arabes qui avaient de solides raisons de se poser en successeurs de Mahomet. La plupart d'entre eux acceptaient le régime qui les gratifiait d'une confortable pension et de titres honorifiques. Pourtant, les Chiites n'abandonnaient pas le combat, et, à la tête de bandes armées, surgissaient sans cesse de nouveaux parents d'Alî. Lorsque les Abbassides avaient pris le pouvoir, les partisans d'Alî s'étaient regroupés, d'une part, autour d'un parent de ce dernier, le savant et pacifique — Ja'far aç-Câdiq, d'autre part, autour du belliqueux Mohammad ibn Abd Allah. Tandis que Ja'far s'attachait à mettre en forme la doctrine chiite, Mohammad projetait de s'emparer du pouvoir et se fit reconnaître comme *mahdî*. Pourtant, l'insurrection échoua, Mohammad fut tué, de même que son frère Ibrahim. Mais un soulèvement à la tête duquel se trouvait Sahib Fakh se produisit dans la

Destitutions et fratricides étaient monnaie courante. Jamais l'on ne réussit à définir un système permanent de succession.

C'est en se réclamant de leur parenté avec le prophète que les Abbassides affirment leur droit de revêtir sa cape (ce que le calife faisait aux occasions solennelles). Le calife se veut la personnification même de l'islam. Il a pris le titre de amîr al-Mominîn, le commandeur des croyants, et exige d'être appelé imam, ce qui implique qu'il ait, en cette qualité, le droit et le devoir d'être le guide en matière religieuse et d'exiger obéissance.

Les musulmans d'Afrique du Nord pratiquent avec ferveur le culte des saints hommes, les « marabouts ». Le fondateur du Maroc, l'Alide Idrîs Ier est honoré comme l'un d'entre eux, et l'on se rend en pèlerinage sur sa tombe pour y puiser la force du marabout.

Et cette position, les Abbassides l'affirmèrent de manière entièrement nouvelle. Avec la fondation de Bagdad, les califes s'étaient posés en héritiers des anciens rois perses, des souverains de Ninive et Babylone. Le califat était accordé par Dieu, ce qui excluait toute instance de contrôle, le pouvoir du calife était absolu et illimité. Le calife était « l'ombre de Dieu sur terre », ce qui lui donnait pleine et entière autorité sur ses sujets. Dès lors, il opta pour un style de vie propre à souligner cette position. Le noyau urbain de Bagdad devint une résidence fortifiée où la cour et le gouvernement vécurent totalement isolés du peuple, entourés d'un grand nombre d'esclaves et de « clients ». Le harem comptait des milliers d'esclaves originaires de toutes les parties du monde. C'était seulement à l'occasion de la prière du vendredi que le peuple pouvait apercevoir le calife à la mosquée. De temps à autre, celui-ci pouvait aussi officier comme juge et, très rarement — jusqu'au

L'un des nombreux sanctuaires érigés en l'honneur d'un marabout.

province de Daylam, sur la mer Caspienne. Fait plus important, le fils de Sahib Fakh, Idrîs, fut contraint d'aller s'exiler au Maroc. Là, il reçut le concours des partisans d'Alî et put ainsi se rendre maître du pays en 789. Dès lors, toutes les terres islamiques qui s'étendaient à l'ouest de la Tunisie étaient perdues pour le califat.

« L'ombre de Dieu sur terre »

En dépit de toutes les insurrections et pertes de territoires qui l'affectèrent, le califat réussit dans l'ensemble à se stabiliser et, pendant plus d'un siècle, le calife abbasside allait apparaître comme un des plus puissants souverains du monde. Les Omeyyades avaient longtemps essayé — ou en avait tout au moins donné l'impression — de poursuivre la tradition qu'avait créée Abou Bakr, une tradition où le calife faisait figure de simple cheik, un chef de tribu accessible à tous. Le pouvoir du prince arabe repose avant tout sur ses qualités personnelles, bravoure, équité, générosité, et le pouvoir n'est donc que le fruit de son mérite. Déjà sous les Omeyyades, il était inévitable que le style de gouvernement change et ce, d'autant plus, que la succession était réglée par héritage. Or, comme c'était la coutume en Orient, l'héritage revenait à l'ensemble de la famille, et le droit de succession n'était pas lié à une personne précise. Dès lors la polygamie multipliait les prétendants, et le pouvoir était naturellement source de rivalités.

Dirham frappé par Hâroun ar Rachîd (795). Ce calife avait un revenu annuel de 500 millions de dirhams.

Pichet en verre irisé d'Iran (environ 900).

A l'origine de ce style, il y a des califes comme Al-Mansour (calife de 754 à 775), le vrai fondateur du régime qui fut aussi un politicien entreprenant, Hâroun ar-Rachîd (786-809), un personnage très populaire qui apparaîtra plus tard dans les *Mille et une nuits* et son fils Mamoun (813-833). Politiquement, l'action de ce dernier est loin d'avoir fait l'unanimité car c'est avec lui que commence le déclin du califat. Cependant, plus que tout autre, il fut le protecteur des sciences, de la littérature et des arts.

Ainsi les califes se posèrent en successeurs des Sassanides. Néanmoins, ils tiraient également gloire de leur origine arabe, de leur appartenance au clan des Quraychites de la Mecque et, bien que la parenté fût devenue lointaine, à la propre famille du prophète. Mais, ce faisant, ils ne pouvaient jouer pleinement leur rôle de roi des Perses ni en appeler au sentiment national perse. Et de même ne pouvaient-ils s'appuyer ni sur un clergé national ni sur une classe féodale nationale. Ils étaient tenus de maintenir un certain équilibre entre Perses et Arabes, un jeu difficile et périlleux qui, à long terme, allait d'ailleurs se révéler vain. Le califat abbasside se sentait spécialement appelé à être le gardien de la foi, et le droit ainsi que la conception de la société islamiques trouvèrent leur forme définitive. Pourtant, le califat ne parvint pas à conférer suffisamment de prestige à sa fonction pour lui permettre de conserver l'*omma* de l'Islam au sein d'un ordre temporel, d'un empire. Résultant pour une large part de la supériorité arabe, les antagonismes nationaux s'exacerbèrent au IXe siècle et ne tardèrent pas à briser l'impressionnante unité de l'empire dont avaient hérité les

moment où il cessa définitivement — partir en campagne à la tête de ses troupes. C'est seulement dans les grandes occasions que le calife apparaissait dans toute sa munificence, impressionnant le peuple par une prodigalité sans mesure. Sinon, il était pratiquement inaccessible et qui voulait le voir devait préalablement passer par la cour en s'adressant soit au grand chambellan, soit au vizir.

Écriture coufique en or sur parchemin bleu (Kairouan, XIe siècle.)

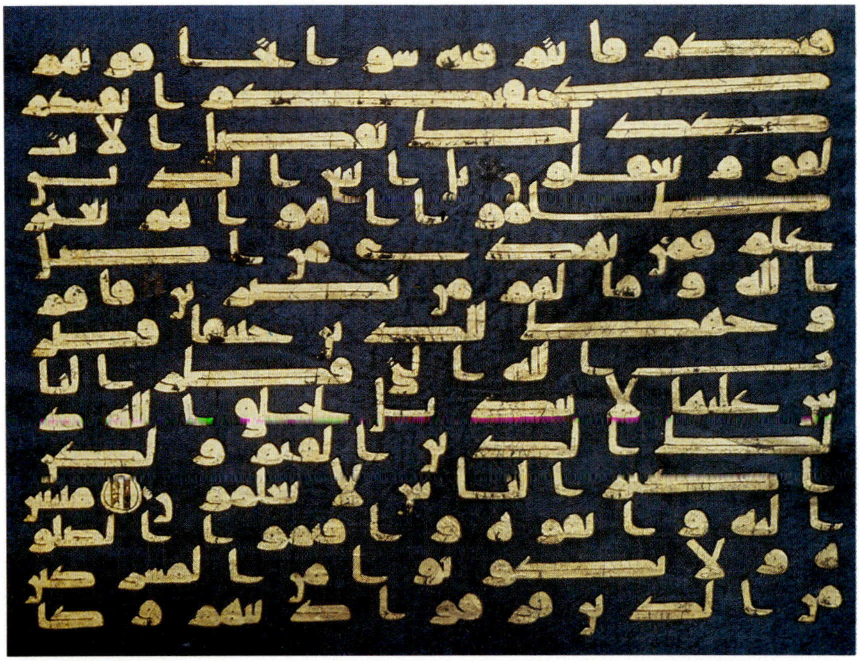

La mosquée

La mosquée (de l'arabe masdjid « endroit où l'on adore ») était toujours érigée au centre de la ville islamique (et d'ailleurs exclusivement dans les villes). On la construisait souvent à proximité des bureaux de l'administration et des quartiers militaires ; et il n'y avait qu'une mosquée publique par ville (mais il pouvait y avoir quantité de mosquées privées, d'oratoires et autres sanctuaires). L'expression arabe la plus courante pour désigner la mosquée est *djami*, « réunion ». C'est là, en effet, que l'on se réunit pour la prière du vendredi. Mais la mosquée servait également de lieu de réunion aux bourgeois de la ville, c'était l'endroit où l'on discutait politique et concluait des affaires. C'est à la mosquée que l'on priait pour les autorités, et c'est de la chaire (*minbar*) que l'on annonçait les mesures publiques et autres nouvelles. On pouvait aussi aller y faire ses prières privées ou étudier : à la mosquée se rattache souvent une école coranique. Une niche ménagée dans l'un des murs, *mihrab*, indique la direction de la Mecque et donc la direction de la prière. D'un balcon et maintenant plus souvent d'une tour (minaret), le muezzin appelle à la prière.

Abbassides. Pourtant, avant que l'on n'en arrive à ce stade, la plupart de ces territoires furent marqués à jamais à la fois par la religion et l'organisation que leur avaient apportées les Omeyyades et les Abbassides.

Le djihad — la guerre civile

Alors qu'il était à Médine, Mahomet eut des révélations qui l'autorisaient à lancer des actions armées contre les ennemis de la foi. Après sa mort, lorsque le combat se déplaça en terre non musulmane, la lutte contre les infidèles devint rapidement un devoir sacré auquel étaient en principe astreints tous les hommes adultes musulmans qui disposaient de ressources suffisantes pour s'enrôler dans l'armée. Cependant, les docteurs de la loi définirent le devoir de faire la guerre sainte (*djihad*) comme s'imposant à l'ensemble de la société musulmane et non à chaque individu pris séparément. Le combat doit en principe continuer jusqu'à ce que le monde entier se soit rallié à l'islam. C'est d'abord sans le recours des armes qu'il faut persuader les infidèles, et si ceux-ci se soumettent, ils se voient accorder le statut de « protégés » (*dhimmi*). Mais s'il faut les réduire par la force, ils deviennent esclaves. Les musulmans qui tombent au combat sont des martyrs, et le royaume des cieux est à eux : *« Celui qui combat pour la cause de Dieu, qu'il succombe ou l'emporte, celui-là, nous lui donnerons une grande récompense. »*

(Coran, sourate 4, 76)

La loi de Dieu. La loi de la société

Bien qu'elle reconnût la primauté de l'islam et des Arabes, ses plus éminents représentants, la société sur laquelle régnaient les Omeyyades demeurait clairement pluraliste. Les Omeyyades eux-mêmes accordaient plus d'importance aux fonctions politiques que religieuses du calife, et ils confiaient souvent l'interprétation des lois à un corps de docteurs qui se forma peu à peu. Sous les Abbassides, ces interprétations donnèrent à ces spécialistes une influence et une audience croissantes.

Les principes étaient en effet très clairs : l'islam exige un ordre social qui soit pleinement conforme à la loi de Dieu. L'islam est la société d'Allah, un postulat qu'il faut prendre au pied de la lettre : c'est Allah qui donne les lois. Et la seule tâche du calife est de formuler cette loi puis de veiller à ce qu'elle soit appliquée. Aussi est-il tenu de s'adresser aux groupes spécialement appelés à définir la loi de dieu, la charî'a. En son temps, Allah avait fait connaître ses lois par l'intermédiaire de Mahomet, et celles-ci avaient été rassemblées dans le Coran. Tant que Mahomet avait vécu, Allah s'était servi de lui pour répondre à tous les problèmes petits et grands qui s'étaient posés. Parfois, Allah s'était corrigé lui-même, remplaçant une décision par une autre « aussi bonne ou meilleure ». Mais, avec la mort de Mahomet, son représentant, le calife, ne recevait pas de nouvelles révélations. Il devait se contenter d'interpréter le Coran et de poursuivre autrement la tradition du temps de Mahomet.

Peu à peu s'était en effet imposé un ensemble de pratiques qui n'avaient jamais figuré dans le Coran mais que l'on n'en avait pas moins considérées comme parfaitement orthodoxes. Ainsi en avait-il par exemple été de la manière de faire les prières rituelles. La tradition *sunna* ou coutume devint la norme chaque fois que le Coran était hermétique ou muet. La partie la plus importante de la tradition était les récits — *hadith* — qui rapportaient les paroles et les actes du prophète. Avec le temps, la multiplication même de ces récits posa problème, et il fallut que les docteurs effectuent un travail considérable pour contrôler et systématiser ces matériaux. La difficulté était de trouver les critères satisfaisants qui permettent d'entériner l'authenticité de ces récits. En pratique, force était de se déclarer satisfait chaque fois que l'on disposait d'une chaîne ininterrompue de récits transmis : Ibn Musa dit telle ou telle chose qu'il tient d'Ibrahim, lequel le tenait de Youssouf, lequel l'avait lui même entendu dire par le prophète. Toutefois, il est évident que de tels critères étaient insuffisants, et beaucoup de ces récits étaient apparus tardivement pour renforcer l'autorité de telle ou telle décision prise localement. En vérité, ces récits se nourrissaient souvent d'anciennes traditions arabes préislamiques. De surcroît, plus l'islam s'implantait dans d'autres pays où régnaient des coutumes différentes, plus le système islamique en recevait l'empreinte. Et lorsque les textes n'étaient pas clairs ou que la *sunna* se révélait insuffisante, les juges — les cadis — se prononçaient en fonction de critères propres. Mais de tels jugements créaient naturellement des précédents qui étaient ensuite source de divergences et antagonismes locaux. Les spécialistes du Coran jugèrent cette évolution dangereuse. Allah est un et sa loi doit être une, la même partout. Il était vital de trouver une interprétation commune, un consensus — *ijmâ* —, et les

Selon la légende d'Alî, Mahomet choisit son gendre Alî pour lui succéder. Manuscrit de Tabriz (1307).

Durant les siècles où l'islam interdit les figurations de personnages vivants, les artistes n'eurent pas la part belle. Ils se rattrapèrent cependant en pratiquant un art ornemental d'une extrême recherche qui pouvait reproduire des passages du Coran. Dans cette décoration, les noms de Dieu et de Mahomet sont entrelacés.

lettrés s'attachèrent à définir des principes, des méthodes qui permettent d'arriver à la seule vraie interprétation possible.

Ecoles et interprétations — Sunna et Chî'a

Certes, il était impossible d'éviter entièrement les critères personnels. Néanmoins, on pouvait s'attacher à les camoufler en procédant à de subtiles interprétations du Coran. Durant le premier siècle des Abbassides, quatre orientations principales se dessinèrent parmi les docteurs de la loi qui fixèrent dans leur partie du califat des normes qui valent encore aujourd'hui. Et, d'ailleurs leurs divergences ne sont pas telles qu'elles compromettent la large unanimité régnant au sein de l'islam orthodoxe. La tendance générale était de réduire de plus en plus la part de l'interprétation personnelle : « Les portes de l'initiative personnelle sont fermées », affirmait-on. En d'autres termes, pour peu qu'on s'en inquiétât vraiment, il n'y avait pas de problèmes auxquels les autorités n'eussent déjà donné de réponse. Mais une telle attitude était forcément synonyme de stagnation : entre le droit islamique et la réalité, la distance ne pouvait que s'accroître.

Et pourtant, la loi islamique valait en toutes circonstances. Elle régentait aussi bien la vie des affaires que le mariage ou l'héritage, elle était applicable tout à la fois en matière civile et criminelle. Les docteurs de la loi — connus sous la dénomination *ulema, fugaha,* et, dans la chî'a, *mudjtahidun* — étaient incontournables et jouissaient d'un grand respect parmi les gens ; ils faisaient également des cours d'instruction religieuse et présidaient (en qualité d'imam) à la prière publique dans les mosquées. Bien qu'ils ne fussent pas vraiment des « prêtres », ils ne tardèrent pas à former une classe ecclésiastique propre.

Les exigences idéales des docteurs de la loi ne purent donc être mises en application. Ce fut spécialement le cas s'agissant de l'Etat. La société que dirigeaient les califes étant loin d'être administrée selon les préceptes du Coran. La multiplicité des compromis apparaît clairement sous les Omeyyades, obligés de trouver des solutions pratiques et de fixer des principes juridiques qui tiennent compte des mœurs et coutumes des populations soumises. Et si les Abbassides se préoccupèrent d'établir une orthodoxie officielle, l'injustice sociale qui régnait dans leur empire fut de plus en plus criante. La plupart des ulémas en étaient conscients et refusaient de se mettre au service de la loi ; ils préféraient travailler comme artisans et commerçants, jusqu'à ce que les institutions pieuses, reposant sur des dons de bien fonciers, fussent assez prospères pour pouvoir tous les nourrir. Cependant, les docteurs de la loi reconnaissaient unanimement la légitimité du calife et prêchaient le devoir d'obéissance.

Par cet aspect, ils se distinguaient, tout au moins en principe, des docteurs de la loi de la Chî'a. Pour l'ensemble des partisans d'Alî, seuls les descendants de celui-ci pouvaient prétendre à la dignité de calife et le calife abbasside n'avait donc rien d'une autorité légitime. Le caractère eschatologique de la Chî'a ne cessa de présenter de nouveaux traits. La secte reconnaissait comme imams une série de parents d'Alî mais affirmait que le dernier imam s'était caché et ne réapparaîtrait comme mahdî qu'à la fin des temps. Une branche, la secte des duodécimains, recensait douze de ces imams. Elle considérait elle aussi l'Etat comme illégitime et maléfique mais ne s'en contentait pas moins d'attendre la venue du mahdî dans la prière et l'étude. Cependant, la doctrine pouvait servir de levier à des groupes plus militants. Les docteurs de la Chî'a ne pouvaient admettre que les « portes de l'interprétation personnelle » fussent fermées : l'imam caché est présent comme une force agissante, et les docteurs de la loi interprètent sa volonté. En pratique, d'ailleurs, les points de vue des duodécimains étaient souvent proches de ceux des docteurs de la Sunna.

Ces derniers siècles, la tradition voulait que le schah de Perse maintienne un cheval blanc sellé en permanence pour pouvoir accueillir le douzième imam. Faut-il seulement y voir une coutume vide de sens ? En tout cas, l'Ayatollah Khomeiny a montré au monde toute la puissance, que gérée par les docteurs, la Chî'a peut exercer dans l'islam, principalement dans son pays d'origine, l'Iran.

Le Coran, la raison et le calife

Les questions métaphysiques ne jouent qu'un rôle réduit dans le Coran, et les exégètes de la tradition se préoccupaient avant tout de problèmes juridiques et moraux. Néanmoins, il y eut une question qui, très tôt, suscita de violents affrontements. Il semble qu'en son temps, Mahomet ait de plus en plus douté du libre arbitre ; c'était Allah qui décidait, et l'homme était comme de la cire entre ses mains. Mais alors, qu'en était-il de la faute ? Qu'en était-il de la récompense et du châtiment ? Un courant théologique, le mutazilisme, eut recours à la philosophie grecque pour repousser l'interprétation déterministe du Coran : c'était au contraire parce que l'homme avait son libre arbitre que le mal existait. Et les mutazilites affirmaient : ce n'est ni aux traditions (*hadith*) ni aux docteurs de la loi, mais à la seule raison humaine qu'il revient de juger si une interprétation du Coran est conforme à la vérité. Enfin, se référant à ce dernier critère, les mutazilites soulignaient — à partir du « Dieu est un » de la profession de foi — que tous les passages du Coran qui prêtent à Dieu des qualités et attributs humains doivent être interprétés symboliquement. De ce fait, il était impossible qu'un attribut comme « la parole de Dieu » — le Coran — ait, comme on l'affirmait souvent, existé de toute éternité ; seul Dieu n'a pas été créé. Le Coran, lui, a été créé, et il est du devoir de la raison d'éclairer tous les passages obscurs qu'il contient.

Dans cet esprit, les mutazilites étaient également enclins à prêter *au calife* une autorité plus grande que celle qui lui est traditionnellement reconnue dans l'islam. Ils pensaient, entre autres, qu'un calife pourvu des qualités nécessaires n'avait pas à solliciter l'accord des docteurs. Les antidéterministes comme les mutazilites furent persécutés par les Omeyyades qui faisaient précisément valoir que c'était Dieu qui les avait choisis pour exercer le pouvoir. En revanche, les Abbassides surent s'en servir. Ce fut tout spécialement le cas du calife Mamoun.

Mamoun était attiré par les mutazilites pour plusieurs raisons. D'abord, étant un ami des sciences, il sympathisait avec leur attitude rationaliste. Mais, surtout, il fit sienne la doctrine du Coran créé. En 827, il mit sur pied une sorte de commission d'inquisition devant laquelle chaque fonctionnaire était tenu d'affirmer par serment

Le Coran a propos de Jésus

Dans certains passages du Coran on retrouve des éléments légendaires juifs. Dans le paragraphe suivant (5, 109-110) qui traite de Jésus, on trouve, outre les récits des évangiles, le reflet de légendes chrétiennes :

[*Rappelez-vous*] quand Allah dit : « O Jésus, fils de Marie !, rappelle-toi Mon bienfait envers toi et envers ta mère, quand Je t'assistai de l'Esprit Saint, [*te disant*] : « Tu parleras aux Hommes dans ton berceau, comme un vieillard. »

[*Rappelle-toi*] quand Je t'enseignai l'Ecriture, la Sagesse, la Thora et l'Evangile, quand tu pus créer d'argile une manière d'oiseaux, avec Ma permission, [*quand*] tu pus y insuffler [*la vie*] en sorte que ce furent des oiseaux [*vivants*], avec Ma permission, [*quand*] tu pus guérir le muet et le lépreux, avec Ma permission, quand tu pus faire sortir les morts, [*de leur sépulcre*], avec Ma permission, quand J'écartai de toi les Fils d'Israël alors que tu vins à eux avec les Preuves et que ceux qui, parmi eux, étaient incrédules s'écrièrent : « Ceci n'est que magie évidente ! »

Dans toute mosquée est ménagée dans le mur une niche (mihrab) qui indique la direction de la Mecque. La mosquée chiite de Kachan en Iran a un mihrab (de 1226) décoré des noms des 12 imams. Travail de céramique.

Un sol rocheux constitue la partie centrale du « Dôme du rocher » construit à l'emplacement du premier temple juif de Jérusalem. La légende musulmane s'appuie sur des traditions juives et chrétiennes qui considéraient ce sol comme le nombril du monde. C'était là qu'était le mont Moriah où Abraham fut sur le point de sacrifier son fils Isaac, et c'est là que retentiront les trompettes du jugement dernier. C'est aussi de là que Mahomet partit effectuer son périple céleste (voir p. 75). Pour l'islam aussi, Jérusalem est donc une terre hautement sacrée.

Tout au long des arcades du « Dôme du rocher » court une longue bande de 240 m constituée de lettres coufiques qui reproduisent des citations du Coran. Les caractères sont en mosaïques — jaunes sur fond bleu — et c'est le maître de l'ouvrage lui-même, le calife Abd-al-Malik, qui les a fait mettre en l'an 691.

qu'il acceptait cette doctrine. En prenant cette initiative, Mamoun n'essayait rien moins que de conférer au calife un pouvoir en matière doctrinale. Mais ses efforts furent vains. Les mutazilites en appelaient aux intellectuels, et ce courant ne fût jamais populaire dans le peuple. Ils donnaient de Dieu une image trop abstraite, et les gens avaient l'impression qu'on leur retirait la révélation. La résistance s'organisa sous la direction d'un des plus grands juristes, Ibn Hanbal : Dieu et sa parole ne pouvaient être séparés, le Coran était éternel : dès 849, le califat dut abandonner la doctrine du Coran créé. A partir de ce moment les califes renoncèrent à se prétendre inspirés par Dieu pour guider les croyants : dorénavant leur unique tâche serait de mettre en œuvre les décisions des docteurs de la loi. Ceux-ci avaient ainsi remporté une victoire totale.

La bureaucratie et ses hommes

Si les califes abbassides ne parvinrent pas à faire reconnaître leur autorité dans le domaine religieux, ils obtinrent de larges compensations dans le domaine temporel. Les Omeyyades avaient abandonné une grande partie de l'administration aux gouverneurs locaux. Pour leur part, les Abbassides prirent le parti de centraliser le pouvoir et de renforcer leur contrôle. Il fallait renforcer l'administration, et c'est ainsi que furent créés de nouveaux bureaux ou « départements », dits diwân. Là, tout fut couché par écrit, comptabilisé, archivé. Et ce travail se fit d'autant plus facilement qu'au contact des Chinois, qui l'avaient inventé, les Arabes se mirent à utiliser le papier. On élabora une langue spéciale, des règles compliquées sur la manière de rédiger les documents, ainsi qu'un système de chiffres spécial dit *diwani*. (Beaucoup de temps allait encore s'écouler avant que les système des chiffres indiens qui était connu des lettrés — nos « chiffres arabes » — n'entrent dans la vie courante). Toutes ces dispositions signifiaient que les départements avaient besoin d'un grand nombre de scribes, des *kottâb* (sing. : *katib*).

Les *kottâb* devinrent l'épine dorsale de l'administration. Ces fonctionnaires, que l'on pouvait reconnaître à leur cape, constituèrent peu à peu un groupe spécifique que l'on serait tenté d'appeler une caste. Pour devenir fonctionnaire public, il fallait avoir été longuement formé aux traditions de la chancellerie qui remontaient à l'époque des Sassanides, et la plupart de ces fonctionnaires étaient des Iraniens arabisés. Nombre d'entre eux venaient des cercles qui gravitaient autour de quelques grandes familles mawâlî. La classe des kottâb présente beaucoup de similitudes avec le mandarinat chinois. Souvent on a rangé dans un même groupe ces fonctionnaires et les docteurs de la loi appelés génériquement « les hommes de plume ». Mais, en réalité, ces deux catégories n'avaient pas grand-chose en commun. Les fonctionnaires étaient beaucoup plus préoccupés des problèmes temporels. Au demeurant, bon nombre d'entre eux étaient chrétiens, nestoriens en Irak, coptes monophysites en Egypte.

L'impôt et le droit

Pour ce qui était de la perception des impôts, il existait deux diwâns différents. Sur les terres musulmanes, seule était perçue la zakât — un dixième de la récolte — cependant que la terre qui n'était pas musulmane à l'origine dépendait du diwân des kharâj et était assujettie à un impôt foncier qui pouvait représenter 20 à 50% des revenus. De surcroît, les non musulmans payaient un impôt de capitation peu différencié et, de ce fait, représentait une charge réduite pour les riches mais plus importante pour les pauvres. Dans la pratique, il s'avéra aussi que la plupart de ceux qui payaient le zakât étaient de gros propriétaires, cependant que le kharâj, plus lourd, frappait surtout des petits paysans indigènes. Les juristes affirmaient que le zakât ne devait être payé que sur la terre et non sur les biens meubles — telles les denrées marchandes — et certains souverains s'efforcèrent de leur donner satisfaction sur ce point. Mais le commerce revêtait une importance telle qu'il était impossible de renoncer à ces revenus et l'impôt fut bientôt réintroduit. Quant à la perception proprement dite, elle était du ressort des gouverneurs des finances des districts, mais ceux-ci l'affermaient souvent à un riche particulier qui payait une somme forfaitaire et conservait les excédents.

Il ne nous reste pas grand-chose des comptes et autres documents administratifs du califat. Néanmoins, les quelques « budgets » qui subsistent suffisent à montrer les énormes revenus dont disposait le califat durant sa période de gloire : Hâroun ar-Rachîd avait des revenus annuels de l'ordre d'un demi-milliard de dirhams (un dirham permettait d'acheter un kilo de pain).

En ce qui concerne la justice, les Abbassides purent s'attacher à poursuivre l'œuvre d'Omar et des Omeyyades. Dans ce domaine, c'était le *cadi*, le juge musulman qui était au centre du dispositif. Mais les Abbassides nommèrent eux-mêmes les cadis provinciaux et les soumirent à l'autorité d'un grand cadi, un ministre de la justice, qui désignait les candidats et surveillait la manière dont ils remplissaient leur fonction. Peu à peu, les cadis se virent adjoindre des assesseurs, des « bons hommes » locaux qui, ayant été assermentés, finirent par être une partie intégrante du tribunal. Pourtant, les cadis n'en conservaient pas moins des pouvoirs très larges, et les abus étaient nombreux : « L'enfer est pavé de cadis », disait le dicton populaire, et les personnes les plus pieuses refusaient ce poste. Ainsi s'explique qu'il ait fallu régulièrement fouetter le fondateur de l'école de droit Abou Hanifa, pour qu'il accepte la charge du juge à Bagdad.

Pourtant, il était rare que le pouvoir judiciaire et le

Le cadi réglait tous les différends locaux. Celui-ci est appelé à trancher entre un père et sa fille. (Extrait de Al-Hariris maqamat, une œuvre du XIII*e siècle.)*

Même les califes abbassides qui constuisirent le palais de Samarra renoncèrent à représenter des hommes. Mais ces fragments — qui devaient montrer des scènes de la vie de cour — prouvent que le centre de gravité de l'empire s'était déplacé vers l'est. Les fresques montrent des types humains plus apparentés aux populations d'Asie centrale qu'à celles du monde classique.

pouvoir politique soient concentrés entre les mêmes mains. Et il existait des possibilités de recours, des tribunaux d'appel permanent ayant même été instaurés. Mais, plus le califat se désagrégea, moins le droit fut respecté. Pourtant, le gouvernement essaya aussi longtemps que possible de surveiller l'administration locale : les gouverneurs furent tenus de présenter des comptes précis.

A l'époque des Omeyyades, il y a tout lieu de penser que la majorité de la population n'était pas musulmane, et c'est seulement sous les derniers califes de cette dynastie que l'on prit des initiatives pour renforcer le caractère religieux du régime. Quant aux Abbassides, ils s'attachèrent conséquemment à renforcer le caractère musulman de la société. Outre la police ordinaire (chourtat) il y avait la hisba (ou inspection urbaine), dont la mission fut élargie à des secteurs plus larges de la vie publique : elle eut pour tâche de surveiller la morale, de veiller à ce que tout le monde assiste aux services religieux de la mosquée et à ce que les non musulmans respectent les limites qu'on leur avait fixées. De plus en plus, la surveillance exercée par la hisba fut utilisée pour souligner le caractère musulman des villes. Ce faisant, elle fut aussi un instrument de brimade contre les non musulmans.

Nouveaux défis — une cohésion affaiblie

La venue des Abbassides au pouvoir avait marqué la fin de l'unité politique de l'islam. Ainsi, le calife perdit l'Espagne et l'Afrique du Nord avant le début du IXe siècle.

Dans le même temps, l'expansion militaire avait atteint ses limites extrêmes. Au nord-est, les batailles livrées en Transoxiane avaient permis au califat d'y imposer sa souveraineté. Mais ce fut là aussi l'ultime étape de l'expansion vers l'est. Par ailleurs, en Asie Mineure, les Byzantins cessèrent de reculer vers l'ouest, et Constantinople résista à tous les assauts. Certes, au IXe siècle, tant la Crète que la Sicile furent conquises par des musulmans mais ce fut le fait d'émirats indépendants d'Afrique du Nord.

Or, dans un empire fondé sur des conquêtes, c'est lorsque cesse l'expansion que commencent les problèmes. Cette règle se vérifia aussi pour le califat. Les conquêtes avaient été rapides, mais la désagrégation politique le fut tout autant. Les premiers califes avaient réussi à rassembler les tribus arabes divisées autour d'un objectif commun. Portées par un puissant enthousiasme religieux, celles-ci, cessant de se piller mutuellement, avaient uni leur force pour lancer à l'extérieur une gigantesque expédition. Le butin avait été énorme et les dépenses de campagne relativement réduites. Mais, après la guerre éclair des deux premières générations, les conquêtes furent plus lourdes à mettre en œuvre, les distances s'étaient allongées et l'apparition de nouvelles formes de combat exigea un effort accrû. Il fallut mobiliser d'autres groupes ethniques, payer et organiser les soldats. La mobilité avait été la grande force des Arabes. Mais l'on commençait maintenant à utiliser de nouvelles techniques guerrières. Dans toute l'Eurasie, la cavalerie lourde revêtait une importance croissante. On se mettait à utiliser des engins de siège, et c'est grâce à une nouvelle invention, le feu grégeois, que Constantinople put être sauvée. Vers la fin de notre période se répandit l'arbalète, vraisemblablement à partir de l'Asie centrale. Ces techniques nouvelles exigeaient une armée de métier et une organisation que les Arabes ne réussirent pas à mettre sur pied. Les Perses prirent la relève. C'était une armée du Khorassan qui avait permis aux Abbassides de prendre le pouvoir, et ce furent ensuite des soldats du Khorassan qui constituèrent l'armée régulière. Les Arabes se retirèrent de plus en plus dans leur désert.

Régime militaire et désagrégation de l'empire

Cependant, rien ne garantissait non plus que les habitants du Khorassan resteraient éternellement loyaux aux

Abbassides arabes. L'un des généraux de Hâroun ar-Rachîd, Tâhir, put se faire nommer commandant à vie de cette province. Même si ce dernier resta en contact avec Bagdad, où il avait la fonction de chef de la police, ce poste fut, dans une large mesure, perçu comme un fief indépendant que les fils de Tâhir reprirent à sa suite. Ses origines valurent aussi au fils de Hâroun, le calife Mamoun, d'exercer directement son autorité sur cette province ; sa mère était en effet originaire du Khorassan et, aussi longtemps qu'il vécut, il y eut un lien bien réel entre la province et le califat. Mais son successeur Mutasim éprouva pour les gens du Khorassan une méfiance croissante. Et il jugea préférable de placer sa confiance dans une garde d'esclaves qui dépendaient du calife. Cette initiative s'avéra cependant des plus funestes. Les esclaves de la nouvelle garde appartenaient à de lointaines populations païennes, les Daylamittes (fixées à l'extrémité sud de la mer Caspienne) auxquels s'ajoutèrent des *Turcs* (en nombre croissant) venus des confins de la steppe russo-asiatique. En même temps, Mutasim transféra sa résidence de Bagdad à Samarra, à un jour de voyage au nord de Bagdad, par crainte de la populace de la ville.

Dès lors, l'armée apparut de plus en plus comme un corps étranger à la société. Les rivalités entre officiers et différents groupes ethniques débouchèrent sur des luttes intestines qui compromirent la défense des frontières et l'unité de l'empire. A son tour, le calife fut impliqué dans le jeu des officiers. En 861, un calife fut assassiné par un officier turc. Dès lors, ses successeurs se retrouvèrent pratiquement prisonniers de la garde, et ce fut l'armée qui dirigea ce qui subsistait du califat. Les Turcs choisirent le calife en imposant des conditions de plus en plus exorbitantes. Les officiers ne cessèrent de réclamer des augmentations et, pour les satisfaire, on leur donna principalement des biens fonciers de l'Etat qu'ils affermaient ensuite. Par ailleurs, les gouverneurs militaires exigeaient de pouvoir librement disposer des finances de leur territoire. Ainsi le lien qui rattachait les provinces au gouvernement se fit-il encore plus ténu, et les gouverneurs ambitieux eurent plus de facilités encore pour se rendre indépendants. C'est ainsi que fut perdu l'Azerbaïdjan et que, de même, Ibn Touloun et sa famille purent mettre la main sur l'Egypte qui, hormis une courte période, devint un Etat indépendant à partir de 868. Au cours du IXe siècle, se formèrent aussi toute une série d'Etats dans les provinces *perses*, et même la *Syrie* se désagrégea au Xe siècle pour former plusieurs petites principautés.

Le pouvoir du calife se limita à l'Irak où, en pratique, ce fut le commandant en chef — le grand émir — qui exerça le pouvoir. La désagrégation du califat franchit une nouvelle étape lorsqu'en 945, trois frères aventuriers originaires du Daylam, les Bouyides, conquirent Bagdad après s'être rendus maîtres de tout l'Iran occidental. Pourtant, la situation n'en fut guère modifiée pour autant. Bien que les Bouyides fussent chiites et ne pussent donc reconnaître la légitimité du calife, ils le laissèrent régner sous leur protection. C'est qu'ils avaient besoin du prestige dont le calife continuait de jouir dans les autres Etats musulmans et qu'ils n'avaient pas d'autre souverain légitime à mettre à sa place. Proches de la secte des duodécimains, ils exerçaient le pouvoir en lieu et place de l'imam caché qui ne se révélerait qu'à la fin des temps.

Sous les Bouyides, on poussa encore plus loin la militarisation de l'administration des provinces abbassides. De nombreux domaines de l'Etat avaient déjà été mis à la disposition des militaires pour payer leur solde. Mais bientôt, on utilisa aux mêmes fins les revenus procurés par l'imposition des terres privées. Incapable d'exercer ses prérogatives, l'administration dut renoncer à toute forme de contrôle, et les nouveaux propriétaires, indifférents aux impératifs d'une bonne gestion, s'efforcèrent seulement de tirer le profit maximum de leurs biens.

Au milieu du IXe siècle, le calife transféra sa résidence à Samarra. Le puissant minaret paraît inspiré par les ziggourats babyloniennes.

Bilad al-Islam

En quelque deux siècles, le monde musulman prit forme et constitua une entité cohérente clairement délimitée dont l'unité survécut à la désagrégation politique. Divers auteurs nous l'ont décrit dans des manuels de géographie souvent appelés « Itinéraires et royaumes » (Kitab al-masalik w-al mamalik). Rassemblant une somme de connaissances ressortant de très nombreux domaines et souvent basées sur des observations personnelles, ils constituent une présentation d'ensemble des réalités sociales et économiques du califat. Ses auteurs étaient souvent des fonctionnaires de l'Etat appelés à fixer l'assiette de l'impôt ou jauger la capacité défensive de l'empire. Bien que la désagrégation du califat fût patente et que nombre d'entre eux fussent bien loin de la Mésopotamie, le cœur du royaume des Abbassides, ils considéraient le monde musulman comme un ensemble spécifique tout à fait distinct du reste du monde. C'était — naturellement — le foyer de la civilisation, et ils appelaient cette zone centrale du monde Mamlakat al-Islam ou Bilad al-Islam, le pays de l'Islam.

De l'est à l'ouest de Bilad al-Islam apparaît le même type de paysage : d'arides plaines hautes et des régions désertiques qu'entrecoupent de luxuriantes régions fluviales et de fertiles oasis. On peut voir ici un camp de nomades près de Faydâbâb en Afghanistan, au pied du Pamir.

Qu'ils aient clairement perçu cette unité ne saurait étonner. Bilad al-Islam se constitua dans une bande de territoire qui, courant d'est en ouest, s'étend, grosso modo, entre le 25e et le 40e degré de latitude nord (seule la péninsule d'Arabie se prolonge sensiblement plus au sud). Dans cette zone dominent le désert et les régions arides que parsèment cependant de riches oasis et bordent des espaces plus fertiles. L'alternance de hautes et basses terres permet à l'agriculture et à l'élevage de trouver leur place. Les régions forestières de quelque étendue ne se trouvent qu'en de rares endroits comme à l'extrémité sud de la mer Caspienne. L'ensemble du territoire a incontestablement une empreinte commune, et ce n'est pas un hasard. Nous avons précédemment étudié les bases de l'expansion musulmane. L'armée qui opéra les conquêtes se composait essentiellement de nomades du désert, et son efficacité était fonction de la nature du terrain. En un sens, on peut dire que, dans sa première phase, l'islam alla aussi loin que l'y invitait la nature du terrain.

Au cours de cette phase initiale, les nomades respectèrent généralement les agglomérations dont ils s'emparaient. Plus tard, à partir du XIe siècle, l'islam lança aux groupes nomades un appel qui entraîna une « bédouinisation » de riches territoires. Mais, initialement, les villes dominaient tellement l'alliance que les nomades finirent par regagner le désert d'où ils venaient.

La population

D'après les évaluations de Mc Evedy et Jones, la population des territoires qui constituaient Bilad al-islam était, vers 600, de l'ordre de 30 millions de personnes. Les plus importants de ces territoires étaient (en millions d'habitants) : l'Arabie (5), la Syrie-Palestine (2,5), l'Irak et l'Iran (6), la Transoxiane (4 ?), l'Egypte (3), le Maghreb (4), la péninsule Ibérique (4). On estime qu'il y eut une légère augmentation jusque l'an 1000.

Le système économique

L'islam créa une société dont l'aisance matérielle et le commerce international étaient les traits dominants. Bilad al-Islam devint aussi une puissance culturelle. En ce qui concerne d'abord la science et l'administration, le califat put s'appuyer sur l'héritage laissé par le monde gréco-romain. A quoi s'ajoutait qu'on parlait la même langue sur un territoire qui s'étendait donc de l'océan Atlantique à l'Oxus. Arrivant à Cordoue ou dans le Khorassan, un homme de Bagdad ne se sentait nullement dépaysé. Et cette situation ne pouvait que favoriser les échanges. Sur le plan économique, deux éléments méritent plus spécialement d'être soulignés : en premier lieu, la suppression de la frontière entre la Syrie et l'Egypte, d'une part, la Perse, d'autre part, favorisa l'intégration économique de ces régions. En deuxième lieu, l'expansion économique exigeait un système monétaire intégré, et le califat disposait d'une abondance de métaux précieux dont il sut tirer le meilleur profit. Avant l'apparition de l'islam on peut distinguer trois grandes zones économiques :

1) L'Occident avait peu d'or et recourait à une monnaie d'argent (le plus souvent de mauvaise qualité). Le commerce international était entre les mains de Levantins ; avec l'Orient, la balance commerciale était négative, et l'or prenait la route de l'Est. Ainsi s'explique que le commerce international ait été d'importance limitée.

2) Byzance avait de l'or mais n'était pas toujours assurée de pouvoir se fournir en marchandises. Pourtant, l'empire réussit à préserver la valeur de son étalon or, et la monnaie byzantine conserva un grand prestige dans le monde commercial. Peu à peu, cependant, sa circulation se limita à la Méditerranée orientale.

3) Les Sassanides possédaient beaucoup d'or mais avaient pourtant recours à un étalon d'argent, le dirham. L'Empire sassanide était fondé sur une solide économie monétaire et se livrait à une importante activité commerciale, notamment entre Byzance et l'Extrême-Orient. L'art sassanide a ainsi exercé son influence aussi bien en Chine que dans le royaume franc. Mais l'Empire sassanide était obligé de payer en or les marchandises qu'il importait de l'Est.

Initialement, le califat recourut au nomisma byzantin. Mais, une fois conquises la Perse, la Syrie/Egypte et toute l'Afrique du Nord, il jugea légitime de créer une unité monétaire spécifique. Dès 660, Alî essaya de créer un dirham musulman, mais sa mort mit fin à sa tentative, et

Production et commerce en Orient musulman

En Asie Mineure, aux frontières de l'Empire byzantin.

On peut voir ci-dessous, un autre aspect caractéristique du monde musulman : des champs irrigués artificiellement où se pratique l'agriculture intensive. Ici, en Oman, ce sont des ruisseaux de montagne dont on a capté les eaux.

c'est seulement à la fin du siècle que le projet put être mené à bien. En 695, Abd-al Malik fit frapper un dinar d'or correspondant au solidus byzantin. Après quoi, le califat frappa régulièrement à la fois des dirhams d'argent et des dinars d'or, correspondant respectivement aux unités perses et byzantines. Puis les deux systèmes fusionnèrent, la valeur du dinar étant officiellement fixée à dix dirhams. Néanmoins, ce cours ne put être maintenu car l'or et l'argent voyaient leur valeur varier, cependant que le poids de la monnaie restait le même. Sous Hâroun ar-Rachîd, le dinar avait une valeur de 20 à 22 dirhams.

L'émission de monnaie ne présentait aucune difficulté. Les Arabes avaient trouvé en Perse d'énormes trésors d'or ; de surcroît, ils commençaient à dépouiller les églises chrétiennes et, en Égypte, récupéraient systématiquement les énormes richesses que recelaient les tombes des pharaons. Enfin, presque toutes les mines d'or exploitées à l'ouest de l'Inde étaient désormais en possession ou à la disposition des musulmans. Certes, les livraisons les plus importantes venaient du Soudan, au sud du Sahara, mais elles étaient le résultat du commerce qui s'effectuait avec des territoires musulmans. Pour l'argent, la situation était assez semblable. L'Espagne et le Maroc avaient des mines d'argent d'une grande valeur, mais il y en avait aussi en Arménie et en Iran du Nord. Cependant, ce furent les mines d'Asie centrale qui eurent le plus d'importance. Enfin, le monde musulman n'avait aucun mal à se procurer l'étain ainsi que le cuivre, nécessaires pour la fabrication des petites pièces.

Dans ces conditions, la circulation monétaire ne pouvait que s'accroître fortement. Et personne n'avait avantage à conserver son or par devers soi. Ce métal existait en quantités telles que son prix baissait et qu'il devenait plus rentable de le réinvestir dans de nouvelles entreprises. En d'autres termes : le flot d'or stimulait l'économie. Les villes pouvaient se procurer tout ce qui leur était nécessaire sans même avoir à se soucier de la distance. Et, sous forme de rentrées fiscales, une grande part en revenait finalement au calife de Bagdad. Le long des routes commerciales, c'était un constant va-et-vient de masses monétaires. Ainsi se créa un véritable circuit dont l'histoire n'avait encore jamais offert d'équivalent.

Les produits : cultures vivrières et animaux domestiques

Dans les territoires dominés par l'islam vivaient deux types de population. La population sédentaire se composait essentiellement de végétariens dont les ressources étaient les céréales, les légumes et les fruits (raisins et dattes) ainsi que l'olive avec laquelle on fabriquait de l'huile. En revanche, les nomades vivaient principalement de ressources animales : viande, lait, fromage et beurre.

Les populations sédentaires connaissaient depuis toujours une gamme de produits qui étaient adaptés à la sécheresse de la terre méditerranéenne : blé, orge, olive, raisin. Grâce aux routes commerciales, l'unité du monde musulman leur permit cependant d'y ajouter de nouveaux produits fondés sur une technique d'irrigation améliorée et élargie : riz, canne à sucre, oranges et dattes.

Alors que l'Egypte avait été un des greniers à blé de Rome, c'est désormais vers l'est que furent dirigées les céréales : vers la Mecque et Médine et surtout vers l'Irak et Bagdad auxquels la Syrie et l'Ifriqiya (la Tunisie) livraient elles aussi du blé. D'Afrique noire, on importa du sorgho à destination des pays méditerranéens, et le riz, que la basse Mésopotamie faisait depuis longtemps venir de l'Inde, fut implanté en Palestine, dans les oasis d'Egypte, dans le Maroc du Sud et en Espagne du Sud.

La culture des dattes commença assez tôt en basse Mésopotamie, et le territoire du golfe Persique resta un grand exportateur de ce fruit. Mais, dès avant l'époque musulmane, on en cultivait aussi en Syrie méridionale et certaines régions d'Afrique. C'est ainsi que le dattier fut un des facteurs qui permirent la mise en valeur du Sahara occidental, et c'est à lui qu'une région tunisienne doit son nom : el Djérid signifie « le pays des dattes ».

La canne à sucre fut introduite au VIe siècle dans la Mésopotamie des Sassanides. Le Khouzistan, sur le golfe Persique, en devint le principal fournisseur pour tout l'Orient musulman. De là, la culture du sucre fut introduite en Afrique du Nord ainsi qu'en Espagne du sud mais surtout en Égypte où, à partir du IXe siècle, l'on réserva les meilleurs terres à sa production. Dès lors, c'est ce pays qui en fut le principal fournisseur, en même temps qu'il devint lui-même un grand consommateur sous forme de sucreries, bonbons et pâtisseries douces dont on raffole au Proche-Orient. D'aucuns affirment même que c'est là et à cette époque que fut inventé le dessert.

Par ailleurs, plusieurs légumes nouveaux et diverses espèces de fruits se répandirent dans l'ensemble du bassin méditerranéen : artichauts, épinards, bananes, citrons. En 943, l'orange fut introduite en Syrie à partir de l'Irak, et c'est avant l'an 1 000 qu'elle fut cultivée à Malaga, en Espagne, où la pêche, l'abricot et la cerise étaient connus depuis longtemps. De riches jardins entouraient les grandes villes. Des systèmes d'irrigation artificielle permettaient d'obtenir des récoltes deux ou trois fois par an.

Pour les nomades, c'étaient les animaux domestiques qui primaient. Car ceux-ci, déjà utilisés comme moyen de transport, fournissaient à la fois la nourriture et les matériaux (laine, cuir) nécessaires à la fabrication de produits artisanaux. Néanmoins, les sédentaires commencèrent eux aussi à faire un usage plus large des animaux. Le chameau — à la fois le chameau à deux bosses d'Asie centrale et le dromadaire d'Arabie — gagna d'autres régions ; le dromadaire arriva jusqu'en Espagne et Russie du Sud, cependant que le chameau de Bactriane à deux bosses fut utilisé en Iran et Irak. Par ailleurs, la civilisation musulmane continua de pratiquer l'élevage des différentes races de chevaux qui vivaient sur son territoire en même temps qu'elle adoptait de nouvelles techniques comme l'étrier et l'attelle. Si la terre musulmane n'est guère accueillante aux bovidés qui ont besoin d'un climat plus humide, la race de moutons des hautes plaines d'Afrique du Nord fut introduite en Espagne et progressivement améliorée jusqu'à donner le célèbre mérinos. De plus, le système de transhumance pratiqué par les Berbères fut introduit en Espagne. Cependant, le Coran ayant maintenu la vieille interdiction juive de manger de la viande de porc, le cochon resta ignoré des musulmans.

En Méditerranée, peu nombreux sont les bancs et fonds poissonneux, et la pêche ne joue qu'un rôle réduit pour l'alimentation. En revanche, la mer fournissait d'autres richesses, en particulier le sel (exploité aussi dans des montagnes d'Afrique du Nord). Ce produit était exporté vers le sud en échange d'or et d'esclaves du Soudan. Par ailleurs, la mer fournissait des perles, des carapaces de tortue (une marchandise que l'on importait de la côte orientale d'Afrique et travaillait au Caire), du corail (Algérie) et de l'ambre pour la production de parfum.

Ce type de roue sert à transporter l'eau à un niveau plus élevé. On la trouve dans l'ensemble du monde musulman, et c'est souvent sous son nom arabe de « noria » qu'elle est connue. Mais sans doute a-t-elle été inventée dans une région plus orientale.

Les produits : métaux, bois, textiles

Un des grands problèmes du monde musulman était d'arriver à se procurer du bois et des grumes. Nombreuses étaient les industries qui utilisaient du bois comme combustible (métal, verre, sucre), et l'on avait besoin de grumes pour les villes, les installations d'irrigation et la construction navale. Il ne restait plus guère de forêts en territoire musulman, le Liban lui-même ayant déjà été presqu'entièrement déboisé. Seule restait la possibilité d'en acheter ou d'en piller en Europe.

L'industrie du métal eut donc à pâtir du manque de charbon de bois. Les métaux précieux étaient faciles à se procurer, et il en allait de même du cuivre que l'on utili-

De l'est à l'ouest du monde islamique, le mouton était une ressource importante. Pour beaucoup de nomades c'était même la plus importante. A l'ouest, on connaît spécialement bien le mérinos, une race issue des moutons qu'amenèrent avec eux les Berbères immigrés en Espagne.

Cette série de miniatures perses montre différentes phases de la production de coton :
- On sépare les fibres.
- On carde le coton.
- On le peigne et l'étire.
- Le filage : une main fait fonctionner la machine, cependant que l'autre tient la quenouille.
- On teint le coton achevé.

sait beaucoup pour les ustensiles et objets d'art. En revanche, le fer était rare et, là aussi, il fallait recourir à l'importation. Ainsi, à l'état brut ou sous forme d'armes, importa-t-on un excellent acier de l'Inde ; le métal brut était travaillé dans des ateliers d'armes à Damas (où l'on faisait du « damasquinage ») ou Tolède (les lames de Tolède). Mais l'Occident produisait également des armes de qualité, et, dans le monde musulman, c'est avec considération que l'on parlait des épées franques.

Pour ce qui était des textiles, on ne les utilisait pas seulement pour les vêtements mais aussi pour l'ameublement. Dans certaines maisons, les tapis constituaient même le seul mobilier. On connaissait depuis longtemps l'usage de la laine et du lin. Au VIIe siècle, on commença à faire pousser en Irak — spécialement en haute Mésopotamie — du coton qui, au cours des siècles suivants, gagna l'ensemble du bassin méditerranéen, et en particulier la Syrie qui, au Moyen Âge, en devint le principal producteur. Quant à la soie, on en produisait déjà en Syrie avant l'islam mais, sous les Arabes, la production s'étendit à plusieurs centres du bassin méditerranéen sans que s'interrompe pour autant l'importation de soieries chinoises. De surcroît, également dans le bassin méditerranéen, on commença à fabriquer diverses étoffes de couleurs jusqu'alors importées de l'Est ; l'indigo (à destination de l'Afrique), le safran (également utilisé pour la nourriture) ainsi qu'un colorant écarlate.

La modification des conditions de la production textile entraîna une évolution des techniques artisanales : nouveaux types de métiers à tisser, nouvelles méthodes de fabrication des tapis, broderies et tapisseries. Echanges et imitations se multiplièrent pour le plus grand profit de tous, en même temps que de nombreux districts et villes se spécialisaient dans le travail d'une étoffe unique.

Plusieurs autres produits artisanaux mériteraient également d'être cités : dalles de plâtre et de pierre utilisées pour recouvrir les murs des maisons là où, jusqu'alors, on ne se servait que de briques ; de remarquables céramiques partiellement inspirées des techniques chinoises, ainsi que du verre toujours principalement produit en Syrie et

Egypte mais qui se répandit également en Iran et Andalousie, où il atteignit une qualité inégalée. Et signalons que c'est au IXᵉ siècle que fut inventé le cristal.

S'agissant des produits marchands, il faut d'abord nommer les esclaves qui seront évoqués dans un autre contexte. De plus, le monde musulman contrôlait l'importation d'épices et de pierres précieuses d'Orient ainsi que des produits indispensables à la médecine où il avait acquis une compétence particulière. Diverses drogues se retrouvèrent de la sorte sur le marché et eurent une grande importance commerciale, de même que les parfums et produits de beauté. Le chanvre et l'opium se consommaient sous forme d'inhalations, l'opium arrivant à cette époque d'Extrême-Orient par l'Iran et l'Asie centrale.

Enfin, il convient de mentionner le papier. Alors que, pour écrire, les Omeyyades utilisaient encore le papyrus, les Abbassides optèrent pour le parchemin. Mais ce fut pour peu de temps car, entrant en contact avec les Chinois au milieu du VIIIᵉ siècle, les Arabes découvrirent l'existence du papier. A Samarcande, où ne manquaient ni le chanvre ni le lin, les musulmans se lancèrent pour la première fois dans la fabrication de ce produit et, aux IXᵉ et Xᵉ siècles, celle-ci se répandit dans l'ensemble de Bilad al-Islam. Dès 800 environ, on commença à y avoir recours pour l'administration du califat, et, vers l'an 1000, l'Egypte interrompit sa production de papyrus.

Pendant un certain temps, le monde musulman occupa donc une position économique dominante, et celle-ci s'appuyait sur l'héritage de civilisations antérieures. Cependant, très dépendante des turbulences extérieures, cette économie était vulnérable. Or les territoires de l'islam furent le théâtre de soulèvements et invasions qui menacèrent tout à la fois le système d'irrigation, les communications et les arrivages d'or.

Les fouilles effectuées à Nichâpour, dans le Khorassan (Iran du Nord), ont permis de mettre au jour quelques beaux exemplaires de céramique comme ce plat vernis du Xᵉ siècle.

L'océan Indien

Les commerçants qui quittaient Bagdad pour prendre la route de l'est pouvaient ensuite emprunter la voie maritime. Sous les Sassanides, les Perses faisaient du commerce en Inde. Parfois même il leur arrivait de continuer plus loin vers l'est. Mais, dans la plupart des cas, les commerçants venus d'est et d'ouest se rencontraient sur la côte de Malabar ou à Ceylan. Sous le califat, alors que l'islam contrôlait tout le littoral ouest, la navigation se développa considérablement dans l'océan Indien et, lorsque Bagdad devint le centre de l'empire, nombreux furent ceux qui poussèrent jusqu'en Chine où Canton était devenue une ville portuaire internationale. La route commerciale qui reliait les deux empires était la plus longue du monde. En tenant compte de la mousson et des inévitables arrêts intermédiaires, on a pu estimer que le voyage aller et retour par mer devait prendre un an et demi : départ du golfe Persique en septembre/octobre, étape sur la côte de Malabar en janvier, puis arrivée à Canton en mai. Départ de Canton à l'automne, puis traversée vers l'ouest avec la mousson du nord-est en hiver et, enfin, retour au golfe dans le courant du printemps. Les cargaisons de soieries, épices et bois précieux rendaient toutefois ce périple extraordinairement rentable pour autant qu'échappant aux attaques des pirates et aux naufrages on arrivât à bon port. On a pu estimer à un demi-million de dinars la valeur des marchandises transportées par un navigateur qui faisait le voyage de Chine.

Les routes commerciales

Certaines des marchandises que nous avons mentionnées empruntaient les mêmes voies depuis 1 000 ans. D'autres routes commerciales ne commencèrent à avoir d'importance que sous les musulmans, dès lors que l'on commença à les intégrer dans un ensemble plus vaste.

Ce navire a quitté Bassora, tout au sud de l'Irak, et se dirige vers l'Oman. Si l'équipage semble être indien, les passagers seraient plutôt arabes (manuscrit du XIIIᵉ siècle).

C'est le long d'un axe est-ouest que s'étaient opérées les conquêtes de l'islam. Sauf si l'on prenait le bateau pour gagner directement une ville de la côte syrienne à partir d'un port de la Méditerranée occidentale, la route partait, par exemple, de Cordoue en Espagne, traversait le Maghreb et l'Egypte jusqu'à la Syrie et l'Irak, puis, de Bagdad, montait jusqu'à la haute plaine iranienne et, passant par Rayy (Téhéran), continuait ensuite vers le nord à travers le Khorassan puis franchissait l'Oxus pour gagner Boukhara et Samarcande. De là, on pouvait choisir l'un des nombreux itinéraires qui conduisaient à la steppe des Turcs puis aux portes de la Chine.

Ce plat de céramique a été retrouvé dans les ruines de Samarra, la ville palatine des califes. Il a été fabriqué en territoire islamique mais le vernis flammé, qui est une technique chinoise, témoigne de l'existence d'échanges avec l'Est (IXe siècle).

Mais peut-être la route de Bagdad trouvait-elle un prolongement tout aussi important dans la voie maritime qui, avec la mousson, se dirigeait vers l'est : partant de la ville portuaire de Bassora elle se dirigeait vers l'Inde et la Malaisie pour arriver à Canton en Chine. D'autres itinéraires contournaient la péninsule Arabique pour gagner l'Afrique de l'Est, Monbassa, Barawa, Zanzibar. Les côtes de l'océan Indien étaient les principaux fournisseurs d'épices, parfums, encens et diverses plantes médicinales. D'Inde, on faisait venir des grumes (teck), des armes et de l'indigo ; de Ceylan, des pierres précieuses et des perles ; de Malaisie, de l'étain. Enfin, de Chine arrivaient les mêmes marchandises que celles qui transitaient par les hautes plaines du nord, c'est-à-dire de la soie et de la porcelaine.

Cependant, cette route centrale est-ouest envoyait des ramifications vers le nord et le sud. En commençant l'Afrique du Nord, nous constatons qu'une des grandes innovations économiques de l'islam est d'avoir noué des relations commerciales avec le Soudan. Certes, il y avait déjà plusieurs siècles que, traversant le Sahara, les chameliers berbères avaient trouvé le chemin du « pays des nègres » — Bilad as-Soudan — mais il fallut attendre que les musulmans conquièrent l'Afrique du Nord pour que le trafic transsaharien s'accélère. Du Soudan, on importa d'énormes quantités d'or et d'esclaves. En second lieu, le Levant musulman commerçait avec Byzance qui dépendait d'intermédiaires musulmans pour l'importation de matières premières destinées à l'industrie byzantine de luxe. Ensuite, nous verrons comment l'islam se procurait en Occident chrétien des produits qui lui étaient nécessaires et comment intervenait alors la région des bassins fluviaux qui s'étend au nord de la mer Noire et la mer Caspienne. En effet, nous allons maintenant étudier séparément chacune des parties de Bilad al-Islam en nous arrêtant à quelques-uns de leurs principaux aspects politiques et économiques.

Le destin de l'Arabie

Paradoxalement, toutes ces conquêtes victorieuses devaient entraîner le déclin économique de la patrie du prophète. D'est en ouest, le commerce n'était plus tenu de faire le détour par la péninsule Arabique puisque tant la mer Rouge que le golfe Persique étaient désormais aux mains des Arabes. Dès lors, les commerçants les plus actifs de la Mecque choisirent, à la suite du Calife, d'aller s'installer à Damas. Les Bédouins furent assimilés ou regagnèrent le désert, et, à partir d'environ 700, l'Arabie ne joua plus le moindre rôle politique. Pourtant, la Mecque

Soierie du Xe siècle produite dans le Khorassan et utilisée en Occident pour décorer une sépulture de saint (saint Josse).

demeurait un important lieu de pèlerinage et organisait de grands marchés à l'occasion du pèlerinage annuel. Et l'Arabie était toujours une importante plaque tournante pour le commerce des esclaves, le grand marché étant à Zabid au Yémen. De son côté, Médine dispensait une formation musicale aux esclaves — principalement les femmes — qui en avaient les dispositions. Enfin, l'élevage des chevaux dans les plaines hautes du Nedjd fournissait une marchandise d'exportation recherchée.

Les villes saintes étaient sous la protection de Bagdad et du Caire. La famille du prophète était riche et considérée et exerçait des responsabilités locales. Mais la formation de sectes entraîna peu à peu une désagrégation politique : les kharijites se rendirent maîtres de l'Oman, tandis qu'au Bahreïn dominaient les Qarmates et que plusieurs sectes allèrent se réfugier au Yémen.

Le pays du Croissant fertile

Le Croissant fertile, l'arc qui est formé par les régions de l'Euphrate et du Tigre à l'est, et la Syrie/Palestine à l'ouest, réalisa son unification grâce aux conquêtes des années 630 et 640. Pendant la période considérée, ce croissant était véritablement des plus fertiles. En dehors des bassins fluviaux, il existait de nombreux oasis, et, si le tout dépendait de systèmes d'irrigation pour pouvoir fonctionner, ceux-ci avaient été bien entretenus du côté mésopotamien puis développés par les Sassanides qui avaient d'ailleurs placé là leur capitale Ctésiphon. Sous les Omeyyades, tant les environs de Damas que les régions côtières furent transformées en véritables vergers. De plus, à cette époque, la Syrie était encore en mesure de fournir des grumes pour la construction de la flotte. La haute Mésopotamie (Djézireh) avait une importante population sédentaire qui cultivait le coton en grandes quantités ; celui-ci était ensuite travaillé à Mossoul (d'où a été tiré le nom mousseline), Bagdad et plusieurs autres villes. Situé au sud de Bagdad, le riche district de Sawad produisait du blé, de l'orge, des dattes et du riz et, tout au sud du pays, des esclaves noirs travaillaient dans des plantations de sucre. Le Khouzistan, qui est aujourd'hui un territoire pétrolier très disputé, produisait de grandes quantités de sucre que l'on raffinait en Égypte pour en faire du candi (de l'arabe quandî).

Le Croissant fertile constituait l'axe principal du territoire musulman. Depuis toujours, la région était dominée par des peuples de langue sémitique qu'une classe supérieure arabe n'eut pas de mal à intégrer. La plus grande partie du territoire resta sous la domination du calife, même pendant la première période de déclin ; c'est seulement à l'extrême ouest qu'au Xe siècle des dynasties locales se rendirent indépendantes. La plupart d'entre elles étaient chiites mais, en Syrie, le culte d'Alî prit des formes encore plus extrêmes : Les Nusayris qui vénéraient Alî qu'ils considéraient comme une incarnation de Dieu et plaçaient plus haut que Mahomet. Connus maintenant sous le nom d'Alaouites, ils habitent toujours cette région où ils continuent d'être un des éléments du jeu politique.

L'Iran et l'Asie centrale

Les provinces iraniennes occidentales conservèrent, elles aussi des liens avec le califat. C'est sur la plaine haute de l'ouest, dans le Djibal, là où passe la route principale, que l'islam et les Arabes étaient le plus solidement implantés. La région n'en devient pas moins chiite (le centre étant à Qom). Les provinces forestières du sud de la Caspienne, dont le Daylam, devinrent elles aussi chiites. Et, pour ce qui est des régions périphériques de l'Iran, elles se dégagèrent très tôt de la tutelle du califat.

Au cours de leur ultime phase d'expansion, les troupes du calife avaient réussi à franchir l'Oxus puis à entrer en contact avec les postes avancés des Chinois qu'elles avaient finalement battus sur le Talas en 751. Dès lors, l'islam et le califat s'étaient retrouvés dans un territoire qui, depuis toujours, avait une grande importance économique et allait jouer un rôle primordial pour la civilisation des

Au début du VIIIe siècle les armées du calife conquirent le Turkestan occidental, où se trouvaient les riches villes marchandes de Boukhara et Samarcande, puis pénétrèrent dans les vallées situées au pied du Pamir. La photo montre un village de la vallée du Zeravchan dans le Tadjikistan.

Abbassides. Par commodité, nous regrouperons trois régions sous la commune dénomination d'Asie centrale : le Khorassan iranien, la région située au-delà de l'Oxus, dite Transoxiane et le territoire du delta de l'Oxus au bord de la mer d'Aral : le Kharezm. Ces provinces d'Asie centrale contrôlaient la route caravanière qui reliait la Chine à l'Occident comme les voies d'approvisionnement venues du nord, des steppes russes et turques, ou du sud, de la vallée de l'Indus et de l'Inde. Et c'étaient des territoires qui, dans leurs riches régions oasiennes, produisaient beaucoup par eux-mêmes. Le khorassan était ainsi le grenier à blé de l'Iran.

Déjà, sous les Sassanides, de puissants commerçants s'étaient établis dans le Khorassan (Merv, Herat, Balkh et

Au Xe siècle, la dynastie des Samanides régnait sur d'importantes parties de l'Iran et du Turkestan. Ce mausolée élevé pour un prince samanide se trouve à Boukhara et est l'un des rares monuments commémoratifs de la période de grandeur qui aient survécu aux ravages des Turcs et Mongols (les matériaux sont de la brique et des dalles de terre cuite).

surtout Nichapour) et dans le Kharezm, où Ourghentch, au sud de la mer d'Aral, était un point de passage obligé de la route qui menait à la mer Caspienne et au pays des Bulgares. Sous la domination musulmane, des villes comme Boukhara et Samarcande, en Transoxiane, entrèrent dans la sphère des commerçants iraniens et arabes, ce qui donna lieu d'intenses échanges. On éleva des murs de centaines de kilomètres pour protéger les villes et les récoltes contre les nomades. De plus l'islam construisit de nombreux ribats, ces forts aux allures de couvents dont les occupants, mi-guerriers, mi-moines, imposèrent l'islamisation par le fer et le sang. Ici se rencontraient les civilisations chinoise, turque et perso-musulmane.

Nous avons déjà évoqué l'importance de la route de la soie. Cependant les échanges commerciaux touchaient l'ensemble du vaste domaine steppique du nord et du nord-ouest. Et là, on ne rencontrait pas uniquement des commerçants arabes mais aussi des Nordiques qui descendaient la Volga, cependant que, du territoire turc, parvenaient des produits ferreux et cuprifères, ces mêmes territoires étant d'ailleurs le théâtre de chasses généralisées à l'esclave. Au demeurant, outre des vêtements en cachemire et du parfum (le musc de Tibet), il y avait aussi des esclaves qui, transitant par Kaboul, arrivaient d'Inde et du Tibet.

Le royame du Ghana : Bilad as-Soudan

Est-ce le développement d'un commerce transsaharien par dromadaire qui fut à l'origine des états nègres du Sahara méridional ? C'est sur le *Ghana* (qu'il ne faut pas confondre avec l'état moderne du Ghana) que nous disposons des plus anciens renseignements ; le pays est en effet mentionné au VIIIe siècle, mais sans doute l'état existait-il déjà depuis plusieurs centaines d'années. Il était situé sur le territoire qui entoure l'actuelle capitale du Mali, Bamako, et tirait ses ressources d'un entrepôt où les tribus des savanes venaient s'approvisionner en sel qui venait du nord et qu'elles payaient en or ou esclaves. Sur ces transactions commerciales, le Ghana prélevait des taxes considérables, et on le décrit au XIe siècle comme étant un royaume remarquablement organisé et fabuleusement riche qui faisait sentir sa puissance bien au-delà de ses frontières. Néanmoins, il lui fallait ménager le prince d'Awdaghost, plus au nord (près de Tegdaoust en Mauritanie), où passaient les caravanes de sel. De même devait-il tenir compte du prince qui régnait sur le Kanem (à l'est, sur le Niger) et vivait également du commerce. Selon la légende, ce seraient des « hommes blancs » — c'est-à-dire des Berbères venus du nord — qui auraient fondé ces principautés, dont les nègres auraient ensuite pris le contrôle. C'est par le commerce que l'islam s'imposa. Au XIIIe siècle le royaume du Ghana fut remplacé par le *Mali*. Plus tard encore, le *Kanem*, la région du lac Tchad où se rendaient les caravanes venant de Tunisie, devint un centre politique d'importance (voir carte page suivante).

Les Sâmânides et la première renaissance perse

Ces provinces d'Asie centrale, le calife n'allait pas réussir à les conserver longtemps sous son autorité. Dès 822, Tâhir, le gouverneur du Khorassan, parvint dans les faits à se rendre indépendant. Mais c'est finalement aux parents d'un propriétaire foncier perse, les Sâmânides, qu'il allait revenir de tout rassembler sous une seule autorité (875-999). Par ailleurs, ce furent les émirs sâmânides qui réussirent le mieux à exploiter les riches gisements d'argent d'Afghanistan et Transoxiane. S'ajoutant aux taxes commerciales et à la production locale, la monnaie que put battre l'Etat donna à celui-ci une base économique très solide. Au demeurant, les dirhams sâmânides constituent la meilleure preuve des contacts qui s'étaient établis entre le nord et l'est de l'Europe : c'est par milliers qu'on en a trouvé le long des routes commerciales de ces régions, en particulier autour de la Baltique. Nous reviendrons ultérieurement sur toute l'importance qu'il convient d'accorder à ces trouvailles.

Dans le Khorassan prospérait toujours une importante aristocratie foncière perse qui n'avait pas oublié les traditions nationales. Les Sâmânides, qui appartenaient eux-mêmes à cette catégorie, encouragèrent ces traditions à leur cour en entretenant des historiens et poètes qui, pour la première fois, recoururent à la langue populaire (le farsi) pour composer des œuvres littéraires. Et les Sâmânides eux-mêmes se dotèrent d'une origine sassanide.

Vint toutefois le moment où, à la fois pour lutter contre les infiltrations croissantes de Turcs islamisés et les tendances séditieuses de leur propre noblesse, les Sâmânides durent à leur tour recourir à des mercenaires turcs. Les conséquences furent fâcheuses, puisque l'un des généraux turcs se souleva en 961 et fonda sa propre principauté à Ghazna en Afghanistan. Celle-ci contrôlait la voie du sud qui rejoignait la vallée de l'Indus. Ses successeurs, les Ghaznévides, finirent par contrôler l'ensemble du territoire sâmânide en s'orientant de plus en plus vers l'Inde, inaugurant ainsi l'expansion turco-musulmane en direction du sous-continent indien.

Le pays du soleil couchant

Maghreb, « le pays du soleil couchant », c'est ainsi que les Arabes appelaient l'Afrique du Nord-Ouest. A l'origine de la civilisation musulmane, il y avait les civilisations urbaines de l'Orient. Pour ce qui était des régions nord-africaines du bassin méditerranéen, l'empreinte urbaine qu'avait dû laisser l'époque romaine était sans doute en train de disparaître. Grâce au chameau, dont l'usage ne se répandit vraiment qu'au cours des premiers siècles de notre ère, les nomades berbères s'étaient une nouvelle fois retrouvés en position offensive. Il en était résulté une ruralisation croissante, un processus que l'invasion vandale ne fit vraisemblablement qu'accélérer et que la reconquête de Justinien ne fut pas en mesure d'arrêter. Les occupants byzantins durent se contenter de maintenir des corridors surveillés entre les villes, le reste des campagnes restant le domaine des berbères.

Deux régions avaient une importance toute particulière. La première était l'actuelle Tunisie qui correspondait à la province romaine Africa proconsularis et était appelée Ifriqiya par les Arabes. La deuxième était la région littorale du Maroc. En leur temps déjà, les Phéniciens avaient souhaité coloniser ces deux régions. La Tunisie était grande productrice de blé, vin et olives, et ce n'était pas par hasard que Justinien avait précisément décidé de commencer par là sa reconquête de l'Occident.

La conquête arabe de l'Afrique du Nord se déroula rapidement et fut achevée avant l'an 700. Alors que les conquérants venus du nord se heurtent rapidement à l'obstacle constitué par les chaînes de montagnes qui, courant d'est en ouest, s'élèvent entre la région côtière et le Sahara, le territoire est entièrement ouvert aux invasions à l'est et à l'ouest. En effet, d'est en ouest, deux voies principales traversent le Maghreb. La première longe les hautes plaines intérieures qui s'étendent entre les formations montagneuses, l'autre court au sud en bordure du Sahara. Des vallées et défilés encaissés coupent les montagnes et, reliant les deux routes, leur donnent accès à la mer. Aux intersections se développèrent des villes.

Dès lors que le Maghreb eut adopté l'usage du dromadaire, les Berbères entreprirent de traverser régulièrement le Sahara. Il y eut bientôt des itinéraires fixes, et les Arabes laissèrent ce commerce se développer car ils en tiraient un excellent profit. Alors que les tribus nègres du sud avaient principalement besoin du sel que les Berbères tiraient de la mer ou des montagnes de l'Atlas, ils pouvaient s'approvisionner en or et esclaves au « pays des nègres ». C'étaient des marchandises d'une rentabilité assurée malgré un long et périlleux voyage.

Les caravanes suivaient trois itinéraires principaux : d'abord, du sud du Maroc jusqu'à Awdaghost (qui se trouvait au nord-est du Sénégal et entretenait des relations avec le royaume du Ghana très riche en or) ; ensuite, des oasis du Maghreb central (entre autres, le Mzab) jusqu'à Awdaghost ou Gao (maintenant au Mali) ; enfin, de la région de Djérid, (reliée à la côte tunisienne), jusqu'au Niger ou Kanem au bord du lac Tchad. Les commerçants musulmans amassaient des fortunes en se portant acquéreurs d'énormes quantités d'or qu'ils pouvaient payer avec du sel mais aussi avec du blé, des dattes et surtout des perles de verre et autres objets de pacotille. Mais, à plus long terme, les Noirs ne furent pas non plus sans en faire leur profit : grâce à ce commerce, ils purent s'initier à de nouvelles techniques, à la culture du blé et du coton, au chameau, au cheval et peut-être aussi à de nouvelles formes de vie sociale. Pour les dirigeants d'Afrique du Nord, le contrôle des routes du sud était d'une importance vitale et fut à l'origine d'innombrables affrontements.

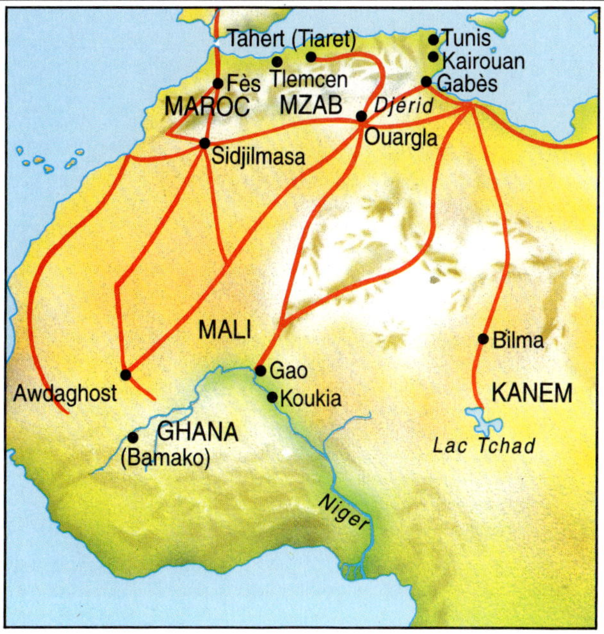

Les routes commerciales transsahariennes

Les nouveaux Etats d'Afrique du Nord

En effet, l'Afrique du Nord cessa assez vite de former une entité politique sous l'autorité des gouverneurs du califat. Les Berbères avaient certes été parmi les premières populations non arabes à se faire enrôler sous le fanion des conquérants. Mais, entre les nomades et les sédentaires existait une hostilité de toujours, et si les Arabes avaient

Située sur la côte tunisienne, Sousse était un des points d'arrivée du commerce transsahaien. Au premier plan le vieux fort (ribât) de la ville.

Région d'oasis, le Mzab, en Algérie, est toujours le foyer des kharijites qui, au IXe siècle, fondèrent ici leur propre royaume. Pour le commerce avec le « pays des nègres », il occupait une position centrale.

pu si facilement conquérir l'Afrique du Nord, c'était surtout parce qu'ils avaient réussi à conclure des alliances avec les nomades et à les recruter pour la guerre sacrée.

Les Berbères acceptèrent donc de se convertir à l'Islam, même s'il y eut de nombreux relaps. Mais la version de l'islam qu'ils adoptèrent était fortement imprégnée de traditions locales. Mille années durant, ils avaient combattu tout ce qui, de près ou de loin, ressemblait à une soumission, ou une intégration dans des ensembles plus importants. De ce fait, le type de prédication anarchiste que représentaient les kharijites et leur croyance en des chefs charismatiques étaient la forme de l'islam qui répondait le mieux aux aspirations des tribus berbères. Peu après que les Abbassides avaient pris le pouvoir, l'officier perse Ibn Rustam se révolta et, s'appuyant sur la doctrine égalitaire des Kharijites, se tailla un royaume dans le Maghreb central qui avait pour centre la station caravanière de Tahert (Tiaret). D'autres principautés kharijites virent ensuite le jour. Pendant une assez longue période, celles-ci contrôlèrent en commun l'accès au Sahara. Au demeurant, les royaumes kharijites se montrèrent pacifiques et tolérants envers les non musulmans. Ils se vouèrent principalement au développement de leurs territoires et de leur commerce avec le sud.

Sans doute est-ce aussi à des sympathies de ce genre qu'Idrîs, un membre de la famille d'Alî venu du Daylam, dut de pouvoir regrouper autour de lui une troupe de partisans suffisamment importante pour créer son propre Etat à l'extrême ouest. C'est Idrîs qui fonda Fez, un nœud de communications situé dans les montagnes de l'Atlas. Si la fondation de cet Etat resta sans suite, il ne faut pas moins y voir l'origine du futur Etat du Maroc.

Pour sa part, le calife Hâroun ar-Rachîd ne put que constater la perte de la plus grande partie du Maghreb. Certes, il essaya bien de conserver le reste de l'Afrique du Nord en en faisant une sorte de fief dont l'administration fut confiée au gouverneur Ibrâhîm al-Arhlab. Mais ce dernier donna à son pouvoir un caractère héréditaire, et ses successeurs se contentèrent de reconnaître formellement le calife de Bagdad. Sous les Arhlabides, l'Ifriqyia (Tunisie) connut un puissant essor économique. Au centre de l'ensemble, il y avait le capitale, Kairouan, plaque tournante du commerce entre la Méditerranée orientale et occidentale, et foyer de la civilisation musulmane en Occident, la communauté juive jouant d'ailleurs un rôle non négligeable. Le pays avait encore des forêts, et l'on construisit à Tunis (un faubourg de Carthage, définitivement ruinée) de grands chantiers navals pour lesquels on fit venir des spécialistes égyptiens. Outre une importante exportation de produits alimentaires, l'activité artisanale y était des plus variée, et c'est Gabès qui était la ville portuaire de la route Djérid-

Devenue la capitale du royaume que les Aghlabides créèrent en Afrique du Nord au IXe siècle, Kairouan fut aussi une plaque tournante du commerce entre la Méditerranée orientale et occidentale. Les Aghlabides y élevèrent cette mosquée qui servit sans doute de modèle architectural à d'autres constructions d'Afrique du Nord.

On peut voir ici la plus ancienne représentation connue dans le bassin méditerranéen d'un bâteau à « voile latine » (Manuscrit byzantin des années 880).

La voile latine

Tout comme les vikings, les marins de la Méditerranée antique n'utilisaient que des voiles carrées pour leurs bateaux. Mais celles-ci ne permettent guère de croiser au vent, et les embarcations équipées de « voiles latines » sont beaucoup plus faciles à manœuvrer. Ce dernier type de voile, dont la plus ancienne illustration figure dans un manuscrit byzantin d'environ 880, apparut dans le bassin méditerranéen au IXe siècle. Quelle en est l'origine ? Selon toute vraisemblance, les embarcations arabes qui naviguaient sur l'océan Indien l'avaient déjà adoptée. On est donc en droit de penser que la voile latine arriva en Méditerranée avec les marins musulmans. Des versions plus perfectionnées permirent non seulement de virer lof pour lof mais aussi de virer devant et de croiser au vent. Gréée sur l'artimon, elle devint au XVe siècle un des équipements permanents de la navigation à voile sur les bateaux européens. En cette époque où commençaient les grandes explorations, ce fut un indispensable progrès.

Soudan. Enfin, ce furent des intérêts commerciaux qui entraînèrent la conquête de la Sicile où les Arabes exercèrent leur domination pendant cent ans.

Au début du Xe siècle, les Arhlabides furent cependant renversés par une nouvelle dynastie. Fait essentiel, les insurgés étaient les représentants d'une version nouvelle et militante de la chî'a.

Les ismaéliens

Cette nouvelle secte a une origine obscure. Le parent d'Ali, Ja'far aç-Câdiq était considéré par la chî'a comme le sixième des imams. Son fils Ismâ'îl mourut en 860, avant son père, mais c'est seulement cent ans plus tard que l'Histoire nous révèle l'existence d'un parti qui considérait le fils d'Ismâ'îl, Mohammad, comme le septième et dernier imam légitime, alors que les duodécimains faisaient commencer la série des imams avec un autre fils de Ja'far. Pour les Ismaéliens, le Mahdî qui apparaîtra à la fin des temps sera Mohammad ibn Ismâ'îl. Leur message avait un contenu social radical et révolutionnaire. En Irak, un certain Qarmat organisa ainsi un mouvement social teinté de messianisme qui déboucha sur la formation d'un état égalitaire et communiste (où l'on admettait cependant l'esclavage !) à Bahreïn. Puis l'un des partisans de Qarmat, Abou 'Abd Allah commença à se déplacer un peu partout pour fomenter des troubles. En Afrique du Nord, il se fit le prophète et le propagandiste d'un certain 'Ubayd Allah qui se disait parent de Mohammad ibn Ismâ'îl. Pour souligner sa prééminence sur les Abbassides, il faisait tout spécialement valoir qu'ils ne descendait pas seulement d'Alî mais aussi de Fâtima, la

L'intérieur de la coupole de la mosquée de Kairouan.

L'intérieur de la mosquée de Kairouan. On remarquera les arcs en fer à cheval, une « marque de fabrique » de l'architecture musulmane.

fille du prophète d'où le nom de la dynastie, les fatimides.

Sans doute Abou 'Abd Allah était-il un remarquable propagandiste. Car, malgré l'échec prévisible de l'entreprise, il réussit à rassembler autour d'Ubayd Allah un groupe d'ardents partisans qui, en 909, réussirent à prendre le pouvoir à Kairouan. Et, en quelques années, les fatimides réussirent à asseoir leur domination sur l'ensemble de l'Afrique du Nord. En guise de remerciement, Ubayd Allah fit assassiner dès 910 celui qui lui avait ainsi apporté son concours.

La doctrine ismaélienne mélangeait curieusement plusieurs courants de pensée de l'antiquité tardive. Elle exigeait une initiation graduelle, et ses missionnaires constuèrent une organisation secrète.

A Kairouan, il n'y avait qu'un nombre réduit de chiites et 'Ubayd Allah préféra créer sa propre capitale, Mahdiya. Il n'essaya pas d'élever la doctrine ismaélienne au rang de croyance officielle, et il n'y eut pas non plus de révolution sociale. Mais un soulèvement kharijite qui se produisit

La Nubie et l'Ethiopie (voir itinéraire à la page suivante).

dans les années 940 fût noyé dans le sang. Pour autant, les fatimides n'étaient pas dépourvus de projets d'avenir. D'abord, Ubayd Allah prit le titre de calife et défia ainsi ouvertement l'autorité religieuse des Abbassides. Plus tard, la dynastie montra concrètement sa volonté d'imposer son hégémonie en Islam lorsque le calife fatimide de l'époque fit marcher son armée sur l'Egypte. La prospérité de l'économie en général et l'or du Soudan en particulier rapportaient aux dirigeants nord-africains des sommes colossales que les fatimides avaient tout spécialement utilisées à se doter d'une armée bien équipée. L'Egypte fut conquise sans aucune difficulté, et c'est là qu'en 972 le calife alla se fixer. Pour l'ancien empire des pharaons, ce fut le début d'une nouvelle période de grandeur.

Akmad ibn Touloun transféra le siège de son gouvernement à El Qaté' (maintenant dans la ville du Caire) au nord de Fostât qui était le centre administratif de l'Egypte. Tout ce qui en subsiste est cette mosquée (commencée en 879). Elle est inspirée de celle de Samarra, et porte l'empreinte de l'artisanat irakien.

L'Egypte : commerce et amélioration de l'économie

Depuis l'époque des pharaons, la société égyptienne n'avait guère subi de changements. Comme l'économie du pays était entièrement dépendante du Nil et des travaux que réclamaient les inondations périodiques du fleuve, la société avait nécessairement un caractère autoritaire, voire totalitaire. Les autorités entendaient exercer sur les habitants un contrôle sans faille, et la plupart d'entre eux étaient astreints à travailler dans les champs. Cette implacable surveillance permettait aussi de pressurer la population au maximum, et la vie sociale égyptienne était jalonnée de mouvements de protestation contre l'impôt et de soulèvements locaux. Cependant, ils n'exprimaient en rien une protestation de caractère confessionnel ou national contre le pouvoir musulman. Le pays comptait peu d'Arabes, et ceux-ci restaient discrets. La plupart des postes de responsabilité étaient occupés par des Coptes, et les propriétaires fonciers coptes exploitaient les paysans tout aussi férocement que les seigneurs arabes.

Les gouverneurs d'Egypte étaient restés fidèles aux califes jusqu'en 868. Cette année-là, un officier turc, Ahmad ibn Touloun, se déclara indépendant de Bagdad, puis entreprit de créer une puissante armée qu'il lança à la conquête de la Syrie. A partir de ce moment, l'Égypte ne fut plus sous l'autorité du calife que pendant une courte période. Une nouvelle dynastie turque, les Ikhchidides s'empara du pouvoir au Xe siècle, et ce fut elle qui balayèrent les troupes fatimides en 969.

L'Egypte était un pays doté de nombreuses ressources naturelles. Depuis l'Antiquité, outre cette richesse nationale qu'était le papyrus, elle produisait d'importantes quantités de blé et de lin. A partir du IXe siècle, on commença à cultiver le coton sans renoncer pour autant au lin. A la même époque, la production de sucre atteignait déjà d'importantes proportions. Avec les Toulounides, c'est une manière de New Deal que connut l'Egypte ; pour la première fois depuis les Lagides, le pays pouvait disposer de ses propres ressources, et les Toulounides surent les gérer au mieux. Ils rétablirent des installations d'irrigation et fondèrent des industries de luxe dont les produits furent exportés à la fois en Europe et en Inde. L'or du Soudan, de la Nubie et des tombes des pharaons permit de maintenir une balance commerciale positive.

Il y avait deux produits d'une importance fondamentale que l'Egypte était obligée d'importer en grandes quantités : le fer — en particulier des armes — et des grumes. Celles-ci étaient absolument indispensables à la navigation égyptienne, tout spécialement sur le Nil. Sous les fatimides, la navigation d'Orient se détourna de plus en plus du golfe Persique pour s'orienter vers la mer Rouge. Plusieurs raisons peuvent expliquer cette évolution. Il est possible que les troubles croissants dont l'Irak était le théâtre aient joué un certain rôle. Mais peut-être s'agit-il aussi d'une réorganisation liée à la situation en Occident. Les villes italiennes de la région du golfe de Naples s'intéressaient de plus en plus à la navigation en Méditerranée orientale qui permettait d'écouler des grumes et du fer. Dès le Xe siècle, Amalfi et d'autres villes avaient noué d'étroites relations avec Alexandrie et, de même, après la conquête fatimide, les commerçants juifs de Tunisie améliorèrent leurs contacts avec l'Egypte. En tout cas, le commerce avec l'Inde se détourna dans une mesure croissante du golfe Persique pour passer par Alexandrie.

L'Ethiopie

Plus de mille ans avant notre ère, la Nubie (Kouch) et le Yémen (Saba) formaient de puissantes entités politiques qui tiraient leurs ressources, d'une part, de leurs propres richesses naturelles, d'autre part, du commerce qui transitait par l'océan Indien et la mer Rouge. Entre autres, les Nubiens étaient vendeurs d'or et d'ivoire. Cependant, il y avait aussi des Sabéens émigrés qui s'étaient regroupés dans l'Ethiopie du nord-est où les plaines hautes se prêtaient bien aux activités agricoles. Peu à peu, ce royaume éthiopien reprit à son compte (par le port d'Adulis sur la mer Rouge) les relations commerciales que le royaume nubien finissant entretenait avec l'Orient puis devint sous le roi Erzana qui se rallia au christianisme, le maître incontesté de toute la région au IVe siècle. Durant les siècles suivants, le christianisme devint l'épine dorsale de la culture du royaume d'Aksoum. Par ailleurs, au VIe siècle, trois petits Etats nés le long du Nil sur les ruines du royaume Kouch adoptèrent également le christianisme. Les Ethiopiens essayèrent d'intervenir en Arabie au profit des chrétiens qui s'y trouvaient, mais ils furent arrêtés par ces mêmes Sassanides qui les concurrençaient victorieusement sur l'océan Indien. Avec l'avancée de l'islam, le royaume d'Aksoum fut de plus en plus isolé (Adulis fut détruit en 710) mais, pendant de longs siècles, les territoires chrétiens du sud de l'Egypte firent obstacle à l'expansion islamique vers le sud. Le royaume d'Aksoum est à l'origine de l'actuel Etat éthiopien.

Les fatimides

La dynastie d'Ibn Touloun se composait de sunnites militants qui, comme tels, ne ménagèrent aucun effort pour écarter les Juifs (qui avaient d'importantes colonies dans le pays) et les chrétiens (coptes) des grandes affaires. Cependant, Al Ikhchid rendit aux Juifs et au coptes leurs places à la fois dans la vie des affaires et dans l'administration. Et de même, à une exception

Aussitôt qu'ils se furent installés en Egypte, les fatimides commencèrent, à leur tour, à jeter les bases d'une nouvelle capitale au nord de Fostât : Al-Qahira (« Le victorieux »), que l'Occident a appelé le Caire. C'était en 969. En son centre, ils élevèrent la mosquée Al-Azhar que, peu après, ils rattachèrent à une école supérieure de théologie destinée à l'Islam chiite (dans sa version ismaélienne). Al-Azhar est aujourd'hui un des plus importants centres d'enseignement du monde musulman, mais c'est à présent un haut lieu de l'orthodoxie sunnite.

Inscription coufique taillée dans une plaque de bois qui était placée au-dessus du mihrab de la mosquée d'Al-Azhar (sur le mihrab, voir encadré p. 88, ainsi que les illustrations p. 91 et 111).

Joueurs de flûte et de luth : détails d'un relief d'ivoire représentant des scènes d'un banquet privé (art fatimide, apparenté avec celui de l'illustration suivante, du XIe ou XIIe siècle).

près, les fatimides traitèrent-ils bien leurs sujets juifs et chrétiens. Ils éprouvaient en effet une certaine méfiance à l'égard des musulmans qui n'appartenaient pas à la secte, et ils préféraient recourir a des dhimmi — des non musulmans protégés — dans l'administration. Ils créèrent un remarquable appareil administratif qui devait subsister très longtemps.

Les fatimides étaient fabuleusement riches. Certes, ils abandonnèrent la direction du Mahgreb à une dynastie vassale, mais ils réussirent à garder la haute main sur l'or qui arrivait du Soudan et aussi de Nubie et d'Afrique orientale. Les califes vivaient dans une munificence et selon un cérémonial aussi grandioses que ceux de la cour de Bagdad mais inspirés aussi par les plus anciennes traditions égyptiennes : ils restaient profondément convaincus d'être investis d'une mission particulière. Pour servir leurs desseins, ils entretenaient un vaste réseau d'agents qui comptait des ambassadeurs mais aussi des espions et des missionnaires chargés de faire de la propagande clandestine dans d'autres Etats musulmans. Par ailleurs, une des forces des Ismaéliens était d'avoir une doctrine clairement définie. Et, pour favoriser son étude et sa diffusion, ils créèrent l'école théologique Al-Azhar du Caire qui n'avait aucun équivalent ailleurs. Ce furent aussi les fatimides qui fondèrent le Caire, à l'origine faubourg de la ville de garnison de Fostât, le premier endroit où l'islam ait pris pied en Egypte. Le Caire compta bientôt des centaines de milliers d'habitants.

Dans le courant du XIe siècle, le pouvoir des fatimides commença cependant à décliner. A la suite de dissensions internes, de la naissance de nouvelles sectes et d'attaques répétées de l'extérieur, la dynastie fut à son tour victime de ses propres officiers. Puis, en 1171, l'Egypte fut conquise par le Turc Çalah-ad-Dîn.

La conquête de l'Espagne

La partie occidentale de l'Afrique du Nord, le Maghreb, fut

Sous les fatimides, l'Egypte connut une période de haute conjoncture, et les souverains eurent une réputation d'épicuriens bons vivants et d'amis des arts. Ils passèrent outre à l'interdiction de représentations figurées. Sur ce bas relief en ivoire, on voit des vignes et des pampres.

conquise par les musulmans au cours des décennies qui précédèrent 700. A cette occasion, les Arabes surent exploiter les antagonismes existant entre berbères nomades et sédentaires. Pour des envahisseurs qui venaient de l'est, les montagnes de l'Atlas ne constituaient pas un obstacle. Leur chef était le gouverneur même de l'Ifriqiya, Mûsâ ibn Nusayr.

Dès lors, il eût été légitime que Mûsâ consacrât tout son temps à organiser les territoires conquis du Maghreb. Mais il était plus facile d'éveiller les ardeurs guerrières des Berbères que de les calmer. De plus, on savait le royaume wisigoth faible et divisé. Toujours est-il qu'en 711, Mûsâ convainquit le chef berbère Târiq ibn Ziyâd de franchir le détroit à la tête de 8 000 hommes et de tenter sa chance. Peu après, il reçut un renfort de 5 000 hommes, et une base fut aménagée à Algésiras. Pour leur part, les Wisigoths venaient d'avoir un nouveau roi, d'ailleurs contesté, en la personne de Rodrigue. Celui-ci se porta à la rencontre des assaillants, mais son armée fut battue, et l'on n'entendit plus jamais parler de lui. Târiq put pousser jusqu'à Cordoue, puis s'emparer de la capitale, Tolède, qui tomba la même année.

En 712, Mûsâ arriva personnellement à la tête d'une nouvelle armée et, en quelque trois-quatre ans, les deux généraux soumirent pratiquement toute la péninsule. Il semble bien que, fatiguée de la classe dominante wisigothique, la population n'ait eu aucun mal à conclure des accords avec les musulmans. Cependant, des poches de résistance s'organisèrent dans les montagnes asturiennes où, progressivement, se constitua un petit royaume qui, vers le milieu du siècle, réussit à faire légèrement reculer les Arabes. Certes, le royaume franc parut un instant menacé, mais la victoire de Charles Martel à Poitiers, en 732, mit fin à leurs entreprises. D'ailleurs, par la suite, ni les Arabes ni les Berbères ne s'intéressèrent spécialement à l'Espagne du Nord.

Cordoue, la capitale de l'Espagne musulmane, vue de la rive sud du Guadalquivir. La mosquée se trouve un peu à gauche, à l'extrémité du pont.

L'Espagne des Musulmans : Al-Andalus

Mais d'autres raisons expliquent aussi que ces expéditions n'aient pu se prolonger sur une longue période. En effet, plus s'organisait la province espagnole du Califat, dite Al-Andalus, plus s'exacerbaient les antagonismes entre conquérants. Il y avait d'abord d'anciennes oppositions tribales qui ne cessaient de se manifester. Par ailleurs, chez les Berbères, se faisait jour un mécontentement croissant. En effet, ceux-ci se voyaient attribuer la portion congrue des prises de guerre et étaient relégués dans les terres les moins hospitalières. En 740, une sanglante révolte éclata parmi les Berbères d'Afrique du Nord, et elle ne tarda pas à se propager en Espagne. La révolte fut écrasée, mais elle entraîna un grave affaiblissement de la province. Des troupes syriennes qui avaient participé à la répression furent implantées dans la vallée du Guadalquivir et sur la côte sud où on leur attribua de riches domaines en contrepartie d'obligations militaires. Ainsi devinrent-elles une partie de la classe supérieure arabe.

C'étaient les Berbères qui constituaient le gros des immigrants, et ce furent également eux qui continuèrent le plus longtemps d'immigrer. Pour l'essentiel, ils se fixèrent dans les zones rurales et les montagnes où ils vécurent d'agriculture. Cependant, ils introduisirent aussi l'élevage du mouton qu'ils pratiquaient déjà à grande échelle au Maroc avec des troupeaux transhumants.

En Andalousie, on avait installé d'importants systèmes d'irrigation bien avant l'arrivée des musulmans, mais ceux-ci apportèrent sans doute de nouvelles techniques venues

Au Xᵉ siècle, les émirs de Cordoue furent à l'apogée de leur pouvoir et prirent le titre de calife. En même temps, ils élevèrent quelques-uns des plus somptueux édifices du monde musulman. Ici : l'entrée de la grande mosquée construite par Al-Hakam II (vers 970).

Dans une mosquée, le mihrab — une niche ménagée dans le mur — indique la direction de la Mecque. Le mihrab que représente la photo est celui de la mosquée de Cordoue. Avec la coupole de la mosquée (voir page suivante), c'est l'œuvre d'art la plus remarquable qui nous reste de l'Espagne des Omeyyades. Les motifs floraux, où sont incrustés des citations du Coran, sont exécutés en stuc, marbre et mosaïque.

L'intérieur de la coupole construite au-dessus de la salle qui se trouve devant le mihrab de la mosquée de Cordoue.

En Espagne du Nord, de petits rois commencèrent à rassembler les chrétiens pour lutter contre les musulmans. Cette église — Santa Maria de Naranco, non loin d'Oviedo — est un des rares — et modestes — témoins de cette époque. C'était, à l'origine, une halle royale élevée en 848 par Ramire Ier, roi des Asturies.

Les traditions de l'orfévrerie wisigothique se maintinrent dans le nord. Cette croix recouverte de filigrane d'or et sertie de pierres précieuses et camées antiques fut donnée à la cathédrale d'Oviedo en 808.

l'est, et ils défrichèrent bon nombre de terres nouvelles : l'Algarve et le Levant devinrent ainsi de riches domaines de production. De cette époque date l'introduction de nouveaux produits (certains de ceux que l'on mentionne d'habitude étaient cependant déjà cultivés !) : les oranges ainsi que plusieurs autres fruits, le riz, le coton, la canne à sucre et même le ver à soie que les Syriens auraient apporté en 741. Par ailleurs, l'Espagne était riche en minéraux, et les conquérants surent maintenir les traditions wisigothiques du travail du métal.

Mais les Arabes étaient avant tout des citadins. Dans une large mesure, ils formaient une classe supérieure qui vivait des revenus que leur procuraient leurs domaines fonciers, même s'ils s'occupaient parfois eux-mêmes de commercialiser leurs produits. Avec le royaume franc au nord et l'Afrique au sud, il y eut tout un courant d'échanges commerciaux. Lorsqu'au IXe siècle se fit sentir la menace viking, on construisit une flotte, ce qui permit bientôt d'établir de bonnes relations à la fois avec la Tunisie et l'Egypte. Le commerce entraîna un vigoureux développement de la vie urbaine. D'anciens centres reprirent leurs activités et de nouveaux furent créés. Cordoue devint une des grandes métropoles de la Méditerranée à laquelle vinrent peu à peu s'ajouter Séville, Malaga, Cadix, Almeria ainsi que Tolède et Saragosse au nord. Du nord, et spécialement des territoires slaves, c'étaient surtout des esclaves que faisaient venir les marchands. On en avait grand besoin pour l'armée et l'administration. Enfin les dirigeants arabes d'Espagne réussirent à avoir leur part du flot d'or qui venait du Soudan.

Les Omeyyades en Espagne

Comme nous l'avons déjà vu, le califat ne réussit pas à maintenir très longtemps sa souveraineté sur sa province espagnole. Un dernier rejeton omeyyade Abd-ar-Rahmân Ier qui avait vécu au Maghreb et était de mère berbère, s'appuya sur les Syriens et Berbères d'Espagne pour se proclamer souverain indépendant en s'attribuant le titre d'émir. Ses successeurs eurent bien des difficultés à maintenir l'unité du royaume mais, pendant quelque 250 ans, celui-ci n'en subsista pas moins et fut à l'apogée de sa grandeur sous Abd ar-Rahmân III (912-961). Celui-ci imposa en effet sa souveraineté à l'ensemble du pays, les royaumes chrétiens du nord allant même jusqu'à lui payer le tribut du vassal. Lorsque les fatimides eurent pris le titre de calife, il suivit leur exemple (929) pour ne pas perdre son influence en Afrique du Nord. S'appuyant sur la richesse de leurs sujets et l'or du Soudan, les Omeyyades s'efforcèrent de transformer Cordoue en une ville orientale de palais et jardins. Le harem comptait des milliers d'esclaves. La cour était un centre de création littéraire, musicale et gastronomique. Et l'introduction de nouvelles techniques permit de créer des produits transformés comme le cristal et le cuir de Cordoue.

Qu'advint-il de la population indigène ? Une grande partie des habitants demeura chrétienne, sans qu'il soit cependant possible d'en préciser le pourcentage. D'autres se convertirent à l'islam. Mais il semble que ni l'un ni l'autre de ces groupes n'aient été animés d'une véritable conscience nationale. Le royaume des Wisigoths rassemblait des groupes éthniques très différents peu intégrés, et sans doute la civilisation que les Arabes apportaient avec eux n'était-elle pas sans faire impression. Les Espagnols islamisés, les muwalladun, devinrent clients des tribus arabes, reçurent des noms arabes et même de nouveaux arbres généalogiques. Peut-être étaient-ils aussi nombreux que les Berbères. Quant à ceux qui restèrent chrétiens, ils devinrent « arabisants » (mustaribun, d'ou : « mozarabe ») : ils apprirent l'arabe et participèrent à la culture arabe. On leur accorda le droit d'avoir leurs propres évêques et tribunaux. De plus, c'était un fonctionnaire spécial qui était chargé de collecter leurs impôts, et ils avaient leur propre médiateur (defensor). Par ailleurs, il y eut quelques échanges avec les territoires chrétiens du nord. La frontière qui séparait ceux-ci des territoires musulmans ne fut du reste jamais clairement délimitée, et les seigneurs chrétiens aussi bien que les musulmans pouvaient avoir des vassaux ou des suzerains de l'autre religion.

En définitive, ce furent les barbares chrétiens qui abattirent l'Espagne arabe, même s'il y fallut des siècles. Il fallut pour cela

Cette boîte en ivoire provient de la Cordoue des califes. Le motif — deux cavaliers qui cueillent des dattes — montre qu'ici non plus on ne respectait pas strictement l'interdiction de faire des représentations figurées.

l'effondrement du califat, et celui-ci se produisit étonnamment vite. Sous le petit-fils d'"Abd-ar-Rahmân III, le premier ministre, le puissant Al-Mansour, s'était attribué des pouvoirs dictatoriaux, et il mit les territoires chrétiens à feu et à sang. Cependant, il semble qu'au cours des décennies qui précédèrent l'an 1000 les

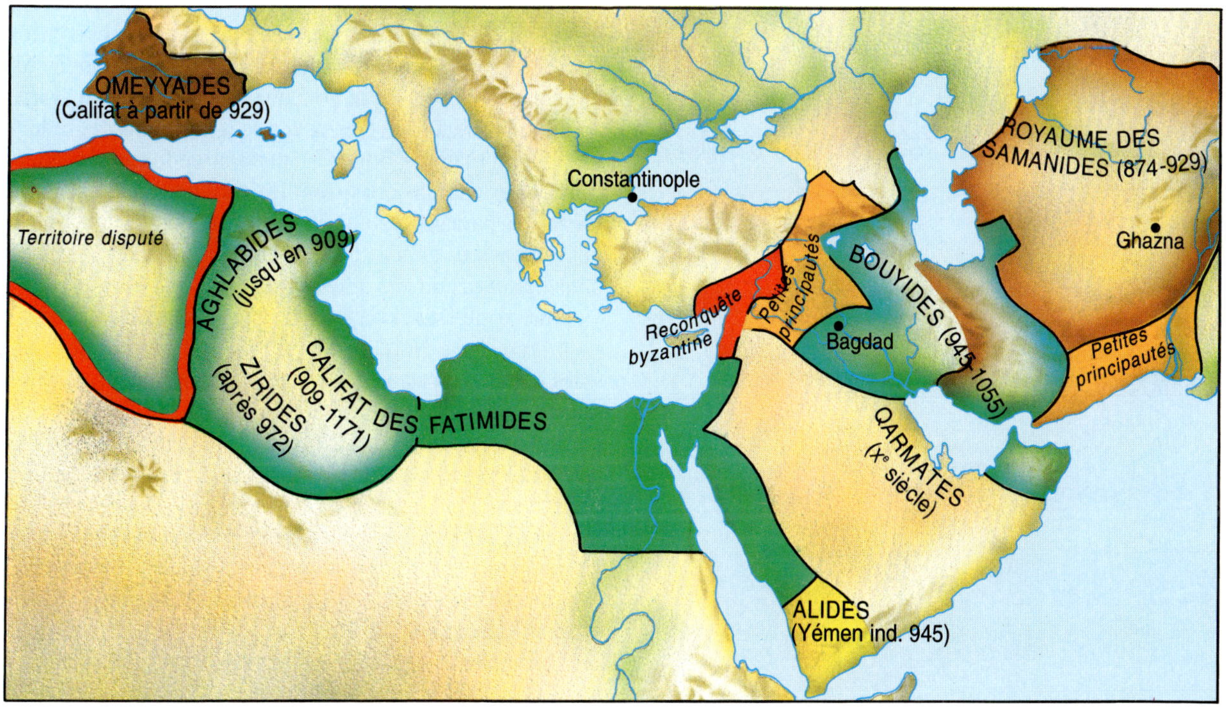

Le califat se désagrégea en entités de plus en plus réduites. Le processus s'accéléra au IXe siècle.

De nos jours, le paysan du Yémen laboure avec un outil identique à celui qui était utilisé il y a quelque deux mille ans.

antagonismes régionaux et raciaux se soient accumulés et, quelques années après la mort d'Al-Mansour, les conflits éclatèrent dans toute leur ampleur. Se désagrégeant à une incroyable vitesse, le califat se morcella en une série de petits Etats et, en 1031, dans une Cordoue dévastée et ruinée, une assemblée déclara que la dignité de calife était supprimée. Certes, de nouvelles forces venues d'Afrique arrivèrent parfois à recréer l'unité, mais c'en était bien fini de la supériorité arabe et, au Xe siècle, les chrétiens purent commencer leur guerre sainte.

Le marché aux esclaves de Zabid, au Yémen, était au centre de l'importation d'esclaves africains. L'Afrique et l'Asie centrale étaient les principaux fournisseurs de ce type de main-d'œuvre (d'après un manuscrit perse du XIIIe siècle).

L'économie et la société

Ce furent les villes qui profitèrent de l'essor économique du monde musulman. Et l'augmentation des transactions commerciales ainsi que la croissance urbaine se traduisirent pour beaucoup par une aisance accrue dont la majorité dut cependant être exclue. Les méthodes de paiement se diversifièrent, les banques et le crédit se développèrent, offrant de nouvelles perspectives aux gens entreprenants. La croissance de la population urbaine entraîna une augmentation de la demande. Les transactions se firent plus rapidement, les paysans et artisans durent produire de plus en plus. L'augmentation générale du bien-être fut-elle préjudiciable pour l'homme du commun ? La question est discutée. A ce stade, on ne relève pas d'indice de crise économique grave. Néanmoins, il semble que la production d'or et d'argent ait augmenté plus vite que la production de marchandises, et que le prix du métal précieux ait alors baissé cependant qu'augmentait le prix des marchandises. Dès lors, les seuls gagnants étaient les commerçants et les milieux de la cour. Les gens affluant dans les villes, il y avait excédent de main-d'œuvre, et le niveau des salaires ne s'alignait pas sur l'augmentation des prix. Ainsi est-on fondé à penser que, dans les villes, le commun des gens vit sa situation s'aggraver. Les graves soulèvements qui se produisirent alors à Bagdad pourraient aller à l'appui de cette thèse.

Pourtant, ce furent principalement les paysans qui virent leur condition s'aggraver. Apparue dans un pays où l'agriculture jouait un rôle secondaire, la nouvelle religion n'avait que peu de considération pour le paysan. Le maniement de la charrue était déshonorant, et l'on se sentait presque tenu de tout faire pour se libérer du travail de la terre. De plus, les royaumes du Proche-Orient avaient depuis toujours une structure sociale qui convenait parfaitement aux conquérants. Les Etats totalitaires de l'Antiquité dont le pouvoir se fondait sur une administration centrale indispensable à la coordination des systèmes d'irrigation s'appuyaient sur une classe sociale qui contrôlait les campagnes. De plus, les paysans dépendaient étroitement des citadins qui, prenant leurs récoltes en gage, acceptaient de leur prêter ce qui leur était nécessaire lors des années maigres. Sous l'islam aussi, ce furent des guerriers et des citadins qui furent les vrais propriétaires de la terre. Les paysans étaient ou furent réduits à la condition des tenanciers et n'avaient aucune possibilité d'investir dans des outils ou des améliorations.

Pour ce qui est des régions les plus occidentales de l'Islam — l'Afrique du Nord et l'Espagne — il semble qu'entre villes et campagnes ait existé une symbiose beaucoup plus féconde qu'au Proche-Orient. Mais en Egypte, Syrie et Irak, il est manifeste que, sous la pression combinée des propriétaires qui percevaient leur redevance et des autorités qui prélevaient leurs impôts, les paysans vivaient souvent dans des conditions extrêmement misérables. Nous avons évoqué les révoltes d'inspiration messianique souvent provoquées par des chiites. On en connaît plusieurs et, depuis l'époque sasannide (la grande insurrection de Mazdak), elles avaient incontestablement une dimension sociale, même si celle-ci n'était pas toujours clairement exprimée. De 869 à 883, les

Ce type de pressoir à huile n'a guère changé depuis l'époque romaine.

esclaves noirs des plantations de sucre tinrent toute la basse Mésopotamie en échec, ce qui fut très lourd de conséquences pour Bagdad et le commerce international. Cette révolte fraya la route à la secte des qarmates, lesquels finirent par fonder leur propre Etat à Bahreïn.

De nombreux paysans s'enfuirent de leurs terres pour aller se fixer ailleurs. La fuite était un phénomène si répandu que l'on décida d'introduire une sorte de carte d'identité. Et lorsque quelqu'un finissait par obtenir l'autorisation de se fixer à un nouvel endroit, il y restait attaché. D'autres paysans s'endettèrent tellement auprès de leurs propriétaires qu'ils devaient rester sur place jusqu'à ce que la dette soit payée. Cependant, aussi longtemps que grandes consommatrices de main-d'œuvre les villes exercèrent leur pouvoir d'attraction, il ne fut pas possible de maintenir un domicile forcé intégral. Mais beaucoup se virent obligés de se placer sous la protection d'un homme riche. Celui-ci mettait alors la terre à son nom et devenait l'interlocuteur des autorités fiscales. L'accord ne pouvait ensuite être modifié.

C'était spécialement les officiers turcs établis dans les domaines d'Etat qui exerçaient des pressions de ce genre, et ils étaient connus pour leur dureté : « Le Turc », dit un écrivain de l'époque, Al-Djahiz « préfère acquérir un bien par la violence que de recevoir gratuitement un royaume ; il ne peut savourer un repas s'il résulte de chasse ou de pillage ».

Une civilisation de marchands

En islam, ce furent donc les gens des villes qui, de plus en plus, dominèrent. A l'origine, c'était la bourgeoisie de la Mecque et de Médine qui avait organisé les conquêtes des nomades, et c'est aux bourgeois que revint en définitive la plus grande partie des prises de guerre. Deux des personnalités dirigeantes de l'islam commençant étaient elles-mêmes des marchands : le calife Abou Bakr était marchand de vêtements et Uthmân importateur de céréales. Et les Bédouins avaient beau n'avoir que mépris pour les commerçants, et le protocole social perse ne pas prévoir de place pour le commerçant, la civilisation qui se développa progressivement sur la terre d'islam devint de plus en plus mercantile. La richesse fut considérée comme une preuve de la faveur divine, le déploiement de luxe n'étant pas réprouvé. A cet égard, on citait volontiers Mahomet qui aurait dit que « lorsqu'il donne la richesse à un homme, Allah veut qu'elle se voie sur lui ». Par ailleurs, c'était dans la classe bourgeoise qu'étaient recrutés les théoriciens de la religion. Et la théologie de l'islam, marquée par le juridisme, était dominée par une conception très pratique imprégnée de l'esprit des affaires.

Yazd en Iran. Le panorama est typique des villes de Bilad al-Islam : dans toutes les maisons les pièces donnent sur une cour intérieure, cependant que des murs dépourvus de fenêtres protègent les habitants contre le monde extérieur.

Un extrait de correspondance commerciale

« J'écris ces lignes pour te dire que Cohen al-Fasi [au Maroc] m'a envoyé une barre d'or de Fez en me faisant savoir qu'il a vendu à ton profit le parfum de civette [d'Indochine] pour 7,5 mithqales andalouses. Il m'a demandé de vendre l'or à Alméria (en Espagne) et d'acheter de la soie avec l'argent que j'en tirerai. Mais j'ai trouvé que ce n'était pas une bonne solution et ai préféré laissé l'or tel qu'il était. Et, maintenant que dieu m'a fait la grâce de me laisser arriver à bon port [à Alexandrie], je l'ai confié au marchand de parfum Binyam al-Rachidi pour qu'il te le remette. Sois gentil de me rassurer en m'envoyant un message pour me faire savoir qu'il est bien arrivé. Un des amis de Cohen dont je t'ai parlé m'a confié une certaine quantité d'ambre en me demandant de le vendre par ton intermédiaire ; avec l'argent, tu achèteras du musc [du Tibet]. L'ambre pèse 225 dirhams, y compris le linge et la toile [dans lesquels il est empaqueté]. Vends le aussi vite que possible pour le prix que Dieu te permettra d'en obtenir. Ne t'offense pas de la forme de cette lettre. Elle est écrite le soir du sabbat, après que j'ai pris mon bain [rituel]. »

(Lettre adressée par le juif Abou-l-Hassan d'Alexandrie à Abou al-Afsi au Caire, 1141. Texte abrégé.)

Avec l'accroissement des échanges commerciaux et de la production, les villes se développèrent rapidement, tandis que de nouvelles furent créées à partir de toute une gamme d'activités, entrepôts, camps militaires ou forts du désert (ribat). Certaines ne tardèrent pas à devenir de grandes cités telles Cordoue, Kairouan, le Caire, Damas, Bagdad ainsi que les villes du Khorassan et de la Transoxiane. La mosquée et le marché constituaient le centre de la ville, cependant que les différents groupes de la population, souvent hostiles les uns aux autres, vivaient la plupart du temps dans des quartiers séparés. Le premier fonctionnaire de la ville (pour autant qu'il n'y eût pas de gouverneur de province) était le cadi, qui avait en dessous de lui l'inspecteur de la ville. En outre, il existait une police. Mais, sinon, l'administration de la ville se réduisait au minimum, et il n'existait pas d'autonomie communale. Les commerçants avaient une position dominante mais pas formellement reconnue. Nombre d'affaires se réglaient dans les quartiers eux-mêmes par le biais d'une réunion de notabilités locales ayant à leur tête un chef qu'assistait éventuellement une force paramilitaire locale.

D'une manière générale, on est frappé de constater à quel point, durant cette période, l'homme du commun est peu représenté dans des organisations. « Une masse informe dirigée par des despotes », telle est la caractéristique que l'on entend le plus souvent à propos de la société musulmane ; l'esprit civique faisait défaut, et le pouvoir de l'Etat était généralement l'objet d'appréciations négatives. La religion demeurait la finalité dernière, la défaillance de l'Etat étant manifeste. Les dirigeants étaient perçus comme des tyrans étrangers, et moins l'on avait affaire à eux, mieux, on se portait. Telle était l'attitude des docteurs de la loi et telle était aussi celle des familles commerçantes d'où ils étaient issus. Bien qu'ils fussent de plus en plus indispensables aux dirigeants, les commerçants se tenaient à l'écart du pouvoir politique.

Les femmes en Islam

« As-tu jamais fait des affaires avec un Égyptien ? Lorsque tu crois être parvenu à un accord, il dit : Attends, il faut d'abord que je retourne chez moi demander à ma femme. »

Ce soupir d'un commerçant venu d'une autre région du Bilad al-Islam est au moins révélateur d'une chose : à l'intérieur du monde musulman, les us et coutumes variaient selon les régions. Pourtant, se traduisant déjà par l'éclatement des villes en plusieurs groupes de populations, la tendance ségrégationniste du monde musulman se manifestait également dans un autre domaine où il est vrai qu'elle préexistait souvent à l'instauration de l'Islam. Il s'agissait de la tendance à isoler les femmes.

Une ancienne coutume perse voulait que les femmes portent le voile. En revanche, les Bédouines d'Arabie n'en portaient pas, et il était courant que les femmes s'abstiennent d'en mettre lorsqu'elles avaient des travaux pénibles à accomplir. Dans la société citadine de la Mecque, le voile s'imposait aux femmes. Et, d'évidence, les coutumes perses s'accordaient avec la conception de la femme que défendaient le Coran et les Arabes. Bien avant que l'islam ne se

Le port du voile par les femmes était une coutume perse qui commença à se répandre dans les villes d'Arabie dès avant l'époque de Mahomet. Au bout de deux siècles, la plus grande partie du monde musulman l'avait adoptée.

Femmes attendant le retour de leur mari du marché (Ghardaïa, Algérie).

répande, les femmes des foyers perses aisés étaient le plus souvent cloîtrées dans des appartements spéciaux séparés du reste de la maison et surveillées par des eunuques. L'islam reprit cette coutume à son compte et, tout au moins au IXe siècle, nous trouvons le système du harem pleinement développé dans l'ensemble du califat.

D'une manière générale, on estime que l'introduction de l'islam entraîna une amélioration sensible de la situation de la femme dans les villes d'Arabie. Mais la conception de la femme qui apparaît dans le Coran n'en reste pas moins très patriarcale. Toute sa vie, la femme restait sous la tutelle de son père, son mari ou un parent mâle, et elle était obligée d'épouser celui que lui choisissait sa famille. Selon la loi islamique, le mariage est valable même si la jeune fille le refuse, sous réserve que celle-ci soit vierge et mineure et que l'affaire soit conclue sous les auspices d'un « marieur » reconnu. Toutefois, c'est une disposition qui vaut aussi pour les garçons mineurs. Quant aux veuves et divorcées, elles avaient une position plus libre et pouvaient refuser de se remarier. Et la loi islamique reconnaissait à la femme le droit de propriété et d'héritage. La fille héritait de la moitié de ce qui revenait au fils.

Lorsqu'ils ne voulaient pas les nourrir, les Arabes préislamiques enterraient les filles nouveau-nées dans le sable. Cette pratique fut interdite par Mahomet, lequel n'en considérait pas moins la femme comme un être inférieur, inapte à exercer des responsabilités publiques. Et c'est constamment aux hommes que Mahomet s'adresse ; il suffit pour s'en convaincre de lire ses descriptions du paradis qui promettent aux croyants des vierges d'une éternelle jeunesse. Certes, il lui arrive exceptionnellement de préciser que les femmes ne sont pas exclues du paradis. Il reste que, par la suite, bon nombre de commentateurs trouveront difficilement acceptable que la femme soit ainsi considérée comme un être indigne de confiance, presque condamné à finir en enfer.

Mahomet améliora la situation juridique de la femme en limitant à quatre le nombre de femmes que pouvait avoir chaque homme, toutes ayant droit d'être décemment entretenues (une révélation spéciale faisait cependant une exception en faveur de Mahomet qui pouvait prendre autant de femmes qu'ils le voulait et, après la mort de Khadîja, ce nombre fut largement dépassé). Cependant, ceux qui en avaient les moyens pouvaient entretenir comme concubines un nombre illimité d'esclaves. L'homme avait pleinement le droit de divorcer, mais il n'était pas interdit aux femmes de s'en aller pour autant qu'elles s'abstiennent d'emporter les cadeaux reçus.

Et, en dépit de toutes les restrictions qui frappaient les femmes, sans doute y eut-il beaucoup d'endroits où elles furent plus libres que ne le voulait la théorie. Ainsi, surtout dans les grandes villes, nombreuses furent celles qui, privées de protection ou de tutelle à la suite de divorces ou de décès, durent se débrouiller par elles-mêmes et purent alors disposer de leurs biens, ester en justice ou effectuer des déplacements. Un voyageur arrivé de contrées plus pieuses frémit en constatant la liberté dont jouissaient les

La subordination des femmes

Les hommes ont autorité sur les femmes du fait qu'Allah a préféré certains d'entre vous à certains autres, et du fait que [les hommes] font dépense, sur leurs biens [*en faveur de leurs femmes*]. Les [*femmes*] vertueuses font oraison (*qânit*) et protègent ce qui doit l'être, du fait de ce qu'Allah consigne. Celles dont vous craignez l'indocilité, admonestez-les ! reléguez-les dans les lieux où elles couchent ! frappez-les ! Si elles vous obéissent, ne cherchez plus contre elles de voie [de contrainte] ! Allah est auguste et grand.

(Le Coran 4, 38)
traduction de Régis Blachère

femmes égyptiennes : « A Fostât, chaque femme a deux hommes ! » Mais beaucoup se firent également remarquer dans des contextes plus respectables. Bon nombre acquirent ainsi une flatteuse réputation dans la transmission des hadith, et plusieurs se firent connaître pour leur savoir. Enfin, quelques-unes, comme Rabia (voir encadré p. 123) furent honorées comme des saintes.

L'échelle sociale

Tant le régime de la propriété foncière que l'organisation de la vie urbaine ou la situation inférieure de la femme dans la société résultaient de la confrontation des Arabes avec d'anciennes traditions et formes de société en usage dans d'autres régions du Proche-Orient. Et, d'une manière générale, il n'y avait pas entre les nouvelles idées et les anciennes traditions de différences telles que l'on ne pût assez aisément les fondre dans le creuset d'une seule civilisation islamique. Pourtant, derrière cette unité culturelle, il y avait une très grande diversité. Le monde musulman était une masse composite où les religions, les nationalités et les inégalités économiques étaient sources de tensions considérables. En principe, tous les croyants étaient égaux. Mais, il faut d'abord souligner que tous les habitants du califat n'étaient pas des croyants au sens où l'entendait le Coran, c'est-à-dire des musulmans. De surcroît, cédant à des raisons politiques, le prophète avait déjà entériné une hiérarchisation de ses sujets.

Cependant, cette hiérarchisation, qui n'apparut que peu à peu dans le califat, ne correspondait pas vraiment à un modèle précis. La foi, la naissance et la situation financière pouvaient jouer, mais aussi l'influence politique, la puissance militaire, la formation ou le rang. Et le rang, il y avait plusieurs manières de le définir, soit qu'on s'enorgueillisse d'appartenir à la famille du prophète, soit qu'on se pare de titres surannés, soit qu'on se targue d'occuper un emploi important. Pour ce qui était des emplois d'Etat, ils n'étaient pas héréditaires, mais il y avait un petit cercle de familles qui les monopolisaient plus ou moins.

Par ailleurs, les nationalités s'affrontaient également entre elles. Très rapidement, les Arabes avaient établi en leur sein une hiérarchie dont le sommet était occupé à la fois par la vieille aristocratie de la Mecque et les descendants des premiers compagnons de lutte de Mahomet. Mais, par surcroît, nous avons vu que les Arabes avaient affirmé leur prééminence sur les autres nationalités du califat, les Perses étant, comme les autres, réduits à la condition de clients. Sous les Abbassides, ces autres nationalités relevèrent cependant la tête, et les Perses rivalisèrent avec les Arabes pour faire figure de nation privilégiée de Dieu. Au plus bas de l'échelle, il y avait les noirs. Même lorsqu'ils étaient libres ils restaient des citoyens de seconde zone.

Mais la place que l'on occupait dans l'ordre hiérarchique dépendait avant tout de la foi dont on se réclamait. Seuls les musulmans étaient des citoyens de plein droit. A la deuxième place venaient les clients, les convertis d'autres religions qui n'étaient pas tout de suite reconnus comme musulmans de plein droit. A la troisième place de la société, on trouvait ensuite les protégés, les dhimmi, les juifs, les chrétiens et les tenants du mazdéisme. Alors que, dans les premiers temps, ceux-ci occupaient des situations qui leur permettaient d'exercer une influence non négligeable, leur position ne cessa ensuite de s'affaiblir. De plus en plus brimés par les autorités, ils furent ensuite réduits à mener une existence obscure. Cependant, les juifs étaient plus facilement acceptés que les chrétiens qui avaient de puissants coréligionnaires dans les états ennemis et faisaient facilement figure de traîtres potentiels.

L'art en Islam

En dépit de toutes les différences régionales, l'art et l'architecture islamiques présentent des caractéristiques communes. Pratiquement partout on trouve la halle à arcades qui s'ouvre sur une cour intérieure. Apparue dans l'ouest de l'Iran, celle-ci se répandit ensuite jusqu'au Maroc. On l'utilisa aussi bien pour les constructions de mosquées et de châteaux que de caravansérails et d'hôpitaux. La foi, l'islam, a imprimé sa marque sur toutes les formes d'activité artistique et, grâce à la grande mobilité qui régnait au sein de Bilad al-islam, les techniques se propagèrent rapidement d'un bout à l'autre de l'empire. Le trait le plus frappant de l'art islamique est, conformément à la loi mosaïque, l'absence de toute représentation sculptée ou imagée d'êtres vivants. Certes, les traditions artistiques nationales se perpétuèrent dans une certaine mesure et, dans les palais des omeyyades comme dans ceux des fatimides, nous trouvons des réminiscences artistiques de l'antiquité tardive. Jamais l'on ne renonça entièrement aux arts plastiques et, par la suite, ceux-ci regagnèrent du terrain. On possède cependant peu d'œuvres d'art de la période traitée ici. L'une des traditions (hadith) admises au VIIIe siècle interdisait formellement toute représentation figurée. On y substitua alors ces motifs abstraits que l'on peut voir aussi bien sur les objets que sur les bâtiments. De là est né ensuite cet art bien particulier qu'est la transcription ornementale des citations du Coran.

La situation des esclaves

En principe, un musulman ne pouvait être vendu comme esclave, sauf s'il était déjà esclave au moment de sa conversion à l'islam. Les esclaves n'avaient aucun droit à faire valoir, même s'ils pouvaient théoriquement retrouver leur liberté en cas de mauvais traitements. On a souvent dit que le monde musulman n'était pas une société d'esclaves, et c'est vrai si l'on définit celle-ci comme une société où la production est fondée dans une large mesure sur le travail des esclaves. Pourtant, Bilad al-Islam était très marquée par l'esclavage. S'il est vrai que l'agriculture n'employait pas une forte proportion d'esclaves, les mines avaient une main-d'œuvre servile, et, dans les villes, il y avait des esclaves à côté des hommes libres pour exercer les métiers artisanaux. Cependant, il existait spécialement deux domaines où l'esclavage jouait un rôle important : dans les familles et dans l'armée. A partir du IXe siècle, les unités d'élite des pays musulmans se composaient principalement d'esclaves. Ainsi, en Égypte, les Toulounides entretenaient à Fostât un corps de mamelouks (soldats esclaves) de 24 000 Turcs et 40 000 noirs. Par ailleurs, les grands harems des souverains se composaient de femmes esclaves surveillées par des eunuques. A Cordoue, Abd-ar-Rahmân III avait un harem de 6300 femmes, cependant que les Fatimides en comptaient 12000.

Les besoins en esclaves étaient considérables, et les intermédiaires en tiraient un profit énorme. Les esclaves étaient surtout des slaves (qui arrivaient soit en Espagne par la France, soit en Iran ou Irak par les fleuves russes), des Turcs (spécialement utilisés comme soldats) et des noirs. De Verdun et Prague jusqu'à Boukhara et Samarcande, les routes commerciales étaient jalonnées de centres de castration où les futurs esclaves domestiques étaient transformés en eunuques.

Jamais Mahomet n'avait songé à interdire l'esclavage mais, sous l'islam, les esclaves n'en bénéficiaient pas moins d'une certaine protection légale. Les enfants d'esclaves que l'on désirait vendre ne pouvaient être séparés de leur mère avant d'avoir atteint l'âge de sept ans. Sexuellement, les femmes esclaves étaient soumises au bon vouloir de leurs maîtres mais, dès lors qu'elles avaient un enfant, elles ne pouvaient être vendues et recouvraient ensuite leur liberté, au plus tard à la mort de leur maître ; quant à leurs enfants, ils étaient affranchis. Jusqu'à un certain point, les esclaves pouvaient librement disposer de leur argent et même diriger des firmes.

Comme dans l'empire Romain, on pouvait aussi leur confier des postes de confiance, et l'esclave d'un homme puissant pouvait en fait avoir plus de pouvoir que bon nombre d'hommes libres. Les esclaves se sentaient souvent chez eux à la maison et considéraient la famille de leur maître comme la leur. De nombreux témoignages attestent des bons traitements qui leur étaient réservés. Cependant, à l'autre extrémité de l'échelle, il y avait les esclaves qui, travaillant dans les plantations et les mines, vivaient dans des conditions inhumaines.

Une nouvelle donne pour la science

L'économie du monde islamique fait songer à un marché commun. La remarque pourrait tout aussi bien s'appliquer à la vie intellectuelle. « Pour la première fois dans l'histoire, la science s'internationalisa à grande échelle et disposa d'une langue comme outil, l'arabe. Un grand nombre de savants de différentes nations et différentes confessions unirent leurs efforts pour fondre dans cette langue unique des matériaux qui avaient précédemment existé en grec, syrien, perse ou sanscrit. » (A.I. Sabra).

A l'époque des Abbassides, les sciences les plus diverses brillèrent d'un éclat qui ne devait ensuite cesser d'étonner. Berceau d'une des plus anciennes civilisations, la Mésopotamie était un creuset où arrivaient de partout et fusionnaient des impulsions qui formaient ensuite de nouvelles alliances. Et, avec la suppression des frontières des pays voisins, les impulsions n'en circulaient que plus librement. Avec l'activité commerciale et les nouvelles richesses ainsi produites il y avait un excédent financier qui permettait largement d'entretenir tout ce qu'il fallait de théologiens, docteurs de la loi, savants et médecins. Les fonctionnaires (les kottâb) de la bureaucratie perse étaient également soucieux d'améliorer leur connaissances ; comme administrateurs ils avaient besoin d'être un petit peu informés sur tout, et l'acquisition de connaissances était une partie importante du « savoir vivre » (adab). Il convient aussi de rappeler qu'au IXe siècle on utilisait couramment ce produit bon marché qu'était le papier.

Cet instrument, l'astrolabe, permettait de mesurer la hauteur des corps célestes au-dessus de l'horizon et donc de déterminer l'heure. Les navigateurs l'utilisaient pour calculer la latitude. L'astrolabe était déjà connu durant l'Antiquité mais devint particulièrement populaire dans le monde musulman où astronomes et astrologues écrivirent de nombreux ouvrages sur les possibilités qu'il offrait. Cet exemplaire date du XIIIe siècle et, comme la plupart des autres, il est fait en laiton ou en bronze.

Importation grecque — renaissance perse

Evoquant cette période, on parle volontiers de civilisation « arabe ». Il est vrai qu'au futur Empire islamique les Arabes apportèrent la religion et leur livre sacré, d'une part, la langue arabe, d'autre part, qui s'imposa parce qu'elle était à la fois la langue des envahisseurs et celle du Coran. Même s'il s'en fallait de beaucoup que toute la population fût musulmane, cette religion n'en était pas moins la source d'inspiration première de la société, et le travail effectué par les juristes sur le Coran et les traditions (hadith) représentait une première étape dans l'utilisation de l'arabe comme langue scientifique. De surcroît, l'arabe s'avéra une langue d'une grande force poétique très riche en possibilités de développement. Cependant, il ne faut pas oublier que, de l'Égypte à l'Iran, les administrateurs indigènes demeurèrent à leur poste. Et l'un des principaux ingrédients de la nouvelle civilisation fut l'héritage grec, les traditions d'Alexandrie qui étaient depuis longtemps implantées en terre syrienne. Au cours du premier siècle du califat, la Syrie devint le centre de l'islam, et ce fut ce pays qui fut le berceau de la civilisation « arabe ». Une grande partie de la philosophie et de la science grecques avaient déjà été traduites en syrien, et c'est par ce biais que les Arabes en prirent connaissance. Les califes abbassides mirent en œuvre un vaste programme de traductions, en particulier sous le calife Mamoun où l'on organisa des groupes de traduction auxquels furent adjoints des experts et des bataillons de scribes respectivement chargés de contrôler leurs travaux et d'en faire des copies. L'académie des sciences de Bagdad, Bayt al-Hikma, disposait à la fois d'un observatoire et d'une bibliothèque unique en son genre depuis les grands jours d'Alexandrie. Cependant, le travail de traduction fut en grande partie effectué par des chrétiens syriens, spécialement des nestoriens.

Peu à peu, la langue syrienne fut supplantée par l'arabe qui

Le nilomètre du Caire mesure le niveau de l'eau lors de l'inondation annuelle du Nil. Il fut construit en 862 sur ordre du calife par un astronome et mathématicien de Fergana (Asie centrale).

lui était très apparentée, puis les Perses adoptèrent à leur tour la langue des conquérants. La connaissance de l'arabe était nécessaire pour bien interpréter le Coran. Mais les Perses transcrirent également en arabe une grande partie de leurs propres matériaux, ainsi que des matériaux importés de l'Inde. Ces matériaux, c'étaient aussi bien des œuvres littéraires que des mathématiques. Lorsque le califat s'effondra et que de nouvelles principautés iraniennes virent le jour, le nationalisme iranien, dont les porte-parole étaient les orgueilleux kottâb, se manifesta de nouveau avec force, et l'on recommença à écrire en persan. Certes, cette langue s'écrivait désormais avec l'alphabet arabe et avait emprunté de nombreux mots arabes, mais elle n'en était pas moins du persan.

En fait, la civilisation islamique elle-même était multinationale. Et ce n'était pas seulement le fait des Syriens et des Perses mais aussi des Turcs et des habitants de la Sogdiane d'Asie centrale, des Espagnols et des Berbères. Intervenant à partir du IXe siècle, la désagrégation du califat n'eut d'ailleurs pas d'effets nocifs sur la vie intellectuelle. Sous ce rapport, on continua de considérer Bilad al-Islam comme une entité, et la langue arabe apparaissait désormais comme un bien commun.

De leur côté, les nouvelles principautés se mirent à rivaliser avec Bagdad dans les domaines littéraire et scientifique. Les nombreuses petites cours formèrent autant de nouveaux centres de vie intellectuelle et d'études.

De la médecine aux mathématiques

Pour ce qui était des sciences, l'étude de la médecine occupait une place centrale. L'école de médecine d'Alexandrie essaima en Syrie, et l'on traduisit en arabe les autorités de l'Antiquité qui avaient nom Hippocrate et Galien. Depuis le VIe siècle, les chrétiens nestoriens, qui n'étaient plus en faveur à Byzance, avaient gagné la Perse où ils s'étaient fait connaître par leurs enseignements, et les califes recouraient volontiers à leur service. Mais c'est à partir du Xe siècle que la science médicale commença vraiment à se développer en terre islamique. Et l'on fit tout spécialement des progrès dans le traitement des maladies oculaires qui étaient une véritable plaie dans ces pays. Le développement des grandes villes rendit indispensable la construction d'hôpitaux où l'on eut toute latitude de procéder a des examens cliniques. Du centre savant de Gondi-Châpour en Iran occidental on fit venir à Bagdad en 765 le nestorien Djibail pour qu'il construise un hôpital qui allait ensuite servir de modèle à beaucoup d'autres dans le monde musulman (et dont l'Occident allait ensuite s'inspirer à l'époque des croisades). Et rédigea des manuels qui pénétrèrent en Occident à partir de 1100 environ (école de Salerne) et, avec les textes de l'antiquité, allaient constituer des ouvrages de référence.

Ce fut aussi la médecine qui stimula l'intérêt pour la botanique, cependant que la zoologie restait peu considérée. Mais l'étude de l'agronomie se développa, en même temps que l'on améliora sensiblement les systèmes d'irrigation et de drainage.

Quant à l'étude de la nature, la doctrine musulmane n'alla pas au-delà de la conception qu'en avait l'Antiquité. En revanche, la quête de la « pierre philosophale », cette substance qui devait transmuer des matériaux courants en or, permit de découvrir une longue série de processus chimiques d'importance. De plus, c'est aux alchimistes que l'on doit la mise au point du distillateur (« alcool » est un mot arabe).

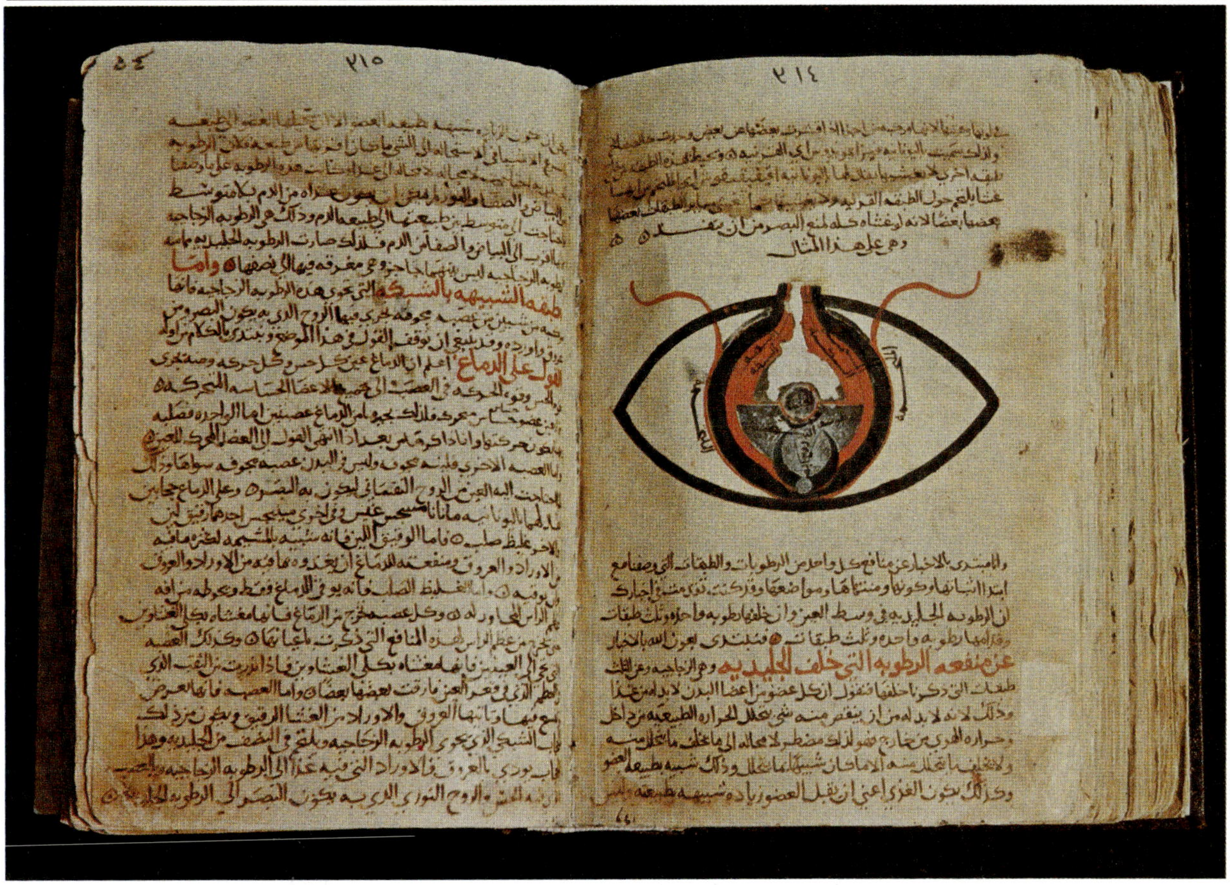

Les Arabes reprirent et poursuivirent les travaux scientifiques de l'Antiquité. Dans le domaine de la médecine, Galien (mort vers 200) représenta un sommet, et l'auteur de ce livre (Honaïn Ibn Ishaq qui vécut au IX*e siècle) reprend ses théories mais consigne aussi ses propres observations qui sont d'une grande précision (ce manuscrit est du* XIII*e siècle).*

L'astrologie était un art depuis longtemps pratiqué en Mésopotamie, et il exigeait d'importantes connaissances en astronomie. Il en allait de même pour la navigation et le culte où l'étude du firmament jouait un rôle important. Et Al-Bîrûnî, un génie universel que nous trouvons, entre autres, à la cour des Ghaznévides (vers 1000) écrivit, parmi beaucoup d'ouvrages, une encyclopédie astronomique où il affirma qu'à partir de ce que l'on savait sur l'orbite des étoiles, il était logiquement possible d'affirmer que la terre tourne autour du soleil. A côté de la médecine, c'est dans le domaine des mathématiques que les savants du monde musulman se firent le plus remarquer. C'est de l'Inde qu'arriva en Occident le système décimal qui faisait intervenir le zéro (c'est un évêque syrien qui en fit état pour la première fois). De plus, les savants développèrent une nouvelle manière de résoudre les équations, on trouva de nouvelles méthodes pour effectuer des calculs d'ordre pratique comme les mesures de surfaces, de volumes ou de distances, et l'on résolut des problèmes techniques que posaient le fonctionnement des moulins et les systèmes d'irrigation. L'un des mathématiciens les plus connus était « l'homme de Khwarizm » — Al-Khwârizmi (dont le nom apparaît sous forme déformée dans « logarithme »).

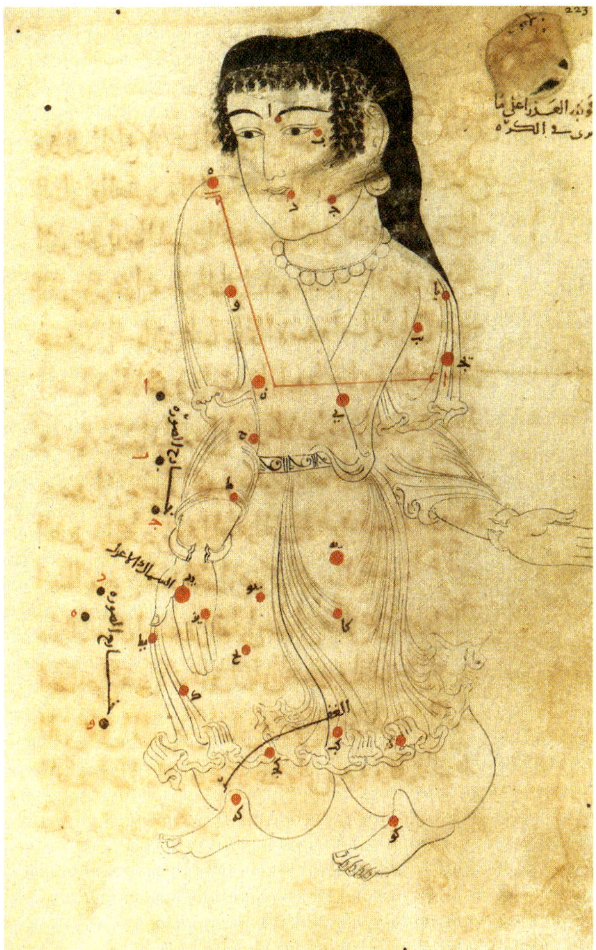

Illustration extraite du traité sur les étoiles fixes de l'astronome As-Soufi : la constellation de la Vierge (manuscrit de 1009).

Le monde et les hommes

En géographie aussi, se firent sentir des besoins pratiques qui incitèrent à aller de l'avant. Dans ce vaste empire, le gouvernement central avait besoin de mieux connaître les différentes régions qui le composaient. Au début de ce

Le mysticisme islamique : le soufisme.

En islam aussi vivaient des personnes qui, ne pouvant se satisfaire de la pratique religieuse quotidienne, cherchaient à se rapprocher de Dieu par de nouvelles voies. Comme en Inde et chez les chrétiens, elles s'attachèrent à mener une existence ascétique qui puisse les détacher des contraintes de ce monde. Pour autant, elles ne cherchaient pas forcément à s'isoler et mener une vie éremitique. Mais, même si ces personnes restaient au sein de la société, elles s'intéressaient principalement à la vie intérieure de l'âme et n'attachaient que peu d'importance aux débats des docteurs.

Un de ces groupes de personnes était appelé les soufites (en raison du vêtement de laine — *souf* — qu'ils portaient), une dénomination que l'on utilisa peu à peu pour désigner toute cette orientation piétiste. La pauvreté volontaire était un des traits courants (d'où ces noms de *fakir, derviche*, qui veulent dire « pauvre » en arabe et persan). Certains groupes, recourant à diverses techniques (méditation mantra et mouvement corporels rythmiques), essayaient de provoquer des états extatiques.

Le goût des soufites pour la vie intérieure les amena à développer une psychologie morale qui témoignait de grandes connaissances. Mais, d'un autre côté, voués à Dieu comme ils l'étaient, ils manifestaient une tendance à l'autodestruction.

chapitre, nous avons fait état des nombreux ouvrages du type « Itinéraires et royaumes ». Leurs auteurs pouvaient mettre à profit les récits de voyage des commerçants qui suivaient les routes commerciales internationales de Canton à la Baltique. Réussissant à rassembler des connaissances stupéfiantes sur de nombreuses parties du monde, les Arabes réussirent à dessiner des cartes relativement précises.

L'histoire était, elle aussi, très bien représentée. At-Tabarî écrivit une œuvre d'ensemble intitulée « les annales » où, recourant à tous les ouvrages historiques disponibles, il essaya de présenter un panorama chronologique complet de tout ce qui s'était passé dans le monde. Par la suite, on poursuivit et améliora la rédaction des « annales », cependant que des historiens semi-officiels s'appuyaient sur les documents de la chancellerie gouvernementale pour retracer les faits. Et il est clair qu'une grande partie de ces ouvrages d'histoire est le reflet de points de vue politiques ou religieux. Ainsi les partisans des Abbassides présentent-ils les Omeyyades comme des usurpateurs impies et, de nos jours encore, les historiens ont quelque mal à démêler l'écheveau de l'histoire du califat à ses débuts.

Par ailleurs, entre l'épopée et l'histoire, la frontière est parfois bien floue. Le monde bigarré de l'islam favorisait le développement d'une littérature quelque peu foisonnante et, dans les premiers temps, la littérature plongeait ses racines dans l'épopée de l'Arabie préislamique. Sous les Abbassides, les poètes de cour préféraient traiter d'autres sujets dont ils puisaient la matière dans les palais des puissants et la vie luxueuse des riches. Par le canal d'esclaves et de marchands qui avaient voyagé leur parve-

Avec sa puissante épopée nationale, « le livre des rois », Firdausî (mort vers 1020) représente la renaissance perse sous les Samanides ; lui-même faisait partie de la cour des Ghaznévides. Ces illustrations sont extraites d'une édition illustrée réalisée au XVIe siècle par Mirza Ali (Les motifs représentent le combat entre Lahhak et Giv, entre l'épée et la lance.).

naient des récits de lointaines contrées. A cet égard, le folklore indien trouva à l'ouest un terrain spécialement réceptif et, dans les profondeurs du peuple, naquit tout un trésor narratif d'aventures et contes remplis de chevaliers en armes, navigateurs et autres (où figuraient des personnages comme Ali Baba et Sindbad) qui, par différents canaux devaient ensuite parvenir jusqu'en Europe. Nombre de ces récits furent colligés dans Les mille et une nuits.

Dans le royaume samanide, c'est le persan qui fut à l'honneur. Certes, les philosophes et hommes de science écrivaient toujours en arabe, et ils élaborèrent pour leur usage une langue arabe relevée. Mais la littérature persane réhabilita la langue nationale et trouva une riche matière dans des récits perses mi-historiques mi-légendaires ; le chef-d'œuvre est les 50 000 vers du « Livre royal », un ouvrage dû à Firdausî (mort vers 1020).

D'un autre côté se développa aussi une littérature arabe fortement imprégnée de rhétorique dont le contenu fut entièrement subordonné aux exigences de la forme. Ces artifices rhétoriques trouvent leur parallèle dans les entrelacs artificiels des arabesques.

La renaissance qui disparut

Les premiers scientifiques musulmans avaient une soif de connaissances tout à fait exceptionnelle. Dieu veut que nous découvrions l'univers et apprenions à connaître les rapports de cause à effet, faisait valoir le géographe Ibn Rusteh (vers 900). Il faut que nous acceptions la vérité, quelle qu'en soit la source, écrivait Al-Kindî (mort en 879), une des figures majeures de la philosophie musulmane ; lui-même portait un très vif intérêt aux idées néo-platoniciennes. Et l'un des grands noms de la médecine, Ar-Râzî (mort en 925) affirmait que la science ne pouvait exister sans aller de l'avant, qu'il fallait procéder à un constant renouvellement des connaissances.

Incontestablement, ces idées montraient que l'on essayait d'assimiler non seulement les résultats de la science grecque mais aussi l'esprit qui les avait inspirés. Aristote et Platon, les plus grands philosophes de l'Antiquité, étaient traduits, lus et commentés. Les pensées de Platon trouvèrent un puissant écho en Orient où elles furent commentées, entre autres, par Al-Fârâbî qui était de Transoxiane (mort en 950). Un autre commentateur, également très célèbre en Occident sous le nom d'Avicenne, était Ibn Sînâ, de Boukhara (mort en 1037), qui fréquenta les cours de plusieurs principautés iraniennes. En revanche, en Occident espagnol, il semble que l'on se soit de plus en plus intéressé à Aristote. C'est par les écoles qui étaient implantées là, notamment à Tolède, que la philosophie grecque et spécialement Aristote furent révélés au monde chrétien. Et le grand commentateur d'Aristote, Ibn Rushd (dit Averroès, mort en 1198), eut une grande importance pour la pensée occidentale au cours des siècles qui suivirent.

Cependant, Ibn Rushd fut le dernier représentant important de la philosophie musulmane. Les théologiens réprouvaient cet intérêt pour les penseurs « païens ». Ils frémissaient d'horreur en constatant que des idées néoplatoniciennes et gnostiques constituaient les fondements du système dogmatique des Ismaéliens. Le point de vue orthodoxe le plus extrême s'exprime dans l'histoire apocryphe du calife Omar qu'un pieux musulman inventa au XIIe siècle (et que l'Occident considéra souvent comme autentique) : Après la chute d'Alexandrie, le calife ordonna d'incendier l'immense bibliothèque de la ville qui était ce que le monde héllenique avait de plus précieux ; car, disait-il, soit les livres contenaient des choses qui ne s'accordaient pas avec le Coran, et il fallait donc les détruire, soit l'on n'y trouvait rien d'autre que ce qu'écrivait le Coran, en quel cas ils étaient inutiles. Au demeurant, l'histoire a pu être inspirée par l'initiative du dictateur Al-Mansour qui purgea (vers 1000) de toutes ses œuvres scientifiques la bibliothèque cordouane du calife Al-Hakam.

Quoi qu'il en soit, il est certain qu'une culture qui empêchait toute nouvelle interprétation de son écriture sainte, ne pouvait guère admettre l'idée même de progrès dans d'autres domaines. Lorsqu'il faut prendre les paroles du Coran au pied de la lettre comme étant la parole divine, les savants en sont réduits à n'être que les gardiens de cette parole. L'époque du prophète apparaissait donc comme une norme à jamais intangible. Et la grande majorité des croyants ne voyaient pas les choses autrement. Tout changement était accueilli avec scepticisme.

Et force est bien de dire qu'ils en eurent confirmation lorsque les Turcs et les Mongols balayèrent le monde musulman à partir du XIe siècle. Les invasions marquèrent la fin de « la renaissance musulmane » qu'une vive opposition intérieure avait déjà effritée. Vers l'an 1200, c'en fut terminé de la réflexion philosophique et, quelques siècles plus tard, le courant scientifique se tarit à son tour.

Une sainte musulmane

C'est avec beaucoup de scepticisme que les orthodoxes considéraient les soufis et leurs émules, au point que le mystique Al-Hallâj, pour qui Dieu étaient réellement présent en tout homme, fut exécuté à Bagdad en 922. En revanche, il y eut une femme soufi qui, de son vivant, suscita respect et admiration. Il s'agit de Rabia qui était originaire de Bassora (elle mourut en 801). Esclave affranchie pour sa piété, elle décida de mener une vie éremitique, d'abord dans le désert, puis à Bassora où elle eut de nombreux fidèles. Avant tout, elle pronaît l'amour de Dieu, un amour total et désinteressé comme celui qu'elle exprime dans cette prière : « Seigneur, si je t'honore par crainte de l'enfer, tu n'as qu'à m'y laisser brûler, et si je t'honore dans l'espoir d'aller au Paradis, tu n'as qu'à m'en exclure. Mais si je t'honore pour toi-même, ne m'éloigne pas de ton éternelle beauté. » Considérant Dieu comme son aimé, elle inaugure la mystique de l'épousée en terre d'islam : « Mon corps se montre aimable envers ses hôtes, mais c'est l'aimé de mon cœur qui est l'hôte de mon âme. » Honorée plus tard comme une sainte, le personnage de Rabia suscita de nombreux récits légendaires.

De l'Hindou Kouch à l'Indonésie

Au début du XIe siècle, le sultan ghaznévide Mahmûd conquit l'Inde du Nord-ouest. Sollicité par l'occupant, le savant al-Bîrûnî vint alors dans le pays pour en étudier les traditions locales, la religion, la science ainsi que les us et coutumes. Et, bien qu'il vînt d'un pays limitrophe, sa réaction fait irrésistiblement penser à celle que Kipling eut de nombreux siècles plus tard lorsqu'il nota : « L'est est l'est et l'ouest est l'ouest, et jamais les deux ne se rencontreront. » Pour sa part, al-Bîrûnî écrit : « Ils sont différents de nous dans tout ce que les gens ont généralement en commun... Ils nous appellent engeance du diable, et tout ce que nous entreprenons leur paraît être l'exact contraire de tout ce qu'il y a de bon et de juste. »

Le Gange est le fleuve sacré de l'Inde, celui qui donne vie et nourriture. Selon la légende, c'est Çiva qui fit descendre le fleuve sur la terre et insuffla ainsi la vie au pays. Le miracle est décrit dans cet énorme relief de granit exécuté par la dynastie des Pallava en Inde du sud. Fourmillant d'hommes et d'animaux, le relief est comme un reflet du cosmos. Une fente ménagée dans le rocher permet à l'eau de s'écouler par temps de pluie et de jouer ainsi le rôle du fleuve sacré. (Mamallapuram, vers 650).

Les Hindous considéraient tous les étrangers comme impurs et ne voulaient rien avoir à faire avec eux. Al-Bîrûnî les trouve incroyablement présomptueux et imbus d'eux-mêmes, convaincus qu'ils sont que, nulle part ailleurs, il n'existe de civilisation digne de ce nom. En fait, Al-Bîrûnî découvrait une société dont les conceptions étaient presque diamétralement opposées à celles de sa propre religion, l'islam. Il était tout à la fois choqué par la société de castes et le culte des idoles. De plus, l'attitude ambiguë des Hindous vis-à-vis des sciences naturelles le troublait et, pour ce qui était de leur sens de l'histoire, il ne savait plus à quel saint se vouer :

« Ils n'ont cure de l'ordre historique des choses. S'agissant de la succession chronologique de leurs rois, ils manifestent la plus grande négligence ; lorsqu'on s'avise de leur demander des renseignements, ils restent cois puis cherchent régulièrement refuge dans les contes. »

La domination de l'Hindoustan

Mais voyons de plus près ce que dit Al-Bîrûnî sur la religion et la science. Pour ce qui est du manque de sens historique, les spécialistes occidentaux souscrivent largement à la critique des savants musulmans. Et on constate en particulier que la période traitée ici, c'est-à-dire les siècles qui suivirent la chute de l'empire gupta, demeure très obscure. Tout d'abord, nos sources sont rares.

Lorsqu'on essaie de dater des personnes ou des événements, les incertitudes peuvent porter sur plusieurs siècles. Pour ce qui est des querelles dynastiques, nous arrivons plus ou moins à les suivre mais nous ignorons l'essentiel des réalités sociales et économiques qu'elles reflètent. Pourtant certains grands traits se dégagent. Il apparaît ainsi que les différentes couches de la société s'isolent de plus en plus au fur et à mesure que se renforce la conscience de caste. Quant à la forme de gouvernement, on constate qu'à un pouvoir centralisé se substituent progressivement des pouvoirs locaux et féodaux. Enfin, on observe qu'au cours de cette période les populations de l'Inde méridionale sont de plus en plus intégrées dans la sphère culturelle hindoue.

Et c'est d'abord à celle-ci que nous consacrerons ces pages, même s'il ne nous échappe pas que quantité de tribus, populations et civilisations différentes peuplaient alors l'énorme sous-continent indien qui s'étendait du versant sud de l'Hymalaya jusqu'aux luxuriantes régions méridionales en passant par la fertile plaine du Gange, et l'aride plateau de Deccan. Depuis l'introduction du fer et de la culture du riz, la population était en rapide augmentation : entre 500 et 1 000, elle passa peut-être de cinquante à quatre-vingts millions d'habitants (les estimations demeurent très imprécises. La région la plus peuplée restait cependant la plaine du Gange — l'Hindoustan — et c'est toujours de là que partirent les tentatives répétées qui furent faites pour rassembler l'ensemble du continent sous un seul sceptre.

L'empire gupta qui, au Ve siècle, englobait presque tout le nord de l'Inde, était pacifique. Fa Xian, un pélerin chinois qui parcourut le pays à cette époque, nous a laissé un récit de voyage qui, consacré pour l'essentiel aux lieux saints et miracles bouddhistes, nous donne aussi divers aperçus du pays. Certes, l'auteur en fait une description idéalisée qui dissimule une critique de son propre pays où la situation était loin d'être aussi idyllique. Il n'en reste pas moins qu'à cette époque l'empire gupta était à la fois le plus riche et la plus civilisé du monde. Et, pourtant, il se passa la même chose qu'en Europe. Des envahisseurs venus du nord renversèrent l'empire, et l'Inde entra dans un « moyen âge ».

Les Huns

Ce furent des envahisseurs hunniques venus du nord qui provoquèrent la chute de l'empire gupta. On ne connaît guère leur origine : ils arrivèrent en plusieurs vagues, et l'on sait mal quels étaient les liens qui unissaient les différentes peuplades entre elles. En tout cas, la dernière vague était celle des Hephtalites ou « Huns blancs » (voir volume 3, p. 77), et il y a tout lieu de penser que leurs invasions ont des causes identiques à celles qui, à la même époque, poussèrent les « Huns noirs » vers la mer Noire et l'Europe. Quoiqu'il en soit, ayant d'abord pénétré dans l'empire Perse, ils s'établirent ensuite dans le Khorassan.

L'empire gupta commença à sentir la pression des « Huns » vers 450 mais réussit à les contenir pendant encore un demi-siècle. Néanmoins, à partir de ce moment, l'économie entre dans une période de déclin en même temps que les gouverneurs locaux se rendaient progressivement indépendants du pouvoir central, et lorsqu'à partir d'environ 500 les Huns revinrent en force dans l'Hindou Kouch, le destin de l'empire gupta était scellé.

Çiva lui-même apparaît ici sous sa forme trinitaire — comme créateur, mainteneur de vie et destructeur — dans le temple d'une grotte de l'île de l'Eléphant, près de Bombay. Ce fut l'un des derniers monuments que la dynastie des Rashtrakuta (dans le Deccan occidental) construisit avant d'être renversée (vers 900).

Dans les grottes de la vallée d'Ajanta, les moines bouddhistes commencèrent, dès avant la naissance du Christ, à aménager des temples et des monastères qu'ils décorèrent de peintures murales illustrant la vie de Bouddha. Celles-ci inspirèrent plus tard des œuvres du même genre dans des régions bouddhistes de l'Asie centrale et orientale. C'est sous les dynastie des Chalukya et des Vakataka (du IVe au VIIe siècle) que l'art d'Ajanta fut à son apogée. Au fil des siècles, le bouddhisme disparut de l'Inde, et l'on oublia les grottes qui ne furent redécouvertes qu'en 1817 par des troupes britanniques en manœuvre.

Les brahmanes, la caste dominante de l'Inde, ne cessaient de souligner leur situation privilégiée, cependant que les bouddhistes réprouvaient la doctrine des castes sur laquelle ceux-ci se fondaient. On voit ici, modelé dans l'argile par un artiste bouddhiste, un brahmane menaçant lancé dans une violente dispute (sanctuaire d'une grotte de Sjortsjuk, Xinjiang vers 700).

Malgré ses mutilations, cette nymphe des forêts est une des plus belles sculptures de femme de l'art indien. Elle se trouve à Gyaraspur dans l'état de Madhya Pradesh et date d'environ 800.

C'est en Afghanistan que les Huns avaient leur centre, mais ils avaient établi leur domination sur un territoire qui s'étendait de la Perse jusqu'à Khotan, au nord de l'Hymalaya, et s'enfonçait profondément dans l'Inde occidentale. Leur roi, Mihirakula, était un tyran sanguinaire qui s'amusait à faire pousser les éléphants dans les précipices à seule fin d'entendre les effroyables barrissements de l'agonie. Il se proclamait adepte de Çiva et entreprit de persécuter durement les Bouddhistes. Les rois hunniques étaient cependant beaucoup trop barbares pour pouvoir établir dans le nord un royaume durable. Vers 530, ils furent chassés de la vallée du Gange et de l'ouest du pays. Mais le mal était fait. L'empire gupta ne réussit pas à se relever, et la pression des Huns demeurait telle qu'aucun des Etats qui succédèrent au Gupta ne fut assez puissant pour assumer l'ensemble de l'héritage impérial.

En définitive, le roi du Thanesar, au nord de Dehli, réussit à rassembler sous son sceptre une grande partie du nord de l'Inde. Il s'agissait du roi Harsha Vardhana (606-47) qui transféra sa capitale à Kanaudj, dans l'actuel état de l'Uttar Pradesh. Harsha établit sa domination sur la plaine du Gange, puis sur les principautés du Pendjab, du Cachemire et du Népal qui étaient situées plus au nord. Il ne fit cependant aucune tentative pour pousser vers le sud et soumettre le Deccan, et l'empire demeura une fédération assez lâche que maintenait la seule autorité du roi. D'ailleurs, celui-ci consacrait une part importante de son temps à faire des voyages d'inspection dans différentes parties du royaume. Sinon, l'administration locale était pratiquement indépendante du pouvoir central ; c'étaient les gouverneurs provinciaux, les chefs de district ou les conseils communaux qui gouvernaient. Et, dès qu'Harsha mourut l'empire se disloqua.

Trois concurrents dans le nord

Pour autant, le souvenir du royaume de Harsha resta bien vivant, et Kanauj, sa capitale, constitua le principal enjeu des conflits qui suivirent. Au VIIIe siècle, trois concurrents se disputèrent le pouvoir. Les *Pratihara* s'étaient distingués en arrêtant les Arabes qui, en 712, avaient réussi à avancer jusqu'aux contrées désertiques du Sind, dans l'ouest de l'Inde. Une fois le danger arabe éliminé, la dynastie pratihara se retourna vers l'est et s'empara de Kanauj. Dans la plaine du Gange, ils se heurtèrent cependant à la dynastie Pala qui contrôlait la plus grande partie

du Bengale et du Bihar, un riche territoire dont les ressources provenaient en grande partie du commerce avec le sud-est asiatique. Au XIe siècle, la dynastie des Pala fit sentir son autorité jusqu'à Varanasi (Bénarès) mais dut renoncer à pousser vers l'ouest car, au sud, le Bengale était menacé par le royaume de Chola alors en pleine expansion. De leur côté, les Pratihara durent également affronter des rivaux venus du sud ; il s'agissait de la dynastie des Rashtrakuta qui était installée dans l'ouest du Deccan. En outre, ces mêmes Pratihara durent faire face à de nouvelles attaques arabes et furent finalement terrassés au XIe siècle par l'invasion des Ghaznévides.

Ces trois royaumes, à peu près de puissance égale, utilisèrent le plus clair de leurs ressources à entretenir d'importantes armées en campagne. Et, pendant qu'ils consacraient toute leur énergie à se battre, une série de petits Etats s'établirent à leur périphérie : le Népal et le Cachemire ainsi que les royaumes d'Orissa, Assam et Goujarat. Ces royaumes avaient souvent une très forte conscience nationale et s'attachaient à promouvoir la culture locale. De nouvelles littératures nationales virent alors le jour.

Ce furent les Ghaznévides qui allaient anéantir pour longtemps tout espoir de réaliser l'unité politique. Mahmûd de Ghaznî (998-1030) lança toute une série d'expéditions en Inde moins pour conquérir des territoires que pour s'emparer des richesses accumulées en Inde.

A l'appât du gain s'ajoutait un motif religieux : Mahmûd se posait en champion d'"Allah contre les idolâtres.Ses expéditions étaient avant tout dirigées contre les villes qui abritaient des temples et, donc aussi les trésors les plus riches : Mathura, Thanesar, Kanauj, Somnath. Ce furent ces expéditions dévastatrices qui mirent fin à la domination des Pratihara.

L'Inde du sud

L'ensemble des royaumes que nous venons de mentionner était dominé par des Hindous de langue aryenne. Au cours du dernier millénaire avant le Christ, les Hindous avaient lentement progressé vers le sud de la péninsule et, à peu près au début de notre ère, les régions les plus méridionales avaient été progressivement aryanisées. Dans cette partie du pays, la population était d'une race tout à fait différente, et la très grande majorité des gens parlaient des langues dravidiennes qui n'avaient aucun rapport avec les langues indo-européennes. Sur la côte sud-est, la langue principale était le tamoul ou tamil, et la région était souvent appelée Támilnad ou « pays des Tamils ».

Une population de cultivateurs vivait dans des villages qui pouvaient être organisés en districts plus importants dirigés par des brahmanes ou une caste dominante. Dans les forêts et les montagnes, on trouvait des peuplades assez primitives qui étaient le plus souvent en conflit avec les cultivateurs. Peu à peu, des dynasties guerrières — établies dans des centres importants comme Kanchipuram ou Tanjore — affirmèrent leur souveraineté sur de vastes territoires, mais leur administration ne fut longtemps représentée que par des collecteurs d'impôts aux méthodes expéditives. Pourtant, après la période gupta, les événements qui se produisirent dans le sud — dans le Deccan occidental et l'extrême sud — furent beaucoup plus importants pour l'histoire future de l'Inde que ceux qui eurent lieu au nord. Le Deccan occidental constituait une entité naturelle formée d'une région de plaines hautes bordées à

L'Inde entre 500 et 1000.

Cet adolescent de Chola, dans le sud de l'Inde, est le digne pendant masculin de la nymphe des forêts du nord. Son nom, Vrishabhavahanamurti, le désigne comme étant un personnage de Çiva. Dans ses cheveux est lové un serpent qui se distingue à peine de la coiffure.

A Mamallapuram, sur la côte orientale, la dynastie des Pallava construisit un port pour accueillir le commerce d'Orient et y installa en même temps sa capitale. Sous la dynastie des Chalukya, des temples hindous avaient commencé à s'élever dans le sud, et les Pallava poursuivirent ce que leur avaient appris leurs prédécesseurs. C'est là que se trouve le relief consacré à « la descente du Gange ». Il convient de préciser qu'un temple s'inscrit dans tout un ensemble, et celui-ci se termine sur ce « temple de plage », élevé sur une terrasse de blocs granitiques donnant sur la mer. C'est un des premiers exemples du style dravidien (VIIIe siècle).

Dans l'Inde d'aujourd'hui, les dieux représentés en animaux sont toujours des divinités très populaires. Tel est particulièrement le cas du dieu-singe Hanuman ou de Ganeça qui apparaît ici sous forme d'un débonnaire éléphant.

l'ouest de montagnes qui dominaient les régions littorales. C'est de cette nature que sont issus quelques-uns des meilleurs guerriers de l'Inde. En revanche, au sud-est, dans la région située au sud de Madras, s'étend une plaine fertile qui est en même temps assez vaste pour constituer l'assise d'un puissant pouvoir politique. Les deux complexes pouvaient prétendre dominer les routes fluviales qui divisaient la péninsule en deux, les rivières Godavari et Krishna qui, coulant d'ouest en est et traversant de fertiles territoires littoraux se jettent dans le golfe du Bengale.

Les deux ou trois premiers siècles de notre période furent marqués par le conflit qui opposa les *Chalukya* du Deccan occidental aux *Palava* qui installés, sur la côte de Madras avec pour capitale Kanchipuram. Par ailleurs, les Chalukya s'efforcèrent d'étendre leur domination au nord et entrèrent en conflit avec les Arabes qui étaient arrivés dans le Sind. En 752, ils furent refoulés par la dynastie Rashtrakuta. Les Rashtrakuta étendirent leur domination à la fois vers le nord et le sud, puis furent renversés au Xe siècle. De son côté, la dynastie Pallava s'attacha à protéger la navigation du sud-est asiatique, alors en plein essor, ainsi que les colonies indiennes établies dans cette région, et ce fut sous sa protection que la civilisation tamil s'affirma face à la poussée hindoue venue du nord. La dynastie entretenait des rapports paisibles avec la population du Kerala qui occupait la région littorale du sud-ouest où les commerçants arabes se fixèrent en grand nombre à partir du VIIIe siècle. En revanche, avec le royaume de Pandya, au sud de la péninsule, les Pallava ne purent jamais trouver de terrain d'entente, et s'ils furent finalement dominés par leurs vassaux les Chola, c'est parce que, s'étant soulevés, ces derniers reçurent l'appui des Pandya. Le royaume des Chola devint la grande puissance de la côte orientale, il allait conquérir le Ceylan puis peu à peu étendre sa domination jusqu'au Bengale.

Artisanat, commerce, niveau de vie

En constante expansion, le commerce extérieur était une source de richesse pour le Tamilnad et une source de puissance pour les dynasties. C'était dans le sud-est asiatique que l'activité était la plus importante. Jouant un rôle d'intermédiaire, des commerçants indiens s'étaient mis à assurer le transport des marchandises en provenance et à destination de l'Indonésie puis, s'étant progressivement fixés dans des colonies implantées le long du détroit de Malacca et en Indochine, avaient fini par contrôler l'ensemble des activités commerciales. Peu à peu, la route s'était prolongée jusqu'en Chine. A partir du VIIIe siècle, les Indiens furent plus vivement concurrencés par les Arabes qui, de leur côté, avaient établi des comptoirs commerciaux dans le Kerala. Pourtant, bénéficiant de protections royales, spécialement celle des Pallava et des Chola au sud, puis celle des Pala au Bengale, ils réussirent provisoirement à conserver leur hégémonie à l'est. A présent, l'Inde fabriquait, parfois en quantités massives, une myriade de produits artisanaux. Les textiles étaient spécialement bien représentés, il y en avait de nombreux types : soieries, mousseline, calicots, lainages et coton. S'y ajoutaient l'artisanat d'art, en particulier différents objets en ivoire et métal, et l'exploitation des mines d'où l'on extrayait de grandes quantités de métaux précieux et pierres précieuses. Quant aux commerçants indiens, ils s'établirent dans des colonies situées le long de la route de la soie, faisant ainsi venir de la soie chinoise en Inde. Enfin, l'Inde avait grand besoin de chevaux pour sa cavalerie ; et l'on était obligé de les faire venir du nord, le climat indien ne se prêtant guère à l'élevage des équidés.

L'empire gupta représenta une période d'abondance sans précédent. Un célèbre ouvrage, le Kâma-sûtra, donne un aperçu du style de vie opulent et raffiné de la classe supérieure. Et, à en juger par les descriptions des contemporains, l'abondance était loin d'avoir disparu sous le règne du roi Harsha.

La puissance royale et le pouvoir des Raja.

Après l'effondrement des Gupta, le pouvoir royal demeura théoriquement puissant. Les brahmanes affirmaient avec de plus en plus de force que la fonction royale était d'essence divine et héréditaire. De plus prévalait toujours une ancienne conception qui faisait du roi le propriétaire du pays, le propriétaire de la terre. Le souverain pouvait ainsi justifier les impôts qu'il prélevait. Dans le même esprit, il se réservait l'exploitation de richesses naturelles, que ce soit la pêche des perles, l'exploitation des mines, ou la fabrication de sel. Devenues monopoles d'Etat, toutes ces activités étaient gérées directement par la couronne, qui utilisait des prisonniers condamnés, ou concédées à des entrepreneurs qui payaient un pourcentage de leurs revenus. Par ailleurs, l'Etat possédait de vastes domaines fonciers ainsi que d'importantes filatures et ateliers de tissage où travaillaient des femmes pauvres. Enfin, les chantiers navals de l'Etat construisaient des navires qui étaient ensuite loués à des pêcheurs et commerçants.

Dans les faits, cependant, l'effondrement des Gupta entraîna un affaiblissement du pouvoir royal, et les gouverneurs provinciaux commencèrent à relever la tête. Les gouverneurs se posèrent en vassaux à moitié indépendants et, se parant de titres ronflants, exigèrent que leur fonction devienne héréditaire. Parmi ces titres, même celui de *Maharaja* (grand prince) n'était pas le plus imposant. Le pouvoir royal s'efforça d'ailleurs de gagner les grands à sa cause en leur donnant des terres. Néanmoins, pendant la plus grande partie de cette période, les bénéficiaires de ces dons furent principalement des institutions religieuses, des couvents ou des communautés brahmaniques. Les unes et les autres étaient dispensés d'impôts et d'obligations militaires ; en contrepartie, ils se devaient de faire des offrandes au pouvoir royal. Peu à peu, cependant, les tendances féodales s'affirmèrent, annonçant la « féodalité » pleinement développée que l'on verra apparaître un

Les relations commerciales que l'Inde du sud avaient établies avec l'Orient, spécialement l'Indochine et l'Indonésie, ne cessèrent de se développer. Dans ces régions, on constate que l'influence indienne est particulièrement forte. C'est à Borobudur, sur l'île de Java, que l'on peut voir ce relief représentant un navire qui prend la mer.

C'est aux Indiens que revient l'honneur d'avoir inventé le jeu d'échecs dont les premières traces ont été retrouvées au VIe siècle dans l'Inde du Nord-ouest. La conquête de la Perse permit ensuite aux Arabes de découvrir l'existence de ce jeu dont ils développèrent plus tard l'aspect théorique. Cette pièce passe pour être un don du calife Hâroun ar Rachîd à Charlemagne (voir p. 127).

Classe supérieure de l'Asie centrale : un roi et sa reine présentent une offrande (dynastie des Chandella, xe siècle).

peu plus tard lorsque, de facto, les dons individuels deviendront héréditaires, lorsque de grands vassaux donneront des terres à leurs sous-vassaux sans solliciter l'autorisation du roi. En échange de ces dons, il fallait s'engager à remplir des obligations militaires.

Mais les fiefs étaient donnés sous forme de villages ou de groupements de villages. Et, depuis des temps immémoriaux, une partie des impôts payés par les villages servaient à couvrir les besoins locaux. Or c'était désormais au vassal que revenait cette partie de l'impôt, et il fallait que les paysans paient en plus pour couvrir leurs besoins locaux. De surcroît, la corvée à laquelle était traditionnellement astreint le paysan fut élargie. Ainsi s'explique que les paysans ne se soient guère souciés d'augmenter la production pour en commercialiser les excédents. Ils savaient, en effet, que ceux-ci iraient dans la poche du propriétaire terrien. Quant à ceux qui se partageaient le profit, ils ne s'en servaient pas pour faire des investissements productifs. Parfois utilisées par le roi et la noblesse à l'achat d'articles de luxe, les sommes étaient essentiellement consacrées à la construction de temples. Par ailleurs, les villages s'étaient de tout temps administrés eux-mêmes. Mais, avec ce système féodal, ils furent de plus en plus livrés au bon vouloir du suzerain ; les « anciens » choisis par le village devaient être reconnus par le seigneur. Touchant les villages, la diminution des excédents eut des répercussions sur l'activité des villes ; les échanges commerciaux diminuèrent et les marchands perdirent une grande partie de leur pouvoir en même temps que s'accroissait la puissance des seigneurs féodaux.

La femme au chasse-mouches est peut-être servante chez un grand seigneur. Mais l'on ne saurait exclure qu'elle soit elle-même quelqu'un d'éminent et que le chasse-mouches ait une fonction liée au culte d'une divinité (Goujarat, VIIe siècle).

Castes et classes

La société hindoue était tolérante. Les persécutions religieuses y étaient rares. A beaucoup d'égards, les empires maurya et gupta représentaient une conception très humaine de l'existence. Néanmoins, chacun devait impérativement se tenir à la place qui lui était dévolue et respecter la loi universelle qui l'avait placé là. Chacune des classes de la société devait se plier aux normes qui étaient les siennes et remplir les devoirs auxquels elle était astreinte. Même en faisant de bonnes actions vous pouvez être cause de désordre dans la société dès lors que vous franchissez les limites qui vous ont été fixées à la naissance.

Cette idée que « chacun doit rester à la place que Dieu lui a assignée » n'est pas propre à l'Inde, mais il y a peu de sociétés où l'on ait voulu à ce point en faire le fondement de la structure sociale. La division en quatre classes principales (les brahmanes, les kshatriya, les vaiçya, les çudra) est connue depuis le début de l'époque védique (voir vol. 1, p. 226-27 et vol. 2, p. 44-45), et cette inégalité des devoirs avait pour corollaire une forte inégalité devant la loi. Non seulement le meurtre d'un brahmane était puni plus sévèrement que celui d'un çudra, mais les peines dépendaient aussi de la classe à laquelle appartenait le criminel. Cependant, la division en classes allait bien au-delà, et les classes supérieures, spécialement les brahmanes, ne cessaient d'inventer de nouvelles manières de marquer leur situation privilégiée. Dans son récit de voyage écrit vers 410, Fa Xian nous apprend qu'un « deux fois né » (personne de la classe supérieure) ne saurait ne serait-ce que regarder un hors-castes sans être aussitôt obligé de se livrer aux ablutions rituelles.

Mais la logique du tabou allait encore bien au-delà. Et il nous faut maintenant revenir sur le système des castes. Certes, il a déjà été évoqué dans les volumes qui précèdent, mais il lui fallut plus d'un millénaire pour trouver sa forme, et c'est précisément au cours de notre période que le système se stabilisa malgré la violente hostilité que lui témoignaient les représentants des autres religions tels les bouddhistes et les tenants du jaïnisme.

On sait déjà que le système des castes s'insérait dans le système des classes mais n'en était pas issu. Chaque profession, chaque clan ou tribu qui se distinguait des autres par ses propres coutumes et ses propres tabous, était considéré comme un groupe en soi, une « caste » (du portugais : *casta*) où l'on naissait et dont on ne pouvait ensuite se libérer. De nombreuses castes avaient le monopole d'un métier déterminé que ses membres se devaient en contrepartie d'exercer. De plus, on était tenu de choisir son épouse dans certaines castes et de ne manger qu'avec des gens de la sienne propre. Et à cette dernière on était tenu de témoigner une absolue loyauté. Aidant les pauvres, les veuves et les orphelins, la caste faisait office de sécurité sociale. Et si la caste vous rejetait, la famille vous rejetait de même. C'étaient les hors-castes qui formaient la couche la plus basse de la société. Et pourtant, même chez ceux-ci s'opérait une différenciation. D'une manière générale, l'existence de tabous rendait très problématiques les rapports entre castes, et il était quasiment impossible de mobiliser les énergies de plusieurs groupes autour d'un projet commun.

A chacun son devoir

Dans le « Bhagavadgita », une œuvre majeure de l'hindouisme (écrite entre 200 av. J.C. et 200 ap. J.C.), la morale impose à chacun de faire son devoir, d'agir selon la loi sacrée sans se préoccuper des possibles conséquences. C'est ainsi qu'on peut lire (dans le dix-huitième chant) :

« Les devoirs des brahmanes, kshatriya, vaiçya et çudra varient en fonction des substances sur lesquelles est fondée leur nature.

La sérénité, le sang-froid, la pénitence, la pureté, la tolérance, l'équité, la connaissance, le savoir et la foi sont les devoirs naturels du brahmane.

La bravoure, la force, la ténacité, l'endurance au combat, la générosité et l'aptitude au commandement sont les devoirs naturels d'un kshatriya.

L'agriculture, l'élevage et le commerce sont les devoirs naturels d'un vaiçya. Le devoir naturel d'un çudra est de servir.

L'homme qui ressent de la joie en faisant son devoir atteint à la perfection. Mieux vaut accomplir imparfaitement son devoir que bien accomplir celui des autres. Celui qui accomplit la tâche que la nature lui impose ne commet pas de péché. »

La famille

A côté du système de castes, la société hindoue était fondée sur la famille, plus exactement sur une grande famille patriarcale. Plusieurs générations vivaient souvent sous le même toit ou, en tout cas, très près l'une de l'autre. Et les

Le temple est un univers en miniature. La partie centrale représente la montagne sacrée, la montagne de Meru, la demeure des dieux. Le temple de Nattalamai fut lui aussi construit par les rois Pallava, à peu près en même temps que le complexe de Mamallapuram (voir plus haut).

Cette mère à l'enfant ainsi que les deux sculptures féminines suivantes datent de la dynastie des Chandella en Inde centrale (région de Khajuraho, vers 900).

Jeune fille écrivant à son aimé.

Jeune fille jouant à la balle.

biens immobiliers étaient propriété commune. Sans doute absolue à l'origine, l'autorité qu'exerçait le chef de famille sur les autres membres s'était réduite au fil du temps. Mais c'était toujours la famille qui choisissait le conjoint, et elle n'arrêtait sa décision qu'après avoir observé les présages mais aussi pris en compte des réalités plus prosaïques, Le mariage avec des parents était interdit jusqu'au septième degré. Par ailleurs, de nombreux docteurs de la loi reconnaissaient aux femmes le droit d'hériter, mais celles-ci étaient et restaient incapables toute leur vie et ne pouvaient librement disposer que d'une petite somme d'argent. Les plus favorisées pouvaient être un peu scolarisées et, primitivement, on leur enseignait aussi des disciplines comme la danse et le chant mais, durant la période traitée ici, on commençait à considérer que c'était là quelque chose d'inconvenant. Le mariage était indissoluble, tout au moins pour les « deux fois nés ». En ce qui concernait les çudra, on était moins regardant. Même l'adultère de la femme ne suffisait pas à faire prononcer le divorce. Différentes peines étaient cependant prévues (Il arrivait qu'une femme d'une caste supérieure qui avait fauté avec un homme d'une classe inférieure fût jetée en pâture aux chiens). Et il suffisait même à une femme de sortir sans autorisation pour qu'elle soit mise à l'amende par son mari. Si la polygamie n'était pas interdite, elle se limitait aux puissants. En fait, la monogamie était présentée comme un idéal qu'exprime parfaitement le mythe de Rama et de sa fidèle Sita. Pourtant, si l'épouse se révélait incapable d'engendrer des fils, l'époux était pratiquement tenu de prendre une nouvelle épouse ; en revanche, si le mari était stérile, il pouvait demander à un de ses frères de ses substituer à lui pour lui donner un fils. Avec toutes les formes de société qui existaient dans le sous-continent, on ne saurait s'étonner que le mariage ait revêtu des formes très diverses. La polyandrie était ainsi pratiquée (et continue de l'être) parmi de nombreuses tribus.

C'était aux parents de la jeune fille de prendre en charge les dépenses du mariage ; en outre, ils devaient verser une dot substantielle. Au total, il pouvait s'agit d'une lourde charge, et il valait mieux ne pas avoir trop de filles. D'ailleurs, il arrivait qu'on tue à la naissance les bébés de sexe féminin.

La condition des femmes

Dans le domaine érotique, la société indienne était d'une très grande ouverture. Et, même s'il reflète avant tout les conceptions d'une certaine couche de la société, le Kâmasûtra témoigne d'un extraordinaire compréhension des exigences et besoins érotiques de la femme. Mais cette ouverture ne signifie pas pour autant que les femmes étaient considérées comme des partenaires égaux. Certes, les ouvrages dont nous avons connaissance nous disent que l'homme a le devoir de se montrer bon envers la femme. Néanmoins, celle-ci a pour premier devoir de s'effacer totalement devant l'homme pour lui assurer un parfait bien-être. Certes, la littérature met la femme sur un piedestal, mais elle peut apparaître comme un être dominé par le désir qu'il vaut mieux surveiller de près si l'on

Le tantrisme

L'idée de pourvoir les dieux de leur double féminin, partait du principe que l'homme a besoin d'énergie féminine (*shakti*) pour devenir actif. Et celle-ci lui est transmise par l'accouplement rituel (*maithuna*). C'est dans ce contexte que s'explique la représentation de nombreuses scènes érotiques dans les temples. A l'origine, elles étaient liées au rite de la fécondité mais, à partir d'environ 500, le culte de la shakti devint plus spécialement d'actualité dans des sectes qui cherchaient la libération religieuse à travers des rites spécifiques. Il s'agissait de subjuguer les divinités en recourant à des formules (mantra) ou des symboles que l'on pouvait trouver dans des manuels appropriés. Lors de rituels qui étaient en partie de caractère sexuel, tous les tabous étaient levés. Nous avons là une réaction évidente contre la société de castes, et certainement aussi contre la domination masculine qui s'y exerçait ; le tantrisme était, par exemple, opposé à ce que les veuves finissent sur le bûcher avec leur défunt mari. Le tantrisme se fit également sentir au sein du bouddhisme. Alors que, pour l'école hinayana, le chemin de la libération passait par l'autodiscipline et la méditation, l'école mahayana sollicitait en plus le concours des puissances célestes. Le bouddhisme tantrique, *vajrayana*, considérait que la libération pouvait être obtenue par des forces surnatuelles appellées *vajra* (la foudre). Peu à peu, il s'imposa au Népal, au Tibet et en Mongolie.

veut éviter qu'elle n'accorde ses faveurs au premier venu. Et sans doute cette vision des choses explique-t-elle que le mariage des enfants ait connu une faveur croissante au cours de la période féodale. Alors que le mari ne devait se marier qu'après avoir terminé ses études, certaines autorités trouvaient légitime que son épouse n'ait pas plus d'un tiers de son âge, c'est-à-dire huit ans. Au demeurant, la littérature décrit aussi un autre type de femme : la femme querelleuse et dominatrice et, dans le folklore, nombreux sont les exemples de couples où c'est la femme qui porte la culotte !

Les femmes pouvaient éviter le mariage en choisissant la voie de l'ascétisme, le cas échéant en se vouant à un temple. Mais les temples étaient aussi consacrés au culte de la fécondité, et il semble bien que les vierges du temple se soient souvent transformées en prostituées, peut-être pour les besoins du culte de la fécondité, ce qui devait au moins être le cas dans le sud du pays. Au demeurant, il y avait des prostituées à tous les niveaux, jusqu'aux hetaïres de la classe supérieure comparables à des geishas.

Quant aux veuves, elles n'avaient rien de bon à attendre de l'existence. Même les petites filles qui perdaient leurs maris beaucoup plus âgés ne pouvaient se remarier. Tout au moins en principe. Quant à la coutume qui voulait que les veuves *sati* (« femme vertueuse ») suivent leur mari sur le bûcher, elle semble surtout avoir été suivie à l'époque féodale (l'exemple le plus ancien dont nous ayons connaissance date de 510). Pour certaines, ce pouvait être une manière d'échapper aux tristes années qui les attendaient. Nourrie par la famille du mari, la veuve n'en vivait pas moins dans la maison comme une réprouvée. On considérait qu'elle portait malheur, et elle était exclue de toutes les fêtes et solennités.

Un conflit entre la foi et le savoir

C'étaient les corporations qui dispensaient les connaissances techniques, souvent d'un très haut niveau. On en a un exemple dans le domaine de la fonderie avec la colonne de fer (remontant à la fin de la période gupta) presque inoxydée qui se trouve maintenant à Maharauli (Dehli). Quant au savoir livresque proprement dit, il n'était dispensé que dans les monastères bouddhiques et dans les écoles des temples où enseignaient les brahmanes. On y apprenait les mathématiques et l'astronomie pour les besoins du culte. Mais, tandis qu'à l'époque romaine on avait reçu de puissantes impulsions de l'extérieur, plus spécialement d'Alexandrie, la science des brahmanes s'était peu à peu désséchée et était devenue stérile.

Notre voyageur musulman al-Bîrûnî note ainsi : « Chez les Hindous, on ne jure d'habitude que par la parole du maître. Et, d'après ce que j'ai pu constater, je ne puis com-

Il est possible que les Hindous aient appris des Chinois l'art de fondre le fer et le bronze. C'est en tout cas un art qu'ils dominèrent très tôt. Cette colonne de fer dédiée à un roi gupta (environ 400), ne présente pratiquement pas de traces de rouille. Elle se trouve présentement à proximité de Dehli.

parer leurs ouvrages mathématiques et astronomiques qu'à un mélange de nacre et de dattes amères ou de perles et de fumier. » Al-Bîrûnî constate, en effet, que les Hindous sont incapables de définir une méthode rigoureusement scientifique ; la plupart du temps ils laissent se glisser dans leurs raisonnements scientifiques « quantité d'idées stupides et toutes sortes de dogmes religieux que la superstition populaire ne saurait autoriser à mettre en doute. » Mais, malgré ces remarques, al-Bîrûnî ne pouvait manquer d'être impressionné par le travail qu'avaient accompli les Indiens dans ces différentes sciences. S'agissant des mathématiques, leur production dépassait en ampleur ce que les savants musulmans pouvaient absorber . En revanche, les Arabes n'avaient pas manqué de parfaitement assimiler le système des chiffres. C'est sans doute vers le VIe siècle qu'introduisant le zéro, les brahmanes avaient perfectionné le système décimal tel que nous le connaissons maintenant. Et, au cours des siècles suivants, apparurent plusieurs mathématiciens et astronomes de talent. Mais ils furent obligés de s'incliner devant la mythologie. Al-Bîrûnî en donne l'exemple suivant : Varahamihira (vers 550) expliqua scientifiquement les éclipses du soleil mais, un peu plus tard, Brahmagupta, qui était aussi un éminent savant, préféra s'en tenir à l'interprétation mythologique : il s'agissait d'un corps céleste qui avalait le soleil. En effet, les Veda se référaient à cette explication pour prescrire certaines cérémonies, et les Veda ne pouvaient se tromper ! Pourtant, al-Bîrûnî est convaincu que Brahmagupta savait parfaitement à quoi s'en tenir. Mais il a le sentiment que jamais les Indiens n'ont eu de gens assez hardis pour livrer un combat au nom de la vérité. Et, à certains égards, peut-être n'a-t-il pas tort. S'il fallait se battre, c'était pour défendre la vérité des mythes, tant il est vrai que la religion excerçait une exceptionnelle emprise sur la société.

Si le bouddhisme fut éliminé de l'Inde proprement dite, il s'implanta en revanche dans les royaumes voisins et des contrées plus lointaines. Selon la légende, Bouddha se rendit en personne au Sri Lanka (Ceylan), et c'est à Mihintale qu'il posa la première fois le pied sur l'île. A cette occasion, il aurait laissé une empreinte de pied que recouvre le stupa érigé au sommet de la montagne.

Les chemins du salut

L'ancienne société aryenne avait pour fondement un culte sacrificiel très développé, un culte qui trouvait son expression dans les recueils de Veda. Ce culte et le rituel complexe qui l'accompagnait étaient du seul ressort des Brahmanes. Mais, durant quelque deux millénaires, la doctrine des Veda n'avait cessé de s'enrichir. Il en était résulté une abondante littérature mythique souvent mâtinée de philosophie ; car, dans le même temps, nombreux étaient ceux qui, au sein du brahmanisme, s'étaient attachés à distiller de la philosophie à partir des anciens textes védiques. Caractéristique de ces tendances hindouistes est l'idée que le monde matériel n'est qu'un monde d'apparence, une illusion (*maya*). Les sens humains ne peuvent percevoir la vraie réalité. C'est seulement lorsqu'ils ont été ennoblis par l'ascèse que peuvent leur en parvenir des bribes. Un autre point essentiel est l'idée qu'à travers une série d'incarnations, l'homme emporte avec lui toute une charge spirituelle de bonnes et mauvaises actions. Et, aussi longtemps qu'il a cette charge, dite *karma*, il est obligé, après la mort, de transmigrer dans un autre corps. Les brahmanes rattachèrent ensuite la loi de la karma au système des castes : l'appartenance à une caste est le résultat d'une existence antérieure, et il convient dès lors de l'accepter aveuglément.

Dès lors, *le salut* suppose qu'on échappe au cycle de la transmigration pour pouvoir accéder à une existence totalement nouvelle. Et, d'assez bonne heure, il y eut plusieurs courants de pensée pour affirmer que le chemin de la libération passait par une forme d'absolue connaissance de l'existence que l'on pouvait acquérir grâce à un *yoga*, une pratique le plus souvent de nature ascétique. Néanmoins, les profonds changements qui affectèrent la société donnèrent aussi le jour à de nouvelles interprétations si radicales qu'elles ébranlèrent les fondements de la société de castes. Il s'agissait du bouddhisme et du jaïnisme qui refusaient le culte sacrificiel et ignoraient le système des castes. Mais Bouddha prêchait lui aussi la libération par la connaissance. En l'espèce, c'était la connaissance de l'illusoire monde des phénomènes qui devait finir par éteindre tout désir. Car c'est le désir qui nous lie aux cycles de l'existence. Lorsque le désir est mort, c'est la voie du nirvana qui s'ouvre, la voie de l'au-delà total.

Le Bouddhisme : thème avec variations

La doctrine de Bouddha et le jaïnisme de Mahavira trouvèrent un écho tout particulier parmi les classes inférieures, spécialement chez les commerçants et artisans qui, dans ce système de caste, estimaient ne pas avoir le statut qu'auraient dû leur valoir leurs mérites et leur fortune. C'était spécialement le cas des çudra qui, mal considérés, ne pouvaient que se sentir attirés par une doctrine où leur était reconnue la plénitude de leurs droits. Certes, les conséquences ne s'en firent pas immédiatement sentir. Car s'engager sur la voie de Bouddha, c'était tout abandonner — propriété et vie de famille — pour se vouer entièrement à la recherche du salut. Ainsi, les disciples de Bouddha devinrent-ils des moines, des moines-mendiants qui devaient chaque jour solliciter ce qu'il leur fallait pour vivre. Les laïcs avaient une importance moindre. Ils pouvaient nourrir l'espoir d'obtenir une meilleure réincarnation en faisant de bonnes actions, spécialement en veillant au bien-être des moines. Mais, avec le temps, grâce à la mobilité nouvelle que les commerçants et artisans imprimaient à la société, on vit se développer une éthique propre aux laïcs. Cette nouvelle éthique affirmait qu'une frugalité de nature religieuse est source de profit ; en même temps s'imposait l'idée que le salut peut passer par une gestion diligente de ses affaires. C'est un trait que nous retrouverons bien plus tard dans la sphère culturelle de l'Europe du Nord.

Les monastères bouddhistes s'enrichirent rapidement. Les moines purent cesser de fréquenter le commun des mortels pour se consacrer à la gestion de leurs biens sur lesquels travaillaient des tenanciers et esclaves (eux-mêmes n'avaient pas le droit de cultiver la terre ou de pratiquer le commerce). Pour sa part, Bouddha n'avait pas prôné une rigoureuse ascèse, mais il n'en était pas moins naturel de penser que, plus on serait rigoureux envers son corps, plus on arriverait à terrasser le désir et, partant, à trouver le chemin du nirvana. Il paraissait donc naturel de rechercher l'ascèse dans l'isolement. Cependant, tout le monde ne pensait pas que c'était la voie à suivre. Bouddha n'avait-il pas lui-même enseigné qu'il fallait prendre les gens en pitié et pratiquer la charité ? Ne fallait-il pas aller au devant de ceux qui souffraient et étaient malheureux ?

Le bouddhisme avait rallié d'importants groupes de population, en particulier après la conversion des Açoka à cette religion. Mais, pour la grande masse, celle-ci demeurait trop abstraite. Les gens avaient besoin de signes visibles, d'une présence tangible qui puisse les rassembler. Peu à peu, c'est Bouddha lui-même que l'on transforma en divinité ; on vénéra ses reliques, on commença à ériger et honorer des statues qui le représentaient. Bouddha, disait-on à présent, s'était déjà plusieurs fois réincarné en un *bodhisattva* (« quelqu'un dont l'être est clarté ») qui était prêt à entrer dans le nirvana ; mais, par pitié pour les hommes, il n'avait cessé de revenir sur terre. Au reste, affirmait-on encore, il existait beaucoup d'autres bodhisattva qui ne cessaient de la sorte de renoncer au nirvana pour aider d'autres gens. Et, pour peu qu'on les sollicitât, ils pouvaient également céder une partie de leur mérite aux croyants. C'est ainsi que se développa autour d'eux un culte florissant. Pour sa part, Bouddha devint un personnage divin et omniprésent, une force qui irradiait éternellement.

Cette doctrine ne fut cependant pas admise par tous. La tendance hinayana (« petit véhicule »), qui représentait les anciennes écoles, refusa cette pléthore de bodhisattva et tous les cultes qu'ils avaient engendrés. Mais elle fut minoritaire et dut laisser triompher le mahayana (« grand véhicule ») ainsi que son interminable cohorte d'êtres divins.

Cette statue de Bouddha, que l'on peut voir à Anuradhapura, dans le Sri Lanka, est considérée par beaucoup comme la plus vieille du monde.

Un Hindouisme qui en appelait à chacun

La religion des brahmanes n'avait pas pour autant été éliminée, et elle revint en force. Alors que la dynastie maurya avait reconnu le bouddhisme, les brahmanes virent

A Khajuraho (Inde centrale), on trouve également toute une série de temples. L'architecture originelle des temples de l'Inde méridionale engendra des formes de plus en plus compliquées. A Khajuraho, dans le temple de Kandarya Mahadeo, nous trouvons un schéma type : une progression qui va du profane au sacré à travers des pièces au plafond de plus en plus élevé : de la halle d'entrée, on gagne le pavillon de danse, puis une halle de rassemblement avant d'arriver dans le saint des saints : la tour qui abrite, soit la statue de Çiva, soit un linga (c'est-à-dire un phallus, symbole de Çiva).

La décoration du temple de Kandarya Mahadeo est un véritable hymne à l'érotisme. Les sculptures sont inspirées par les représentations tantriques (voir encadré p. 133) et montrent sans retenue de nombreux accouplements. Ceux-ci ne sont pas seulement liés au culte de la fécondité dans la nature, ils peuvent aussi illustrer la libération d'énergie chez l'homme et son union avec la divinité.

Le temple

Tant les bouddhistes que les hindouistes installèrent longtemps leurs sanctuaires dans des cavernes de montagne. Comme dans celles d'Ajanta, les murs étaient souvent recouverts de peintures. Mais, le culte des idoles prenant de plus en plus d'importance, on éprouva le besoin de construire des bâtiments autonomes plus vastes. Comme le dieu principal était entouré d'une cohorte de dieux mineurs, il fallait que le temple soit suffisamment grand pour pouvoir tous les accueillir. A partir du VIIIe siècle l'ensemble se développa et devint un riche complexe sculptural. On donna figure humaine à Bouddha, ce qui incita les Hindous à présenter leurs dieux de la même manière. Mais dans le même temps, ils conférèrent à la statue une valeur symbolique et la pourvurent par exemple de quatre ou huit bras supplémentaires ; chacun d'entre eux pouvait ainsi porter l'un des attributs spéciaux de dieu.

Le temple devint le centre de la société locale. Là, les brahmanes avaient une fonction primordiale. Mais les autres castes avaient également leurs tâches : s'occuper de la musique, du nettoyage, des fleurs. Seules les castes inférieures (potiers, tanneurs) s'en voyaient refuser l'entrée. Les ressources provenaient, soit des terres données par le roi, soit du capital constitué à cet effet par les corporations. Des comités spéciaux furent mis en place pour gérer l'ensemble.

leur position se renforcer sous les Gupta. Dans sa version brahmanique, le modèle de société aryen fut institutionnalisé et sacralisé en Inde du nord, et tous ceux qui ne purent ou ne voulurent s'y conformer furent exclus.

Néanmoins, l'ancienne religion subit des modifications. Le culte devint plus personnel, on le rattacha beaucoup plus à un dieu précis, certains choisirent Çiva, d'autres Vichnou. En Vichnou, on honora un dieu céleste, le mainteneur du monde qui, de temps à autre, se réincarnait sur terre. Et Bouddha fut précisément présenté comme l'une de ses incarnations, ce qui permit de neutraliser les bouddhistes. Quant à Çiva, il réunissait en lui divers traits préaryens. Il favorisait la fécondité mais était également considéré comme le destructeur, le dieu qui met fin à l'univers lorsque le mal l'a emporté. C'est le phallus *linga* qui était son symbole.

De surcroît, cette période présente un autre trait frappant. Le monde des dieux aryens était essentiellement masculin mais, à l'époque gupta, réapparurent quelques déesses-mères préaryennes plus ou moins tombées dans l'oubli. Certaines d'entre elles devinrent les épouses de Çiva ou Vichnou. Çiva fut ainsi marié avec d'effrayantes figures comme Kali ou Durga.

Ce fut une évolution semblable qui se produisit au sein du boudhisme mahayana. Les bouddha et bodhisattva furent eux aussi pourvus d'épouses ; celles-ci exprimaient leur côté actif et réaliste, leur *shakti* (force). On mit plus spécialement l'accent sur l'union sexuelle du couple divin qui fut elle-même à l'origine du bouddhisme tantrique (voir encadré). Au sein de l'hindouisme, se développèrent des idées et une pratique identiques.

Çiva et Vichnou furent l'objet d'un culte fervent de la part de leurs partisans respectifs. Le dieu devint un dieu de la grâce auquel l'homme se voua pleinement (*bhakti*), et les sacrifices devinrent purement symboliques, comme des fruits ou des gâteaux. Partout se répandirent des représentations des dieux, et ce furent les statues qui devinrent le principal objet de culte. Le prêtre s'effaça, le culte divin devint de plus en plus l'affaire de chacun.

En Inde du sud, les institutions aryennes n'étaient arrivées que tardivement et ne s'y étaient implantées qu'avec difficulté. La langue des anciens textes sacrés, le sanscrit n'y était pas connue — même l'Indien moyen ne la comprenait plus — et l'on ignorait de même la langue sacrée

L'épopée du roi Rama est une des chansons à la fois les plus longues et les plus populaires de l'Inde. Elle raconte comment le roi des démons enleva Sita, l'aimée de Rama. Sita est devenue l'idéal féminin classique de l'Inde, l'épouse fidèle et la mère. Rama est originaire de la plaine du Gange, mais cette Sita a été faite (en bronze) par un sculpteur demeurant plus au sud sous la dynastie des Chola (Xe siècle). Elle est habillée à la mode locale : outre la parure de bijoux, elle ne porte sur elle qu'une étoffe drapée autour des jambes.

La religion et le style de l'Inde arrivèrent de bonne heure en Indochine. Ce Vichnou à tête de cheval sculpté dans le Kampuchéa est cependant tardif (Xᵉ siècle).

Dans l'hindouisme, les trois dieux principaux peuvent chacun avoir leur fonction. Alors que Brahma crée et que Vichnou maintient l'univers, il revient à Çiva de détruire celui-ci au terme de sa course, lorsque doit commencer un nouveau cycle universel. Dans sa danse cosmique, Çiva danse sur le monde qu'il détruit. Cette statue représentant Çiva en train de danser (Çiva Nataraja) présente un bel exemplaire de l'art du bronze à l'époque des Chola.

des bouddhistes hinayana, le pali. Pourtant, le nouveau culte fervent plein de ferveur que l'on vouait à Çiva et Vichnou se répandit là aussi mais en langue populaire. Ce fut le fait de prédicateurs laïcs qui composaient des hymnes et prêchaient en tamoul. Et, dès lors, ce monde religieux s'élargit aussi aux non-aryens et aux femmes, nombre de femmes déployant alors une intense activité de prédicatrices. Ces « saints tamouls » gagnèrent les classes dirigeantes à leur cause, et l'un d'entre eux réussit à convertir le roi Pallava, Mahendravarman, au culte de Çiva. Sous d'autres rapports aussi, la variante hindouiste de l'Inde méridionale présenta un caractère spécifique. Ainsi fallut-il beaucoup de temps avant que le système des castes n'apparût comme quelque chose de naturel et, pour leur part, les saints tamouls le rejettèrent sans équivoque. Cependant, les brahmanes orthodoxes et prédicateurs populaires pouvaient se retrouver dans le temple qui, de plus en plus, devint un trait marquant du paysage indien et un centre de la société locale.

L'activité des saints tamouls fut à l'origine de la synthèse spécifique qui s'opéra entre la culture aryenne et le milieu tamoul. Ainsi composa-t-on une musique d'origine locale sur les paroles des hymnes religieux et, à partir de danses populaires, on créa une danse du temple religieuse qui, recourant à une chorégraphie très élaborée, donna une expression dramatique aux thèmes religieux.

Ainsi l'Inde du sud réalisa-t-elle une synthèse entre la culture nationale et la culture conquérante, sous le signe de l'hindouisme. Dans le nord de l'Inde aussi l'hindouisme ne cessa de gagner du terrain. Le bouddhisme — cela vaut également pour le jaïnisme — recula si nettement qu'il paraît difficile de trouver une explication. En fait, il semble que l'ancienne religion ait réussi à absorber les principales caractéristiques du bouddhisme et à les rendre ainsi superflues. Plusieurs écoles philosophiques transformèrent l'ancien culte sacrificiel en une religion qui pouvait donner du monde une explication intellectuellement satisfaisante. A cet égard, Çankara (IXᵉ siècle), le « saint Thomas d'Aquin de l'hindouisme », joua un rôle majeur. Avec ses bodhisattva, le bouddhisme mahayana offrait le réconfort à l'homme angoissé, mais le culte de Vichnou et Çiva en appelait tout autant à la foi et à l'amour. La religion des brahmanes offrait ainsi au pouvoir royal le meilleur des appuis, et les rois de l'Inde méridionale trouvèrent qu'ils avaient eux aussi tout avantage à soutenir les institutions hindoues. Le bouddhisme n'avait pas réussi à maintenir sa spécificité, et même le *theravada*, sa branche la plus ancienne, disparut du continent ; elle trouva un refuge à Ceylan.

Le rôle de l'Inde en Orient

La culture indienne se répandit également jusqu'en Indochine. Mais il existe toujours des différences d'appréciation sur la nature du phénomène. Dans un esprit romantique et national, les chercheurs indiens ont voulu y voir un vaste mouvement de colonisation du sud-est asiatique et ainsi esquissé les contours d'une « grande Inde ». Il est du moins vrai que, lorsque le sud-est asiatique fait son entrée dans « l'histoire », il a revêtu les habits de l'Inde.

Dans le sud-est asiatique, de hautes chaînes de mon-

La grande épopée religieuse de l'hindouisme était représentée dans les temples sous forme de scènes dansées. C'est également de l'est, de l'Inde du sud que fut importé cet art (Bas relief du temple de Çiva à Panabaran, Java).

C'est près du grand lac Toulé Sap que les Khmers fondèrent leur capitale Angkor. Au fil des siècles, elle ne cessa de s'agrandir jusqu'à devenir un énorme territoire de temples et palais. Ce temple, Banteai Srei, est une des constructions les plus anciennes (vers 900). Ici aussi l'influence indienne est patente.

tagnes séparent les états limitrophes, et cette donnée géographique ne fut pas pour favoriser la formation de grands empires. Sans cesse de nouvelles populations déferlèrent vers le sud en empruntant les larges et opulentes vallées fluviales (l'Irrawaddy, le Mékong, le fleuve Rouge et d'autres), puis allèrent s'installer dans les plaines fertiles, les deltas et les îles du large. Installant des systèmes d'irrigation, pratiquant l'agriculture et fabriquant d'excellents produits artisanaux, des sociétés locales s'organisèrent. Ce n'est qu'au début de notre ère que commencèrent à se former de véritables Etats.

Ces régions entretenaient avec l'Inde des rapports commerciaux qui s'intensifièrent lorsqu'à l'époque romaine une route commerciale commença à relier l'Ouest à la Chine. Dans les eaux orientales, ce furent sans doute les Indiens qui assurèrent l'essentiel du trafic, et ce furent de même des commerçants et brahmanes indiens qui organisèrent les premiers Etats. En la circonstance, il ne s'agissait pas vraiment d'une entreprise de colonisation, mais il demeure que l'idéologie indienne imprégna la classe supérieure indigène. La civilisation indienne dont on relève ici les traces est avant tout une civilisation de lettrés et non de marchands : nous trouvons une mythologie puisée aux sources indiennes et des inscriptions écrites dans la langue sacrée de l'Inde, le sanscrit. Par ailleurs, si l'on introduisit les classes sociales indiennes telles que les décrivaient les traditions écrites, on n'adopta pas le système des castes tel qu'il était pratiqué dans la vie quotidienne. Et l'on créa une idéologie royale qui s'appuyait sur des textes hindous et bouddhiques. Bien plus que les comptoirs commerciaux des villes, ce furent les cours qui furent les centres de la culture d'inspiration indienne.

Sur le continent, trois grands centres eurent une importance particulière : les Annamites au nord-est, le peuple Cham au sud-est, et le royaume khmer sur le Mékong. Mais, même sur ceux-ci, nous n'avons que peu de renseignements. Nos sources les plus importantes sont les nombreuses inscriptions laissées par les rois, les unes en sanscrit, les autres en langue locale ; à celles-ci s'ajoutent des notices que l'on peut trouver dans les sources étrangères, particulièrement chinoises. Tout ceci nous donne quelques informations sur le pouvoir royal et ses initiatives mais n'est guère prolixe sur le peuple qui reste dans l'ombre.

Le champa et le royaume Khmer

Au nord-est, le territoire des Annamites, le Tonkin, fut conquis de bonne heure par les Chinois. Au sud de celuici, le peuple Cham fonda son propre royaume, le Champa, dans le sud Viêt-nam. Selon les sources chinoises, celui-ci exportait de nombreuses marchandises qui intéressaient les Chinois : coton, épices, sucre de canne, poivre, sésame, chanvre, bois aromatiques, ivoire, cire, ambre, coraux, perles et métaux précieux ainsi que des oiseaux exotiques comme les perroquets ou les paons. Les gens du Champa étaient d'excellents pêcheurs, mais aussi de redoutables corsaires et de très actifs trafiquants d'esclaves.

Cependant, le troisième grand centre était alors le plus important. Il s'agissait du delta du Mékong et du territoire qui le prolonge au nord. Là se forma au début de notre ère un royaume que les Chinois nommèrent Fou-nan et dont, selon la légende, le premier roi aurait été un brahmane. On ignore quelle langue on y parlait, mais il y a tout lieu de croire qu'elle était apparentée au khmer. Peu à peu, grâce à un système d'irrigation complexe, l'inhospitalier delta du Mékong fut mis en valeur et le Fou-nan devint un fertile pays de rizières. De surcroît, il se trouvait à proximité des centres de production d'épices, d'or et de bois aromatique. Peu à peu, s'appuyant sur une puissante marine, les rois étendirent leur souveraineté à la fois vers l'est et vers l'ouest ; sans doute assez lâche, l'organisation devait être de type « féodal ». Vers 600, apparemment sans trop de mal, le Fou-nan fut conquis par le Tchen-la, une région dont les habitants étaient sans doute des Khmers. Après un éclatement provisoire, le roi Jayavarman II établit une royauté forte (vers 800) ; c'est à partir de son époque que

l'on commence à parler de son royaume comme de *Kambuja*, et ce fut lui qui commença à construire une capitale au centre du territoire d'Angkor.

Le résultat le plus important de l'influence culturelle indienne dans le sud-est asiatique fut l'instauration des monarchies qui parvinrent à régner sur de vastes territoires.

Les gens du Fou-nan

« Les gens du Fou-nan ont de l'or, de l'argent et des soieries à vendre. Les fils des familles aisées portent des sarongs de brocart. Les pauvres sont vêtus de pièces de tissus, et les femmes en utilisent aussi pour se recouvrir la tête. Les gens du Fou-nan fabriquent des bagues et bracelets en or ainsi que des récipients d'argent. Le roi habite dans un pavillon à plusieurs étages. Ils construisent des maisons et font des enclos de bois. Sur la côte pousse un grand bambou avec des feuilles longues de huit à neuf pieds qu'ils tressent puis mettent sur le toit des maisons. Il fabriquent des bateaux d'une longueur de quatre-vingts à quatre-vingt dix pieds. Devant et derrière, ils leur donnent la forme d'une tête et d'une queue de poisson. Lorsque le roi doit partir, il monte sur un éléphant. [Ses] femmes montent aussi sur des éléphants. Pour se distraire, les gens ont les combats de coq et les combats de verrat.

Ils n'ont pas de prisons. Lorsqu'ils ont un différend à régler, ils jettent des bagues ou des œufs dans de l'eau bouillante et [l'accusé] doit les y prendre. A moins qu'on ne les oblige à faire sept pas en portant une chaîne portée à incandescence. Les coupables ont la main brûlée mais non les innocents.

Ils ont de la canne à sucre, des grenades, des oranges et beaucoup de noix d'arica. »

(Une histoire chinoise de la dynastie d'environ 500.)

Ainsi fut-il possible d'entreprendre d'énormes travaux collectifs comme l'aménagement de systèmes d'irrigation et de drainage, la construction de routes ou l'édification d'une multitude de temples.

Par ailleurs, l'ancienne religion de la nature fut influencée et même partiellement remplacée par les religions indiennes. Dans les royaume les plus importants, le culte de Çiva occupa une place centrale. On honora celui-ci sous forme d'un phallus (*linga*) souvent placé dans des temples situés sur des montagnes sacrés ; par l'intermédiaire du linga la force divine descendait et garantissait une bonne année. Ce culte était étroitement lié à la royauté. Cependant, des missionnaires bouddhistes se rendirent également dans les royaumes, et leur appel eut sans doute plus de retentissement dans le peuple. Aussi diverses formes indiennes de culte cohabitèrent-elles avec le culte officiel de Çiva.

Après la chute du Fou-nan, un puissant état maritime, le Crivijaya, domina Sumatra ainsi que les territoires environnants et eut de très fructueuses activités exportatrices. Un peu plus tard, un autre successeur de la dynastie de Fou-nan s'établit dans les riches territoires agricoles du centre de Java. C'était la dynastie bouddhiste de Çaleindra qui éleva quantité d'imposantes constructions, entre autres le sanctuaire de Borobudur (vers 800). Au sommet se dresse fièrement le stupa principal qui est entouré de 72 autres de dimension moindre. La terrasse est décorée de centaines de reliefs qui illustrent le périple que l'homme effectue à travers l'existence avant d'accéder au monde spirituel et à la connaissance ultime.

Carte en haut à gauche : les royaumes les plus importants du Sud-Est asiatique au cours du premier millénaire.

Le culte de Linga plongeait ses racines en Inde. Ici, le sanctuaire de Tanjore, la capitale des Chola où l'on peut voir sur les murs des scènes des légendes de Çiva.

La restauration de l'empire du Milieu

Sous la dynastie des Han, l'empire chinois n'est pas sans faire songer à l'empire Romain. Et, à beaucoup d'égards, le destin de ces Etats présentent d'intéressants parallèles. L'un et l'autre se désagrégèrent progressivement. L'autorité du gouvernement central fut battue en brèche par les tendances féodales, et les barbares, multipliant les invasions, créèrent de nouveaux Etats sur le sol de l'ancienne puissance. De surcroît, on relève que les deux empires se fissurèrent par le milieu, formant ensuite deux grands ensembles qui suivirent chacun leur propre voie. Dans une certaine mesure, on peut tracer un parallèle entre la Chine du Sud et l'Empire byzantin. Alors que, comme l'Occident, la Chine du nord tomba entre les mains des barbares, la Chine du sud préserva les traditions de l'ancienne époque impériale. De plus, n'éprouvant que mépris pour les Etats barbares du Nord, le Sud généra une culture spécifique.

C'était un peuple de cavaliers qui dominait le nord de la Chine, et la chasse était le passe-temps favori de la noblesse. On voit ici une scène de chasse représentée dans la tombe du prince Li Xian (mort en 684), le deuxième fils de l'empereur Gaozong.

Mais il convient d'arrêter là ce parallèle ; car, en Chine, c'était dans le Nord que se trouvaient les villes les plus importantes ainsi que les territoires les plus peuplés et, après quelques siècles de chaos, la restauration d'un Etat chinois unitaire put se faire à partir de ces régions septentrionales ; les barbares se sinisèrent et réussirent finalement à faire rentrer le sud dans le giron d'une Chine réunifiée.

Le royaume du peuple tuoba

Ce fut en 220 que la dynastie des Han s'effondra. Les nouveaux gouvernants du nord perdirent le Sud, puis les territoires du nord se fractionnèrent à leur tour. Une nouvelle tentative fut faite pour rétablir l'unité du royaume, mais elle échoua en 316 lorsque des barbares venus du nord et de l'ouest submergèrent l'empire du Nord et y répandirent le chaos. Les conquérants (pour la plupart de langue mongole ou turque) étaient des bergers nomades qui, formant une classe supérieure plus ou moins féodale, dominèrent les Chinois sédentaires qui vivaient de l'agriculture. Parmi ces peuples barbares, il y en eut un qui se distingua progressivement des autres ; il s'agissait des Tuoba qui

La Chine dans ses frontières d'environ 700.

A l'ouest, la Chine classique était séparée du Tibet par cette barrière naturelle qu'est le massif du Kunlun, cependant que, vers les steppes où vivaient les nomades ainsi que les régions désertiques du nord et de l'ouest, elle avait élevé la grande muraille. Pour ce qui était de l'empire lui-même, on pouvait, grosso modo, le diviser en deux grandes zones de production qui avaient chacune l'un des grands fleuves pour artère vitale. La limite des températures passait par le massif du Qinling. La *zone nord* a des hivers froids, des étés chauds et ne peut fournir qu'une récolte par an. On y cultiva d'abord le millet que remplacèrent ensuite partiellement l'orge et surtout le froment. Comme les précipitations sont très irrégulières, il est nécessaire de prévoir d'importants systèmes d'irrigation. On y distingue deux régions principales :

1) *Le nord-ouest* où l'on trouve d'épaisses couches de lœss jaune apporté par le vent de Mongolie. Ces contrées de lœss sont très fertiles lorsqu'elles sont bien arrosées. Située entre la grande boucle dessinée par le Huang He et le massif du Qinling, protégée par ailleurs des tempêtes de poussière par la vallée du Wei, la région du *Guannei*, « le pays entre les cols », occupe ici une position centrale. Le territoire était un des centres naturels de l'empire et, à l'époque des Tang, c'est Changan, située dans la vallée du Wei, qui fut choisie comme capitale. A l'ouest, la province de Gansu tend un « doigt » qui indique la route de l'ouest.

2) La fertile plaine du *nord-est* constitua un autre centre de gravité de l'économie. Charriant du limon, le Huang He ne cesse de renouveler la terre, mais il lui arrive aussi de déborder en crues gigantesques aussi meurtrières que ruineuses. A l'époque historique, le fleuve a ainsi changé six fois de lit, provoquant la mort de millions de personnes. La dernière crue remonte à 1851 (l'embouchure se déplaça du sud jusqu'au nord de la province de Shandong).

Au sud du massif de Qinling, nous avons un climat chaud et humide aux précipitations régulières. A l'intérieur (le bassin de Sichuan), la croissance dure dix à douze mois ; un peu moins longtemps vers la côte. La plaine où coule le Yangzi occupe une position centrale. Ici, on a remplacé le froment par le *riz* chaque fois que c'était possible. Ce fut tout spécialement le cas lorsqu'après la chute de la dynastie Han, l'empire se désagrégea et que la colonisation chinoise commença véritablement. Au sud du fleuve, le terrain se relève bientôt pour former un paysage de montagne subtropical riche en collines, rivières et lacs ; souvent difficile d'accès, il est encore habité par les descendants des populations que les Chinois colonisèrent. Pendant le premier millénaire, c'était principalement des Thaïs.

Les provinces septentrionales du Shaanxi et du Shanxi, de part et d'autre de la grande boucle dessinée par le Huang He, constituèrent les bases de la réunification chinoise. Les pentes recouvertes de lœss ont été aménagées en terrasses et utilisées pour la culture du millet et du froment.

En Chine du Sud, la pêche représente une ressource importante. Pour l'essentiel, cette activité se déroule dans l'archipel situé au sud de l'embouchure du Yangzi Jiang.

avaient occupé une position stratégique dans la partie nord du Shanxi au début du IVe siècle. Peu à peu, ils se rendirent maîtres de toute la Chine septentrionale. En l'an 386, la première phase de la conquête était terminée, et les princes tuoba prirent le nom dynastique de Wei.

Mais, dès lors, le peuple tuoba se retrouva devant le classique dilemme des nomades. Lorsque ceux-ci soumettent une population paysanne, ils forment d'abord une classe supérieure qui exerce sa domination par les armes. C'est cependant une situation qu'il est difficile de prolonger très longtemps (ce dont, en son temps, à l'époque des Han, s'était bien rendu compte Maodun, le puissant prince des nomades xiongnu : à la conquête, il avait préféré une alliance avec la Chine). Les conquérants sont dans l'obligation de faire un choix : soit ils continuent de mener une existence nomade qui leur donne la mobilité et la force nécessaires mais les prive d'une durable prospérité, soit ils s'insérent dans la société sédentaire où, ne tardant pas à devenir tributaires de l'appareil administratif et des connaissances techniques de leurs sujets, ils courent le risque de bientôt perdre leur spécificité nationale.

Il y avait alors plus d'un siècle que les plaines de la Chine septentrionale étaient ravagées par des guerres. S'emparant des villes, massacrant les populations, différentes fractions se livraient une lutte acharnée pour le pouvoir. Et, s'ils échappaient à la mort, les paysans étaient sûrs d'être impitoyablement pressurés par les envahisseurs. Nul ne savait de quoi le lendemain serait fait.

Cependant, la domination des Tuoba marqua un certain progrès. Comprenant qu'ils ne pourraient rien obtenir des paysans s'ils ne leur offraient pas un minimum de paix et de sécurité, ils entreprirent de pacifier les campagnes. En même temps, ce peuple de cavaliers se sédentarisa peu à peu. Avant même le début du Ve siècle, ils commencèrent à édifier une nouvelle capitale dans le style chinois. Ce fut une des premières initiatives qu'ils prirent pour siniser totalement la société. Beaucoup d'autres allaient suivre. Des édits impériaux incitèrent les Tuoba à épouser des Chinois, prohibèrent l'usage de leur langue à la cour, imposèrent l'utilisation de patronymes chinois, introduisirent la culture choinoise et interdirent les rites locaux traditionnels. On redonna vie au culte officiel de Kong Fuzi (Confucius). Enfin, l'empereur décréta que l'antique cité de Luoyang, qui était dépositaire de riches traditions, serait élevée au rang de capitale (494).

Pourtant, nombreux étaient les Tuoba qui s'indignaient de voir ainsi bafouer les coutumes des ancêtres. Et, en 523, écla-

C'est la riziculture qui permit à la Chine du Sud de devenir un facteur économique d'importance. Dans les régions les plus méridionales vivaient majoritairement des populations non chinoises dont l'assimilation ne fut que très progressive. Certains de ces peuples forment encore des sociétés spécifiques, comme ici dans le Guanxi, à la frontière sud de la Chine.
L'augmentation de la production rizicole entraîna cependant un accroissement corrélatif de l'immigration et des naissances. A présent, chaque mètre carré est aménagé en terrasse et arrosé.

ta une insurrection au cours de laquelle furent massacrés les Chinois de la cour. Puis les troubles se multiplièrent et, en 534, le royaume Wei des Tuoba se scinda : à l'est se forma un royaume fortement sinisé, cependant qu'à l'ouest naissait un autre royaume de caractère plus national. Ce dernier avait sa capitale à Changan dans le Shaanxi. Depuis des temps immémoriaux une invisible frontière séparaient la Chine du nord-est de la Chine du nord-ouest. Les plaines de l'est, celles qu'arrosaient le cours inférieur du Huang He, avaient les meilleures terres agricoles (millet, seigle, sorgho et froment) et étaient le plus densément peuplées. Là habitaient presque les deux tiers de la population chinoise. A l'ouest de cette région, le paysage se transforme en steppes et plaines hautes qui offrent aux nomades de riches pâturages. L'état tuoba du Shaanxi était installé sur une antique terre chinoise. Plusieurs dynasties y avaient vu le jour, et nombre d'entre elles avaient choisi Changan pour capitale. Mais à partir de là, les Tuoba étaient aussi en contact direct avec les steppes de l'ouest qui étaient leurs terres d'origine. Finalement, ce fut cet état Wei occidental qui l'emporta sur son rival de l'est et qui, sous le nom dynastique de Zhou, réunifia tout le nord de la Chine (577), préparant par là même la reconquête du Sud.

La civilisation du Sud

Le Sud — en la circonstance, il s'agit principalement du cours moyen et inférieur du Yangzi Jiang — subissait depuis des siècles la colonisation du Nord. Lentement, les troupes et colons chinois refoulaient les habitants primitifs. Vers 600, les Chinois ne constituaient encore que 16 % de la population totale de l'empire, lequel comptait environ 50 millions d'habitants (on n'a pas tenu compte ici des populations primitives non chinoises qui ne payaient pas l'impôt). La population chinoise se concentrait autour des bassins fluviaux, cependant que les districts ruraux situés au sud du Yangzi Jiang demeuraient pour une large part à l'état de terres incultes peuplées d'indigènes hostiles où sévissait la malaria. Vis-à-vis de ces derniers, on pouvait hésiter entre plusieurs attitudes : soit les exterminer, soit les réduire à l'esclavage, soit encore les intégrer dans la société chinoise. C'est sans doute cette dernière solution qui fut le plus souvent retenue.

La Chine du Sud subtropicale avait un important potentiel économique. La culture du riz était depuis longtemps très répandue et permettait de faire plusieurs récoltes par an. A quoi pouvait s'ajouter le poisson de la mer, des rivières et des lacs. La classe supérieure avait assez de ressources pour mener une existence beaucoup plus luxueuse et raffinée que celle du nord. De nouvelles fêtes et solennités marquèrent le cours de l'année. On célébra les mariages ou organisa les obsèques selon des rituels nouveaux et plus compliqués. Dans les royaumes du nord — et particulièrement dans le nord-ouest — régnaient des idéaux guerriers, et l'élite se passionnait avant tout pour les pur-sang, les chiens de chasse et les faucons. Les femmes avaient une situation relativement libre, elles avaient leur travail ainsi que leur propre domaine de responsabilité et pouvaient également influer sur la politique des hommes. Par ailleurs, il était fréquent que plusieurs générations vivent ensemble au sein de grandes familles, et il était tout à fait exceptionnel qu'un homme ait plus d'une femme. En revanche, dans le Sud, il ne pouvait guère y avoir de grandes familles car les hommes suffisamment fortunés avaient très fréquemment plusieurs épouses que l'on ne montrait pas en public.

Compte tenu de l'importance du cheval dans la civilisation du nord-ouest, le palefrenier occupait une place privilégiée dans la hiérarchie des serviteurs. Il portait une coiffure spéciale qui indiquait son rang (statuette retrouvée dans une tombe de la période Tang).

Cet esprit tutélaire bouddhiste s'inspire d'un personnage réel, et les conquérants devaient avoir toute raison de s'inquiéter (ce « lokapala » se trouve dans une grotte aménagée en temple du site de Dunhuang).

Entre le Nord et le Sud, les oppositions étaient aussi d'ordre littéraire. Sous la domination des Tuboa, les Chinois du nord s'efforcèrent eux aussi de maintenir la tradition classique, mais le milieu était trop dur. Tel était du moins l'avis des méridionaux qui affirmaient que ce que l'on écrivait dans le Nord n'était que « braiements d'âne et aboiements de chien ». Pour leur part, les gens du sud se considéraient comme les authentiques dépositaires des traditions de la dynastie Han.

Au VIe siècle, le bouddhisme était florissant à la fois dans le sud et le nord de la Chine. Ce Bouddha Shakyamuni assis sous des sals au milieu de disciples et de bodhisattva vient du nord-est (province de Hebei) et date de la période qui précède immédiatement l'arrivée au pouvoir de la dynastie Sui (environ 550-580).

La réunification

Politiquement aussi le Sud se posait en héritier direct des traditions de l'empire du Milieu. Bien que le système féodal se fût beaucoup développé, l'empereur (qui avait sa résidence dans l'actuelle ville de Nanjing) entendait assumer son rôle de Fils du Ciel et, laissant les barbares du nord se déchirer entre eux, être honoré suivant les prescriptions anciennes. Mais sa puissance réelle était limitée car, dans le sud aussi, on se disputait férocement le pouvoir. Et, dès le moment où un empereur réussit à unifier l'ensemble du nord sous son autorité, le destin des souverains du Sud était scellé.

Dès 554, l'état Wei occidental s'était assuré le contrôle de la riche province de Sichuan — riche en terres comme en métal — et du bassin central du Yangzi Jiang qui appartenait traditionnellement aux provinces du sud. Après quoi, se laissant circonvenir, l'empereur de Nanjing accepta de s'allier à l'état Zhou du nord (ainsi qu'on appelait à présent le Wei occidental) pour attaquer leur voisin commun qui formait un Etat dans les plaines du nord-est. Dans un premier temps, la victoire lui permit de se rendre maître d'un riche territoire au nord du Yangzi. Il n'en tira cependant qu'un profit limité car, à peine deux années plus tard, l'empereur Zhou se sentit suffisamment puissant pour se débarrasser de son voisin du nord-est et annexer l'ensemble, puis marcher vers le sud où il fut sur le point d'anéantir le royaume du sud. Néanmoins, celui-ci bénéficia encore de quelques années de sursis car, dans le Nord, se produisit une révolution de palais qui amena une nouvelle dynastie au pouvoir. Mais, dès que celle-ci eut assuré sa domination sur le pays, les jours du royaume du sud furent comptés. A l'issue d'une simple promenade militaire qu'il effectua en 589 jusqu'à Nanjing, le nouvel empereur put étendre sa domination sur l'ensemble de la Chine.

Une nouvelle dynastie — une nouvelle époque ?

C'était le souverain du royaume Zhou du nord qui avait jeté les bases de la réunification de l'empire chinois, mais c'est à une nouvelle dynastie que revint l'honneur de la mettre en œuvre. En 581, le général Yang Jian prit le pouvoir, puis devint le premier empereur Sui. Et ce fut lui qui, en 589, après plusieurs années d'intenses préparatifs, put cueillir le royaume du sud comme un fruit mûr. Pour les historiens, cette année 581 marque traditionnellement le début d'une ère nouvelle pendant laquelle l'empire Chinois vécut à l'intérieur dans l'ordre et la prospérité et eut, à l'extérieur, une puissance et une influence bien supérieures à celles de l'empire Han. Certes, la dynastie Sui ne tarda pas à être remplacée par les Tang. Mais celle-ci resta quelque trois cents ans au pouvoir, et la « période de grandeur » que l'on associe à son nom fut préparée pendant la période Sui. En fait, les premiers empereurs

Tang se contentèrent de poursuivre la politique que leurs prédécesseurs avaient mise en œuvre.

Cependant, on est en droit de se demander, si la période Sui/Tang représentait quelque chose de réellement nouveau par rapport au royaume tuoba et ses successeurs du nord Wei et Zhou. La division de l'histoire de Chine en « dynasties » est le fait de l'historiographie chinoise classique et a une évidente fonction idéologique (voir p.170). En vérité, c'est au milieu de la période Tang qu'il faudrait situer la coupure : en effet, une crise profonde provoque alors de vastes changements économiques, et eux-mêmes sont liés à certains bouleversements qui se produisent dans la société. Par ailleurs, les historiens ne manquent pas de souligner que la division en dynasties masque une réelle continuité entre les Sui/Tang et leurs prédécesseurs. Ce qui est vrai, c'est que les Sui et les Tang surent recourir à des méthodes administratives déjà existantes et les adapter aux problèmes de l'empire réunifié.

Changan

Sous l'empereur Yang, on réédifia la ville impériale de Changan (l'actuelle Xi'an) en lui donnant des proportions grandioses. Les remparts de la ville formaient un rectangle de 8 km sur 10. Des avenues tracées au cordeau partageaient la ville en quelque 110 quartiers et deux énormes marchés. Au nord se trouvaient le palais impérial et les quartiers du gouvernement (« la ville impériale »). Chacun des quartiers constituait une unité administrative fermée par des portes durant la nuit. C'est à Changan qu'aboutissait la route commerciale en provenance d'Asie centrale, et la présence étrangère y était très marquée. Derrière les murailles, il y avait de la place pour un million de personnes, mais l'extension des faubourgs permit d'accroître la population au-delà de ce chiffre. La ville était le centre et le symbole de l'empire Tang dans ce qu'il avait de méticuleusement organisé. Au temps de sa splendeur, la ville était la plus grande du monde ; au IXe siècle, elle était en concurrence avec Bagdad.

Deux empereurs

Le fondateur de la dynastie Sui, le général Yang Jian, appartenait à la couche dominante du royaume du nord. Il était issu de la noblesse tribale du nord-ouest (Shaanxi/Gansu), et il comptait des ancêtres à la fois dans la région des steppes et dans l'ancienne Chine. S'il se révolta contre le souverain Zhou en 581, ce fut pour une raison banale : sa fille puis lui-même furent menacés par le despote, et il ne lui resta bientôt plus qu'à intervenir au plus vite. Le coup d'Etat réussit. Rien ne permettait cependant de croire qu'il n'imposerait pas une nouvelle didacture semblable à toutes celles que la Chine avait déjà connues depuis deux ou trois siècles.

La pagode est la version chinoise du stupa des bouddhistes, c'est-à-dire un sanctuaire érigé en l'honneur de Bouddha. C'est en même temps une représentation symbolique du cosmos où les étapes représentent les différentes terrasses de la mythique « montagne du monde ». Cette pagode, qui est une des plus anciennes de Chine (antérieure au VIIe siècle), se dresse dans le temple du Cheval blanc, lui-même situé à Luoyang, la capitale secondaire.

Au demeurant, si les décennies suivantes virent l'instauration durable d'un nouvel ordre social, le mérite n'en revint pas au seul Yang Jian. La « sinisation » du vieux royaume tuoba n'avait cessé de se poursuivre. Sans rien perdre de leurs vertus militaires, les Tuoba avaient adopté l'organisation chinoise et fait alliance avec ce qui subsistait de la noblesse terrienne chinoise. Combiné avec le savoir-faire chinois en matière agricole et administrative, l'esprit d'initiative et la vigueur « barbares » donnèrent

L'empereur Wen décréta qu'au pied de toutes les montagnes sacrées de Chine on éléverait un temple bouddhiste. C'est ainsi que, sous la dynastie Sui, on construisit plus de cent temples et pagodes. On voit ici la montagne de mai-chi-san (province de Gansu), près de la route de la soie où de nombreux sanctuaires ont été aménagés dans des grottes et où se trouve, en outre, une statue colossale de Maitreya, le prochain Bouddha, flanqué de bodhisattvas.

Maitreya, le prochain Bouddha (voir p. 177), chevauchant un oiseau. Cette œuvre, datée de 518, a sans doute été faite dans le royaume Wei des Tuoba dans le nord du pays.

d'excellents résultats. Et Yang Jian fut l'homme qui sut mettre cette combinaison à profit.

Les deux souverains Sui accomplirent une tâche surhumaine, mais ce ne furent pas eux qui en récoltèrent les fruits.

Yang Jian (dont le nom d'empereur était Wen) était un bourreau de travail qui arrivait toujours au conseil et en repartait avec des piles de documents. Il était lui-même frugal, regardant jusqu'à l'avarice, et parfaitement fidèle à son épouse Wen Xian, laquelle jouait d'ailleurs un rôle en coulisse. Néanmoins, toute sa vie durant, Yang Jian, l'usurpateur, douta de son « mandat céleste » d'empereur et demanda à la religion bouddhiste de lui apporter sécurité et réconfort. Ainsi, avec l'impératrice et l'ensemble de la cour, assistait-il tous les soirs à une séance de recueillement bouddhiste. Son fils et successeur, *Yang*, ne lui ressemblait guère, il était aussi prodigue que son père avait été avare ; il épousa une princesse du sud et fit son apprentissage du pouvoir en exerçant les fonctions de vice-roi du royaume du sud où il ne tarda pas à se laisser séduire par les charmes d'une culture locale raffinée ; il devint un bel esprit et se posa en protecteur des poètes et artistes. Cependant, si différents fussent-ils, les deux empereurs nourrissaient les mêmes desseins et les poursuivirent avec la même stupéfiante obstination.

Le bouddhisme, une idéologie impériale

Et ces desseins témoignaient d'une grande ambition. Il s'agissait de renforcer l'unité de l'empire, de réaliser la fusion du Nord et du Sud, de créer une administration aussi uniforme et rationnelle que possible et, enfin, de rétablir les anciennes frontières du royaume, voire de les repousser plus loin encore.

Entre le Nord et le Sud, la fusion n'était pas acquise d'avance. Au fil des siècles, les deux régions avaient suivi des voies séparées et s'étaient dotées d'institutions différentes. Leurs mœurs et coutumes étaient difficilement conciliables. Pourtant, les liens de la tradition demeuraient solides. Les classes dirigeantes des deux royaumes avaient, malgré tout, beaucoup en commun. De surcroît, entre l'est et l'ouest, se développait à cette époque un commerce transfrontalier qui transitait aussi bien par l'Asie centrale que par la mer de Chine et l'océan Indien. Et cette activité entraînait un accroissement des échanges qui touchait non seulement les marchandises mais aussi les hommes et les idées. Ce qui était cependant essentiel, c'est que les deux empires avaient maintenant une nouvelle idéologie commune. Il s'agissait du bouddhisme qui, des steppes du nord aux villes commerçantes du sud, s'adressait aussi bien au peuple qu'à la classe dirigeante.

Dans ses efforts pour se présenter en souverain légitime, Wen misait sur tous les courants idéologiques de la culture chinoise. Dès le début, il fit accomplir des actes rituels dans l'esprit du confucianisme. Ainsi entendait-il justifier l'usurpation et établir un lien symbolique avec la dynastie Han. Dans le même temps, afin de favoriser la constitution d'un Etat stable, il proclama toute une série de principes politiques et de normes de conduite inspirés par le confucianisme. On exalta les idéaux confucéens et leur mise en pratique : ainsi des manifestations concrètes de respect filial pouvaient-elles se voir récompenser par des exemptions d'impôts.

Par ailleurs, on créa des écoles confucéennes et, dans la capitale, on ouvrit une académie pour les fils de la noblesse.

L'empereur Wen eut aussi partiellement recours au taoïsme en favorisant, entre autres, le culte du sage Laozi qui avait éveillé de profondes résonances dans le peuple.

Cependant, lui-même se réclamait de la religion bouddhiste. Son prédécesseur du royaume Zhou avait persécuté à la fois les taoïstes et les bouddhistes, abattu les temples, brûlé les livres et sécularisé les moines. Wen n'eut pas de plus pressant souci que de lever l'ensemble des restrictions qui frappaient les deux religions puis de pousser les particuliers à ériger des temples. Les bouddhistes purent élever des monastères sur les montagnes sacrées. Celles-ci étaient le foyer de divinités naturelles très populaires que l'on put ainsi faire entrer dans la sphère religieuse bouddhiste. Wen se réclama d'une idéologie royale bouddhiste qui faisait de lui le bienfaiteur du *dharma* (la religion bouddhiste). Dans cet esprit, on exalta les soldats morts sur le champ de bataille parce qu'ils s'étaient ainsi sacrifiés à Bouddha.

Enfin, en 601, à l'occasion du soixantième anniversaire de l'empereur, tous les centres du pays célébrèrent Bouddha en élevant des pagodes qui contenaient ses reliques. Dans le même temps, Wen réprouva publiquement l'existence des écoles confuceennes et les supprima. De toute évidence, c'était désormais le bouddhisme quo servait de fondement idéologique.

Comme Bouddha était assis en dessous d'un figuier lorsque la vérité lui apparut, cet arbre est devenu dans la tradition bouddhiste un symbole de l'éveil de la connaissance. Aussi la présence de cette servante sous un tel « arbre bodhi » (bodhi=éveil) est-elle sans doute chargée de sens. Cette peinture se trouve dans un des sanctuaires aménagés dans des grottes du Dunhuang et date vraisemblablement du IXe siècle.

Un défenseur du Sud : l'empereur Yang

Ce fut cependant à Yang, le fils de Wen (empereur de 604 à 618), qu'il revint de parachever l'intégration de la Chine du sud dans l'empire. Yang fut envoyé très jeune

A gauche : un exemple de l'art du travail de la pierre, un « coussin » vernis en trois couleurs.

dans le Sud comme vice-roi. Séduit par le pays, son atmosphère et son style de vie, il devint peu à peu méridional de cœur. Certes, au cours des années qui suivirent la conquête, il y eut des troubles et des insurrections. Mais, se comportant en administrateur habile et bienveillant, Yang sut se rallier les faveurs de la population. Jamais on n'appliqua intégralement dans le sud les réformes administratives — sur lesquelles nous reviendrons — qui furent décidées par le pouvoir Sui/Tang. A l'instar de son père, Yang favorisa le bouddhisme. Mais, en outre, il réintroduisit ces écoles confucéennes que son père s'était efforcé de supprimer à la fin de sa vie. Yang entendait lui aussi former des gens compétents pour l'administration, et il compléta le dispositif par tout un système d'examens, sans doute pour permettre à des gens du Sud de pouvoir accéder à la cour ; celle-ci avait jusqu'alors été dominée par des nobles du Nord qui ne brillaient pas toujours par leur formation intellectuelle.

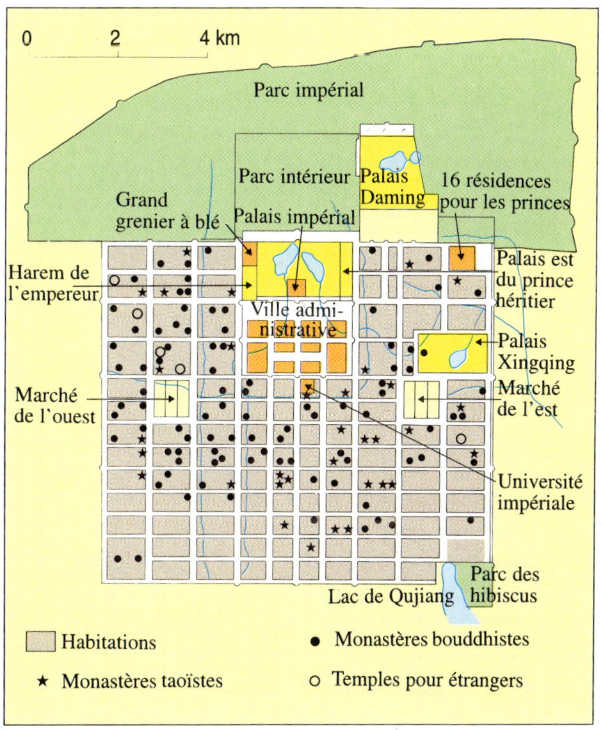

Changan sous la dynastie des Tang. Derrière les murailles, la ville abritait un million de personnes, cependant que des centaines de milliers d'autres étaient installées dans les faubourgs.

Les grands travaux

A peine devenu empereur, Wen entreprit de construire une nouvelle capitale. La région qu'il choisit avait déjà été le siège d'une capitale sous les dynasties Qin et Han, les grands modèles ; connue sous le nom de Changan (actuellement Xian, voir encadré), la nouvelle ville allait demeurer le centre de la Chine sous la dynastie des Tang. Dans le même temps, il entreprit de faire nettoyer le cours inférieur de la rivière Wei He et le canal qui reliait la ville au Huang He. Puis, n'en restant pas là, il mit en œuvre un projet véritablement pharaonien : la construction d'un immense canal nord-sud entre le Huang He et le Yangzi Jiang. Au sud, la jonction se fit à l'emplacement de l'actuelle Yangzhou, dont Yang fit une capitale secondaire et sa résidence. La construction de cet axe principal nécessita plus de vingt ans de travail et mobilisa un million d'hommes. C'est seulement en 608 qu'il put être ouvert. Mais le travail se poursuivit encore quelques années pour permettre au canal de traverser le delta rizicole du Yangzi et d'arriver jusqu'à la ville côtière de Hangzhou.

Avec le temps, le canal devint une artère vitale pour l'acheminement du riz du Sud vers la capitale où vivait une importante population. Le long du trajet, on construisit une série d'entrepôts de grains d'une capacité totale de 12 millions d'hectolitres. Au début, le trafic était relativement réduit. Le canal servait au transport des soieries et surtout aux déplacements de l'empereur lui-même. Car Yang ne cessait de se partager entre le Nord et le Sud, et il était alors suivi d'une grande partie de sa cour. Une autre des anciennes capitales, Luoyang, se trouvait sur le Huang He, et Yang transforma également cette ville en capitale secondaire. Luoyang était facile à approvisionner à partir des riches territoires agricoles du Hebei et du Henan. Entre Luoyang et Changan, les courants du Huang He rendaient souvent la navigation difficile et, lorsque les récoltes étaient mauvaises, il fallait que la cour prenne ses quartiers à Luoyang. Par ailleurs, on continua de creuser un canal en direction du nord jusqu'à la province la plus éloignée du nord-est, c'est-à-dire la région de l'actuelle Pékin. Mais les raisons étaient avant tout d'ordre militaire : c'était par ces régions que passait l'armée lorsqu'elle devait gagner la frontière coréenne.

Le grand réseau de canaux du nord de la Chine tel que le créa la dynastie Sui et que l'agrandirent les empereurs mongols.

Le grand canal

Pour assurer la liaison entre le nord et le sud, il fallait un réseau efficace de voies navigables. Et l'on creusa des canaux dès le millénaire précédant notre ère. Vers 584, on rendit à la navigation un ancien complexe de canaux qui reliait Changan au Huang He. Puis, en 587, on commença à creuser le grand canal nord-sud. Achevé en 610, il avait plus de 40 m de large et, le long de la route impériale qui suivait la berge, on installa des relais. Néanmoins, ce n'est qu'au VIIIe siècle que le canal devint d'une importance vitale, lorsque, tout le nord-ouest manquant de céréales, il fallut faire parvenir d'énormes quantités d'approvisionnement à l'armée professionnelle. Sous Xuanzong on réorganisa les transport, réussissant ainsi à faire acheminer dix fois plus de riz. Les canaux furent un des facteurs qui permirent au régime de se relever après 763, et ils contribuèrent pour une large part à l'expansion économique qui se produisit au siècle suivant.

Protection des frontières. Expansion et soulèvements.

Dans l'ensemble, les empereurs Sui réussirent non seulement à protéger leurs frontières mais à les reculer. Comme nous en reparlerons, nous nous contenterons ici de faire un bref bilan : les murailles qui protégeaient les frontières furent renforcées et prolongées de 350 km au nord-ouest. Par ailleurs, le peuple Khitan, qui menaçait l'empire au nord-est, fut refoulé en Mandchourie, tandis que, pour contenir les Turcs, on mena une politique de négociation et de division qui donna d'excellents résultats. De plus, un peuple tibétain qui menaçait Gansu fut écrasé, et la route de l'ouest qui conduisait au Tarim put rester ouverte. Enfin, les Chinois s'emparèrent à nouveau du pouvoir au Viêt-Nam du nord.

Pourtant, ce furent des initiatives de politique extérieure qui finirent par entraîner la chute de la dynastie Sui. Basés sur la corvée et mobilisant des millions d'hommes, les grands travaux — les capitales, les palais, les canaux, la grande muraille du nord — avaient déjà suscité un vif mécontentement dans le peuple. Or, en 611, le Huang He déborda, créant une situation de chaos qui provoqua des émeutes de la faim. Néanmoins, dès 612, l'empereur lança contre les Coréens une campagne qui ne tarda pas à tourner au désastre. Une fois, puis deux fois, on sollicita les riches de payer une taxe de guerre exceptionnelle. Mais, en dépit de nouvelles campagnes, il fut impossible à Yang d'inverser le

Pour protéger les provinces du nord-ouest, les empereurs Sui firent prolonger la grande muraille de 350 km. Le travail ne prit que quelques années, et il fallut sans doute réquisitionner une très importante main-d'œuvre.

rapport de forces. L'aristocratie du nord de la Chine se dressa alors contre lui. Partout la résistance s'organisa. Quant à l'empereur, il semblait paralysé et aveugle. Peut-être ses conseillers n'osèrent-ils pas lui révéler l'ampleur du soulèvement. En tout cas, à un moment où rien n'allait plus autour de lui, on put l'entendre déclarer : « L'empire vit dans la paix et l'unité, tout est tranquille entre les quatre océans ». En 616, il fallut pourtant qu'il aille se réfugier dans sa chère Yangzhou où il fut assassiné deux ans plus tard. Il y avait alors longtemps que le pouvoir lui avait échappé.

Le duc de Tang prend les rênes

Depuis cette époque, l'historiographie officielle chinoise a toujours présenté Yang comme une fripouille et un despote de la pire espèce. Despote, il l'était assurément et encore plus que son père. En effet, alors que Wen sut s'entourer de conseillers de valeur, Yang s'appuya d'abord sur des exécutants qui, lui étant dévoués corps et âme, n'exprimaient pas d'opinions personnelles gênantes. Ainsi s'explique qu'au sommet du pouvoir il n'ait jamais été plus isolé, plus coupé de la réalité. Cependant, s'il fut systématiquement dénigré après sa mort, c'est d'abord parce que la dynastie Tang avait besoin de se légitimer ; le mandat du ciel avait été retiré au tyran pour être confié à quelqu'un qui en était digne.

L'insurrection provoquée par le pouvoir de Yang se propagea très rapidement. Un peu partout se manifestèrent de nouveaux prétendants. C'est cependant à quelqu'un qui resta longtemps sans prendre parti que revint finalement la victoire. Appartenant à l'aristocratie de la Chine du nord, c'était un des plus puissants généraux de l'empire, il s'appelait Li Yuan et était duc de Tang. Ce ne fut pas avant 617 qu'il prit les armes. Mais, ayant battu des troupes du Shanxi, il ne lui fallut pas longtemps pour s'emparer de Changan. L'année suivante, il se fit proclamer empereur (comme le fondateur de la dynastie Han, son nom dynastique fut alors Gaozu, « aïeul sublime »). Aussi populaire qu'habile, il réussit en l'espace de quelques années à écraser une dizaine de rivaux. En 624, il avait pratiquement éliminé toute résistance.

Mais, dès 626, se produisit un changement de souve-

Les Sui et les Tang : Les principaux empereurs

Les Sui

Wen (Yang Jian)	581-604
Yang	604-618

Les Tang

Gaozu	618-626
Taizong	626-649
Gaozong	649-683
Wu Zetian (impératrice)	690-705
Xuanzong (également appelé Ming Huang)	712-756
Xianzong	805-820

Fin de la dynastie : 907

les « cinq dynasties » et « les dix royaumes »

La dynastie Song : à partir de 960

L'empereur Tai Zong (626-649) peut être considéré comme le véritable fondateur de la dynastie Tang. A l'intérieur comme à l'extérieur, il assura et consolida les positions qu'avaient établies les empereurs Sui.

rain. Son fils Li Shimin, qui s'était distingué au cours des campagnes, destitua son père pour prendre le pouvoir et tua à cette occasion deux de ses frères dont le prince héritier. Il est resté dans l'histoire sous le nom de Taizong (626-649). La postérité a vu en lui un des plus grands souverains chinois et présenté son règne comme un âge d'or. Souhaitant justifier cette prise de pouvoir qui violait les idéaux confucéens, les historiographes de la dynastie écrivirent que c'était grâce à Li Shimin que son père avait remporté ses victoires et que, s'il l'avait laissé quelques années sur le trône, c'était uniquement par piété filiale. Cette explication paraît naturellement peu vraisemblable.

Taizong n'en fut pas moins un souverain d'exception. Il sut s'entourer de bons conseillers et nouer des liens avec de nouvelles fractions de la noblesse et de la bureaucratie qui lui permirent de renforcer les assises de son pouvoir. En d'autres termes, l'homme était populaire, pour autant que ce terme puisse s'appliquer au Fils du Ciel, coupé de la vie quotidienne de son peuple par l'étiquette, les interminables enfilades de salles du palatines et la multiplication des gardes. Mais, à l'instar de son père, son grand mérite fut de poursuivre et renforcer la mise en œuvre des réformes administratives qu'avaient lancées les empereurs Sui. Au demeurant, ces réformes visaient à rationaliser, simplifier et adapter d'anciennes structures plus qu'à en créer de nouvelles. Enfin il faut mentionner les triomphes que remporta Taizong dans le domaine de la politique étrangère, en premier lieu les victoires qu'il gagna à l'ouest et le prestige dont il sut faire bénéficier son régime en Asie orientale. Il convient maintenant d'étudier sur quels fondements la dynastie Tang pouvait construire.

Les héritiers de la dynastie Han

C'était tout un ordre social qui s'était effondré avec la dynastie Han. Lentement, un Etat centralisé avait été miné, principalement par l'aristocratie qui avait accaparé l'essentiel des terres, c'est-à-dire la base même du pouvoir. Quatre cents ans plus tard, la nouvelle dynastie Sui nourrit l'ambitieux dessein de recréer l'Etat Han mais en s'efforçant d'éviter la répétition du processus de désagrégation.

N'hésitant pas à intervenir durement, les empereurs tuoba (Wei du nord) exercèrent un contrôle très strict sur les populations. Les nomades guerriers considéraient les paysans comme du bétail et n'hésitaient pas à les disperser un peu partout. D'importants groupes de population furent ainsi chassés vers le nord-ouest, vers le Shanxi et sa capitale Datong, pour aller défricher de nouvelles terres. Les paysans durent s'insérer dans un rigoureux système de surveillance dit « le système des trois chefs » (*sanzhang*). Cinq familles nucléaires formaient un « voisinage » (*lin*), cinq voisinages un « village » (*li*), et cinq villages une « commune » (*dang*). Chacune de ces communautés était placée sous l'autorité d'un « ancien » ou « chef » (*zhang*), lequel devait veiller sur le comportement de ses gens et s'assurer que les impôts rentraient bien. Ce système devait remplacer une organisation plus ancienne fondée sur l'ap-

Le cavalier essaie d'enlever la flèche du poitrail du cheval : c'est l'un des six reliefs représentant un cavalier qui décorent un bâtiment attenant à la tombe de Tai Zong. Dans son motif comme dans son exécution, il révèle une influence occidentale (perse et d'Asie centrale) mais il témoigne aussi de l'intérêt que les premiers empereurs Tang portaient aux questions militaires. On remarque que le cheval a des étriers (voir p. 228 et suivante).

partenance à un ensemble familial où 30 à 50 maisons placées sous l'autorité d'un chef de famille étaient considérées comme un seul foyer. Lors du changement, on précisa que l'unité imposable serait désormais la famille nucléaire. De surcroît, on plaça les artisans sous surveillance : beaucoup d'entre eux se virent interdire de changer de métier et d'épouser quelqu'un en dehors de leur milieu professionnel.

Les réformes de Xiao Wen

C'est le souverain tuoba Xiao Wen (471-499) qui introduisit le système des trois chefs, et celui-ci s'imposa durablement en Chine. Par ailleurs, c'est le même empereur qui imposa un système de propriété foncière radicalement nouveau, tout au moins dans les zones de peuplement récentes. Le but était d'empêcher la mainmise de la noblesse sur la terre. L'impôt foncier n'était pas d'une très grande rentabilité car, de même que les autres prélèvements, il était essentiellement lié aux *personnes*. En d'autres termes, les impôts et tout spécialement la corvée pesaient d'abord sur les paysans libres. Aussi fallait-il favoriser l'accession des paysans à la propriété et empêcher qu'ils ne tombent dans la dépendance des nobles, que ce soit à titre d'esclaves ou de serfs. Dès le IIIe siècle on avait fait des tentatives dans ce sens, mais seul le puissant pouvoir militaire des Wei du nord devait plus ou moins y parvenir.

Deux dames de la cour du début de l'époque Tang. Statuettes d'argile peinte. Dans son décolleté, celle de droite a une inscription qui nous indique son nom : « Printemps florissant »

A gauche : ce type de brouette est en usage chez les paysans chinois depuis au moins le IIIe siècle. On peut voir en quoi elle diffère de la version occidentale qui, elle, attendit au moins un millénaire avant d'apparaître.

C'est en 485 que Xiao Wen introduisit son « système de répartition des terres » (*jun-tian*). En principe, tous les paysans devaient disposer de la même surface de terre. Le mari et sa femme étaient autorisés à cultiver ensemble une surface de 140 *mu*, soit à peu près 8 hectares (1 mu = 540 m^2). Seule une petite partie de cette terre était transmissible, le reste revenant à l'Etat lorsque l'intéressé atteignait l'âge de soixante ans ou mourait. Ces dispositions, qui ne furent d'ailleurs pas systématiquement appliquées à tous les paysans libres, n'entraînèrent pas une parcellisation des terres nobles mais empêchèrent la noblesse d'accroître son patrimoine foncier. Par là même, elles contribuèrent aussi à stabiliser les fondements économiques de l'Etat.

Le système de répartition des terres

Sous les Sui et les Tang, ce système de répartition des terres s'étendit à l'ensemble de la Chine. En tout cas, les souverains Sui obligèrent les grandes familles à s'y intégrer.

Les biens fonciers de la noblesse furent classés « terre de rang », et on limita à 100 qing, c'est-à-dire 10 000 mu (à peu près 540 ha) le maximum de ce que chacun pouvait posséder. De même, on donna à chaque fonctionnaire le bien foncier qui correspondait à ses fonctions. La dimension dépendait de la place occupée dans la hiérarchie mais était toujours supérieure à celle des terres possédées par les paysans. Lors du nouveau système imposé en 624 par le premier empereur Tang, on décida que tout paysan aurait droit à 100 mu, dont 20 comme bien héréditaire (sur lesquels on était cependant obligé de faire pousser des

Bouddha est comme les nuages du ciel ; il donne la pluie qui permet de féconder la terre et de faire pousser tout ce qui vit, dit le populaire sutra du lotus. Tel est le sens de cette scène où l'on voit le paysan se réjouir de la pluie qui tombe à flot pendant qu'il laboure (peinture de Dunhuang).

Hormis celles que l'on trouve dans les temples des grottes du Xianjian, les peintures de l'époque Tang ont presque toutes disparu. Mais on en a copié certaines, entre autres sous forme de reliefs de pierre. Ce calque d'un de ces reliefs représente un personnage historique du nom de Zhong Kui. C'était un érudit dont, après sa mort tragique, la croyance populaire fit le vainqueur de tous les mauvais esprits. On le voit ici représenté en guerrier du temps de Xuanzong.

mûriers pour l'élevage des vers, un travail qui nécessite une attention constante pendant une longue période). Aux personnes âgées ou frappées d'invalidité partielle, on attribuait 40 mu. Aux femmes (veuves) : 30. Il fallait cependant qu'il y eut des terres disponibles. Dans les districts où la noblesse était fortement représentée, ce n'était pas toujours le cas, et un paysan devait parfois se contenter d'un lot de 30 mu.

La mise en œuvre de la réforme se heurta à l'opposition des nobles. Peut-être faut-il chercher là l'origine du soulèvement auquel Yang dut faire face. Cependant, il semble que celui-ci ait eu finalement pour effet de renforcer le régime Tang.

Recensement et mobilisation populaire

La Chine connaissait déjà les recensements. Mais, à cette époque, ceux-ci devinrent plus nécessaires que jamais, et il fallut en plus établir un cadastre pour dresser la liste des terres exploitables et savoir à quelle catégorie appartenaient les différents lots. Le système fonctionna à peu près correctement pendant le premier siècle de la dynastie Tang. La classe des paysans libres s'accrût fortement et joua dans l'Etat ce rôle d'épine dorsale qu'on voulait précisément lui voir jouer. Au demeurant, on n'instaura pas de nouveau système fiscal : comme par le passé, les impôts se composaient d'un modeste impôt foncier et d'un impôt de capitation. Au total, ils représentaient sensiblement l'équivalent d'un mois de travail et pouvaient être payés sous différentes formes, soit en argent, soit en marchandises. Il y avait ainsi des équivalences : une « corde » de 1 000 pièces valait la même chose qu'une once d'argent, un boisseau de grain ou un rouleau de soie. D'après un rôle d'impôts qui a été conservé, ce sont plus de 52 millions de ces unités qui ont ainsi été payées. Les quatre cinquième d'entre elles étaient des impôts de capitation payés par des paysans, le reste étant constitué par les impôts fonciers et impôts sur la fortune que payaient les foyers. Mais, de surcroît, une autre prestation importante était due. Il n'y avait pas que les « paysans d'Etat » à moitié serviles qui étaient tenus de travailler. Même les paysans libres étaient astreint à la *corvée* au profit de l'Etat. Normalement, cette corvée était de vingt jours par an, mais elle passait parfois à cinquante tout en pouvant être remplacée par des prestations en nature.

Dès le VIe siècle, les royaumes du nord mirent en place un système de mobilisation. Dans le royaume du nord-ouest, six familles devaient désigner un homme qui, parallèlement aux unités ordinaires, devait faire un mois de service. La dynastie Tang intégra cette milice paysanne dans le système de répartition des terres. Des gens, que l'on exempta d'impôts, furent sélectionnés pour servir dans une milice. Pourtant, il est difficile de dire ce que cette mobilisation représentait dans les faits. Comme la plupart des gens ne servaient guère que deux mois par an, une telle milice n'était même pas en mesure d'assurer la défense des frontières, et encore moins de participer aux grandes campagnes qui furent organisées au VIIe siècle.

Sur l'origine des soldats frontaliers, on est assez mal renseigné. Parmi les érudits confucéens, les militaires étaient peu considérés, et les sources laissent entendre que c'étaient des soldats paysans que l'on plaçait en première ligne. En fait, les garnisons des frontières et les corps expéditionnaires devaient majoritairement se composer de soldats recrutés pour une longue période et originaires, entre autres, des régions où le système de la milice n'était pas appliqué. Mais sans doute y trouvait-on aussi des paysans ruinés, des gens enrôlés de force et des condamnés qui purgeaient ainsi leur peine (et qui, une fois leur temps terminé, n'avaient d'autre ressource que de s'engager). De surcroît, il y avait des tribus alliées qui servaient sous les généraux chinois. Enfin, il ne faut pas oublier les colonies d'agriculteurs d'Etat qui, depuis l'époque des Han, étaient implantées aux endroits stratégiques, spécialement le long des frontières du nord, et étaient tenues de défendre la frontière.

La milice populaire proprement dite ne pouvait être utilisée trop loin du domicile de ses membres, et elle servait d'abord pour assurer le maintien de l'ordre en province. Une part importante de celle-ci était cantonnée en permanence dans la capitale ou ses environs afin d'assurer la garde du palais. Mais, en plus, à immédiate proximité du palais, se tenait la garde impériale, un corps d'élite de 30 000 hommes qui, en cas de crise, devait constituer une force d'une importance déterminante.

L'administration provinciale

Un système de répartition des terres aussi compliqué que celui évoqué suppose l'existence d'un appareil administratif développé. Dans ce domaine, la Chine avait de longues traditions, et la dynastie Tang s'en servit pour mettre en place une organisation administrative qui, dans ses grandes lignes, a subsisté jusqu'à nos jours.

Ce fut l'infatigable Sui Wen qui, après plusieurs règnes où les institutions de l'époque Han avaient passablement souffert, entreprit le premier de remettre de l'ordre dans l'administration provinciale. Par la suite, on divisa l'empire en un grand nombre de préfectures (plus de 350 au VIIIe siècle), lesquelles furent à leur tour divisées en quatre ou cinq sous-préfectures (plus de 1 500 au total) et celles-ci en cantons (environ 16 000). La population était toujours majoritairement paysanne. Aidé par d'autres responsables locaux, le chef d'une « commune » (en théorie, cent familles) était responsable du registre des impôts. A l'échelon administratif supérieur, ces mêmes fonctions étaient occupées par un « ancien du canton » qui était toujours une notabilité locale mais nommée par le sous-préfet. En revanche, le sous-préfet et le préfet étaient des fonctionnaires d'Etat qui, en principe, ne résidaient pas dans la préfecture. Par ailleurs, sous la dynastie Tang, on regroupa les préfectures en dix (plus tard quinze) provinces. Les provinces n'étaient pas des unités administratives mais des circonscriptions d'inspection ; on envoyait des commissaires effectuer des tournées pour s'assurer que l'administration fonctionnait bien selon les normes officielles.

Au reste, les normes officielles ne touchaient généralement qu'à certains domaines. Au début de son règne, Wen publia un recueil de lois qui constitua ensuite la base de la législation à l'époque Tang. Il contenait principalement un code pénal et toute une série de dispositions administratives. Dans ces domaines, les lois des Tang prirent valeur de norme au cours des siècles suivants et s'appliquèrent bien au-delà des frontières de la Chine. Le droit civil n'est guère représenté. Mais il est vrai que, dans ce domaine, c'était la coutume locale qui prévalait, et celle-ci variait souvent d'une province à l'autre. Si les parties n'arrivaient pas à trouver un arrangement, après avoir éventuellement recouru à un arbitrage, c'était le sous-préfet qui faisait office de juge. Et celui-ci avait manifestement toute latitude de juger selon des critères personnels. Dépositaire de la loi et garant de l'ordre public, le gouvernement central, et donc l'administration provinciale, était également chargé de collecter les impôts et de veiller à l'exécution des corvées et à l'accomplissement des obligations militaires. Mais, en dehors de ces domaines, les hauts fonctionnaires ne faisaient guère sentir leur autorité, et la population restait assez libre de gérer ses propres affaires.

Les nouveaux fonctionnaires : les mandarins

En revanche, pour tout ce qui touchait aux intérêts supérieurs de l'Etat, l'empereur faisait preuve de la plus extrême vigilance. Et, dans cet esprit, la dynastie Tang créa en un siècle une structure administrative que l'empire Chinois allait conserver jusqu'à l'époque moderne. Cette structure, elle n'était pas différente de l'administration de la dynastie Han, mais on y fondit les éléments nouveaux datant de

Mandarin de l'époque Tang.

l'époque des royaumes barbares. Ainsi, les empereur Sui-Tang réussirent-ils à créer un appareil gouvernemental centralisé strictement hierarchisé mais assez souple pour permettre aux différents échelons de coordonner leurs actions efficacement.

Tout au moins à l'origine, la bureaucratie impériale n'était pas très développée. Et le fondateur du nouveau système, l'empereur Wen, veilla à en limiter le coût. A chaque emploi correspondait un lot de terre d'une certaine dimension, dont la récolte représentait le salaire du fonctionnaire. Parfois, celui-ci était cependant payé en argent. Enfin, tout en bas de l'échelle, il y avait le fonctionnaire non salarié qui, en échange d'une exemption d'impôts, gérait les affaires locales. Même à l'apogée de la dynastie Tang, les fonctionnaires n'étaient pas très nombreux ; un auteur estime qu'ils devaient être entre 150 000 et 160 000 à une époque où l'empire comptait peut-être 50 millions d'habitants. En d'autres termes, il devait y avoir un million de personnes, soit 2 % de l'ensemble de la population, qui vivait des services publics.

C'est le deuxième empereur Tang, Taizong, qui donna au corps de fonctionnaires sa physionomie définitive. A un moment, s'inspirant d'une vieille coutume, on envisagea de donner aux princes impériaux et autres personnes de rang des privilèges de caractère féodal, c'est-à-dire des sortes de fiefs avec droits seigneuriaux. Mais Taizong préféra finalement opter pour une forme d'administration bureaucratique centralisée. Et c'est seulement à l'intérieur de ce cadre que la noblesse put œuvrer. L'ensemble des hauts fonctionnaires de province furent nommés par le gouvernement, ce qui permit à l'empereur d'exercer un contrôle permanent sur l'administration locale et lui laissa en même temps la possibilité d'intégrer la noblesse provinciale dans le corps des fonctionnaires.

Néanmoins, cette intégration ne se fit pas du jour au lendemain. Les seigneurs locaux conservèrent très longtemps une grande influence, tandis que la noblesse de cour se débarrassa difficilement de l'idée qu'une nomination en province était synonyme d'exil. Pour autant, l'administration Tang marqua bien le triomphe définitif des fonctionnaires sur le pouvoir nobiliaire. Ce furent eux qui dirigèrent désormais la société, et leur esprit pénétra partout. La noblesse héréditaire fut incorporée dans une noblesse de fonctionnaires. Et ceux-ci, y compris les membres de l'aristocratie jusqu'au niveau des princes impériaux, furent intégrés dans un système hiérarchique à neuf échelons, chacun était lui-même divisé en classes, ce qui donnait trente classes au total.

Aux différents grades correspondaient des indices salariaux précis. Tout ce corps de fonctionnaires, ainsi qu'il convient d'appeler le mandarinat, allait devenir l'épine dorsale de l'Etat chinois. C'était un ingénieux système fondé en partie sur l'hérédité, en partie sur le savoir et la compétence.

L'administration centrale sous les Tang

I. Le secrétariat impérial : Rédige les édits et ordres impériaux. Responsable de la bibliothèque du palais et de l'historiographie officielle. Travaille en étroite liaison avec l'empereur.

II. La chancellerie impériale : Centralise le courrier destiné au secrétariat et expédie le courrier rédigé par celui-ci ; exerce un droit de contrôle et de remontrance (elle est la voix de la bureaucratie dans le processus de décision). Assiste l'empereur lors des audiences et cérémonies. Entérine les nominations de fonctionnaires subalternes.

III. La chancellerie d'Etat : Est divisée en six départements (comprenant chacun quatre bureaux). Est sous le contrôle du secrétariat impérial.

1. Le département du personnel : Procède à la nomination de tous les fonctionnaires de sixième classe et en dessous (à un niveau supérieur, il propose les nominations à l'empereur qui décide en dernier ressort). Surveille les examens.

2. Le département des finances : Procède aux opérations de recensement, gère le budget et le transport des marchandises imposables.

3. Le département des rites : Dirige les sacrifices de l'Etat. Est responsable des visiteurs de l'Etat.

4. Le département de l'armée : Responsable du recrutement des officiers, de la production du matériel de guerre, de l'approvisionnement de l'armée (lequel a d'importantes incidences sur l'économie étatique). Fait des cartes pour l'armée.

5. Département de la justice : A la fois responsable de la police et instance d'appel pour les affaires criminelles. Assure la surveillance de tous les étrangers et la garde des esclaves de l'Etat.

6. Département des travaux publics : Responsable de la construction des routes, palais, canaux et forteresses.

A ces trois sections principales s'ajoutent certains bureaux d'importance moindre ainsi que le *censorat* (voir texte).

La direction de l'Etat

Et, au sommet de l'ensemble, trônait naturellement la personne de l'empereur. L'empereur, le Fils du Ciel, exerçait en principe le pouvoir suprême. Il était source de toute sagesse, de toute faveur et de toute disgrâce, il était le maître de l'empire et de tous ceux qui y demeuraient. En dernière instance, c'était lui qui décidait de tout. C'était lui, qui était au-dessus de tous les états de son peuple, de toutes ses classes, et qui devait arriver à les faire vivre dans l'harmonie.

Dans la pratique, c'était un conseil des ministres restreint qui présidait aux affaires de l'Etat. Ne comprenant pas plus d'une douzaine de personnes, il était dirigé par un ou deux premiers ministres qui avaient la pleine confiance de l'empereur. Dans le conseil siégeaient les chefs de l'administration centrale. Judicieusement structurée, celle-ci se composait de trois sections principales dont les activités étaient plus ou moins coordonnées. Chacune d'entre elles avait ses tâches propres, mais celles-ci interféraient toujours avec celles des autres. Ainsi les sections étaient elles amenées dans une certaine mesure à se concurrencer et se contrôler. De ce fait, l'administration centrale se trouvait dans l'impossibilité de monopoliser le pouvoir et, partant, d'en écarter l'empereur.

I. La première section principale était le *secrétariat* impérial. Travaillant en étroite collaboration avec l'empereur, il définissait la ligne politique puis rédigeait les édits

L'historiographie officielle des Tang rapporte que la princesse Yong Tai fut exécutée sur ordre de sa cruelle grand-mère, l'impératrice Wu. Mais, selon une inscription que l'on a récemment retrouvée dans sa chambre funéraire intacte, elle mourut en couches. Faut-il penser que l'histoire de la dynastie souhaitait jeter le discrédit sur l'impératrice ou bien que le père ne voulait pas avouer de quelle manière déshonorante sa fille était morte ? Le mausolée fut en effet élevé par son père après la mort de Wu. Ces dames de la cour constituent une partie de la fresque murale.

ou ordres impériaux et procédait à toutes les nominations d'importance. Le secrétariat comprenait aussi un bureau qui tenait le journal des faits et gestes de l'empereur, ainsi qu'un collège d'historiographes. C'est à ceux-ci qu'il revenait de tenir les chroniques où l'historiographie officielle puiserait ensuite ses sources.

II. La *chancellerie* impériale, institution plus ou moins parallèle, s'étoffa jusqu'à devenir une véritable forteresse bureaucratique. C'était elle qui centralisait toute la correspondance adressée à l'empereur, et était chargée de faire parvenir les édits impériaux à leurs destinataires. Stratégiquement, c'était une mission d'importance, et il semble que les quatre grands secrétaires de la chancellerie se soient réservés le droit de vérifier voire de renvoyer pour modification des édits et décrets rédigés par le secrétariat. Bref, la chancellerie avait la possibilité de vérifier tout ce que la direction politique entreprenait. Et il fallait qu'elle entérine toute nomination de fonctionnaire subalterne.

III. *La chancellerie d'état* était l'organisme qui assurait la gestion des affaires courantes. Elle était divisée en six départements (comprenant chacun quatre bureaux) chargés respectivement du personnel, des finances, des offrandes confucéennes (le département des rites), de l'armée, de la justice et des travaux publics. Ces départements recevaient leurs ordres de la chancellerie impériale et du secrétariat impérial.

Outre ces trois sections, il existait une myriade de bureaux et directions d'importance moindre. Cependant, un bureau se vit reconnaître une place de choix. Il s'agit du *censorat*. Il lui revenait la tâche de surveiller la valeur morale et politique des fonctionnaires de l'Etat et de

Le palais Daming de Changan fut construit en 634 dans le quartier où s'élevait déjà le palais impérial. C'était dans la salle du trône (au milieu de l'illustration) que, lors des grandes cérémonies, l'empereur recevait l'hommage de ses fonctionnaires. Le palais comprenait en outre toute une série de salles, une trentaine en tout.

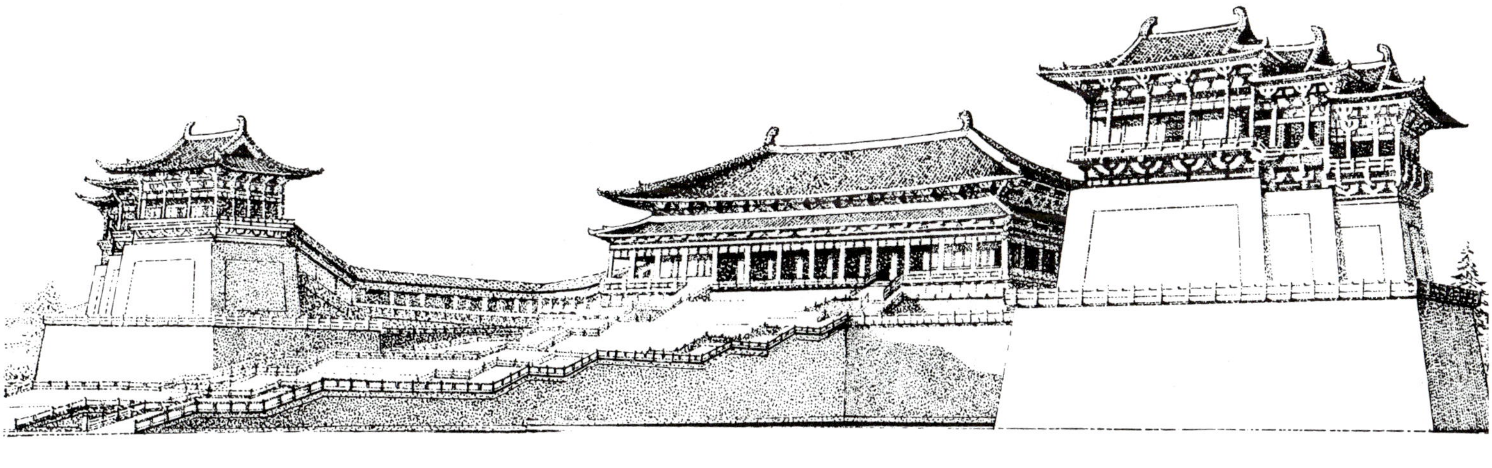

contrôler leur utilisation des ressources publiques. En d'autres termes, le censorat jouait le rôle d'une cour des comptes, mais il était redouté comme l'inquisition. Sous l'impératrice Wu, il eut de telles prérogatives qu'on réduisit plus tard ses compétences.

Le premier système scolaire chinois

Dès l'époque Han, on pouvait espérer entrer dans la carrière lorsqu'on avait fait des études livresques. Etant déjà bien développée, la bureaucratie avait besoin de lettrés. Ainsi s'explique que des écoles aient été créées dès cette même époque. Par ailleurs, on fonda une grande école où l'on étudia les textes confucéens ou d'autres classiques dans un esprit confucéen (voir vol. 3, p. 30). Plusieurs milliers de bureaucrates passèrent par ce moule, jusqu'à ce que la chute de la dynastie Han et la désagrégation de l'empire entraînent sa disparition. Au IIIe siècle, on essaya d'introduire un nouveau système de recrutement : des inspecteurs de préfectures appelés les « impartiaux et les justes » se virent confier la tâche de sélectionner des jeunes gens assez doués pour faire carrière dans l'administration, puis de les répartir en neuf classes. Néanmoins, force fut bientôt de constater que les inspecteurs n'étaient ni impartiaux ni justes. C'est le népotisme familial qui fixa les critères de compétence. Dans l'ensemble, c'est à leurs nobles que les gouvernements des royaumes issus de la scission confièrent les postes de l'administration.

Déjà, soucieux d'améliorer la qualité de ses fonctionnaires, l'empereur Wen s'efforça de faire revivre la tradition scolaire qui s'inspirait du confucianisme. Certes, le résultat le déçut. Mais il n'en avait pas moins recréé le système, et celui-ci se perpétua sous son fils Yang, puis sous la dynastie Tang. La bureaucratie des empereurs Tang devint un compromis entre le pouvoir nobiliaire et celui des fonctionnaires recrutés sur des critères plus libres.

Les Chinois avaient un goût marqué pour les jeux de hasard. Cette peinture sur soie montre des dames de la cour en train de jouer au « double-six » qui venait de faire son apparition en Chine.

Le système des examens sous les Tang

Les cinq classes mandarinales supérieures étaient réservées à la famille de l'empereur, à la noblesse et aux fils de hauts fonctionnaires. Ceux-ci pouvaient occuper directement les emplois sans avoir fait des études reconnues ou avoir passé des examens. A ces grades, l'empereur était naturellement libre de nommer les candidats de son choix. Pour ce qui était des postes de fonctionnaires subalternes, ils étaient donc accessibles à ceux qui avaient fait de longues études. Les universités de Changan et Luoyang avaient toutes deux plusieurs sous-sections qui pouvaient accueillir quelque deux mille étudiants, les deux tiers des places étant attribuées à des fils de mandarins qui étaient haut placés dans la hiérarchie. On y étudiait la littérature classique. Il y avait aussi des écoles professionnelles plus spécialisées qui réservaient un quota de places aux fils de la bourgeoisie ; on y enseignait le droit, la calligraphie et les mathématiques. Mais ces établissements n'accueillaient qu'un nombre assez réduit d'élèves et ne donnaient accès qu'à des emplois modestes. En revanche, portant sur les classiques, l'examen doctoral permettait de postuler aux grades inférieurs, mais sans pour autant donner l'assurance d'occuper une fonction, et même celui qui avait droit au titre de « savant accompli » devait bénéficier de protections pour entrer dans l'administration.

Sur les modalités mêmes de l'examen, on ne sait pas grand chose. Certes, c'était d'abord sur l'étude des classiques que portaient les épreuves, mais il était aussi très important de pouvoir juger la personnalité du candidat, apprécier sa valeur morale, son esprit critique, sa compréhension des réalités politiques. Par ailleurs, il y a lieu de souligner que, tous les ans, les supérieurs portaient des appréciations sur leurs fonctionnaires et les classaient en fonction de leurs mérites. De bonnes notes permettaient d'avancer en grade et d'obtenir une rétribution plus élevée, cependant que les mauvais éléments pouvaient voir leur salaire amputé de 25 % et que les pires d'entre eux risquaient le renvoi.

Ils existait aussi des écoles en province. Chaque préfecture et sous-préfecture était tenue d'en ouvrir une et d'y

Les cinq classiques

Le système scolaire était fondé sur une série d'œuvres classiques, en premier lieu « les cinq classiques » qui étaient les textes fondamentaux. Le contenu des trois premiers remontait au début de l'époque Zhou (avant 900-600 av. J.-C.). Il s'agit de :

1) **Le livre des chants** (Shijing), un recueil de quelque 300 poèmes au contenu varié (mais qui suivait un modèle littéraire rigoureux).

2) **Le livre d'histoire** (Shujing) où plusieurs événements de cette époque sont relatés avec exactitude. S'y ajoutent cependant des faux composés ultérieurement.

3) **Le livre des mutations** (Yijing), un manuel qui traite de l'art de la divination (lequel devait connaître plus tard une renaissance en Occident). A ces textes s'ajoutent :

4) **Les annales de printemps et d'automne** (Chungqin), une série de notes chronologiques sur l'état de Lu (722-481 av. J.-C.) d'où était originaire Confucius.

5) **Le livre des rites** (Liji), qui date du début de l'époque Han mais contient des prescriptions plus anciennes. Confucius considérait que les rites étaient fondamentaux pour l'ordre social. Les autres textes étaient eux aussi étudiés à la lumière des commentaires confucéens.

accueillir quelque 20 à 40 élèves. Les plus doués d'entre eux pouvaient ensuite se faire admettre à l'université. Cependant, c'étaient les préfets et sous-préfets qui sélectionnaient les élèves et, cette fois encore, il était important d'avoir des relations. Ainsi un simple fils de bourgeois n'avait-il que peu de possibilités de faire carrière. Les études étaient coûteuses et duraient de nombreuses années. En outre, lors des examens oraux, les considérations de classe et de famille n'étaient certainement pas sans jouer. De surcroît, évitant de passer par le système, les hauts fonctionnaires recommandaient directement leurs fils ou protégés pour certains emplois. Néanmoins, chacun pouvait avoir sa chance, et tout jeune homme ambitieux pouvait nourrir le rêve de devenir un jour premier ministre de l'empereur.

Avantages et inconvénients

Mais, d'un point de vue politique, il était beaucoup plus important de permettre aux fils de la noblesse locale d'avoir accès à l'administration centrale. Favorisant l'harmonie sociale, on pouvait ainsi élargir la base de recrutement des bureaux tout en intégrant la noblesse locale dans un système appliqué dans l'ensemble de l'empire. D'ailleurs, il est généralement admis que, remarquable dès le début, le niveau des fonctionnaires de la dynastie Tang était, au VIIIe siècle bien supérieur à celui qu'avait jamais atteint la dynastie Han. Par la suite, c'est de cette organisation qu'allaient sortir la plupart des grands dirigeants.

Essayant d'évaluer l'importance qu'avait eue ce système pour l'empire, Edwin Reischauer a montré comment, intellectuellement et mentalement, il avait contribué à unifier la Chine. Dès lors que tous ses membres passaient par le même moule, la classe dominante avait forcément la même vision des choses. Et, si l'on cherche un parallèle dans l'époque moderne, on songe immanquablement aux *public schools* britanniques qui formèrent les bâtisseurs de l'Empire. Le système scolaire chinois était fondé sur l'idéologie confucéenne qui prônait le renforcement de l'Etat et le respect de la société. Tout le monde se voyait inculquer les mêmes principes éthiques qui réclamaient une absolue loyauté envers les autorités et une acceptation pleine et entière des rituels et conventions reconnus.

Et ce système trouvait ses meilleurs défenseurs parmi les sujets intellectuellement les plus doués. Même dans les classes inférieures on pouvait caresser le rêve de devenir premier ministre.

Pourtant, le système présentait d'évidentes faiblesses, la première étant qu'il divisait la société en deux couches bien distinctes. Et, compte tenu de l'importance que l'orthodoxie confucéenne avait pour l'examen, sans doute était-il risqué d'exprimer des idées nouvelles. Ainsi les capacités créatrices se voyaient elles bridées. En outre, l'éventail des matières était trop restreint, les connaissances trop limitées. Avec le temps, le système favorisa l'étroitesse d'esprit. On se mit à redouter tout ce qui était nouveau et sortait de l'ordinaire. Ainsi s'explique que la Chine ait été mal armée pour affronter les défis du monde moderne. Mais l'échéance était encore lointaine.

Les empereurs avaient un important harem qui comprenait hiérarchiquement des épouses et des concubines. On voit ici une concubine impériale qui baigne son enfant. La scène inspira des poèmes de Bai Juyi.

La route de l'Ouest

Au début de la dynastie Tang, la Chine présentait un double visage. Nouveau Janus, elle se faisait tantôt aimable et bienveillante, tantôt cruelle et belliqueuse. Jamais autant qu'à cette époque la Chine ne s'ouvrit aux étrangers, à leurs productions et leurs idées, mais jamais non plus elle ne dépensa autant d'énergie à imposer sa volonté, à exporter ses conceptions et sa vision du monde. Dans un premier temps, elle recourut aux armes. Initialement, il s'agissait de consolider les frontières. Mais la dynastie Sui avait hérité des traditions militaires des Tuoba-Wen et, pour le souverain de l'empire réunifié, il était naturel de vouloir conduire les armées chinoises aussi loin que l'avait fait son grand modèle, la dynastie Han.

Le Viêt-nam du Nord (le pays situé au sud du fleuve Rouge ainsi que la région littorale de la baie du Tonkin) avait fait partie de la Chine dès le premier siècle de la dynastie Han. En 543, la région avait réussi à recouvrer son autonomie. Mais cette situation ne put se prolonger au-delà du règne de l'empereur Wen qui put occuper le pays sans coup férir. Au cours du VIIe siècle, sous la dynastie des Tang, celui-ci fut érigé en protectorat militaire de l'Annam (« Paix dans le sud »). A partir de ce moment, il devint une partie prospère mais remuante de la Chine. Après quoi, il fallut attendre la chute de la dynastie Tang pour qu'il redevienne indépendant, cette fois définitivement (939). Néanmoins, le pays continua de faire partie de la sphère culturelle chinoise ; ses institutions et ses lois étaient chinoises, et ses élites cultivaient la langue écrite ainsi que les formes littéraires chinoises.

L'empereur Yang fit une tentative peu appuyée pour étendre ensuite sa domination au Champa (605). Il ne tarda cependant pas à y renoncer, et les deux pays finirent par nouer entre eux des liens pacifiques. Palembang et Sumatra payèrent eux aussi un tribut.

Cependant, à cause d'un Etat voisin nommé le Nanzhao, les Chinois furent contraints de maintenir d'importantes forces militaires au Viêt-nam. En effet, une dynastie locale avait imposé sa domination sur les populations tribales de l'actuel Yunnan et créé un royaume qui constituait pour la Chine un facteur de gêne permanent,

Etant l'empire du Milieu, la Chine exigeait en principe que tous les autres peuples fassent acte de soumission. Et plusieurs voisins jugèrent d'ailleurs plus expédient de payer un tribut symbolique. Sur cette peinture on voit des envoyés de l'Inde, d'Arabie et de Perse qui viennent apporter leurs dons.

entre autres, parce que ce Nanzhao barrait la route commerciale qui reliait la Chine au Golfe du Bengale. Malgré des interventions militaires répétées, le Nanzhao ne put être incorporé à la Chine avant que les Mongols ne l'aient conquis des siècles plus tard. Néanmoins, le royaume subit lui aussi l'influence de la culture chinoise, ce qui, après la conquête, facilita grandement l'assimilation.

Par ailleurs, les Chinois rencontrèrent longtemps une vigoureuse résistance en *Corée*. Là se trouvait leur plus proche voisin, un Etat puissant nommé le Koguryo. Nous avons déjà eu l'occasion de dire que l'empereur Yang avait perdu son trône à la suite d'une série de campagnes malheureuses contre cet Etat. C'est seulement un demi-siècle plus tard que les Chinois réussirent à soumettre la presqu'île, et briser la puissancc du Koguryo, mais il fallut alors qu'ils fassent alliance avec le royaume de Silla. Pendant un certain temps, le Silla et son voisin, le Paikche, devenus pratiquement des vassaux de la Chine, s'organisèrent sur le modèle des Tang, introduisant chez eux la culture chinoise. Enfin, c'est également à cette époque que le *Japon* fut gagné à la culture Tang. Ainsi donc, au cours des périodes Sui et Tang, les Chinois réussirent dans une large mesure à façonner les pays voisins à leur image ; en revanche, remarque Denis Twitchett, il leur était désormais impossible de les considérer comme des « barbares ». Et la plupart de ceux-ci conservèrent leur indépendance, même s'ils devaient payer un tribut au Fils du Ciel.

Les peuples des steppes

Cependant, l'éternel problème des Chinois demeurait celui de la frontière nord et nord-ouest.

Au sud, l'expansion prenait la forme d'une progressive incorporation de peuples étrangers que la société chinoise assimilait peu à peu. La géographie s'y prêtait bien, et l'ensemble du processus se déroulait de manière relativement pacifique. Au nord, la situation était tout à fait différcnte. Ici, il s'agissait d'un conflit ouvert entre deux civilisations.

Depuis toujours, les steppes asiatiques étaient le domaine de tribus nomades dont les ressources et le style de vie se distinguaient trop radicalement de ceux des Chinois sédentaires pour permettre l'instauration d'un partenariat durable. La civilisation du sud fascinait les nomades autant qu'elle les rebutait. Mais c'était une proie tentante chaque fois que la nature leur était hostile ou qu'ils étaient chassés de leurs pâturages par des tribus étrangères. Certes, il conviendrait de nuancer, de préciser que le mot « nomade » recouvre une réalité multiforme, qu'entre les tribus il y avait de fortes différences. Mais il n'en reste pas moins vrai que ces peuples de cavaliers étaient les seigneurs de la steppe. Et, tandis que les Bédouins arabes ne réussirent jamais à constituer des ensembles importants, les peuples des steppes ne cessèrent de créer de vastes empires. Comme le milieu était beaucoup plus riche, la population plus disparate et l'organisation sociale plus diversifiée, il y avait place pour un souverain. Mais jamais ces empires ne furent durables : au contact des civilisations sédentaires ils se désagrégèrent irrémédiablement.

Nous avons évoqué plus haut le problème du peuple tuoba. Et, dans l'Asie centrale, ce même cycle se répéta immanquablement dès lors qu'un fragile équilibre s'était établi entre nomades et sédentaires. On peut penser que, vivant plus sainement mais ayant des ressources limitées, les nomades devaient fréquemment faire face à des excédents de population. Leur puissance s'accroissant et étant parfois victimes de changements climatiques, il leur fallait se rapprocher des régions peuplées. Ce faisant, ils menaçaient le commerce des sédentaires, puis finissaient dans de nombreux cas par conquérir entièrement le pays. Une couche dirigeante de nomades exerçait alors le pouvoir en s'appuyant sur les guerriers des steppes, jusqu'au moment où les nouveaux gouvernants se rendaient compte que c'étaient les paysans et citadins qui leur procuraient leurs revenus les plus sûrs. Dès lors, les liens qui les unissaient aux gens de la steppe se relâchaient peu à peu puis étaient

Une des premières étapes de la route commerciale de l'Ouest était une oasis qui occupait un enfoncement dans les étendues désertiques de la plaine haute. Au centre se trouvait la cité de Tourfan. Les roitelets locaux reconnaissaient le plus souvent l'autorité de la Chine. La région est riche en œuvres d'art et manuscrits de l'époque Tang. On en a retrouvé, entre autres, à Astana, Bezeklik et Kotcho.

L'Asie centrale à l'époque de lady nastie Tang. Comme les flèches le montrent, les Tibétains et le peuple nanzhao commençaient à devenir des voisins dangereux (vers 700).

Le grand voyage de Xuan Zang

Nombreux furent les bouddhistes chinois qui partirent en Inde pour y chercher savoir et inspiration. Le plus éminent d'entre eux fut Xuan Zang (596-664). De son périple, qui dura seize ans (629-645), il nous a laissé un passionnant récit. Lorsqu'il demanda à l'empereur l'autorisation de quitter le territoire, il se heurta à un refus ; Taizong était justement en train de préparer sa grande expédition contre les Turcs. Néanmoins, au péril de sa vie, le jeune homme réussit à tromper la vigilance des garde-frontières puis à franchir les terrifiantes étendues désertiques pour finalement arriver sain et sauf dans les terres du roi Harsha. Quinze années durant il parcourut l'Inde, et les descriptions qu'il en a faites constituent de précieux témoignages sur l'état de ce pays. Parti sans un sou vaillant, il caressait l'espoir de parvenir à une meilleure connaissance du bouddhisme dont il se réclamait. Les souverains auxquels il rendit visite le traitèrent princièrement, et c'est à la tête d'une caravane entière chargée de précieux ouvrages qu'il revint triomphalement à Changan. L'empereur voulut bien lui pardonner d'avoir contrevenu à ses ordres et l'installa non loin de chez lui. Le reste de sa vie, Xuan Zang le consacra à traduire et interpréter les textes qu'il avait rapportés.

définitivement coupés. Entre les peuples des steppes et les sédentaires oublieux de leurs origines se manifestaient alors de nouvelles tensions (voir Owen Lattimore).

Pichet de céramique vernissé au plomb datant du début de l'époque Tang. Le motif est d'inspiration occidentale : un cavalier qui se retourne sur sa selle et tire. C'est ce que l'on appelle la « flèche du Parthe ».

Les Turcs

Après la chute de la dynastie Han, des peuples nomades conquirent le nord de la Chine, cependant que d'autres vinrent occuper leur place aux frontières. Au IVe siècle se forma alors une puissante confédération que les Chinois appelèrent Yuanyuan. Celle-ci domina bientôt l'ensemble des régions steppiques qui, d'est en ouest, s'étendaient de la vallée de l'Orkhon (au sud du lac Baïkal) jusqu'au lac Balkhach et peut-être même l'Oural. Son épopée fut cependant assez brève. Une peuplade qu'elle avait soumise et s'appelait *türküt*, « les forts », se souleva au cours des années 550 et tailla en pièce les peuples de la confédération. Dès lors, ceux-ci disparurent du sud-est asiatique, mais il est possible que les *Avares*, le peuple de cavaliers qui dévasta l'Europe quelques années plus tard, en aient été les ultimes représentants.

Pour ce qui est des Turcs, c'est la première fois que ce nom apparaît dans l'histoire. Après leurs victoires, reconnaissant l'autorité du grand Khan, ou kagan, qui les avait rassemblés, ils occupèrent le territoire Yuanyuan et enlevèrent la Transoxiane aux Hephtalites, vassaux des Yuanyuan. Mais, lorsqu'ils voulurent s'en prendre à la Chine, la dynastie Sui avait pratiquement refait l'unité du pays, et les Chinois purent renforcer les défenses de la grande muraille. Dans les années 580, l'empereur Wen la fit même prolonger de 350 km vers l'ouest, le long du cours supérieur du Huang He. Cette construction permettait, au moins partiellement, de garantir la sécurité des sédentaires. Mais si l'on voulait également assurer la protection de la route de la soie qui se dirigeait vers l'ouest, il fallait aller bien au-delà, et ce fut l'un des principaux soucis de l'Etat chinois au cours de la période suivante. Pour ce qui est de l'empire Turc, il ne parvint pas à maintenir son unité. Après la mort du grand Khan, vers 580, il éclata en deux parties, une occidentale, dont le Balkhach était le noyau, et une orientale qui avait son centre dans la vallée de l'Orkhon. Pour autant les Turcs n'en continuèrent pas moins de menacer l'empire.

Vis-à-vis des populations nomades, les Chinois étaient placés devant un dilemme. Les deux civilisations n'avaient pas de base commune. N'étant pas en mesure de dominer durablement les nomades, les sédentaires pouvaient dès lors essayer de les dresser les uns contre les autres. On pouvait payer une armée de cavaliers d'une autre tribu pour surveiller les frontières, mais c'était coûteux et risqué, et il semblait préférable de mettre à profit l'organisation assez lâche des nomades, leurs éternelles zizanies, pour accroitre encore leurs dissensions. On pouvait acheter leur loyauté, récompenser grassement leurs services ou les lancer mutuellement dans des opérations offensives. Et c'est en recourant à des moyens de ce genre que les Sui réussirent parfois à neutraliser les Turcs ; mais, lorsque l'étoile de Yang se mit à décliner, ceux-ci se retournèrent de nouveau contre l'empereur, et l'une des premières tâches de la dynastie Tang fut de parer à la menace du nord.

La conquête de la route de l'ouest

Ses efforts furent couronnés de succès. En 630, les Turcs orientaux furent irrémédiablement battus par l'empereur

Taizong qui put ensuite mettre en place des protectorats militaires au nord de la grande muraille. De surcroît, cette défaite ouvrit la route de l'Asie centrale aux armées puis à l'administration chinoises et, lorsqu'il eut gagné certaines tribus à sa cause, Taizong se fit attribuer le titre turc de « Kagan céleste ». Durant le demi-siècle suivant, les généraux Tang entreprirent une série de campagnes qui leur permirent de pénétrer dans le bassin du Tarim puis de franchir le Pamir pour arriver finalement en Transoxiane. Les petits royaumes des oasis passèrent sous la domination chinoise, et on alla jusqu'à nommer des préfets chinois dans les grandes villes commerçantes situées de l'autre côté du Pamir, Samarcande, Boukhara, Tachkent, Kish et plusieurs autres. Ces succès témoignent d'une remarquable capacité d'organisation administrative et militaire : entre Kackkar, à l'ouest du bassin du Tarim, et Changan, il y a 5 000 km, et une partie du trajet oblige à traverser des contrées désertiques entièrement dépourvues d'eau, puis, vers l'ouest, à franchir des montagnes d'une hauteur vertigineuse appelées le « toit du monde ».

Au bout d'un demi-siècle, les Tibétains se mirent cependant en mouvement, tandis que les Turcs recommencèrent à inquiéter les Chinois. A quoi vint s'ajouter la progression arabe.

Jusqu'alors, les Chinois n'avaient pas eu à se soucier de la partie sud de la frontière occidentale. Mais, au cours du VIIe siècle, le nouvel Etat tibétain devint un empire fort qui, en quelques années, étendit sa puissance dans plusieurs directions : à partir du Tibet du sud, son territoire d'origine, il se développa à l'ouest vers le Pamir, à l'est vers le Yunnan et, au nord, vers le bassin du Tarim nouvellement conquis par les Chinois où ses troupes menacèrent les routes commerciales de l'ouest. Dans le Qinghai, au sud du corridor de Gansu, le peuple Tuyukun formait un pays tampon entre les Chinois et les Tibétains mais, dans les années 660, les Tibétains conquirent leur territoire et firent ensuite peser une menace permanente sur la route commerciale de l'ouest qui passait à travers le corridor. Dès lors, la Chine se vit obligée de maintenir d'importantes armées dans ce territoire.

Défaites et retraite

L'avancée de l'islam allait, elle aussi, contribuer à hâter la fin de la dynastie Tang. Après la chute de l'empire sassa-

A gauche : ce cavalier nous montre la mode d'Asie centrale au début de l'époque Tang. Jouet du Xinjiang.

Cette cavalière en grande toilette est également un jouet du Xinjiang.

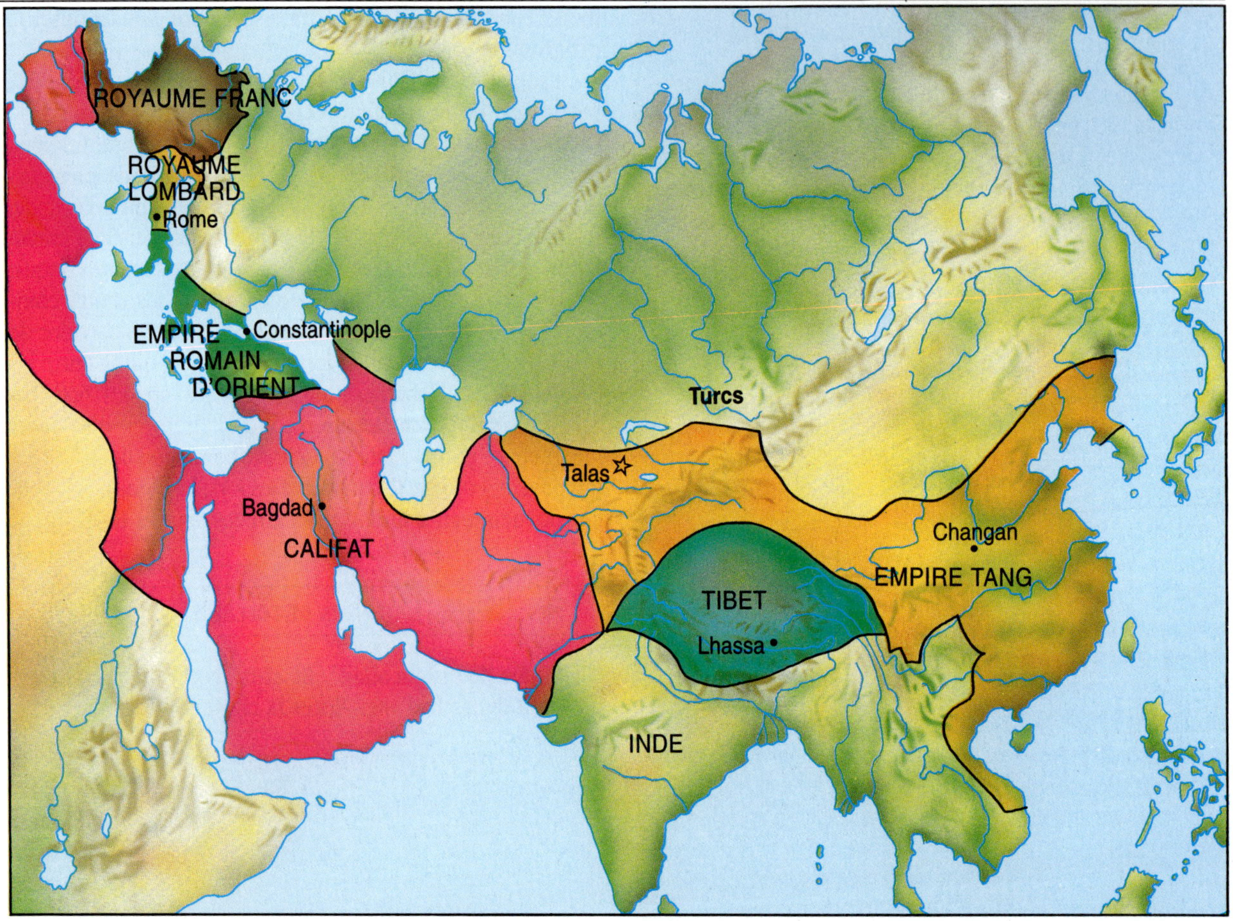

Le continent eurasien vers 750. L'année 751 fut une année charnière à la fois pour l'Occident, l'islam et la Chine de la dynastie Tang : la bataille du Talas et les autres défaites qui furent suivies d'une insurrection marquèrent un tournant dans l'évolution intérieure de la Chine. Pour ce qui est du califat, la prise de pouvoir par les Abbassides entraîna un changement d'orientation. Enfin, à la tête du royaume franc, arriva une nouvelle dynastie qui, grâce à son énergie, réussit à rassembler toute l'Europe occidentale sous son sceptre et jeta ainsi les bases de l'expansion européenne qui se produisit après le premier millénaire.

nide, un dernier représentant de cette dynastie, Firûz, se tourna vers la Chine pour solliciter son aide contre les Arabes. Des troupes chinoises venaient alors de franchir

Le moine Xuan Zang revient triomphalement chez lui après 16 années de séjour d'études en Inde (645). Détail d'une peinture le montrant à la tête d'un important cortège chargé de précieux ouvrages (grotte des mille Bouddha à Dunhuang) (voir encadré p. 160).

le Pamir et étaient en train de s'installer en Transoxiane. Cependant, les Chinois excluaient d'engager les hostilités contre l'Iran, et ils se contentèrent d'appuyer moralement Firûz en le nommant gouverneur militaire du Chiling (en Afghanistan). Néanmoins, comme il ne pouvait rien faire sur cette base, il ne lui resta plus qu'à se réfugier en Chine où une pension d'Etat lui permit de vivre jusqu'à sa mort.

Avec le temps, les Arabes finirent par arriver en Transoxiane où les Chinois cessèrent alors d'exercer leur protectorat. Cependant, il n'y eut pas d'affrontement direct entre les deux puissances — le califat et l'empire du Milieu — avant l'année 751 où les troupes chinoises se firent battre par une avant-garde arabe sur le Talas (une rivière qui coule au nord de Tachkent). Les historiens refusent d'accorder trop d'importance à cette bataille et soulignent que, si elle marqua la fin d'une ère, ce fut pour d'autres raisons. Peu après se produisit une insurrection qui fit trembler la Chine sur ses bases et eut une influence décisive sur la politique des Chinois vis-à-vis de leurs protectorats extérieurs. Les garnisons du bassin de Tarim et de Dzoungarie furent abandonnées, et les Arabes eurent les mains libres en Transoxiane.

En dépit des nombreuses attaques que les Tibétains et les Turcs avaient lancées contre les oasis des steppes, les Chinois avaient réussi à maintenir leur domination sur le Gansu et le bassin du Tarim jusqu'au moment de l'insurrection. Mais lorsqu'à la suite des troubles intérieurs il fallut retirer les troupes des avant-postes de l'ouest et même du Gansu, les Tibétains occupèrent la plus grande partie de ce territoire. En 763, ils pillèrent Changan et, à partir de 790, toutes les possessions situées à l'ouest du sol du Yumen furent consi-

Thé et porcelaine I

C'est primitivement dans la Chine du sud-est que se répandit l'habitude de faire des infusions de feuilles de thé pour préparer le breuvage que nous appelons thé. Le théier y pousse en effet à l'état sauvage. Sans doute se contenta-t-on longtemps de mâcher les feuilles mais, vers 300, le sud en fit sa boisson favorite. A l'époque Tang, elle se répandit dans l'ensemble de l'empire et jouit bientôt d'une extraordinaire popularité. Partout s'élevèrent des maisons de thé, et même les Ouïgours des steppes, qui venaient dans la capitale avec leurs chevaux et leurs fourrures, commençaient toujours par se rendre chez le marchand de thé. Vers 800, on décida de taxer le commerce du thé puis d'en faire un monopole d'Etat. Pour les provinces du sud-est et le Sichuan, c'était alors l'une des principales denrées d'exportation.

Ce type de porcelaine blanche est caractéristique de l'époque Tang.

dérées comme perdues. C'est seulement après l'effondrement de l'empire tibétain, en 842, que Gansu put être libéré.

Prospérité et commerce

La guerre répond à une logique propre. D'abord intervenues au Turkestan pour protéger leurs frontières, les troupes chinoises avaient ensuite été amenées à franchir le Pamir. Il est certain qu'aux yeux des Chinois les lignes de communication avec l'ouest ne représentaient pas seulement un enjeu militaire mais aussi commercial : les Chinois exportaient de la soie vers l'ouest et importaient en échange diverses marchandises exotiques. Et les contacts étaient loin de se limiter au commerce. Qu'il s'agisse d'idées ou de modes, jamais la Chine n'avait été aussi ouverte à tout ce qui arrivait de l'ouest. Venu de l'Inde, le bouddhisme ne cessait de faire de nouveaux adeptes, mais d'autres religions importées d'Iran avaient commencé à se répandre, tels le mazdéisme, le manichéisme ou le christianisme nestorien. Enfin, de nouvelles formes d'expression musicale, de nouvelles techniques, de nouveaux styles furent diffusés et adaptés au goût du pays.

La paix qui régna en Chine sous les empereurs Sui et la dynastie Tang s'accompagna d'une relative prospérité. Donnant entière satisfaction, le système fiscal alimentait régulièrement les caisses de l'empereur, cependant que l'homme du commun trouvait à peu près les marchandises qu'il voulait à des prix raisonnables. Dans le nord, le nouveau système de répartition des terres était bien accepté. Quant au sud, on peut douter qu'il y ait été vraiment appliqué. Pourtant, aux colons qui souhaitaient exploiter de nouvelles terres s'offraient de nombreuses possibilités dans les rizières du bas Yangzi, et quantité de gens quittaient les ter-

A l'époque Tang, Changan fourmillait d'étrangers et parmi les statuettes funéraires de cette époque, nombreuses sont celles qui présentent des physionomies étrangères. Ce vendeur de vin est peut-être arménien.

Ces deux statuettes funéraires représentent également des types occidentaux. Exprimant sa colère, l'homme de droite est manifestement un marchand de tapis.

ritoires très peuplés du nord. Traditionnellement connu comme grenier à blé, le Sichuan prit un nouvel essor grâce à la production de soie et à l'exploitation minière. Et il semble qu'en mer de Chine, la navigation ait connu un regain d'activité, surtout après l'établissement du califat.

Les grandes villes et les étrangers

Il est une figure qui revient fréquemment dans les contes chinois, c'est celle du « marchand perse ». Riche comme Crésus, il s'y connaît mieux que quiconque en bijoux et métaux précieux et n'hésite pas à ouvrir sa bourse pour aider les étudiants pauvres. Souvent entouré d'une aura de mystère, il passe pour un prince déguisé ou se voit paré de forces surnaturelles. Ces récits tirent leur matière d'une époque où le marchand perse, venu d'un lointain et merveilleux pays occidental, était une figure familière du paysage urbain chinois. Profitant de la mousson, des Arabes et des Perses partaient en bateau du golfe Persique puis, après avoir fait étape à Malabar et Ceylan, d'où leurs bateaux et équipages étaient d'ailleurs souvent originaires, gagnaient la baie du Tonkin. Canton était en passe de devenir une grouillante métropole de 200 000 habitants. D'un point de vue ethnique, beaucoup d'entre eux n'étaient d'ailleurs pas des Chinois mais des « barbares » des régions littorales, auxquels s'ajoutait un grand nombre d'Arabes, de Perses, et de représentants de diverses peuplades du sud-est asiatique. Comme dans bien d'autres localités chinoises, les commerçants étrangers avaient leur quartier propre qui bénéficiait de l'exterrioralité (autorités propres, tribunaux spéciaux pour différends entre étrangers). On y trouvait ainsi des monastères indiens et des mosquées musulmanes.

Au reste, la Chine tout entière fourmillait de commerçants étrangers qu'attiraient la soie, les damassés et les brocarts ou la porcelaine et les objets de jade. Comme monnaie d'échange, on proposait des produits de luxe et principalement les épices. *Yangzhou*, sur le yangzi, était le nœud de communications le plus important et le grand port de transbordement des marchandises que l'on expédiait vers le nord par le canal. Cette ville abritait aussi la résidence du puissant commissaire au monopole du sel et était, par ailleurs, un centre bancaire ainsi qu'un marché de l'or. De surcroît, on y fabriquait des produits en métal (les miroirs en bronze étaient très demandés) et du sucre raffiné (grâce à un procédé que l'on venait d'importer de l'Inde) ; enfin, on y trouvait des chantiers navals très actifs. Sillonnée de canaux où naviguaient des myriades d'embarcations, agrémentée de parcs et jardins, la ville donnait une impression d'ouverture et de gaieté. Au VIIIe siècle, affirme Edward Schafer (dont l'ouvrage « The Golden Peaches of Samarkand » a beaucoup inspiré cette description), Yangzhou était le joyau de la Chine. Les marchands étrangers y étaient très nombreux et, s'il faut en croire les sources, des milliers d'étrangers furent tués lorsqu'en 760 la ville fut pillée par les insurgés.

Comptant un à deux millions d'habitants, Changan, la capitale, était le terminus de la route caravanière de l'ouest ; ici, outre les Arabes et les Perses, se retrouvaient des bourgeois des villes de Transoxiane (leur langue, le sogdien indoeuropéen, était la langue commerciale de la steppe, de même que le persan était celle de la navigation), des habitants des importantes villes oasiennes du bassin du Tarim (qui parlaient également une langue indo-européenne), des Turcs et des Ouïgours. Ces derniers vendaient des fourrures et des chevaux mais, en habiles commerçants qu'ils étaient, ils se firent usuriers et devinrent une caste haïe à Changan. En 779, un millier de commerçants ouïgours vivaient dans cette ville.

Depuis toujours, la Chine officielle n'éprouvait que

Il ne subsiste que très peu d'œuvres en jade de l'époque Tang. On peut voir en tout cas que ce saurien brun, noir et vert est un petit chef d'œuvre.

A l'époque Tang, la musique occidentale devint très populaire grâce à des musiciens ambulants comme cet orchestre de cinq hommes. Cette statuette de groupe a été retrouvée dans la tombe d'un haut fonctionnaire de Changan qui, de son vivant, avait peut-être une prédilection pour les orchestres de ce genre. Le chameau atteste lui aussi de l'origine occidentale des artistes.

méfiance à l'égard des commerçants. Quant aux commerçants étrangers, qui étaient doublement suspects, ils faisaient l'objet d'une sévère surveillance. Aucune transaction commerciale ne pouvait avoir lieu en dehors du marché officiel. L'arbitraire régnait. Il pouvait ainsi arriver que, du jour au lendemain, les autorités interdisent l'exportation des produits que l'on était précisément venu acquérir. Et de même pouvaient-elles s'opposer à la vente de marchandises supposées corrompre les mœurs. Mais surtout, le commerçant devait se séparer d'une part importante — peut-être le tiers — de ses marchandises pour en faire « don » à l'empereur ; de surcroît, il n'était pas rare que des fonctionnaires corrompus réclament également leur dû. Pourtant, ces expéditions de plus d'un an restaient rentables, et le commerce allait bon train. Tout ceci ne pouvait cependant durer éternellement. Avec la défaite des Chinois, la route de l'ouest fut fermée. Certes, lorsque l'empereur Xuanzong prit ses fonctions (712), il fit rassembler quantité d'objets de valeur étrangers — pierres précieuses, métaux, étoffes — puis les fit brûler dans la cour du palais. Il n'y avait là que des choses dont l'on pouvait se passer ! Mais il ne fallut pas plus de quelques années pour que l'empereur s'intéressât lui aussi à toutes les nouveautés exotiques. A

Détail d'un orchestre comprenant au total 26 musiciens, manifestement originaires de différentes nations. Plusieurs de ces instruments sont identifiables et donnent ainsi de précieux renseignements sur la musique de l'époque. L'orchestre figure dans une composition retrouvée à Dunhuang qui représente un paradis bouddhiste, « Le pays pur », mais illustre en fait ce qui devait se passer dans le palais des grands.

Changan, les joueurs de harpe et danseuses d'Asie centrale jouissaient d'une immense popularité, et la musique chinoise avait fait siennes des mélodies venues d'Iran et d'Inde. Dans les arts appliqués, on ne cesse de retrouver des motifs d'inspiration iranienne, indienne et turque.

Le Tibet

Jusqu'ici, c'est essentiellement en nous plaçant d'un point de vue chinois que nous avons évoqué les peuples des montagnes ou des steppes de l'ouest et du nord. Mais les « barbares » ont également leur propre histoire.

Les *Tibétains* étaient en partie des nomades, en partie des agriculteurs. On ne les trouvait pas seulement dans l'actuel Tibet mais aussi dans les steppes du Nord. Ce fut cependant dans la fertile région agricole du sud arrosée par le Brahmapoutre (Tsangpo), et où se trouvent à présent les villes de Lhassa, Shigatse et Gyantse, que commença l'« unification du royaume ». Et celle-ci se produisit au VIIe siècle avec une stupéfiante rapidité. Avant cette période, l'histoire du pays reste obscure. On sait cependant que, vers 600, un petit seigneur exerça sur le pays une domination plus ou moins féodale. Son fils, le véritable fondateur du royaume, Srong-Bstan Sgam-po (environ 627-650), lança d'importantes opérations militaires qui lui permirent de se faire craindre aussi bien du Népal que de la Chine. Pendant 200 ans, ses successeurs représentèrent une menace permanente contre la présence chinoise dans le bassin de Tarim, et même contre la Chine elle-même, lorsque les troupes tibétaines conquirent Changan (763) et occupèrent Gansu.

Par ailleurs, les rois se dotèrent d'une imposante administration. Ils adoptèrent une écriture venue de l'Inde et firent venir du papier de Chine. Après que le Népal et la Chine lui eurent tous deux dépêché une princesse bouddhiste, Srong-Btsan Sgam-po devint lui-même bouddhiste, et c'est lui qui, le premier, édifia des temples dans le pays. Si les Tibétains appréciaient beaucoup les marchandises venues de Chine — la soie, le jade, la porcelaine, et donc le papier —, c'est l'Inde qui leur fournissait l'essentiel de leurs nourritures spirituelles. C'est de ce pays que leur parvint le bouddhisme mahayana.

Néanmoins, l'ancienne religion restait profondément

Thé et porcelaine II

Dès l'époque Han, on produisait en Chine une céramique vernissée qui constitua une première étape dans la fabrication de la porcelaine. Mais ce n'est pas avant le VIe siècle que l'on sut dominer la technique de cuisson qui permettait de fabriquer de la véritable porcelaine. La dynastie Tang est la première grande période de la porcelaine chinoise. C'est souvent l'Occident qui inspirait les formes des pichets, vases et soucoupes. En revanche, ce même Occident n'avait pas de matériau comparable, et la Chine en exporta en très grandes quantités. C'est à peu près en même temps que l'on commença à fabriquer de la porcelaine et à s'engouer pour le thé et, dans un ouvrage d'initiation à l'usage du thé, on juge la porcelaine en fonction de la couleur qu'elle donne à cette boisson :

« *Les tasses de porcelaine de Yuezhou et Youzhou ont une teinte bleu clair et, lorsqu'on les remplit de thé, celui-ci paraît rougeâtre. La porcelaine de Xingzhou est blanche et donne au thé une couleur rouge. Celle de Zhouzhou est jaune et rend le thé poupre, celle de Hongzhou est brune, et le thé paraît noir. Aucune d'entre elles ne rend la véritable couleur du thé.* »

Pour ce qui est des préférences de l'auteur, elles vont à une certaine porcelaine de Yuezhou qui donne au thé une couleur *verte*.

enracinée, et une grande partie de la noblesse trouvait, non sans raison, que le pouvoir royal se servait du bouddhisme pour renforcer la position de la monarchie. Le mécontentement culmina lorsque le souverain choisit un moine bouddhiste pour premier ministre. Finalement, le roi Tri-tsug-de-tsen fut tué (838) et, sous son successeur, les bouddhistes firent l'objet de violentes persécutions. Mais le successeur fut à son tour assassiné par un moine qui voulait se venger (842), ce qui entraîna la désagrégation du royaume en petites principautés. Mais au XIe siècle, se fit jour une renaissance religieuse qui déboucha sur le lamaïsme tibétain.

Les royaumes turcs

Les populations des steppes ont toujours constitué une énigme, car comment expliquer ces périodiques accès où, débordant leurs frontières, ils lançaient des expéditions dévastatrices et bâtissaient des empires. Certes, on peut avancer quelques explications comme la surpopulation, les changements de climat, les rivalités claniques, la lutte des classes, les manœuvres politiques des sédentaires ou l'apparition de chefs charismatiques. Mais il est impossible de dégager un modèle commun. Cependant, sous les Sui et les Tang, l'Asie centrale présente une physionomie propre, et nous pouvons, entre autres, considérer cette période à la lumière du processus de sédentarisation qui se produisit dans cette région durant les deux mille dernières années. Et, pendant la période que nous étudions, ce sont les *Turcs* et les *Ouïgours* qui dominent.

Pour ce qui est des Turcs, nous connaissons en partie leur origine, cette période où ils travaillaient comme forgerons chez les Yuanyuan. C'est en 545, lorsqu'ils envoyèrent une ambassade en Chine qu'on les mentionne pour la première fois comme entité autonome. Et, c'est peu de temps après qu'ils se substituèrent à leurs anciens maîtres pour devenir la grande puissance de l'Asie centrale. A plusieurs reprises, les Chinois se sentirent menacés, et ils leur dépechèrent de nombreuses délégations. Avant que les Ouïgours ne prennent leur place, nous pouvons distinguer

Le fondateur de l'empire tibétain Song-tsen-gam-po, trône entre ses deux épouses, la chinoise à sa gauche, la népalaise à sa droite. (Groupe de statues tardif du temple de Jokhang à Lhassa).

En haut à gauche : détail de la statue de l'impératrice chinoise, Wen Cheng.

Au IXe siècle, les Ouïgours prirent le contrôle des oasis du Xinjiang. L'un des petits royaumes était le kotcho, dans la vallée de Tourfan. Ce personnage princier a été peint sur un fanion retrouvé dans un temple bouddhiste de la région. Il s'agit peut-être d'une offrande votive.

deux « périodes de puissance » ou « constitutions de royaumes » dans l'histoire des Turcs :

1. Premier royaume turc 552-583
2. Deuxième royaume turc 680-740
3. Royaume Ouïgours 744-840

Au faîte de sa puissance, la Turquie exerça sa souveraineté sur un territoire qui s'étendait de la Mongolie à la Transoxiane. Le centre était situé dans la vallée de l'Orkhon et les montagnes de l'Ötukan qui se trouvaient juste à l'ouest, cependant que la Dzoungarie constituait un centre secondaire. Après la disparition des hommes qui avaient présidé à la première unification, les Turcs de l'ouest firent sécession et élevèrent leur propre prince à la dignité de kagan. Cette scission profita à la Chine mais une réaction nationale se fit jour, et elle permit aux Turcs de refaire leur unité un siècle après.

La tension intérieure allait cependant s'avérer trop forte. Pour les Turcs, leur base de Mongolie était l'endroit d'où le monde devait être gouverné, et leur kagan le représentant des dieux sur terre. Ainsi acquirent-ils une conscience nationale, une idéologie, mais si ces nomades désiraient le pouvoir, ils désiraient tout autant la liberté. Mais la Chine et les villes situées le long de la route de la soie leur procuraient à la fois des produits de luxe et le nécessaire lorsque les hivers étaient rudes et que le bétail n'avait pas survécu. Certains voulurent se rapprocher des villes, d'autres s'y opposèrent, et lorsque le bruit courut que le kagan lui-même n'était pas hostile à ce rapprochement, il fut assassiné (734). Cela permit à un autre peuple de langue turque, les Ouïgours, de s'implanter dans la vallée de l'Orkhon.

En haut à droite : « Son altesse, la princesse Joie », nous dit l'inscription à propos de la femme de droite. Les femmes sont des Ouïgours, et tant leur coiffure que leur habillement attestent d'une condition élevée. (Peinture murale du temple d'une grotte de Bezeklik dans la vallée de Tourfan, IXe siècle).

Représentés dans le même temple, ces trois hommes, qui sont manifestement des Ouïgours de haut rang, font pendant aux deux princesses. Ayant une fonction utilitaire, les poignards et autres objets accrochés à la ceinture sont aussi des attributs de leur dignité. Les tiares et les nattes montrent également qu'il sagit d'aristocrates.

Les Ouïgours

La grande chance des Ouïgours fut le soulèvement qui se produisit en Chine quelques années plus tard. L'empereur dut alors faire appel à tous les concours possibles, et les Ouïgours, qui connaissaient déjà bien ce rôle d'alliés, acceptèrent d'aider l'empereur en échange de confortables subsides. Par la suite, c'est sur cette base que les Ouïgours traitèrent avec les Chinois. Ils appuyèrent ainsi l'empereur contre le peuple khitan au nord-est, puis contre les Tibétains mais réclamèrent d'exorbitantes compensations. Ayant de très importants élevages de chevaux, ils fournissaient l'armée chinoise et exigeaient de se faire payer en soieries dont ils demandaient des quantités démesurées. Ensuite, les Ouïgours vendaient ces soieries à l'ouest avec des fourrures qu'ils se procuraient dans les steppes et les forêts. De plus en plus, ils choisirent de s'établir comme commerçants le long de la route de la soie. Politiquement, ils avaient une monarchie de droit divin dans le style turc, mais ils étaient moins rétifs que leurs prédécesseurs à l'idée de se sédentariser, et ils construisirent eux-mêmes une ville, Baibaliq, sur la Selenga, au sud du lac Baïkal. A l'instar de nombreux Turcs, les Ouïgours étaient également devenus bouddhistes (bien qu'ils n'aient jamais entièrement rompu avec le chamanisme). Ce qui ne manque cependant pas de surprendre, c'est qu'en Chine, non seulement ils découvrirent le manichéisme mais en firent leur religion officielle.

La rapidité avec laquelle leur puissance s'effondra montre à quel point leur organisation était encore fragile.

Le kagan turc parle à son peuple

« Si c'est depuis les montagnes de l'Ötukan que règne le kagan turc, il n'y aura pas de troubles dans le royaume... Il n'existe pas de meilleur pays que les montagnes de l'Ötukan. C'est de là que l'on peut le mieux gouverner les tribus.

A moins que, là-haut, le ciel ne tombe et qu'ici bas la terre ne s'effondre, qui pourrait, Ô peuple turc, réussir à détruire ton Etat et tes institutions ? Ô, peuple turc, manifeste douleur et repentir ! Parce que vous avez été désobéissants, vous avez vous-même trahi votre royaume libre et indépendant, vous avez vous-même créé la discorde. Quelqu'un est-il venu avec des armes pour vous chasser ? Des cavaliers sont-ils venus avec des lances pour vous chasser ? Non, c'est vous-même, les gens des saintes montagnes de l'Ötukan, c'est vous mêmes qui êtes partis... Et tout ce que vous avez obtenu là où vous êtes arrivés, c'est que votre sang a coulé comme une rivière, que vos os se sont accumulés en tas aussi hauts que des montagnes, que vos fils, destinés à être des maîtres, sont devenus des esclaves et que vos filles, destinées à être des dames, sont devenues des servantes.

Ils (les Chinois) nous donnent en abondance de l'or, de l'argent et de la soie. Le peuple chinois a toujours prononcé de douces paroles, les marchandises qu'il a apportées ont toujours été douces et mœlleuses. On dit que les Chinois utilisent de douces paroles et des marchandises mœlleuses pour amener les peuples lointains à venir jusqu'à eux. Mais lorsqu'un tel peuple s'est installé à proximité de chez eux, ils leur font du mal... Vous-même, peuple turc, vous vous êtes laissés duper par leurs douces paroles et leurs marchandises mœlleuses, et vous avez été tués en grand nombre !... Et donc, si vous vous approchez de ces lieux, ô peuple de Turquie, vous mourrez ! Mais si vous restez dans le pays d'Ötukan et que vous envoyez des caravanes de là, vous serez à l'abri du mal. »

(Le texte ci-dessus se trouve inscrit sur une pierre commémorative erigée en 732 par le kagan turc Bilgä. Ici s'exprime l'éternel problème des peuples nomades : les rapports avec les sédentaires et leur civilisation. La pierre se trouve dans la vallée de l'Orkhon en Mongolie. C'est un explorateur russe qui la sortit de l'anonymat en 1889.)

En effet, à la suite d'un hiver particulièrement rigoureux, le bétail mourut en masse et la famine régna. Dès lors, les Ouïgours devinrent une proie facile pour les Kirghizes contre lesquels ils avaient dû se battre au cours des vingt dernières années. Leur capitale fut détruite et leur royaume disparut.

Bien qu'en 842, le Tibet eut cessé de constituer une menace, les Chinois décidèrent de ne plus poursuivre leur expansion à l'ouest. Ils renoncèrent à exercer toute forme de contrôle à l'ouest de Dunhuang et Hami, et l'Asie centrale fut perdue pour la culture chinoise. Dans une large mesure, ce furent les Ouïgours qui s'assurèrent le contrôle des villes Oasiennes. Et, si ces territoires ne passèrent pas directement sous le contrôle de l'islam, ils furent désormais plus tournés vers le monde islamique que vers la Chine. C'est seulement au XVIIIe siècle que cette région, le Xinjiang, fut incorporée à l'empire de Chine.

Pendant un siècle, les Chinois dominèrent jusqu'au Pamir (photo) les oasis qui longeaient la route de la soie. Mais, à long terme, il s'avéra trop difficile de contrôler les nomades. Devant faire face à des problèmes intérieurs, le pouvoir impérial dut renoncer à exercer sa souveraineté sur les steppes.

Poètes, moines et mandarins

Bouddha taillé dans le roc sur la rive du Yangzi Jiang. Les personnages que l'on peut voir aux pieds du géant donnent une idée de ses dimensions.

C'est à l'empire des mandarins qu'ont été consacrées les pages précédentes. Nous y avons longuement décrit la politique et le système administratif de la dynastie Tang, spécialement parce que les institutions de cette époque devaient survivre à celle-ci et marquer de leur empreinte l'évolution de la société, non seulement en Chine mais aussi dans d'autres pays d'Orient. Le chapitre qui suit devrait permettre de mieux comprendre la mentalité, la vie intellectuelle et les attitudes de l'époque Tang, mais essentiellement celles de la classe supérieure. Car, si la Chine de l'époque Tang nous a légué un important matériel écrit, celui-ci ne nous renseigne guère sur les conditions d'existence de la masse, sur la vie sociale du commun des gens.

Cette situation s'explique par le mode de pensée traditionnel et, paradoxalement aussi, par le vif intérêt que, parallèlement à ses succès politiques, la dynastie Tang portait à l'historiographie : dans une large mesure, l'aristocratie des fonctionnaires parvint à donner de la Chine des Tang l'image qu'elle-même désirait transmettre, et c'est très partiellement seulement que les historiens modernes ont pu la corriger et le compléter.

L'historiographie idéologique

En Chine, on écrivait traditionnellement l'histoire des dynasties. Mais la dynastie Tang alla encore plus loin en faisant rédiger des chroniques officielles qui tiraient leur matière des journaux où l'on consignait les événements au jour le jour et des annales tenues par le secrétariat impérial. Là, conformément à la tendance philosophique dominante, on considérait que seules les autorités centrales ainsi que leurs faits et gestes revêtaient de l'importance et présentaient de l'intérêt. Dans ces conditions, la tâche des historiens était de noter les événements qui s'étaient déroulés et de les enchaîner les uns aux autres pour en faire une chronique où l'on citait abondamment les documents officiels (si nécessaire purgés et amputés). Dans l'ensemble, ces documents ont depuis longtemps disparu, et il en va de même des chroniques. Ce que nous en connaissons provient principalement de deux histoires dynastiques officielles qui, elles aussi, n'ont retenu des sources que ce qui servait leur propos.

Dès lors, trois constatations s'imposent. La première est qu'au mieux il est extrêmement long et ardu, mais le plus souvent impossible, de vouloir présenter les choses sous un angle différent. Deuxièmement, comme l'administration centrale était le lieu de résidence et le seul pôle d'intérêt des auteurs, ceux-ci négligent presque totalement l'histoire locale. Ainsi serait-il vain de vouloir trouver dans ces textes l'histoire des différentes régions et des groupes ou classes sociaux. Pour comprendre ce qu'était la vie dans la société, il faut plutôt recourir aux productions littéraires. Cependant, la récente découverte de manuscrits anciens devrait considérablement élargir le champ des investigations. Et, à cet égard, il faut principalement mentionner les fabuleux manuscrits de Dunhuang (vol. 3 p. 58) parmi lesquels se trouvent des documents portant sur l'administration locale, les monastères, les marchés et l'organisation de villages. Une fois déchiffrés et exploités ils devraient très utilement enrichir l'histoire sociale. Mais l'on en est encore qu'à la phase initiale.

En troisième lieu, il apparaît que seule importait l'histoire de l'empire. Et, dans le choix des sujets comme dans la rédaction elle-même, on poursuivait clairement un dessein politico-moral dans l'esprit confucéen. L'ancien empire chinois était présenté comme un inaccessible âge d'or et servait de référence suprême. L'histoire était écrite par des bureaucrates *pour* des bureaucrates, pour le souverain et la couche dominante afin qu'ils puissent en tirer des enseignements ; elle était à la fois mise en garde et encouragement. En effet, les gouvernants pouvaient ne pas être suffisamment respectueux des règles que le seigneur du ciel, Shangdi, avait fixées à l'ordre du monde *tao*. Et, si l'empereur s'en écartait par trop, le Ciel lui retirait à la fois sa faveur et son mandat puis le remplaçait par une nouvelle dynastie. C'est pour cette raison que les historiens de la dynastie Tang ne ménagèrent aucun effort pour discréditer le dernier empereur Sui. Et c'est ainsi que l'histoire de la Chine devint l'histoire des grandes dynasties, de leur épanouissement et de leur chute.

« Shi nong gong shang »

C'était les mandarins qui écrivaient l'histoire, et eux aussi qui définissaient les normes de la société. De plus en plus, ils s'inspirèrent de l'idéologie confucéenne. Mais les idéaux confucéens étaient reconnus et acceptés bien au-delà de leur milieu. Dans une large mesure, ils correspondaient très certainement à ce que pensait et pratiquait l'homme du commun. Cependant, le pouvoir bureaucratique était également marqué par l'idéologie légaliste qui soulignait la nécessité de recourir à la contrainte pour pouvoir gouverner efficacement. Il ne ne nous appartient pas de répéter ici ce qui a été dit dans le volume 2 sur le confucianisme et le légalisme. Notons seulement que la Chine de l'époque Tang était une société patriarcale et centralisée qui croyait dans les vertus d'une direction étatique. Les anciens idéologues avaient voulu créer une société où l'union des différentes classes permettrait de créer la grande harmonie. Mais ce modèle d'harmonie, les légalistes le concevaient à leur manière. La société ne pouvait fonctionner efficacement que si chacun restait à sa place dans la classe sociale qui lui avait été originellement impartie. Selon eux, les classes sociales étaient au nombre de quatre, ce qui fut ensuite entérinée par la législation de la dynastie Tang : « Ceux dont les activités ont trait à la connaissance, civile aussi bien que militaire, sont les mandarins (*shi*). Ceux qui s'astreignent à cultiver la terre et récolter la soie sont les paysans (*nong*). Ceux qui fabriquent les marchandises et les échangent sont les artisans (*gong*). Ceux qui sont bouchers et marchands de vin ou font le négoce de marchandises sont les commerçants (*shang*). Les familles des artisans et commerçants ne doivent pas fréquenter les mandarins. » *Shi nong gong shang*, telle est la formule qui résume la répartition en états dans la société chinoise.

Et, dans cette société, il y avait deux sortes de lois : les lois écrites d'inspiration légaliste qui fixaient des peines précises et étaient applicables à l'homme du commun, et la loi non écrite que leur formation confucéenne avait inoculée aux élites. La pression sociale était considérable et s'exerçait d'autant plus que l'on était haut placé dans la hiérarchie. Une perte de prestige était très durement ressentie et, lorsqu'une sanction était prise, c'était toute la famille qui était frappée. Aussi, pour juger les membres de la classe supérieure, se référait-on plutôt à la loi non écrite.

Les privilégiés

C'étaient naturellement les paysans qui constituaient l'essentiel de la population. Et, officiellement, on magnifiait le métier de paysan qui assurait la subsistance de l'Etat ; la tradition confucéenne est pleine de respect pour le paysan et, dans la hiérarchie, on place celui-ci immédiatement

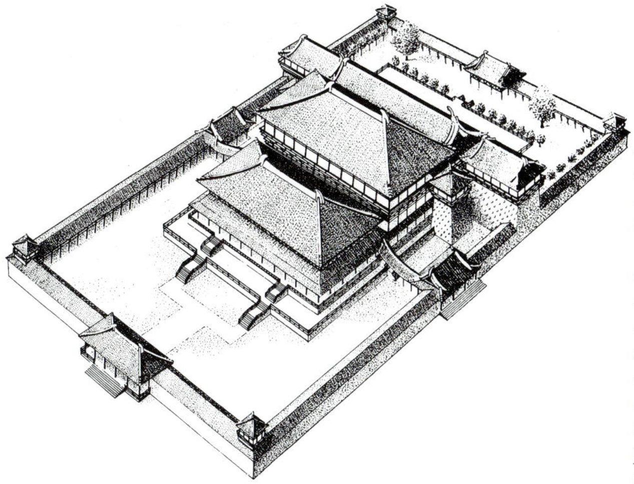

Ainsi pouvait se présenter la demeure d'un haut fonctionnaire chinois. On voit ici la reconstitution d'un palais du VIIIe siècle. Les murs étaient en terre battue mais, très souvent, on recourait au bois, ce qui explique que peu de constructions aient été conservées. L'architecture de l'époque Tang nous est surtout connue grâce à des peintures et certains temples japonais.

Ce mandarin est vêtu d'un vêtement aux manches amples caractéristique de l'époque Tang.

Dame de la cour. Statuette funéraire de terre cuite vernissée en trois couleurs.

après le lettré. Néanmoins, pour les artisans et surtout les commerçants, Confucius était loin de n'éprouver que du mépris. Et les paysans n'inspiraient pas aux fonctionnaires des sentiments conformes à la théorie.

Ainsi s'explique que nous soyons si peu renseignés sur l'homme du commun. Dans l'histoire officielle, c'est aux fonctionnaires que sont dévolus tous les rôles. Etienne Balazs écrit à ce propos qu'il est rare de rencontrer « des intrus du monde extérieur » à la lisière de cet univers bureaucratique fermé. Et si c'est le cas, précise-t-il, il s'agit de paysans qui se manifestent en qualité, soit de contribuables, soit de fripouilles (c'est-à-dire de révoltés), ou de commerçants également contribuables ou annonciateurs de ruines. Quant aux artisans, ils sont pratiquement absents.

Les mandarins étaient conscients d'occuper une position privilégiée, et ils ne ménageaient aucun effort pour la renforcer en appliquant un système extrêmement compliqué de règles, instructions et interdictions qui, ayant force de loi, finissaient par déterminer le style de vie des différents groupes de la société. Ces règles valaient pour tous les domaines de l'existence, qu'il s'agisse de l'aspect à donner à sa maison ou des rites religieux à accomplir. Par exemple, lorsqu'on interdisait aux non fonctionnaires de porter des pierres précieuses ou des bijoux de jade, c'était pour garantir aux mandarins un style de vie supérieur et, partant, un prestige plus élevé qu'aux gens du commun. Et, parmi ces derniers, c'étaient avant tout les commerçants qui étaient visés. D'un côté, ils exerçaient le plus méprisable des métiers mais, d'un autre, c'étaient eux les plus susceptibles de menacer l'omnipotence des fonctionnaires. Il fallait empêcher que l'argent seul puisse être source de prestige.

Aussi, quelle que fût leur fortune, les commerçants n'avaient pas le droit de porter des vêtements de soie fine ou des fourrures, ni de se déplacer à cheval et en voiture ou de porter des armes. Leur maison devait avoir une dimension séante et ne pas être trop luxueusement meublée ; toutes les fêtes et cérémonies qu'ils donnaient devaient se dérouler selon certaines normes bien précises.

La famille

C'était cependant la famille qui était le noyau de la société chinoise. Confucius s'attacha à insérer la famille non seulement dans un système social, mais dans toute une conception de la société, une idéologie et, à partir de l'époque Han, s'imposa l'idéal familial qui a prévalu jusqu'à nos jours. La famille comprenait aussi les morts, lesquels étaient en quelque sorte « maintenus en vie » par des offrandes et d'autres formes de culte, à charge pour eux de veiller sur le bien-être de chacun. En toutes circonstances, on faisait jouer la solidarité familiale. Plus la famille était nombreuse, plus était garantie la sécurité de chacun, plus étaient grandes les possibilités d'aides mutuelles et plus était favorisée la communauté d'intérêts. Le fils qui se mariait devait préférablement installer son ménage dans le foyer de ses parents. Et, s'il n'y avait pas suffisamment de place, au moins fallait-il qu'avec toutes ses concubines et épouses il s'installât à proximité immédiate. Car, entre autres obligations, il avait surtout celle de servir son père et

La chambre à coucher et le lit ne font qu'un. Exécutée à l'époque Tang, cette copie sur soie reproduit une série de peintures du IVe siècle : « L'intendante de la cour donne ses instructions aux dames de la cour. »

Dans le trousseau de mariage figurait parfois un manuel érotique illustré. Cet exemplaire est tardif, mais le genre ne s'est guère modifié au fil des siècles.

Le sort de la femme

Dû à Fu Xuan, le poème qui suit date du IIIe siècle :

« Vraiment, qu'il est amer d'être née femme.
L'on ne saurait rien imaginer de plus bas !
Les garçons peuvent librement franchir la porte ;
Dès leur naissance ils sont traités comme des dieux.
Seuls les quatre océans limitent leur esprit d'homme.
Mille milles ils peuvent parcourir et défier tant la tempête que la poussière.
Alors qu'une fille est élevée sans joie ni tendresse.
Il n'est personne pour se soucier vraiment d'elle.
Adulte, il faut qu'elle demeure dans la pièce intérieure ;
Qu'elle se recouvre la tête et ne regarde pas les gens dans les yeux.
Et personne ne verse une larme lorsqu'on la marie.
Tous les liens qui la rattachent à sa famille sont brusquement coupés.
La tête penchée, elle essaie de garder un masque.
Cependant que les dents blanches mordent dans les lèvres rouges.
Maintenant, il faut qu'elle s'incline et s'agenouille.
Qu'elle se montre humble même devant les servantes et concubines.
L'amour de son mari est lointain comme la voie lactée,
Et pourtant, il faut qu'elle le suive comme l'hélianthe suit le soleil... »

sa mère ainsi que d'autres parents plus éloignés. Ce qui est dit ici vaut avant tout pour la classe supérieure. En effet, la plupart des familles d'artisans, de petits commerçants ou paysans formaient très vraisemblablement des familles nucléaires.

Dans la philosophie traditionnelle, la famille reflétait un rapport fondamental de la nature : le contraste et l'harmonie entre les deux forces polaires de base *yin* et *yan*. Tout le cours de la nature résultait de l'interaction du froid et du chaud, de l'humidité et de la sécheresse, de l'obscurité et de la lumière, du féminin et du masculin, de la terre et du ciel. Pour Confucius également, la femme était par rapport à l'homme ce que la terre est par rapport au soleil. Elle était biologiquement nécessaire mais incontestablement inférieure.

Statuette funéraire.

Femme en vêtement de fête. Comme la mode l'exigeait, elle portait une robe ample à longues manches (statuette funéraire).

Poupée de l'époque Tang récemment trouvée à Astana, à l'est de Tourfan, sur la route de la soie.

Le rôle de la maîtresse de maison

C'est seulement en prenant de multiples précautions que l'on peut se risquer à décrire la vie de famille et la situation de la femme dans le vaste empire chinois de cette époque. Ainsi, dans le sud, était-il courant d'avoir plusieurs épouses — au moins dans les couches supérieures qui en avaient les moyens — tandis que, dans le nord, la monogamie était une ancienne tradition. Pour autant, il n'était pas interdit d'avoir des concubines. Aussi une grande famille avait-elle tout un groupe de femmes pour diriger la maison. Et, entre elles, existait une véritable hiérarchie : « Les servantes obéissaient aux concubines, les concubines obéissaient aux épouses, les épouses obéissaient aux premières épouses, et toutes obéissaient à la maîtresse de maison », laquelle était la première épouse du maître de maison ou, éventuellement, celle du fils aîné. Dans les couches aisées, fonctionnaires ou grands commerçants, les épouses n'avaient pas grand chose à faire : elles pouvaient se distraire en jouant ou en allant se promener jusqu'au temple voisin. Entre les murs, l'autorité était exercée par la maîtresse de maison qui devait régler les querelles et pouvait, le cas échéant, faire donner le fouet. Dans les affaires plus importantes, la décision revenait au maître de maison qui pouvait aller jusqu'à prononcer une condamnation à mort : si l'une de ses femmes avait fauté avec un serviteur, il pouvait exécuter les deux coupables ou encore soumettre l'affaire à l'ancien de la famille.

Le troisième jour qui suivait son mariage, la femme devait rendre une ultime visite à ses parents qu'il lui était ensuite interdit de revoir. Cependant, dans son nouveau foyer, c'était seulement après la naissance d'un fils que sa position était définitivement assurée. Le mari avait toute latitude de divorcer, puis de renvoyer sa femme dans sa famille. Et, lorsque le mariage était stérile, le père et le frère aîné pouvaient tout simplement ordonner le divorce ! A l'époque Tang, tant les divorcées que les veuves avaient encore la possibilité de se remarier (mais, après qu'au XIe siècle le confucianisme eut été définitivement élevé au rang d'idéologie officielle, les femmes divorcées étaient considérées comme déshonorées, et de même que les veuves, elles n'eurent plus le droit de se remarier). Pour ce qui était des divorces, on essayait de les régler par arbitrage. Et, chaque fois que c'était possible, on faisait de même pour les autres affaires. Le recours aux tribunaux publics n'avait rien d'une plaisanterie, et l'on jugeait honteux d'être impliqué dans un procès. Des documents de Dunhuang révèlent que les femmes pouvaient, elles aussi, prendre l'initiative de demander le divorce. Mais il est impossible de savoir dans quelle mesure ce matériau retrouvé dans une région périphérique vaut pour l'ensemble de l'empire.

Quant aux concubines, elles avaient une situation encore plus précaire. Issues de milieux très modestes, elles ne pouvaient guère compter revenir dans leur famille. Et dès lors qu'on les renvoyait, il ne leur restait souvent plus qu'à se prostituer. Mais, aussi longtemps qu'elles faisaient partie du foyer, elles avaient des droits, et leurs enfants pouvaient hériter.

Harems et vie sexuelle

Le harem n'était pas pour le mari l'endroit de toutes les libertés. Celui-ci devait savoir diriger sa maison selon les règles établies, et un foyer dont l'harmonie était absente risquait de compromettre à la fois sa réputation et sa carrière. En effet, la femme avait des droits qui, même s'ils n'étaient pas légalisés, étaient tout à fait réels, et le mari devait veiller à ce que chacune bénéficiât de la sollicitude à laquelle elle était en droit de prétendre. Pour autant, l'on ne pouvait empêcher les épouses de pratiquer un lesbianisme dont on sait d'ailleurs qu'il était accepté, alors que les sources restent discrètes sur l'homosexualité masculine. D'une manière générale, le maître de maison avait également le devoir de trouver des maris à toutes les femmes qui dépendaient de lui.

La recherche du plaisir sexuel était considérée comme juste et naturelle, mais dans des limites bien précises. En principe, le changement de partenaire était exclu. Et, si le trousseau des jeunes filles contenait souvent un manuel illustré de pratique amoureuse, on n'en considérait pas moins que la finalité de la vie sexuelle était d'engendrer des enfants. Certes, les filles de joie étaient acceptées, et elles étaient légion dans les grandes villes ; mais, dans le mariage, l'accouplement était destiné à assurer la procréation. Comme la semence était censée contenir l'essence de la vie de l'homme et qu'elle était donc son bien le plus cher, il ne fallait pas la gaspiller (aussi s'explique que l'on ait approuvé toute attitude visant à l'économiser, en particulier le *coitus reservatus*).

En dehors de la chambre à coucher, toute forme d'intimité, même limitée à un simple contact, était prohibée. A l'intérieur de la maison, les sexes étaient strictement séparés, les femmes devant rester dans les appartements intérieurs. Il est évidemment difficile de savoir comment ces principes étaient appliqués dans les faits. Il pouvait y avoir un fossé entre la théorie et la pratique. A partir de l'époque Han, on consacre à la femme des livres du même type que ceux qui paraîtront en Europe à la fin du Moyen Age. D'un côté, il y a des manuels qui décrivent la femme idéale, la femme modèle et, d'un autre, des récits satiriques où nous sont présentées des femmes qui, négligeant leurs tâches ménagères, passent leur temps en compagnie de leurs amies à bavarder et à s'amuser bruyamment en ville !

Vampire et sorcière

Pour les Chinois aussi, la femme était un être mystérieux doté de forces secrètes. La Chine de l'époque Tang nous a laissé des récits où apparaissent des sorcières qui, à la faveur de la nuit, se rendent sur un sommet voisin pour participer à un sabbat de sorcières ; de plus, il existait tout un folklore peuplé de démons féminins où les implications érotiques étaient nombreuses.

Semblant remonter à l'époque Tang, une croyance tenait une place particulière, c'était celle des « démons-renards ». On était alors convaincu que les renards pouvaient se transformer en partenaires sexuels démoniaques et, plus spécialement, en femmes prêtes à ensorceler les hommes. « A l'âge de cinquante ans, un renard à le don de se transformer en femme. Lorsqu'il en a cent, il peut prendre l'aspect d'une belle femme ou d'un sorcier », peut-on lire dans une étude écrite sur les phénomènes surnaturels au début de l'époque Tang. On pensait aussi que les renardes installaient leur tanière dans les tombes de jeunes filles qu'elles ressuscitaient ensuite pour les amener à ridiculiser les hommes. Enfin, on accusait les démons renards de provoquer des éjaculations nocturnes qui avaient pour effet d'affaiblir la force vitale...

Un des chemins de l'immortalité

La chute de la dynastie Han et les incursions barbares qui se produisirent ensuite dans le nord eurent sur les esprits un effet comparable à celui que l'on put observer en Occident après l'effondrement de l'empire Romain. Lorsque la société se désagrégea, l'idéologie qui en était le fondement perdit de sa crédibilité. Le prosaïsme et le conservatisme du confucianisme officiel furent sérieusement révoqués en doute, et l'on jugea bon de chercher d'autres réponses aux énigmes de l'existence. Parmi celles-ci, le *taoïsme* en était une toute trouvée. Depuis très longtemps, celui-ci se présentait comme une alternative complète au culte de l'Etat et de la famille de Confucius (vol. 2, p. 33-34). Or la situation était précisément de celles qui invitaient l'individu à voler de ses propres ailes, à prendre son destin en mains. Dans le royaume du sud, qui continuait d'exister, le principe de la « non action » encourageait les hommes de la classe supérieure à se préoccuper de leur âme et, retirés dans un noble isolement, à mener une existence simple. Mais des âmes moins éprises d'absolu pouvaient également trouver dans ce principe une base philosophique. Sans doute est-ce là ce qui explique en grande partie la floraison poétique dont le royaume du sud fut le théâtre.

Par ailleurs, l'ancienne idée selon laquelle il existait une unité entre l'univers et chaque organisme — entre le macrocosme et le microcosme — favorisa le développement original d'une physiologie et d'une médecine taoïstes. L'interaction entre le physique et le moral en constituait un élément important. Mais, allant plus loin dans cette voie, on se demanda si l'on ne pourrait entrer en contact direct avec les puissances qui dirigeaient la nature, si la domination de la nature ne pourrait permettre d'accéder à l'immortalité. Pour arriver à dominer les forces de la nature et parvenir au salut, on recourut alors aux moyens les plus variés : végétarisme, méthodes de respiration, bonnes actions ou pratique de la copulation selon certaines techniques qui transformait la femme en outil ou partenaire. Au demeurant, les recherches effectuées par les taoïstes dans les domaines de l'élixir de vie ou des arts divinatoires furent sans doute à l'origine de plusieurs découvertes scientifiques d'importance, tel la poudre ou la boussole. Les taoïstes excellèrent dans l'art de la médecine et cette discipline se vit enfin consacrée officiellement sous les Tang.

Mais, pour la grande masse, le taoïsme fut, dès la dynastie Han, une religion du salut. A certaines époques, il se fit attente de fin du monde et provoqua des soulèvements de masse tel celui des turbans jaunes en 184. Il eut ses prêtres, son culte, et continua de jouer un rôle important sous les

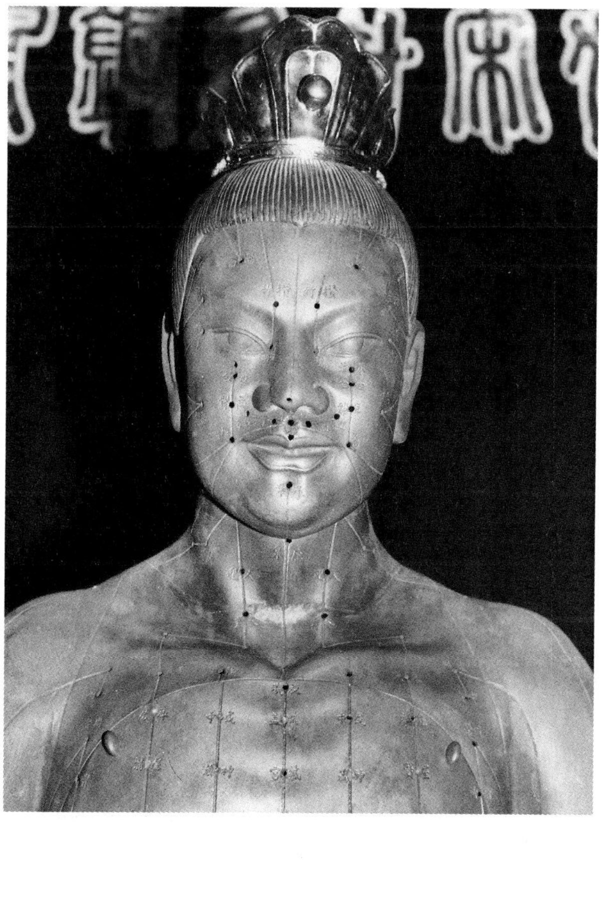

C'est sous la dynastie Tang que la science médicale fut enfin reconnue. Mais, à cette époque, il y avait déjà mille ans que l'on pratiquait l'acupuncture. Statue de 1027 montrant les points où l'on devait introduire les aiguilles.

Selon le sutra du Lotus, Bouddha est toujours présent parmi les hommes afin de les aider. « Le lotus de la bonne loi » devint le plus populaire de tous les écrits bouddhistes de Chine, et la secte Tiantai fondée à l'époque Sui Wen se réclame de ce texte. Ce couple de Bouddha s'y rattache également. C'est le Bouddha historique, Shakyamuni, qui semble converser avec une incarnation antérieure de Bouddha, Prabhutaratna (Bronze doré du royaume Wei du nord, 518).

La doctrine d'Amitabha (Amida) Bouddha et de son paradis « Le pays pur de l'Ouest », devint extrêmement populaire en Chine. Celui-ci est décrit sur cette peinture d'une grotte de Dunhuang. Un examen détaillé de la peinture nous donne aussi de précieux renseignements sur la grandiose architecture de l'époque Tang.

Tang. Il devint une alternative au bouddhisme dont il prépara d'abord la litière avant de l'imiter.

L'itinéraire de Bouddha en Chine

C'est par la route de la soie que — dans sa version mahayana — le bouddhisme arriva en Chine du Nord et par la voie maritime qu'il arriva dans le Sud (vol. 3, p. 40 et suivantes). Ces voies de communication restèrent ouvertes des siècles durant et ne cessèrent d'alimenter le bouddhisme chinois, même si celui-ci s'acclimata dès le IIIe siècle et obtint ainsi droit de cité dans le pays. Le taoïsme — nous l'avons dit — prépara sa litière. Avec le bouddhisme mayahana, il avait de nombreux traits communs. Cependant, il existait une divergence importante. Les bouddhistes mettaient sensiblement plus l'accent sur le salut personnel et exigeaient en contrepartie un engagement personnel beaucoup plus marqué. Pour eux, c'étaient le monastère et la communauté monastique qui représentaient le mode d'existence normal. Pour autant, le bouddhisme mayahana ne rejetait pas ceux que rebutait la vie monastique.

En Chine, la progression du bouddhisme se heurta tout à la fois à la résistance des confucianistes et des taoïstes. Les taoïstes considéraient les bouddhistes comme des concurrents, et les confucianistes voyaient en eux une nuisance étrangère totalement inconciliable avec les idéaux chinois classiques. L'une des raisons de cette hostilité était que la *shanga*, « l'église » bouddhiste, ignorait les classes sociales et attirait de ce fait des groupes méprisés comme les marchands et petites gens de tout ordre. Par ailleurs, les confucianistes abhorraient le monachisme qu'ils considéraient comme une menace contre la famille et son culte des ancêtres. Pourtant, le bouddhisme trouva également des adeptes dans la noblesse terrienne qui, à l'époque où il y avait plusieurs Etats, ressentait avec une acuité particulière le caractère changeant d'une vie sur le sens de laquelle ils étaient amenés à s'interroger.

Néanmoins, le bouddhisme s'efforça aussi d'introduire une bonne part d'éthique confucéenne dans l'édifice doctrinal qu'il construisit en terre chinoise. Il reconnaissait les cinq relations (voir vol. 2, p. 32) et, dans le plus pur esprit confucéen, mettait l'accent sur le respect dû à l'ordre social. De plus, sur un point, le bouddhisme, qui était en vérité hostile à la famille, subit une

La lettre de donation de Yangde

« Après avoir contemplé la voie des Bodhi, je renonce aux richesses et objets précieux de ce monde pour me mettre à construire. Je veux donc relever ce monastère saint et veiller sur les moines ainsi que leurs amis, je veux lotir la terre qui pourra leur procurer la nourriture, une demeure éternelle. 500 pièces seront payées annuellement pour l'indispensable nettoyage du monastère, pour la nourriture et les vêtements. Et ces dispositions continueront d'être appliquées époque après époque...

Cette terre est donnée au monastère pour qu'elle soit d'un mutuel profit à l'empereur, aux fonctionnaires de la préfecture et à la communauté bouddhiste... Si, par la suite, un parent plus jeune ou une tierce personne revendique cette terre ou essaie de s'en emparer nous espérons que, dans cette vie et toutes celles qui suivront, il sera frappé par la grande peste. »

Lettre de donation d'un certain Yangde à un monastère bouddhiste (période Tang, texte simplifié).

étrange métamorphose : des maîtres bouddhistes se mirent à disserter sur le caractère sacré de la famille, et l'on sauva le culte des ancêtres en composant des prières destinées à obtenir une réincarnation favorable des membres de la famille. Ainsi s'efforça-t-on de toutes les manières possibles d'adapter le bouddhisme à la société chinoise. Et lorsque, vers 700, il fut à son apogée dans le pays, il s'était complètement sinisé.

A cette époque s'étaient cristallisées en terre chinoise plusieurs variantes du mahayana, nombre d'entre elles étant cependant l'œuvre d'écoles indiennes. Peut-être la plus populaire d'entre elles était-elle la secte du pays pur pour laquelle la voie conduisant à Bouddha, au « paradis occidental » d'Amida, passait par un simple acte de foi, la seule invocation du nom de Bouddha. Un autre bovdhisatta très populaire était Maitreya qui était une sorte de figure messianique, un prince de la paix appelé à venir un jour et qui suscitait la méfiance des gouvernants.

Contre les faux moines

« Il y a actuellement des gens qui, en payant sur leur bien et usant de leur influence, réussissent à se faire consacrer moines. Ce sont des gens qui désirent échapper à la corvée et tromper le gouvernement. Ce qui prouve qu'on les a consacrés à tort, c'est précisément le fait qu'ils ne vivent pas dans la pauvreté et qu'ils ne donnent pas ce qu'ils possèdent à de bonnes gens... A mon avis, ceux qui abandonnent ce monde devraient renoncer à ce qui en fait partie, ils devraient rompre leurs liens avec leurs amis et connaissances et ne pas conserver d'attaches amoureuses solides. Mais ces gens-là ne font qu'accroître leur prospérité et pourvoient eux-mêmes à leur subsistance. Ceci n'est pas « renoncer à ce monde ». Ils favorisent les affaires de leurs parents et placent leurs amis aux bons postes. Ceci n'est pas "rompre ses liens avec ses amis et connaissances". Ils conservent leur femme et engendrent des enfants. Ceci n'est pas "ne pas conserver d'attaches amoureuses solides". »

Mémorandum de Xin Tifu (vers 711)

Succès et effondrement

Les sectes s'adressaient à des couches différentes de la société. Certaines avaient des visées révolutionnaires et étaient victimes de persécutions. Mais, en d'autres circonstances, les souverains souhaitaient pouvoir utiliser le bouddhisme pour renforcer idéologiquement l'Etat. Nombreux furent les souverains barbares qui favorisèrent le bouddhisme ; celui-ci représentait la culture et offrait en même temps une alternative au confucianisme fondamentalement chinois. Des moines de cour bouddhistes durent alors défendre les moyens de coercition ainsi que la peine de mort auxquels recouraient les princes. Et on en arriva même à justifier la guerre dans une perspective mayahana. Les Tuoba-wei créèrent une église purement étatique dont ils confièrent la direction à un moine qui était aussi un fonctionnaire d'Etat, une sorte de « professeur d'empire ». Cependant, le bouddhisme prospéra également dans le Sud. Il fit particulièrement des adeptes dans les milieux cultivés où les moines, qui avaient reçu une bonne formation, manifestaient souvent leur supériorité dans les débats académiques. Et, lorsqu'arriva le temps de la réunification, le bouddhisme put servir de trait d'union. Les monastères avaient toujours été les centres naturels de la religion boud-

Cette statue exécutée d'après nature représente le moine bouddhiste Hong Bian. C'est à lui que l'on confia la charge de surveillant religieux et temporel d'un territoire qui fut repris aux Tibétains au IXe siècle (grotte de Dunhuang).

En dessous à gauche : un sage, le savant Vimalakirti, qui est un personnage d'une légende bouddhiste. Dans la main, il tient un éventail de plumes (peinture de Dunhuang).

Le berger Nanda est un autre personnage des légendes bouddhistes. Il écoute si intensément les paroles de Bouddha qu'il ne remarque pas que son bâton est en train de transpercer une grenouille. De son côté, la grenouille accepte d'être ainsi traitée pour ne pas déranger Nanda. Comme récompense, la grenouille sera réincarnée en dieu (Peinture de Kizil dans le Xinjiang, au nord du bassin du Tarim).

Erudit et poète, l'empereur Xuazong était aussi un excellent calligraphe. On voit ici un fragment d'un commentaire d'un classique confucéen.

dhiste. Très tôt, ils furent aussi en Chine des foyers de savoir et de culture. Mais, de plus, ils remplirent d'importantes fonctions sociales. Ils offraient l'asile aux persécutés, l'hébergement aux voyageurs, les soins aux malades et, surtout, recevant des dons, ils devinrent de gros propriétaires fonciers et d'actifs capitalistes. L'Etat contrôlait leur organisation, et les empereurs, exerçant leurs prérogatives, consacraient les moines dans leur fonction. En contrepartie, ils furent longtemps de généreux donateurs de terres et exemptèrent les moines d'impôts et de service militaire. A la longue, cependant, la richesse des monastères devint une source de problèmes. Car, non seulement ceux-ci ne payaient pas d'impôts, mais ils faisaient également enregistrer comme moines des gens riches qui avaient ainsi la possibilité de se soustraire à la fois aux impôts, à la corvée et aux obligations militaires. L'attitude des autorités commença dès lors à se modifier. En 714, 20 000 faux moines et nonnes se virent retirer leur statut, et il fut désormais interdit de donner de nouvelles terres aux monastères. C'est cependant un siècle plus tard, en 843-45, qu'eut lieu la réaction la plus radicale, lorsque la quasi totalité des moines et nonnes — 265 000 au total — fut sécularisée, en même temps que les domaines des monastères étaient confisqués. Le bouddhisme vit son influence décliner.

Xuanzong et ses poètes

Jusqu'à l'époque Sui, le bouddhisme représenta la principale force spirituelle du pays. D'une manière générale, non seulement les empereurs Tang se montrèrent bien disposés envers le bouddhisme, mais ils laissèrent aussi d'autres religions pénétrer dans l'empire, en particulier, les manichéens, les chrétiens, et « adorateurs du feu » perses. Cependant, pour ce qui les concernait, les empereur Tang affirmaient descendre de Laozi, et c'était le taoïsme qui était leur philosophie préférée. L'empereur qui représenta le plus intelligemment le taoïsme fut Xuanzong dont le règne (712-55) a souvent été assimilé à un âge d'or. Il ordonna que chaque foyer ait un exemplaire de « Dao De Jing », et il écrivit lui-même un commentaire sur cet ouvrage fondamental du taoïsme. Néanmoins, avec le temps, il s'intéressa de plus en plus à l'aspect magique du taoïsme, à la meilleure manière de faire tomber la pluie ou aux guérisons (et, de même, il favorisa le tantrisme qui est apparenté au bouddhisme).

En fondant le recrutement des fonctionnaires sur un système d'examens on favorisa la renaissance de la littérature, spécialement de la poésie. L'un des « cinq classiques » était un recueil de poésies et de chants, et l'une des épreuves de l'examen consistait à écrire un poème. Mais, dès l'époque du royaume du sud, le taoïsme avait également favorisé le goût pour la poésie. La réceptivité de cette époque à tout ce qui était étranger et exotique allait dans le même sens. La période de Tang représente l'âge d'or de la poésie chinoise. Elle nous a ainsi laissé 48 000 poèmes composés par 2 000 poètes. C'est sous l'empreur Xuanzong que cet art fut à son apogée.

Xuanzong était un personnage chaleureux et sensible, très proche de sa famille et de ses conseillers. De plus, c'était un musicien, un poète et un calligraphe hors pair. Aux artistes et poètes, il manifestait personnellement sa sollicitude, ce qui lui était d'autant plus aisé que les poètes occupaient souvent des postes au service de l'Etat. Sous son règne, trois grands poètes affirmèrent plus spécialement leur talent, trois artistes qui avaient des tempéraments et des attitudes philosophiques très différentes.

Le pieux bouddhiste *Wang Wei* (699-762) était tout à la fois peintre et poète. Et c'est à ce double titre qu'il célébra une nature inspiratrice de mélancoliques idylles. Il manifesta, sa piété en transformant sa résidence campagnarde en monastère. *Li Bai* (701-62), ivrogne et hâbleur, a chanté le vin, l'amitié et la nature. Philosophiquement, sa vie et sa poésie peuvent le rattacher au taoïsme. Cédant dans sa jeunesse au culte de la vie, il devint ensuite d'un profond pessimisme. Grand admirateur du précédent, *Du Fu* (712-770) en était aussi à l'opposé. Se référant au confucianisme, il jette sur la société un regard pessimiste et critique. *Bai Juyi* (772-846) est postérieur aux deux derniers mais reste intellectuellement proche d'eux. Brillant lauréat à l'examen d'Etat, il fit carrière dans le censorat avant d'obtenir un poste de gouverneur. Sa poésie traduit les sentiments de compassion et de solidarité qu'il éprouve pour l'homme du commun. A son sens, la poésie devait avant tout servir à transformer la société.

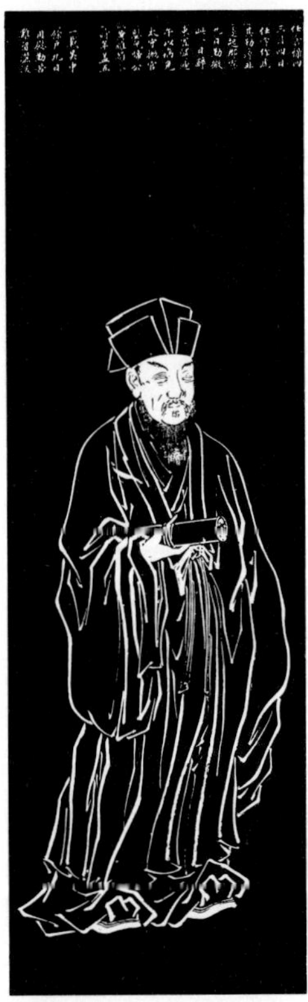

Bai Juyi, poète et fonctionnaire. Décalque d'un relief de pierre du XVIIIe siècle.

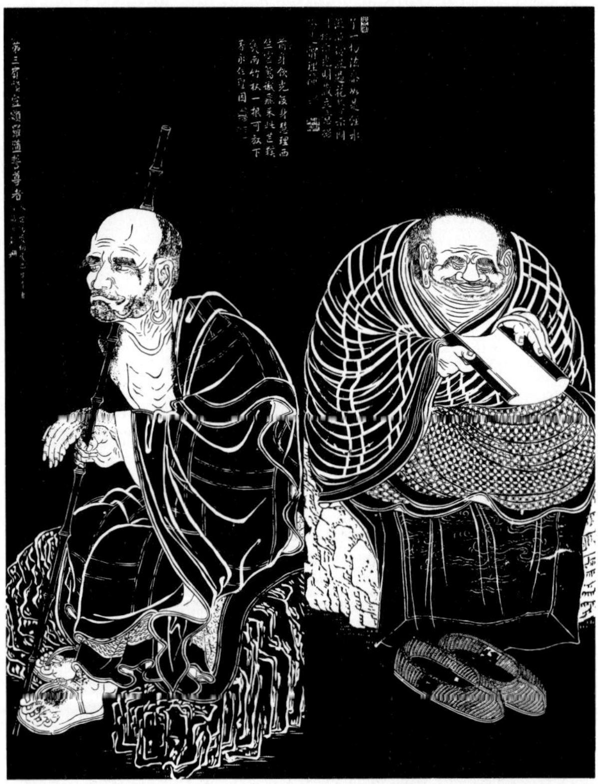

D'après la mythologie bouddhiste, les seize lohan sont des disciples de Bouddha pourvus de forces magiques qui, chacun dans leur horizon céleste, mènent une vie d'ermite (d'après une peinture d'environ 900).

De nouveau Confucius

C'est à un âge mûr que Bai Juyi se convertit au bouddhisme. Ce faisant, il suivit une voie différente de celle de ses homologues, lesquels revinrent de plus en plus à la philosophie classique de la Chine, le confucianisme. Et c'est le renforcement de cette tendance qui rendit possible la sécularisation des monastères bouddhistes. Avec le relèvement de l'Etat chinois au VIIe siècle, on fit de nouveau confiance au pouvoir temporel et politique. Mais, de toute façon, la formation des fonctionnaires se fondait sur l'étude de textes classiques dans l'esprit confucéen. Et ceux-ci remirent à l'ordre du jour une conception traditionnelle de la vie et de la société qui accordait une place centrale à l'Etat. Les classes cultivées rejetèrent les idées antipolitiques des taoïstes, et le bouddhisme perdit son audience : le monde n'était pas vide et absurde.

Dans le même temps, on cessa de s'ouvrir à la culture extérieure. Après l'époque de Xuanzong, la Chine fut confrontée aux nomades, et l'intérêt que l'on portait à l'ouest exotique s'effaça derrière la peur que suscitaient les barbares. On se remit à cultiver les traditions nationales. Ainsi s'explique que le confucianisme soit alors redevenu une source d'inspiration fondamentale de la société. Mais des concepts empruntés tant aux religions concurrentes qu'aux sciences naturelles encore balbutiantes servirent au cours des siècles suivants (jusqu'à la période Song) à développer une philosophie plus complète que la doctrine des classiques.

L'aspect éthique continua cependant d'occuper une position centrale. Mais la confiance que l'on témoigna au monde et à la nature apparaît assez révélatrice. Dans la nouvelle version du confucianisme, l'univers est conçu comme un organisme unitaire qui se suffit à lui-même. Tant le monde que l'esprit humain sont rationnels, ce sont des grandeurs concevables, et l'homme est bon par nature. Ce sont alors les idéaux du confucianisme qui retrouvent leur dignité. La quête de l'immortalité n'est plus à l'ordre du jour, on cesse de s'intéresser à l'au-delà. Ce sont *la famille* et *la bureaucratie* que l'on porte au pinacle et qui, dès lors, seront inébranlables.

Les chrétiens en Chine

De Perse arrivèrent à la fois en Asie centrale et en Chine la religion nationale, le mazdéisme (le zoroastrisme, les « adorateurs du feu ») et le manichéisme hérétique. Mais le christianisme y fit également son apparition. En 1625, on a retrouvé près de Xi'an une pierre couverte d'inscriptions en chinois et syrien qu'avait érigée l'évêque nestorien local et ses moines. D'après le texte, il apparait que ceux-ci étaient arrivés en 635, lorsqu'une ambassade nestorienne avait gagné Changan pour se présenter devant l'empereur Tai Zong. Trois ans plus tard, l'empereur ordonna qu'un monastère soit aménagé pour les moines. On peut lire ensuite dans le décret (texte un peu simplifié) :

« La route a plus d'un nom, et il n'y a pas qu'un seul sage. Bien que les enseignements soient différents d'un pays à l'autre, ils sont pourtant profitables à toute l'humanité. O Lo Pen, un homme doté de grandes vertus a apporté ses images et livres pour les présenter dans notre capitale. Après avoir écouté sa doctrine, nous trouvons qu'elle est profonde et pacifique, et nous attachons du prix à ce qui est bon et juste. Cette religion rend tous les hommes bons. Elle doit pouvoir être librement prêchée dans notre royaume. »

La mythologie bouddhiste compte de nombreux récits qui content les défaites des démons, le combat mené activement contre le mal. Elle est pleine de bodhisattva, de dieux et héros. Mais c'est aussi une croyance où l'on affirme que la seule voie permettant d'accéder à la paix et au nirvana est la voie intérieure qui conduit dans son propre esprit. Tant le « roi céleste » de gauche que les lohan de droite sont typiques du bouddhisme d'Asie centrale et de Chine. Cependant, le plus « chinois » est peut-être le lohan de la page précédente. En Chine, ces vieillards éternellement jeunes devinrent des sortes de figures idéales où l'on perçoit l'idéal d'immortalité des taoïstes. Les fronts hauts révèlent la sagesse, les ventres ronds, la sécurité et le bien-être. Les lohan sont un des sujets de prédilection des peintres de la période Tang.

L'empire au temps des dissensions et du changement

La postérité a vu dans le règne de l'empereur Xuanzong la deuxième période de grandeur de l'empire Tang, une brillante apothéose. Mais il est aisé de constater que cette période de grandeur a son revers, et le destin de Xuanzong l'illustre pleinement. Son régime fut emporté par une insurrection qui dévoila toutes les faiblesses du régime. Et à celles-ci vinrent s'ajouter celles que provoquèrent les hostilités elles-mêmes. L'insurrection d'An Lushan (755-63) marqua ainsi une coupure dans l'histoire de la dynastie, et nombreux sont les historiens qui seraient précisément enclins à ne plus retenir la division classique des dynasties ; les Tang régnèrent encore pendant 150 ans, mais la période qui suivit l'insurrection fut marquée, économiquement et socialement, par de nouvelles réalités annonciatrices de ce qui allait se passer aux Xe et XIe siècles, sous le régime des Song.

Après l'insurrection et les dissensions internes dont la Chine fut le théâtre, les Tibétains formèrent une grande puissance à l'ouest, jusqu'au moment où des affrontements internes les affaiblirent à leur tour et permirent aux Chinois de reprendre pour un temps l'offensive. Afin de célébrer la victoire qu'il remporta en 848 sur les Tibétains, un commandant de la province du Xinjiang, Zhang Yiacho, créa un nouveau sanctuaire dans une grotte de Dunhuang où l'on peut voir le cortège triomphal du commandant retracé dans une longue suite d'illustrations.

Après tant de siècles, l'existence de ces grands empires chinois nous paraît une donnée naturelle. On serait cependant en droit de se demander comment, avec les moyens techniques de l'époque, un ensemble comme l'empire Tang réussit à conserver sa cohésion et à fonctionner de manière aussi satisfaisante. Certes, le commun des gens respectait viscéralement la paternelle autorité que le Fils du Ciel exerçait au sommet de l'ensemble. Mais, au-delà, si l'on s'interroge sur le fonctionnement concret de l'administration, on constate qu'il supposait toute une série de compromis. Le système étatique chinois impliquait le respect d'un certain équilibre à plusieurs niveaux différents.

Au plan local, c'était l'entente entre les fonctionnaires du gouvernement central et l'ensemble des petits bureaucrates du cru, scribes ou présidents locaux, qui conditionnait la bonne marche des affaires. Les autorités centrales ne disposaient pas de troupes pour imposer leur volonté, et il fallait qu'elles négocient localement des compromis raisonnables.

C'est l'empereur Tai Zong qui renforça la position de la dynastie, et qui en fut la grande figure conquérante. Mais, de même que son fils Gaozong (649-683), il lui fallut composer avec l'aristocratie. La noblesse du nord-ouest était le principal — et indispensable — soutien du régime. Dans un premier temps, l'instauration du système des examens n'y changea pas grand chose ; les fonctionnaires centraux furent recrutés dans la noblesse.

Cependant, la politique d'expansion menaça bientôt l'équilibre des pouvoirs car elle risquait de créer un cercle vicieux. Le danger que représentait la steppe était bien réel, mais il était difficile de savoir jusqu'ou il convenait d'aller pour y parer. En effet, il fallait impérativement maintenir l'équilibre entre les recettes et les dépenses ; or, dès les années 670, les frais entraînés par la surveillance des frontières et les garnisons des territoires occupés commencèrent à peser d'un poids très lourd.

Dans le même temps, l'équilibre qui régnait à la cour ne tarda pas à être rompu, principalement à cause de l'épouse de Gaozong, l'impératrice Wu Zhao (ou Wu Zetian). Dès le début du règne de Gaozong, c'est elle

Un chant sur le pays Yen

« La frontière nord-est de la Chine était noire de fumée et de poussière.
Pour briser l'ennemi cruel,
nos généraux se hâtèrent
de quitter la chaleur de leur foyer,
afin de faire ensemble le périple
des héros et gagner le front.
Lorsque l'empereur eut daigné leur faire connaître son dessein, ils traversèrent le col d'Alme au son des cloches et des tambours.
Ils firent planter leurs bannières dans le sable jaune du désert et attendirent le messager ailé de l'empereur.
Le feu des barbares brûlait le long de la Montagne du Loup.
Froids et pâles,
rochers et rivières
se dessinaient
près de l'ultime frontière.
Bientôt, les chevaux des barbares s'élancèrent à travers la tempête et la pluie ;
la moitié de notre force succomba,
les autres conservèrent la vie.
Et les femmes du camp
peuvent encore les charmer de leur danse...
Juste au moment où l'automne s'abaisse sur l'herbe clairsemée des steppes,
le soleil atteint le mur solitaire, où ceux qui eurent la vie sauve
attendent encore dans une muette indifférence.
Et voilà que, malgré tous les sacrifices,
le col d'Alme est
aussi peu sûr qu'avant.
Il faut encore porter vers le front
les cuirasses de fer déjà si usées.
Dans le pays du sud, les jeunes femmes
ont encore le cœur fendu,
cependant que les soldats fatigués et amers
regardent de leur yeux aveugles
vers leurs lointains foyers.

Des vents hurlants
arrêtent la marche des troupes ;
mort,
vide bleu,
rien à attendre. »

Gao Shi (700-765). Ce texte est présenté comme une description de l'époque Han, mais tout le monde savait à quoi s'en tenir.

L'empereur Xuanzong (712-756), l'ami des philosophes, magiciens et poètes.

Une double rangée de statues de pierre veille sur le « chemin des esprits », les 500 derniers mètres qui conduisent à la tombe de l'impératrice Wu.

qui prit les rênes du pouvoir. Gaozong n'avait pas la force de son père, ni physiquement ni psychologiquement, et il fut incapable de résister à cette femme dominatrice et sans scrupule qu'était Wu. A l'origine, elle faisait partie du harem de Taizong, mais elle réussit tellement bien à subjuguer son fils que, contrairement à tous les usages, celui-ci la reprit après la mort de son père. Rapidement elle sut se rendre indispensable. En 655, elle parvint à se débarrasser de l'impératrice que, peu après, elle fit bestialement assassiner. Dès cette époque, c'était elle qui régnait effectivement et lorsque, quelques années plus tard, Gaozong fut victime d'une attaque, il n'y eut plus personne pour s'opposer à elle. Après la mort de Gaozong (683), elle fit d'abord monter deux héritiers mâles sur le trône puis, en 690, lasse de ce simulacre, prit elle-même le titre d'empereur. C'est seulement en 705, alors qu'elle avait 80 ans, qu'on put la contraindre à abdiquer. Il y avait alors un demi siècle qu'elle dominait l'état. Le personnage devait ensuite devenir une figure de légende.

Deux concubines impériales se font raser la tête avant d'aller vivre dans un monastère. C'était une pratique courante à la mort d'un empereur. Wu Zhao alla elle aussi vivre dans un monastère à la mort de Tai Zong, mais le fils de celui-ci, Gaozong, l'en fit sortir et l'éleva bientôt au rang de première épouse.

L'impératrice qui devint empereur

Wu avait d'incontestables talents politiques. A la tête de l'Etat, elle sut prendre les décisions qui s'imposaient. Mais, pour arriver à exercer le pouvoir, il fallut qu'elle y mette le prix. A la fois arriviste et intruse, elle ne put faire autrement que de jouer les tyrans. Elle ruina les rapports de confiance qui s'étaient établis entre l'empereur et sa cour sous Taizong. D'emblée, elle s'en prit à l'aristocratie. Et les quelques ministres de Tai Zong que Gaozong avait conservés en son temps furent les premières victimes de l'épuration, que Wu les ait fait exécuter, envoyer en exil ou contraints au suicide. Par la suite, personne ne fut à l'abri des caprices de l'impératrice. Les vagues d'épuration se succédèrent, au moins jusqu'à ce qu'elle ait pris officiellement le titre d'empereur. La cour et l'administration fourmillaient d'espions et d'agents secrets à la solde de Wu. Dès 659, elle ordonna de diffuser un nouveau calendrier de la noblesse où elle fit attribuer à sa famille — qui appartenait à la petite noblesse de l'est — la toute première place. Mais, sinon, le classement se fondait plus sur les situations officielles occupées par les familles que sur leur position traditionnelle. Ce fut ainsi un camouflet qu'elle infligea à l'aristocratie du nord-ouest.

Wu était donc obligée de miser sur des hommes nouveaux, et elle les trouva parmi les fonctionnaires récemment formés qui commençaient à être assez nombreux pour pouvoir concurrencer la haute noblesse, y compris pour les postes les plus élevés. Mais Wu choisit aussi des hommes plus jeunes, précisément pour occuper les postes clefs de conseillers à la cour. Les fonctionnaires qui avaient réussi l'examen commençaient à devenir l'élite de la bureaucratie. La plupart d'entre eux étaient toujours nobles, mais la noblesse provinciale était plus largement représentée qu'avant. Comme, par ailleurs, Wu renforça considérablement l'administration, il y eut un nombre beaucoup plus important de postes à pourvoir. A quoi s'ajoute qu'elle augmenta les salaires. Ainsi s'explique que Wu se soit acquis les faveurs de la bureaucratie subalterne.

L'impératrice Wu portait un vif intérêt aux religions, et elle ne ménagea aucun effort pour s'assurer le soutien de l'ensemble des systèmes religieux de l'empire. Néanmoins, c'était le bouddhisme qui avait sa préférence et, une fois devenue empereur, elle fit construire dans chaque préfecture un temple où l'on était tenu de l'honorer comme une incarnation de Bouddha. Finalement, sa chute fut provoquée par les favoris dont elle s'était entourée sur ses vieux jours et qu'elle utilisait comme conseillers malgré leur incompétence politique.

Dans de telles circonstances, la succession ne pouvait se régler normalement. Deux ou trois membres de la maison Tang montèrent tour à tour sur le trône mais, avec la fourberie et la corruption ambiantes, il aurait fallu des forces hors du commun pour arriver à œuvrer utilement. Finalement, c'est un membre de la dynastie Tang qui sortit victorieux de la lutte et inaugura une nouvelle ère de gloire. La postérité le connait sous le noms de *Xuanzong* (empereur de 712 à 756).

Sous Xuanzong, la dynastie fut une deuxième fois à l'apogée de sa grandeur. L'empire connut alors une prospérité, un prestige et un niveau de culture bien supérieurs à ceux des siècles précédent. Xuanzong avait hérité d'une grande partie des dons politiques de son arrière grand-père. Mais il était confronté à des problèmes d'une toute autre ampleur.

La grandeur avait un prix, et le système faisait entendre d'inquiétants craquements. De plus, les intérêts artistiques et magico-philosophiques de Xuanzong l'amenèrent à négliger quelque peu ses fonctions à la tête de l'Etat et, politiquement, son régime connut une fin catastrophique.

Ensemble, Wu et Xuanzong dominèrent un siècle de l'histoire de l'empire Tang. Et, au cours de ce siècle, la Chine affirma avec éclat sa position d'empire du Milieu. Mais, par rapport à d'autres nations, elle connut bientôt ses premiers revers ; tant dans la société que l'administration, les tensions s'accumulèrent.

La terre et les impôts

Tel qu'il avait été établi, le système de répartition des terres supposait que le cadastre fût constamment tenu à jour. Il fallait pouvoir procéder en permanence aux révisions et changements qui s'imposaient. Il semble cependant que ce n'ait pas été le cas. La population s'accroissait rapidement. Les paysans avaient connu un siècle de paix et, dans le nord, les ressources foncières n'augmentaient pas au même rythme que les naissances. De ce fait, il fut souvent impossible de donner aux jeunes paysans les quotas auxquels ils pouvaient prétendre. Peu à peu, la plupart des terres furent enregistrées comme propriétés perpétuelles, un processus qui était déjà bien avancé avant 700. C'étaient surtout la noblesse et les fonctionnaires qui ne ménageaient aucun effort pour accroître leurs propriétés au-delà du maximum légal. Le système de contrôle des autorités n'était pas assez efficace. Les paysans qui avaient des difficultés financières furent « autorisés » à vendre de la terre, ce qui eut pour conséquence d'enrichir d'autant les grands complexes fonciers. En outre, comme nous l'avons vu, les monastères — taoïstes aussi bien que bouddhistes — virent leur domaine s'accroître dans des proportions considérables.

Néanmoins, il était toujours possible de quitter les territoires surpeuplés du Nord. Le Sud était ouvert à l'immigration, et il accueillit un flot continu de gens en quête de meilleurs revenus. Par ailleurs, l'Asie centrale en reçut aussi un certain nombre, tandis que l'armée avait

Les migrations et la constitution des grands domaines

« On nous apprend maintenant que les princes et les ducs, les cent fonctionnaires ainsi que les riches et puissantes familles se sont constitués de grands domaines. C'est sans aucun scrupule qu'ils acquièrent de la terre, et aucun d'entre eux ne se montre respectueux des lois. Tous ceux qui « empruntent de la terre déserte » y incluent de la terre fertile et la volent à leur profit. Ceux qui déclarent avoir des « pâturages » se contentent d'indiquer dans quelles montagnes et vallées ceux-ci se trouvent et n'en spécifient pas les limites. Pour ce qui est de la vente et de l'achat de lots de terre personnels et de terres possédées à perpétuité, il y a des personnes qui transforment tout simplement le cadastre, tandis que d'autres donnent à des transactions le nom d'« hypothèque ». Dans ces conditions, l'homme du commun n'a pas d'endroit où il puisse s'établir pacifiquement. A ceci s'ajoute qu'ils s'entendent avec des familles qui migrent et les amènent à s'établir comme fermiers. Ils ont donc retiré à la population locale ce qui lui était nécessaire pour vivre et, en même temps, ils ont provoqué des migrations de gens. »

Empereur Xuanzong (édit de 752)

Ce démon porteur de lampes est au service d'un couple de dieux (peinture murale d'un temple d'une grotte bouddhiste de Bezeklik, Xinjiang)

Ce démon a été dompté par un esprit tutélaire céleste dit Lokapala. Il a une tête de singe, un corps d'homme et des pattes d'animaux (temple d'une grotte de Dunhuang).

Selon la légende, Hua Mulan était une jeune paysanne qui, s'étant habillée en homme, partit faire la guerre sur la frontière nord en remplacement de son père malade. C'est seulement douze ans plus tard, lorsqu'elle fut devenue général, qu'on s'aperçut que c'était une femme. Célébrant son abnégation et son héroïsme, la postérité l'a érigée en idéal (décalque d'un relief de pierre de Datong, Shaanxi).

droit à son contingent de paysans sans terre. Mais, dès le début du VIIIe siècle, des signes de crise apparurent clairement. Le poids des impôts retombait principalement sur les paysans. Et ceux-ci avaient beau avoir beaucoup moins de terres qu'auparavant, l'impôt de capitation restait identique. Dès lors, les paysans préférèrent vendre leur bien et y rester comme fermiers. A moins qu'ils ne se décident à partir. Sous Xuanzong, on offrit l'amnistie aux paysans qui rentreraient. Mais les problèmes n'en disparurent pas pour autant.

Crise dans l'administration — nouvelles mesures

De toute évidence, la machine administrative était trop lourde. Et, à l'époque de Wu, il y avait eu des conflits entre la nouvelle bureaucratie, qui s'était fortement accrue sous son règne, et la vieille aristocratie. Pour obtenir des résultats, Xuanzong prit des mesures destinées à la fois à saper le pouvoir de la bureaucratie et à rompre l'équilibre qui s'était établi à l'intérieur de l'administration centrale. Entre autres, on créa des commissions spéciales auxquelles on confia la mission de régler les problèmes urgents, spécialement financiers. N'étant pas tenues d'emprunter les canaux administratifs ordinaires, elles avaient beaucoup de pouvoir et d'influence. Par ailleurs, on réduisit le nombre de conseillers de la cour ; en revanche, ceux qui restèrent eurent un pouvoir accru, aussi bien pour définir la politique que la mettre en œuvre. De puissants premiers ministres se virent ainsi doter d'un pouvoir quasi dictatoral. Quant à la lutte que se livraient les diplômés et la vieille noblesse, elle se termina sous Xuanzong par la victoire de la noblesse qui occupa les présidences des commissions et les postes les plus importants du censorat, dont on sait qu'il était l'instance de contrôle. En outre, contournant les procédures ordinaires, Xuanzong utilisa les eunuques du harem comme agents personnels. Entre l'empereur et ses fonctionnaires se creusa un fossé qui risquait de devenir dangereux.

Une des tâches importantes que l'on confia à une commission spéciale fut la réhabilitation du grand réseau de canaux que Wu avait laissé à l'abandon. Les travaux furent menés à bien, et l'on put à nouveau approvisionner en blé du Sud les régions du Nord ainsi que les armées stationnées aux frontières. Jusqu'alors, c'était à la corvée qu'on avait recouru pour assurer ce genre de transport, mais le système fut supprimé et l'on engagea désormais des salariés.

Jamais la corvée n'avait été un système populaire. Les riches louaient des remplaçants. Quant aux plus démunis, la corvée leur donnait une raison supplémentaire de s'enfuir. De même en allait-il pour la milice. Comme nous l'avons dit, il est difficile de préciser le rôle réservé à la milice dans les campagnes extérieures à l'époque des Tang. En tout cas, on sait que, dès le dernier tiers du VIIe siècle, l'armée commença à avoir un caractère professionnel de plus en plus marqué et, en 737, l'empereur décida au grand soulagement des paysans du nord de supprimer complètement la milice. Mais c'était un progrès qui avait aussi son revers : non seulement les mercenaires étaient moins motivés que les paysans qui défendaient leurs terres, mais ils pouvaient aussi représenter un danger réel pour peu qu'ils fussent plus loyaux envers leurs généraux qu'envers la dynastie.

Au début du règne de Xuanzong, plusieurs commandants de régions, qui se contentaient jusqu'alors d'effectuer des tournées d'inspection, devinrent des fonctionnaires permanents qui avaient compétence en matière civile et militaire dans les marches. Huit grands commandements furent ainsi institués le long de la frontière nord. S'y ajoutèrent un autre pour le Sichuan et encore un autre dans la région de

Canton. Beaucoup de ces commandants étaient d'origine étrangère, de même qu'une grande partie de leurs hommes. Pour ce qui était des défenses plus avancées, elles étaient entre les mains de tribus alliées. Mais cette armée, les empereurs Tang négligèrent totalement de la contrôler. Les officiers ne recevaient aucune formation susceptible de renforcer leur loyauté. Et cela n'en fut que plus grave à partir du moment où lils exercèrent également les pouvoirs civils dans leur circonscription.

L'insurrection

En 750, la Chine était dans une situation militaire satisfaisante. Au VIIIe siècle, les Arabes avaient conquis la Transoxiane mais, en 724, les Turcs de l'ouest avaient réussi à arrêter leur avance en leur infligeant une sévère défaite. Depuis, les Chinois avaient rétabli leur autorité au Turkestan où ils avaient établi une base puissante. La frontière tibétaine était stabilisée et la route commerciale sûre. Quant à la steppe, elle était sous le contrôle des Ouïgours alliés. Enfin, au nord-est, les Khitans étaient tenus en échec. Mais, en 751, la situation changea du tout au tout, lorsque l'armée fut battue sur tous les fronts, par le Nanzhao au sud, les Khitans au nord-est et les Arabes sur le Talas. En soi, ces défaites n'avaient rien d'irrémédiables, mais elles eurent de funestes conséquences en raison de l'insurrection qui s'ensuivit.

Celle-ci fut déclenchée par le plus puissant gouverneur militaire de l'empire qui ne put résister à la tentation d'utiliser l'ample appareil militaire dont il avait le commandement. Il s'appelait An Lushan, ce qui était sans doute une transcription chinoise du Sogdien Rokchan, car, ayant une double ascendance sogdienne et turque, il n'était pas chinois. Au cours des années précédentes, il avait fait une carrière éclair dans l'armée. En 755, il commandait ainsi trois des dix provinces militaires, cependant qu'un de ses cousins en contrôlait une quatrième et que trois des autres gouverneurs n'étaient pas chinois ; en tout, ceux-ci disposaient d'un demi-million d'hommes armés, un grand nombre d'entre eux ayant été recrutés dans les tribus. Quant aux Chinois, c'étaient des soldats professionnels plus ou moins assimilés aux barbares.

S'agissant d'An Lushan, il est surtout intéressant parce qu'il apparaît comme une nouvelle variante du dilemme dans lequel la puissance militaire de la steppe plaçait les Chinois. L'insurrection fut le révélateur des nombreuses tensions intérieures qui existaient dans l'empire.

En décembre 755, partant de la région de Pékin, An Lushan se dirigea vers le sud et s'empara de Luoyang, puis de Changan. Il mourut cependant avant la fin de l'année 756. Xuanzong abdiqua alors au profit de son fils Su Zong qui reçut le concours des Ouïgours, lesquels jouèrent ensuite un rôle déterminant lors de la reconquête de Changan en 757. En effet, la mort d'An Lushan n'avait pas empêché les insurgés de continuer la lutte sous différents commandements, et c'est seulement en 763 que les affrontements prirent fin. On put alors faire le bilan. Il était calamiteux.

Ravagée et pillée, la plus grande partie de la prospère région du nord-est était exsangue. Pour se faire remercier, les Ouïgours avaient, pendant la conquête, obtenu de pouvoir piller Luoyang. De surcroît, les Chinois avaient dû abandonner le Mandchourie méridionale où le peuple khitan fonda un important royaume au Xe siècle. A l'ouest, les Tibétains avaient envahi le Gansu et, en 763, au moment même où la guerre prenait fin, ils avaient profité du retrait des garnisons du Gansu

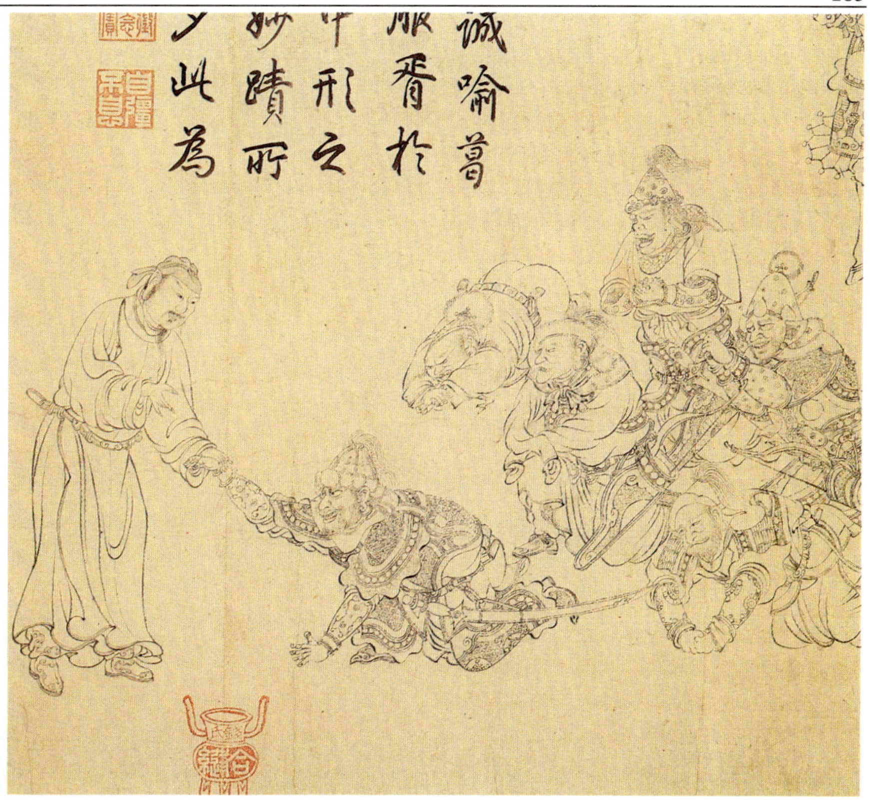

Durant la guerre civile, les Ouïgours furent les alliés de l'empereur, mais ils firent payer cher le prix de leur amitié. L'auteur de ce lavis (du XIe siècle) voit les choses différemment : l'Ouïgour est le barbare que l'on voit ramper devant le général chinois, le représentant de la civilisation.

Ce « roi céleste » de Dunhuang portant barbiche et moustache est un représentant typique de ces gens de l'ouest qui, de plus en plus, jouèrent un rôle dans l'armée chinoise. Il porte une armure complète et une longue écharpe autour des épaules.

Même très réduit sous « les cinq dynasties » (907-60), l'empire chercha des alliés à l'ouest. L'un d'entre eux était le roi du Khotan sur la route de la soie (la route sud) à qui l'on attribua un titre chinois et qui revêtit un habit royal chinois (on le voit ici en bienfaiteur d'un des sanctuaires des grottes de Dunhuang).

Sûres jusqu'au VIIe siècle, les routes de Chine ne le furent plus après la grande guerre civile. Les commerçants n'étaient jamais à l'abri d'attaques de brigands comme celle qui est représentée sur cette peinture de Dunhuang.

pour piller Changan. Les Tibétains et les Ouïgours se rendirent maître des oasis du bassin du Tarim et du Gansu. De plus, à partir de 790, tous les territoires situés à l'ouest du col du Yumen furent à jamais perdus pour la Chine. Outre le Khitan, le Silla coréen recouvra également son indépendance et, après l'effondrement de la dynastie Tang, le Viêt-Nam s'arracha lui aussi (939) à la tutelle chinoise.

Vers la désagrégation de l'empire

A l'origine de toutes ces pertes, il y avait naturellement la désagrégation de l'ensemble du système défensif qui s'était produite durant la guerre civile. Mais l'insurrection eut aussi des conséquences déterminantes sur l'évolution intérieure de la Chine où le gouvernement central perdit toute autorité. En effet, pour mieux combattre les insurgés, il avait étendu le système des commandements provinciaux à l'ensemble de l'empire. Cette nouvelle division administrative fut ensuite maintenue, ce qui, en plusieurs endroits, permit aux gouverneurs d'agir en souverains indépendants. En outre, plusieurs provinces du nord étaient militairement très bien équipées. Et, dans le nord-est, certaines d'entre elles refusèrent de payer des impôts au pouvoir central puis exigèrent que le poste de gouverneur devînt héréditaire.

Cependant, en acceptant ce genre de compromis, le gouvernement Tang réussit longtemps encore à faire reconnaître sa souveraineté. Mais l'insurrection de la faim qui éclata en 870 fut à l'origine de très graves désordres. Des bandes de pillards sévirent dans le pays. Les anciens cadres administratifs furent complètement éliminés et les troupes choisirent elles-mêmes leurs généraux qui, dès lors, ne furent plus issus des classes nobles ou mandarinales mais presque tout le temps du rang. Parmi eux, on trouve ainsi des paysans-bandits, des esclaves ou encore un chef de tribu turc. De ce fait, la loyauté devint désormais affaire de camaraderie militaire. Partout les soldats prirent le pouvoir aux civils. Pendant un certain temps, les successeurs que se choisirent les gouverneurs firent l'objet d'une reconnaissance formelle de la part de l'empereur mais, assez rapidement, la fonction devint héréditaire, les gouverneurs se faisant alors proclamer rois et empereurs. En 907, le dernier empereur de la dynastie Tang mourut. Cinq dynasties, qui avaient leur capitale à Kaifeng, lui succédèrent tour à tour, cependant que, se regroupant en constellations variables, « les dix royaumes » se partageaient le reste de l'empire.

Les nouveaux royaumes correspondaient souvent à de grandes régions naturelles qui, économiquement, avaient toute latitude de se développer indépendamment, et il ne fallut pas longtemps pour qu'y apparaissent des manifestations de régionalisme. Dans ces conditions, on ne peut manquer d'être frappé par la rapidité avec laquelle ces royaumes se regroupèrent ensuite. En 960, le premier souverain de la maison Song monta sur le trône impérial de Kaifeng et engagea d'emblée le processus de réunification. Et, quelque vingt années plus tard, l'ensemble des petits royaumes était de nouveau placé sous la souveraineté d'un seul Fils du Ciel. Dès lors commença une ère nouvelle que l'on considère comme un des sommets de l'histoire chinoise. Reste cependant à savoir comment le processus avait pu se dérouler aussi aisément. Sur ce point, on a pu souligner qu'en renforçant son administration, la dynastie Tang avait créé une structure suffisamment forte pour survivre à toutes les vicissitudes de l'histoire. Mais de plus, l'époque des Tang s'était caractérisée par un puissant essor économique qui ne pouvait que favoriser la réunification du royaume.

Un nouveau centre de gravité économique

La décentralisation qui se produisit après le milieu du VIIIe siècle accéléra une évolution qui s'était déjà amorcée dans les domaines économique et social. En Chine du sud, il restait d'immenses domaines à exploiter. Par ailleurs, les techniques agricoles s'étaient beaucoup améliorées. Or, à la même époque, les habitants du nord avaient souvent le plus grand mal à assurer leur subsistance. Ainsi s'explique que ceux-ci aient afflué en masse vers le sud. Grâce à un rôle d'impôt qui a été conservé, on peut estimer que la population des quatres provinces du sud passa de 12 % de l'ensemble de la population de l'empire en 609 à 27 % en 742. Cette tendance ne cessa de s'accentuer au cours des deux siècles suivants et, au XIe siècle, la même région rassemblait plus de la moitié des habitants de la Chine. Dans les provinces du nord, en revanche, la population diminua, un phénomène qui affecta d'abord les provinces du nord-est où se déroulèrent toute une série de guerres dévastatrices. Ainsi estime-t-on qu'à la fin du XIe siècle, la province de Hebei ne comptait que la moitié de la population qu'elle avait en 609. Et ce phénomène est d'autant plus frappant que la population totale de l'empire, estimée au début de notre période à quelques 50 millions d'habitants, atteignit les cent millions vers 1100.

Cet essor était lié à une importante expansion *économique*. En effet, plus la région était systématiquement exploitée et l'irrigation améliorée, plus il s'avérait que le sud avait une productivité bien supérieure à celle du nord. Dans le sud, les végétaux poussaient plus longtemps, et les périodes de sécheresse et d'inondation étaient moins fréquentes. Dès le début du VIIIe siècle, le sud était en mesure de livrer d'importants excédents de céréales, et Changan, la capitale, finit par dépendre complètement des céréales qui arrivaient du sud par les canaux. Changan resta la capitale aussi longtemps que le trône fut occupé par un souverain de la dynastie Tang mais, entre ce centre politique et le centre de gravité économique qui se trouvait désormais dans les provinces du sud, il existait une tension manifeste.

Les grands domaines

Nous avons vu que, dès les règnes de Wu et Xuanzong, le système de répartition des terres, contourné de multiples façons, ne fonctionnait plus comme il l'aurait dû. Après 755, le recensement des foyers fut pratiquement abandonné, ce qui empêcha la répartition des terres de se poursuivre. Une grande partie de celles-ci était déjà devenue propriété privée. Dans la pratique, cette situation fut peu à peu entérinée et les terres librement négociées.

Après l'insurrection, de nombreuses terres restées vacantes devinrent la propriété du premier occupant ou furent achetées à bon compte par des gens qui désiraient déménager. Parfois aussi des propriétaires furent forcés de vendre sous la menace. Et les paysans qui avaient perdu leurs terres louèrent leurs bras ou s'établirent comme fermiers sur des domaines de ce genre nouvellement constitués. Jusqu'alors, seuls l'Etat, la noblesse ou les hauts fonctionnaires avaient été autorisés à posséder de grands domaines ; désormais, tout le monde en eut la possibilité. Les gens qui, d'une manière ou d'une autre, avaient réussi à se procurer de l'argent, purent s'établir comme propriétaires fonciers. Un auteur (Etienne Balazs) estime

Il n'existe plus beaucoup de peintures de l'époque Tang. Celle-ci est une copie tardive d'une œuvre de Wang Wei qui était à la fois peintre et poète (voir p.178). On pense qu'elle représente son domaine mais n'a pas vraiment un caractère réaliste. Au demeurant, il transforma son domaine en monastère bouddhiste.

Pot vernissé en trois couleurs.

Song, ce dernier avait un statut à demi servile, en tout cas dans certaines parties du pays. Cependant, les fermiers tiraient également avantage de leur position : le puissant propriétaire foncier pouvait protéger ses paysans contre la rapacité des collecteurs d'impôts. A d'autres égards aussi, le grand domaine offrait plus de chances de survivre à une époque où la loi et l'ordre étaient constamment menacés.

Il y eut aussi d'autres milieux où le lien de dépendance personnelle devint la règle. Dans le corps des fonctionnaires, il était déjà tout à fait courant d'avoir un protecteur qui vous recommandait pour les emplois et promotions ; entre le chef de bureau et le fonctionnaire s'établirent souvent des liens du type patron-client. Par ailleurs, dans l'administration provinciale militaire, les rapports furent souvent ceux de maître à compagnon. Il arrivait même à des gouverneurs d'adopter des officiers pour pouvoir obtenir d'eux une obéissance filiale. Et nous avons vu que, dans certaines provinces, ce poste de gouverneur était devenu héréditaire. D'une manière générale, il semble qu'apparaissent alors des unités sociales de moindre importance et des regroupements de nature plus ou moins familiale qui se substituent au pouvoir central affaibli. On constate que se dessine la même tendance qu'en Occident où se développe alors un système féodal.

que, vers 800, il ne restait que 4 ou 5 % de paysans indépendants. Peu à peu, presque tous les fermiers obtinrent des contrats de longue durée où ils acceptèrent dans une certaine mesure d'être subordonnés à leur propriétaire. On vit alors se dessiner une nouvelle structure sociale où, entre le propriétaire de la terre et celui qui la louait, le fossé était bien plus profond qu'auparavant. A l'époque

Les grands domaines étaient d'un bon rapport car leurs produits étaient très demandés. Et le propriétaire foncier était en mesure de gérer efficacement ses terres. Avec sa main-d'œuvre, il pouvait défricher de nouvelles surfaces, labourer des jachères, investir dans des nouveaux outils. Denis Twitchett (à qui les lignes qui précèdent doivent beaucoup) souligne par ailleurs que le fermage ne représentait qu'une partie de la production principale du domaine. En d'autres termes, si des produits différents faisaient l'objet d'une demande accrue, le fermier pouvait être incité à faire un effort supplémentaire pour satisfaire celle-ci.

Plat en forme de feuille d'acanthe (vernissé en trois couleurs).

Transformation du système fiscal et monopoles

Peu à peu, le gouvernement central réussit à rétablir l'ordre, même s'il ne put que partiellement imposer son autorité. Les empereurs De Zong (780-805) et Xianzong (805-821) parvinrent à faire rentrer la plupart des provinces dans un système bureaucratique. Mais le pouvoir local demeura plus puissant que par le passé. A cet égard, il est révélateur que les empereurs de la fin de la période Tang n'aient fait aucune tentative pour réviser les anciennes lois, pourtant démodées, ou créer une loi unitaire pour l'ensemble du royaume.

Cependant, au fur et à mesure que les grands domaines se multiplièrent, il devint de plus en plus évident qu'il fallait changer le système d'imposition. Et on le modifia effectivement jusqu'à ce que soit adopté en 780 le système dit de l'impôt double (ainsi appelé parce qu'on le payait en deux fois). Celui-ci était fixé en fonction de la terre réellement possédée. Ainsi les grands propriétaires furent-ils à leur tour obligés de payer. En outre, ils durent s'acquitter d'un impôt personnel sur la fortune. Mais les paysans n'étaient pas pour autant épargnés par les difficultés car leurs fermages en nature faisaient l'objet d'estimations insuffisantes, et ils étaient tenus de payer divers impôts supplémentaires.

Bai Juyi : Le vieux marchand de charbon de bois

« Dans les collines du sud de la ville,
Un vieux marchand de charbon de bois abat des arbres,
il les tronçonne et brûle l'ensemble :
le visage barbouillé de fumée et de suie,
les mains noires, les cheveux gris.
Le peu qu'il gagne
suffit à peine à le nourrir et le vêtir,
mais, bien qu'il soit gelé jusqu'à la moelle
et que son manteau soit usé,
il espère que le temps se refroidira encore
et qu'augmentera le prix du charbon.
Durant la nuit qui s'est écoulée,
la neige est tombée drue jusqu'au point du jour.
Lentement, le char bringuebalant
descend la pente,
le bœuf est malade et le vieillard affamé ;
le soleil est haut.
Devant la porte sud de la ville, la glace a fondu,
le char s'enlise dans la boue et la vase.
Soudain, deux cavaliers s'approchent sur la route,
un homme de la cour en livrée jaune et un compagnon aux manches immaculées.
Ils agitent une autorisation écrite, ordre impérial,
et menacent le vieillard qui se dirige vers le nord avec son char à bœuf.
Ils confisquent tout le chargement de charbon de bois
sans que le vieil homme ose piper :
une aune de damassé et un reste de rouleau de soie.
Voilà tout ce qu'en compensation ils jettent dédaigneusement sur les cornes du taureau. »

Le gouvernement central était cependant confronté à un grand problème : plusieurs provinces — entre autres celles du nord-est — refusaient de payer l'impôt. C'est alors qu'on décida de taxer les activités minières et le commerce. Mais surtout, l'Etat se procura de nouvelles ressources en s'assurant le contrôle de plusieurs produits importants. L'essor économique que connurent au VIIIe siècle la vallée du Yangzi et le Sichuan incitèrent les autorités centrales à établir un monopole sur le négoce de denrées comme le thé, le sel et l'alcool. Ainsi ces biens de consommation devinrent-ils facilement taxables.

Ce fut avec le *sel*, un produit d'une importance vitale, que l'on inaugura le système. Le gouvernement contrôlait l'ensemble des régions productrices, et le monopole décrété en 759 rapporta bientôt une somme correspondant à la moitié des revenus de l'Etat. L'alcool fit ensuite l'objet d'un monopole identique, puis le thé (793) qui ne tarda pas à procurer à l'Etat une autre part importante de ses revenus (6 ou 7 %).

Ainsi l'assise financière de l'Etat changea-t-elle du tout au tout, l'essentiel des ressources publiques provenant désormais du commerce intérieur. Ces monopoles étaient dirigés par de gros commerçants qui se chargeaient de collecter les taxes et étaient ainsi amenés à gérer d'importants capitaux. Le « commerçant de sel » représenta quelque chose de comparable à ce qu'est de nos jours un armateur ou un magnat du pétrole et même plus car il était en même temps l'homme du pouvoir politique. Pour mettre en œuvre ces différentes mesures, le gouvernement créa de nouveaux organismes, en premier lieu, une « commission du sel et du fer » qui, en réalité, contrôla l'ensemble du système fiscal du sud et devint pratiquement un pouvoir indépendant. Dans le nord, la commission des ressources publiques disposa d'un pouvoir presque aussi important. Ces commissions employaient un personnel pléthorique et avaient toute liberté de nommer des personnes de leur choix aux postes de fonctionnaires. Ainsi une nouvelle voie s'ouvrait-elle à ceux qui voulaient faire carrière dans le système administratif, y compris les commerçants.

De nouvelles techniques agricoles

Les monopoles et la position qu'y occupèrent les commerçants sont révélateurs des profonds changements que subit alors l'économie chinoise. Et ceux-ci s'expliquaient, entre autres, par une profonde transformation de l'agriculture.

Sous de nombreux rapports, les Chinois ne peuvent pratiquer l'agriculture sans être assurés d'avoir la maîtrise des eaux. Et la régulation des grands fleuves, spécialement le Huang He, était une tâche prioritaire. Comme la pluie tombait très irrégulièrement, les périodes de sécheresse pouvaient alterner avec de très fortes inondations pour peu que l'on négligeât l'entretien des digues et barrages. Il

Un exemple de l'ingénierie chinoise : le plus ancien pont en arc segmenté du monde. Il a été construit en 610 dans la province d'Hebei.

Le buffle se révéla très utile dans les rizières inondées. A droite, déplantage de pousses de riz vert.

A.B. On recourut à différentes méthodes pour transporter l'eau là où on en avait besoin (dessins de l'époque Ming)
C. La roue à seaux, dite Noria, était peut-être déjà connue dans la Chine de l'époque Han. La gravure montre clairement comment elle fonctionnait. La noria d'Afrique du Nord représentée p. 99 montre que cet engin était capable de compenser une hauteur importante.
D. La force hydraulique pouvait également être utilisée comme source d'énergie pour faire fonctionner d'autres outils. Ici, un marteau-pilon. Le dessin est de 1313, mais l'outil est plus ancien.

s'agissait d'énormes travaux collectifs, et c'est très certainement une des raisons pour lesquelles le nord de la Chine fut très tôt — et demeura — un Etat si puissamment centralisé. Mais, dans le sud aussi, l'eau jouait un rôle important. Des lacs, des rivières, des marécages et des polders imprimaient leur marque sur le paysage, un type de paysage idéal pour la *riziculture*. On réussissait de mieux en mieux à cultiver le riz dans des terrains inondés d'eau, et la main-d'œuvre nécessaire était fournie par tous les gens qui commençaient à affluer dans le sud vers 700. De plus les grands domaines du sud avaient suffisamment de ressources pour rationaliser et expérimenter. A l'époque des Tang et des Song, la production rizicole s'améliora, considérablement tant pour les rendements que pour la qualité. Plusieurs inventions ainsi que l'amélioration de l'outillage agricole permirent de mieux préparer la terre (en particulier une charrue spéciale à versoir qui pouvait être tirée par un seul buffle, ainsi qu'une herse à dents longues). De plus, on apprit à déplanter des pousses de riz vert. Enfin, à partir de l'époque Tang, on utilisa de nouvelles espèces de riz mieux adaptées, en particulier des espèces qui mûrissaient à différentes époques, ce qui permettait de répartir le travail sur toute l'année.

Pour obtenir un approvisionnement plus régulier en eau, on recourut à des digues et des écluses, mais aussi à de nouveaux instruments, des pompes à pied et des roues à eau (ou roues à seaux, voir illustration). On produisit de plus en plus de riz pour l'exportation et, grâce au système de canaux, on put approvisionner Changan et le nord. Le rôle fondamental que joua désormais le riz dans l'économie contribua fortement à stabiliser le régime après la crise de 755-63. En outre, on achemina aussi du riz hors de l'empire, et certains territoires du sud exportèrent d'autres produits comme les oranges (Fujian).

Nous avons déjà dit que le réseau des canaux fut restauré sous Xuanzong. On accorda aussi un soin tout particulier à l'entretien des routes ; lorsque le temps s'y prêtait, un messager impérial à cheval pouvait relier Changan à Canton en huit ou neuf jours (alors qu'un voyage en voiture pouvait prendre 2 mois à 2 mois et demi). C'étaient cependant les voies navigables qui avaient le plus d'importance. Nombreux étaient ceux qui

A

B

C

D

en vivaient, d'aucuns passant toute leur vie sur des chalands et des jonques.

Mais on pouvait également utiliser l'eau comme source d'énergie. Dès le début de la période Sui, les moulins à eau étaient largement répandus, et c'est en partie grâce à eux que la culture du froment se répandit, même dans les régions où le millet était solidement implanté. Néanmoins, il semble que les systèmes d'irrigation aient concurrencé les moulins et que, faute de pouvoir s'imposer, ceux-ci finalement durent céder du terrain. Pour le traitement du riz, on utilisa également des moulins à pilons. De surcroît, la force hydraulique servit très tôt à faire fonctionner des soufflets suffisamment puissants pour permettre aux Chinois de fondre le *fer* plus d'un millénaire et demi avant l'Europe.

La poudre

C'est à l'époque Tang que l'on commença à utiliser la poudre, et celle-ci fut vraisemblablement découverte par des alchimistes. Plusieurs textes de l'époque Tang décrivent des feux d'artifice mais, contrairement à ce que l'on affirme souvent, les Chinois utilisèrent aussi la poudre à des fins guerrières, pour la première fois vers 900. On s'en servit d'abord dans un lance-flammes puis pour fabriquer une sorte de fusée et, enfin, pour diverses bombes lancées à l'aide de catapultes et dont on réussit peu à peu à accroître l'effet destructeur (en augmentant la proportion de nitrate). Ce qui est vrai, en tout cas, c'est que les Chinois ne surent pas faire progresser leurs techniques de fabrication et que les armes à feu européennes, qui firent peu à peu leur apparition dans les eaux orientales, surpassèrent les armes chinoises.

L'alchimie — une bénédiction mitigée

C'est dès avant l'époque Han que l'on avait commencé à fondre le fer. Et le développement technique qui se produisit à la fin de l'époque Tang n'est nullement fortuit. Toute une série d'inventions touchant à différents domaines jalonnèrent le premier millénaire de notre ère.

Nous étudierons dans un autre contexte l'amélioration de la sellerie (P.228). En ce qui concerne le transport fluvial, les jonques subirent certaines transformations, mais il n'est pas sûr que les Chinois effectuaient encore beaucoup de liaisons maritimes avec l'étranger. En tout cas, il fallut attendre un certain temps avant que les jonques ne soient pourvues d'un *gouvernail*. Telles qu'elles étaient conçues, il était normal de placer au centre l'aviron de l'arrière, ce qui était déjà le cas à l'époque Han. De ce fait, l'usage du gouvernail aurait dû aller de soi. Et pourtant, on ne l'utilisa couramment qu' en 1 000 au plus tard, en même temps qu'on commença à se servir de la *boussole*. Ce furent vraisemblablement des taoïstes qui découvrirent le magnétisme. Et ils y recoururent d'abord pour pratiquer une forme de voyance appelée la géomancie. Mais, bientôt, on remarqua le rôle que pouvait jouer l'aiguille magnétique pour la navigation. En tout cas, elle était déjà en usage au XIe siècle, et elle atteignit l'Europe avant 1200.

L'intérêt que portaient les taoïstes aux forces naturelles fut à l'origine de nombreuses connaissances nouvelles. En arrachant à la nature ses plus intimes secrets, on pensait pouvoir accéder à l'immortalité. Et si leurs expériences ne leur permirent jamais de produire l'élixir de vie, elles leur donnèrent en tout cas l'occasion de rassembler de nombreuses plantes ou minéraux et d'en rechercher les propriétés. C'est ainsi qu'on put déterminer et expliquer des maladies de carence. Pour autant, ces travaux ne débouchèrent pas sur l'élaboration de nouvelles théories. C'est à la vieille doctrine des éléments que l'on s'efforça de rattacher les différents résultats obtenus. En tout cas, ces alchimistes surent se faire entendre au plus haut niveau. La dynastie Tang était très marquée par la tradition taoïste, et les empereurs ne voulaient pas courir le risque de voir l'élixir de vie tomber en d'autres mains. Mais la confiance que leur inspiraient les alchimistes eut souvent des conséquences funestes souligne Joseph Needham : « Si, comme nous le pensons, l'empoisonnement provoqué par l'élixir était d'abord dû aux propriétés toxiques de produits comme le mercure, l'arsenic et le plomb, les derniers jours de nombreux empereurs chinois durent être extrêmement désagréables ».

Peut-être la *poudre* a-t-elle également vu le jour dans un laboratoire d'alchimiste (voir encadré) mais, pour ce qui est de *la porcelaine*, elle est la phase ultime de la longue évolution que connut la technique de la céramique (voir encadré p.163, p.166). Quant au *papier*, il fut inventé par le grand eunuque impérial dès le début du IIe siècle. Pour ce qui est cependant de la *technique d'impression*, elle est vraisemblablement le fait de bouddhistes et de taoïstes qui la mirent au point à des fins de propagande. Souhaitant pouvoir diffuser le plus largement possible de petits écrits religieux (et magiques), on commença à la fin du VIIIe siècle à tailler dans des blocs de bois les caractères qui correspondaient à une page. Le livre le plus anciennement conservé (un sutra bouddhiste) date de 868. Mais les religieux ne gardèrent pas longtemps le monopole de cette technique ; on y recourut bientôt pour diffuser la version reconnue des textes classiques et, au milieu du Xe siècle, parut à Sichuan une version complète des classiques en 130 volumes. D'une manière générale, on continua d'appliquer la technique de la page entière. Certes, on essaya aussi de recourir à la technique des caractères mobiles mais, compte tenu du nombre très élevé de caractères existants, celle-ci se révéla mal adaptée.

Jusqu'en 1966, on considérait que l'imprimé le plus vieux du monde était une version chinoise d'un sutra bouddhiste datant de 868. Celui-ci est toujours le livre imprimé le plus vieux du monde mais, en 1966, on trouva en Corée un texte imprimé (ci-dessous) qui est de cent ans plus ancien. Il s'agit d'une formule magique bouddhiste (datant de 704/751).

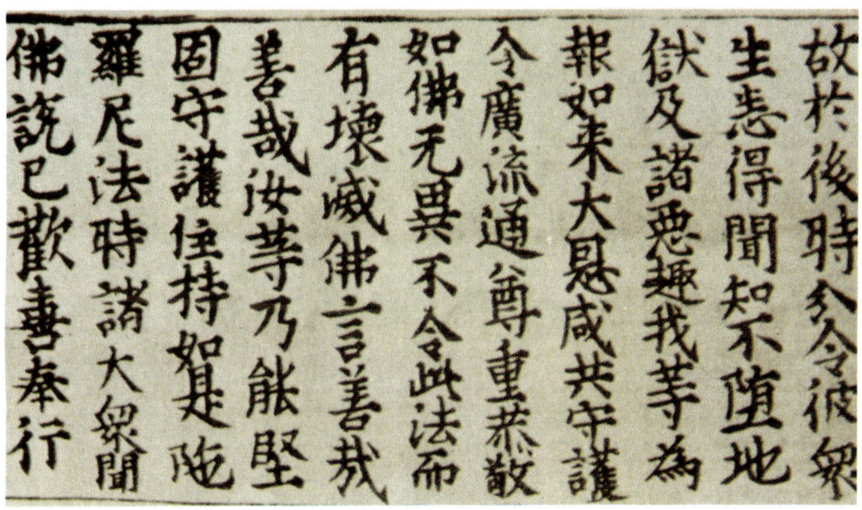
故於後時尒令彼衆生悉得聞知不墮地獄及諸惡趣我等為報如来大慈咸共守護令廣流通尊重恭敬如佛无異不令此法而有壞滅佛言善哉善哉汝等乃能堅固守護住持如是陁羅尼法時諸大衆聞佛說已歡喜奉行

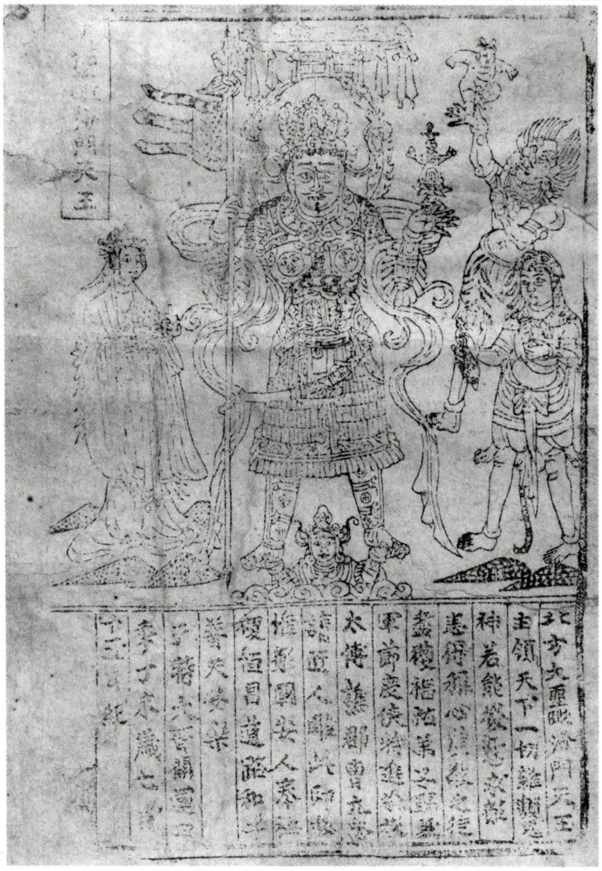

Cette formule de prière bouddhiste est également imprimée sur un seul bloc daté du mois d'août 947. Les caractères mobiles ne furent utilisés que cent ans plus tard.

Des pièces de cuivre au papier monnaie

Dans le domaine monétaire aussi, on mit en œuvre de nouvelles techniques. En principe, l'accroissement du commerce doit se traduire par une utilisation accrue de monnaie. Mais le système monétaire chinois se heurtait à de telles difficultés qu'il paraît difficile de démontrer l'existence d'un lien entre le commerce et l'utilisation d'argent. La traditionnelle unité monétaire était une pièce de cuivre de quelque trois grammes. Mais, sous les Tang, il devint de plus en plus malaisé de se procurer ce métal très demandé à l'extérieur du royaume. De surcroît, les bouddhistes en utilisèrent de grandes quantités pour fondre de gigantesques statues de Bouddha. Enfin, c'était une monnaie facile à imiter, et les faux-monnayeurs trouvaient avantageux de fondre la monnaie officielle pour en produire une autre de plus mauvaise qualité en la mélangeant à d'autres métaux. Au reste, le manque de cuivre incita le gouvernement à frapper lui aussi des pièces de qualité moindre. Et il eut beau interdire aux gens de conserver du cuivre ou d'utiliser le cuivre à d'autres fins que la fabrication de miroirs de bronze, il ne réussit jamais à mettre suffisamment de monnaie en circulation.

Quoi qu'il en soit, la monnaie en cuivre se prêtait mal au paiement de sommes importantes, et on recourut largement à la *soie*, en particulier pour le règlement des impôts. C'est seulement au VIIIe siècle que l'on découvrit suffisamment de minerai argentifère pour pouvoir partiellement remplacer le tissu par ce métal lorsque le gouver-

La soie est produite par une espèce de papillon qui, au stade de la larve, se nourrit de feuilles de mûriers puis s'enveloppe dans son cocon. Les fils du cocon son ensuite dévidés sur des kilomètres (gravure sur bois du XVIIIe siècle).

nement perdit le contrôle des territoires du nord-est où l'on produisait la soie.

L'accroissement des activités commerciales se reconnaît à l'apparition de techniques de crédit. En Chine, ce furent d'abord les marchands de thé qui cherchèrent à éviter la manipulation de grosses sommes d'argent et, au début du IXe siècle, ils émirent leurs premières lettres de change (appelées « argent volant »). Lorsqu'arrivant du sud le marchand de thé livrait sa production au bureau provincial de Changan, il recevait une lettre de crédit qu'il pouvait se faire payer une fois revenu chez lui. Vers 900, les prêteurs sur gage, banquiers et maisons de commerce commencèrent à émettre des quittances de dépôt, lesquelles pouvaient fonctionner comme une sorte de papier-monnaie. Puis vint le moment où l'Etat commença à s'intéresser au système et en interdit l'usage privé. Le premier papier monnaie officiel fut émis à Sichuan en 1024.

L'Empire tang et les commerçants

Si l'on est généralement d'accord pour penser que l'activité commerciale ne cessa d'augmenter durant toute la période Tang, il est difficile de discerner les différents stades de cette évolution. On ignore toujours comment les centres commerciaux se formèrent et qui les faisait fonctionner. Certes, on sait qu'au début de la période Tang les commerçants étrangers eurent une place importante, mais il serait intéressant de connaître le rôle joué par les indigènes, et on aimerait tout spécialement savoir s'il se créa alors une bourgeoisie au sens européen du terme.

Ce qui est sûr, en tout cas, c'est que, durant la période Tang, il existait une vingtaine de grandes villes (c'est-à-dire d'au moins cent mille habitants), les plus importantes étant les capitales Changan (au moins un million, ainsi que Luoyang (400 000 ?). Par ailleurs, on sait que, durant la décentralisation qui eut lieu après 763, de nombreuses capitales provinciales se transformèrent en métropoles régionales. Devenues le centre de tentaculaires administrations, elles accueillirent un grand nombre de riches familles de fonctionnaires, lesquelles entraînèrent à leur suite quantité de personnes exerçant des métiers de services très variés. De surcroît, une part plus importante des ressources provinciales étaient désormais dépensées sur place. Autour de ces centres régionaux apparurent toute une série de petites villes de marché et des marchés ruraux. Parallèlement à la hiérarchie des centres administratifs déjà en place se développa une nouvelle hiérarchie économique qui donna une dimension toute nouvelle à la croissance des villes (Twitchett).

Réprouvant le commerce par principe, la doctrine confucéenne traditionnelle n'avait que mépris pour la classe commerçante. Cependant, le gouvernement admit qu'il était nécessaire de laisser le commerce se développer localement et accepta que l'on organisât un marché là où un district administratif comptait au moins 3 000 familles. Néanmoins, ces marchés étaient surveillés de très près. Les prix étaient fixés par les autorités locales, lesquelles se permettaient aussi de restreindre le commerce de certaines marchandises. Les activités de tous les commerçants étaient sévérement contrôlées, et l'on punissait de 60, 70 ou 80 coups de bâtons ceux d'entre eux qui vendaient des marchandises de mauvaise qualité, utilisaient des poids et mesures non conformes ou ne respectaient pas les prix imposés. Dans les différents marchés, on créa des « rues » pour chaque marchandise, ce qui (à partir du VIIIe siècle) entraîna la création de corporations, toujours étroitement soumises au contrôle des autorités.

Sous les Sui et le début de la période Tang, les commerçants grands ou petits étaient souvent des étrangers. Mais une grande partie de ce commerce disparut après qu'en 763 les Tibétains eurent coupé les liaisons avec l'ouest. La ville de Canton continua toutefois d'en abriter un grand nombre pendant encore un siècle. Selon une source, 120 000 étrangers y auraient été mas-

Miroir de bronze argenté du VIIIe ou IXe siècle).

A la fin de l'époque Tang, les routes devinrent dangereuses, et la Chine se ferma de plus en plus aux étrangers. Il n'est pas sûr que l'on y vît encore des colporteurs comme ce commerçant de l'ouest.

A la fin de l'époque Tang, les provinces de la côte sud devinrent exportatrices de fruit, spécialement d'oranges. La province de Zhejiang (photo) est toujours un important producteur d'oranges et de mandarines.

sacrés en 879 au cours d'un soulèvement. Même si ce chiffre est exagéré, nous savons que, dans le sud de la Chine, le commerce maritime se poursuivit et se développa, les commerçants chinois y jouant d'ailleurs un rôle important.

Plat aux incrustations d'argent (VIIIe siècle).

Nouvelles ouvertures

Il y a lieu de penser que, localement aussi, le commerce ne cessa de s'accroître. Et, au fur et à mesure que le pouvoir central s'affaiblit, les restrictions diminuèrent. Le système officiel des marchés s'effondra progressivement. Dans les villes, les commerçants installèrent leurs échoppes là où bon leur semblait, et les marchés locaux se multiplièrent. Les produits qui se négociaient ainsi étaient les rondins (pour les maisons et la navigation fluviale), les légumes, les fruits, l'huile, le sucre, le poisson, le papier, le chanvre et les soieries. Par ailleurs, une partie de la production partait à l'étranger, soit qu'elle gagnât l'Asie du sud-est, soit qu'elle fût cédée à des commerçants arabes, spécialement la porcelaine, la soie, les produits chimiques, le sucre et le riz. Outre l'ivoire et les pierres précieuses, c'étaient principalement les épices que l'on importait du sud. Toutefois, les plus grandes fortunes demeuraient le fait des commerçants qui contrôlaient les monopoles et des marchands de céréales.

L'expansion commerciale ne pouvait qu'améliorer la position des marchands dans la société. Désormais, ce n'était plus une caste stigmatisée. Par le biais des monopoles et commissions, ils eurent la possibilité d'entrer au service de l'Etat, cependant que les écoles s'entrouvraient pour leurs fils. Au demeurant, leurs profits étaient des plus importants, et on trouvait de plus en plus commode de les imposer. Non seulement ils devaient payer la taxe ordinaire de 3,3 % sur le chiffre d'affaires, mais ils étaient soumis à toutes sortes d'exigences extraordinaires : prêts obligatoires, impôt sur la fortune, impôt sur la totalité du chiffre d'affaires et droits de douane intérieure. Pouvait aussi s'y ajouter une taxation de 20 à 25 % du capital qui représentait leur contribution à l'effort de guerre. Enfin, il y avait les exigences non officielles que formulaient certains fonctionnaires. D'ailleurs, lorsque les exigences étaient par trop exorbitantes, les commerçants réussissaient parfois à organiser des grèves. Et, dans certains cas, ils en vinrent tout simplement à fermer les marchés en attendant d'obtenir satisfaction.

Peu à peu, l'attitude officielle changea. Au IXe siècle, tout en continuant d'affirmer que l'agriculture était la mère de toutes les activités, le gouvernement avait noué d'étroits liens avec le monde du commerce. Et en effet, c'était le commerce qui procurait au gouvernement l'essentiel de ses revenus. Outre les taxes citées plus haut, on peut mentionner différentes initiatives visant à obtenir des participations financières des villes. Mais surtout, l'Etat souhaitait créer des monopoles à son profit et miser sur des secteurs industriels spécialement rentables.

Perspectives

La Chine ancienne était tournée vers le nord-ouest et l'Asie centrale ; la nouvelle Chine qu'annonçait le Xe siècle était tournée vers l'Océan et le sud-est. Des états agricoles stables s'étaient formés au nord-est (Corée, Japon) et au sud (Viêt-nam, indépendant en 939, Nanzhao). Mais, au nord, la menace nomade persistait et, à l'ouest, l'influence chinoise avait été rejetée ou battue en brèche. Le Tibet regardait vers l'Inde, et l'Asie centrale était entraînée dans la sphère de l'Islam. La frontière du nord était fermée, la route de la soie avait cessé de fonctionner comme avant.

Les défaites chinoises de 750 entraînèrent un changement de climat. A l'attitude ouverte du début de la période Tang se substitua une méfiance déclarée envers les étrangers. En 779, l'empereur interdit aux Ouïgours de Changan de porter des vêtements chinois qui pourraient donner le change aux jeunes filles chinoises. Et, en 836, parut un édit défendant aux Chinois de fréquenter les gens de couleur. Enfin, à la même époque, on rejeta les idéologies étrangères au profit des idéaux confucéens.

Désormais, le nord et le sud étaient définitivement intégrés et, se déplaçant vers le sud, le centre de gravité politique avait rejoint le centre de gravité économique. L'ancienne noblesse du nord-ouest disparut. Le chef de l'état n'appuya plus son pouvoir sur la puissance des grandes familles, mais sur des gardes prétoriennes qui lui était personnellement dévouées.

Nous avons vu que l'assise de la société se fondait de plus en plus sur un rapport de type client-patron. Pour autant, on ne vit pas apparaître une structure sociale de type véritablement féodal. Certes, de grands domaines se constituèrent, mais dans des conditions bien différentes de ce qui se passa dans l'Europe occidentale du début du Moyen Age. Ce fut une activité commerciale, une demande accrues qui fondèrent leur existence. Et c'est également l'activité commerciale qui constitua la nouvelle base d'un puissant pouvoir central.

Les exemples de développement technique que nous avons mentionnés auraient pu laisser croire que la Chine aurait très tôt été le théâtre d'une révolution industrielle. L'inventivité ne manquait pas, et on peut se demander pourquoi il ne fut pas possible de tirer un meilleur parti des découvertes qui furent faites au cours du premier siècle et postérieurement. Pour sa part, Joseph Needham souligne une donnée qui, selon lui, a pu jouer un rôle déterminant : c'étaient principalement les *commerçants* qui auraient eu avantage à promouvoir le développement technique et, en Europe, il y a un évident rapport entre ce développement et le pouvoir croissant des commerçants. Mais, en Chine, les commerçants ne furent pas en mesure de jouer un rôle équivalent.

Dans ce pays, jamais ils ne constituèrent une classe indépendante. Le puissant gouvernement central veilla à ce que les villes n'aient pas de pouvoir autonome. C'étaient les mandarins qui exerçaient le pouvoir. Les commerçants n'eurent pas de position politique correspondant au pouvoir réel qui était le leur, et ils furent sans cesse obligés de biaiser pour faire reconnaître leurs légitimes exigences, souligne Etienne Balazs : recourant à la flatterie ou à la subordination, chacun devait lutter pour soi, la corruption devint un fléau. L'ambition suprême fut de se faire admettre dans le cercle des mandarins. Les grands domaines prirent de l'extension, les paysans perdirent leur terre, et l'on ne fit rien pour favoriser la création d'une classe intermédiaire. Un Etat plus faible aurait offert plus de chances à la classe moyenne.

Une jeune fille joue du pi-pa (une sorte de guitare) devant un petit public qui se compose d'hommes et de femmes. On remarquera l'ameublement « moderne » qui se compose de chaises et de tables basses. En Inde, on utilisa les chaises de bonne heure, mais c'est seulement à la fin de l'époque Tang que, par le canal de l'Asie centrale elles arrivèrent en Chine. Peinture sur soie datant de l'époque des « cinq dynasties » (IXe siècle) exécutée d'après nature par Gu Hongzong.

L'aube du Japon

De toutes les nations d'Asie, c'est le Japon qui assimila le plus rapidement la culture industrielle de l'Occident. Ce faisant, les Japonais ne firent que renouer avec une ancienne tradition. Certes, l'ayant doté d'un climat tempéré et de précipitations abondantes, la nature a permis à ce pays d'avoir une agriculture d'un haut rendement. Mais celui-ci a également su mettre à profit les connaissances technologiques acquises à l'extérieur. Dès la période qui nous intéresse, les Japonais s'attachèrent à apprendre et, dans tous les domaines de la culture, leurs grands maîtres furent les Chinois.

Une porte pour le Japon : au Japon, le Shinto est l'ancienne religion de la nature, et l'on trouve ses sanctuaires un peu partout dans le pays. Cette porte typique (torii) d'un temple shinto d'environ 600 conduit à Itsukushima, un sanctuaire situé sur une île en face d'Hiroshima.

A l'automne 607, un ambassadeur venu d'une lointaine contrée arriva à la cour de l'empereur de Chine à Luoyang. Il apportait une lettre de son souverain qui était adressée à « l'Empereur du soleil couchant ». Pour sa part, l'auteur de la lettre se présentait comme « Empereur du soleil levant ». Offusqué, l'empereur Yang refusa de prendre connaissance du message. Et la raison n'en était pas tant cette dénomination d'Empereur du soleil couchant, car les Chinois parlaient eux-mêmes de pays du soleil levant pour désigner les îles de l'est : Nippon (ou plutôt Nihon) en japonais (mais les noms occidentaux *Zipangu* ou *Japon*, reposent sur des variantes dialectales chinoises du même mot). En fait, ce que l'empereur Yang jugeait inacceptable, c'était que l'empereur du Japon (qui, par surcroît, était une femme) se présentât comme son égal car les Chinois traitaient tous les Etats comme si ceux-ci devaient leur payer tribut. En régissant ainsi, peut-être l'empereur espérait-il que les Japonais éviteraient à l'avenir de souligner leur indépendance. En tout cas, l'attitude de la Chine changea, et cette ambassade fut la première de toute une série d'expéditions semblables où les Japonais essayèrent d'arracher aux Chinois les secrets de la civilisation.

Un royaume d'îles

Car, en regard de la Chine, le Japon *était* un royaume barbare, un pays sous développé, mais qui était précisément en train de connaître un développement explosif.

A cette époque, les ambitions du pouvoir japonais portaient sur les trois îles méridionales de l'archipel, un territoire dont la superficie était à peu près la moitié de celle de la France (environ 280 000 km^2), l'ensemble de l'archipel comprenant aujourd'hui 16 % de terres cultivées. Les démographes estiment qu'en 400 av. J.C. le pays ne comptait encore que quelques milliers d'habitants (30 000 selon Mc Evedy/Jones), et ceux-ci vivaient toujours à l'âge de la pierre. Les territoires habités étaient séparés par de vastes régions montagneuses. Mais, durant les siècles qui précédèrent la naissance du Christ, la riziculture en rizière inondée s'imposa, et la population s'accrut. De plus, l'apparition du fer permit de disposer de meilleurs outils et armes. Il semble que la dynastie qui unifia alors le royaume était originaire de Kunshu, l'île la plus méridionale, et qu'elle se répandit peu à peu vers le nord-est, dans les régions littorales de la mer intérieure, pour finalement fonder dans la plaine de Yamato (au plus tard vers 400) le centre d'un royaume qui regroupait une fédérations de tribus. Mais c'est seulement plusieurs siècles plus tard qu'elle parvint à contrôler l'ensemble de l'île de Honshu, spécialement dans sa partie nord où une population primitive — les Aïnous — n'acceptèrent de se soumettre qu'après avoir opposé une vive résistance.

De nombreux tumuli rappellent le Japon de l'époque tribale. A en juger par le mobilier funéraire, ce furent manifestement des guerriers à cheval qui réussirent à dominer le royaume Yamato. Sur cette époque, nous possédons de nombreuses chroniques, mais beaucoup tiennent de la légende et du mythe. Par ailleurs, les sources chinoises nous donnent quelques informations. Ce qui est sûr, c'est que la puissance du royaume Yamato s'accrut démesurément, aussi démesurément que s'accrut la population qui, de 300 000 au début de notre ère, passa à peut-être 3 millions vers l'an 600 (Mc Evedy/Jones).

Le Japon est un pays montagneux aux sommets recouverts de neige (près de 600 de plus de 2 000 mètres). Mais la forêt recouvre les pentes jusqu'à une hauteur élevée et, sur les terres basses, on pratique une agriculture intensive. Tout au sud, la végétation est presque tropicale.

Uji, be et kami

C'est sans doute à ces guerriers à cheval que l'on doit la division en classes caractéristique du pays à l'orée de la période « historique ». Un grand nombre de clans (*uji*) formaient la classe supérieure. Et c'était un ensemble de

Au cours des siècles qui précédèrent l'époque où se manifestèrent les influences coréenne et chinoise, les Japonais vécurent à l'heure de la civilisation Yayoi. Cette maison a été reconstituée sur la base de trouvailles archéologiques datant de la dernière partie de cette période (soit les premiers siècles de notre ère).

La Corée

Ce fut sous la dynastie Han que de nouvelles techniques et de nouvelles idées venues de Chine se répandirent en Corée. Et le phénomène revêtit des proportions telles qu'il accéléra la formation d'Etats dans la presqu'île. Les fédérations de tribus se développèrent jusqu'à devenir des royaumes dirigés par un pouvoir militaire centralisé. Au cours des premiers siècles de notre ère, les royaumes de *Koguryo*, *Paichke* et *Silla* virent le jour et devinrent des sociétés différenciées qui restèrent en contact permanent avec la culture chinoise.

Pendant un temps (au Vᵉ siècle), les Japonais prirent pied sur la pointe sud (*Mimana*) et appuyèrent par ailleurs le Paichke qui contrôlait la voie maritime reliant la Chine au Silla. Mais des problèmes intérieurs les obligèrent à se retirer (562), et le Paikche fut vaincu par le Silla (conquis dans les années 660). Au nord, le plus vaste des trois Etats, le Koguryo, agrandit son territoire aux dépens de la Mandchourie. Puissant et bien organisé, il réussit à contrecarrer tous les efforts que firent les souverains Sui pour reconquérir d'anciens territoires chinois. C'est seulement sous Gaozong que les Chinois réussirent à conquérir le royaume, mais la résistance coréenne fut telle que l'empereur Tang fut contraint d'abandonner le territoire au Silla (668). Ainsi l'ensemble de la presqu'île devint-il vassal de la Chine. Les territoires de Mandchourie précédemment annexés par le koguryo ainsi que les territoires côtiers attenants formèrent le noyau d'un nouvel état, le *Parhae* (*Po-hai*).

Les Coréens étaient d'habiles marins qui, pendant des siècles, assurèrent le frêt dans l'est de la mer de Chine. Ils organisèrent leurs Etats sur le modèle de l'Etat Tang, utilisèrent la langue écrite chinoise, des modèles littéraires chinois et s'inspirèrent à la fois du confucianisme et du bouddhisme chinois.

De Chine, le bouddhisme gagna rapidement la Corée, et cette statuette de bodhisattva, Avalokitéshvara (« le seigneur miséricordieux ») est d'origine coréenne (statuette de bronze dorée, légèrement endommagée par la rouille, trouvée en 1974).

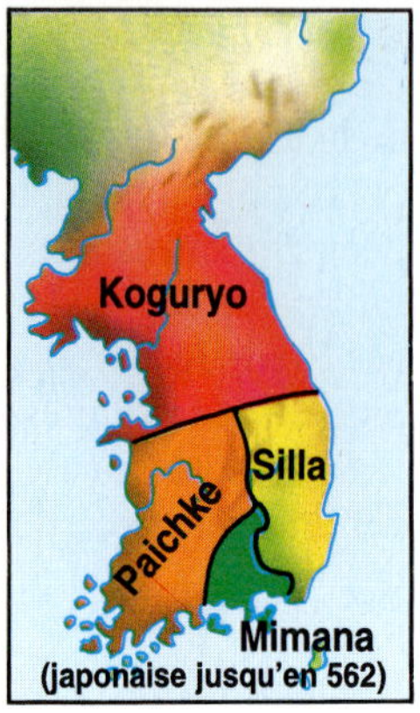

La tripartition de la Corée (avant la conquête chinoise du VIIᵉ siècle)

La couronne royale est un symbole universel, utilisé aussi bien à l'est qu'à l'ouest. (voir p. 27). Dans les tombes royales du royaume coréen de Silla, on a trouvé des couronnes comme celle-ci (Vᵉ, VIᵉ siècle). Peut-être conférait-elle également au roi le pouvoir et la dignité d'un grand prêtre et, qu'ainsi, elle le mettait en rapport avec des forces surnaturelles.

grandes familles organisées patriarcalement qui constituaient un clan, lequel était dirigé par le chef de la grande famille la plus éminente. Ce chef de clan (*uji no kami*) était, par ailleurs, considéré comme le descendant de la divinité spéciale de l'Uji (*Uji-gami*) et remplissait les fonctions de prêtre lorsqu'il fallait célébrer des cérémonies.

Le royaume n'était cependant pas uniquement une société de clans. Chaque clan avait en dessous de lui un groupe professionnel, une « corporation » (*be*). La plupart de ces corporations regroupaient des paysans, mais les corporations d'artisans, qui se différenciaient d'ailleurs de plus en plus, étaient aussi richement représentées. Les membres étaient placés sous l'autorité d'un président de corporation. Par ailleurs, celle-ci dépendait généralement d'un uji. Il existait aussi des esclaves, mais sans doute n'étaient-ils pas très nombreux (guère plus de cinq pour cent de la population). Par ailleurs, il devait aussi y avoir des représentants des habitants primitifs, mais leur présence est difficile à cerner. De leur côté, sans doute les uji représentaient-ils le peuple victorieux de Yamato. Eux seuls portaient des noms de famille.

C'est grâce à ses origines que le chef du clan du Soleil fut reconnu souverain de Yamato. En effet, lui seul avait le droit d'officier comme prêtre de la déesse du soleil, laquelle était honorée par l'ensemble de la fédération des tribus. Il existait alors tout un fonds de récits mythiques dont la maison impériale se servit pour donner une solide assise à son pouvoir et que l'on coucha par écrit. Les mythes qui racontent la naissance des dieux et de la terre nous présentent, entre autres, la déesse du soleil chamanique et belliqueuse, Amaterasu, l'ancêtre des souverains de Yamato.

D'une manière générale, ce n'est pas une véritable mythologie qui nous est présentée. La société croyait seulement que la nature était pleine de puissances, tantôt mauvaises et destructrices, tantôt bonnes et protectrices. Les puissances avec lesquelles on établissait plus spécialement des liens étaient surtout celles qui étaient rattachées à la société, que ce soit la localité, la famille ou le clan. Ces puissances spirituelles ainsi liées à un lieu étaient appelées *kami*. Et c'était à elles que l'on faisait des offrandes. Les kami pouvaient s'incarner dans des formations naturelles comme des rochers, des cascades ou des lacs, ou dans des objets symboliques (un miroir, une épée, une statue) que l'on disposait dans des sanctuaires et honorait selon des rites spéciaux. Les choses dans lesquelles s'incarnaient les *kami* étaient appelées *shintai*, et ce furent elles qui donnèrent plus tard leur nom à la religion indigène (*shinto*) lorsqu'il fallut ensuite faire front au bouddhisme.

Pouvoir royal et seigneurs

Entre la Corée et la Chine, les contacts culturels se multiplièrent au cours des premiers siècles de notre ère. Pendant quelque deux cents ans à partir du IVe siècle, les Japonais s'affirmèrent victorieusement dans les combats où s'affrontèrent les Etats coréens, puis y conservèrent assez longtemps une tête de pont. Et, au cours des Ve et VIe siècles, un flux d'immigrants — réfugiés et prisonniers — arrivèrent de l'ouest. Beaucoup étaient d'habiles artisans qui, soit dans des corporations, soit dans des uji, s'intégrèrent parfaitement dans leur nouvelle patrie. Et ils apportèrent avec eux de nouvelles techniques et de nouvelles idées. Pendant très longtemps, la culture japonaise avait été dépourvue d'écriture mais, vers 400, l'écriture chinoise commença à se répandre au Japon. Cependant, comme les deux langues ont une structure très différente, ce système d'écriture se révéla mal adapté. Les premiers scribes étaient naturellement des immigrants. Avec l'écriture arrivèrent aussi des livres de Chine, et la langue accueillit des mots chinois en nombre croissant. On mit en œuvre de nouvelles techniques d'irrigation, on aménagea de nouvelles rizières ; des tisserands et forgerons firent connaître leur savoir-faire. Tous ces changements marquèrent la société, à la fois dans sa structure politico-sociale et sa vision du monde.

Pour les historiens occidentaux, la royauté japonaise a

Les grands tumuli contiennent de nombreuses statuette d'argile de différentes espèces. On les appelle des haniwa. Ce musicien haut de 70 cm joue sur une lyre à cinq cordes.

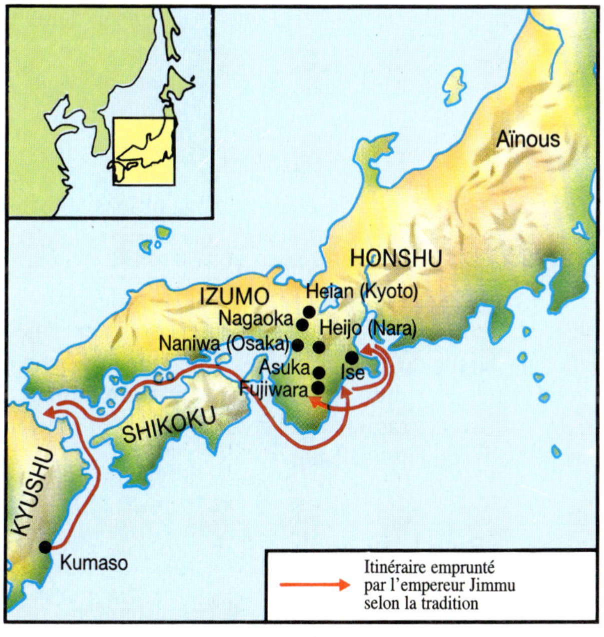

Le Japon. La carte indique la route que les conquérants (« l'empereur Jimmu » de la légende) auraient suivi et montre où se trouvait le centre politique au début de la période impériale.

Le descendant de la déesse du soleil

Selon le mythe, ce furent la déesse du soleil Amaterasu et son frère, le dieu de la tempête Susa-no-o, qui engendrèrent les ancêtres des clans les plus éminents. Le descendant d'Amaterasu, Ninigi, établit sa domination sur le nord de l'île de Kyushu, cependant que Susa-no-o fut l'aïeul des souverains d'Izumo, situé au bord de la mer du Japon. Mais ce fut Jimmu (« guerrier divin »), le petit fils de Ninigi, qui, parti de Kyushu, gagna avec ses troupes la plaine de Yamato et devint le premier « empereur » du Japon. Ses successeurs ne tardèrent pas à conquérir Izumo et fondèrent un royaume unitaire. Selon la tradition, Jimmu célébra la conquête de Yamato le 11 février 660 av. J.C., et c'est toujours à cette date que l'on célèbre la fête nationale du Japon. Certes, Jimmu est un personnage de légende, mais cette conquête de Yamato eut effectivement lieu. Elle fut seulement plus tardive, remontant peut-être au début de notre ère.

droit, depuis ses mystérieuses origines, au titre impérial. Dès siècles durant, les descendants de la déesse du soleil réussirent à renforcer leur position. Toute la terre possédée par le clan du souverain était sous l'autorité directe de l'empereur. Mais sur les autres clans et leurs terres, l'empereur n'avait pas de prérogatives directes, et il fallait qu'il sollicite le concours des autres chefs. Son influence, il la faisait sentir en jouant son rôle d'arbitre entre les autres clans ou en exerçant son droit de lever une armée. Les interventions qu'il fit en Corée furent du reste d'un excellent rapport financier. Et le culte de la déesse du soleil, la mystérieuse ancêtre du clan impérial, était en passe de se transformer en culte d'Etat. Par ailleurs, en même temps que ce clan impérial s'unissait à d'autres en concluant différentes formes d'alliance, il cherchait à imposer son pouvoir plus directement. A l'instar de la Chine, l'empereur commença à affirmer que les chefs de clan étaient ses fonctionnaires, et que c'était de lui qu'ils tenaient leur pouvoir. Parallèlement, on divisa le pays en districts qui correspondaient plus ou moins aux territoires des clans, cependant que les chefs se voyaient nommer gouverneurs impériaux et classer en grades selon tout un système hiérarchique. Enfin, la maison impériale s'attacha à accroître son domaine foncier.

Cependant, les tumuli montrent que les chefs de clan ne furent pas non plus sans s'enrichir. Non seulement, ils contrôlaient plus étroitements la main-d'œuvre et les sources de revenus, mais ils pouvaient bénéficier d'une large autonomie et entretenir leur propre armée qui pouvait rivaliser avec celle de l'empereur. Le moment était maintenant venu que se fassent sentir de nouvelles impulsions susceptibles de libérer les nouvelles forces sociales et de les combiner fructueusement.

Le prince Shotoku, le régent qui installa le bouddhisme au Japon et mit en œuvre la réorganisation du royaume vers 600 (les deux autres personnages sont peut-être ses fils. Peinture sur papier, VIIe siècle).

Le nouvel empire : Shotoku Taishi

Une nouvelle fois, ce fut de Chine — à présent l'empire des dynasties Sui et Tang — qu'arrivèrent les idées et les solutions pratiques. Vint d'abord le temps de l'idéologie. Par la Corée, le Japon venait juste de découvrir la nouvelle religion qui connaissait tant de succès en Chine : le bouddhisme. Sous la protection de l'homme le plus puissant de l'empire, le chef du clan Soga, on construisit des temples, on importa des reliques, on fit venir de l'étranger des prêtres et des moines. Néanmoins, les potentats du clan Soga n'avaient guère assimilé le contenu spirituel du bouddhisme. En revanche, régent à partir de 593, le prince Shotoku Taishi était, lui, un bouddhiste convaincu. Il emprunta à la Chine la notion de souverain absolu que tirait sa légitimité d'un mandat du Ciel et gouvernait par l'intermédiaire de ses fonctionnaires selon des lois déterminées. Le nouveau titre de souverain qu'il imposa alors, *tenno* (« souverain céleste ») reflète cet idéal. Et, combinées avec les principes confucéens, les idées bouddhistes inspirèrent une « constitution » que le prince proclama en 604. C'était un document en 17 articles où était définie la morale politique à laquelle désirait se référer le prince pour construire la société. L'idée de l'Etat, du bien public y est clairement énoncée. L'empereur est le détenteur du pouvoir central, il gouverne par l'intermédiaire de ses fonctionnaires qui lui doivent obéissance. Cependant, les gouvernants ont également des devoirs vis-à-vis de leurs sujets, et le document est inspirée par l'idée confucéenne d'une harmonie sociale, d'une mutuelle bienveillance entre gouvernement et gouvernés.

Il faudra cependant attendre 40 ans avant que l'on ne s'efforce véritablement de créer des institutions susceptibles de traduire ces principes dans la pratique politique. En effet, après la mort de Shotoku Taishi, en 622, les Soga ne ménagèrent aucun effort pour s'emparer du pouvoir impérial. Il s'ensuivit de sanglants conflits qui virent finalement la défaite des Soga. Dès lors, les vainqueurs eurent toute latitude de mettre en œuvre leur grande réforme.

Il y avait alors quarante ans que le pays était en contact avec le florissant empire Tang.

Taika : La grande métamorphose

Ce fut Shotoku Taishi qui dépêcha la première ambassade

de 607. Et celle-ci était loin d'être uniquement une visite de politesse diplomatique. En effet, la culture chinoise exerçait une véritable fascination sur les couches dirigeantes du Japon. L'ambassade de 607 ne fut que la première d'une longue série d'expéditions auxquelles participèrent parfois des centaines de personnes, depuis les moines bouddhistes qui voulaient nouer des contacts avec les monastères jusqu'aux commerçants et artisans qui désiraient assimiler de nouvelles techniques. La volonté d'apprendre était considérable. Et l'on vouait une admiration toute particulière à l'édifice étatique. Ce fut celui-ci qui servit de modèle lorsque, pour la nouvelle année 646, le fils de Shotoku Taishi, le prince Naka, assisté d'un éminent chef de clan nommé Nakatomi, proclama « la grande métamorphose » (*taika*) ; c'était un système étatique entièrement nouveau que l'on voulait désormais appliquer.

Dans ses grandes lignes, le nouveau système se présentait comme suit :

1) Selon le modèle chinois de répartition de terres, aucun particulier ne pourrait plus posséder de rizière. Par ailleurs, les corporations seraient libérées de la tutelle des uji.

2) Comme en Chine, l'ensemble de l'empire serait partagé en provinces, et chacune de celles-ci serait constituée de districts et villages. On construirait tout un réseau de routes, on lancerait des ponts, on installerait des relais de poste. La noblesse locale serait intégrée dans un corps de fonctionnaires et rétribuée en fonction de son rang et de sa dignité.

3) On recenserait la population et établirait une matrice cadastrale qui permettrait ensuite de répartir la terre entre les foyers. En revanche, ceux-ci seraient astreint à payer régulièrement des impôts et assujettis à la corvée.

Ce programme fut mis en œuvre en l'espace de quelques décennies, à tout le moins le système constitutionnel et l'imposition. Comme en Chine, on peut cependant se demander dans quelle mesure la répartiton des terres fut effectivement réalisée et combien de temps elle dura. Au demeurant, la réforme Taika emprunta aussi d'autres éléments au système chinois : en 649, on créa une administration centrale comprenant huit départements en grande partie calqués sur le modèle chinois. Pour sa part, le prince Naka finit empereur (Tenchi, mort en 671) et, après un court intermède, c'est Temmu (673-86) qui lui succéda et paracheva la construction du système. A peine quelques décennies plus tard, on fonda la ville impériale de Heijo (à présent Nara) sur le modèle de Changan, et le pays fut désormais gouverné par tout un corps de fonctionnaires tandis que, sur le modèle du codex des Tang (mais en tenant compte des conditions et habitudes locales), on introduisait une nouvelle législation.

Une société aristocratique

C'est parce qu'il était en position de force que le pouvoir put imposer la réforme Taika. La puissance du dernier Soga était brisée. Néanmoins, jamais la réforme ne se serait imposée aussi facilement si les chefs de clan n'avaient eu d'excellentes raisons de l'appuyer. En devenant fonctionnaires civils, ils assuraient leur position. De surcroît, ils purent vraisemblablement conserver une grande partie de leurs terres, même si elles étaient désormais des « fiefs pour entretien ». Par ailleurs, ils gardèrent leur pouvoir de chef.

Les temples bouddhistes du Japon présentent de très beaux exemples architecturaux des périodes Nara et Heian. La pagode-Est de Yakushi-Ji à Nara (début du VIIIe siècle) est un miracle d'équilibre entre la recherche du mouvement et de la sérénité.

A propos des femmes-écrivains

Sir G.B.Sansom essaie d'expliquer « pourquoi c'est à des femmes que l'on doit la plupart des grandes œuvres littéraires de l'époque Heian, alors que les hommes n'écrivent généralement que des traités ampoulés et ennuyeux » :

« La véritable raison... c'est que les cerveaux des hommes étaient embrumés par des livres chinois et des idées chinoises de seconde main. En revanche, de par leur position, les femmes, principalement celles des cercles aristocratiques, n'étaient ni paralysées ni écrasées par un savoir stérile. Dans leur petit monde, où il pouvait arriver à pratiquement n'importe laquelle d'entre elle de devenir l'épouse favorite d'un empereur et la mère d'un prince, elles étaient courtisées et respectées et, à l'intérieur des limites fixées par l'étiquette, elles pouvaient donner libre cours à leurs sentiments, leurs instincts et leurs imagination. Elles pouvaient exprimer ce qu'elles voyaient et ressentaient dans une langue vivante qu'elles avaient parlée dès l'enfance. Pour leur part, les Japonais qui écrivaient le chinois utilisaient en réalité une langue morte. Ils avaient pour modèle une prose qui avait été à la mode en Chine cinq cents ans auparavant. De plus, c'était un pays lointain et difficile d'accès. Seuls quelques rares élus pouvaient traverser l'océan et avoir ainsi la possibilité de voir des objets chinois ou de nouer des contacts avec des penseurs chinois. C'est pour cela que la plupart des hommes — à la différence des femmes — écrivaient sur ce que d'autres avaient déjà vu et ressenti. »

(G.B. Sansom : « Japan. A short cultural history », p. 239)

Ce groupe représentant Shaka Bouddha et deux bodhisattva fut coulé dans le bronze par le sculpteur Tori en souvenir du prince Shotoku qui venait juste de mourir. Il fut ensuite placé dans le temple de Horyu-ji.

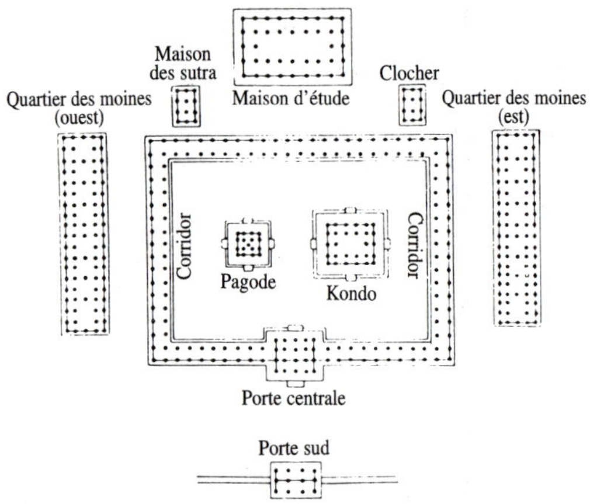

La partie ouest de Horyu-ji, le complexe de temples le plus anciennement conservé du Japon (au sud de Nara, fin du VIIe siècle). Comparez la photo aérienne avec le plan qui indique la fonction des bâtiments les plus importants. Dans la pagode sont conservées les reliques de Bouddha, dans le kondo sont exposées les images saintes et, dans la maison sutra, sont conservés les manuscrits saints.

Seul leur titre changeait lorsqu'ils étaient nommés gouverneurs de province et de district. En vérité, ils disposaient désormais de méthodes plus efficaces pour exercer leur pouvoir. Cependant, il n'est pas non plus interdit de penser que le pouvoir traditionnel des chefs s'était de toute façon un peu affaibli du fait que la terre des clans avait été parcellisée entre de nombreux héritiers. En effet, le fils aîné ne bénéficiait pas de prérogatives particulières.

Au demeurant, dans certains domaines, le système social était déjà en train de changer. Skotoku Taishi avait déjà introduit un système hiérarchique à 12 grades. Les détenteurs des grades les plus élevés percevaient d'importants émoluments qui correspondaient aux revenus de milliers de foyers. De plus, ces postes étaient héréditaires, ils permettaient de disposer d'une suite et bénéficiaient de l'exemption fiscale.

Au reste, ainsi qu'en témoigne le système des uji et des be, cette hiérarchisation existait déjà dans la société traditionnelle. Ainsi s'explique que les paysans et citoyens ordinaires aient eu une claire conscience du rang qu'ils occupaient dans la société. Les hommes libres qui descendaient des uji étaient au-dessus des membres des corporations et, entre les corporations elles-mêmes, existait toute une hiérarchie. Enfin, les gens asservis étaient eux-mêmes divisés en plusieurs classes et l'esclavage persistait.

La hiérarchie fut donc maintenue. Mais, sur d'autres points fondamentaux, la réforme Taika échoua. En effet, on s'était trop servilement inspiré du modèle chinois, alors que, même en Chine, le système de répartition des terres s'était avéré difficile à maintenir. En effet, celui-ci s'appliquait surtout aux champs de chanvre et de blé du nord de la Chine. Pour les rizières du sud, il était moins bien adapté. Et il en allait de même pour la culture du riz japonaise. De surcroît, le système administratif chinois s'appliquait à une société plus égalitaire et plus homogène qu'au Japon. Enfin, la bureaucratie chinoise était normalement une méritocratie où, tout au moins en théorie, le savoir représentait la norme suprême. De leur côté, les Japonais fondèrent eux aussi une université (668) et organisèrent tout un système d'examens. Mais les postes importants n'en restèrent pas moins réservés à l'aristocratie.

Charges et exemptions fiscales

Un registre de 702 montre que chaque homme recevait alors 20 ares de rizière à cultiver, les femmes un peu moins. L'impôt foncier n'était pas très élevé (3 à 5 %) mais il existait en outre un impôt de capitation en nature (soie, chanvre) variable selon la main-d'œuvre (les hommes entre 21 et 60 ans devaient payer le maximum) ainsi que des obligations liées à la corvée. Représentant une charge importante, celle-ci pouvait être accomplie, soit en remplissant des obligations militaires (4 ans), soit en fournissant des prestations annuelles dans les transports, la construction de routes ou de bâtiments publics.

Nombreux étaient cependant ceux qui, entièrement ou partiellement, réussissaient à échapper à l'impôt. C'était par exemple le cas des monastères, de tous les membres de la hiérarchie à partir de la huitième classe et des représentants de diverses professions très considérées que l'on sou-

Le moine chinois Ganjin (mort en 763) arriva comme missionnaire au Japon où il créa une secte et construisit le temple de Toshodai-ji. Il joua un rôle important pour le bouddhisme japonais (cette statue-portrait fut sans doute exécutée de son vivant).

haitait ainsi privilégier, tels les médecins, les scribes, les forgerons et les charpentiers. Mais, pour les autres, la charge n'en était naturellement que plus lourde.

Au fur et à mesure que s'exerçait sur la terre une pression accrue, le système de répartition se relâcha. En 722, on décida de mettre 120 millions d'ares supplémentaires en exploitation, au moins le double de ce qui était alors cultivé. C'était un objectif irréaliste, mais on promit aux paysans de leur donner en toute propriété les terres qu'ils défricheraient. Et, comme l'impôt foncier n'était pas excessif — c'était l'impôt de capitation qui pesait le plus lourd — tous ceux qui le pouvaient préférèrent miser sur le défrichage. Finalement, au cours du IXe siècle, on abandonna complètement le système de répartition des terres.

Le nouveau droit de propriété creusa un fossé encore plus profond entre les petites gens et la noblesse. Les nobles firent tout ce qui était en leur pouvoir pour transformer en biens héréditaires les terres qui leur avaient été attribuées en fonction de leur rang ou de leur position, et ainsi faire profiter l'ensemble de leur domaine de l'exemption d'impôts.

Mais la classe supérieure employa aussi d'autres méthodes pour se procurer de la terre. L'une d'entre elles était de laisser un propriétaire terrien transférer nominalement sa terre à quelqu'un qui bénéficiait de l'immunité fiscale ; le propriétaire réel continuait d'exploiter son bien mais en payant un certain loyer ; en contrepartie, il échappait à l'impôt, beaucoup plus élevé. Sinon, un paysan avait encore le loisir de louer de la terre à un propriétaire exempté d'impôts. Dans la pratique, les terres ainsi louées devenaient souvent héréditaires.

Les Fujiwara prennent le pouvoir

A présent, la société se transformait rapidement. L'Etat centralisé se muait en Etat décentralisé de propriétaires, ce qui entraîna des conséquences au plus haut niveau.

Dès ses débuts, l'appareil étatique inspiré de la Chine était beaucoup trop important. Pourtant, il prit encore de l'ampleur. De plus en plus nombreuses furent les personnes qui, contre de moins en moins de travail, reçurent des postes, des émoluments, des privilèges fiscaux. Et, tandis que le cérémonial de la cour mobilisait toutes les énergies, les caisses de l'Etat ne cessaient de se vider. C'est alors que, derrière le trône, ressurgit un tout puissant ministre ; il avait nom Fujiwara et descendait de ce Nakatomi qui avait apporté son concours au coup d'Etat de Taika en 646. Longtemps l'empereur avait pu s'appuyer sur sa propre famille mais, dès lors qu'elle se fut fractionnée, celle-ci devint beaucoup moins sûre ; il en alla de même des monastères bouddhistes dont la puissance et l'influence s'étaient considérablement accrues à l'époque Nara. Et ce fut sans doute pour leur échapper que l'empereur transféra sa résidence, d'abord à Nagaoka puis, en 794, à Heian (la future Kyoto). Les Fujiwara virent leur puissance s'accroître et, à partir de 857, lorsque Fujiwara Yoshifusa devint grand chancelier, le clan exerça le pouvoir pendant trois siècles. Faisant preuve d'une exceptionnelle solidarité familiale, ils réussirent très longtemps à réserver aux membres de leur clan tous les postes importants. De plus, ce fut presque toujours une Fujiwara que l'empereur épousa. Au plan local, les Fujiwara s'appuyèrent sur les principaux clans nobles qui monopolisaient les emplois ; car, en province aussi, on en était plus ou moins revenu au gouvernement des clans. Les institutions et emplois du pouvoir central ne furent pas supprimés, mais privés de leur contenu et réduits à un pur cérémonial. Ce fut l'administration du clan Fujiwara qui devint le vrai centre du pouvoir étatique. Dans une certaine mesure, on peut parler de féodalisation. Non seulement les grands domaines fonciers bénéficiaient de l'exemption fiscale, mais les propriétaires exerçaient aussi la plupart des responsabilités administratives, et les fonctionnaires de l'Etat — aussi bien les inspecteurs du cadastre que les représentants de la police — s'en voyaient refuser l'accès.

Dans le kondo de Toshodaiji construit par Ganjin à Nara en 759, on trouve des traits architectoniques que l'on pense être spécifiquement japonais, même si c'est à des artisans chinois que l'on en doit la construction.

Cependant, le *shoen* japonais était très différent du *manor* occidental dont il sera question plus loin. Le noble n'habitait pas son domaine. Il ne s'intéressait pas à l'agriculture et, dans la mesure du possible, préférait rester dans la capitale, Heian, le seul endroit au monde où la vie valût d'être vécue. A cet égard, Heian n'était pas sans faire penser à Versailles. L'aristocratie clanique de province était elle-même considé-

La déesse du riz favorise la croissance et la prospérité et peut exaucer les prières. Les gens plantent des listes de vœux dans les champs qui longent la route menant à un sanctuaire situé près de Kyoto.

rée avec dédain par l'élite de la capitale. Certes, rentables comme ils l'étaient, les postes de gouverneur de province étaient occupés par la noblesse de la capitale ; mais, à l'époque Heian, les gouverneurs commencèrent à se contenter du titre et des revenus, laissant les responsables locaux effectuer le travail, cependant qu'eux-mêmes demeuraient dans la capitale.

Shinto et bouddhisme

Alors que les écrits de l'époque nous renseignent exceptionnellement bien sur la vie de la classe supérieure, nous ne savons pas grand chose sur les conditions d'existence de l'homme du commun. Comme on l'a compris, celles-ci variaient beaucoup en fonction du système hiérarchique mais, pour la grande masse des gens de la terre, la vie était rude.

Il y avait cependant une chose commune à l'élite de la capitale et aux paysans. Le shintoïsme imprégnait la société tout entière, même s'il y avait une distance considérable entre les cérémonies publiques auxquelles participait l'empereur et les rituels des paysans. On honorait la vie et la croissance, mais aussi la puissance qui résidait dans le soleil et la lune, la tempête et la pluie, les sources et les ruisseaux ou les formations rocheuses. Inversement, on redoutait la maladie et la mort (à cet égard, il paraît douteux que le culte des ancêtres soit un trait originel de cette religion, car qui était mort était impur). Pour pratiquer les actes du culte, faire des offrandes et prier, il fallait se laver, et la pureté rituelle jouait un grand rôle. L'accouplement, la menstruation, les naissances, les maladies et les blessures étaient sources d'une impureté dont il fallait se débarrasser. Les dieux à honorer étaient légion, du dieu du riz à la divinité des clans, en passant par les dieux des pierres et des arbres ou la déesse du soleil. De plus, il fallait prendre en compte de nombreux présages et respecter quantité de tabous.

La halle octogonale de Yumedono (halle principale de la partie est de Horyu-ji). L'octogone était censé donner une force particulière aux prières des morts. Nous trouvons également cette forme octogonale dans les églises d'Occident, de Ravenne à Trondheim en passant par Aix-la-Chapelle.

Lorsque le bouddhisme apparut, il représentait quelque chose de nouveau qui suscita un grand intérêt. Alors que le shintoïsme n'offrait pas de message éthique et évoquait à peine la vie après la mort, le bouddhisme dispensait un enseignement où, parlant de bonnes actions, de faute et de salut, on dépeignait les tourments de l'enfer et les joies du paradis. A l'initiative des prêtres bouddhistes, on se soucia des âmes des morts, et on se mit à ériger quantité de temples et de monastères. L'influence du bouddhisme se manifesta dans les rites funéraires : recourant à la crémation, on cessa d'enterrer les seigneurs défunts dans des tumuli. Dans Nara, la capitale, les monastères, qui avaient acquis de grands domaines exemptés d'impôts, marquèrent la physionomie urbaine. Même si les moines ne menaient pas toujours une vie édifiante, ils jouaient un important rôle social en apportant leur aide aux pauvres et aux malades. Lorsque Heian devint capitale, les moines furent écartés de la ville mais, dans les montagnes des environs, des sectes nouvellement arrivées de Chine fondèrent Tendai et Shingon, des monastères qui eurent bientôt une grande notoriété et un rayonnement culturel. C'est au fondateur de l'un d'eux que revient l'honneur d'avoir pour la première fois essayé de créer une écriture japonaise.

Au Japon, le bouddhisme devait conclure avec le shintoïsme un mariage réussi, et c'est sur l'un et l'autre que l'empereur s'appuya. Les bouddhistes n'hésitèrent pas à pratiquer les rituels du shintoïsme, et on identifia diverses divinités shinto avec leurs parallèles bouddhistes. Peu à peu, le bouddhisme s'enracina au Japon et devint religion populaire.

La culture Heian : nature et forme

Sans doute le succès du bouddhisme est-il lié à l'engouement que manifestait le Japon pour ce qui venait de Chine. Mais les Japonais eurent besoin de temps pour assimiler tout ce qui leur arrivait par mer avec les nombreuses délégations qui gagnèrent la Chine et en revinrent à partir de 607. Au VIIe siècle, ils ne parvinrent qu'à imiter. Au VIIIe siècle, ils se mirent à assimiler, et à l'époque Heian, ils se montrèrent capables de choisir et de créer par eux-mêmes à partir de ce qu'ils avaient appris.

Longtemps, les arts plastiques s'inspirèrent des modèles

chinois. C'est également à la Chine que l'on emprunta l'architecture des temples, mais celle-ci eut bientôt des traits spécifiquement japonais. Pour ce qui est de l'érudition, elle fut d'abord purement chinoise. C'étaient les classiques chinois que l'on étudiait, et plus spécialement les poètes de l'époque Tang que l'on citait et imitait. Le chinois faisait office de « langue livresque » au même titre que le latin en Europe. Tous les documents officiels étaient rédigés en chinois.

Néanmoins, le caractère national se manifesta avec une vigueur croissante, et la classe supérieure de Heian adopta peu à peu un style de vie propre. Certes, les éléments chinois n'en étaient pas absents, mais l'attitude de base était la même que celle qui animait le shinto. Et le shinto, c'était le *culte de la nature* et les *rites*.

La culture Heian est une culture de cour créée par une élite disposant de tout son temps et d'énormes ressources matérielles. Certaines de ses productions méritent qu'on s'y arrête car, à beaucoup d'égards, elles jouèrent un rôle déterminant dans l'évolution ultérieure de la culture japonaise. Dans l'ensemble peut-être le trait le plus frappant est-il l'omniprésence de la nature dans l'art. Et c'est le cas aussi bien pour l'architecture que la poésie.

Pour l'adepte du shinto, il n'y a nul antagonisme entre lui et la nature. Comme le taoïste, il cherche à se mettre en harmonie avec elle et, si elle se montre dure et intraitable, il s'efforce de la supporter. A l'époque Heian, l'architecture japonaise ouvrait pratiquement les maisons sur la nature. Les bâtiments étaient aussi légers que gracieux et s'inséraient dans le paysage. Les palais de l'époque Heian s'inséraient discrètement dans un paysage de parcs rempli de rochers, de ruisseaux et cascades. Jamais les constructions n'occupaient une position dominante, et l'on évitait les couleurs vives ainsi que les formes baroques caractéristiques des constructions chinoises.

Dans la *poésie* japonaise, c'était, de même, le sentiment de la nature qui prédominait. A la fin du IXe siècle, on commença à utiliser un système d'écriture simplifié (*kana*) et, peu à peu, les ouvrages écrits en japonais se multiplièrent. Une grande partie d'entre eux étaient rédigés par des femmes qui jusqu'alors — elles n'avaient pas reçu de formation en chinois — avaient été dans l'impossibilité de se livrer à ce genre d'occupation. On en vint même à dénigrer l'écriture kana que l'on présenta comme une « écriture de femme ». Bien qu'on les eût confinées dans une existence de boudoir, les femmes de l'époque Heian se mirent même à écrire des romans où était décrite la vie de la cour ; l'un d'eux, « Genji monogatori » est une des grandes œuvres de la littérature universelle. Mais, hormis ces œuvres, les cercles de la cour se plaisaient surtout à composer des vers essentiellement inspirés par le sentiment de la nature.

Néanmoins, le calendrier officiel proposait également d'autres distractions. Une profusion de fêtes et de solennités permettant d'organiser toutes sortes de cortèges et cérémonies, de déployer des fastes chorégraphiques et musicaux. Leur contenu religieux devint secondaire. Seul compta désormais le culte de la forme. Avec tout le temps dont elle disposait, la société Heian pouvait se permettre de cultiver « le bon goût » dans tous les détails de la vie. « En résumé, on pourrait presque dire que la religion devint un art et l'art une religion » (Sansom). Mais sur l'ensemble planait une atmosphère d'irréalité. A l'extérieur, la situation des gens était loin d'être brillante, et même la cour isolée de Heian ne pouvait manquer de s'en rendre compte. Ainsi s'explique que leur culte de la vie ont été empreint de mélancolie. En cela, ils étaient bouddhistes : ils étaient conscients de la vanité de toute chose.

Le miséricordieux bodhisattva Avalokitéshvara (voir p. 198) changea de sexe et devint en Chine la divinité féminine Guanyin, au Japon Kwannon. Pleine de compassion et de pitié, elle apparaît comme un personnage de madonne d'Orient.

Paysage de parc à Kyoto. L'art et la nature ne font qu'un.

Charlemagne

Si nous quittons le Pays du Soleil Levant pour regagner l'extrémité de l'Occident, nous trouvons un royaume curieusement semblable à celui que nous avons quitté. Au Japon comme dans les communautés germaniques, le temps des tribus et des héros devient celui des royaumes centralisés. On passe de la « barbarie » à la civilisation en se référant à l'héritage d'un ancien et puissant empire. A l'est comme à l'ouest, on utilise même le titre d'empereur pour souligner la nouvelle position du chef d'Etat, lequel s'appuie sur une nouvelle philosophie, une nouvelle religion. Mais, à l'est comme à l'ouest, la désagrégation interne menace, les deux sociétés sont fondées sur une agriculture dominée par la noblesse terrienne et ont la même tendance à se disloquer ; des vassaux déloyaux arrivent à obtenir de plus en plus d'indépendance. En Occident, c'est ce que l'on appelle le féodalisme.

En Charlemagne, la littérature populaire a surtout exalté le champion de la chrétienté qui lutte contre les Maures d'Espagne. La Chanson de Roland, qui raconte les faits héroïques de son neveu Roland, en est l'exemple le plus célèbre. Sur ce vitrail de Chartres (XIIIe siècle), Charlemagne est au centre d'une série de scènes qui illustrent ses campagnes espagnoles.

Charles, roi des Francs, connu ensuite sous le nom de *Charlemagne*, fut couronné empereur le jour de Noël de l'an 800. Ne changeant rien sur le moment, cet acte revêtit ensuite une importance symbolique considérable pour la postérité : l'Europe occidentale se créait une identité. Et cette identité reposait sur une réalité : l'Occident était en train d'élaborer une culture propre, une culture que Charlemagne devait largement marquer de son empreinte.

C'est cette Europe en mutation que nous allons étudier dans les chapitres suivants. Après avoir esquissé le cadre politique — les contours de l'empire franc — , nous suivrons l'évolution économique et sociale qui va créer le nouvel Occident. Un chapitre sera plus spécialement réservé à l'Europe orientale.

L'offensive des maires du palais

Pépin de Herstal (p. 30) rétablit un pouvoir central qui contrôlait toutes les régions du nord de la Loire, et il resta au pouvoir toute une génération. Sous son règne, les régions franques du nord, et particulièrement l'Austrasie, connurent un certain épanouissement (p. 35 et 252). Ces régions représentaient le centre économique du royaume franc. Les régions méridionales se trouvèrent de plus en plus isolées et exposées à des attaques venues de divers côtés. Marseille perdit son importance de ville portuaire, et le commerce qui existait encore avec l'Orient passa dorénavant par les Alpes. Les marchands syriens disparurent. En revanche, l'Austrasie se distingua par son dynamisme.

A la mort de Pépin, en 714, plusieurs de ses héritiers se disputèrent le pouvoir. Mais, en 719, c'est son fils naturel, plus tard connu sous le nom de Charles Martel, qui lui succéda. Ces maires du palais, tout en laissant les rois mérovingiens sur le trône, régnaient en véritables maitres du royaume et prenaient parfois le titre de « prince » ou de « duc », comme l'attestent les sources. Ils étaient entourés d'une nombreuse cour composée de nobles austrasiens qui tiraient profit de la politique offensive alors menée.

Déja, Pépin de Herstal avait étouffé une révolte en Provence, avant de lancer des campagnes victorieuses contre les Frisons, puis de prendre Dorestad et d'étendre sa domination jusqu'au Rhin. Son fils conquit la Frise du nord, encore païenne, ainsi que l'Alsace et la Thuringe à l'est. A son tour, la Bourgogne dut bientôt reconnaître le pouvoir central puis, les Arabes devenant de plus en plus entreprenants dans le sud, les autorités locales de Provence et d'Aquitaine acceptèrent, elle aussi, la domination franque. En 732, Charles Martel repoussa les Arabes qui étaient parvenus jusqu'à Poitiers.

La situation économique des derniers mérovingiens était fortement affaiblie. En revanche, les maires du palais avaient consolidé leur position (p. 30, 37) en acquérant de grands domaines sur lesquels ils avaient installé leurs clients. Ceux-ci acceptaient de les servir à vie et recevaient en contrepartie de la nourriture, des vêtements, une protection et, éventuellement aussi, de la terre à cultiver. (*commendataires*, voir pp. 230-31)

En même temps, les maires du palais se servirent de l'Église, encore que ce fût d'une manière assez ambiguë. Les nombreux monastères fondés au cours du VIIe siècle et dotés de grands domaines, étaient des centres de christianisation et de mission. Cependant, les activités des moines n'étaient pas gérées par l'administration ecclésiastique ordinaire. Les maires du palais laissaient souvent les évêchés vacants mais n'en exploitaient pas moins leurs domaines, à moins qu'ils n' installassent un évêque choisi parmi leurs clients ; la discipline ecclésiastique s'en ressentit. Charles Martel confisqua de grandes propriétés ecclésiastiques pour payer ses gens. Néanmoins de nouvelles initiatives venues de l'extérieur allaient contribuer à améliorer les relations entre la dynastie des Pépin et l'Eglise, initiatives qui eurent des conséquences d'une grande portée.

La mission de Saint Boniface

Comme nous l'avons vu (pp. 50-51), à la fin du VIIe siècle, l'église anglo-saxonne était solidement établie. Les Anglo-saxons étaient animés de la foi qui semblait manquer aux Francs, et des moines anglo-saxons entreprirent d'évangéliser leurs frères saxons et frisons qui habitaient Outre-Rhin. La mission anglo-saxonne n'eut pas le même caractère que la vague d'évangélisation irlandaise. Elle était mieux organisée. Les Anglo-saxons s'inspiraient de l'idéal bénédictin et désiraient créer une structure ecclésiastique basée sur l'évêché et œuvrant en étroite collaboration avec la Papauté et la royauté locale.

C'est d'abord chez les Frisons que, vers 690, se rendit la mission anglo-saxonne. Cette mission frisonne répondait parfaitement aux visées expansionnistes de Pépin de Herstal, et il donna son appui à Willibrord, le chef de la mission, en le prenant sous sa protection et en lui donnant comme base le monastère d'Echternach (maintenant au Luxembourg). Les grandes propriétés appartenant au monastère assuraient l'existence matérielle de la mission. Willibrord passa près de cinquante ans en Frise occidentale où il mourut en 739.

Carte montrant l'Europe Occidentale au temps de Pépin de Herstal (av. 700).

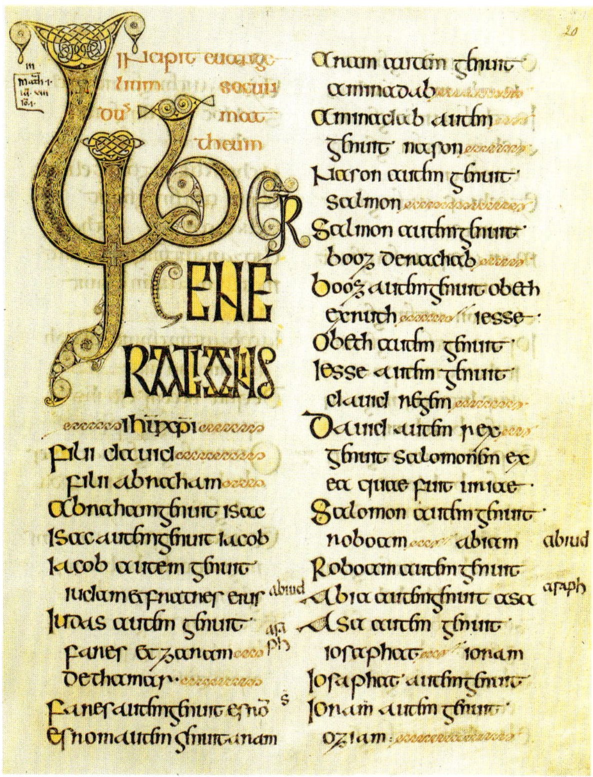

Cet Evangile provient du Monastère d'Echternach qui fut fondé par l'Anglo-Saxon Willibrord. Ce dernier en fit la base de son activité missionnaire, et il n'est pas impossible qu'il ait lui-même apporté ce manuscrit avec lui. Dans ces manuscrits anglo-saxons, l'ornementation joue un grand rôle, en particulier celle des majuscules et des initiales qui, témoignant d'une grande imagination, peut remplir presque toute la page. Ici, le début de l'Evangile selon saint Mathieu où l'on peut lire « Liber generationis » — « arbre généalogique ».

Dans son livre sur les Germains (98 ap. J.C.), Tacite évoque déjà un châtiment semblable à celui que les Saxons réservaient aux femmes infidèles : deshabillées et la tête rasée, elles étaient chassées à travers les rues du village. Mais il raconte aussi que les femmes dévergondées étaient précipitées dans les marais et recouvertes de branchages. Cette jeune fille trouvée dans une tourbière du Jutland a probablement subi ce sort. Elle avait les cheveux rasés, un bandeau sur les yeux et était retenue par une pierre et des branches.

Nous sommes cependant beaucoup mieux renseignés sur son collègue, Winfrid, plus connu sous le nom que le Pape lui avait donné — Boniface. L'Eglise anglo-saxonne, fondée par des moines romains à l'initiative du Pape, avait gardé des relations étroites et assez particulières avec la papauté. Willibrord s'en était servi pour sa mission en demandant l'accord du Saint Père. Boniface fit de même. C'était un moine érudit, un prédicateur et un maître reconnu qui, arrivé à l'âge mûr, décida de vouer le reste de sa vie à ses frères continentaux. Fait caractéristique, il commença par faire un voyage à Rome où il recut du Pape le mandat d'aller prêcher l'Evangile et d'organiser l'Eglise en Germanie, deux tâches où il excella à partir de 719, date à laquelle il fit ses débuts de missionnaire sous Willibrord, jusqu'à cette année 754 où il alla chercher le martyre chez les Frisons.

Il était impossible de mener à bien une mission sans avoir obtenu au préalable l'accord tacite des autorités civiles, qu'elles fussent chrétiennes ou paiennes. Boniface n'était pas spécialement le bien-venu en Saxe. En Hesse, au contraire, il pouvait prêcher sous la protection des Francs et, au bout de deux ans, il arriva à réunir autour du chêne sacré de Fritzlar un véritable tribunal composé de chrétiens et païens qui le virent abattre l'arbre sans susciter la fureur de Tor. Quittant la Hesse il se rendit ensuite en Thuringe. D'autres missionnaires — hommes et femmes — suivirent son exemple. On défricha des forêts, on créa de nouveaux centres de mission en terre germanique, les enfants des deux sexes allèrent à l'école, beaucoup d'entre eux devenant à leur tour missionnaires.

Les Saxons et le mariage

« Même les païens, qui ne connaissent pas le vrai Dieu, respectent les liens du mariage et punissent tous ceux qui se rendent coupables de fornication et d'adultère : En Saxe, si une vierge déshonore la maison de son père, ou si une épouse rompt les liens du mariage, on la force parfois à se pendre de ses propres mains avant que l'on ne pende le séducteur au-dessus du bûcher sur lequel on les brûle ensuite tous les deux. Il arrive aussi que des femmes se mettent à plusieurs pour pousuivre la coupable à travers les rues du village, en la fouettant, en la battant à coups de bâtons, en lui enfonçant des couteaux dans le corps déshabillé jusqu'à la taille et en la chassant, sanglante et lacérée, d'un village à un autre, afin que d'autres consacrent de nouvelles forces à cette poursuite, jusqu'à ce qu'elle tombe morte ou presque — ceci afin que d'autres femmes apprennent à craindre l'adultère et l'immoralité. Même chez les Vendes, qui sont la pire engeance humaine, il existe un tel respect pour les liens du mariage que l'épouse refuse de survivre à son époux. Chez eux on chante les louanges de la femme qui se donne la mort pour être incinérée sur le même bûcher que son mari. »

(Boniface : Lettre au roi Ethelbald de Mercie)

Organisation de la Germanie et réforme de l'église franque.

Le succès de la mission chrétienne appelait de plus en plus une réorganisation totale de l'église d'Outre-Rhin. Mais, pour ce faire, il fallait obtenir le soutien des pouvoirs civils et la collaboration des évêques francs. Sous Charles Martel, il fut impossible de réunir ces conditions. Ce furent ses fils Pépin le Bref et Carloman — en 741, ils se partageaient les fonctions de maire du palais — qui soutinrent les réformes de Boniface. Pour la première fois en un demi-siècle on réunit un synode qui décréta des réformes. Et ces réformes eurent force de loi puisqu'elles avaient l'appui des autorités civiles. Peu à peu, les mœurs ecclésiastiques se redressèrent. De nouveaux évêchés furent créés en Allemagne, mais pas d'archevêché, contrairement à ce que souhaitait Boniface. Les maires du palais craignaient de voir diminuer leur contrôle.

Restait cependant l'épineuse question des biens ecclesiastiques qui avaient été confisqués par Charles Martel. En pratique, leur restitution paraissait impossible et on en arriva à un compromis : les nouveaux propriétaires furent autorisés à les conserver mais, pour bien marquer que ces biens appartenaient malgré tout à l'Eglise, ils durent accepter en contrepartie de lui payer une modique redevance annuelle. Bien que de portée limitée, cette concession était cependant suffisante pour satisfaire la papauté. Elle contribua à renforcer la position morale des maires du palais, ce qui n'était pas sans importance à un moment où les Francs allaient devoir choisir une forme de gouvernement. C'était toujours un Mérovingien qui était formellement à la tête de l'Etat. Mais combien de temps cette comédie allait-elle pourvoir encore durer ? Un certain nombre d'événements convergents allait permettre de dégager une solution.

La Papauté et Byzance

Entre l'Empereur de Byzance, représenté par l'exarque de

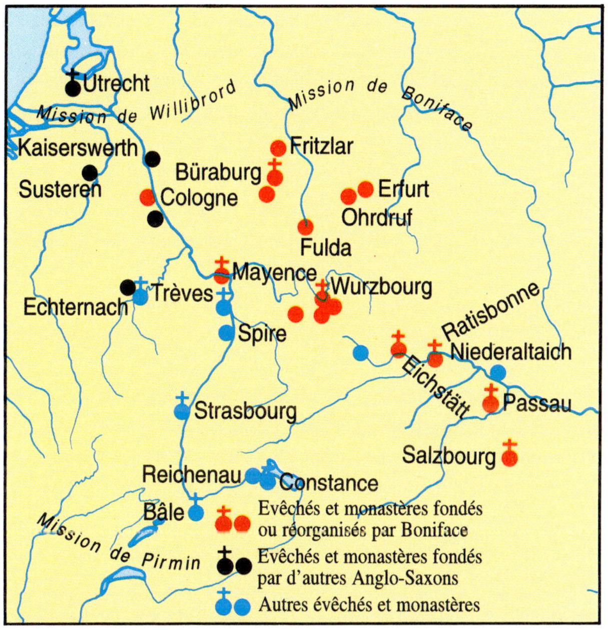

Carte de gauche : missions en Allemagne entre 690 et 780. A partir de 690, les moines anglo-saxons essayèrent d'entrer en contact avec les tribus païennes continentales qui leur étaient apparentées mais, en Saxe, leurs efforts ne furent guère couronnés de succès. En revanche, leur prosélytisme porta ses fruits auprès d'autres tribus germaniques. L'implantation définitive de l'Église sur la rive droite du Rhin est en grande partie leur œuvre.

Ravenne, et le Pape de Rome les relations avaient souvent été tendues. Mais, une fois que les conflits théologiques furent finalement réglés, des relations d'amitié semblèrent se rétablir. En 711, reçu avec tous les honneurs dans la capitale de l'Empire, le pape Constantin se vit confirmer dans l'ensemble de ses prérogatives. Force était cependant bien de constater que, grâce à ce conflit, le pape jouissait d'une position indépendante et de l'immense prestige que lui valait son rôle de chef spirituel et temporel de l'Occident. De son côté, le pape n'en considérait pas moins l'empereur de Byzance comme le souverain légitime de la Chrétienté et n'avait pas de plus cher désir que de rester en bons termes avec lui. C'était cette alliance qu'il recherchait avec obstination, et c'est avec beaucoup de réticence qu'il accepta de collaborer avec les nouvelles forces politiques qui apparurent sur le devant de la scène en Europe occidentale.

L'empereur Léon III, dit l'Isaurien, accéda au trône de Byzance en 717 et renforca tout de suite sa position

A l'instar de David, qui fut oint par le prophète Samuel et devint roi d'Israël à la place de l'indigne Saul, Pépin, le maire du palais, reçut l'onction divine des mains de l'évêque et prit la place du « roi fainéant ». (Scène du psautier de Basile II, environ 1020)

en chassant les Arabes des murailles de Constantinople. Mais très rapidement, de nouveaux nuages s'amassaient à l'horizon. L'empereur Léon déclencha, en effet, une querelle religieuse qui allait durer plus de cent ans. Il interdit en effet le culte des saints en vertu de principes théologiques que la Papauté ne pouvait accepter. Et, comme Léon mettait tout en œuvre pour faire respecter son interdiction, un conflit ouvert éclata dans les années 720. De surcroît, quand le pape interdit aux riches sujets italiens de payer de nouveaux et lourds impôts que l'empereur leur imposait, Léon répliqua en confisquant tous les domaines de la papauté dans le sud. Or il s'agissait

La province de Frioul, en Italie, est spécialement riche en vestiges lombards. Cividale fut un important centre artistique lombard. Cet autel décoré d'un Christ en majesté était un cadeau du duc Ratchis qui devint roi vers 740.

Dans une chapelle des environs de Cividale, l'on peut voir ces trois remarquables statues qui représentent des femmes martyres. Elles ont sans doute été faites vers 770.

de ceux qui fournissaient à Rome l'essentiel du blé dont la ville avait besoin. Enfin, la juridiction des provinces épiscopales de l'Italie du sud et de l'Illyrie (Balkans de l'Ouest) fut confiée au patriarche de Constantinople.

Pour les souverains francs, les reliques jouaient un rôle important. Ce reliquaire, datant d'environ 825-50, était toujours exhibé à l'occasion des couronnements d'Aix-la-Chapelle. On prétend qu'il contenait de la terre imbibée du sang du premier martyr chrétien saint Étienne.

Ambitions lombardes

Ce conflit contribua encore à affaiblir la position de l'empereur en Italie, ce dont une autre puissance se montra toute prête à tirer profit. Les rois *lombards* avaient fait de grands efforts d'intégration dans la société italienne, et cette politique s'était montrée payante. Le roi Liutprand (712-44) s'était attaché à créer un Etat unitaire qui, tout en étant romain de langue et de culture, aurait des institutions lombardes et serait dirigé par la classe supérieure lombarde. La politique lombarde visait naturellement à réunir toute l'Italie sous le même sceptre, mais ce n'était nullement chose facile : en premier lieu les deux duchés lombards de Spolète et de Bénévent n'avaient aucunement l'intention de se soumettre. De plus, Byzance avait encore d'importantes possessions sur la Péninsule — non seulement Ravenne au nord, mais aussi tout le sud de l'Italie y compris la Sicile. Enfin, la papauté était une puissance non négligeable : en principe la ville de Rome et ses environs, était toujours un duché de l'Empire Byzantin même si, en réalité, c'était le pape qui en était le souverain.

Durant les conflits provoqués par les ambitieuses menées de Liutprand, ces quatre pouvoirs ne cessèrent de contracter de nouvelles alliances. Le pape essaya de défendre les intérêts de Byzance en espérant que l'empereur lui apporterait son aide. Mais cette aide se fit attendre et, en 751, Ravenne tomba aux mains du roi lombard Aistolf. Aistolf s'attaqua alors à Rome que l'empereur ne voulut pas non plus aider, les iconoclastes sévissant plus que jamais à Byzance. Il fallut chercher de l'aide ailleurs.

Déjà, en 740, un pape avait fait appel à Charles Martel contre les Lombards. Mais Charles Martel avait alors besoin des Lombards contre les Arabes et avait refusé son aide. Entre-temps, le royaume des Francs s'était retrouvé dans une nouvelle situation.

Pépin le Bref, roi des Francs

Pépin, fils de Charles, exerçait seul le pouvoir depuis 747. Mais le titre de roi était toujours porté par un mérovingien, et c'était une situation difficile à modifier. Selon de vieilles croyances germaniques fortement enracinées, on devenait roi par la grâce de Dieu et on était dès lors investi d'un pouvoir divin ; il était donc fort dangereux d'imposer une nouvelle autorité : un maire du palais qui s'y était essayé au VIIe siècle avait immédiatement été renversé. Cependant, l'occasion semblait désormais propice.

Depuis trois quarts de siècle, les mérovingiens étaient dépourvus de toute autorité réelle, et il existait d'autres manières que le droit du sang de légitimer le pouvoir royal. Pépin délégua un ambassadeur chez le Pape pour lui exposer le problème et reçut la réponse désirée : il était préférable que celui qui détenait le pouvoir de fait porte aussi le titre de roi. En 751, à Soissons, Pépin fut élu roi des Francs par acclamation et ensuite sacré par l'Eglise. Pépin reçut l'onction du sacre à l'instar des rois de l'Ancien Testament et aussi comme cela avait été la coutume pour les souverains wisigoths. Par la grâce de Dieu

— *Deigratia* — le chef des Francs était maintenant sur le trône. Une certaine tradition veut que ce soit Boniface qui ait célébré le service religieux. Sur ce point, l'incertitude plane, mais il faut bien admettre qu'il eût été raisonnable et juste qu'il en allât ainsi. Boniface, par ses activités de missionnaire, de réformateur et d'organisateur, est sans aucun doute à l'origine du rapprochement qui se produisit entre la papauté et les héritiers de Pépin de Herstal. Sans conteste, le mérite lui en revient plus qu'à quiconque.

La « donation de Constantin »

Pendant des siècles, les papes avaient exercé à Rome un pouvoir de fait, et l'on avait fini par penser que celui-ci reposait sur des fondements juridiques. Dès le VIe siècle, on racontait que l'empereur Constantin avait donné au pape Silvère à la fois la ville de Rome et divers privilèges. Le prétendu« acte de donation de Constantin » est né de cette légende. Le document fut probablement fabriqué à Rome entre 750 et 800. Il y est écrit, entre autres, que, s'installant lui-même à Byzance, l'empereur donnait au pape Silvère et à ses successeurs, non seulement le palais du Latran et le gouvernement de Rome, mais aussi l'Italie et tout l'Occident. Revendiquant le pouvoir temporel, les papes se référèrent pendant des siècles à ce document considéré comme authentique.

L'héritage de saint Pierre

Et il en résulta une alliance durable. En 753, Aistolf menaça Rome à nouveau. Le pape Etienne II essaya d'abord de négocier avec le roi lombard, mais sans résultat. Sur l'invitation de Pépin, il franchit alors les Alpes en plein hiver et fut reçu avec tous les honneurs dus à son rang. Par la suite, ce voyage prit une signification symbolique au regard de la postérité : Le pape rompait définitivement avec Constantinople pour se tourner vers le roi des Francs. Pépin prenait le pape sous sa protection et recevait une nouvelle fois l'onction, cette fois de la main même du souverain pontife, en se faisant proclamer *patricius Romanorum* — un titre jusque là réservé à l'exarque de Ravenne et au duc byzantin de Rome. Malgré l'opposition de nobles influents, Pépin se mit en campagne contre les Lombards pour forcer Aistolf à rendre les provinces byzantines qu'il avait annexées. Une fois la victoire assurée, en 756, Pépin, invoquant saint Pierre, laissa les territoires conquis au pape.

Dès lors, celui-ci, qui avait longtemps dirigé *de facto* le duché de Rome, devint *de jure* le maître d'une grande partie de l'ancien exarchat et, partant, d'un territoire plus vaste, de même qu'il avait longtemps été le maître du duché de Rome *de facto*. Officiellement, ce territoire reçut le titre de *Patrimonium Sancti Petri* — l'héritage de saint Pierre. Jusqu'à ce qu'il soit incorporé à l'Italie en 1870, il fut reconnu comme Etat pontifical. Pépin, pourvu du titre de *patricius Romanorum*, apparut aux yeux de la postérité comme un des protecteurs de l'Etat pontifical.

Gesta Caroli — La geste de Charlemagne

Pour autant, cela ne signifiait pas que Pépin fût prêt à intervenir chaque fois que le pape le lui demandait. Ainsi, lorsque Didier, nouveau roi des Lombards, menaça une nouvelle fois la papauté, Pépin n'intervint nullement. Au reste, il n'était pas spécialement belliqueux. Il se contenta ensuite de consolider sa position à l'intérieur de l'empire des Francs, et son fils Charlemagne (roi de 768 à 814) n'en fut que plus célèbre pour ses campagnes et ses hauts faits.

En effet, durant, toute une génération, il n'y aura pas d'année où Charlemagne ne fera campagne. Etait-ce pour la gloire, par ambition ou tout simplement en application du principe que l'on ne se défend jamais mieux qu'en attaquant ? Le territoire de l'empire était peu stable. Aux nombreuses menaces extérieures s'ajoutaient les querelles intestines, et la meilleure manière de tenir en respect une noblesse guerrière était de l'occuper à gagner richesses et honneurs sur le champ de bataille. Or, il se trouvait les menaces extérieures étaient bien réelles car, de tous côtés, l'ennemi était là. Charlemagne n'était pas Alexandre, mais il avait à sa disposition une organisation et une machine de guerre plus efficaces que celles de tous ses adversaires. C'est ainsi que, l'un après l'autre, il réusit à les vaincre ou tout au moins les contenir, que ce soit les Arabes au sud ou les Saxons au nord.

Avec les Arabes d'Espagne, il n'y eut cependant pas d'affrontements graves. Charles Martel les avaient arrêtés à Poitiers puis les avaient obligés à repasser les Pyrénées.

Peu de temps après que Pépin eut transféré au pape la souveraineté qu'il exerçait sur d'anciens territoires byzantins, cet événement fut à l'origine d'un des plus célèbres faux du Moyen Age — la fameuse « donation de Constantin » affirmait la suprématie du pape sur tout l'Occident. Par la suite, cette fausse lettre servit parfois d'argument lors des querelles qui opposèrent le pape à l'empereur, et l'on peut voir à cette fresque de l'église des Quatres couronnes de Rome que le motif était encore utilisé au XIIIe siècle.

Vers 780, Tassilon, duc de Bavière, offrit ce calice au nouveau monastère de Kremsmünster qui, constituant un poste avancé du christianisme à l'est, deviendra le centre de la mission slave. L'ornementation est d'inspiration anglo-saxonne, rappelant le rôle des moines anglo-saxons dans l'institutionnalisation de l'Eglise germanique.

Et sans doute n'avaient-ils pas de plans très sérieux en vue de poursuivre leur offensive. La plus grande partie du Languedoc (Septimanie) resta cependant sous leur domination. Mais quand le calife omeyyade fut renversé en 751, l'émir de Cordoue se libéra du califat, et cette division qui se produisit dans les rangs arabes permit à Pépin de conquérir le Languedoc y compris Narbonne en 759.

Dominée par une noblesse plus romaine que germanique, l'*Aquitaine*, le vaste territoire qui s'étendait au sud-ouest de la Loire, avait depuis longtemps affirmé son indépendance. Mais elle sollicita la protection de Pépin contre les Arabes, et celui-ci en profita pour la rattacher définitivement à son propre royaume ; son successeur, Charlemagne, répondant au désir d'indépendance de cette région, y nomma un de ses fils vice-roi. Il entreprit aussi quelques expéditions en Espagne, mais en se fixant toutefois des objectifs limités. Petit à petit, les rois francs parvinrent à établir au nord de l'Ebre une frontière qui leur permettait d'incorporer Barcelone ; la future Catalogne était fondée.

L'empire de Charlemagne en 814.

Vers un empire germanique

En revanche, l'intervention de Charlemagne en *Italie* s'avéra lourde de conséquences. Sa première campagne fut dirigée contre les Lombards, et il avait plusieurs raisons, la première étant qu'il fallait empêcher ceux-ci de dominer une Italie unifiée. Et Charlemagne remporta une victoire si complète qu'il destitua le roi Didier et monta sur le trône lombard. La juridiction et l'administration lombarde continuèrent à fonctionner, mais sous la direction des Francs. Seul le duché de Bénévent, au sud, préserva son indépendance, aussi bien vis-à-vis des Byzantins que des Francs.

Peu à peu, Charlemagne arriva aussi à intégrer dans son empire les anciens alliés septentrionaux des Lombards, les Bavarois (Bayouvares). Ils avaient longtemps joui d'une semi-indépendance, mais Charlemagne ne leur faisait guère confiance et remplaca le duc Tassilon par un chef franc. Pourtant, Tassilon prônait lui aussi une expansion concertée avec l'Eglise : les évêchés bavarois, en premier lieu Salzbourg, étaient le point de départ des missions dirigées vers les peuples slaves.

Une fois installés en Bavière, les Francs se retrouvèrent au contact des Avars de Hongrie. Ces peuplades de cavaliers qui, deux siècles auparavant, avaient terrifié les régions proches du Danube et les Balkans, représentaient toujours une menace, d'autant qu'ils avaient à leur solde diverses tribus slaves. A l'issue de deux campagnes dirigées contre leur centre situé dans la plaine du Tisza, ils furent définitivement écrasés (795/96), et c'est par charrettes entières que leurs richesses prirent le chemin de l'Occident. Des princes slovaques et croates furent ainsi plus ou moins rattachés à l'empire Franc, dont les avant-postes se retrouvèrent alors dans l'actuel territoire de la Yougoslavie occidentale et qui, sur une petite distance, se trouva doté d'une frontière commune avec la Bulgarie. Quant aux Bavarois, leurs zones de peuplement se déplacèrent de plus en plus vers l'est.

Les Saxons incorporés à l'empire

Ce furent cependant ses voisins germaniques du nord-est — la fédération des tribus saxonnes — que Charlemagne eut le plus de difficultés à dominer. On ne sait pas grand chose de l'histoire des Saxons. Ils formaient à l'origine, du moins on le suppose, une petite tribu du Jutland. Au fil des siècles ils se déplacèrent vers le sud et prirent de plus en plus d'importance en s'alliant à d'autres tribus ou en les réduisant à l'obéissance. Au VIIIe siècle, ils représentaient une puissance importante ; leur territoire s'étendait du nord de l'Allemagne occidentale actuelle jusqu'à l'Elbe. Ils n'avaient pas de roi mais disposaient d'une organisation commune. Quant à la classe dirigeante, elle était constituée d'une noblesse héréditaire qui affirmait jalousement ses prérogatives vis-à-vis des autres classes, libres ou semi-libres.

Le territoire était divisé en provinces (Gaue), et toutes ces provinces déléguaient leurs représentants à l' assemblée annuelle, confirmant ainsi leur appartenance à une même communauté politique et spirituelle. Pour les Francs, les Saxons étaient devenus des voisins gênants, et les tentatives d'évangélisation des Anglo-saxons n'avaient pas vraiment porté leurs fruits. Charlemagne entreprit plusieurs expéditions punitives dans leur territoire , et il fallut qu'il s'y implique de plus en plus car, si une partie de la population accepta de se soumettre et de se convertir, l'autre continua de résister, et cette révolte eut tendance à s'étendre. Charlemagne instaura un régime de terreur qui dura plusieurs années. Après avoir multiplié exécutions massives et baptêmes forcés, il fit punir de mort la moindre infraction au droit chrétien. Il procéda aussi à la déportation d'une partie des populations dans d'autres régions du royaume tandis que des paysans francs ou des alliés slaves étaient autorisés à s'installer sur les terres saxonnes.

Aux alentours de l'an 800, la soumission des Saxons était complète et la Saxe entièrement incorporée à l'empire où, si curieux que cela paraisse, elle trouva rapidement sa place. Cet apport continuel de nouvelles tribus germaniques allait modifier l'équilibre des populations en accentuant encore plus que par le passé la prédominance germanique. L'incorporation de la Saxe dans l'empire allait ensuite favoriser l'éclosion d'un Etat spécifiquement germanique — l'Allemagne.

La puissance de l'empire — et sa grande faiblesse

La pacification des Saxons mit un point final à l'expansion politique et militaire des Francs. En réalité, ils avaient surestimé leur force. Et, pourtant, ils laissèrent un héritage durable. Un nouvel ordre économique et social s'imposa en Europe. Le centre de gravité se déplaça de la Méditerrannée occidentale vers le triangle délimité par le Rhin et la Seine. Et, dans tous les domaines, l'activité militaire de Charlemagne influença l'évolution politique et culturelle. La domination que les Francs exercèrent sur la quasi totalité de l'Europe unifia les institutions ainsi que les centres d'intérêts, et la religion devint un des moteurs de la société. Néanmoins, la création d'un Etat politique unifié ne s'avéra pas possible. L'empire de Charlemagne resta un conglomérat de peuples et de tribus plus ou moins soumis, ou dominés par une aristocratie dont Charlemagne lui-même était tributaire. C'était un empire constitué de conquêtes jamais consolidées qui se désagrégea quelques décennies après la mort de l'empereur. La stabilité de son empire reposait entièrement sur une classe de propriétaires terriens.

La grande faiblesse de l'empire carolingien était la fragilité de son appareil administratif. C'était à une mince couche de la société franque — les grands propriétaires terriens qui étaient également en charge des domaines royaux — qu'était confiée la gestion du pays. Ils étaient personnellement liés au roi par un serment de fidélité, et le fonctionnement de l'appareil administratif reposait sur ce serment de même qu'il prenait fin avec lui. Il apparut très vite que le roi ne pouvait compter sur ses vassaux

En les obligeant à se faire baptiser Charlemagne pensait pouvoir assujettir les Saxons. C'est dans leur langue que, pour les vœux du baptême, le monastère de Fulda a rédigé ce texte de renonciation à Satan et cette profession de foi.

Dans l'art du livre qui s'épanouit à la cour de Charlemagne, on retrouve les influences de plusieurs époques et contrées, syriennes et orientales aussi bien qu'anglo-saxonnes et irlandaises. Le Christ imberbe est caractéristique de l'art chrétien primitif. Sinon, dans cet évangéliaire que Charlemagne commanda au moine Godescale en souvenir du baptême de son fils en 781, on retrouve des traits stylistiques à la fois orientaux et occidentaux. Comme dans toutes les autres œuvres de cette école, le coloris est sombre et quelque peu « barbare ».

(comme nous le verrons dans le chapitre suivant) qu'en les associant à une politique de conquêtes où ils étaient assurés de trouver butin et honneurs. Une fois terminée la politique d'expansion, le pouvoir royal perdait beaucoup de son attrait, ainsi qu'en témoignent les dernières années pacifiques du règne de Charlemagne.

L'administration de Charlemagne était d'une toute autre nature que celle dont les grands empires orientaux pouvaient s'enorgueillir. Il n'existait aucune bureaucratie centralisée et, comme du temps des mérovingiens, les fonctionnaires de la cour faisaient également fonctionner l'administration centrale (voir p. 351 et encadré). Cependant, Pépin et Charlemagne innovèrent en nommant des ecclésiatiques dans l'administration. L'aumonier du roi eut une position importante à la tête de la chancellerie, laquelle n'était cependant pas plus importante qu'un secrétariat. Peu à peu, son responsable eut droit au titre de chancelier, mais il fallut attendre encore longtemps avant que celui-ci ne jouât un rôle important. Au début, il s'agissait surtout de rédiger les actes de donation et les nominations.

Le pouvoir, en principe illimité, du roi de droit divin contrastait avec cette administration simple. Le roi prenait ses décisions, toujours justes puisqu'émanant de Dieu, après avoir pris l'avis de la poignée de conseillers qui l'entouraient. C'étaient eux qui rédigeaient les innombrables lois qui étaient ensuite proclamées dans les assemblées. On appelait ces décrets des capitulaires. Et ceux-ci n'étaient effectivement appliqués que dans la mesure où les seigneurs locaux le voulaient bien.

Les hauts fonctionnaires royaux

Les administrateurs de la maison du Roi devinrent peu à peu de hauts fonctionnaires ayant chacun en charge l'administration d'une partie du royaume. La plupart d'entre eux virent leur importance s'accroître dans les royaumes qui s'élevèrent sur les ruines de l'empire carolingien. Les maires du palais disparurent. Les postes les plus importants étaient :

1) le sénéchal (ou « le serviteur le plus âgé ») qui pourvoyait au ravitaillement du palais.

2) le connétable (du latin *comes stabuli*) qui, aidé des **maréchaux**, s'occupait des chevaux du roi.

3) le chambellan, qui était responsable de la chambre du roi, puis de sa cassette, puis de l'ensemble des finances.

4) le comte du palais, qui rendait la justice parmi les hommes du roi.

5) le chancelier qui dirigeait le secrétariat où travaillaient les notaires. Il devint souvent le « premier ministre » du roi.

Ce manuel de droit du IXe siècle, illustre les efforts entrepris par Charlemagne pour mieux faire respecter l'ordre et la loi. Le législateur représenté ici est sans doute Charlemagne, l'autre personnage étant vraisemblablement son épouse.

L'administration locale

L'administration régionale des Carolingiens suivit le modèle mérovingien. Le comte était toujours le représentant du roi, mais Charlemagne lui donna un suppléant, le vicomte, et, pour rendre l'administration de la région plus efficace, divisa celle-ci en centaines placées sous l'administration de centeniers. Dans les régions frontalières — ou marches (de marka= frontière) — le comte prenait le titre de marquis et disposait de pouvoir spéciaux. C'était donc le comte qui avait la responsabilité de maintenir l'ordre, d'organiser l'armée, de surveiller la collecte des redevances et des droits de douane. De plus, il exerçait l'autorité judiciaire et devait réunir l'assemblée au moins trois fois par an, afin d'examiner les cas graves qui lui étaient présentés. Les cas plus courants étaient réglés par la centaine où siégeaient des gentilshommes. Mais, aux assemblées du comtat, le comte était assisté par des juristes spécialistes nommés à vie.

Une bonne partie des revenus du comte provenait des amendes infligées, puisqu'il avait le droit d'en retenir 1/3. De plus, il conservait 1/3 des redevances et droits de douane. Mais, dans la pratique, il percevait souvent plus que ce qui devait légalement lui revenir.

Il n'était cependant pas facile de se révoquer ou de déplacer les comtes qui abusaient de leur position. Le nombre des familles attachées au roi était limité, et c'était parmi elles que les comtes étaient choisis. Il arrivait souvent que le comte révoqué fût remplacé par un de ses parents. Charlemagne essaya d'instaurer un système d'inspection ; des envoyés du roi — *missi dominici* — étaient chargés de contrôler l'administration du comtat. Se composant au moins d'un comte et d'un évêque du voisinage, cette commission ne devait cependant avoir qu'une efficacité toute relative car leurs membres devaient, en plus de leurs propres activités, faire quatre tournées annuelles dans six ou dix comtats différents. Cette pratique perdra rapidement de son importance après la mort de Charlemagne.

En fait, seuls les bans permettaient au roi de garder un contact régulier avec ses représentants régionaux. Ces rassemblements avaient lieu chaque année en mai/juin quelque part dans l'est du royaume. L'ensemble des grands du royaume s'y retrouvaient, les comtes et autres vassaux ainsi que les évêques, tous accompagnés des troupes d'hommes libres qu'ils étaient tenus d'amener. Les grandes décisions ainsi que les nouvelles lois étaient proclamées durant ces assemblées, mais celles-ci avaient déjà été arrêtées durant l'hiver par un groupe restreint de hautes personnalités.

Centre de la christianisation des Saxons, l'église abbatiale de Corvey, sur la Weser, fut remaniée plus tard, mais la façade occidentale date de 873-85 et est caractéristique des grandes églises carolingiennes : à un étage supérieur a été ménagée une loge impériale d'où l'on domine la nef jusqu'au chœur. A cette loge ou galerie était souvent adjointe une chapelle vouée au « collègue » céleste de l'empereur, l'archange saint Michel, le chef des armées célestes. C'est du monastère de Corvey que venait Anschaire, ce premier missionnaire des pays du Nord.

L'Eglise au service de l'Etat

Dans l'administration de Charlemagne, l'Eglise fut appelée à jouer un rôle particulier. Les carolingiens, bien plus que les mérovingiens, se jugeaient tenus de témoigner leur sollicitude à l'Eglise. En contrepartie, ils en attendaient de grands services. Cette sollicitude royale pouvait parfois paraître étouffante. Non seulement Charlemagne employait les ecclésiastiques dans l'administration centrale et locale, mais il mettait des évêques et des abbés à la tête d'hommes en armes, et se posait, de surcroît en défenseur et porte-parole des commandements de l'Eglise.

En 740, une réforme de l'Eglise avait été mise en œuvre en étroite collaboration avec les maires du palais, et Pépin confia ensuite la continuation de ce travail à des ecclésiatiques francs qui, également marqués par la tradition anglo-saxonne, travaillaient en étroite relation avec le pouvoir temporel. Les Assemblées et les synodes avaient tendance à ne faire qu'un, et c'était le souverain qui, en dernier ressort, avait la responsabilité des ordonnances religieuses. Les édits royaux réglaient la vie de l'Eglise, et les instructions s'appliquaient autant à la vie civile que religieuse. C'était le roi qui, directement ou indirectement, nommait les évêques. En contrepartie, l'évêque savait que son autorité se trouvait renforcée grâce à l'appui du pouvoir royal. De plus, pour qui s'avisait de molester ou de s'en prendre en paroles à un ecclésiastique, les amendes atteignaient des montants très élevés. Enfin, les clercs revendiquaient le droit d'être jugés par leurs pairs — ou tout au moins par un tribunal mixte si c'était un laïc qui faisait fonction de procureur. Les évêques avaient euxmêmes la juridiction des cas dont on estimait qu'ils intéressaient spécialement l'Eglise.

Pépin et Charlemagne s'octroyèrent le droit de disposer entièrement des biens de l'Eglise. Et, souvent, ils y recoururent pour rémunérer leurs vassaux. En compensation, ils instaurèrent la *dîme* : tout le monde devait payer un dixième de ses revenus à l'Eglise.

Réglementation des prix

« Notre bon seigneur le roi a, avec l'approbation du synode, ordonné que personne, ni clerc, ni laïc, ne vende de blé, qu'il y ait profusion ou pénurie, à un prix plus élevé que celui qui vient d'être fixé. Ce qui veut dire : une ***mesure*** *d'avoine pour 1 denier, une* ***mesure*** *d'orge pour 2 deniers, une* ***mesure*** *de seigle pour 3 deniers, une* ***mesure*** *de froment pour 4 deniers. Si l'on doit le vendre sous forme de pain, on doit donner 12 pains de froment de 2 livres chacun pour 1 denier et, pour le même prix 15 pains de seigle ou d'orge et 25 pains d'avoine du même poids. Pour les céréales provenant du domaine royal, si elles sont à vendre, le prix sera de 3 deniers pour 2* ***mesures*** *d'avoine, 1 denier pour une* ***mesure*** *d'orge, 2 deniers pour une* ***mesure*** *de seigle, 3 deniers pour une* ***mesure*** *de froment » (Une* ***mesure*** *correspond à peu près à 9 litres)*

Capitulaire de 794 (synode de Francfort)

Au fil du temps, nombreuses étaient les églises qui étaient devenues la propriété de particuliers, soit qu'un ancêtre l'ait fait construire sur son domaine, soit à la suite de circonstances plus douteuses. Charlemagne n'essaya pas de toucher à ces droits de propriété. Il décida cependant que tous les prêtres affectés à ces églises devraient recevoir l'agrément de l'évêque. Ainsi les évêques gardèrent-ils un certain contrôle sur la nomination des prêtres et leur compétence.

On a conservé ce porche d'entrée de l'abbaye carolingienne de Lorsch près de Worms. Témoignant de l'intérêt que l'architecte portait à l'Antiquité, il rappelle un arc de triomphe romain, mais sans doute s'inspire-t-il plus directement de l'entrée de Saint-Pierre de Rome tel qu'elle existait à cette époque (voir p. 67). Cependant, les motifs du mur sont carolingiens et le bâtiment lui-même date probablement de 805.

Car, en définitive, il s'agissait avant tout de bâtir une Eglise digne des principes dont elle se réclamait. On exigea des évêques qu'ils lisent l'Ecriture sainte, qu'ils prêchent et mènent une vie décente, qu'ils veillent sur les prêtres et en contrôlent leur formation, et qu'ils les réunissent souvent afin de renforcer la discipline. Charlemagne édicta des lois pour imposer le repos dominical et combattre le paganisme ou les superstitions. A ses yeux l'Etat avait pour premier devoir d'assurer le salut des sujets. Ni plus ni moins.

Charlemagne empereur

C'est également dans cette perspective qu'il faut comprendre le couronnement de Charlemagne, ou plus exactement la conception que celui-ci se faisait de sa dignité d'empereur. Eginhard, un de ses biographes, raconte qu'à la Noël 800 le roi assistait à la messe à Saint-Pierre de Rome et qu'aux acclamations de l'assistance le pape vint déposer la couronne impériale sur sa tête. Selon Eginhard, Charlemagne garda son sang-froid — il n'y avait rien d'autre à faire dans une telle situation — alors qu'en réalité il était furieux. Par la suite, il aurait déclaré que s'il avait su ce qui se préparait, il ne serait jamais venu à l'église ce jour là malgré le caractère sacré de la célébration de Noël.

Pour autant, cela ne peut signifier que Charlemagne ignorait qu'il allait être couronné empereur. Si l'on en croit Einhard (les historiens ne sont pas tous d'accord sur ce point), c'était au fond la manière de procéder qui l'avait choqué. En fait, l'idée d'empire était depuis plusieurs années dans l'air. En Austrasie, il était en train de se construire une capitale, Aix-la-Chapelle, sur le modèle de Constantinople. A la cour, on en parlait comme d'une « nouvelle Rome », et les poèmes comparaient Charlemagne à *Auguste*. Cependant, il n'entendait pas prendre la place de l'empereur byzantin. L'empereur byzantin représentait l'empire romain, ce qui était dans l'ordre des choses. Ce qu'il voulait, c'était se faire reconnaître comme empereur au même titre que l'empereur byzantin, mais sur d'autres bases. L'Ancien Testament était sa référence — il voulait être un nouveau *David*, roi des chrétiens, non pas un nouveau Constantin. Et quand l'idée d'un empire avait pris forme chez lui et ses conseillers elle avait été conçue dans cette perspective : Charles deviendrait empereur d'un *imperium christianum* qui se confondrait avec l'Occident latin ou, comme on commençait à l'appeler, l'*Europe*. Cet Occident chrétien sur lequel Charlemagne étendait maintenant sa souveraineté (mis à part les îles Britanniques) on commencait tout simplement à l'identifier à la Chrétienté, au *Royaume de Dieu* sur terre (*civitas Dei*), ou encore à *l'Empire de la Sainte Eglise* (*Regnum sanctae ecclesiae*).

Le pape sut mettre cette idée impériale à profit. A Rome, où il avait de nombreux adversaires, Léon III n'était pas en position de force, et c'était sur sa demande que Charlemagne était venu à Rome en l'an 800. Depuis longtemps, il était évident que le roi des Francs était le protecteur de la papauté, *Patricius Romanorum*. Les empereurs byzantins avaient prouvé à plusieurs reprises que Rome ne

Le Palais royal d'Aix-la-Chapelle (dont on voit ici une reconstitution) fut terminé vers 790, alors que commençait la construction de la chapelle. A droite, on voit la grande halle royale de type basilical. A gauche, la chapelle royale qui existe toujours. Elle est de forme octogonale, sur le modèle de San Vitale de Ravenne. Charlemagne la fit décorer somptueusement.

Le trône en marbre de Charlemagne se trouve dans la galerie occidentale de la chapelle du château, juste en face de l'autel.

A gauche : ce bijou, qui est une amulette, était accroché au cou de Charlemagne quand Otton III fit ouvrir sa tombe en l'an 1000. Il aurait contenu une mèche de cheveux de la Sainte-Vierge (Napoléon la fit remplacer par « un fragment de la croix du Christ » et donna le bijou à Joséphine).

pouvait pas s'appuyer sur eux, même quand la religion était en jeu. Ainsi avaient-ils nouvellement appuyé l'iconoclasme.

En d'autres termes, le pape Léon III avait tout intérêt à ramener à Rome le titre impérial, d'où il était issu. L'idée était dans l'air, on l'a vu, et le pape la reprit pour couronner Charlemagne *empereur romain* afin de souligner encore plus son rôle de protecteur de la papauté et le lier plus étroitement au Saint-Siège. Mais c'était un titre que Charlemagne n'avait jamais désiré et qu'il n'emploiera du reste jamais, d'autant plus que d'Orient, la réaction ne devait pas tarder à venir.

La renaissance carolingienne

Charlemagne croyait manifestement pouvoir construire « une société chrétienne ». C'est ainsi qu'il interprétait *la Cité de Dieu* (voir encadré p. 20) décrite par Saint Augustin : le peuple de Dieu dirigé conjointement par le pouvoir temporel et le pouvoir spirituel. Jamais depuis l'Antiquité tardive, on n'avait exprimé une vision aussi positive sur les possibilités d'insertion du christianisme en ce monde.

Jusque-là, ceux qui refusaient de vivre sous le régime de violence du pouvoir royal n'avaient d'autre solution que de se retirer du monde. Mais, précisément, Charlemagne prôna un retour à l'Antiquité. L'idée même d'imperator montre que Charlemagne était un admirateur de Rome. A n'en pas douter, pour qui voulait fonder son régime sur des bases plus solides que la puissance des armes, il fallait chercher son modèle dans l'Antiquité.

Charlemagne avait besoin d'une administration compétente et d'un clergé éclairé. Pour ce faire, il fit venir de partout, et même de l'étranger, les livres et les hommes susceptibles de constituer le noyau spirituel de son empire. Il rasembla ainsi des œuvres de littérature latine et de philosophie grecque, des recueils de lois et des manuels de théologie. L'Angleterre en fournit une

Le calife Hâroun ar-Râchid aurait noué des relations d'amitié avec Charlemagne et lui aurait envoyé de somptueux présents. Ce « gobelet du roi Khosro », héritage de l'Empire perse, en faisait peut-être partie. Un autre de ces présents aurait été un éléphant blanc qui fut sûrement le premier à fouler les plaines du nord de l'Allemagne où il mourut au cours d'une expédition lancée contre les Danois en 810.

La production d'un livre au IXe siècle : le texte est dicté à quatre moines. D'autres moines fabriquent ensuite des volumes (le personnage principal représente saint Jérome qui, aux environs de l'an 400, traduisit la Bible en latin. Sa version fut la plus répandue, et on la connaît sous le nom de Vulgate.)

part importante. Par ailleurs, Charlemagne put poursuivre en partie l'œuvre de Boniface — qui lui-même était un érudit — et de ses disciples. En Angleterre, l'école cathédrale de York reprit les traditions de Beda et autres savants de Northumbrie. En 782, Charlemagne fit venir Alcuin, le directeur de cette école, pour mettre en œuvre sa politique culturelle. Ce fut un choix heureux. Alcuin n'était pas un grand penseur, mais un habile pédagogue et un bon administrateur. Il aida Charlemagne à fonder des établissements d'enseignement qui, rattachés aux écoles cathédrales ou couvents, étaient basés sur l'enseignement des sept arts. Mais en provenance d'autres pays aussi arrivèrent des manuscrits et des savants : Lombards et Wisigoths qui fuyaient les Arabes, Irlandais que chassaient les vikings. Et jusqu'à la Grèce d'où parvinrent des manuscrits et des traducteurs.

Mais cette volonté d'apprendre et de rechercher ce qu'il y avait de meilleur ne se limitait pas à la littérature. Les manuscrits anglo-saxons ou italiens permirent aussi de découvrir l'art de l'enluminure. Les étoffes et l'orfèvrerie orientales suscitèrent un très vif intérêt, et les rares exemples qui nous restent d'architecture carolingienne témoignent de l'influence de l'Antiquité. La chapelle royale d'Aix fut bâtie par un architecte franc, visiblement inspiré par Saint-Vital à Ravenne.

Sous le règne de Charlemagne, tous les grands savants et érudits venaient encore de l'étranger, et cette « renaissance », comme on a coutume de l'appeler, était avant tout un produit d'importation. Mais, à sa mort, la création des écoles avait déjà porté ses fruits et la génération suivante allait être dominée par des érudits et des administrateurs francs qui, à défaut d'être des génies créateurs, se révélè-

L'importance des échanges commerciaux qui existaient entre l'empire et l'Orient a fait l'objet d'appréciations divergentes. On sait en tout cas qu'on importait des étoffes précieuses comme cette pièce de brocart fabriquée en Chine.

La poésie chrétienne germanique

A côté des poèmes héroïques, les Anglo-Saxons avaient créé une poésie qui tirait son inspiration de la Bible et visait à en répandre la connaissance parmi le peuple. L'auteur de ces poèmes bibliques aurait été un certain Caedmon, un berger anglais illettré. Le genre fut introduit en Allemagne peu après l'an 800. Il s'agissait alors de transmettre le message chrétien aux Saxons, et un de leurs compatriotes, qui avait fait des études au monastère de Fulda, composa dans les années 820 le grand poème épique appelé « Heliand » (« Le Sauveur ») qui, de l'Annonciation à l'Ascension, raconte l'Evangile dans un style héroïque. Le Sermon sur la montagne est un motif central de ce poème, mais l'auteur tire aussi le maximum d'effet des descriptions de combats. C'est ainsi qu'il présente Simon Pierre dans le jardin des Oliviers, quand les centurions viennent arrêter Jésus :

« ... Le sang lui monta à la tête de voir son maître attaché. Menaçant il s'avança, en héros courageux, pour protéger son Seigneur. Il n'hésita pas à sortir son épée du fourreau... »

rent d'habiles artisans. Ce stade était encore celui de l'assimilation. Grâce à la « renaissance carolingienne », de nombreux manuscrits classiques furent conservés pour la postérité. Pour leur part, les érudits employèrent une variante simplifiée du latin.

L'art carolingien ne réussit pas non plus à devenir un art de synthèse, mais il offre un large éventail de thèmes, de techniques et de formes qui enrichiront plus tard l'art roman. La forme reste antique, mais les thèmes sont de préférence bibliques et religieux.

Même si les besoins en manuscrits nouveaux développèrent considérablement l'art de l'enluminure, le fruit le plus important de cette renaissance fut celui de la *minuscule carolingienne*. Au cours du règne des mérovingiens, la calligraphie avait complètement dégénéré. Sur le modèle antique, les scribes de Charlemagne composèrent un

alphabet élégant et lisible qui permit de développer en grand la production de manuscrits et servit plus tard de modèle aux pionniers de l'imprimerie.

Unité ecclésiastique et diversité profane

Bien que ses initiatives eussent permis de relever le niveau général, Charlemagne n'en avait pas fait un objectif prioritaire. Ce qu'il voulait surtout, c'était créer une solide administration centrale. Et il y réussit à peu près en ce qui concerne l'Église. Il est vrai aussi que c'était la seule institution commune à tous ses sujets et, en même temps, le fondement même de son œuvre. C'était, de surcroît, l'institution qui était la plus facile à réformer et à réorganiser. Les réformes qu'il y introduisit contribuèrent chacune à leur manière à créer dans l'Église occidentale une unité qu'elle n'avait pas connue auparavant.

Dans les monastères, ce fut la règle de saint Benoît qui prévalut, et les chapitres furent organisés sur un

On recopiait également des textes et illustrations de la littérature classique profane. C'est par exemple le cas des comédies de Térence dont on voit ici un extrait dans un manuscrit du IXe siècle provenant sans doute du monastère de Corvey.

A gauche : La tradition artistique de l'antiquité tardive subsista probablement à Byzance puis, soit directement, soit après avoir fait un détour par Rome, gagna la cour de Charlemagne. Cette miniature représentant les quatre évangélistes en est un exemple typique : un trait caractéristique de l'art paysager hellénistique est la « syntèse des personnages et du paysage réalisée dans un style expressif et dramatique » (Aron Andersson). Quand la sépulture de Charlemagne fut ouverte en l'an 1000, il avait cet évangile sur les genoux.

modèle unique. A l'intention des prêtres, on composa toute une série de prêches, et on abandonna la forme franque du service religieux pour retourner à la liturgie romaine en même temps qu'on fit venir de Rome les textes de loi qui convenaient. Charlemagne osa également rendre à l'Église sa structure administrative primitive. On rétablit les provinces écclésiastiques dirigées par des métropolites et, sur la rive droite du Rhin, la réorganisaion put enfin être menée à son terme. L'Église du Moyen Age commençait à prendre forme.

S'il était possible d'uniformiser l'Église, il n'en allait pas de même des administrations temporelles. Quantité de décrets furent pris par Charlemagne, sous forme d'interdictions, de réglementations ou d'injonctions, mais il est difficile de dire s'ils furent suivis d'effets. Il arriva cependant à unifier le système monétaire (nous y reviendrons plus tard) mais fut beaucoup moins heureux dans le domaine des poids et des mesures. Par ailleurs, les différents peuples et tribus qui constituaient l'empire de Charlemagne avaient leurs traditions et lois propres qui, en dépit des efforts de l'empereur, ne pouvaient être que lentement modifiées. La plupart était des Germains. Au sud de la Loire et chez les Romains d'Italie, on trouvait diverses variantes du droit romain.

Cependant, il faut souligner que la plupart des lois germaniques étaient nées dans des sociétés plus primitives que celles où s'était développé le droit romain. Et, plus les civilisations germanique et romaine furent au contact l'une de l'autre, plus il fut nécessaire de trouver un compromis. Soit les anciennes lois restaient muettes sur les problèmes qui se posaient, soit les solutions proposées ne correspondaient plus à la nouvelle société.

Certaines des anciennes lois germaniques n'étaient qu'un registre du montant des amendes exigibles pour chaque crime. Et, tandis que la procédure du droit romain prévoyait une enquête et la déposition de témoins, les lois germaniques reconnaissaient l'innocence d'un accusé dès lors que celui-ci et ses cojurants — dont le nombre était proportionnel à la gravité de l'accusation — avaient prêté serment. Une alternative était, comme nous l'avons déjà dit, « le jugement de Dieu ».

Sur ce denier d'argent frappé à la fin de son règne, Charlemagne est, selon la coutume antique, représenté en « Imperator » ceint de la couronne de lauriers.

Femmes franques. Gravure sur bois d'après un manuscrit du IXe siècle.

Ces pratiques judiciaires continuèrent d'exister pendant plusieurs siècles. Mais d'autres éléments du droit germanique furent modifiés sous la pression des événements et des idées.

L'évolution différa d'une loi à une autre, et il nous est difficile d'en suivre le cheminement. Mais au moins pouvons-nous essayer d'illustrer le processus en partant d'un seul exemple : la position de la femme dans la société.

Les femmes dans le royaume des Francs

Un modèle de patriarcat bien connu, et dont nous avons déjà rencontré plusieurs variantes en Orient, régnait également dans l'ancienne Rome ; le *pater familias* jouissait d'une autorité sans limite sur son foyer. Pendant l'Antiquité, ce pouvoir s'était cependant réduit, et les femmes avaient beaucoup plus de liberté. Pour ce qui est du monde germanique, les plus anciennes lois et celles qui avaient été le moins contaminées par la civilisation romaine montrent qu'à l'origine les femmes étaient également placées sous la tutelle d'un père, d'un mari ou d'un frère. Selon la plus ancienne tradition juridique, la femme était vendue à son époux — pour un bon prix. En cas d'adultère, sa famille ou le mari pouvait la tuer. Lors d'un procès, c'était à son tuteur de la représenter, et elle n'était pas habilitée à vendre ou acheter.

Ce genre de prescriptions se retrouve dans la plupart des lois tribales, et sans doute est-ce l'ensemble de la tradition germanique qui considère la femme comme un être incapable. Cependant, les mêmes lois donnent l'impression qu'elle est en passe d'acquérir une plus grande autonomie. Et tant le christianisme que le droit romain favoriseront cette évolution. La conception chrétienne était cependant ambivalente. Car, si la femme était à tous égards plus faible que l'homme, elle n'en était pas moins un être indépendant et l'égale de l'homme devant l'éternel. L'Église soulignait aussi la sainteté du mariage et le rôle de l'épouse dans la maison. L'achat d'une épouse se transforma en accord librement négocié entre deux partenaires égaux. La femme obtint le droit d'hériter et se vit reconnaître plus d'indépendance. Mais la société était organisée de telle façon que la femme avait toujours besoin de protection, et la tutelle continuera à jouer son rôle. Cependant, le *clan* ne jouait plus son rôle traditionnel, et le législateur insistait sur le devoir qu'avait la société de prendre en charge les veuves et les orphelins. Entre autres, d'après un capitulaire carolingien, ceux-ci devaient voir leurs affaires traitées en priorité par les tribunaux.

Dans les anciennes lois, l'homme qui abusait d'une femme encourait une très forte amende, voire un châtiment plus sévère. Mais il est clair aussi que les femmes étaient « taxées » en fonction de leur valeur marchande. A l'époque qui nous intéresse, il semble bien qu'il y ait un déficit de femmes, ce qui expliquerait qu'il ait alors fallu *acheter* les femmes (on stipule même un prix maximum), tandis qu'à la fin du Moyen Age, où les femmes étaient en surnombre, c'était *sa famille* qui devait payer une somme rondelette pour arriver à la placer. Le taux des amendes variait selon l'âge et les vierges avaient plus de valeur que les vieilles femmes. Mais certains codes estimaient que c'était la femme féconde qui avait le plus de valeur. Au demeurant, on peut citer un détail amusant : les diligents drapiers frisons exigeaient une somme supplémentaire pour une couturière spécialisée en passementerie !

Pour ce qui est du divorce, une tendance se dessine

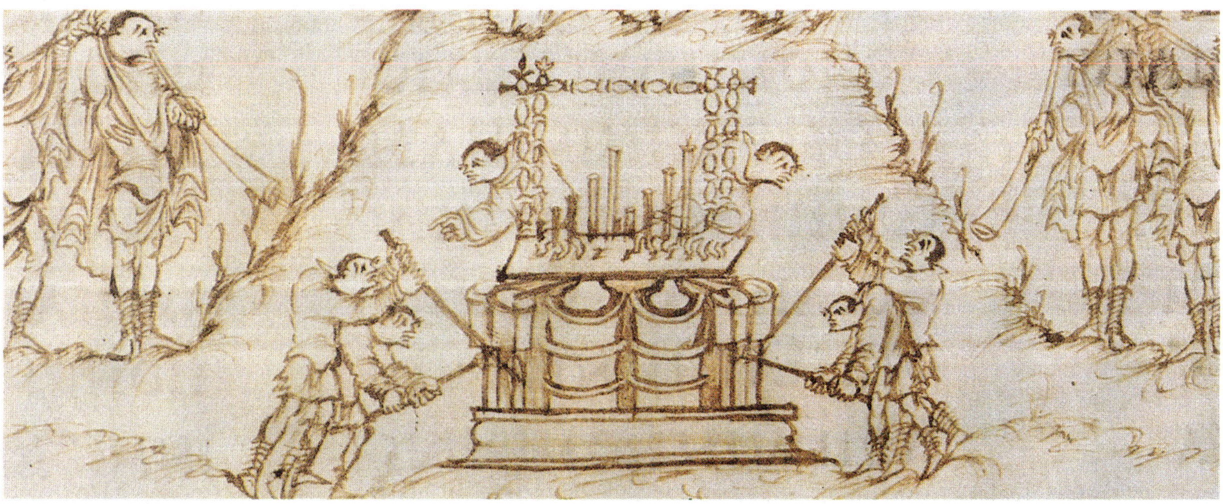

Le premier orgue dont les Francs entendirent le son fut celui que l'empereur byzantin offrit à Pépin. Ce dessin (provenant d'un psautier de 832) illustre le retour du Christ annoncé par la trompette des anges, cependant que quatre hommes s'escriment à régler la pression de l'air d'un orgue hydraulique.

nettement : l'époux peut facilement obtenir le divorce si sa femme a fauté en quoi que ce soit. En revanche, l'épouse n'a que rarement l'occasion de prendre une initiative semblable. Depuis longtemps déjà, les théologiens occidentaux avaient posé, en se référant à la Bible, qu'un divorcé ne pouvait se remarier tant que son ancien conjoint vivait, mais la législation religieuse elle-même était loin de toujours respecter ce principe. De nombreux statuts religieux locaux acceptaient certains cas de remariage, par exemple en cas d'adultère, d'enlèvement, d'esclavage ou de disparition. Ce n'est qu'au IXe siècle, à l'initiative directe de Charlemagne, que le remariage après divorce fut totalement interdit. Du fait que c'était essentiellement l'époux qui avait le droit de demander le divorce, cette interdiction peut être interprétée comme une amélioration de la condition féminine.

C'est aussi à cette époque qu'en matière de propriété, la femme obtint une plus grande liberté et une certaine indépendance. Néanmoins, elle ne pouvait pas faire grand chose pour empêcher sa famille d'arranger son mariage. La seule alternative qui lui restait était d'entrer au couvent. Les couvents offraient aux femmes la possibilité d'acquérir un savoir livresque mais aussi de déployer des qualités de chef en prenant la direction de l'établissement et de ses nombreuses propriétés.

L'abbesse d'un ensemble important pouvait, pour peu qu'elle le voulût, jouer un rôle aussi important qu'un évêque. De nombreuses abbesses étaient de haute noblesse et pouvaient être conseillères du roi.

Page d'un sacramentaire fait pour l'archevêque de Metz. C'est un tardif rejeton de l'école palatine antiquisante qui montre une combinaison raffinée de personnages et de lettres. Une guirlande de feuilles d'acanthe dorées grimpe le long du T et encadre les personnages. Les lettres forment « Te igitur », premiers mots de la partie principale de la messe, que nous rappelle le personnage central, un prêtre en train d'officier devant l'autel.

Désagrégation intérieure — ennemis extérieurs

L'empire de Charlemagne recelait des antagonismes impossibles à concilier. Charlemagne s'était astreint à conserver une classe de paysans libres, mais la cohésion de l'empire supposait que l'on ménageât aussi les intérêts des propriétaires terriens. La politique expansionniste de Charlemagne ne fit qu'accentuer ces antagonismes.

Durant les dernières années du règne de l'empereur, les capitulaires déploraient de plus en plus fréquemment la dissolution des mœurs. A les lire, le citoyen ordinaire ne faisait que boire, se battre ou tuer. Les paysans abandonnaient la terre et se soustrayaient à leurs obligations militaires, cependant que bon nombre d'entre eux devenaient bandits de grand chemin. Sans doute, trente ans de guerre ininterrompue expliquent-ils en grande partie cette situation. En vérité, tous les hommes libres étaient astreints à servir trois mois à leurs frais et avec leurs armes. Mais cette obligation devint vite trop lourde pour le citoyen libre ordinaire, et on la réduisit en permettant à 5 ou 6 fermes de s'unir pour déléguer un homme. Mais même ce système finissait par coûter cher. Certes, pour peu qu'on le gratifiât d'un cadeau convenable, le comte pouvait accorder l'exemption. Mais il arrivait tout aussi souvent qu'à force de l'accabler, celui-ci réussisse à faire fuir le paysan de sa terre. En quel cas, il ne lui restait plus qu'à se l'approprier. Il est bien évident que la corruption et les abus de ce genre étaient chose courante. Ainsi, d'une part, il était difficile de recruter des hommes pour l'armée, d'autre part, les seigneurs arrivaient à se procurer sur place ce qu'ils ne pouvaient plus obtenir par la guerre. Et sur ce point, les *missi domici* ne pouvaient exercer qu'un contrôle très restreint.

Mais l'empire n'était pas uniquement menacé par la désagrégation interne. Les vikings commencèrent leurs raids sur l'Angleterre durant la dernière décennie du

Visible à l'église Saint-Ambroise de Milan, ce magnifique autel porte la signature de l'orfèvre Wolvinius qui avait probablement été formé à la cour de Charlemagne.

Pouvoir papal et fausses décrétales

Aux alentours de 850, quantité de faux textes de lois firent leur apparition dans l'Empire franc. Leurs auteurs s'efforçaient manifestement d'arracher l'Eglise à l'emprise du pouvoir royal en assurant la position juridique des domaines ecclésiastiques. A cette occasion, ils produisirent à la fois de faux capitulaires et de fausses ordonnances papales (des décrétales attribuées à un « Isidor Mercator »). Tel qu'il y était présenté, le pouvoir papal, autorité suprême et instance d'appel de l'église franque, faisait contrepoids au pouvoir royal. Cette conception n'était pas sans fondements. Les décrétales se nourrissaient d'une idéologie qui ne cessait de se renforcer et pouvait, entre autres, s'appuyer sur l'autorité grandissante du pape face aux pouvoirs royal et impérial. Pendant les querelles de succession qui avaient suivi la mort de Louis le Pieux, le pape était parvenu à rattacher à Rome la dignité impériale, ce qui lui faisait devoir d'arbitrer entre les candidats et de sacrer l'élu. D'après la théorie du pape Nicolas Ier (858-67), le pouvoir spirituel l'emportait sur le pouvoir temporel, et l'empereur n'était qu'un instrument entre les mains du pape. Tant cette théorie que les décrétales isidoriennes allaient être promises à un grand avenir.

Louis le Pieux qui hérita de Charlemagne le titre d'empereur (les lettres de l'arrière-plan composent un poème).

Le partage de l'empire de Charlemagne : après une guerre fratricide, ses trois fils trouvèrent un terrain d'entente en 843 (traité de Verdun). En 870, l'aîné étant mort sans héritier, les deux derniers se partagèrent à nouveau la partie septentrionale de son royaume, la Lotharingie ou Lorraine.

VIIIe siècle. Et les Normands firent leur apparition sur les côtes franques au début du IXe siècle. Prenant conscience du danger, Charlemagne entreprit de construire une flotte pour se défendre contre ces attaques. Il y réussit au début mais, en 830, l'invasion viking balaya tout sur son passage et les Normands se mirent à ravager le royaume des Francs.

L'ennemi menaçait également les régions méridionales où les Arabes avaient repris leur offensive. A partir de 830, le sud de l'empire carolingien fut systématiquement ravagé, Marseille et Arles étant pillées à plusieurs reprises. La dynastie des Omeyyades se fixa aux Baléares, cependant que, particulièrement redoutables, les Tunisiens aghlabides venaient ajouter leurs méfaits à ceux des bandes de pirates. A la fin du siècle, les Arabes s'étaient établis à La Garde-Freinet en Provence, d'où ils lancèrent plusieurs raids qui, pour certains, les amenèrent jusqu'en Suisse. La flotte byzantine avait cessé de faire régner sa loi en Méditerranée et perdit même la Crète en 827. A cette époque aussi, les Arabes se lancèrent dans la conquête de la Sicile. Pendant que le pape appelait à la défense de la patrie, les villes du sud de l'Italie s'allièrent aux Arabes, ce qui permit à Amalfi de faire fortune. Mais, en Languedoc et Provence, le commerce resta totalement ruiné pendant un siècle entier.

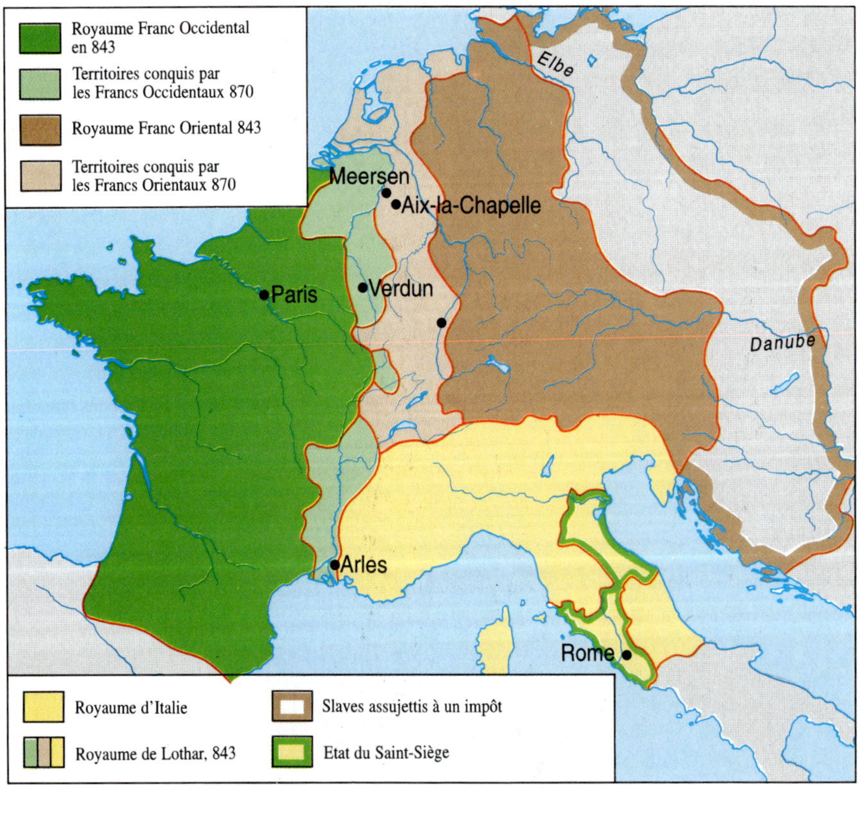

La succession

Il y avait une autre faiblesse qui menaçait l'empire de Charlemagne. Se composant de nationalités très diverses, celui-ci n'avait jamais réalisé son unité. Les hauts fonctionnaires étaient en général des aristocrates francs mais, à part eux, les différents habitants n'avaient qu'une institution en commun : l'Eglise. Dans de grandes régions comme l'Aquitaine ou la Lombardie, Charlemagne fit accéder ses fils à la dignité de vice-roi tout en continuant de tenir les rênes jusqu'à sa mort. Restait évidemment à savoir ce qui se passerait ensuite.

Charlemagne vivait dans l'ancienne tradition germanique qui voulait que les fils du souverain aient une part égale d'héritage. Cependant, il avait en principe bâti un empire indivisible — un reflet de l'Empire de Dieu. En définitive, ce fut sans doute le désir d'indépendance manifesté par les régions qui permit de résoudre le dilemme. A partir de 806, Charlemagne choisit de suivre la tradition germanique et prit ses dispositions pour partager son empire entre ses trois fils. Mais la destinée voulut que seul un fils lui survive — Louis dit Le Pieux. Louis hérita du trône à la mort de Charlemagne en 814.

Mais, en 817, à son tour, il partagea l'empire entre ses trois fils, tout en gardant la supervision de l'ensemble. L'aîné devait partager le pouvoir avec lui, les deux autres devaient être vice-rois. En même temps, on fit savoir qu'aucun autre partage ne serait autorisé.

Pourtant, ce fut Louis lui-même qui rompit cet accord. Sur ses vieux jours, il s'était remarié et avait eu un nouveau fils. La nouvelle reine, qui était jeune et belle, insista pour obtenir un partage équitable, et Louis s'attacha à la satisfaire, ce qui ne manqua pas de susciter un vif mécontentement et même de provoquer un soulèvement. Les choses s'arrangèrent provisoirement mais, à la mort de Louis en 840, le conflit éclata entre les trois derniers fils vivants. Au bout de trois ans, on parvint à trouver un accord que concrétisa le traité de Verdun signé en 843. Le partage répondit à des considérations géographiques, politiques et économiques. Lothaire conserva le titre d'empereur, mais dut renoncer aux prérogatives que cela lui donnait sur les autres. Il reçut l'Italie y compris Rome, une mince bande de terre comprise entre le Rhin, le Rhône, la Saône et la Meuse, ainsi que le territoire primitif des carolingiens où se trouvait Aix-la-Chapelle. Louis, dit le Germanique, régna sur les régions situées à l'est du Rhin, tandis que Charles le Chauve reçut le royaume de l'ouest — à peu près la France actuelle. A la fois les territoires de l'est — que les érudits, comme les Romains, commençaient à appeler Germania — et ceux de l'ouest ou Francia, qui remplaça l'ancienne Gallia, restèrent en quelque sorte réunis sous Louis et Charles qui régnèrent chacun pendant une génération. L'Allemagne était la région la plus stable, la plus homogène, tout le monde y parlait des dialectes de la même origine. La France avait une population beaucoup plus composite et difficile à diriger ; les attaques barbares y étaient aussi plus violentes. L'Allemagne gagna finalement le territoire carolingien de Lothaire. Son petit-fils mourut sans héritier, et c'est ainsi que ce pays put avancer sa frontière jusqu'à la Meuse et l'Escaut en 870.

L'empire de Charlemagne était trop fragile pour être durable. Les particularités locales étaient trop accentuées, les distances trop grandes, les populations trop dispersées et trop peu importantes. La plupart des gens ne comprenaient pas à quoi pouvait servir un Etat. Malgré tout, l'empire de Charlemagne fut à l'origine d'un mythe puissant qui, durant des siècles, nourrit le rêve d'une Europe unie.

L'aîné des fils de Louis — Lothaire — qui hérita du titre d'empereur, de l'Italie et, plus tard, de la « Lotharingie » ou se trouvait la ville impériale d'Aix-la-Chapelle.

A gauche :
Louis le Germanique, fils de Louis le Pieux, régna pendant toute une génération sur la partie orientale purement germanique de l'empire (843-76). De ce fait, elle devint à tout jamais un royaume indépendant — l'Allemagne.

La part de Charles le Chauve, le plus jeune fils de Louis le Pieux, correspondait à un territoire un peu plus restreint que la France actuelle.

Vers la société féodale

Guerrier du IXᵉ (fresque de Subiaco).

Une fois construit, l'édifice carolingien ne s'avéra pas viable. Il se désagrégea pour diverses raisons, mais différemment selon les régions de l'empire. En France, l'autorité du roi fut quasiment abolie et, dans la pratique, une cinquantaine de seigneurs se partagèrent le pays ; en Allemagne, le roi dut faire face à une poignée de ducs qui exerçaient leur autorité sur leurs territoires d'origine. Mais, que l'autorité fût royale, ducale ou comtale, il lui fallait s'appuyer sur les propriétaires terriens. Ceux-ci avaient joué un rôle central dans l'empire carolingien ; ils continuèrent d'être l'épine dorsale du nouveau système social qui s'éleva sur les ruines de l'empire carolingien et que l'on connaît sous le nom de « féodalisme ».

Les spécialistes ne sont pas tout à fait d'accord sur l'emploi de ce mot. Tandis que certains historiens réservent cette dénomination à un certain type de structure politico-militaire, d'autres, d'inspiration marxiste, parlent d'un « mode de production féodal » et donnent au mot un sens économique. Dans cette perspective le sens s'élargit considérablement : de toute société où les paysans sont exploités par une classe supérieure, on dira qu'elle est « féodale ». Mais le système qui se forma dans l'empire Franc vers la fin du premier millénaire peut être défini avec plus de précision. Même si nous y intégrons l'élément économique, la définition ne doit pas omettre que cette forme d'exploitation du travail d'autrui était liée à une autorité *politique* : le paysan n'était pas seulement le tenancier du propriétaire, il était — au moins partiellement — sous sa juridiction. Le propriétaire détenait un pouvoir officiel, il était « le seigneur ».

Mais s'y ajoute encore autre chose. Le « féodalisme » impliquait au moins un élément supplémentaire : le « seigneur » lui-même était, par un serment de fidélité, lié personnellement à une autorité supérieure. Ses terres lui avaient été cédées à titre de *fief* après qu'il eut promis à son seigneur de l'aider en toutes circonstances. C'était une assistance essentiellement militaire, car les biens fonciers et les obligations militaires étaient indissolublement liés.

Ce système mit des siècles à se développer, et l'histoire de ce processus est aussi — vue sous un nouvel angle — l'histoire du développement et de la chute de l'empire carolingien. Mais il est aussi un autre aspect qu'il ne faut pas oublier. Ce n'est pas seulement un système politique et militaire que nous devons étudier. Ce système plonge ses racines dans une société agraire et, dès lors, il nous faut savoir comment la terre était travaillée. Les techniques agricoles évoluaient, elles aussi, et cette évolution est difficile à suivre : déjà parcimonieuses en soi, les sources des époques mérovingienne et carolingienne ne nous renseignent que très peu sur les fondements matériels de la société. Nous manquons d'informations sur des questions aussi fondamentales que la démographie, la productivité agricole ou l'ampleur de l'activité commerciale. Nous savons donc peu de choses sur l'importance que revêtit l'évolution de la technique à cette époque. Pourtant, celle-ci fait partie de notre étude et ne peut être omise. Les problèmes particuliers liés à la vie citadine et au commerce seront réservés au dernier chapitre et étudiés dans un autre contexte.

Dans le tumulte de la bataille : des archers sont poursuivis par des cavaliers armés de javelots. Manuscrit du début du IXe siècle.

A gauche : le roi et le paysan. A chacun son attelage. Manuscrit de 1028 extrait d'une œuvre encyclopédique rédigée à l'époque carolingienne par le moine Hrabanus Maurus.

Défrichement du territoire et accroissement démographique

Tandis que deux mille ans d'agriculture intensive avaient fait de profondes saignées dans les forêts des pays méditerranéens, la Gaule et la Germanie conservaient encore l'essentiel des leurs. Certes, au sud de la Loire, on avait déjà mis un certain nombre de terres en exploitation mais, au nord, les terres cultivées ne devaient représenter que quelques îlots dans le paysage. La forêt et la lande avaient de nouveau envahi les terres cultivées à l'époque romaine et s'étendaient à perte de vue vers l'est. C'est bien plus tard seulement que la France du nord offrira le spectacle de ces immenses champs de blé ondulant sous la brise. Les forêts

Des cavaliers armés de haches de combat attaquent la piétaille. (Manuscrit carolingien.)

Sur ce dessin d'environ 900, les cavaliers portent des lances et sont manifestement équipés d'étriers. La bannière est un dragon qui crache le feu.

étaient peuplées de loups et d'ours, mais aussi de gros gibier comme le buffle, le bison, l'auroch et le sanglier. Les loups étaient un fléau autant pour les voyageurs que pour les résidents, et on les chassait sur ordre du roi.

C'est à l'époque que nous étudions que commenca le grand défrichement des terres. Il est difficile d'en donner la date et la cause exactes. Il est possible que le défrichement ait commencé à l'époque mérovingienne : on se rappelle que les succès de Pépin et ses descendants étaient peut-être liés à l'essor économique que connaissait alors l'Europe du nord-ouest. Certes, il ne s'agissait que d'un essor assez timide, mais il annoncait une expansion qui devait aller ensuite en s'accélérant pendant un demi-millénaire et transformer totalement la physionomie de l'Europe occidentale.

Les grandes invasions et la peste eurent des effets dévastateurs sur la population et l'organisation sociale mais n'entraînèrent pas de stagnation durable. Dès le VIIe siècle la population se mit à augmenter, et cette augmentation s'accéléra sous les Carolingiens. Peut-être les nouvelles invasions du IXe siècle provoquèrent-elles ensuite un ralentissement, mais sans pour autant arrêter la croissance. Des études ont ainsi montré que, vers l'an 1000, la population avait retrouvé le niveau maximum qu'elle avait sous l'Antiquité. Cette augmentation semble être liée à un réel progrès économique qui peut expliquer par plusieurs facteurs. Et un de ceux-ci est incontestablement la bienveillance de la nature : les analyses de pollen et de glaciers effectués dans les Alpes montrent que l'Europe occidentale connut un changement de climat au cours du VIIIe siècle. Favorisant l'agriculture, le temps devint plus sec et plus doux.

Tout aussi incontestables sont aussi les différentes améliorations apportées alors aux outils, améliorations cumulées qui provoquèrent une véritable petite révolution, même si ce fut de ces révolutions qui mettent des siècles à faire pleinement sentir leurs effets.

Paysans au travail (encyclopédie de Hrabanus Maurus).

La charrue et l'assolement

En premier lieu, on commença à se servir de charrues pour labourer. L'araire avait été l'outil classique des Romains — autrement dit un simple crochet qui creusait dans la terre un sillon peu profond. Cet outil était adapté au sol sec des pays méditerranéens. Mais il se révélait insuffisant pour retourner la terre argileuse et grasse de la Gaule et de l'Allemagne. Et c'est dans ces contrées que l'on se mit à utiliser la charrue à roues, probablement à partir du VIIe siècle. La charrue s'enfonçant à la fois verticalement et horizontalement, toute la surface était émottée à la profondeur voulue puis rejetée le long du sillon. Les roues assuraient la stabilité. En revanche, la charrue était lourde à tirer. Il fallait y atteler quatre, voire huit bœufs.

En même temps que la charrue à roues, on découvrit un meilleur système d'assolement que le système traditionnel des pays méditerranéens, où on laissait en friche la moitié des terres tandis que l'on cultivait l'autre moitié. En général, le blé était semé en automne et récolté au début de l'été suivant, tandis que les terres en friche étaient labourées et utilisées comme pâturages.

En la circonstance, on n'assiste pas à un changement brutal et massif du système d'assolement. Mais, au moins à partir du VIIIe siècle, une pratique d'assolement commença à se répandre dans certaines régions densément peuplées. Elle consistait à semer à l'automne dans une parcelle et semer au printemps dans une autre en laissant en friche la troisième. Lentement, la société s'adapta à un nouveau rythme saisonnier, qui avait des variantes locales. Par exemple : les céréales (blé/seigle) étaient semées à la fin de l'automne sur une partie des terres ; en février/mars, on semait l'avoine ou l'orge et éventuellement des légumes sur une autre partie. Les terrains en friche étaient labourés en mai puis en automne. En juin/juillet, on récoltait alors les premières céréales, et la dernière moisson se faisait à l'automne, en même temps que la récolte des légumes.

Nouveaux végétaux — une plus grande variation

Ce système avait l'avantage d'offrir une plus grande sécurité : si l'une des récoltes était mauvaise, on pouvait espérer que l'autre serait bonne. Par ailleurs, le système semble avoir favorisé la culture de nouveaux végétaux. Des céréales comme l'*avoine* et le *seigle*, considérés par les Romains comme de la mauvaise herbe, furent cultivés en Europe du nord et représentèrent une part importante de l'alimentation. Dans l'extrême nord — en Scandinavie et autour de la Baltique — on s'intéressa à l'orge qui servait aussi à brasser la bière. De plus, la qualité du *sarrasin* fut améliorée au début du Moyen Age, et on se mit à consommer des *légumes* comme les navets, les pois, les haricots ou les lentilles et, un peu plus tard, les choux qui furent une source importante de protéines dans l'alimentation. On peut penser que ces innovations ne furent pas sans améliorer la résistance et l'esprit d'initiative des différentes populations, même si l'on ne va pas, comme certains historiens, jusqu'à affirmer que les croisades furent entreprises grâce aux haricots ! Il est important de noter aussi que le nouveau système d'assolement permettait une culture plus variée de *plantes tinctoriales* destinées à la fabrication des vêtements. La culture de la *vigne* s'étendit également vers le nord.

Par ailleurs, on employait le fumier, mais il n'y avait pas assez de bétail pour que l'engrais soit efficace. Au IXᵉ siècle, nous constatons que la *marne* (roche argileuse contenant une forte proportion de calcaire) est employée pour amender les sols acides. Et sans doute s'agit-il alors d'une innovation puisque les paysans se plaignent de se voir imposer cette nouvelle contrainte.

Parmi les nouveaux outils, le *fléau* se substitua au simple bâton pour battre le blé. Mais bien plus importante fut l'utilisation du *moulin hydraulique*. Les Romains le connaissaient mais ne l'avaient guère utilisé. Dans l'Europe du nord il servit très vite à moudre le blé, libérant ainsi la main-d'œuvre pour d'autres travaux agricoles.

Le cheval sur le marché du travail

Avec toutes les inventions et améliorations qui apparurent alors, le cheval fut appelé à jouer un rôle beaucoup plus important que par le passé. Un des premiers résultats indirects en fut l'assolement. Si l'on avait primitivement choisi le bœuf comme animal de trait, c'était à cause de sa frugalité puisqu'il pouvait se contenter de fourrage. Le che-

La charrue

Quelle est l'origine de la charrue à roues ? On l'utilisait déjà dans la plaine du Pô au cours du premier siècle de notre ère, et peut-être est-ce là que la découvrirent les Germains et les Slaves qui défrichèrent les régions du Nord de la Loire.

L'araire nécessitait un labourage en long et en large, en « quadrillé », ce qui donnait des champs carrés. L'emploi de la charrue créa un tout autre paysage. On pense qu'elle est à l'origine du paysage « strié » caractéristique de l'Europe du nord et de l'Angleterre : entourant le village, les terres cultivées étaient divisées en champs qui n'étaient cependant pas délimités par des haies ou barrières car ils étaient exploités collectivement. Les champs étaient divisés en lots puis en bandes parallèles attribuées chacune à un paysan. En Angleterre, celles-ci étaient longues d'un furlong (environ 200 m) pour une largeur d'environ 5 m. Quatre de ces bandes mesuraient au total un acre, soit à peu près 50 ares, c'est-à-dire la surface qu'un attelage pouvait labourer en une journée.

L'entretien des vignes (manuscrit byzantin).

Araire et charrue. L'araire représentée ici date du début de l'âge du fer. La charrue, avec versoir et roues, remonte sans doute à l'âge du fer romain (celle que l'on voit ici est une reconstitution d'une trouvaille faite dans un marais du Jutland. On n'a cependant pas établi avec certitude que la charrue était bien équipée de roues).

Le collier

L'Antiquité n'avait pas de harnachement spécialement adapté aux chevaux. Tandis que le bœuf a sur la nuque une bosse naturelle à laquelle on peut assujettir le harnais sans que l'animal ne s'étouffe lorsqu'il exerce une traction, le cheval n'a rien de comparable et ne peut pas tirer un poids très important. Pour leur part, les Chinois étaient en avance puisque, dès avant les siècles qui précédaient notre ère, ils avaient mis au point un harnais qui faisait porter le poids principal sur le poitrail du cheval. Ce système de harnachement par bricole de poitrail est sans doute parvenu à Byzance et en Europe Orientale aux environs de l'an 500. Mais, à cette époque, les Chinois y avaient apporté de nouvelles améliorations dont témoignent des fresques de l'époque. Ils utilisaient le collier, ce qui triplait ou quadruplait la puissance de traction du cheval.

Les trois sortes de harnachement :
a) par sangle de garrot et de ventre ;
b) par bricole de poitrail ;
c) par collier (voir encadré ci-dessus).

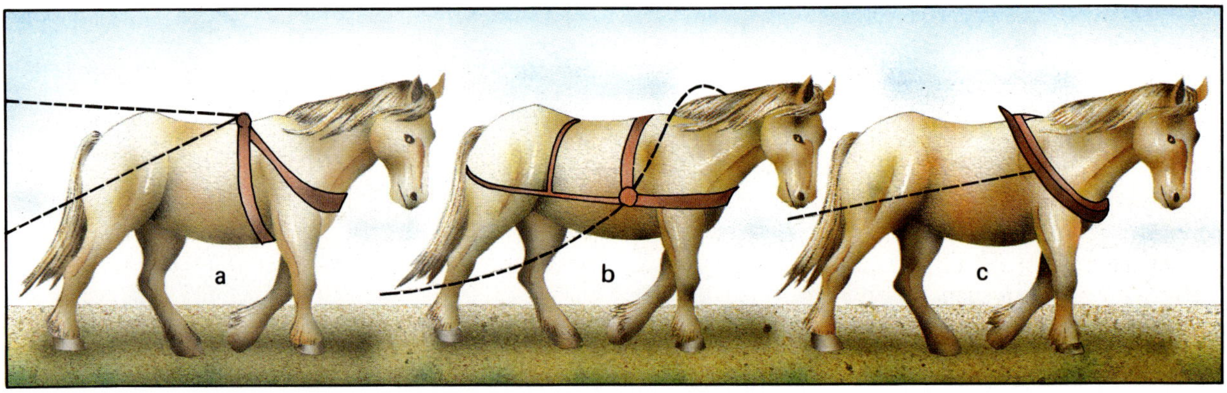

val, au contraire, avait besoin d'avoine. Mais désormais, on disposait de ce qu'il fallait, et, de plus, on importa d'Orient plusieurs améliorations techniques qui permirent de tirer du cheval un profit accru.

En premier lieu, on sait qu'au IXe siècle, les Européens apprirent l'art de ferrer les chevaux. On ignore dans quelle région, car le fer à cheval semble apparaître à peu près en même temps en Asie et en Europe, mais, comme la civilisation des steppes asiatiques est avant tout une civilisation de cavaliers, il est probable que c'est là qu'il faut en chercher l'origine.

C'est en tout cas de la Chine du nord et des steppes avoisinantes qu'au Xe siècle nous arriva le *collier*, une des grandes améliorations de l'équipement du cheval. Dès lors, rien n'empêchait plus de remplacer les bœufs par des chevaux de trait. Non pas que le cheval soit plus robuste, mais il est beaucoup plus rapide et plus résistant. Cette amélioration ne donna cependant pas de résultats tangibles avant le XIe siècle.

Néanmoins, il paraît évident que le changement de climat, la culture de nouvelles plantes et les progrès techniques favorisèrent un accroissement de la population et le défrichement de terres nouvelles dès l'époque carolingienne. Un mouvement s'était dessiné. On le perçoit dès le Xe siècle, mais ce n'est qu'au XIe siècle que le changement se manifestera dans toute son ampleur.

La première représentation de collier dont nous ayons connaissance provient des temples des grottes de Dunhuang en Chine. Cette fresque date de 851. Mais des peintures d'environ 500 semblent indiquer que le collier était déjà connu à cette époque.

L'étrier

Une autre invention venue d'Orient favorisa encore plus l'usage du cheval dans le royaume franc. C'est en Inde qu'elle vit le jour. Mais, une nouvelle fois, ce furent les Chinois et les conquérants venus des steppes voisines qui fabriquèrent un étrier complet dès le IVe siècle. On ignore comment et quand il fut importé en Europe, mais on sait qu'il y fut utilisé à partir du VIIIe siècle et qu'il permit de créer une cavalerie d'un tout autre type. Les Perses, et plus tard les Byzantins, avaient bien une cavalerie lourde — des tireurs à l'arc cuirassés, armés d'épées et de petites lances. Mais l'étrier donne une toute autre efficacité au guerrier car celui-ci se tient mieux en selle et peut passer à l'attaque sans avoir à craindre de tomber. Flèches, arcs et autres armes légères sont remplacées par la longue épée et la lance. Le noyau de l'armée de Charlemagne était composé de troupes d'élite dotées de cet armement, et ce furent elles qui assurèrent la supériorité des Francs sur tous leurs adversaires.

Mais ce nouveau type de guerrier était d'un coût élevé. Déjà, le cheval de combat représentait le prix de vingt bœufs et, en plus des armes, il fallait prévoir l'armure en cuir et en métal ainsi que l'avoine du cheval. Les paysans qui arrivaient à s'équiper de la sorte pour le combat étaient peu nombreux. Mais c'étaient des cavaliers de ce genre dont le roi avait besoin : un cavalier bien équipé se révélait plus efficace que plusieurs fantassins. Dès lors, les paysans furent exemptés de service à condition qu'ils se regroupent pour armer un cavalier. C'est ainsi que s'opéra un nouveau clivage entre les hommes libres qui portaient les armes — « les chevaliers » — et tout le reste de la population. Même si l'infanterie ne disparut pas complètement, on renonça aux grandes levées de troupes. La chevalerie était en train de voir le jour, et le nouveau type de cavalier devait être formé dès son plus jeune âge : c'était un guerrier de métier appartenant à une caste particulière qui n'allait pas tarder à devenir internationale.

Il serait absurde de prétendre que la féodalité et la chevalerie sont issues de l'invention de l'étrier. Il n'en reste pas moins vrai que ce modeste équipement a joué un rôle. Cependant, il y avait un autre élément tout aussi important : une telle classe militaire ne pouvait avoir d'autre fondement économique que la terre. Une armée de chevaliers reposait nécessairement sur les propriétés foncières

Le manoir

Le phénomène économique et social qu'en français en appelle le *manoir* et en anglais *the manor* ne s'applique pas uniquement à l'habitation du propriétaire, mais à tout le domaine et à son administration. Cette forme de propriété qui voit le jour dans l'Europe du VIIe siècle est une héritière directe de la *villa* romaine (voir p. 32). Néanmoins, son système d'exploitation n'est pas tout à fait semblable. La propriété est maintenant divisée en deux. Une partie plus petite, mais comprenant parfois jusqu'à la moitié de la terre, représentait le « domaine » que le propriétaire exploitait pour son compte à l'aide d'esclaves, de travailleurs saisonniers et de tenanciers astreints à la corvée. Le reste de la propriété était divisé en parcelles, appelées *manses*, dont la superficie variait mais qui devaient au moins mesurer 10 hectares. Ces parcelles étaient louées aux paysans qui cultivaient eux même la terre mais étaient, en outre, astreints à la corvée ou payaient des taxes en nature. Que ceux-ci fussent libres ou non, ces contrats tendaient à n'être plus résiliables, ce qui présentait des avantages pour les deux parties. Le paysan était assuré de pouvoir rester sur place et le seigneur de voir sa terre cultivée.

Ces dernières années, plusieurs chercheurs ont montré que l'esclavage avait augmenté au cours des guerres mérovingiennes et que, partant, les grands manoirs de l'époque carolingienne employaient beaucoup d'esclaves. Certes, il est difficile d'avancer un chiffre, mais on sait de toutes façons que l'esclave avait habituellement sa propre exploitation agricole (*casatus*, p. 32) et qu'un grand nombre d'entre eux obtenait d'être affranchis s'ils promettaient de rester sur place. Le temps de l'esclavage était définitivement révolu.

Par ailleurs, le nombre des propriétaires diminua. Il fallait constamment recourir à une protection et, pour les paysans, la seule solution était de se subordonner à un seigneur. Nous avons vu quelles épreuves les guerres de Charlemagne avaient infligées aux paysans.

Et ceux-ci durent, en nombre croissant, accepter de devenir tenanciers dans des manoirs où souvent leur situation se dégradait encore, cependant que les esclaves accédaient à une plus grande liberté. Or, il y avait chez les seigneurs une tendance très nette à gommer les anciennes dif-

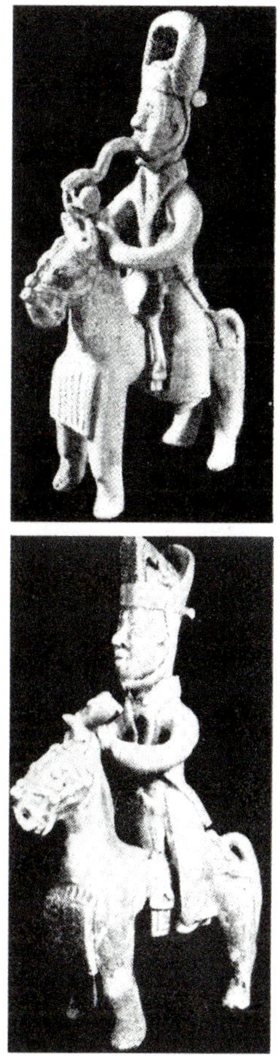

Ces statuettes chinoises d'environ 300 après J.C. sont les plus anciens témoignages que nous possédions sur l'utilisation de l'étrier.

Musiciens jouant sur des instruments couramment utilisés à cette époque. Illustration d'un manuscrit consacré à la musique et provenant du monastère du mont Cassin (vers 1000).

Construction d'un moulin

Les moulins hydrauliques n'étaient pas d'usage courant. C'est ce que montre ce récit de Grégoire de Tours consacré à Ursus, abbé de Loches, vers 500 (et où Grégoire raconte ensuite ce qui arriva à un seigneur qui voulut s'approprier le moulin du monastère) :

« Il décida de s'installer là avec le reste des moines, de travailler de ses mains et d'assurer sa subsistance à la sueur de son front... Comme les moines écrasaient à la main les grains de blé nécessaires à la nourriture, il eut l'idée de construire dans l'Indre un moulin qui leur épargnerait ce travail épuisant. Il aligna des piliers dans la rivière, fit un barrage avec des tas de pierres et construisit un canal par lequel il fit passer l'eau ; puis il se servit du courant pour faire tourner la roue à grande vitesse. Ainsi les frères ne furent-ils plus obligés de peiner autant, car il suffisait d'un homme pour se charger de ce travail. »

férences et à ranger tous leurs gens dans une même catégorie de paysans semi-libres, liés au manoir. Le paysan bénéficiait d'une protection juridique et n'était donc pas esclave, mais il restait lié à vie au domaine et avait des obligations au-delà de celles qui lui incombaient comme tenancier. Le mot classique *servus*, qui désignait en latin ce que nous appelons aujourd'hui esclave, changera de signification en devenant le *serf* (en anglais et en francais) et désignera justement le paysan que nous venons de décrire. C'est le trafic de prisonniers slaves, désignés comme *sclavus* qui nous donnera le mot moderne d'esclave.

Après la mort de Charlemagne, la guerre fit partie de la réalité quotidienne du royaume franc. Les assauts de forteresses et pillages de villes se multiplièrent (manuscrit du IXe siècle).

Cette évolution fut d'autant plus aisée que les seigneurs disposaient de nouveaux moyens de contrainte. Le seigneur n'était pas seulement le propriétaire de la terre, celui qui réclamait un profit, il était aussi un chef qui exigeait la soumission de ses sujets. Et, plus l'autorité des Carolingiens s'affaiblit, plus le seigneur assuma les devoirs et les droits de l'autorité publique.

Les vassaux : *commendatio* et bénéfice

La féodalité avait de nombreuses racines, et celles-ci étaient enchevêtrées les unes dans les autres. On y retrouve à la fois des éléments de l'antiquité romaine et de l'héritage germanique que nous avons déjà évoqués plusieurs fois. Ce sont, par exemple, les notions de protection, de tutelle, de fidélité, les rapports entre patron et client, entre sujet et souverain. Mais sans doute vaut-il mieux prendre le manoir comme point de départ.

On sait qu'à la fin de l'époque mérovingienne des particuliers de haut rang et des institutions ecclésiastiques s'étaient procuré des « immunités » (voir p. 37). Charlemagne conserva le système mais incorpora ces privilégiés dans son administration. Ils furent investis d'une autorité judiciaire limitée — semblable à celle du tribunal de la centaine — (voir p. 214) — et furent autorisés à conserver une partie des amendes et des taxes ; en échange, ils devaient rassembler une troupe armée quand cela était nécessaire. Il est difficile de dire quels étaient initialement les privilèges des propriétaires terriens, mais il est clair qu'à la chute des carolingiens tous ceux qui bénéficiaient d'immunités virent leurs compétences s'accroître aux dépens de l'autorité comtale. Par ailleurs, les détenteurs du pouvoir local s'arrogèrent également des fonctions officielles par d'autres voies en s'insérant dans des systèmes de service.

L'armée germanique traditionnelle était composée d'un noyau d'hommes libres qui avaient prêté serment de fidélité à leur chef. Cependant, les chefs germains comme les chefs romains avaient également dans leur garde des hommes de condition servile, et un mot celtique latinisé, *vassus*, qui signifie « compagnon », fut très tôt employé pour les désigner. Ce compagnon occupait donc un rang inférieur à celui des compagnons libres. Mais, peu à peu, la dénomination s'appliqua à tous ceux qui acceptaient de se soumettre à l'autorité d'un seigneur, lequel leur garantissait protection et moyens de subsistance. L'acte en lui-même s'appelait *commendatio* et impliquait qu'avec ses biens l'homme se mette irrévocablement à la disposition du seigneur. En principe, le vassus conservait sa liberté, mais c'était une situation où il pouvait rapidement être amené à la perdre.

Cependant, le commendatio pouvait aussi permettre au vassus d'accéder à un rang social supérieur. C'était surtout le cas quand le service armé constituait l'essentiel de la promesse donnée. La noblesse franque s'entoura de plus en plus de *vassi* ou *vasalli* en armes. Les vassaux héritèrent alors des privilèges militaires, juridiques et sociaux de l'ancienne garde royale. La rétribution que le vassal pouvait en tirer servait surtout à couvrir les frais de son équipement et de sa monture. On lui octroyait un *bénéfice* (littéralement : un bienfait). Il s'agissait en général d'un domaine, dont la contrepartie était un modique loyer ou la promesse de servir le seigneur par les armes.

Le serment de fidélité

C'est à l'époque de Charles Martel que le statut du vassal se transforma. La situation personnelle du vassal fut directement liée au bénéfice. En même temps, le commendatio — où le vassal se déclarait l'homme de son suzerain — fut remplacé par un serment de fidélité qui impliquait une réciprocité. De plus, on lui conféra un caractère religieux en faisant prêter serment sur une Bible ou une relique.

Cette évolution reflète bien entendu la nécessité où se trouvait le souverain de s'entourer de gens de qualité — de gens qui étaient déjà en possession de terres et occupaient une certaine position. Et, à cet égard, on remarque tout spécialement que Charles Martel était soucieux de se constituer une *cavalerie*. Comme nous l'avons vu, l'étrier venait d'être mis en usage et donnait beaucoup plus d'efficacité à celle-ci. Mais nous avons aussi souligné que l'équipement d'un cavalier était cher. Charlemagne comptait qu'il fallait 12 exploitations (mansi) pour entretenir un cavalier. En d'autres termes, il fallait plus de terres que Charles Martel ne pouvait en distribuer.

Restaient alors deux possibilités que Charlemagne employa. D'abord, il pouvait recourir aux gens qui avaient les ressources nécessaires pour se payer un équipement. Par ailleurs, il pouvait aussi se tourner vers l'Eglise. Les institutions ecclésiatiques possédaient de grands domaines, et Charlemagne n'hésita pas à en confisquer une bonne part pour la distribuer à ses vassaux. Ses fils en firent autant mais passèrent un accord avec les autorités ecclésiatiques : les évêques et les abbés acceptèrent de louer leurs terres pour une somme symbolique à ceux qui étaient en possession d'un bénéfice. Ce système de location devint courant pour tout bénéfice que le vassal se voyait octroyé en récompense de ses services. Vers l'an 900, le mot *fief* (feudum) viendra remplacer le bénéfice.

C'est donc cette imbrication de services rendus, de propriété foncière et de serment de fidélité que nous appelons en réalité le « féodalisme ». Et, dans sa première phase, il s'agit donc d'un système construit pour soutenir une autorité centrale, un « Etat ». Dans cette société agraire, ce système était probablement le seul qui permît de créer une administration efficace. Charlemagne croyait si fortement aux liens personnels qu'il élargit ce système à ses hauts fonctionnaires. Ceux-ci étaient également rétribués en propriétés foncières. Et les évêques eux-mêmes étaient considérés comme des vassaux. La vassalité reposait cependant sur la réciprocité. En la circonstance, il s'agissait d'un contrat et il n'était pas question d'obéir

Exemple d'une commendatio

La formule qui va suivre illustre ce qui se passait quand un homme se plaçait à vie sous la domination d'un autre qui acceptait de pourvoir à ses besoins et de le protéger :

« Au puissant seigneur NN. Comme il est de notoriété publique que je n'ai rien pour me nourrir ni m'habiller, j'ai fait appel à votre compassion, et vous m'avez permis de me placer sous votre tutelle. C'est ce que j'ai fait, et vous m'avez ainsi promis aide, nourriture et vêtements pour autant que je puisse vous servir et que vous m'en jugiez digne. Aussi longtemps que je vivrai, je vous servirai et vous respecterai comme se doit de le faire un homme libre. Aussi longtemps que je vivrai, je n'aurai le droit de me dérober ni à votre autorité ni à votre tutelle, et resterai au contraire le restant de mes jours sous votre autorité et votre protection. Si l'un de nous manque à ces obligations, il devra payer à l'autre... et l'accord restera en vigueur. »

(Formulæ Turonenses nr. 4, d'après F.L. Ganshof : « Qu'est-ce que la féodalité ? » p. 20)

Les représentations symboliques des mois étaient un genre couramment pratiqué dans l'Antiquité et que l'époque carolingienne remit à l'honneur mais en en changeant quelque peu le contenu : désormais, ce furent les différentes activités auxquelles se livrait le paysan tout au long de l'année qui en constituèrent le motif central (illustration : « Les miniatures de Salzbourg »)

Le IXe siècle obligea à renforcer les remparts des villes et élever des chateaux fortifiés (encyclopédie de Hrabanus Maurus).

inconditionnellement à l'autorité royale. Les vassaux n'étaient pas non plus sans poser leurs conditions.

Vers l'autonomie féodale

A l'origine, « le marché » était favorable aux seigneurs et aux princes : c'étaient les vassaux qui demandaient protection et proposaient leurs services, et les seigneurs pouvaient librement leur octroyer des bénéfices plus ou moins importants. Mais, dès lors que le pouvoir royal perdit de son prestige sous les héritiers de Charlemagne, les rôles se renversèrent : le bénéfice devint la rémunération du vassal, et ce fut le vassal qui posa ses conditions : aucun service sans bénéfice. D'évidence, le vassal vit sa position se consolider au cours du IXe siècle. Les derniers Carolingiens de l'ouest distribuèrent presque tous les biens de la couronne à des vassaux plus ou moins fidèles et n'eurent finalement plus aucune ressource propre.

Traditionnellement, les seigneurs disposaient d'une garde. Et, peu à peu, les grands vassaux prirent à leur tour l'habitude d'installer leurs propres compagnons à titre de vassaux sur des domaines qui faisaient partie de leur fief. Ainsi se dessinait la pyramide féodale : le roi au sommet et, en dessous, ses vassaux puis les vassaux de ses vassaux. Il existait cependant un risque que ces derniers se sentent plus fortement liés à leur suzerain direct qu'au roi lui-même. Enfin, tout en bas de la pyramide, se trouvaient les paysans qui, non seulement payaient un loyer au propriétaire, mais avaient envers lui un devoir d'obéissance.

Le lien de vassalité était personnel. Il ne pouvait être annulé que si l'une des deux parties manquait à ses devoirs. A la mort du vassal, le bénéfice revenait en principe au roi. Mais on ne tarda pas à engager le combat pour rendre la vassalité héréditaire.

Nous avons vu que les fonctions de comte n'étaient attribuées qu'à un nombre limité de familles. Les comtes étaient les seigneurs locaux, les délégués du roi, et ils restaient de longues années au même endroit afin d'assurer la continuité. Très souvent, les fils héritaient de la fonction du père. La fonction était rémunérée en terres. Mais, de plus, le haut fonctionnaire pouvait aussi recevoir comme bénéfice une part des droits régionaux perçus par le roi, les *régales*. Il pouvait s'agir de droits de douane, de taxes sur les marchés, d'amendes, etc. De ce fait, la fonction et le territoire administratif qui en dépendait apparurent encore plus comme un bénéfice.

Les documents de l'époque en témoignent eux-mêmes. On peut y trouver des expressions comme : « Le comté (ou l'évêché) que vous avez en bénéfice ». Et, comme le pouvoir central était sur la défensive, on ne saurait s'étonner que les hauts fonctionnaires aient essayé de rendre leurs fonctions héréditaires. Un témoignage de ce processus — déjà bien engagé — est la promesse que le roi de France fit en 877, quand il eut besoin de soldats pour faire campagne en Italie : il garantissait aux comtes et autres vassaux que leurs fils hériteraient de leurs bénéfices au cas où ils seraient tués au combat. Par la suite, les rois ne parvinrent pratiquement jamais à transférer ou destituer un comte.

Dès lors, le roi tendit à n'être plus qu'une figure symbolique totalement tributaire du bon vouloir de ses vassaux. Et il est vrai que les différents bénéficiaires de fiefs prirent de plus en plus d'indépendance. Pour autant, il ne faudrait pas croire que les trois cents comtés accédèrent tout de go à l'autonomie. Les vassaux qui n'avaient pas de fonction administrative pouvaient aussi étendre à des territoires plus vastes les droits seigneuriaux qu'ils exerçaient sur leurs biens. Certains comtes et de nombreux propriétaires terriens furent plus entreprenants que d'autres et arrivèrent, après plusieurs générations d'efforts ininterrompus, à s'affirmer et obtenir des avantages aux dépens de leurs voisins.

L'évolution ne fut cependant pas uniforme dans toutes les parties de l'empire. Les conditions économiques et sociales variaient. Dans certaines régions, les propriétaires

Alors qu'en Chine on connaissait l'usage de la manivelle dès l'époque Han, la première représentation que nous en ayons en Occident se trouve dans un psautier de l'époque carolingienne qui montre une meule d'affûtage (Psautier d'Utrecht de 832 ; voir aussi l'orgue p. 220).

libres étaient encore puissants (Saxe et France méridionale). L'Italie, plus urbanisée, suivait sa propre voie. Ailleurs, il s'avéra possible de former une vaste entité en se basant sur une ancienne communauté régionale. En Allemagne, quatre ou cinq grands duchés se formèrent. En France apparurent un grand nombre de petits ensembles, mais aussi quelques-uns d'importance comme le comté de Flandre ou le duché de Bourgogne. Et l'ancienne région autonome d'Aquitaine devint aussi un duché autonome. Au sud de la Loire, le roi de France n'eut bientôt plus aucune autorité, même si sa suzeraineté était formellement reconnue. Au cours du Xe siècle, les derniers carolingiens perdirent aussi tout ce qui leur restait d'autorité au nord.

Les droits seigneuriaux — une source d'expansion ?

Le pouvoir qu'un seigneur pouvait exercer était étroitement lié aux droits juridiques qu'il était parvenu à se faire reconnaître. Ayant obtenu du roi une entière délégation de pouvoir, certains avaient le droit de vie et de mort, tandis que d'autres avaient des pouvoirs réduits. Mais, de toute façon, le nivellement social qui affecta les classes inférieures eut pour résultat d'étendre à l'ensemble des paysans les châtiments corporels jusque là réservés aux esclaves, le système d'amendes et d'arbitrages étant alors abandonné. Par ailleurs, certaines affaires (parjures ou affaires matrimoniales) qui étaient plus spécialement du ressort de l'Eglise furent confiées à ses juridictions.

Sous les carolingiens, les aristocrates et les institutions religieuses étaient à la tête d'immenses domaines. Ainsi l'abbaye de Saint Germain-des-Prés possédait-elle 30 000 hectares et nous possédons des listes où sont précisément détaillés les biens, paysans et outils. De ces données, nous pouvons conclure que les récoltes étaient maigres, environ deux ou trois fois le volume de la semaille. Pourtant, il y a tout lieu de penser que le propriétaire de la terre s'efforçait d'obtenir le rendement maximum. Au demeurant, certains avaient recours à des manuels d'économie agricole datant de l'époque romaine. Charlemagne lui-même fit publier un volumineux capitulaire *De Villis*, « sur les domaines », où, fustigeant la négligence, il définit les règles d'une saine gestion. Le comportement des cultivateurs vis-à-vis de la terre était ici très différent de celui du Proche-Orient (voir p. 114).

Plus les grands propriétaires étaient amenés à exercer des fonctions officielles, plus ils usaient de leur autorité pour imposer des monopoles dont profitait le domaine. Contre paiement de droits, les paysans étaient ainsi tenus de se servir du four, du pressoir ou de la buanderie du seigneur et d'amener leur vache à son taureau. La plus importante de ces installations était cependant le moulin seigneurial où les paysans devaient faire moudre leur grain. Un moulin hydraulique représentait un sérieux investissement, mais aussi un revenu important. Dans certaines régions, les paysans regroupaient leurs efforts pour en construire un mais, dans la plupart des cas, c'était le seigneur qui en prenait l'initiative. Des moulins furent construits en grand nombre. Sans doute, les paysans trouvaient-ils que le service ainsi rendu était loin de valoir les droits qu'ils payaient. Nous pouvons cependant affirmer qu'il s'agit là d'un « progrès ». Et l'exploitation de grands domaines, combinée avec l'autorité seigneuriale, en amènera bien d'autres. Mais cette question sera abordée dans le volume suivant.

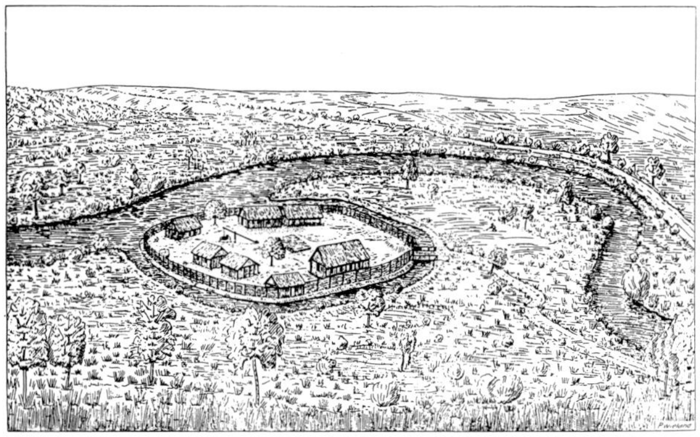

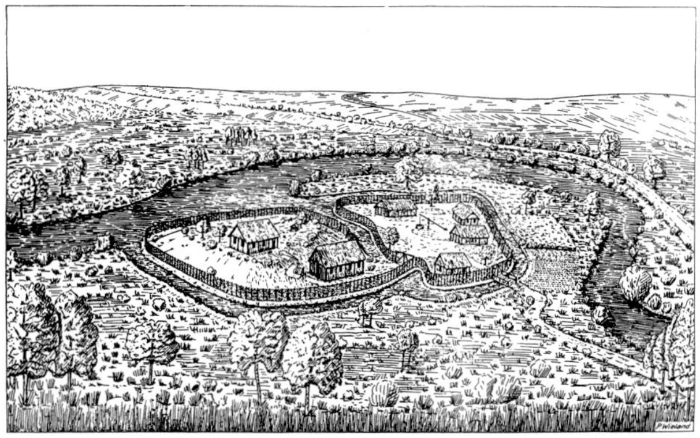

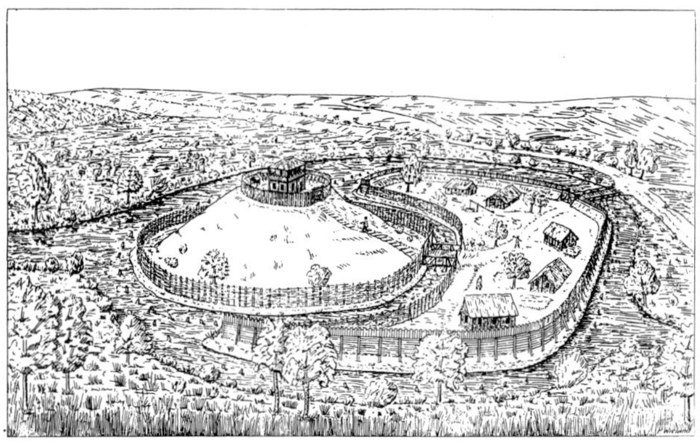

Naissance d'un château fort : entre Düsseldorf et Cologne, s'élevait au Moyen Age un château fortifié connu dans la région sous le nom de Husterknupp. Les fouilles ont permis de comprendre les différentes phases de son développement.
Phase 1 : la fondation date probablement de l'époque où les incursions vikings furent le plus durement ressenties (vers 880). Le terrain marécageux aux abords de la rivière constituait une certaine protection naturelle. A cette époque, il s'agit plus d'une ferme seigneuriale que d'un château.
Phase 2 (vers 950) : l'emplacement où le seigneur réside a été surélevé, et l'on a construit une fortification avancée qui constitue aussi le centre de l'exploitation du domaine.
Phase 3 (vers l'an 1000) : le château principal a encore été surélevé et nous avons maintenant une motte féodale. La fortification avancée a elle aussi été renforcée. Des centaines de châteaux de ce genre sortirent alors de terre et, plus ils se développèrent, plus la puissance du seigneur s'accrut elle aussi. (Dessins de A. Herrnbrodt).

Reconstitution de Husterknupp, phase 3 (Rheinisches Landesmuseum de Bonn.)

Byzance — une grande puissance malgré tout

Un auteur byzantin du xe siècle, décrivant les peuples voisins, constatait avec quelque dédain qu'ils ne cessaient de submerger Byzance de sollicitations : ils voulaient des couronnes, des vêtements d'apparat, des princesses et, ce, à seule fin de montrer combien, étant proches des maîtres du monde, ils étaient eux-mêmes importants. Les Byzantins, de leur côté, se flattaient de cette dénomination de Romains : leur empire n'était autre que l'unique et éternel empire romain. Ils étaient en principe les maîtres du monde, et Constantinople en était le centre ; leurs prétentions rejoignaient celles des empereurs Tang qui régnaient sur l'Empire du Milieu ou du Calife, « l'ombre de Dieu ». Mais les véritables dimensions de l'empire romain s'étaient fortement réduites au cours des temps. Il s'agissait tout au plus de quelques millions de sujets répartis entre l'Asie Mineure et les Balkans.

Au IXe siècle, sous les empereurs « macédoniens », Byzance reprit l'offensive. C'est de cette époque que date ce couvercle de coffret d'ivoire. L'empereur a conquis une ville, et les habitants sortent pour lui apporter la couronne de la cité.

Mais si Constantinople n'était plus le centre du monde, elle restait toujours idéalement placée pour constitiuer le centre d'un empire. La ville dominait à la fois la route qui reliait l'Orient à l'Occident et les voies maritimes qui permettaient aux richesses des pays de la mer Noire d'accéder au réseau commercial méditerranéen. Ayant l'un des meilleurs ports du monde, la Corne d'Or, l'antique Byzance, s'était imposée à l'empereur Constantin lorsqu'il avait décidé de transférer sa résidence dans la partie orientale, qui était aussi la plus peuplée, de son empire.

Byzance défend sa position

Constantinople était devenue une ville de cinq cent mille habitants. Après le déclin de l'empire, la ville resta très peuplée, et ce n'est pas par hasard que l'empire prit le nom de la ville : l'empire byzantin. En même temps phare et aimant, elle fascinait et attirait tout à la fois amis et ennemis, marchands et brigands. Son rayonnement fut intense, et elle contribua de manière décisive à façonner le visage de l'Europe orientale au cours des siècles qui suivirent.

Dans un chapitre précédent, nous avons quitté une Byzance doublement menacée par les Slaves à l'ouest et les Arabes à l'est. A présent, nous allons étudier comment elle sut faire face et parer à ces menaces, soit qu'elle recourût aux armes, soit qu'elle favorisât l'assimilation, soit aussi qu'elle propageât activement la civilisation byzantine à l'extérieur.

La pression arabe continua de se faire sentir après la chute de l'Egypte et de la Syrie. Mais, bien qu'au fil des siècles les Byzantins aient régulièrement été pillés par les

Arabes jusqu'en Anatolie, la frontière était restée celle du VIIIe siècle : elle courait le long de la chaîne des montagnes du Taurus et de l'Anti-Taurus, cependant que la Cilicie et Tarse restaient aux mains des Arabes (voir carte). Derrière cette frontière naturelle, la population n'était pas monophysite, mais « orthodoxe », et elle n'avait aucune envie de suivre l'exemple des Syriens en acceptant la domination arabe. Néanmoins, comme nous l'avons vu, les Arabes se dotèrent progressivement d'une flotte. Ils occupèrent Chypre, ravagèrent la côte sud-ouest de l'Asie Mineure et infligèrent des dommages durables aux provinces les plus riches de l'Empire. En 717/18, ils furent sur le point de prendre Constantinople par la mer.

Ce fut cependant la dernière grande attaque du Califat. Les jours des Omeyyades étaient comptés, et le déclin du Califat qui se produisit sous les Abbassides réduisit considérablement la menace. Sous l'égide d'un pouvoir impérial toujours puissant, les Byzantins consolidèrent leur empire diminué. Malgré les drames qui accompagnèrent souvent les changements de règne — énucléations, meurtres, guerres civiles — le pouvoir central restait intact ; les usurpateurs montraient un curieux respect des formes en se faisant élire « vice-empereur » aux côtés du monarque régnant. L'homme qui récolta les lauriers de la résistance de Constantinople en 718 était un nouvel empereur, un général sorti victorieux de quelques années de guerre de succession, et que l'on connaît sous le nom de Léon III, l'Isaurien. Sa dynastie régna jusqu'à la fin du siècle. Dans la deuxième moitié du IXe siècle, c'est la dynastie macédonienne qui monta sur le trône (après que Basile Ier, un ancien palefrenier, eut assassiné son royal bienfaiteur). Elle y resta près de deux cents ans, et c'est souvent à elle que l'on attribue le mérite de l'intense activité militaire et culturelle déployée par Byzance tout au long de cette période.

Le pouvoir de l'empereur

En vérité, après la perte des provinces orientales et de l'Afrique, l'empire Byzantin n'était plus un grand empire, car il était désormais limité par les Balkans et l'Asie Mineure (mises à part ses possessions italiennes, de plus en plus nominales, et des têtes de pont situées sur la côte

Constantinople fut assiégée à plusieurs reprises, mais d'énormes remparts protégeaient la ville et, du côté de la mer, une massive chaîne de fer pouvait barrer la Corne d'Or.

septentrionale de la mer Noire). De surcroît, une grande partie de la Grèce et des Balkans était depuis des siècles occupée par des Slaves qui ne consentaient que très lentement à se laisser assimiler et gouverner. Ces régions centrales devaient compter une population comprise entre 8 et 12 millions d'habitants.

Malgré cette réduction quantitative et la situation instable de ses provinces européennes, l'organisation centralisée de l'empire resta inchangée. En Europe, c'était « le seul état digne de ce nom » (R.S. Lopez). L'empereur détenait un pouvoir absolu et savait généralement s'en servir ; les souverains byzantins de l'époque ne restaient pas longtemps tributaires de groupes particuliers. Bien au contraire, le Sénat, qui encore au VIIIe siècle continuait d'exercer une certaine influence, fut de plus en plus marginalisé. L'empereur était véritablement *autocrate* — monarque absolu. Il avait une armée à sa disposition, et il conserva toujours le pouvoir de mobiliser les troupes ou de fixer les impôts. Il était à la tête d'une imposante bureaucratie qui administrait une organisation sociale strictement réglementée. Et c'était lui-même qui exerçait effectivement l'autorité par le biais de quelque soixante hauts fonctionnaires placés directement sous ses ordres. Comme en Extrême-Orient, tous ceux qui avaient une certaine influence étaient rangés en classes sociales (à Byzance il y

Léon III fut le sauveur de Constantinople en 717/718. Il avait vraisemblablement été élevé en Syrie, et ce fut lui qui prit l'initiative de faire détruire les icônes.

Le feu grégeois fut un des moyens de défense qui sauvèrent Constantinople de la violente attaque arabe de 717/718. On ne connaît pas exactement la composition chimique de ce produit qu'on ne pouvait éteindre avec de l'eau mais, parmi les ingrédients, figuraient très certainement de la chaux vive, du pétrole, du soufre et du salpêtre. Pour le projeter, on se servait de tubes qui ressemblaient à des canons. Le feu grégeois fut utilisé à partir d'environ 675 et jusqu'à l'apparition du canon. (Manuscrit du XIVe siècle.)

L'empire Byzantin de 700 à 1025. Les flèches indiquent les avancées arabes durant la première partie de la période, tandis que les frontières sont celles qui existaient à la mort de Basile II en 1025.

en avait 18). Un cérémonial de cour, long et compliqué, soulignait l'importance de l'empereur et la valeur qu'il convenait d'accorder à chacune des promotions accordées. Toute la vie sociale tournait autour de l'empereur. Comme législateur, il continua d'œuvrer dans la tradition de Justinien et son autorité sur l'Eglise demeurait grande.

Nous avons déjà vu comment l'empire fut réorganisé par régions à partir du VIIe siècle. Détenteurs de l'autorité dans les différentes provinces, les gouverneurs avaient les pleins pouvoirs militaires et civils (voir p. 61). Cependant, en raison du peuplement slave, ces divisions militaires et administratives (thèmes) furent longues à mettre en place dans les régions européennes de l'empire. L'expérience montra du reste qu'il était nécessaire de réduire l'étendue des thèmes et, partant, la puissance des gouverneurs qu'auraient pu tenter des idées séditieuses.

Les mosaïques de pavement du palais impérial (vers 500).

Soldats-paysans et propriétaires terriens

Entre l'an 600 et l'an 900, les Byzantins se retrouvèrent presque constamment en position d'assiégés. Le système des thèmes avait surtout été instauré pour assurer une défense efficace. Celle-ci reposait, comme nous l'avons vu, sur une classe de paysans libres dont il fallait continuellement défendre les intérêts car ils ne représentaient pas uniquement le potentiel militaire de l'Etat, mais aussi son potentiel économique. A n'en pas douter, ce système des soldats-paysans permit d'accroître l'importance de terres défrichées et de remettre en culture des terres laissées en jachère. Et, pour éviter que les grands propriétaires n'agrandissent leurs domaines, les terres à vendre furent proposées en priorité aux paysans. Mais les impôts se firent aussi plus pesants. De surcroît, les paysans durent répondre collectivement des rentrées d'impôts de chaque village. Pour les fermes appartenant aux soldats, on stipula une dimension minimum ; leur valeur devait au moins être équivalente à 4 livres or. Si elles n'atteignaient pas la dimension requise, il était interdit d'en vendre une parcelle. Ces fermes étaient tenues de fournir un cavalier en armes et sa monture. S'il s'agissait de soldats moins riches, le village en entier pouvait être tenu de l'équiper. Une règle semblable existait pour les marins ; une flotte fut

De la condition des soldats-paysans

« Ce que l'on peut faire de mieux et de plus utile pour le bien-être des soldats — ce qui paraît le plus susceptible d'aiguillonner leur bravoure et de les pousser à faire des exploits inouïs — c'est de garantir une entière liberté à la fois à leur famille et à celle des hommes qui sont à leur service... Et les soldats doivent non seulement être libres, mais aussi recevoir les honneurs qui leur sont dus et n'avoir à subir ni le mépris ni l'humiliation. J'ai honte de raconter que des hommes de cette trempe risquent le fouet — des hommes prêts à donner leur vie au service de l'empereur, pour la défense de la Chrétienté ! Et ce traitement leur est infligé par de misérables collecteurs d'impôts, des créatures qui ne contribuent en rien au bien-être général et passent leur temps à opprimer et expulser les pauvres gens, qui amassent des fortunes en dépouillant les pauvres de la manière la plus infâme. Les soldats ne devraient pas non plus être humiliés par les juges des thèmes, être transportés comme des esclaves, fouettés, enchaînés ou mis au pilori... »

(D'après un manuel byzantin sur l'art de la guerre, environ 980.)

ainsi organisée dans les thèmes maritimes de la côte sud-ouest de l'Asie Mineure et de la mer Egée.

Mais le système était menacé par une Église et des seigneurs avides de terre. Une nouvelle classe de privilégiés était en train de se constituer vers l'an 900 ; à cette époque, on tendait à réserver les emplois importants à des personnages qui avaient déjà rang et fortune. Les empereurs du xe siècle comprirent le danger, et si l'empereur Léon le Sage (mort en 912) joua bien le jeu de la noblesse, les empereurs qui lui succédèrent menèrent une lutte acharnée pour tenir les grands propriétaires en échec. Basile II alla ainsi jusqu'à rendre les grands propriétaires collectivement responsables de la collecte des impôts, mais sans grand succès. Même les pieux empereurs trouvaient l'Eglise et les monastères trop avides de richesses et interdirent tout don de terres aux institutions ecclésiatiques.

Les guerres continuelles ne cessaient cependant d'aggraver la situation des paysans car ceux-ci pouvaient difficilement mener de front la culture de la terre, la collecte des impôts et la guerre. Les impôts pesaient lourd, d'autant que les percepteurs impériaux exigeaient souvent des « cadeaux » personnels. De plus, les haut fonctionnaires censés protéger les droits des paysans étaient souvent eux-même de grands propriétaires, et il était de plus en plus fréquent que les paysans abandonnent leurs terres pour se ranger sous leur patronat. Même s'ils étaient réduits à l'état de fermier, au moins y gagnaient-ils la tranquillité. Après la mort de Basile II, en 1025, il devint impossible d'arrêter le processus, et évolution militaire allait dans le même sens. Comme chez les Carolingiens, la nécessité d'une cavalerie lourde engendra une caste de guerriers qui se développa aux dépens d'une paysannerie libre.

Les saintes images

Par principe, l'Eglise primitive refusait les représentations de scènes religieuses. Celles-ci pouvaient, en effet, encourager l'idôlatrie. Cependant, l'interdiction ne fut pas systématiquement mise en œuvre, et, au ive siècle, une fois assurée la paix religieuse, on se mit à en décorer les églises. Les artistes travaillaient dans le style habituel de l'antiquité tardive, mais les motifs étaient nouveaux : scènes de l'Ancien et du Nouveau Testament, et très vite aussi de la vie des martyrs. C'est plus spécialement en Orient que ces images inspiraient le respect. Elles reflétaient et étaient presque la réalité surnaturelle qu'elles représentaient. Mais, dans le même temps, se perpétua sans doute aussi une tradition d'hostilité qui ne put qu'être encouragée par l'attitude de l'islam : les califes commencèrent à interdire toute forme d'image dans leurs provinces. Les églises chrétiennes de ces régions en subirent les effets, les fresques furent chaulées et un grand nombre de statues brûlées. Peut-être l'iconoclasme de Léon III trouve-t-il là sa source.

La querelle iconoclaste

Fidèle à la tradition de Constantin, l'empereur se considé-

Des reliques placées dans leur châsse sont apportées en procession dans une église. Les fenêtres et les toits sont bondés de gens qui regardent passer le cortège. Relief d'ivoire.

rait comme le chef de l'Eglise. Il nommait ou révoquait lui-même le patriarche et réunissait le Concile dont il devait approuver les décrets. En matière dogmatique, il pouvait même faire pression sur celui-ci. Certains empereurs furent du reste d'excellents théologiens. Par ailleurs, ils avaient des privilèges liturgiques qui leur donnaient une certaine autorité religieuse — le droit de prêcher et de bénir. L'héritage des rois-prêtres de l'Antiquité était encore proche. Sans doute le terme de « césaropapisme » n'est-il pas heureux, mais il est incontestable que les empereurs byzantins jouèrent dans l'Eglise un rôle qu'aucun souverain occidental n'aurait osé imaginer. Hormis peut-être Charlemagne.

La place que l'empereur tenait dans l'Eglise correspon-

Les iconoclastes mirent tout en œuvre pour se débarrasser des icônes. On arracha les mosaïques, mais on se contenta de chauler les fresques comme c'est ici le cas.

Théodore, abbé du monastère de Studio, à Constantinople, fut celui qui défendit le plus vigoureusement les icônes lors de la dernière phase des destructions iconoclastes ; mais il fut aussi un des grands rénovateurs de la vie conventuelle de l'église d'Orient.

dait étroitement à celle que l'Eglise tenait dans le peuple. Les questions religieuses intéressaient tout le monde. Les monastères et les moines étaient nombreux, y compris dans les villes. Comme en Occident, les reliques tenaient une grande place, mais ce culte fut dépassé par un autre qui allait spécialement marquer la vie religieuse de Byzance — le culte des images saintes ou *icônes* (voir encadré p. 237).

Chaque ville avait ses sanctuaires, et les monastères en étaient remplis. On attribuait aux images saintes les vertus curatives et tutélaires qu'étaient jadis censées avoir les statues des empereurs. Les formes extrêmes que ce culte pouvait prendre provoquèrent des réactions tant chez les ecclésiatiques que parmi le peuple. Dieu n'avait-il pas interdit d'adorer les images ? En 720 et 730, l'empereur Léon III se fit le porte-parole de cette réaction. Il tint une série de prêches pour fustiger le culte des images qu'il n'hésitait pas à qualifier d'idolâtrie. Mais, comme ses paroles restaient vaines, il finit par ordonner la destruction de toutes les images en 730.

Dès lors, Byzance fut le théâtre d'affrontements religieux qui se prolongèrent un siècle durant, aussi longtemps que l'interdiction fut maintenue par les successeurs de Léon III. La lutte comporta deux phases principales. La première et la plus violente se déroula sous le règne de Léon puis de son fils, et dura jusqu'en 780 ; en 787, un concile entérina le culte des images, ce qui n'empêcha pas une nouvelle interdiction d'être promulguée entre 813 et 843, date à laquelle elle fut définitivement levée. Politiquement, elle n'était guère pratique à maintenir.

Arguments et motifs

Le culte des icônes trouva plusieurs talentueux défenseurs, entre autres Saint-Jean Damascène (mort en 751) et le moine Théodore de Constantinople (mort en 826). Les icônes, disaient-ils, ne sont que le symbole de l'être que nous adorons ; nous respectons les icônes, nous adorons Dieu. Les icônes sont utiles à l'enseignement des mystères chrétiens, ce sont elles qui illustrent les mystères sur les murs des églises. Et, au total, refuser les images c'est refuser l'Incarnation ! S'il est vrai qu'on ne peut pas représenter la Divinité, le Christ ne nous en a pas moins donné la possibilité de le représenter en se faisant être humain. L'iconoclasme est une forme de puritanisme, étant donné qu'il demande une religion libérée de tout contact matériel.

Le conflit éclata à un moment où venaient à peine de s'éteindre les derniers feux du conflit monophysite. Derrière ses motifs religieux, l'empereur n'en dissimulait-il pas de plus secrets ? Il semble que les empereurs du VIIe siècle aient voulu modestement se placer dans l'ombre de l'icône du Christ, afin de mieux marquer que c'était Lui qui détenait le véritable pouvoir. Et peut-être l'attitude de Léon III est-elle d'abord une réaction contre cet abaissement du pouvoir temporel. Mais on a également souligné que le nombre très important de moines et les richesses qu'ils avaient accumulées ont pu jouer. En tout cas, ce furent eux qui pâtirent les premiers des mesures qui furent prises.

Plusieurs monastères furent fermés et leurs moines se virent obligés de retourner à la vie civile. D'autres monastères furent donnés à un « protecteur » qui accapara tous les revenus en laissant à peine à ses occupants de quoi subsister. En 754, Constantin V prit la décision de réunir un concile qui condamna le culte des icônes ; celles-ci furent alors détruites et remplacées, soit par un décor ornemental, soit par un portrait de l'empereur, soit encore par des scènes de chasse ou de courses de chevaux. De nombreux moines furent persécutés, et certains furent même martyrisés. Quantité d'entre eux allèrent se réfugier dans le sud de l'Italie où ils s'installèrent à demeure, ce qui leur permit de perpétuer la culture grecque dans ces régions.

Alors que l'antiquité tardive montrait le Christ sous les traits d'un adolescent imberbe, Byzance le représenta plutôt comme on peut le voir ci-contre. Les grands yeux au regard fixe sont un trait caractéristique du style hiératique propre à tant d'œuvres d'art byzantines. Mais il n'est pas interdit d'imaginer que d'autres traits de ces représentations se référaient à un modèle commun auquel on reconnaissait une autorité particulière.

Une renaissance byzantine

Il n'est pas impossible que l'iconoclasme ait dérivé du monophysisme qui soulignait la divinité du Christ aux dépens de son aspect humain. Et l'on est souvent enclin à considérer le refus des images comme un phénomène oriental et « sémitique » ; peu avant l'attaque de Léon III, les califes avaient interdit les représentations d'êtres vivants sur l'ensemble du territoire de l'islam, ce qui touchait aussi les églises édifiées dans le califat. Pour leur part, les défenseurs du culte des images trouvèrent leurs appuis dans les régions occidentales de l'empire et dans la philosophie grecque indigène, le néo-platonisme. De ce point de vue, on peut considérer la victoire des icônes comme une victoire de la culture grecque au sein de l'empire.

Un sujet de discorde entre l'Orient et l'Occident

Le Credo adopté par les conciles de Nicée et de Constantinople condamnait l'arianisme. On soulignait que, de toute éternité, le fils ne faisait qu'un avec son père. Quant au Saint-Esprit, on spécifiait qu'« il émanait du Père ». Et pour bien préciser que le Père et le Fils ne faisaient qu'un, des Espagnols hostiles à l'ariarisme ajoutèrent ensuite au texte « et du Fils » (*Filioque* en latin). Cette addition fut alors adoptée par les Francs et fit ensuite partie du texte classique du Credo sous Charlemagne. Mais il ne correspondait pas à l'idée que les Grecs se faisaient de la Trinité et fut considéré comme hérétique.

D'une manière générale, après deux siècles d'une extrême dureté dominés par les impératifs militaires, le IXe siècle marqua un tournant incontestable pour la civilisation byzantine. Le gouvernement central commençait à contrôler les peuples slaves installés dans l'empire, et les barbares eux-mêmes essayaient de se rapprocher de celui-ci. La menace arabe s'affaiblissait également. Par ailleurs, dès le règne de Théophile, dernier empereur iconoclaste, mort en 842, on assista à une renaissance des études classiques et, comme en Occident, un nouvel alphabet minuscule contribua à diffuser le savoir. L'université fut reconstruite dans la capitale et, parmi les maîtres qui y enseignèrent, nous trouvons des noms prestigieux tels que ceux de Léon le mathématicien, Photius le patriarche, Constantin-Cyrille le philosophe. Ce dernier devint l'apôtre des Slaves (voir plus loin), et il semble bien que l'Université ait été en partie à l'origine de la nouvelle activité missionnaire qui fut mise en œuvre par les Byzantins et entraîna de profonds changements dans la situation politique de l'Europe du sud-est.

En même temps, les relations avec Rome et l'Occident se détériorèrent de plus en plus.

Byzance – une grande puissance malgré tout

A Edesse (actuellement Urfa en Turquie) il existait au VIe siècle,(et peut-être beaucoup plus tôt) une représentation du Christ dont on disait qu'elle « n'était pas faite avec les mains ». A la suite de l'offensive que Byzance lança contre le califat, cette présentation fut transportée à Constantinople en 944, mais disparut en 1204, lorsque la ville fut conquise par les croisés. Des chercheurs contemporains se sont efforcé de prouver qu'elle ne faisait qu'une avec le célèbre suaire de Turin qui porte l'empreinte négative d'un homme crucifié. On peut donc se demander si l'homme d'Edesse n'a pas servi de modèle aux artistes orientaux qui représentaient le Christ.

Le fossé se creuse entre Byzance et Rome

Au VIIIe siècle, une série d'événements contribuèrent à élargir le fossé qui s'était creusé entre Byzance et Rome. Le pape ayant refusé d'appuyer l'iconoclasme de Léon III, la juridiction religieuse de l'Illyrie et de l'Italie du sud lui fut retirée au profit de Constantinople. D'autre part, l'impossibilité dans laquelle l'empereur se trouva de protéger Rome et l'héritage de saint Pierre contre les Lombards fut directement à l'origine du couronnement de Pépin en 751,

La tradition artistique hellénistique subsista à Byzance et fut manifestement cultivée avec une prédilection particulière sous la dynastie macédonienne (encore que l'on soit enclin à remettre en cause le phénomène dit de « la renaissance mécédonienne »). On voit ici David à la harpe représenté dans le style de l'art alexandrin. La scène est une idylle pastorale classique où David s'est tout simplement substitué à Orphée.

puis, sacrilège suprême aux yeux de Byzance, du couronnement de Charlemagne en l'an 800. Cet événement provoqua une hostilité ouverte entre les deux monarques, qui finirent cependant par trouver un accord : puisque Charlemagne était victorieux en Italie et en voie d'annexer les possessions byzantines de l'Adriatique (Venise), le Grec acceptait, avec réticence, de reconnaître son titre d'empereur, sous réserve, toutefois, qu'il renonçât à être empereur *romain* (812).

Entre le Pape et Byzance, l'accord fut plus difficile à trouver. Un des points du litige était une addition que Charlemagne avait apportée au Credo, à savoir le mot *filioque* ajouté au troisième article de la profession de foi (voir encadré). La papauté n'était pas non plus satisfaite de cette addition mais resta initialement à l'écart de la querelle. Le ton changea avec l'arrivée de l'autoritaire Pape Nicolas I (858-67). L'évolution politique qui venait de se produire en Occident encouragea alors la papauté à revendiquer sa prérogative traditionnelle — mais quelque peu oubliée — de chef de l'Eglise. L'occasion se présenta en 858 quand l'empereur limogea le patriarche en fonction et nomma à sa place le grand théologien Photius. Un parti mécontent fit alors appel au Pape, lequel se saisit de l'occasion pour annuler la nomination de Photius, mais sans que l'intéressé en tînt compte. Peu de temps après, des missionnaires francs et byzantins, qui se trouvaient en Bulgarie, entrèrent en conflit, spécialement à propos de la fameuse addition au Credo et, cette fois, le pape donna son soutien aux partisans du *filioque*. Sans hésiter, Photius convoqua alors un synode qui condamna l'addition du *filioque* et bannit le pape.

Au cours des années qui suivirent, l'affaire se compliqua encore. A un moment, Photius fut banni, et un concile convoqué pour accepter le *filioque* ; finalement, un autre pape s'inclina tandis que Photius était réintégré dans ses fonctions. Ce fut lui qui, refusant d'accepter la suprématie du pape, provoqua le grand schisme entre l'église byzantine et Rome.

Ces conflits étaient avant tout révélateurs de la méfiance grandissante qui existait entre les mondes chrétiens oriental et occidental. Le fossé avait commencé à se creuser dès l'époque de Justinien mais, peu avant 700, il y eut encore une série de papes syriens pour occuper le trône de saint Pierre. A présent, le fossé s'était également élargi géographiquement. Peu de temps auparavant, on parlait encore partiellement le latin en Illyrie (C'était la langue maternelle de Justinien) et les communications routières étaient bonnes. Après avoir effectué une courte traversée entre Bari et Dyrrhachium (maintenant Durrës), on empruntait la via Egnatia qui menait directement à Constantinople. Mais, à présent, la via Egnatia n'était plus praticable . Les *Slaves* avaient commencé à se manifester en Europe, s'employant plus spécialement à accentuer le fossé qui séparait l'Occident de l'Orient.

Mère de l'empereur et régente, Irène fit aveugler son fils et monta elle-même sur le trône pendant quelques brèves années (797-802). Mais, dès lors qu'une femme régnait à Byzance et que, partant, le trône n'était pas légitimement occupé, il devenait plus facile de justifier le couronnement de Charlemagne à Rome.

Migrations slaves

Au cours du VIIe siècle, les régions européennes de l'empire furent presqu'entièrement envahies par des tribus slaves qui se répandirent sur la presqu'île des Balkans. C'était un effet tardif des invasions germaniques et hunniques qui s'étaient produites aux siècles précédents.

Les linguistes affirment que les variantes slaves des langues indo-européennes ont vu le jour au nord des Carpathes, dans une région comprise entre la Vistule, le Dniepr et les grands marais de Pinsk, la famille la plus proche de ce groupe linguistique étant le balte. Ces gens se nommaient eux-même « slovènes », ce qui donna en Europe occi-

Les évêques byzantins faisaient partie intégrante de l'appareil étatique. On voit ici la consécration de l'un d'entre eux (miniature du IXe siècle).

dentale le mot « esclave ». Un groupe d'entre eux fixé dans les forêts d'Europe orientale entreprit de se déplacer lentement vers le nord et le nord-est en poussant devant eux les Baltes, puis les Finnois. Un autre groupe se dirigea en éventail vers l'ouest et le sud. Certains passèrent la Vistule, l'Oder et l'Elbe et occupèrent une bonne partie de ce qui est aujourd'hui l'Autriche. D'autres encore passèrent le Danube qui marquait la frontière de l'empire romain, gagnèrent la Dalmatie pour finalement arriver en Grèce après avoir traversé les Balkans. La dispersion de ces peuplades dut commencer lentement et imperceptiblement au cours des derniers siècles qui précédèrent notre ère. De petites tribus se formaient et se regroupaient parfois, mais sans jamais former de véritables Etats. Les détenteurs du pouvoir étaient des chefs de tribus locales qui, comme les Germains, s'entouraient de guerriers. Ils vivaient d'agriculture, d'élevage, de chasse et de pêche. Il n'est pas exclu que la croissance démographique qui les amena à migrer ait résulté d'un progrès technique hérité des Romains (le soc de charrue en fer, le seigle). Sinon, nous ne savons que peu de choses sur leur histoire. Il ne nous est resté ni mythologie, ni légendes, et les trouvailles archéologiques restent difficiles à interpréter.

C'est vers l'an 500 que les Byzantins commencèrent à se sentir menacés par les tribus slaves, celles-ci faisant des incursions de plus en plus fréquentes, soit sur les rives du Danube, soit plus au nord, à l'est des Alpes. Bientôt, le Danube ne fut plus qu'une frontière illusoire. Au nord de la chaîne des Balkans, tout ce qui restait de la vie urbaine fut anéanti, et les peuples locaux, Illyriens et Thraces, durent se réfugier, soit dans les montagnes, soit sur la côte où la civilisation hellénique avait survécu. Les Slaves allèrent ainsi jusqu'au Péloponnèse. En fait, seule la côte orientale de la Grèce fut épargnée. La grande ville de Thessalonique au nord ne tomba jamais aux mains des Slaves.

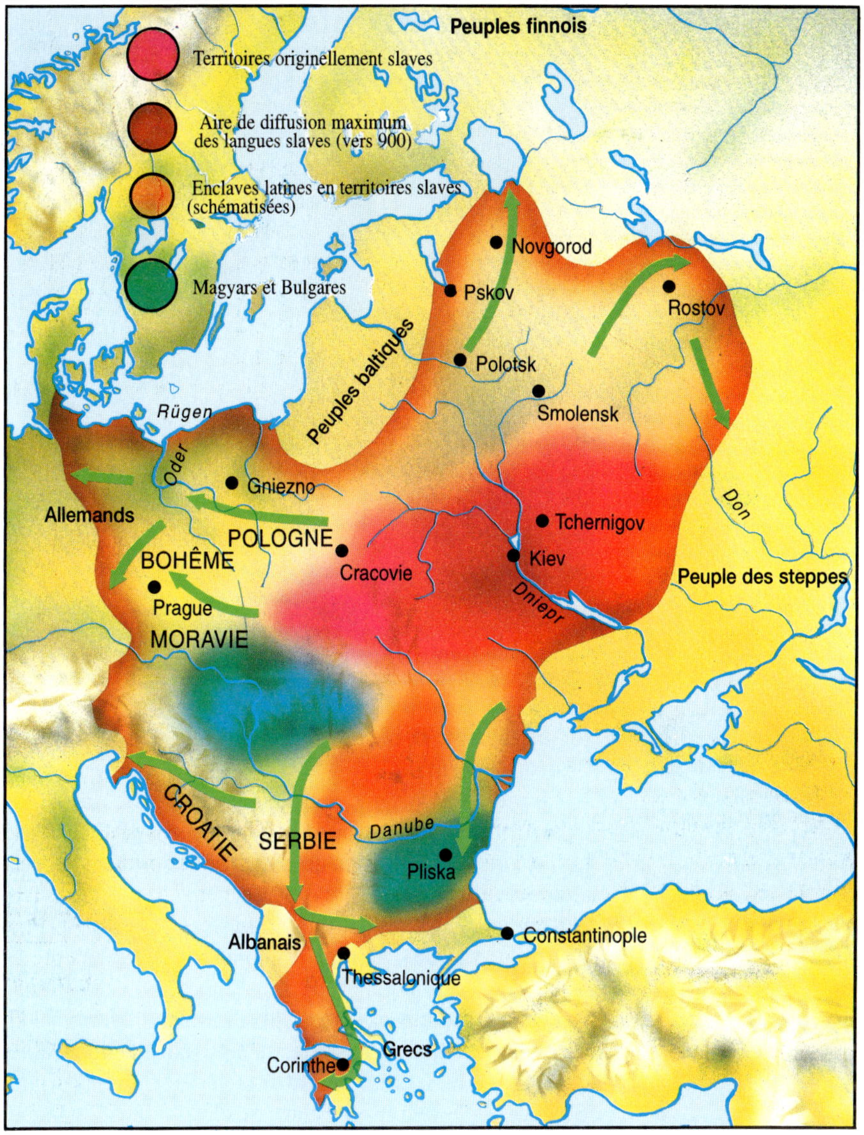

L'expansion des Slaves jusqu'en 900.

Le royaume des Khazars

Les Khazars étaient un peuple de langue turque qui domina la région située au nord du Caucase à partir du vie siècle. Ils devinrent rapidement les alliés naturels des Byzantins, d'abord contre les Perses, ensuite contre les Arabes qu'ils empêchèrent de franchir les montagnes et d'envahir la plaine littorale de la mer Noire ; une attaque lancée de là aurait pu être catastrophique pour Byzance. De leur côté, ils soumirent les Bulgares et les Magyars et se muèrent en cultivateurs puis, bientôt, en marchands et citadins. En même temps, ils entretinrent une armée de cavaliers professionnels afin de pouvoir arrêter d'éventuels envahisseurs de l'est. Devenu un peuple « civilisé », ils ressentirent le besoin d'avoir une religion plus avancée que le chamanisme traditionnel mais, pour éviter de tomber sous la domination de l'empereur ou du calife, ils choisirent le judaïsme (avant l'an 800) qui était la religion de nombreux commerçants. Ils dominaient le commerce qui empruntait les grands fleuves — le Don et la Volga — et percevaient 10% de droits de douane sur toutes les marchandises venant du nord. Leur capitale étail Itil à l'embouchure de la Volga. Pour leur permettre de se protéger contre les Rus, les Byzantins les aidèrent à construire la forteresse de Sarkel sur le *Don* (833). Le pillage d'Itil par le duc Sviatoslav en 965 causa leur perte.

Les Avars

L'invasion slave n'aurait probablement jamais pris cette ampleur si de nouvelles peuplades de cavaliers n'avaient surgi des steppes orientales. Elles étaient peut être originaires du Turkestan, et tant les Grecs que les autres peuples appelaient ces hordes de langue turque les Avars. Ils arrivèrent en Europe un peu avant 560 et, comme les Huns avant eux, semèrent la terreur. Comme les Huns également, ils provoquèrent la migration d'autres peuples. Comme eux aussi, ils finirent par se fixer sur la puszta hongroise (Pannonie), et cette

Extraits d'un psautier du xe siècle, l'illustration représente une scène de l'Ancien Testament, celle du roi malade Ézéchias. Tout en restant très proche des modèles classiques, elle n'est pas non plus sans nous renseigner sur les intérieurs des grands de Byzance.

A Byzance, l'art de l'ivoire était très prisé et culmina au xie siècle. Mais c'était généralement des reliefs que l'on sculptait, et cette statuette sur pied de Vierge à l'enfant est unique en son genre.

région devint la base d'invasions qui agitèrent toute l'Europe orientale.

La première fois que nous entendons parler des Avars, ils se trouvent sur la frontière romaine des Balkans. Plus tard, juste après la mort du roi Franc Clotaire (561), ils attaquèrent sans succès son royaume, mais ne continuèrent pas moins pendant trois quarts de siècle à terroriser une bonne partie de l'Europe orientale. Indirectement, ce furent eux qui poussèrent les Lombards vers l'Italie. Cependant, ce furent surtout les Slaves qui subirent leur joug. Au début du viie siècle, s'étant partiellement alliés aux Perses, ils représentèrent une sérieuse menace pour Byzance. Mais une révolte slave qui éclata dans les années 620 libéra un vaste territoire, et la puissance des Avars s'en trouva fortement réduite. C'est lorsqu'ils essayèrent de relever la tête, juste avant l'an 800, que Charlemagne les écrasa totalement.

Ce furent peut-être les Avars qui firent connaître en Europe certains éléments de la culture asiatique. C'est peut être avec eux que le fer à cheval et le nouvel harnachement arrivèrent chez nous. Mais c'est surtout parce qu'ils furent le moteur des invasions slaves qu'ils jouèrent un rôle dans notre histoire. Les Slaves avaient commencé de manière relativement pacifique à s'installer au milieu des populations romaines, une sorte d'infiltration dont l'ampleur reste très difficile à déterminer ; mais, sous la direction des Avars, ils entreprirent une véritable guerre de conquête en attaquant les villes fortifiées. En d'autres termes, les Avars se servirent des Slaves pour faire la guerre aux nations établies.

Les premiers empires slaves

Néanmoins, dans les années 620, les opprimés se révoltèrent. Samo, un commercant franc, organisa la révolte des Slaves et fonda un grand empire dans la région comprise entre le Main, la Moravie et les Alpes de l'Est. Il n'exista que le temps d'une génération, mais les Avars avaient également été repoussés devant Constantinople, et l'influence qu'ils pouvaient exercer sur les tribus slaves s'en trouva forcément limitée.

Sur les Slaves installés en terre byzantine, l'administration n'avait qu'une autorité très réduite. Le plus gros de l'invasion slave arriva dans les premières décennies de l'an 600, et il fallut près de deux siècles pour que ces populations se laissent assimiler. Ils s'installaient en groupes compacts — probablement par tribus entières — dans certaines régions appelées *Sclaviniae* où les messages de l'empereur n'arrivaient probablement jamais, ceux du christianisme non plus. Ce n'est qu'au ixe siècle qu'on arriva à instaurer un contrôle politique plus direct dont l'outil fut le système des thèmes que l'on finit aussi par appliquer dans les Balkans et en Grèce. Et c'est à ce moment-là seulement que, doté d'une structure officielle — les évêchés — et prêché parmi le peuple, le christianisme s'imposa. La langue et la culture grecque y firent également leur entrée.

L'empire de Samo situé dans la vallée du Main s'effondra. Et il allait falloir attendre un bon siècle avant que ne réapparaissent des embryons d'empire en terre slave. Sans doute le nouveau royaume de *Moravie* ne reprit-il pas l'héritage de Samo, mais les deux Etats avaient vraisemblablement en commun d'avoir été engendrés par d'importantes routes commerciales. Quoi qu'il en soit, au cours du VIIIe siècle, un nouveau royaume se construit qui s'épanouira pleinement au IXe siècle. Il se composait d'une fédération de tribus appelées moraves et comprenait la Moravie, la Slovaquie ainsi qu'une partie de la Bohême. Comme nous l'avons dit, il devait peut-être son existence à la voie commerciale qui reliait la Baltique et l'Adriatique en passant par « la porte morave », puis à l'axe est-ouest qui permettait aux marchands d'armes et d'esclaves d'aller de Byzance à la vallée du Main. Samo était vraisemblablement trafiquant d'armes.

Aux environs de 830, il semble qu'ayant assis son pouvoir sur son armée ainsi que les taxes et impôts levés sur les paysans, le prince morave ait été très puissant ; on a retrouvé des vestiges de forteresses de cette période, et celles-ci étaient assez vastes pour abriter le prince et ses guerriers ainsi qu'un grand nombre d'artisans. A cette époque, les missions occidentales (Kremsmünster, Salzbourg) avaient imposé le christianisme dans cette région, ce qui favorisait les contacts avec les autorités allemandes, mais aussi les conflits. Le prince Ratislav (846-70) refusa que ses prêtres continuent de dépendre des autorités ecclésiastiques bavaroises, et quand le Pape ne voulut pas lui accorder le droit de fonder une nouvelle province ecclésiatique, il se tourna vers le patriarche de Constantinople. L'initiative qui en résulta fut une des plus lourdes de conséquences de l'histoire de l'Europe. Le patriarche Photius envoya deux frères, Constantin et Méthode, afin d'organiser une église indépendante dans le royaume de Moravie. C'était en 862.

Constantin / Cyrille et Méthode

Les frères missionnaires appartenaient à l'élite byzantine. Méthode était un haut fonctionnaire d'une grande compétence, Constantin était professeur de philosophie. Ils étaient natifs de Thessalonique et connaissaient la langue slave qui était encore parlée par les émigrés des environs. Ainsi pouvaient-ils se faire comprendre de tous les peuples slaves, la langue n'étant pas encore trop différenciée. Ils n'entendaient cependant pas en rester là. En partant de l'alphabet grec, Constantin créa un nouvel alphabet qui reproduisait les sons slaves et était constitué de 40 lettres — l'alphabet glagolitique (de *glagol* — mot). Une génération plus tard, celui-ci fut cependant remplacé par un système similaire mais plus simple — l'alphabet cyrillique. De plus, les deux frères traduisirent tous les textes liturgiques nécessaires au service religieux en langue slave. Par ailleurs, il est également possible qu'ils aient traduit les lois locales dans le dialecte slave qu'ils connaissaient. Ce furent donc eux qui créèrent le « slave d'église » qui, de nos jours, est encore compris par la plupart des Slaves.

Pourtant, l'activité des deux frères n'était pas appréciée par l'Occident. Le roi d'Allemagne était offensé que l'on eût chassé les ecclésiastiques allemands et, à

Byzance – une grande puissance malgré tout

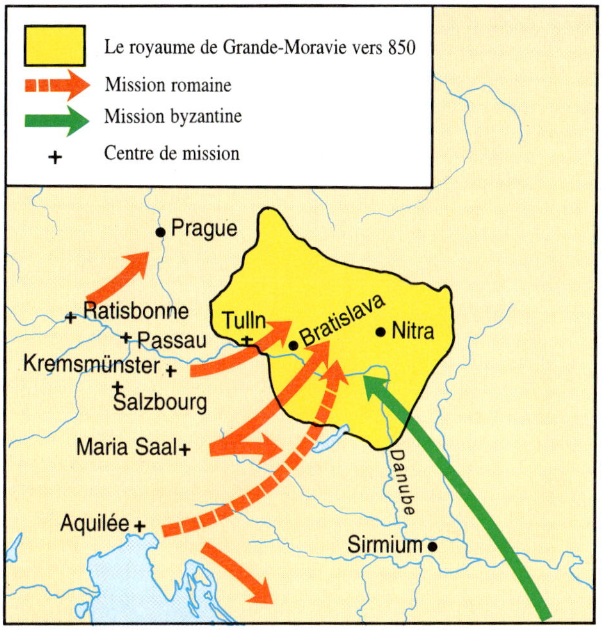

Au IXe siècle, la Moravie formait un duché indépendant. Elle fut christianisée assez tôt et servit ensuite de base aux missionnaires appelés à œuvrer en terre slave.

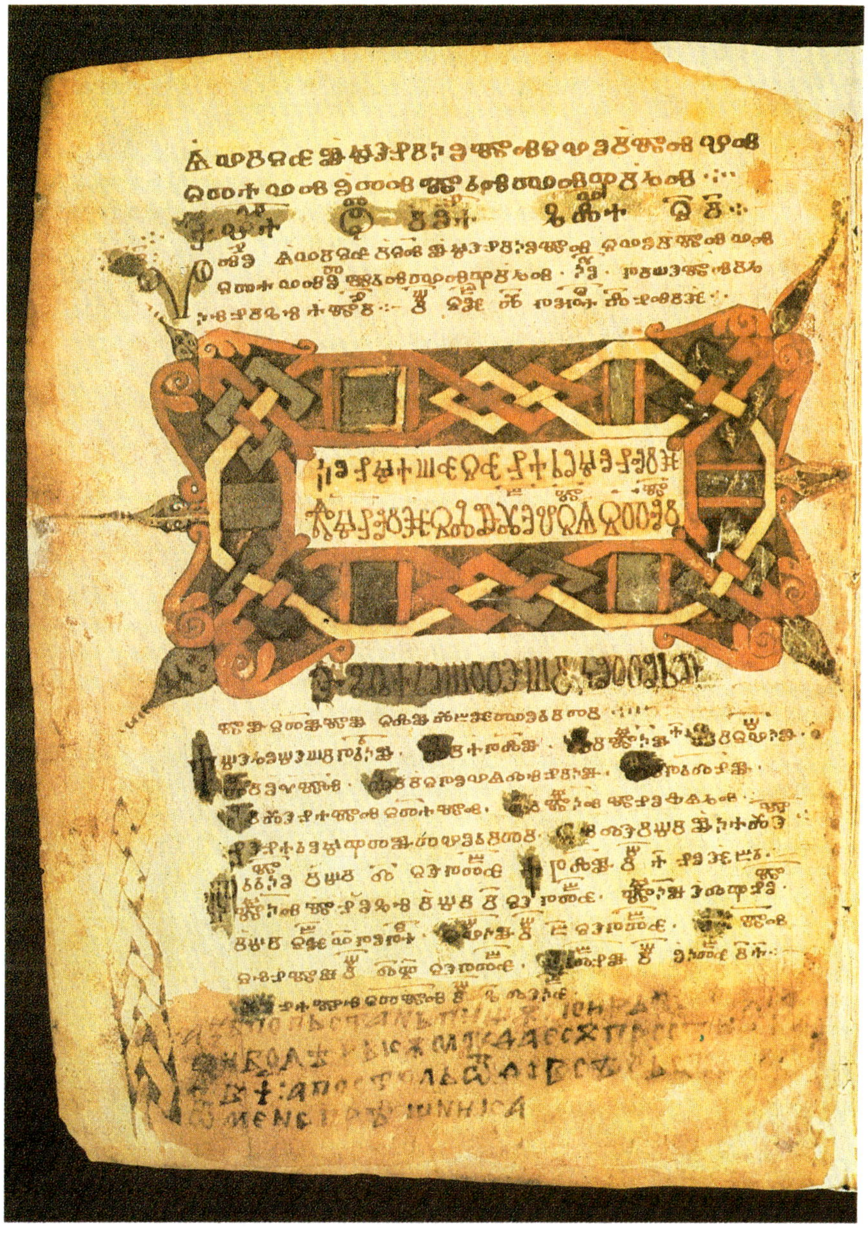

On voit ici un exemple d'écriture glagolitique, la plus ancienne écriture slave, qui fut inventée par les missionnaires Constantin (Cyrille) et Méthode. Elle fut bientôt remplacée par l'alphabet dit cyrillique qu'élaborèrent des disciples des deux missionnaires.

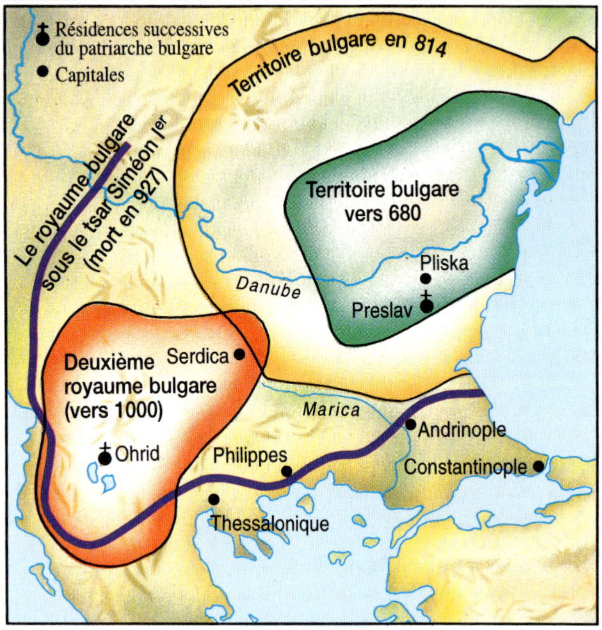

Les royaumes des Bulgares jusque vers l'an 1000. Le « deuxième royaume bulgare » se composait primitivement de la Macédoine mais, pendant une courte période, il engloba aussi un territoire plus vaste ; il ressuscita au XII*e siècle.*

Rome, on était irrité parce qu'on y célébrait la messe dans une langue non canonique. Néanmoins, les deux frères furent bien accueillis à Rome. Constantin se fit moine et mourut peu de temps après sous le nom de Cyrille. Quant à Méthode, il repartit après avoir fait accepter au pape la nouvelle langue liturgique. Ayant reçu les pleins pouvoirs, il avait été nommé délégué pontifical en Moravie et Pannonie et allait finalement devenir archevêque de Sirmium, un évêché depuis longtemps disparu mais dont allaient désormais dépendre la Moravie et la Pannonie.

La Moravie n'allait cependant pas réussir à conserver longtemps cette situation d'Etat indépendant et d'archevêché. En premier lieu, la pression des Allemands fut très forte, et ce furent des protestations allemandes qui, en 885, juste après la mort de Méthode, amenèrent le nouveau pape à interdire la liturgie slave. Tous les disciples de Méthode furent expulsés par le roi. Ils allèrent alors se réfugier en Bulgarie, un pays étroitement lié au patriarcat. Puis, dans les premières années de l'an 900, le royaume de Moravie disparut sous la pression d'une nouvelle invasion venant des steppes : celle des Magyars.

La Bulgarie

Mais le royaume le plus puissant et le plus durable de la vallée du Danube fut, en symbiose avec des tribus slaves, fondé par un autre peuple de cavaliers, les *Bulgares*.

Vers 400, les Bulgares qui se trouvaient au nord de la mer Noire étaient un des nombreux peuples de cavaliers nomades venus de l'est. Leur langue était le turc, mais ils étaient probablement des sang-mêlé. Byzance s'était longtemps servie d'eux pour combattre les Slaves et les Avars, jusqu'au moment où ils finirent par vouloir s'installer eux-même sur le territoire byzantin. Tandis qu'une partie de ce peuple s'installait sur les rives de la haute Volga, d'autres envahirent le bas Danube et la Macédoine au cours des VIe et VIIe siècles. Cependant, les plus puissants de ces groupes franchirent le Danube et s'arrêtèrent sur le plateau de Dobroudja (en Roumanie) où ils forcèrent les habitants slaves à leur payer un tribut ; l'empereur lui même trouva plus sûr de faire de même et de reconnaître leur Etat. En contrepartie, il obtint leur appui contre les Arabes, particulièrement lorsqu'il fallut défendre Constantinople en 717/18.

Une fois le danger arabe écarté, l'empereur se montra plus froid. Au cours du siècle suivant alternèrent les périodes de paix et de combats acharnés, de nombreux Slaves allant alors chercher refuge en Asie mineure. Peu à peu, le royaume bulgare engloba toute la région méridionale du Danube, de la mer Noire à la plaine hongroise. Les Bulgares lancèrent des coups de main jusque dans le nord de l'Italie, mais leurs chefs entretinrent aussi des relations pacifiques avec les souverains carolingiens installés au nord et à l'est de la frontière.

Il y avait alors plus d'un siècle que les Bulgares étaient sédentaires, et ce n'était pas sans conflits que les nomades étaient devenus agriculteurs. Les paysans slaves étaient certainement en majorité et ils finirent par jouer un rôle important dans la société. De surcroît, des milliers de prisonniers de guerre grecs s'installèrent aussi dans la région. Ils apportèrent avec eux leur religion que les paysans slaves adoptèrent. Seuls les seigneurs — les Boyards, héritiers des anciennes traditions de la steppe — restèrent hostiles au christianisme. Mais le moment n'était plus loin où un changement allait se produire.

Dès 832, les Bulgares signèrent un traité avec l'empereur

Assez tôt, les khans bulgares se firent aménager des villes de résidence où des prisonniers byzantins leur édifièrent de puissants palais. La photo ci-dessous a été prise à Preslav, la capitale du IX*e siècle.*

En bas à droite : l'Arménie fut conquise par le califat après que Byzance et la Perse se la furent longtemps disputée. Elle conserva cependant sa culture nationale et, lui permettant d'accéder à l'indépendance, la dislocation du califat donna une nouvelle chance à ce pays qui contrôlait une des principales routes commerciales reliant l'est à l'ouest. A Aghtamar, sur une île du lac Van, le roi édifia son palais ainsi qu'une église cruciforme qui existe toujours. Mais cette nouvelle période de grandeur fut brève. Les Turcs Seldjoukides y mirent un terme en 1071.

Louis le Pieux, tandis que le khan Boris (852-89) inaugurait une politique d'amitié envers l'Occident. Par ailleurs, il se déclara prêt à recevoir le baptême des mains de missionnaires francs. Mais c'était plus que n'en pouvaient supporter les Byzantins. Procédant à une démonstration de force, ils firent comprendre à Boris que, s'il devait se faire baptiser, il faudrait que ce soit par Constantinople. Boris céda et, avec plusieurs de ses grands, se fit baptiser par un évêque byzantin. De surcroît, on l'autorisa à avoir son propre archevêché.

La conversion des Bulgares ne pouvait qu'annoncer une prochaine fusion de la classe dominante bulgare et des paysans slaves qui se placerait sous le signe de la slavisation. Par ailleurs, quand les disciples de Méthode furent chassés de Moravie, ils trouvèrent en Bulgarie un nouveau champ d'action qui allait se révéler très fécond. Ils continuèrent à traduire les textes saints et, cette fois, dans un esprit tout à fait byzantin, en marquant leur opposition à Rome qui avait trahi leur confiance et était en conflit avec le patriarche sur des question dogmatiques. Ce faisant, ils furent à l'origine d'un milieu littéraire où la culture byzantine s'adapta aux besoins des Bulgares et essaima aussi hors des frontières bulgares et byzantines.

Située dans l'ouest de la Syrie, Alep était un important nœud de communications commerciales ainsi qu'une forteresse presque imprenable. C'était là que régnait un puissant émir du nom de Saif ad-Daulah. Celui-ci n'en fut pas moins vaincu par l'empereur Nicéphone Phokas en 962, ce qui ouvrit aux Byzantins la route du Sud.

A gauche : devant l'empereur, il fallait se prosterner face contre terre. Mais l'empereur lui-même n'était que le sujet du Christ, le Tout puissant. Ici : le législateur Léon VI (886-912). (Mosaïque contemporaine de Sainte-Sophie.)

Triomphe des Macédoniens

Les empereurs iconoclastes avaient réussi à consolider l'empire romain d'Orient, entre autres, en abandonnant leurs revendications à l'ouest. Ainsi avaient-ils jeté les bases d'une « renaissance » culturelle et politique. A nouveau, l'empire était une puissance que l'on admirait et voulait imiter. Cette période porte souvent le nom de dynastie « macédonienne » et, pendant près de deux cents ans, elle fut représentée par des souverains de valeur : Basile Ier le Macédonien, fondateur de la dynastie (867-86) ; Basile II (976-1025) ; Léon IV le Sage, législateur et écrivain (886-912) ; le savant historien et encyclopédiste Constantin VII dit Porphyrogénète (913-59). Par ailleurs, on peut citer des hommes d'Etat et généraux attachés à leur service, tels Romanos Lekapenos (920-44), Nicéphore Phokas (963-69) et Jean Tzimiskès (969-76). Ceux-ci assurèrent à la dynastie deux siècles de pouvoir — et, malgré quelques revers, une expansion presque constante.

Celle-ci fut inaugurée par une victoire importante que les Byzantins remportèrent sur un émir arabe en Asie Mineure en 863. Ayant ainsi assuré leur sécurité à l'est pour plus d'un demi-siècle, ils prirent ensuite l'offensive. Le califat se désintégrait et les Arabes se trouvaient divisés. A partir de 930, les attaques des Byzantins se multiplièrent, ils envahirent la Cilicie dans les années 950 et, au cours de la décennie suivante, prirent Antioche ainsi que le nord de la Syrie. A cette occasion, la ville d'Alep, un important centre de commerce, reconnut la suprématie de Byzance. En même temps, opérant un débarquement massif, les Byzantins conquirent la Crète puis Chypre.

Au nord, la christianisation était loin d'avoir pacifié les Bulgares. Le fils de Boris, Siméon, s'était fait construire à Preslav une capitale inspirée de Byzance mais il rêvait en fait de devenir empereur. Ce rêve engendra un long conflit qui ne se termina qu'à la mort de Siméon en 927. Les Balkans étaient alors totalement ruinés. Tout ce qui restait à son fils était le titre de *tsar* (empereur) dont Siméon s'était paré. Les peuplades slaves de l'ouest des Balkans subirent alors la double influence des Byzantins et des Bulgares. Cinquante ans plus tard, une nouvelle tentative fut faite à partir de la Macédoine pour créer une Grande-Bulgarie. Elle fut le fait de Basile II qui y consacra le plus clair de son règne et y gagna le nom de *Bulgaroctone* ou « tueur de Bulgares ». Il finit par les vaincre en 1014, ce

Le tsar Samuel, le fondateur du deuxième royaume bulgare (976-1014), avait sa capitale à Ohrid en Macédoine. On voit ici des vestiges de ses fortifications.

Ces formations rocheuses du vallon de Göreme, en Cappadoce, furent creusées par des moines en quête de solitude. Elles devinrent des grottes d'ermites, des églises et des monastères.

qui entraîna la mort du tsar Samuel et permit à l'empereur d'annexer toute la Bulgarie quatre ans plus tard, (il sut du reste la traiter avec sagesse).

Mais l'influence byzantine se faisait sentir bien plus loin. Un nouvel empire s'était constitué au nord de la mer Noire, celui des peuples russes, qui avaient leur capitale à Kiev. Comme nous le verrons, les chefs de cet empire étaient manifestement des Svear. Dès le IXe siècle ils étaient entrés en contact avec Constantinople, tantôt en faisant du commerce, tantôt à la tête d'expéditions vikings. En 860, une grande flotte menaça la ville, puis ce fut encore le cas en 907 et 941. Mais les deux empires avaient des intérêts communs, ils signèrent ou renouvelèrent des accords et, en 989, le prince Vladimir épousa la sœur de l'empereur byzantin puis se fit baptiser. L'empire « russe » était désormais ouvert à la civilisation byzantine.

Un coffret d'ivoire qui témoigne des contacts établis avec l'Est : le chasseur qui tue le sanglier est un motif sassanide, cependant que l'oiseau représenté sur la largeur semble inspiré d'un ouvrage textile chinois.

Le commerce — indigne mais nécessaire

On raconte qu'un jour l'empereur Théophile (829-42) admirait un magnifique navire de commerce qui venait d'ancrer dans le port. Quand il apprit que le navire appartenait à son épouse, l'impératrice, il donna l'ordre — c'est du moins ce que l'on prétend — de brûler navire et cargaison : il était indigne de la maison impériale d'être mêlé au commerce, et il fallait faire un exemple.

Cette histoire, qu'elle soit vraie ou non, est caractéristique de l'attitude ambivalente qu'avaient les Byzantins vis-à-vis du commerce. L'existence même de leur capitale était fondée sur le commerce, et toute l'économie de l'Empire, qui constituait une étape naturelle entre l'Orient et l'Occident, dépendait des relations commerciales. Les échanges de marchandises étaient l'objet de sévères réglementations et étaient considérés comme une occupation méprisable. Ni les notables ni l'empereur ne pouvaient s'abaisser à investir dans le commerce (en tout cas officiellement). Ainsi s'explique en partie la lutte acharnée menée par les grands pour agrandir leurs propriétés foncières au détriment des paysans. En fait, l'attitude des Byzantins vis-à-vis du commerce ressemble beaucoup à celle des Chinois.

Les commerçants et artisans étaient organisés en corporations contrôlées par l'Etat. Les initiatives privées étaient assujetties à plusieurs limitations : les commerçants, par exemple, devaient s'en tenir à certaines marchandises. A l'intérieur du pays ou à l'étranger, les voyages étaient frappés de restrictions, ce qui rendait les contacts difficiles. Par ailleurs, il y avait un monopole d'Etat sur certaines activités — comme l'exploitation minière, la production du sel et l'importation de la soie (la soie était à la fois importée et exportée). Toute forme d'exportation était sévèrement surveillée et limitée, il était même interdit d'exporter certaines fabrications privées. La soie était vendue au califat et en Occident, mais on en gardait la meilleure part pour la cour (voir encadré p. 247). Les approvisionnements de la capitale étaient réglementés par le gouvernement qui contrôlait non seulement la qualité mais aussi la quantité et les prix.

Guerres économiques

Les restrictions faisaient partie de l'arsenal de guerre, mais elles finirent par se retourner contre les Byzantins eux-mêmes. Durant la plus grande partie du VIIIe siècle, il semble que la flotte byzantine ait réussi à contrôler la navigation arabe en Méditerranée et empêché les contacts non autorisés entre l'Orient et l'Occident. Les Byzantins ne pouvaient se passer des importations d'épices et avaient le califat pour partenaire, mais, exerçant leur domination sur la région, ils choisirent Trébizonde, sur la côte de la mer Noire, pour y effectuer les transactions. De ce fait, sans doute l'Irak devint-il plus important que la Syrie aux yeux du Calife. Au nord, Kherson, en Crimée, était un important nœud de communication pour le commerce avec les Khazars (fourrures et esclaves) tandis que, vers l'est, les possessions byzantines de l'Adriatique (Comacchio, bientôt remplacée par Venise) et du Golfe de Naples (Gaeta, Amalfi) furent des comptoirs de commerce avec l'Occident.

Au IXe siècle, les musulmans menacèrent l'hégemonie maritime des Byzantins. Ils conquirent la Crète et envahirent la Sicile (827), puis s'emparèrent des Baléares. Après quoi, les Arabes dévastèrent l'empire franc, déjà bien affaibli sur la côte méridionale, et s'installèrent en Provence. C'est à cette époque que les pays islamiques s'étaient unis économiquement et qu'ils remportèrent les grands succès évoqués précédemment. Politiquement, ils ne formaient

Pas de pourpre pour les « roitelets »

Byzance n'exportait pas les plus beaux de ses brocarts et soieries. C'étaient les hauts fonctionnaires qui les portaient comme attributs de leur dignité. Revenant d'une mission peu réussie qu'il avait effectuée à Constantinople pour le compte de l'empereur Otton, Liutprand, évêque de Crémone, raconte ainsi sa rencontre avec la douane byzantine :

« Nous croyons », dirent les fonctionnaires « que tu as acheté certains costumes pour ton usage personnel. Veuille nous les montrer. Ceux qui ne sont pas trop beaux pour toi seront marqués d'un sceau en plomb, et tu pourras les garder. Mais ceux qu'il est interdit d'exporter seront confisqués et tu seras remboursé. » Ayant dit, ils confisquèrent cinq costumes de pourpre de la plus haute qualité, étant persuadés que ni Vos Majestés (Otton Ier et Otton II) ni aucun autre étranger n'étaient dignes de porter de tels vêtements. Quelle offense, quelle humiliation ! Dire qu'il y a là des avortons efféminés qui se promènent dans des costumes à manches longues, coiffés de tiares et habillés de manteaux de femmes ! Tous ces menteurs, ennuques et oisifs qui sont vêtus de pourpre, tandis qu'on la refuse à de bons et honnêtes soldats, à des gens pieux et irréprochables ! — « Bon », dis-je, « mais que reste-il de la promesse de l'empereur ? »... « Si l'empereur a dit ce que tu prétends », répondirent-ils, « il ne pouvait imaginer un seul instant que tu rêves de vêtements de cette qualité. Nous sommes supérieurs à tous les autres peuples, en richesse comme en sagesse, c'est pourquoi nous devons être plus somptueusement vêtus... Et maintenant tu vas voir le peu de respect que nous avons pour les roitelets qui sont tes maîtres ! »

(Liutprand de Crémone : « Legatio », chap. 53-55)

plus un Etat unitaire et ne revendiquaient aucun monopole sur le commerce ou les voies maritimes.

Byzance développa ses relations commerciales avec les musulmans, mais s'acharna à en rester le centre. Elle voulait bien faire des affaires — avec les Russes, les Bulgares, les Italiens et les Arabes — mais à condition d'en fixer les prémisses. Cette attitude eut de graves conséquences. Le commerce d'Orient accueilli à Trébizonde passa aux mains des musulmans et des Arméniens. A l'ouest, les villes italiennes se mirent à construire leur propre flotte et furent bientôt indépendantes. Profitant de l'hégémonie maritime exercée par les musulmans, les Italiens étendirent leurs relations commerciales. Malgré l'interdiction de l'empereur, ils n'hésitèrent pas à vendre du bois, du fer, des armes et des esclaves. Avant l'an 1000 vivait à Alexandrie une florissante colonie de 200 à 300 marchands d'Amalfi.

Quand la puissance politique et militaire de l'empire musulman commença à décliner, dans la seconde moitié du Xe siècle, les peuples qui habitaient la côte du nord-ouest de la Méditerranée se réveillèrent. Les Arabes furent chassés de Provence, tandis que Gênes et Pise commençaient à jouer un rôle commercial. Byzance s'était elle-même enfermée dans un carcan, même si c'est plus tard seulement que s'en firent sentir les effets. En annexant la Syrie avec Alep, un nouveau marché s'était ouvert aux Byzantins et le tournant du millénaire est considéré comme l'apogée politique et économique de Byzance. Mais la route était déjà ouverte à l'expansion commerciale italienne.

La Salomé de la Bible — celle qui dansait pour le roi Hérode — est représentée ici dans un vêtement de soie. Mosaïque de l'église Saint-Marc de Venise.

C'est sous Basile II, appelé le « tueur de Bulgares », que la puissance et la gloire de l'empire Byzantin culminèrent. Les Arabes étaient alors sur la défensive, les Russes se convertissaient, et le royaume bulgare, qui constituait la menace la plus proche, avait été anéanti. Mais rien n'était jamais acquis. L'opposition intérieure menaçait l'équilibre de l'empire et, à l'est, de nouveaux ennemis s'étaient mis en marche, les Seldjoukides. (représentant Basile, l'illustration provient de son propre psautier.)

L'Europe prend forme

Les annales franques rapportent que, le 18 mai de l'an 839, l'empereur Louis le Pieux reçut une ambassade dans sa résidence d'Ingelheim. Il s'agissait d'un envoyé de l'empereur de Byzance qui avait également dans sa suite quelques étrangers appelés rus. Délégués par leur roi, ou Kagan, ceux-ci étaient venus à Constantinople pour obtenir un traité d'amitié avec Byzance, mais la route du retour leur avait été coupée par des populations hostiles. Les Byzantins demandaient aux Francs d'autoriser les envoyés à traverser l'empire pour revenir chez eux. Un examen plus approfondi montra qu'il s'agissait de Svear, et l'empereur craignit que ce ne soient des espions normands. S'il s'avérait que c'était le cas, il les renverrait à Byzance.

Les annales n'en disent pas plus. Mais ce simple récit est intéressant en soi. Des hommes parlant le suédois, qui donnaient à leur roi un titre utilisé par les peuplades steppiques de Russie méridionale — Khazars et Bulgares — recherchaient une alliance avec Byzance. Par ailleurs, en les voyant, on les associait immédiatement à ces flottes de « Normands » qui, depuis quelques années, troublaient la sécurité des côtes, ravageant la ville marchande de Dorestad. Ce texte est une preuve éloquente du rôle que les pays nordiques commencaient à jouer en Europe.

L'apparition des pays du Nord dans l'histoire européenne, vers le début du IXe siècle, s'explique par une conjonction de facteurs. La région connut à l'époque une forte croissance démographique et, grâce à des outils de fer améliorés et fabriqués en plus grand nombre, on put

Le bateau viking fut développé et perfectionné pendant des centaines d'années. C'est au cours des dernières décennies du VIIIe siècle qu'ayant été équipé d'une voile, il permit aux habitants du Nord d'entreprendre de longs périples. Pour ces populations, le bateau fut un facteur décisif de leur intégration en Europe.

Aux IXe et Xe siècles, Hedeby, dans le sud du Schleswig, était le centre commercial le plus important des pays nordiques. Ici, seul un isthme étroit sépare la mer du Nord de la Baltique, et il était plus rentable de transférer les marchandises par voie de terre que d'entreprendre le long et périlleux voyage qui obligeait à contourner le Jutland par le nord. En outre, lorsque l'embarcation n'était pas trop grande, on pouvait la déplacer à travers l'isthme. La ville fut détruite et définitivement abandonnée en 1050. A l'époque contemporaine, les archéologues ont effectué des fouilles de grande ampleur. La photo montre la massive levée de terre semi-circulaire qui délimite un territoire de 24 hectares.

On a pu reconstituer une des maisons de Hedeby. Elle avait une armature de bois, et les murs étaient faits de claies de branchages enduites d'argile. L'intérieur était habillé de planches. Le foyer se trouvait au milieu de la pièce et, le long des murs, avaient été installés des bancs. On peut voir aussi un métier à tisser dressé contre le mur (photo en haut à gauche).

défricher d'importantes surfaces. Mais l'émigration représentait quelquefois une meilleure solution, en tout cas pour les habitants de la côte ouest de la Norvège qui devaient se mettre en quête de nouvelles terres à cultiver. Il faut ajouter que ces gens du nord étaient les meilleurs constructeurs de bateaux d'Europe, ce qui leur permit de prendre une part active à un commerce en constant accroissement du fait que l'Europe s'orientait de plus en plus vers le nord.

De la Mer du Nord à la Baltique

Nous avons v3u que l'Etat carolingien avait pu se constituer grâce à l'essor économique qui avait eu lieu en Austrasie. Quand, avant l'an 600, les Avars coupèrent les voies de communication qui reliaient, d'une part, la Baltique et la mer Adriatique, d'autre part, la mer Noire et la Vistule inférieure, la route de la mer du Nord à la Baltique prit d'autant plus d'importance ; et les Anglo-Saxons — christianisés au VIIe siècle — étendaient alors leurs relations avec le continent.

On pense généralement qu'au cours de cette première phase, ce furent les Frisons qui assurèrent l'essentiel du commerce en mer du Nord et dans la Baltique. Les Frisons vivaient sur la côte, de l'embouchure du Rhin jusqu'à la Weser, dans un pays marécageux où l'on se déplaçait sur des canaux ou rivières. C'était donc un peuple qui avait l'habitude d'utiliser le bateau comme moyen de transport, et il était naturel qu'ils transportent le fret des Francs et des Anglo-Saxons jusque sur la Baltique. Il est cependant possible que le rôle des Anglo-Saxons et des habitants du nord ait été quelque peu sous-estimé.

Sur le marché de l'Europe du Nord, on trouvait des épées, de la verrerie et de la céramique franque ; d'Angleterre venait de la laine, du drap et de l'étain qui servait à l'alliage du bronze (que l'on travaillait dans les villes de la Meuse comme Huy, Dinant, Liège).

Les Frisons produisaient du sel et aussi un drap d'excellente qualité qui était très demandé. Du Nord et de la Baltique arrivaient des peaux et des fourrures, du fer, de la stéatite, de l'ivoire des défenses de morse, tandis que la Baltique fournissait plus spécialement de l'ambre et, en nombre croissant, des esclaves dont les pays islamiques achetaient de grandes quantités. Cependant, ces esclaves étaient plutôt transportés par voie terrestre, à travers la Germanie. Ce commerce aurait surtout été contrôlé par des juifs.

Les juifs

Durant l'Antiquité tardive, des sociétés juives s'établirent tout au long des grandes routes commerciales. Après la chute de Jérusalem, c'est la Mésopotamie qui devint leur principal centre (voir tome 3, p. 139 etc.) Là, résidait un chef pourvu d'une certaine autorité, et c'cst aussi là que fut élaborée une version de la loi juive traditionnelle (le Talmud babylonien). Les juifs étaient également nombreux à Alexandrie et en Afrique du Nord. Ils ne vivaient pas seulement de commerce, mais aussi d'artisanat. L'expansion musulmane leur offrit de nouvelles possibilités, en même temps qu'elle tirait elle-même profit du reseau commercial juif. Les communautés juives étaient bien organisées et s'entraidaient. En Occident, les juifs prirent peu à peu la place des Syriens qui commerçaient avec l'Orient et furent en général assez bien acceptés dans la société. Certains devinrent même propriétaires terriens. Les jugeant utiles, les empereurs francs les prirent sous leur protection. Seul le royaume des Wisigoths leur réserva un traitement discriminatoire et en envoya un grand nombre en Afrique. Jusqu'à la fin du XIe siècle, époque à laquelle ils furent remplacés par les Italiens, ils représentèrent un élément essentiel du commerce international en Occident. En Orient, ils durent subir la concurrence des Arméniens.

Le bateau viking permit aux peuples du Nord d’entreprendre de longs périples. Certains allèrent coloniser des terres nouvelles, d’autres se lancèrent dans des expéditions qui combinaient les activités commerciales et le pillage. A l’ouest, ils atteignirent les côtes de Terre-Neuve et, à l’est, celles de la mer Caspienne. On a indiqué ici les principaux itinéraires qu’ils suivirent. A l’ouest, on les appelait souvent les vikings et, à l’est, les varègues, mais ces derniers étaient certainement les mêmes que ceux que l’on connaissait sous le nom de rus ou rhos.

Birka sur l’île de Björkö dans le lac Mälar, où s’exerçait la souveraineté du roi d’Uppsala, devint aussi un centre commercial de première importance. C’est là qu’accompagné de sa suite, se rendit le moine Anschaire, le premier missionnaire d’Occident. Le territoire de la ville n’a encore été que très partiellement dégagé. En outre, quelque deux milles personnes avaient été enterrées à l’extérieur de la ville, et seule la moitié des tombes a été fouillée. A l’époque d’Anschaire existait déjà une forteresse, mais l’enceinte ne fut élevée que plus tard.

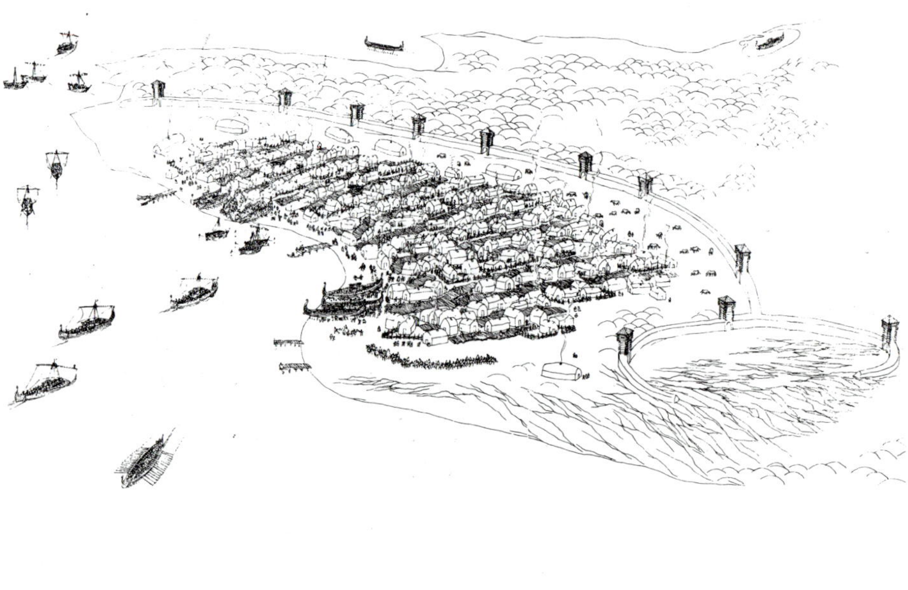

Les agglomérations marchandes

Les activités commerciales n’avaient pas pour cadre les grands marchés hebdomadaires locaux. De petites agglomérations avaient surgi à des endroits stratégiques le long de la mer du Nord et de la Baltique, où la population se livrait essentiellement à des activités commerciales ou artisanales. On les appelait *wic* (du latin *vicus* : village) ou *portus*. Entre autres exemples, on peut citer : *Hamwith* (sur la Manche, se retrouve dans Southampton) qui était le centre économique du royaume de Wessex. En face, il y avait *Quentovic*, près du site de l’actuelle Boulogne. A partir du VIIe siècle, ce fut par ce port que transita normalement le commerce entre les Francs et les Anglo-Saxons et, au VIIIe siècle, il fut un des principaux centres douanier et monétaire des carolingiens. Le port où l’on embarquait pour gagner les pays du Nord était *Dorestad*. Cette « ville » florissante était célèbre au VIIIe siècle, mais elle fut détruite par des inondations et les vikings. Les Frisons, n’ayant pas de navires assez solides pour passer le Skagerak, faisaient transiter leurs marchandises par *Hedeby* sur le fjord de Slien (d’où le nom de Slesvig : « Sliensvig »).

De leur côté, les Svear avaient très tôt noué des relations avec la Baltique. Dès le VIe siècle, il semble qu’ait existé un centre de production artisanale sur l'île de Helgö, dans le lac Mälar. Celui-ci était très certainement sous la protection du royaume d'Uppsala, et nous trouvons dès cette époque des produits de Helgö sur la Baltique. A ces relations commerciales succédèrent des conquêtes ; en tout cas, Grobno en Lettonie semble avoir été sous domination suédoise pendant cent cinquante ans (650-800). Les Suédois, comme les Frisons, naviguaient le long de la côte sud de la Baltique où toute une série de comptoirs commerciaux virent le jour sous la protection de forteresses. Vers 800, Helgö fut remplacé par la toute proche Birka qui devint un centre important. Kaupang, dans le sud de la Norvège, aurait également fait partie de ce réseau, du moins si l'on en croit le récit qu'en 880 le marchand norvégien Ottar fit au roi Alfred.

Population Européenne, 600-1000

Mc Evedy et Jones (voir encadré p. 31) estiment que, vers l'an 1000, la population européenne avait retrouvé son niveau de l'an 200. En faisant de nouveau les réserves d'usage, nous pouvons citer les chiffres suivants (chaque chiffre représentant 1 million d'habitants)

	an 600	an 800	an 1000
Balkans/Grèce	3	3	4
Italie	3,5	4	5
Péninsule ibérique	4	4	4,5
France	4,5	5	6,5
Grande-Bretagne	0,9	1	2
Pays nordiques	0,7	0,8	1
Allemagne	3	3,25	3,5
Pologne	0,6	1	1,25
Russie	3	3,5	4
Autres	2,6	3,2	4,25
Europe au total	26	29	36

Le chiffre indiqué pour les pays nordiques est vraisemblablement trop élevé.

Ces agglomérations étaient toujours sous la protection d'un prince ou d'un seigneur et lui payaient des redevances. Ainsi Hedeby fut-elle construite en même temps qu'une puissante muraille édifiée par un roi qui devait alors régner sur le Jutland. A n'en pas douter, c'était lui qui détenait l'autorité à Hedeby. Dans de nombreuses villes, nous savons qu'il y avait un bailli.

Reconstitution de maisons de Hedeby. Certaines étaient d'assez grandes dimensions (souvent 15 × 6 m). Le mode de construction variait. On pouvait ainsi utiliser du torchis, des clayonnages, des poteaux ou des planches superposées. Les habitants les plus pauvres habitaient des cabanes de clayonnages de 3 × 3 m dont le sol était creusé.

La thèse de Pirenne – deuxième partie

« Sans Mahomet — pas de Charlemagne ». Telle était la conclusion paradoxale à laquelle menait « la thèse de Pirenne » (voir p.33). Tandis que, selon Pirenne, l'empire mérovingien était l'héritier de l'empire romain, l'expansion arabe en Méditerranée avait conduit au morcellement d'une culture méditerranénne dont le royaume franc faisait partie. Une nouvelle civilisation naquit dans le nord : « Sans l'Islam, pas d'empire franc ; Charlemagne est impensable sans Mahomet ». A l'époque carolingienne, le royaume franc, qui était tourné vers le nord, n'avait plus de relations commerciales avec l'Orient et il ne restait plus qu'une économie purement locale fondée sur des domaines autarciques. Pirenne n'attachait guère d'importance aux relations commerciales avec les pays du nord, et il compléta sa thèse en formulant une théorie sur la croissance des villes qui ne prenait pas en compte les villes et le commerce existant avant l'an 1000.

La plupart des chercheurs rejettent maintenant cette thèse : l'Islam ne provoqua pas cette rupture brutale que Pirenne croyait pouvoir démontrer. Cependant, sur le rôle du commerce pendant les périodes mérovingienne et carolingienne, l'unanimité est loin de régner. Il est certain qu'au cours de la période mérovingienne le commerce avec la Méditerranée ne cessa de décroître pour être remplacé par une autre forme de commerce plus fondée sur l'artisanat et tournée vers le Nord.

Mais faut-il y voir pour autant un phénomène de

Marchandise assez courante, les perles de verre colorées étaient utilisées comme bijoux. Ce collier a été trouvé dans le Helgeland (Nord de la Norvège).

Les pence anglais. Dans le royaume franc, ce furent Pépin et Charlemagne qui améliorèrent le système monétaire. En Angleterre, le roi Offa de Mercie joua un rôle comparable. Offa domina l'ensemble de l'Angleterre jusqu'à ce qu'à la génération suivante ce rôle revînt au Wessex. Alfred, roi du Wessex (871-99, pièce du milieu) tint tête aux vikings et jeta les bases d'un royaume unitaire qui vit effectivement le jour sous Edgard (959-75). Dès lors, la culture anglo-saxonne allait de nouveau pouvoir s'épanouir.

déclin ? Certains historiens ont tendance à considérer qu'en matière de politique commerciale le règne de Charlemagne représente le creux de la vague. Tel n'est cependant pas l'avis de tous. Le grand nombre de comptoirs commerciaux existant aux VIIIe et IXe siècles témoigne du contraire. Certains d'entre eux étaient nés du commerce extérieur, mais nombreux étaient aussi ceux qui attestaient d'un regain d'activité du commerce intérieur. A d'autres signes aussi on constate qu'au IXe siècle, le commerce était dans une phase d'expansion. En premier lieu, on assiste à une prolifération des *marchés* que les princes s'attachent à réglementer. Dès 744, Pépin ordonna de doter les endroits qui n'en avaient pas de marchés contrôlés par les autorités. Un siècle plus tard, Charles le Chauve voulut savoir combien de marchés avaient été créés par ses ancêtres et combien fonctionnaient sans autorisation royale. Par ailleurs, en même temps qu'on créa des marchés, on fit un usage accru de *monnaie*.

Les Anglo-Saxons et les Frisons furent les premiers à fabriquer des pièces de monnaie en argent au VIIe siècle (connues sous le nom de *sceattas*), Les Francs les suivirent sur cette voie lorsque Pépin battit sa propre monnaie et prit le contrôle de tous les ateliers monétaires de l'empire. Mais ce fut Charlemagne qui créa un nouvel étalon monétaire. Une livre d'argent fut divisée en 20 *sols*, et chaque sol en 12 deniers. Le roi Offa de Mercie adopta lui aussi ce système qui continua à fonctionner en Grande-Bretagne jusqu'en 1971 (avec la seule différence que le sol s'appelait shilling et le denier penny). En 794, Charlemagne fixa le poids du denier à 1,6 grammes.

Evoquant l'époque mérovingienne, Pirenne affirmait que l'utilisation de pièces d'or témoignait d'une intense activité commerciale. Des chercheurs contemporains y verraient plutôt l'expression d'une volonté de prestige. D'une manière générale, le manque de pièces d'argent tendrait à montrer que le commerce stagnait et que celui qui avait lieu malgré tout recourait au troc. Quand Pépin et Charlemagne lancèrent la monnaie en argent c'était, au contraire, parce que le commerce était florissant et qu'il fallait fournir aux gens un moyen d'échange pratique. C'était surtout valable pour le commerce intérieur. Cependant, de grandes foires internationales avaient lieu annuellement. La plus connue était celle qui se tenait à Saint-Denis, où les commerçants venus du nord ou du sud pouvaient se rencontrer.

La route de l'ouest

Une chose est certaine : au VIIIe siècle, le commerce à destination du nord s'intensifia. Les peuples nordiques participèrent sans doute de plus en plus activement à l'échange de marchandises. Or, à la même époque, des Norvégiens étaient en quête de nouvelles terres à cultiver. Et bientôt allait se produire un tournant. Ces navigateurs nordiques devinrent si nombreux et si puissants que, de plus en plus souvent, ils recoururent à la force : la notion de « viking » devint lourde de menaces.

Partis de la côte occidentale de la Norvège, les Norvégiens allèrent s'installer aux îles Shetland ou aux Orcades. Or, non loin de là, se trouvaient des zones de peuplement prospères et sans défense. Un des premiers raids viking est daté avec certitude en 793, c'est l'attaque de Lindisfarne, un foyer de culture situé sur la côte de Northumbrie. Et, dès lors que l'on se trouvait dans les

Échantillons des marchandises que l'on trouvait dans les comptoirs commerciaux du nord (les wic) : fourrures des pays nordiques et de Russie, récipients de verre, verres à boire et cruches d'argile du pays rhénan. Les cruches d'argile arrivaient sans doute remplies de vin. Les perles de verre étaient de fabrication locale. Une marchandise ne figure cependant pas sur la photo, c'est le récipient en saponite de Norvège, dont nous savons qu'on en exportait beaucoup dans le sud (on en a trouvé, entre autres, à Hedeby).

Orcades, la mer d'Irlande était un but tout proche. Iona, l'île sacrée des Irlandais, fut pillée en 795, et les vikings allèrent ensuite s'installer en Irlande. A partir de 820-830 ce fut une véritable invasion par la mer : « La mer vomissait des flots d'étrangers sur Erin ».

L'Irlande était facilement accessible par la mer et, politiquement, elle se trouvait plus que jamais divisée. Les Norvégiens s'installèrent sur la côte et, entre autres, fondèrent Dublin. Pourtant, au bout d'une génération, la domination nordique se trouva affaiblie. Sans doute la découverte de l'Islande n'y fut-elle pas étrangère. Un flot de colonisateurs partit de Norvège et des îles de la mer du Nord pour s'y installer. Puis d'Islande l'aventure continua vers le Groenland. Et de là, enfin, plusieurs expéditions atteignirent l'Amérique vers l'an 1000. Il y a quelques années, on a découvert à Terre-Neuve des vestiges d'habitat viking.

Mais la ruée vers l'Islande n'apporta qu'un bref répit aux Irlandais. Des colons norvégiens avaient depuis plusieurs générations habité certaines régions côtières de la mer d'Irlande et, à partir de 913, ils se remirent à exercer leur domination sur la côte occidentale. De plus en plus, ils se firent commerçants. Avec les autochtones ils nouèrent des liens de plus en plus étroits, les mariages mixtes se multiplièrent, et les envahisseurs finirent par abandonner leurs dieux pour la religion chrétienne.

Contre les Francs et les Anglais

Pendant que certains s'attaquaient à l'Irlande, d'autres vikings — probablement des Danois — franchissaient la mer du Nord en direction du Continent. Certains raids avaient déjà eu lieu sous le règne de Charlemagne. Puis, lorsque les querelles de succession eurent commencé à affaiblir le royaume de Louis le Pieux, les attaques se firent plus violentes, et les vikings, hivernant sur place, réclamèrent de fortes sommmes pour libérer les régions qu'ils occupaient. Dorestad fut pillée à plusieurs reprises, la première fois en 834. Les vikings remontèrent la Seine et la Loire et saccagèrent l'arrière-pays. Hambourg fut pillée en 845. Mais, en général, ce furent plutôt les régions occidentales du royaume franc qui subirent leurs attaques. Les vikings étaient très mobiles, et le roi avait d'autant plus de mal à organiser une défense efficace qu'il pouvait difficilement compter sur ses sujets. Les paysans n'avaient plus l'habitude de faire la guerre et n'arrivaient que rarement à mettre sur pied une défense locale. Ce n'est pas avant 880-90 que le pouvoir des vikings faiblit, ce qui n'empêcha pas le roi de France de choisir un chef viking pour le représenter sur la côte septentrionale : en 911 fut fondé le fief de Normandie.

Enfin, c'est dans les années 830 que les vikings commencèrent à lancer des attaques contre l'Angleterre. Ils s'installèrent d'abord sur des îles de la Tamise (Thanet, Sheppey) d'où ils partaient piller l'arrière pays. Puis, en 865, ils se mirent véritablement en campagne et firent passer sous leur autorité les royaumes du nord et de l'est. Les conquérants s'installèrent alors durablement. Il sembla un temps qu'ils allaient conquérir toute l'Angleterre, mais ils furent arrêtés par Alfred, le roi du Wessex. Celui-ci réussit à les tenir en échec, puis ses descendants arrivèrent à reconquérir petit à petit les régions perdues. Les Danois déjà installés ne furent pas inquiétés et purent conserver leurs propres lois ; tout le nord-est de l'Angleterre devint le *danelag*.

La ferme de Stöng, en Islande, fut enterrée sous les cendres de l'Hekla qui entra en éruption en 1104. Les maisons furent dégagées en 1939 puis complètement reconstituées. Le bâtiment principal (construit en tourbe sur un muret de pierre et revêtu intérieurement de panneaux de bois) avait une halle de 12 mètres de long et plusieurs autres pièces de plus petites dimensions. L'étable, la grange et la forge se trouvaient dans des bâtiments séparés.

La route de l'est

Nous avons vu que les peuples de la région du lac Mälar avaient très tôt trouvé le chemin de la Baltique. Au

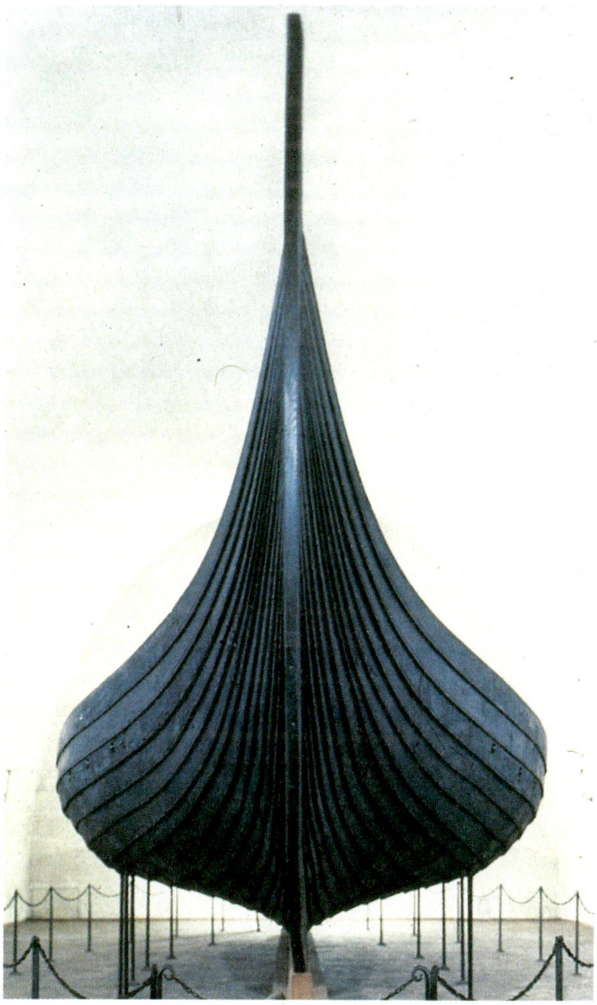

Le bateau de Gokstad. La forme aérodynamique n'est pas une invention du XXe siècle.

Ces deux monstres — un thème de prédilection de l'art germanique à partir des grandes invasions — représentent chacun un style particulier : celui de gauche est un des montants à tête d'animal retrouvé dans le tumulus d'Oseberg, l'autre est de cent à cent cinquante ans plus récent et décore un harnais de Mammen, en Jutland (xe siècle).

Cette figurine est d'origine irlandaise et anglo-saxonne mais a été retrouvée sur l'anse d'un seau d'Oseberg.

VIIe siècle, les Svear occupèrent une région de la Lettonie, la Courlande, et obligèrent les populations baltes à leur payer des impôts. Seeburg — maintenant Grobno — semble être restée sous leur domination pendant près de deux siècles. On retrouve des traces de l'occupation suédoise jusqu'au lac Ladoga et dans la région de Novgorod.

D'après les sources arabes et russes, il paraît établi que c'étaient des Svear, que l'on connaissait alors sous le nom de *Rus* (ou *Rhos*). Ils étaient à la fois guerriers et commerçants, obligeant les autochtones à leur payer un tribut, le plus souvent en fourrures. Parfois aussi, ils se constituaient une réserve de prisonniers qu'ils vendaient comme esclaves dans les pays méridionaux. Signalons que les épées franques étaient des marchandises recherchées.

En tirant leurs bateaux à terre sur de courtes distances, ils purent se servir du réseau fluvial qui coulait vers le sud. Par le Dniepr, ils atteignirent la mer Noire et Byzance, et, par la Volga, la mer Caspienne. De là, ils traversèrent la Bulgarie et la Khazarie. La région de la Volga était sous la domination des Khazars qui prélevaient un impôt de dix pour cent sur tous les commerçants. De l'embouchure de la Volga, ils pouvaient atteindre les côtes méridionales des pays islamiques, et Ibn Khordadbeh prétend qu'ils transportaient eux-même à dos de chameau leurs marchandises jusqu'à Bagdad. Mais, au grand mécontentement des Khazars, qui souhaitaient entretenir des rapports d'amitié avec leurs voisins, il leur arriva aussi de lancer des raids de piraterie sur ces mêmes régions.

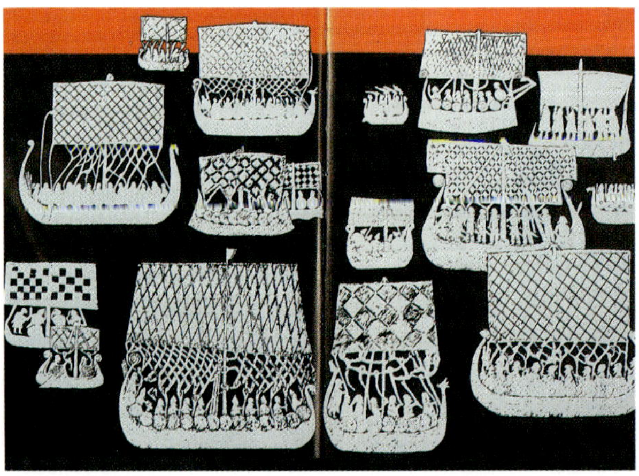

Gotland occupait une position centrale dans le commerce de la Baltique. L'île est riche en pierres historiées du début de l'époque viking et — ce qui ne saurait surprendre — le bateau en est un des thèmes de prédilection. On voit ici différentes illustrations de ce motif rassemblées sur une seule planche.

Après 850, de grandes flottes descendirent le Dniepr. Les hommes du Nord auraient conquis Kiev aux alentours de 860, et auraient également attaqué Constantinople. En tout cas, en l'espace de cent ans, le prince de Novgorod réussit à asseoir sa domination sur Kiev et à nouer de bonnes relations avec Constantinople.

Il n'y a pas de trouvaille monétaire qui atteste des relations commerciales établies avec Byzance. En revanche, dans les pays nordiques, on a trouvé un grand nombre de pièces de monnaie arabe (coufique ou kufique, de la ville de Koufa en Irak) — en tout 85 000, principalement à Gotland. Le même type de monnaie se retrouve le long de la Volga et en Europe orientale. Les pièces furent frappées entre 800 et 1000, et, qu'elles aient été trouvées en Russie ou dans les pays Nordiques, elles ont la même origine et le même âge. Il apparaît ainsi qu'il y eut un échange continu de marchandises et de monnaie le long d'un itinéraire fixe qui suivait les grands fleuves. Et les partenaires étaient les Arabes d'un côté, et les pays Nordiques de l'autre. Pour l'essentiel, ces pièces remontent à la période 890-960 et proviennent surtout des mines d'argent de l'empire Samanide en Transoxiane (voir p. 104). L'itinéraire passait par Kharezm puis Bulgar, la grande ville commercante de la haute Volga, pour atteindre Novgorod et la Baltique.

Le grand circuit

Cette grande quantité de monnaie témoigne d'une activité commerciale importante, et l'historien suédois Sture Bolin s'y est référé pour aller à l'encontre de la thèse de Pirenne. En entretenant des relations commerciales avec l'Orient, les pays nordiques commencèrent à jouer un certain rôle dans l'économie européenne. Il n'est pas douteux que seule une infime partie de la monnaie importée a été découverte. Qu'est-il advenu du reste ? Bolin pense qu'il a pris le chemin de l'ouest.

Nous avons vu que Charlemagne s'était préoccupé de créer un système monétaire viable, ce qui devait témoigner d'une activité économique et commerciale accrue. Et ses successeurs surveillèrent de même la frappe de la monnaie. Or il s'avéra que la découverte de grandes mines d'argent dans la partie orientale du Califat, spécialement dans le

L'Europe vue par les Arabes

De l'Espagne à la Perse, nombreux sont les écrivains arabes, voyageurs et géographes, qui ont laissé des récits fragmentaires sur les expéditions guerrières lancées par les habitants du Nord contre les pays musulmans, mais aussi sur les relations commerciales établies entre l'Orient et l'Occident et le rôle que les hommes du Nord ont pu y jouer. Le récit le plus célèbre, écrit par Ibn Fadlan est celui de l'enterrement d'un chef rus au bord de la Volga vers 921. Par ailleurs, le Juif Espagnol Ibrâhîm ibn Yaqub raconte, vers 965, comment on chassait la baleine en Irlande et comment les Néerlandais employaient la tourbe pour se chauffer ; à Mayence, il trouve des pièces de monnaie samanides, frappées à Samarcande et s'étonne de pouvoir acheter des épices venant d'Extrême-Orient. A Fulda, il est impressionné par la grande église. À Schleswig, « une grande ville au bord de la mer », il constate que les chrétiens ont leur église mais que la plupart des habitants sont encore païens et adorent Sirius. Il note aussi qu'ils chantent : « il n'y avait pas plus vilain que le son qui sortait de leurs gorges, pire que les hurlements d'un chien ». Prague est un centre commercial « construit de pierres et de chaux » où les Slaves et les Russes arrivent de l'est, les musulmans, les Juifs et les Turcs du sud. Enfin, il souligne les fâcheuses conséquences de la discorde qui règne chez les Slaves : « Si leurs coutumes n'avaient pas été si différentes les unes des autres et leurs tribus divisées, aucun peuple n'aurait pu atteindre leur puissance ».

Cassolette (ou encensoir) vraisemblablement fabriquée à Bagdad vers 800, mais trouvée en Suède en 1943. Le récipient est sans doute arrivé à l'époque viking par la route de la Volga.

royaume des Samanides, provoqua une dévaluation de ce métal par rapport à l'or et qu'en Occident le cours de l'argent baissa dans des proportions identiques. Bolin pensait que ces deux phénomènes étaient liés. Et, pour lui, il faut en chercher l'explication dans les relations commerciales directes qui, au moins jusqu'en 850, existaient entre les pays nordiques et les pays slaves, d'une part, et le royaume franc d'autre part, où l'on expédiait des fourrures et des esclaves, ces derniers étant envoyés jusqu'en Espagne ou d'autres pays islamiques.

Il est possible que ce commerce avec l'Occident ait été interrompu par les raids viking du IXe siècle, alors même que le commerce avec l'Orient culminait vers 920 pour encore se prolonger jusqu'aux environs de 960. Ce furent sans doute des raisons politiques qui y mirent un terme : l'empire russe était en train de se consolider et n'offrait plus les mêmes avantages aux commercants étrangers. En outre, c'est au cours de cette décénnie que les Russes pillèrent Bulgar et les villes khazars. Bientôt, le royaume des Samanides se disloqua à son tour

Les idées du Francais Maurice Lombard complètent celles de Bolin. Celui-ci définit les trois zones monétaires (voir p. 97), et essaie de montrer comment la monnaie d'or des Arabes avait stimulé l'économie occidentale : achetant du bois, de l'étain, des fourrures ou des esclaves, les Arabes payaient en or à un Occident qui en était dépourvu. Ensuite, l'Occident employait cet or pour commercer avec Byzance, laquelle augmentait ainsi sa provision d'or et pouvait acheter leurs produits aux Arabes qui recouvraient ainsi leur or. Et, pour finir, nous avons donc tout cet argent qui quittait les pays islamiques à destination de l'Europe et contribuait à stimuler l'activité économique occidentale. Pour la première fois dans l'histoire de ces contrées, dit Lombard, nous pouvons parler d'un véritable circuit économique.

Les routes commerciales rassemblent l'Europe

Les idées de Lombard et de Bolin peuvent prêter à discussion, mais elles offrent des pistes intéressantes. Ils ne sont pas les seuls à souligner que, loin d'interrompre les

Aux IXe et Xe siècles existait sans doute tout un circuit économique d'une certaine importance. Le schéma ci-dessous s'appuie sur les hypothèses de Lombard et Belin évoquées dans le texte.

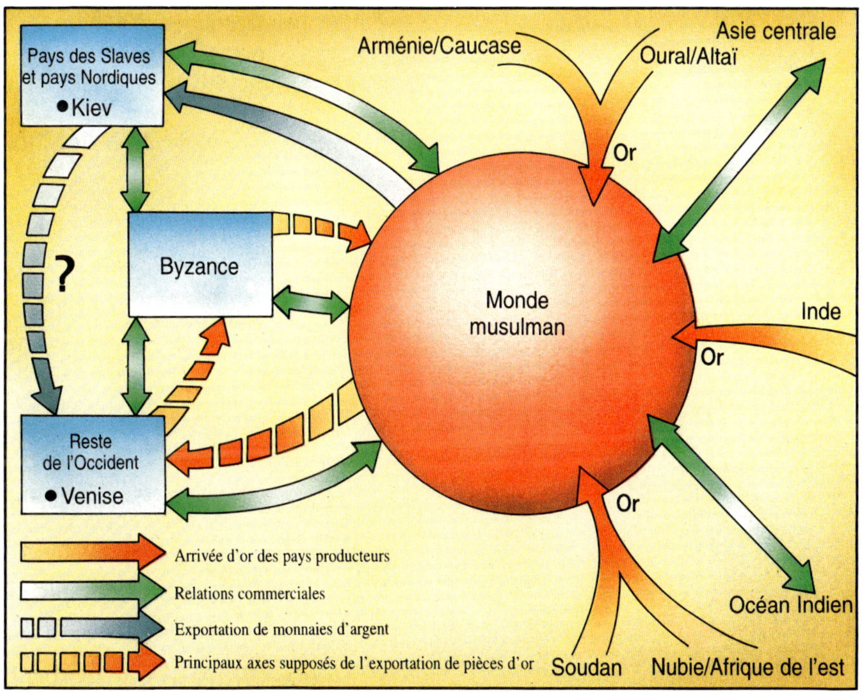

contacts qui s'étaient noués entre l'Orient et l'Occident, l'islam les avait au contraire intensifiés. L'activité des vikings entre 800 et l'an 1000 ne s'est pas non plus bornée au pillage. S'ils allèrent au Groenland, à Constantinople et sur la mer Caspienne, c'était aussi pour vendre leurs produits ou défricher de nouvelles terres. Ils mirent à sac des églises et monastères, détruisirent des œuvres d'art et dévastèrent des foyers de culture. Par leur faute, des routes commerciales furent bloquées pour des décennies, parfois pour toujours, mais ils ouvrirent aussi d'autres voies. Les vikings n'avaient pas l'habitude de thésauriser leur argent, ils le mettaient en circulation. Les nouvelles voies de communication s'avérèrent durables. L'historien francais Georges Duby n'hésite pas à affirmer que « le choc de l'invasion fit craquer la coquille qui entourait l'économie agraire de l'Occident ».

Le reste de ce chapitre sera consacré à ce qui se produisit ensuite : l'Europe commença à prendre forme. En même temps que plusieurs royaumes occidentaux renforçaient leur assise et affirmaient leur puissance nouvelle, les princes d'Orient et du nord, s'attachaient à rassembler des tribus sous leur autorité. Des nations se formaient et affirmaient leur souveraineté sur un certain territoire. Recevant l'onction du sacre, des princes se faisaient couronner à la manière occidentale et imposaient le christianisme ; l'Eglise devenait leur soutien. Mais tout ce processus supposait une certaine base économique.

Les villes et l'autorité royale — une symbiose

Ce fut d'abord le commerce d'Orient qui se fraya de nouvelles voies. Nous avons vu comment les villes italiennes du Xe siècle surent tirer profit de leur situation entre l'est et l'ouest, et, de même, nous avons souligné le rôle d'artère de communication des fleuves russes. Mais Byzance exportait aussi vers le nord-ouest en suivant le Danube, à moins que, partant de Kiev puis passant par Cracovie et Prague, les marchandises ne soient acheminées jusqu'en Bavière. En outre, celles destinées aux rives de la Baltique ou de l'Elbe passaient par la Pologne et par Magdebourg qui, située sur l'Elbe, était un poste frontière allemand et un centre de commerce. Nous avons déjà cité les marchandises les plus importantes : d'Orient, les épices ; d'Europe de l'est, les fourrures, la cire, le miel et les esclaves ; d'Europe occidentale, le blé, le sel, le vin, les textiles et les armes. Avec un peu d'esprit d'entreprise, on pouvait assez facilement faire fortune. Et, dans les villes, les représentants du pouvoir ne manquaient jamais de faire payer leur protection.

De grandes quantités de monnaie arabe (coufique) ont été retrouvées dans les pays du Nord, spécialement en Suède. Presque toutes proviennent du territoire des Samanides, à l'est de la mer Caspienne.

Au Xe siècle, de nombreux comptoirs commerciaux — ces sites en wic — avaient disparu, certains d'entre eux ayant été pillés et incendiés. Mais, dans la plupart des cas, c'est sur leurs sites que se développèrent les villes nouvelles. Au cours des derniers siècles du premier millénaire, la mise en valeur de nouvelles terres et l'intensification des activités agricoles développèrent le commerce local dans des centres où les gens s'installaient définitivement. Aux commerçants s'adjoignirent des artisans ; établis en groupes importants, ils échangeaient les secrets de leur technique et amélioraient la qualité de leurs produits.

Représentant un élément nouveau dans le système économique, ces nouvelles agglomérations se multiplièrent au Xe siècle. Et, comme toujours, un protecteur faisait partie du tableau. Les maisons s'élevèrent généralement aux pieds d'une forteresse, ou tout au moins d'un manoir. Parfois aussi, à côté d'un évêché ou d'un monastère important. Ensuite, on entourait le tout de levées de terres surmontées de palissades auxquelles se substituèrent plus tard des murs en pierre. Il arrivait souvent que la ville soit fondée par le roi lui-même, soit qu'il y installât une garnison, soit qu'il en fît un centre de l'administration royale. De toute façon, entre le pouvoir royal ou seigneurial et la ville s'établit une fructueuse collaboration. Le souverain aida à la construction des murailles en exemptant les habitants d'une partie des taxes dont ils lui étaient redevables. Outre l'autorisation d'organiser un marché, il pouvait donner à la ville le droit de battre monnaie, de percevoir des droits de douane, de rendre la justice et de gérer ses propres finances. Mais il entendait avoir sa part de revenus de la ville. « Le commerce extérieur et le pouvoir royal sont à l'origine des villes du Moyen Age », a dit un auteur. Mais on peut aussi retourner l'affirmation en disant que les villes constituent un nouveau et important facteur dans l'établissement du pouvoir royal. Parfois même, elles représentaient cet élément supplémentaire qui permettait au roi de l'emporter sur ses vassaux.

Un nouveau modèle culturel

A la suite des marchands arrivèrent les missionnaires, soit qu'ils aient été envoyés par leur souverain, soit que l'initiative ait été prise localement. Il est évident que les gens auxquels ils s'adressaient étaient déjà bien disposés vis-à-vis de la religion chrétienne. Dans certains cas, il s'agissait des seigneurs, qui avaient découvert le profit immédiat qu'ils pouvaient tirer de l'Eglise, de son idéologie d'ordre et de ses clercs qui savaient écrire. Dans d'autres cas, il s'agissait de leurs sujets. Et il ne faut pas sous-estimer l'effet que pouvait avoir sur chacun la prédication de l'Evangile. Mais il faut aussi se placer dans une autre perspective.

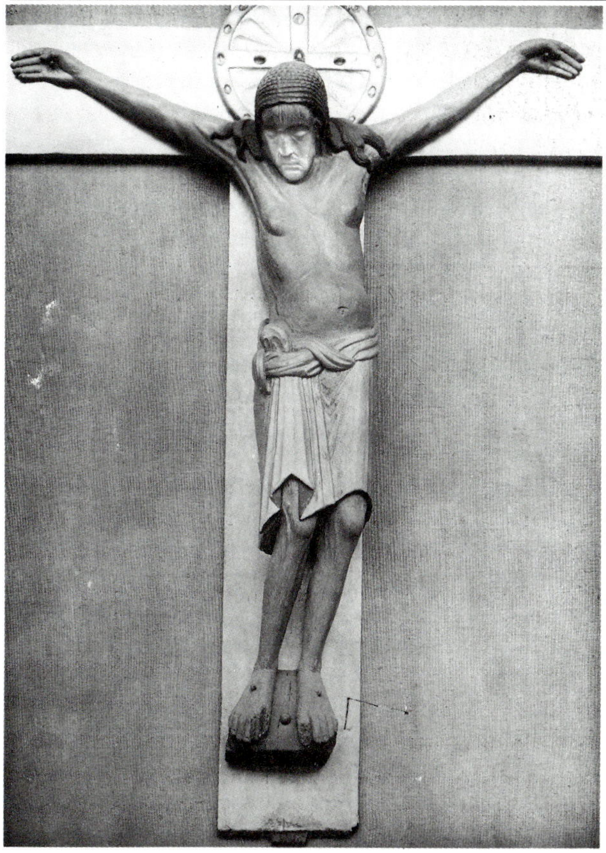

Ce crucifix grandeur nature, sculpté vers 975 pour le compte de l'archevêque Gero de Cologne, est le premier de ce genre que nous connaissions, et il est typique de la nouvelle Europe de l'ouest. L'enluminure et l'art de l'ivoire de la fin de l'époque carolingienne (qui plongent eux-mêmes leurs racines dans l'antiquité tardive) y impriment manifestement leur marque mais, libérant le personnage des contraintes du relief pour le disposer librement dans l'espace, l'artiste a réussi à lui conférer une force dramatique qui représente quelque chose de nouveau. La croix qui, étant du type crucifix triomphal, est destinée à dominer l'entrée du chœur de l'église, eut d'innombrables successeurs au cours du siècle qui suivit.

Le néo-naturalisme du crucifix de Géro se manifeste aussi à sa manière dans cette vivante représentation du Christ de la cathédrale de Hildesheim (portes de bronze de l'évêque Bernward, vers 1015)..

La religion chrétienne était, pour les peuples du Nord et de l'Est, une composante d'une civilisation supérieure à laquelle ils désiraient s'associer. A cet égard, on serait tenté d'établir une comparaison avec les pays en voie de développement d'aujourd'hui qui, de plus ou moins bon gré, adoptent les moeurs occidentales. Mais, à la différence des Japonais, qui concilièrent ouvertement leur nouvelle religion avec l'ancienne, les Européens rejetèrent leurs anciennes croyances. Etant donné que le christianisme représentait la vérité, tout le reste était nécessairement faux. On se référa à une nouvelle échelle de valeurs, on pratiqua un nouveau culte, et les relations humaines se firent en principe sur une base nouvelle. Quelques-uns des nouveaux mots clef de l'époque furent alors : le jeûne et le repos dominical, les liens du mariage, l'attitude envers les pauvres, le refus de la vengeance, l'appel à la conscience individuelle. Il est cependant clair que les missionnaires qui prêchaient l'Évangile connaissaient bien eux-mêmes les compromis qu'en Occident chacun avait dû faire entre le christianisme et les religions païennes, entre le christianisme et la morale de la guerre.

Mais il est difficile de saisir la mentalité de l'époque. Il nous reste peu de choses de la poésie populaire qui a pu exister, et ce que l'on peut lire sous la plume des érudits n'est ni original ni personnel. C'est plutôt l'expression d'une culture d'emprunt qui puise ses exemples et ses clichés dans l'Antiquité. Ce n'est pas avant le XIIe siècle que l'Europe trouvera sa propre identité intellectuelle.

Mais nous contenterons de décrire à grands traits la manière dont les nations d'Europe prirent forme et se constituèrent. Au nord et à l'est du demi-cercle qui avait déjà une organisation politique, nous pouvons parler d'« unification nationale et de christianisation », cependant qu'à l'ouest se déroulait en fait un processus parallèle mais qui en était à un stade plus avancé.

Les nouveaux royaumes nordiques : le Danemark

C'est en voulant s'assurer le contrôle de la voie commerciale qui reliait la mer du Nord à la Baltique que les Danois mirent en œuvre leur processus d'unification.

Le comptoir commercial de Hedeby remonte au VIIIe siècle et encore plus ancienne est la muraille qui protégeait l'isthme — le « Danevirke ». Elle fut construite par un pouvoir royal désireux de se protéger des attaques venant du sud. Au nord de cette défense s'éleva Hedeby,

Au Xe siècle, le style animalier germanique, s'inspirant de modèles continentaux et anglo-saxons, présente des caractéristiques nouvelles. Le fourmillement de petits animaux cède souvent la place à un grand animal unique, et des motifs de feuilles s'insèrent dans la composition. Cette hache de fer incrustée d'argent qui a été retrouvée à Mammen, en Jutland, en constitue un bon exemple.

Sur la pierre de trois mètres de haut qu'il érigea à Jelling (au plus tard en 980), le siège de la résidence royale, à la mémoire de ses parents, Harald-à-la-dent-bleue se targue d'être celui qui « conquit tout le Danemark et la Norvège et fit des Danois des chrétiens ». L'unification du royaume et la christianisation allaient de pair. Le décor de la pierre a été exécuté dans le style de Mammen et présente des motifs qui annoncent une nouvelle époque : sur l'un des côtés, on peut voir un Christ crucifié.

Guerrier coiffé d'un casque trouvé à Sigtuna.

et les rois danois cités dans les annales régnaient en général sur Hedeby et Ribe. Hedeby avait un bailli.

On connaît le nom de plusieurs rois danois qui régnèrent entre 800 et le début du Xe siècle, mais non l'étendue de leur territoire. Il est possible que ce soit Harald-à-la-dent-bleue (environ 940-985) qui ait unifié le Danemark. En tout cas, une inscription runique affirme qu'il « soumit tout le Danemark ». Sa famille devait être originaire du Jutland méridional, puisque c'est à Jelling, près de Vejle, que se trouve le tumulus de Gorm, son père.

C'est d'ailleurs par le sud du Jutland que le Danemark fut évangélisé. Louis le Pieux avait fondé un archevêché missionnaire à Hambourg (ensuite transféré à Brême après le pillage de Hambourg en 845) ; le premier archevêque, le moine Anschaire (Ansgar), visita Hedeby et Birka en 829, et l'on sait que des églises furent édifiées à Hedeby et Ribe où vivaient aussi des marchands chrétiens.

A l'époque viking, le niveau de la mer était plus élevé qu'actuellement, et ce bras de fjord offrait un bon havre. Ici, à Kaupang, dans le Vestfold (Norvège du sud) se trouvait le plus ancien centre commercial norvégien que nous connaissions. Ottar, un chef de la Norvège du nord, le mentionne sous le nom de « Skiringssal ». Il vint lui-même y livrer ses marchandises avant de gagner Hedeby.

Il fallut cependant interrompre la mission pendant quelques décennies, jusqu'à ce que, la situation s'étant stabilisée au Danemark sous le règne de Harald-à-la-dent-bleue et en Allemagne sous le règne de la dynastie saxonne, le roi allemand et son Eglise portent au Danemark un intérêt renouvelé. L'archevêque de Brême fonda des évêchés au Danemark. Le roi Harald se fit baptiser et, d'après l'inscription que l'on peut lire sur la pierre de Jelling, fut « celui qui fit des Danois des chrétiens ». En réalité, le christianisme était déjà implanté dans le pays grâce aux contacts qui s'étaient établis avec l'Angleterre et la Normandie.

Variations sur le thème de l'unification : la Norvège et la Suède

Le roi Harald Hårfagre (aux beaux cheveux) tenta le premier d'unifier la Norvège vers 900. Il était le descendant d'une famille princière du sud de la Norvège, plus exactement de ce même Vestfold où se trouvaient les grands tumuli qui renfermaient les célèbres bateaux vikings exposés à Oslo. La richesse des trouvailles archéologiques qui y ont été faites témoigne d'un milieu ouvert sur l'extérieur, ce qui était peut-être lié à l'existence d'un comptoir commercial international situé à Kaupang, dans les anciens domaines royaux du Vestfold. Pendant un certain temps, c'était d'ailleurs le roi de Hedeby qui avait exercé son autorité sur cette région.

Le roi commença par assurer la sécurité du cabotage en prenant le contrôle de points stratégiques disséminés le long de la côte. Mais ce n'est qu'un siècle après sa mort que la Norvège, y compris l'intérieur du pays, réalisa son unité. Et ce n'est pas un hasard si les trois souverains qui s'attelèrent de nouveau à cette tâche venaient de l'étranger et apportaient avec eux le christianisme. Mort à Stiklestad en 1030, le roi Olav Haraldsson devint le saint protecteur du pays. Au cours des années qui suivirent, l'unification du royaume et la christianisation allèrent de pair.

En *Suède*, le processus d'unification est plus difficile à suivre. D'après la légende d'Anschaire et d'autres sources, le royaume des Svear semble avant tout avoir été un royaume balte. Le roi des Svear régnait sur la région du lac Mälar et peut-être aussi d'autres territoires de l'intérieur du pays. S'y ajoutaient les régions littorales du sud, ainsi que les îles d'Åland et Gotland. De surcroît, il disposait de quelques points stratégiques de l'autre côté de la mer. Cette expansion vers l'est favorisa la création d'un Etat suédois. Tout à la fois source de revenus et de prestige, Birka en était le centre économique. C'est peut-être lorsque l'est se mit à devenir moins rentable que les Svear se tournèrent vers le sud-ouest qui était séparé des territoires appartenant aux rois d'Uppsala par de grandes forêts. Sans pouvoir fixer de date exacte, nous savons qu'Olof Skötkonung (environ 1000), premier roi chrétien de Suède, régnait à la fois sur les actuelles provinces de Svealand et Götaland et qu'il avait des visées sur le Bohuslän. Mais les Svear et les Gots, qui habitaient ces deux provinces, mirent très longtemps à s'entendre durablement, et il fallut attendre un siècle avant que le grand temple païen d'Uppsala ne soit détruit.

Du pays des Wendes à la Bohême

Le long des côtes sud et est de la Baltique, les tribus slaves et baltes — mais il y eut, peut-être aussi des colonies nordiques — fondèrent également une série de comptoirs commerciaux ou s'arrêtaient les marchands venus de l'ouest. Leurs chefs ne devaient cependant pas réussir à créer de véritables Etats. D'ailleurs, ils n'avaient pas de navires qui pouvaient se comparer à ceux des vikings et

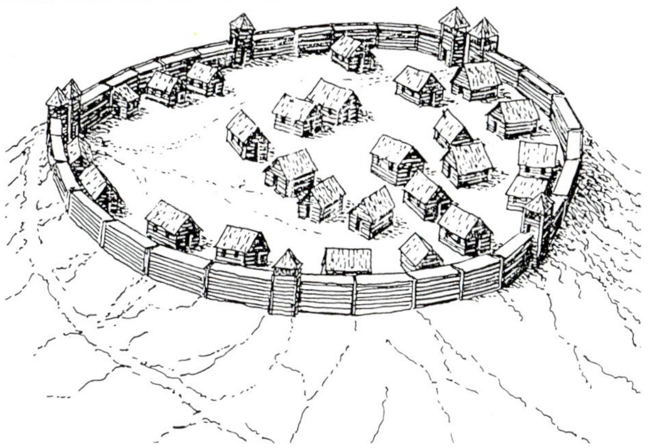

Le château balte d'Asote, en Lettonie, était situé sur la Dvina, une des grandes routes commerciales qui reliaient la Baltique à la Russie. Dans des ensembles fortifiés de ce genre, il arrivait qu'un seigneur rassemble autour de lui quelques artisans et commerçants. Des faubourgs pouvaient ensuite venir s'y ajouter, et certaines de ces agglomérations devinrent ainsi de véritables villes.

Les Magyars

Le peuple qui, en 896, envahit les Carpathes, se composait à la fois de Bulgares, d'Alains et de Khazars, mais les plus importants étaient les Magyars, un peuple hongrois venu de l'Oural qui vivait principalement de l'élevage de ses troupeaux. Ils s'installèrent dans les plaines du Tisza et du Danube, où ils asservirent les Slaves et écrasèrent l'empire morave. Des pillages effectués à l'ouest leur procuraient les marchandises qu'ils vendaient à l'Est, jusqu'à ce que l'empereur Otton Ier mette un terme définitif à leurs incursions, cependant qu'au sud les Byzantins les tenaient en échec. Dès lors, ils furent obligés de changer leur mode de vie. Se sédentarisant, ce peuple de cavaliers se mit à cultiver la terre. Le prince Géza (mort en 997) s'efforça de constituer un véritable gouvernement en s'appuyant sur sa garde. Dans le même temps, l'influence des missions chrétiennes commençait à se faire sentir. Le fils de Géza, Waik, se fit baptiser en 996 et, sous la double égide du pape et de l'empereur, fut sacré en l'an 1000 sous le nom d'Étienne. Un archevêché fut créé à Esztergom. Le royaume de Hongrie était désormais une réalité.

étaient probablement sans défense face à ces chasseurs d'esclaves.

Au demeurant, les Slaves étaient pratiquement des nouveaux venus dans la régions. Tandis que certaines tribus, poursuivies par les Avars, s'étaient tournées vers les Balkans (voir p. 241), d'autres s'étaient dirigées vers la Baltique, la Vistule, l'Elbe et les lacs Ilmen et Ladoga. Il semble que de nouvelles techniques aient alors favorisé la croissance de la population, (rappelons que l'on produit plus de fer et, partant, plus de charrues lourdes ; par ailleurs, on se met à cultiver le seigle qui donnait de meilleurs récoltes et permit de stabiliser la population).

Servant de refuge aux habitants des villages, les nombreuses forteresses construites à cette époque témoignent de temps troublés et de luttes intestines. Pendant les migrations, plusieurs clans s'étaient regroupés. Et les chefs s'étaient souvent dotés d'une garde puis proclamés seigneurs d'une forteresse, exigeant ensuite des villages qu'ils subviennent à leurs besoins en leur fournissant des provisions et des marchandises, spécialement des fourrures. Au pied de ces forteresses s'installèrent souvent des marchés, en tout cas à partir du VIIIe siècle, ce qui donna aux seigneurs de nouvelles possibilités d'expansion.

L'évolution politique ne fut cependant pas la même partout.

Les voisins des Saxons installés de l'autre coté de l'Elbe luttèrent farouchement pour conserver leur indépendance mais furent confrontés à un pouvoir royal allemand de plus en plus puissant. Pendant longtemps, d'importantes fédérations de tribus connues sous le nom générique de *Wendes* réussirent à contenir la poussée du monde chrétien germanique. Mais, comme ils ne représentaient pas un bloc homogène, les Allemands arrivèrent peu à peu à les soumettre. Il fallut cependant attendre le XIIe siècle pour que le processus soit mené à son terme.

Plus au sud, en Bohême, les choses se passèrent différemment. Après la chute de l'Etat morave (p. 243-44), les Tchèques prirent le pouvoir et établirent leur centre dans la forteresse du Hradcany.

C'est là que, devenant un important centre de communication pour le commerce est-ouest, Prague se développa. Grâce aux relations pacifiques qui s'établirent avec Ratisbonne, le christianisme fut introduit dans le pays dès l'an 900, et Prague devint évêché en 976. Parallèlement à la christianisation, les châtelains du duché s'intégrèrent dans

Sur la pointe nord de l'île de Rügen, les Wendes installèrent au IXe siècle le château fort d'Arkona. Celui-ci devint le centre culturel d'un de leurs principaux dieux, Svantevit, en même temps qu'il offrait un refuge aux populations en cas d'attaque. De nos jours, on peut encore voir les remparts (fouilles effectuées vers 1970).

un système administratif. En raison de la situation géographique de la Bohême, les ducs — qui au XIe siècle prirent le titre de roi de Bohême — choisirent généralement de reconnaître la suzeraineté de l'empereur d'Allemagne.

L'origine de la Pologne

Les voies commerciales furent également à l'origine d'un état en *Pologne*. Cracovie était un important nœud de communications situé entre Kiev et Prague, et sur la route qui reliait la Baltique à l'Adratique se trouvait la ville fortifiée de Gniezno. Ces deux routes commerciales reprirent de l'importance au IXe siècle, et des agglomérations se formèrent autour des deux centres. Peut-être les populations qui habitaient plus au sud, autour de Cracovie, auraient-elles constitué le noyau d'un Etat plus vaste si elles n'avaient été obligées de se soumettre aux Moraves. Dès lors, c'est aux *Polonais* (« gens de la plaine »), un peuple qui habitait dans les régions de la Wartha et de la moyenne Vistule, qu'il revint de créer une entité politique dans la région. Le premier duc qui laissa des traces dans l'histoire fut *Mieszko* (mort en 992). Sa ville fortifiée, Gniezno, avait déjà de vieilles traditions.

Mieszko suivit l'exemple de son voisin tchèque en créant une administration centrale qui s'appuyait sur les seigneurs des chateaux-forts. Mais, pour contrebalancer leur pouvoir, il dispersa sa garde entre plusieurs forteresses centrales. Dans un premier temps, le duc sollicita l'alliance de la Bohême — où il alla chercher son épouse — ce qui, au nord, lui permit d'avancer jusqu'à la Baltique et de soumettre le peuple pomorzane, le « peuple de la côte », la Poméranie. Dans une deuxième phase, Mieszko rompit cependant avec les Tchèques et put alors annexer la Silésie puis la région de Cracovie.

Mieszko vit aussi les avantages que le christianisme pouvait lui apporter, et son alliance avec la Bohême l'amena à se faire baptiser en 966, avec ses hommes. Cependant, de même que son fils Boleslas, il veilla à ce que la mission ne fasse pas tomber le pays sous la coupe de l'Allemagne. Boleslas accepta cependant le titre de « collaborateur » de l'empereur d'Allemagne mais en resta là. Ses évêques n'étaient pas soumis à un évêché allemand et, dès l'an 1000, l'évêque de Gniezno eut le statut de métropolite, la Pologne devenant ainsi une province de l'Eglise. Les Polonais commencèrent eux-même à envoyer des missionnaires dans les régions qui les intéressaient.

Pendentif d'argent de l'époque viking. Il faisait partie d'un trésor enterré près de Gnezdovo.

Le royaume russe dut sans cesse lutter contre des populations des steppes nomades ou semi-nomades qui, venant de l'est, entraient par le sud de la Russie : Bulgares, Khazars, Petchenègues. On voit ici un guerrier bulgare (pot en or du IXe siècle trouvé à Nagyszentmiklos).

Commerçants en armes et pouvoir royal

Parmi les peuplades slaves installées dans les zones les plus orientales, il existait aussi de petites principautés. Mais des envahisseurs y exercèrent également une influence politique dont la portée fait cependant l'objet de vives discussions.

Une ancienne chronique russe, couramment appelée la Chronique de Nestor, nous a laissé la seule description connue de la fondation du royaume de Kiev et affirme clairement qu'elle est l'œuvre de guerriers nordiques dirigés par un certain Rurik. Mais la crédibilité de « Nestor » est discutée. Soit par nationalisme, soit par référence aux principes marxistes, les historiens russes préfèrent minimiser le rôle des populations nordiques dans la fondation de l'Etat russe.

Il est cependant difficile de nier que les *rus* auxquels font allusion les sources écrites étaient des Svear (voir p. 248). Et force est donc bien d'en conclure que des chefs nordiques accompagnés de troupes de commerçants en armes s'installèrent à certains endroits stratégiques situés sur les rives des fleuves allant vers la mer Noire — Staraja, Ladoga, Novgorod, Belo Ozero, Izborsk, Polotsk, Kiev. Cette expansion dut commencer dès le début du IXe siècle, ce que semblent confirmer les fouilles archéologiques. Dès 839, ils s'organisèrent sous l'autorité d'un « kagan » (voir p. 248) et se firent connaître à Constantinople. Et s'ils ne furent jamais nombreux, ils n'en constituèrent pas moins la classe dirigeante jusqu'au Xe siècle. On trouve ainsi une majorité de noms scandinaves parmi les envoyés russes à la cour de Constantinople au Xe siècle. Par ailleurs, il est intéressant de noter que l'empereur Constantin Porphyrogénète utilise deux séries de noms pour désigner les chutes du Dniepr, au sud de Kiev, une slave et une autre incontestablement nordique où l'on trouve par exemple Bårefoss, Holmfoss, Strykene.

Il n'y a aucune raison de douter de l'existence de Rurik. Il aurait régné sur Novgorod et serait mort en 879. Ses héritiers portaient des noms scandinaves. Le premier, Oleg (Helge), prit Kiev aux autres chefs nordiques et fut assez puissant pour exiger un tribut de plusieurs peuplades. Les princes qui lui succédèrent consolidèrent leur position sur cet axe Kiev — Novgorod et assirent leur pouvoir sur les impôts (fourrures, esclaves, cire ou miel) qu'ils pouvaient percevoir lors des tournées annuelles qu'ils effectuaient parmi les populations locales.

Le royaume de Kiev

Les *rus* — nous l'avons vu — avaient établi très tôt des relations commerciales avec Byzance mais, de temps à autre, ces voyages d'affaire se transformaient en cam-

De nombreuses pierres runiques suédoises prouvent que les contacts que les Nordiques avaient établis avec l'est se prolongèrent durant le XIe siècle, alors même que ceux-ci ne commerçaient plus avec les Arabes. Ce furent surtout les Suédois qui traversèrent la Russie en grand nombre et allèrent jusqu'à Byzance où beaucoup se firent enrôler dans l'armée et la garde de l'empereur. Certains partirent aussi en pèlerinage. Cette pierre (retrouvée à Täby, près de Stockholm) fut érigée par une certaine Estrid en l'honneur de son époux Östen qui « voulait aller à Jérusalem et mourut en Grèce ».

Un accord commercial

En 945, les Byzantins conclurent un accord commercial avec les Russes. On décèle dans le texte une certaine méfiance dont on ne saurait cependant s'étonner, puisque des navires russes venaient de piller leurs côtes et de menacer Constantinople. On notera aussi avec intérêt qu'il ne suffit plus de présenter un sceau pour justifier de son identité, il faut maintenant être porteur d'une lettre.

« *Le grand-duc des Russes et ses boyards peuvent envoyer aux puissants empereurs grecs autant de navires, messagers et marchands qu'ils le désirent. Jusqu'à présent, les messagers sont venus avec leur sceau en or et les marchands avec leur sceau en argent. Leur prince a maintenant décidé qu'ils viendraient avec une lettre adressée à notre gouvernement. Désormais, les messagers et les marchands seront pourvus d'une lettre disant « J'ai envoyé tant et tant de navires... ». Ainsi pourra-t-on voir qui est animé d'intentions pacifiques...*

A leur arrivée, les Russes iront dans les faubourgs de Moma, et notre gouvernement enverra des représentants pour noter leurs noms. On leur versera leur pécule mensuel. C'est par groupe de 50 et accompagné d'un homme de l'empereur qu'ils entreront désarmés par une porte de la ville... Les Russes qui viennent en ville n'ont pas le droit d'acheter de soieries pour plus de cinquante pièces d'or... Ils n'ont pas le droit de passer l'hiver dans les faubourgs. »

(D'après Arbman : « Svear i österled » p. 122 etc.)

pagnes militaires. En 860, Constantinople fut attaquée par une flotte importante. En 907 (?), Oleg lança une attaque et les négociations de paix se terminèrent, ce qui est assez révélateur, par un accord commercial signé en 911. Il fut renouvelé en 944 après une nouvelle attaque du prince Igor (Ingvar). Pas à pas, les deux Etats se rapprochèrent. Olga, la veuve d'Igor, qui était régente, se fit baptiser et fut reçue à Constantinople avec tous les honneurs dus à son rang.

Le rapprochement continua sous le règne de Sviatoslav — le premier à porter un nom slave — bien que celui-ci eût refusé le baptême. Cependant, le nouvel Etat russe et le vieil empire byzantin avaient des intérêts communs évidents, et Byzance exerçait une attraction à laquelle il était difficile de résister. Quand on offrit au prince Vladimir d'épouser la propre sœur de Basile II s'il volait au secours de l'empereur, il se fit baptiser (988/89) et devint ensuite un ardent zélateur du christianisme. Les descendants des Varègues n'eurent aucune difficulté à accepter la nouvelle religion qui, petit à petit, s'implanta aussi dans le peuple.

Cette conversion fut ensuite déterminante pour la culture de la Russie. L'Eglise russe se calqua sur l'Eglise byzantine tant pour le dogme et le culte que pour la pratique juridique et l'organisation. Elle hissa son prince à un niveau aussi élevé que l'empereur byzantin, et hérita de la coupure qui s'était produite entre la hiérarchie de l'Eglise d'état et l'ascétisme de la vie monacale. De même hérita-t-elle aussi de la profonde méfiance que l'Eglise d'Orient éprouvait à l'égard du christianisme occidental. Par ailleurs, elle ne se soucia jamais de faire traduire le patrimoine littéraire et philosophique de l'Antiquité, ce qui explique que, contrairement à l'Occident, celui-ci n'ait jamais joué le moindre rôle dans la vie intellectuelle de la Russie médiévale.

L'Angleterre — une société féodale ?

Comme les Bulgares au siècle précédent, les Russes trouvèrent leur modèle dans l'empire romain d'Orient. Un récit qui est peut-être vrai prétend que les envoyés russes appelés à opter entre plusieurs versions du christianisme n'eurent plus la moindre hésitation après avoir assisté à une messe à Sainte-Sophie : c'était le paradis sur terre. Pour leur part, les nouveaux royaumes d'Occident durent se contenter de modèles plus modestes. Les pays nor-

Le roi Alfred fit traduire et adresser à chaque évêque un ouvrage de directives de Grégoire le Grand. L'envoi était accompagné d'un signet. Ce bijou en or, cristal de roche et émail porte l'inscription : « C'est Alfred qui m'a fait faire », et on peut imaginer qu'il constituait un des éléments du signet. La figure représentée est peut-être celle du Christ incarnant la sagesse.

L'Angleterre au xe siècle : sous le roi Alfred, on traça (vers 886) une ligne de démarcation entre les territoires danois et anglo-saxon. Au nord de cette ligne, s'étendait le Danelag, c'est-à-dire les régions où régnait la loi danoise. La carte montre également quelques-uns des sites fortifiés (burhs) qu'Alfred fit construire dans le Wessex pour protéger le commerce et l'artisanat.

Après 950, les réformateurs religieux d'Angleterre furent aidés par les moines de Cluny, et ceux-ci apportèrent avec eux des manuscrits carolingiens dont s'inspirèrent les enlumineurs anglo-saxons. Ce manuel de liturgie a été fait pour Ethelwold, évêque de Winchester où se trouvait la résidence principale du roi (963-84). L'illustration représente une abbesse anglo-saxonne, Sainte Ethelreda.

diques s'ouvrirent à la fois à l'Angleterre et au continent, tandis que l'influence allemande, surtout sensible à l'est, se faisait sentir sur un large territoire allant de la Baltique à l'Adriatique. Mais, de toute façon, dans l'un et l'autre cas, ce fut une époque de grandes transformations.

C'était le royaume franc d'Occident — la France — qui avait le plus pâti des incursions vikings, et c'était aussi là que le pouvoir politique s'était le plus décomposé. Des énormes propriétés foncières de Charlemagne, le dernier carolingien (mort en 987) ne possédait plus que quelques fermes. Toute l'autorité officielle était aux mains des vassaux, le titre de roi était dépourvu de toute signification. Aucun autre pays européen n'avait souffert à ce point. Dans une certaine mesure, les autres parties de l'empire carolingien avaient, elles aussi, plus ou moins été marquées par le même système féodal. Mais, pour ce qui était de l'Angleterre, la situation était autre.

La structure sociale des anciens petits royaumes anglo-saxons n'était pas très différente de celle de la Gaule mérovingienne : de petits royaumes dominés par une classe supérieure de guerriers à qui appartenait la majorité des terres, les hommes du roi. Il y avait bien des paysans libres, mais la plupart des cultivateurs étaient des tenanciers qui avaient des statuts variables ou bien des esclaves. Même si, en contrepartie de certains services, il arriva au roi de donner des terres à des grands, le système ne fut jamais généralisé. Ainsi, de cet échange ne dérivèrent pas d'obligations militaires. Mais, par ailleurs, l'ancienne société de clans était en voie de disparition et en passe d'être remplacée par une autre forme d'organisation sociale de caractère plus ou moins féodal. On en trouvera la preuve dans ce décret où le roi Athelstan (mort en 939) ordonne que chaque homme ait un *seigneur* qui puisse le prendre en charge. Dans le sens politico-militaire du terme, l'Angleterre anglo-saxonne ne fut cependant pas une société féodale. Quant au roi, non seulement il conserva son rôle, mais il l'élargit.

Equilibre et expansion : du Wessex à l'Angleterre

Avant l'an 800, la Northumbrie, la Mercie et le Wessex occupèrent tour à tour une position dominante parmi les petits royaumes anglo-saxons. Mais, à l'exception du Wessex, ils furent presque tous anéantis par les vikings. Ce fut le roi Alfred (871-99) qui, à l'heure la plus sombre de l'histoire de l'Angleterre, arriva à cristalliser la résistance anglo-saxonne, et ses héritiers réussirent à unifier toute l'Angleterre au cours du demi siècle suivant. Leur dernier rival fut Erik-à-la-hache-sanglante, qui essaya de conserver la Northumbrie mais tomba dans les landes du Westmorland en 954.

Pour se protéger des vikings, Alfred fit construire une série de forteresses dites *burhs* (boroughs). Dès le VIIe siècle, on put voir comment le commerce maritime anglais influa sur le mode d'habitation : à son tour, l'Angleterre vit s'implanter des comptoirs commerciaux, des wic, sur ses côtes. Les *burhs* d'Alfred étaient conçus pour défendre une population sédentaire qui vivait en autarcie ; un grand nombre d'entre eux devinrent de véritables villes qui attestent de l'essor économique et démographique qui se produisit alors. En Europe, ces constructions d'initiative royale étaient encore très rares. Entre 880 et 930, le nombre de villes d'Angleterre passa de 10 à 50 et, avant l'an 1000, il en existait au moins 70.

Même si les attaques des vikings faillirent ruiner toute l'Angleterre, ce fut la société anglo-saxonne qui, entreprenante et bien organisée, finit par l'emporter. Les villes devinrent des centres administratifs. Parallèlement à l'essor de l'économie, le roi réussit à renforcer son autorité au plan local, notamment dans le domaine judiciaire, en même temps qu'une législation nouvelle permettait de consolider la paix et l'enracinement du christianisme. Annihilé par les vikings, le monachisme fut rétabli et, ayant reçu l'appui du roi, joua un rôle important dans la réforme de l'Eglise qui fut alors entreprise. Fidèle à l'ancienne tradition anglo-saxonne, Alfred était un ardent zélateur de la culture livresque, et il fit traduire toute une série de classiques. Par ailleurs, la réforme de l'Eglise engendra de nouveaux auteurs et clercs, et l'art de l'enluminure atteignit de nouveaux sommets, ainsi qu'en témoignent les manuscrits de la résidence royale de Winchester.

Vers 980, la société anglo-saxonne avait atteint son équilibre et était entrée dans une période d'expansion. Mais ce fut aussi le moment où les attaques vikings reprirent de plus belle, peut-être parce qu'avec l'est le commer-

La renaissance ottonienne

A propos de la période ottonienne, on a pu également parler de renaissance. Néanmoins, il serait sans doute plus juste d'y voir une nouvelle manifestation de la renaissance carolingiennne. Le développement de la culture avait été freiné par le déclin politique mais, en consolidant l'empire allemand, Otton Ier encouragea puissamment les activités intellectuelles, en premier lieu dans les monastères anciens du sud et de l'ouest où l'on n'avait jamais complètement abandonné les activités savantes. Mais, dans le nord aussi, une production originale vit le jour, plus exactement dans les monastères de Saxe, la région d'origine de la maison royale. Puis, le mouvement gagna la cour et les écoles cathédrales. Dans les monastères étaient composés de nombreux ouvrages (qui, entre autres, témoignent d'un sentiment national croissant). Les écoles cathédrales préparaient leurs élèves à occuper les emplois publics. La maison royale et les évêques faisaient travailler les architectes, les enlumineurs et autres artisans d'art. On remarquera tout spécialement que leur production est de plus en plus marquée par l'art byzantin au fur et à mesure que la dynastie manifeste un intérêt croissant pour la dignité impériale et l'Italie.

Les écrits du pape Grégoire Ier constituaient une des principales sources de la vie dévote au début du Moyen Age. On les considérait comme directement inspirés par Dieu (voir la colombe sur son épaule). Trois scribes font des copies de ses œuvres. Le relief d'ivoire date sans doute de la renaissance ottonienne du Xe siècle.

ce s'était mis à péricliter. Les énormes rançons payées par l'Angleterre témoignent de sa richesse, et les attaques ponctuelles ne tardèrent pas à se transformer en véritables guerres de conquête dirigées par le roi danois qui l'emporta définitivement en 1016. Son petit-fils Knut soumit toute l'Angleterre. Mais, aspect révélateur de la société anglaise, Knut se déclara immédiatement protecteur de l'Eglise en même temps qu'il adopta et améliora les lois anglo-saxonnes. Les vikings furent alors définitivement intégrés dans la Chrétienté.

L'Allemagne s'organise

Les Carolingiens du royaume de l'est s'éteignirent au début du Xe siècle et, en 918, un duc saxon fut élu roi (Henri Ier). Son fils Otto fonda le nouvel empire allemand.

Tandis que l'empire occidental des Francs se diluait dans le système féodal, son homologue de l'est conservait son intégrité. Une grande partie du nord de l'Allemagne (Saxe, Thuringe) avait encore des paysans libres qui étaient habitués à porter les armes, et la vassalité n'était pas encore un système vraiment reconnu par la noblesse allemande. D'un autre côté, la plupart des haut fonctionnaires étaient des Francs d'Outre-Rhin, dépourvus d'attaches avec la société qu'ils administraient, et ils avaient besoin de toute l'autorité que le roi était en mesure de leur conférer. Mais, afin d'assurer la défense des frontières, une grande partie de ce que nous appelons aujourd'hui l'Allemagne était découpée en régions plus grandes que les comtés de France. Ainsi bénéficiaient-elles d'une plus grande autonomie, ce dont les plus ambitieux des comtes se servirent pour ériger leur territoire en duché héréditaire. En effet, les vieilles confédérations existaient toujours, chacune avec ses propres lois. Les ducs de Saxe, de Souabe et de Bavière devinrent ainsi de puissants seigneurs régnant chacun sur son territoire. Dès lors, le roi dut tout à la fois s'attacher à conserver leur amitié et à les tenir en respect : il fallait qu'il empêche la dignité ducale de devenir héréditaire de plein droit afin de pouvoir garder les comtes sous sa dépendance, et il devait en même temps

L'empire allemand vers 1000. Les Magyars, qui avaient représenté une calamité à la fois pour l'Allemagne et ses voisins durant la première moitié du Xe siècle (voir flèches), furent définitivement vaincus par Otton Ier en 955. Les frontières de l'empire ne cessèrent d'être repoussées vers l'est. Le pouvoir ducal tchèque accepta de reconnaître le roi allemand comme suzerain. Mais d'autres Slaves, les Obodrites, les Poméraniens et les Polonais tinrent les Allemands en échec.

L'idée impériale devait susciter un intérêt renouvelé pour l'antiquité et Byzance. L'empereur Otton Ier réussit à faire épouser à son fils la princesse byzantine Théophano, ce qui entraîna une nouvelle vague d'impulsions byzantines. Sur ce relief en ivoire, on peut voit Otton II, Théophano et leur fils, le futur Otton III, s'agenouiller à la façon byzantine pour rendre hommage au Christ, le roi du ciel. Les personnages debout sont Saint Maurice (le soldat martyr, spécialement populaire en terre allemande) et la vierge Marie.

surveiller ses domaines de très près car c'était là sa principale source de revenus.

Le royaume allemand n'eut pas tellement à pâtir des attaques vikings mais, à la fin du IXe siècle, les hordes de cavaliers magyars venus de l'est représentèrent pendant un demi-siècle une véritable calamité pour les populations de l'Allemagne du Sud et de l'Italie du nord. Cela n'empêcha cependant pas l'Allemagne dans son ensemble de connaître une période de prospérité et de progrès. Sous les trois Otton, qui régnèrent entre 936 et 1002, 29 nouveaux marchés furent créés avec l'approbation du roi, et 12 d'entre eux devinrent des villes. Dans le deuxième moitié du siècle, on découvrit dans le Harz d'importants gisements d'argent, et les rois n'hésitèrent pas à accroître leur production de monnaie, ce qui leur permettait de montrer leur puissance et de stimuler l'activité des voies commerciales qui venaient du nord et de l'est.

Mais, malgré une tentative de grande envergure, le pouvoir royal allemand n'osa pas encore entreprendre une conquête durable des territoires situés à l'est de l'Elbe. Certes, il pouvait essayer d'influer sur la formation d'un Etat à l'est, mais les Wendes étaient encore loin de vouloir se soumettre et, en 983, sous le règne d'Otton II, ils chassèrent les Allemands hors de chez eux.

Dans d'autres domaines, Otton Ier devait beaucoup mieux réussir. Pour faire contrepoids aux ducs, il recourut systématiquement à l'*Eglise*. Et, en la circonstance, ce n'était pas seulement parce qu'il était assuré d'y trouver le personnel compétent dont il avait besoin pour son administration. En fait, le profit qu'il en escomptait était plus important : les évêques et les monastères disposaient d'importants domaines. Misant sur leur rôle de vassaux de la Couronne, Otton donna aux évêques et abbés des fiefs importants afin qu'ils les administrent au même titre que des fonctionnaires laïcs. En période de paix, les biens d'église pourvoyaient à l'entretien de la maison royale, cependant que les institutions religieuses prenaient en charge la plus grande partie des dépenses militaires lorsque l'armée partait en campagne. Ainsi était-il beaucoup moins dépendant de ses ducs. Pour ce qui est de l'église, ceux qui voulaient faire une carrière ecclésiastique devaient, beaucoup plus qu'auparavant, passer par la formation que dispensait la « chapelle » du roi.

Otton III (983-1002) se considérait lui-même comme le souverain d'un empire universel. L'artiste à qui l'on doit cette illustration a appartenu au cercle de l'empereur et illustre ses aspirations : le pays des Slaves (Sclavinia), l'Allemagne (Germania), la France (Gallia) et surtout Rome elle-même apportent leur tribut à l'empereur.

Otton III trônant en majesté. Dans une main, il tient un sceptre et, dans l'autre, une balle dorée marquée d'une croix qui représente le monde chrétien. A gauche, un évêque s'appuie sur son trône tandis qu'à droite un guerrier lui jure fidélité (les deux illustrations se trouvent dans un évangéliaire d'environ 998.).

La chimère romaine

Au demeurant, Otton était un excellent général. En 955, à la bataille du Lechfeld, il remporta une victoire écrasante qui stoppa définitivement l'avancée des redoutables Magyars. Et bientôt, il se tourna vers les régions transalpines. En Bourgogne et Italie, qui étaient l'héritage de l'empereur Lothar, les prétendants au trône se battaient pour le pouvoir, et les familles romaines se querellaient à propos du Saint-Siège. Otto étendit sa domination sur la Bourgogne, puis se tourna vers l'Italie.

Cette décision allait influer de manière décisive sur le destin de l'Europe. En effet, une fois à Rome, il se fit couronner empereur (962), ce qui l'amena à assumer la lourde charge de protecteur du Saint-Siège et de garant de l'ordre. Ce rôle fut ensuite repris par ses successeurs et, pendant au moins trois cents ans, on le considéra comme une partie des droits et devoirs du roi allemand. Cependant, pour un souverain du nord, dominer l'opulente Italie était une tâche aussi attirante qu'impossible.

Pour ce qui est du titre impérial, les générations qui se succédèrent lui donnèrent des contenus différents. Otton Ier insista d'abord sur son rôle de protecteur et suzerain temporel de l'Eglise ; par ailleurs, ce titre eut son importance lorsqu'il voulut affirmer son autorité sur les nouvelles nations de l'est. Cependant, on ne parlait pas encore de dignité impériale *romaine*. C'est son petit-fils Otton III qui allait franchir le pas. Il concevait d'abord son pouvoir comme un « renouvellement de l'empire des Romains » (*Renovatio Imperii Romanorum*). Mais il allait encore plus loin, rêvant de réaliser un empire universel, un empire auquel toutes les nations pourraient s'intégrer ; c'est dans cette optique qu'il nomma Boleslas de Pologne son « collaborateur » et qu'il couronna Étienne de Hongrie. Mais Otton mourut dès 1002 à l'âge de 22 ans, avant que le rêve n'ait été confronté à la réalité. Par la suite, il fallut des siècles aux empereurs avant de renoncer au combat sans espoir qu'ils menaient pour maintenir l'axe Germanie-Rome. Et, pendant ce temps, l'Europe s'engageait sur une autre voie. Dans le cadre du modèle politique qui apparaît clairement en Europe dès l'époque ottonienne et se fonde sur cette base culturelle commune qu'est le christianisme, c'est l'Europe des nations qui prend forme. L'Europe de l'avenir.

Postface

par le professeur Jean-Claude Cheynet

Ce volume, consacré aux siècles obscurs, permet, sans nier la réalité des faits, de corriger une vision négative, trop fondée sur le sort de l'Occident, de l'impact des invasions sur les mondes civilisés et de prendre en compte les signes de renouveau.

Les années 500 ne marquèrent pas la fin du grand mouvement migratoire qui depuis plusieurs siècles avait poussé des peuples dits barbares contre le *limes* romain ou la Grande Muraille de Chine. Le plus fameux, celui des Huns, avait terrorisé les Romains d'Orient (les Byzantins) aussi bien qu'abattu le grand empire indien des Gupta. Jusqu'au Xe siècle le flux se renouvela. Certains, les Slaves, les Avars, les Bulgares, et pour finir les Hongrois, se maintinrent aux franges de l'Occident chrétien et furent, selon les cas, absorbés, détruits ou repoussés par les Byzantins. D'autres, les Frisons et les Saxons, s'établissant sur les côtes de la mer du Nord, contribuèrent à animer une nouvelle zone d'échanges. Les Vikings, encore plus entreprenants, prirent le contrôle des grands fleuves russes, ouvrant une route directe entre la mer Baltique et les riches rivages de la Méditerranée orientale, et fondèrent de nombreuses colonies jusqu'en Normandie, prélude à une fabuleuse expansion. Les raids de pillage aux dépens des trésors des monastères leur ont valu les foudres des seuls chroniqueurs de l'époque, tous hommes d'Eglise, alors qu'ils ont contribué, involontairement, à remettre dans le circuit commercial des actifs métalliques jusque-là thésaurisés et ainsi à stimuler les échanges.

Deux empires résistèrent à la tourmente, Byzance et la Chine. Ces deux Etats partagent bien des traits qu'on ne saurait attribuer à une influence réciproque, vu la quasi-absence de relations directes. Ils sont établis sur une solide tradition administrative, au service d'un pouvoir impérial fort, et appuyée sur une classe de lettrés, toutefois plus développée en Chine avec les mandarins. Ces fonctionnaires pouvaient établir des recensements précis, sur lesquels se fondait une fiscalité rigoureuse, pesant principalement sur une paysannerie nombreuse et productive, et qui autorisait l'entretien d'une forte armée permanente. Chacun des empires, en phase d'expansion, attirait les peuples voisins qui, tout en rejetant une domination politique, empruntaient ses usages religieux et culturels. Les Slaves des Balkans, les Russes et les Bulgares entrèrent ainsi dans l'orbite byzantine, pendant que la Chine influençait les Vietnamiens, les Coréens et même les Japonais, quelque peu isolés sur leurs îles.

Seule la brusque apparition de l'Islam modifia profondément les structures traditionnelles. Rarement batailles comme celle du Yarmouk et celle de Qadisihia modifièrent autant le destin du monde. Établissant leur pouvoir au cœur même des vieilles civilisations antiques, les musulmans dominèrent le monde perse, repoussèrent Byzance et s'introduisirent en l'Europe du Sud par la conquête de l'Espagne de la Crète et de la Sicile. Le monde islamique bloquait ainsi l'expansion du christianisme oriental, isolant les noyaux nestoriens d'Asie centrale. La civilisation islamique réunit le meilleur des traditions hellénique et iranienne, créant un nouvel Etat impérial, que symbolise la fondation de Bagdad, la plus vaste ville de son temps, si on excepte la Chine. L'Islam triomphant ne se contenta pas d'accueillir la science et la philosophie grecques, héritées de Byzance et des Syriaques, mais ouvrit des voies nouvelles en théologie, en médecine, en mathématique et en astronomie. Cet apport original, contesté par certains milieux piétistes, s'essouffla autour du Xe siècle lorsque les écoles d'interprétation de la loi furent désormais figées, et lorsque toute innovation parut contraire aux paroles et faits attribués au Prophète. Mais l'Islam transmit ensuite cet héritage par la Sicile et l'Espagne à un Occident qui l'avait en grande partie laissé dépérir après le VIIe siècle.

Autre force conquérante, le bouddisme recula dans son pays d'origine, mais fut accepté par la Chine confucéenne et le Japon taoïste dans la mesure, où à la différence de l'Islam, son adoption n'impliquait pas l'abandon des anciennes croyances.

En dépit du choc de l'Islam la chrétienté résista sur le plan militaire — les victoires de Poitiers et d'Akroïnon en Asie Mineure furent à peu près contemporaines au milieu du VIIIe siècle — mais aussi sur le plan religieux. Si les chrétiens en terre d'Islam, bien que protégés par leur statut, perdirent des fidèles, l'Eglise trouva des terrains de mission chez les barbares. Ce demi-millénaire vit l'achèvement de la christianisation de l'Europe, notamment grâce à l'effort des moines, Colomban aussi bien que Cyrille, à partir de Rome et Constantinople, parfois rivales, comme en Europe centrale. Mais le sentiment de l'unité chrétienne l'emportait encore sur les germes de discorde.

De l'Europe à la Chine, pèlerins, ambassadeurs et surtout marchands maintenaient des contacts, jamais directs, mais plus importants que le caractère périlleux des voyages le laisserait supposer. Les marchands musulmans de Bassora ou de Bagdad, favorisés par leur position centrale, fréquentaient l'Inde et remontaient jusqu'à Canton. Après le IXe siècle, les Chinois prirent le relai, gagnant le golfe Persique. Certaines marchandises transbordées par caravanes atteignaient la façade méditerranéenne où d'autres marchands les emportaient vers l'Occident maghrébin ou italien. Quelques inventions suivirent la même route, telle celle du papier qui mit plusieurs siècles à parvenir de Chine en Asie centrale, puis à Byzance et enfin en Europe occidentale. Les chiffres indiens, adoptés par les Arabes, nous furent également ainsi transmis .

Autour de l'an mille, l'Europe apparaissait en lente expansion, prête à repousser les musulmans d'Espagne, d'Italie, divisée politiquement en de nombreux Etats, en dépit de la nostalgie impériale que les Carolingiens avaient ravivée pendant quelques décennies. Byzance, à son apogée, contrôlait les Balkans, reprenait le patriarcat d'Antioche aux musulmans et tenait la nouvelle route nord-sud par la mer Noire du commerce russe. Dans le monde islamique, en recul face aux chrétiens en dépit du renouveau des Fatimides chiites en Afrique, les vieilles traditions nationales égyptienne, syrienne, iranienne reprenaient le dessus sur le sentiment d'appartenir à la même communauté de foi, l'*umma*. Toutefois l'Islam jouissait de deux avantages, il tenait les routes du grand commerce oriental revivifié et il était mieux placé pour convertir les Turcs païens d'Asie centrale qui s'apprêtaient à conquérir le Proche-Orient. Enfin aux frontières de l'est, la dynastie ghaznévide franchissait l'Indou-Kouch pour constituer le premier Etat musulman de l'Inde.

Ces cinq siècles ne furent pas un intermède entre l'apogée de la *pax romana* et la brillante renaissance des XI-XIIIe siècles, mais préparèrent cette dernière et fixèrent largement la géographie des temps modernes.

Jean-Claude Cheynet
directeur de recherche au CNRS
professeur à Paris IV - Sorbonne

Index
des noms de lieux et de personnes

La lettre B après un numéro de page renvoie à la légende d'une illustration, la lettre R à un encadré.

Liste des illustrations

1 Les débuts de l'humanité

2 La naissance des grandes cultures
1200-200 av. JC.

3 L'Asie rencontre l'Europe
200 av. JC.-500

4 Les religions en marche
500-1000

5 Le Moyen âge face aux nomades
1000-1300

6 L'Europe en crise
1300-1500

7 Les grandes découvertes
1350-1500

8 La nouvelle Europe
1500-1750